2017 中国粮食年鉴

CHINA GRAIN YEARBOOK 2017

国家粮食局　主编

中国社会出版社
国家一级出版社·全国百佳图书出版单位

图书在版编目(CIP)数据

2017中国粮食年鉴/国家粮食局主编. —北京:中国社会出版社,2017.12
ISBN 978-7-5087-5528-1

Ⅰ.①2… Ⅱ.①国… Ⅲ.①粮食—工作—中国—2017—年鉴 Ⅳ.①F326.11-54

中国版本图书馆CIP数据核字(2017)第281583号

书　　名:2017中国粮食年鉴
主　　编:国家粮食局

出 版 人:浦善新
终 审 人:尤永弘
责任编辑:李冬雁　　　　责任校对:张　丛

出版发行:中国社会出版社　　　　邮政编码:100032
通联方法:北京市西城区二龙路甲33号新龙大厦
电　　话:编辑部:(010)58124823
　　　　　邮购部:(010)58124848
　　　　　销售部:(010)58124845
　　　　　传　真:(010)58124856
网　　址:www.shcbs.com.cn
　　　　　shcbs.mca.gov.cn
经　　销:各地新华书店

中国社会出版社天猫旗舰店

印刷装订:中国电影出版社印刷厂
开　　本:210mm×285mm　1/16
印　　张:38
字　　数:975千字
版　　次:2017年12月第1版
印　　次:2017年12月第1次印刷
定　　价:380.00元

中国社会出版社微信公众号

2016 年 1 月 25 日，国家粮食局党组书记、局长任正晓在黑龙江调研粮食流通工作。

2016 年 8 月 1 日，国家粮食局党组书记、局长任正晓到浙江调研指导抗洪救灾和粮食购销工作。

2016 年 1 月，国家粮食局党组成员、副局长徐鸣在陕西调研检查粮食工作。

2016 年 7 月，国家粮食局党组成员、副局长徐鸣在山东督导检查夏粮收购和安全储粮工作。

2016 年 5 月 4 日至 6 日，国家粮食局党组成员、副局长曾丽瑛在湖北督导夏粮收购准备和粮食库存检查工作。

2016 年 11 月 8 日，国家粮食局党组成员赵中权到四川督导调研秋粮收购工作。

2016 年 5 月 6 日，国家粮食局党组成员、副局长卢景波到四川督导夏粮收购准备和库存检查等工作。

2016 年 7 月 9 日，国家粮食局党组成员、副局长邓亦武在湖北督查夏粮收购和安全储粮工作。

2017 中国粮食年鉴编辑委员会

委　员

曾衍德	农业部种植业管理司司长
姜雷光	国家统计局国民经济综合统计司副巡视员
侯　锐	国家统计局农村社会经济调查司副司长
李广禄	北京市粮食局局长
朱　军	天津市粮食局局长
张　宇	河北省粮食局局长
丁文禄	山西省粮食局局长
张天喜	内蒙古自治区粮食局局长
陈　健	辽宁省农村经济委员会主任、粮食局局长
张卿槐	吉林省粮食局副局长
朱玉文	黑龙江省粮食局局长
盖国平	上海市粮食局局长
夏春胜	江苏省粮食局局长
姚少平	浙江省粮食局局长
牛向阳	安徽省粮食局局长
林锡能	福建省粮食局局长
黄　河	江西省粮食局局长
杨丽丽	山东省粮食局局长
赵启林	河南省粮食局局长
张爱国	湖北省粮食局局长
张亦贤	湖南省粮食局局长
谢　端	广东省粮食局局长
吴宇雄	广西壮族自治区粮食局局长
张　可	海南省粮食局局长
熊　雪	重庆市商务委员会主任
张书冬	四川省粮食局局长
沈　健	贵州省粮食局局长
海文达	云南省粮食局局长
徐　海	西藏自治区粮食局副局长
刘维东	陕西省粮食局局长
王学书	甘肃省粮食局副局长
顾艳华	青海省粮食局局长
马文娟	宁夏回族自治区粮食局局长

委　员

撰稿人员
（按姓氏笔画为序）

丁 斌	丁雪松	于立岩	万忠兵	马 菲	马 源	丰章德	王 旭
王 江	王 昕	王 涛	王 辉	王 新	王 磊	王 镭	王小可
王正友	王世海	王东宏	王业东	王永平	王仲涛	王青年	王金云
王莉蓉	王绿野	王 锐	王路平	王鹏昊	王耀鹏	韦思华	牛 妍
方 进	孔晶晶	龙伶俐	卢 静	叶一位	田 野	史京华	冉 策
付 丹	付长亮	付艳丽	玄红建	匡广忠	成 军	成信磊	曲贵强
吕昱晨	朱 震	朱之光	任昌坤	向玉旭	庄 坤	刘 金	刘 森
刘小南	刘秀明	刘初荣	刘青青	刘洪波	刘莉华	刘绪斌	刘殿涛
齐朝富	闫文婕	孙 伟	孙 哲	孙 燕	孙丽娟	孙洪波	孙晓东
孙绪良	纪 展	李 可	李 伟	李 玥	李 洵	李 涛	李 娟
李 萌	李云彤	李云峰	李亚莉	李金团	李通刚	李寅铨	李鹏飞
杨 正	杨 雪	杨万生	杨光荣	杨忠山	杨道兵	肖 玲	吴征光
邱天朝	余宇炜	辛剑波	沈 浦	张 云	张 冉	张 怡	张 勇
张 艳	张 倩	张 维	张 雷	张 蕾	张广香	张永强	张永福
张亚奇	张成志	张延华	张庆娥	张亦闲	张宏山	张杰刚	张显斌
张瑞银	陆壮雄	陈 玲	陈 寅	陈书玉	陈玉中	陈正义	陈成云
陈军生	陈志伟	陈昌炳	陈晓鹏	陈海韬	武云爱	范祥林	林风刚
林明亮	林善为	罗 杨	罗乐添	罗守全	岳忠军	金 贤	周 波
周 辉	周竹君	周冠华	郑祖庭	孟凡瑶	叁知扎西	项 宇	赵 璨
赵泽林	赵滨敬	胡 兵	胡水舟	胡承淼	胡银利	胡瑶庆	柳 易
钟金清	钟碧嫦	皇甫志鹏	侯 锐	姜青志	洪 荣	洪文明	胥 镤
姚 磊	姚进房	姚秀敏	骆 婧	秦 健	秦玉云	秦兴国	袁 辉
袁玉生	袁海波	耿晓頔	夏丹萍	晁铭波	徐 刚	徐广超	高 丽
郭 建	郭富强	唐 成	唐 茂	唐继发	唐瑞明	陶 英	黄 畅
黄 勋	黄卫卫	黄思思	梅 伟	龚娣群	常晓明	麻 婷	麻国杰
康 敏	寇 荣	彭 扬	董 祥	蒋光尧	韩卫江	韩静涛	智振华
曾晓辉	温朝晖	游 泳	强馨元	腾庆磊	蔡 飞	管伟举	廖志松
谭大海	谭本刚	樊利楠	樊宗贤	黎 霆	潘 升	潘少阳	魏 然
魏才奎							

编审人员

颜 波　唐柏飞　方 进　周冠华　夏吉贤　严 涛

编辑部

主　　任：颜 波

副 主 任：唐柏飞

工作人员：刘珊珊　胡耀芳

编写说明

为全面、准确地反映国家和地方粮食工作，国家粮食局从2006年开始组织编撰《中国粮食年鉴》。《中国粮食年鉴》是经原国家新闻出版总署批准出版、由国家粮食局主办并委托中国粮食研究培训中心组编的政府部门年鉴，是粮食行业实用性、资料性工具书。

《中国粮食年鉴》全面、系统地记述了上一年度中国粮食工作的主要情况，刊载有重要的粮食政策法规文件和统计资料，与国家粮食局主办并委托中国粮食研究培训中心组编的《中国粮食发展报告》成为姊妹篇。本期年鉴由综述、专文、全国粮食工作、各地粮食工作、粮食政策与法规文件、附录等六部分组成。年鉴收集的数据和资料均未包括我国香港特别行政区、澳门特别行政区和台湾省。各省（自治区、直辖市）的排列顺序，按照全国行政区划的统一规定排列。年鉴涉及的单位名称、姓名和职务均以截稿日期为准。

本期年鉴在编辑出版过程中得到了国家粮食局、国家发展和改革委员会、农业部、国家统计局以及各省（自治区、直辖市）、计划单列市及新疆生产建设兵团粮食行政管理部门的大力支持，在此，我们表示衷心的感谢！不足和疏漏之处，敬请读者批评指正。

《中国粮食年鉴》编辑部

中国粮食研究培训中心

2017年10月17日

123456

目 录

第三篇 全国粮食工作 51

附 录

1

第一篇

综　述

2016 年全国粮食工作综述

2016 年，全国粮食系统紧密团结在以习近平同志为核心的党中央周围，深入学习贯彻党的十八大和十八届三中、四中、五中、六中全会精神，以及习近平总书记系列重要讲话精神和治国理政新理念新思想新战略，认真贯彻中央经济工作会议、中央农村工作会议以及全国发展和改革工作会议精神，认真落实党中央、国务院关于粮食工作的决策部署，着力推进粮食流通各项工作，为保障国家粮食安全作出了积极贡献。

一 抓收购、保供应、管库存，粮食流通运行平稳健康

2016 年，粮食全年总产量实现 61625 万吨，比上年减少 0.8%，仍处于历史第二高位。面对洪涝、台风、地震等严重自然灾害，全国粮食系统迎难而上，有效应对，各项工作取得明显成效。粮食收购方面，认真落实国务院确定的粮食收购政策，适时启动小麦和稻谷最低收购价执行预案，强化监督检查和市场监管，全年各类粮食企业共收购粮食 45990 万吨。针对夏粮受灾较重情况，江苏、安徽、河南、湖北、新疆等地出台省级临储、专项收购、设备购置补贴、贷款贴息等政策措施，积极抓好超标小麦收购，有效防止了农民“卖粮难”。“去库存”方面，会同有关部门先后启动临储玉米划转轮换销售、超期和蓆茓囤储存粮食定向销售、2013 年“分贷分还”临储玉米和大豆销售等。2016 年累计销售政策性粮油 6180 万吨，是上年成交量的 3.3 倍。江苏、安徽两省政府安排专项资金，对企业竞买国家政策性粮食给予补贴。储粮管理方面，面对超高库存的巨大压力，始终把储粮管理放在突出位置来抓。连续两年开展中央储备粮专项检查，储备粮日常管理和监管工作得到加强。制定《安全储粮责任制暂行规定》，各地认真贯彻落实，层层压实安全储粮责任。编制《粮油安全储存守则》和《粮库安全生产守则》，各省（区、市）下功夫培训，努力使两个《守则》成为一线职工的职业准则和作业规范。11 月中旬召开全国安全储粮和安全生产视频会议后，各地将秋冬安全大检查引向深入，及时发现和整治安全隐患。保供稳市方面，加强市场调控和产销对接，市场供应数量充足、质量良好、价格总体稳定。受灾地区群众和救灾部队的粮食供应得到有力保障。地方储备粮增储任务基本落实到位，特别是广东、浙江、福建、重庆等省（市）地方储备大幅增加，地方政府调控区域市场的能力显著提升。北京、天津、河北建立了京津冀一体化粮食局长联席会议制度，协同保供。

二 大力实施“粮安工程”，全面增强国家粮食安全保障能力

“粮安工程”2016 年投资 53.7 亿元，加上前 3 年中央投资累计达 300 多亿元，带动地方和企业配套投资近 1000 亿元。这些资金的投入，极大改善了粮食流通基础设施条件。一是现代粮食仓储体系基本形成。近年来新建仓容 7910 万吨，其中 2016 年新建近 1000 万吨，现代化仓型比例大幅提高，“危

仓老库"维修改造带动了功能提升。二是粮食物流设施得到加强。近年来安排中央预算内投资 30.3 亿元支持建设粮食物流设施，形成了一批多功能粮食物流园区。南宁中国－东盟粮食物流园区、西安粮食物流枢纽、贵州西南粮食城等项目积极推进。三是行业信息化建设取得积极进展。制定发布行业信息化建设指导意见，安排 17 个省（区、市）开展省级粮食管理平台建设和粮库智能化改造。安徽、江苏、湖北已率先开发建设了省级综合信息平台。四是粮食质量监测体系进一步健全。近几年安排中央预算内投资 6.2 亿元，347 个国家粮食质量监测站的技术装备水平得到明显提升。同时，节粮减损、放心粮油、应急网络、市场监测、农户科学储粮等工作扎实稳步推进。

三　全面启动省长责任制考核工作，不断强化粮食安全制度保障

2016 年全面启动了粮食安全省长责任制考核工作，各省（区、市）政府都出台了考核办法，成立了考核工作领导小组，天津、山西、吉林、上海、江苏、安徽、江西、湖南、广西、海南、四川、云南、甘肃等省（区、市）将粮食安全责任落实情况纳入省级政府绩效考核，绝大部分省级政府下达了 2016 年粮食安全责任书。考核相关工作的有力推进，为"首考"做了充分准备。

四　大力发展粮食产业经济，不断开拓粮食工作新空间

山东、湖北粮油加工业总产值均超过 3000 亿元，河北、黑龙江、江苏、安徽、河南、湖南、广东、四川等 8 省超过千亿元。各地积极推动品牌化、集约化发展，山东涉粮企业有中国名牌产品 40 个。湖北的"荆楚粮油"经过几年发展，品牌效应开始显现。安徽、山东、河南、广西、四川、陕西、青海、宁夏等省（区）主食产业化快速推进。浙江、福建省政府出台了促进粮食产业经济发展的指导意见，陕西省制订了粮食产业集群发展五年规划。西安爱菊、天津聚龙、上海良友等一批粮食企业集团"走出去"，积极拓展国际发展空间。

五　着力深化改革，全面增添粮食流通工作新动力

一是玉米收储制度改革取得突破。这是党中央、国务院的一项战略部署，是农业供给侧结构性改革的一场硬仗。改革的内容是取消玉米临储政策，改为"市场定价、价补分离"，实行"市场化收购"加"补贴"的新机制。国务院高度重视，成立了由国家发展改革委牵头、20 个部门参加的部际协调机制，明确由国家粮食局负责日常工作。内蒙古、辽宁、吉林、黑龙江粮食行政管理部门主动担当、积极作为，制订工作方案，协调落实鼓励加工转化、强化信贷支持、加强运力调度等政策措施，引导多元主体积极入市；中国储备粮管理总公司、中粮集团有限公司、中国航空工业集团公司坚持始终在市均衡收购；销区粮食部门积极组织企业到产区采购，共同推动玉米收储制度改革顺利开展。市场运行总体平稳，改革取得积极成效。二是推进行业供给侧结构性改革。出台的指导意见，明确了改革目标和重点任务，各地认真贯彻落实，湖北、贵州、云南、安徽等省结合当地实际制定了实施意见。三是国有粮食企业改革取得新进展。2016 年全国国有及国有控股粮食企业实现统算盈利约 110 亿元。湖南已有 6 家粮油企业上市。此外，粮食流通统计直报系统上线运行，统计效率大幅提高。

六 扎实推动粮食行业全面从严治党

2016 年，全国粮食系统始终高度重视党建工作，切实增强“四个意识”，着力推动全面从严治党，做到“两手抓、两不误、两促进”。扎实开展“两学一做”学习教育，党的组织建设和思想建设进一步加强；认真落实政治巡视要求，主动配合中央和地方的专项巡视巡察；严格落实中央“八项规定”精神，切实转变工作作风，党风廉政建设和反腐败斗争取得新成果。

与此同时，编制发布《粮食行业“十三五”发展规划纲要》以及信息化、物流、加工、科技 4 个子规划。推进粮食法立法进程，修订粮食收购资格审核管理办法，优化中央储备粮代储资格认定程序。加快职能转变政社分开，中国粮食行业协会顺利脱钩。成功举办全国粮食科技活动周暨首届粮食科技成果转化对接活动、第四届行业职业技能竞赛，首次召开行业人才兴粮工作会议，成立国家粮食安全政策专家咨询委员会。认真做好世界粮食日和全国爱粮节粮宣传周活动，充分发挥《中国粮食经济》等行业媒体作用，营造良好舆论氛围。全国粮食系统与西藏、新疆、新疆生产建设兵团、江西、安徽等地粮食部门共同努力，扎实开展援藏援疆、对口支援革命老区和定点扶贫工作。

2

第二篇

专　文

在全国粮食流通工作会议上的报告

国家粮食局党组书记、局长　任正晓
2016 年 1 月 8 日

同志们：

这次全国粮食流通工作会议是经国务院批准召开的。会议主要任务是，深入学习贯彻党的十八届五中全会精神，认真贯彻落实中央经济工作会议、中央农村工作会议、中央扶贫开发工作会议和全国发展改革工作会议精神，总结“十二五”及 2015 年粮食流通工作，分析粮食流通工作面临的新形势，谋划“十三五”发展思路，部署 2016 年粮食流通重点工作，同时表彰全国粮食系统弘扬“四无粮仓”精神先进单位和先进个人。刚才，会议认真传达学习了李克强总理和张高丽、汪洋副总理最近对粮食流通工作的重要批示，我们要认真学习领会，并紧密结合国家发展改革委主任徐绍史同志所作的重要讲话，全面抓好贯彻落实。下面，我讲四点意见。

一　“十二五”时期粮食流通工作取得显著成绩

过去五年是粮食流通工作极不平凡的五年，也是粮食系统奋发有为的五年。面对错综复杂的外部形势和艰巨繁重的工作任务，在党中央、国务院的坚强领导下，在国家发展改革委党组的指导支持下，全国粮食系统认真贯彻落实党的十八大和十八届三中、四中、五中全会精神，深入学习贯彻习近平总书记系列重要讲话精神，认真落实中央关于保障国家粮食安全的战略部署，主动适应新常态，以守住管好“天下粮仓”为己任，扎实做好“广积粮、积好粮、好积粮”三篇文章，粮食流通各项工作取得新的成效。

（一）认真履行“抓收购、保供应、管库存”行业职责，为实现粮食增产农民增收、促进经济发展社会稳定作出了重要贡献

在抓收购方面，面对我国粮食连年丰收、收储矛盾十分突出的新形势，特别是 2015 年在粮价下行压力加大、主产区仓容缺口巨大、政策调整影响较大的困难条件下，各级粮食部门和相关央企认真落实国家粮食收购政策，适时启动政策性收储，着力强化市场监管，切实规范收购秩序，粮食收购工作平稳有序，有效防止了农民“卖粮难”。全国各类粮食企业收购总量连创新高，2014 年突破 35000 万吨，2015 年高达 42420 万吨。五年累计托市收购粮食 42300 万吨、油菜籽 1573 万吨，通过价格托底、优质优价、整晒提等、产后减损等措施，带动农民增收 15735 万吨，有效保护了种粮农民利益，调动了地方政府抓粮积极性。在保供应方面，积极推动产销合作，2015 年粮食跨省流通量达到 3400 亿斤，比“十一五”末增加 400 万吨。大力提升粮食应急保障能力和军供服务水平，2015 年末应急加工供应网点达 4.5 万个，灾区群众和救灾部队粮食供应得到可靠保障。粮食批发交易市场得到长足发展，全国粮食统一竞价交易系统实现平台整合、并网运行，宏观调控的精准性、有效性显著增强。调整优化中央储备粮品种结构和区域布局，科学核定地方粮食储备规模，2015 年末已如期到位 87%，

区域市场调控能力进一步增强。粮食市场供应充足，满足了不同层次的消费需求，维护了市场和价格基本稳定。在管库存方面，积极创新粮食库存监管方式，强化监管机制，认真组织开展库存检查，努力做到库存粮食账实相符。面对粮食库存之高前所未有、简易仓囤储粮之多前所未有的严峻形势，多管齐下，防治并举，消除安全隐患，力推科技储粮和绿色储粮，粮情保持总体稳定，没有发生严重霉粮、坏粮事故。

（二）全面实施“粮安工程”，粮食收储能力和质量安全保障水平迈上新台阶

经国务院批准，发布实施了“粮安工程”建设规划。在国家有关部门和各省级人民政府的大力支持下，近三年中央财政投资248亿元，带动地方和企业配套投资近800亿元，建设现代化仓容1388亿斤，维修改造“危仓老库”仓容2460亿斤，粮食收储能力比“十一五”末增长32%，基层一线骨干粮库收储功能明显增强，库容库貌焕然一新。加大“北粮南运”主通道和西南、西北流入通道建设，配套建成一批粮食物流和加工园区。新增347家国家粮食质量监测机构，粮食质量监测体系进一步建立健全。深入推进“放心粮油”工程和主食产业化，着力保障“舌尖上的安全”，全国“放心粮油”网点达23万多家。积极实施农户科学储粮专项五年建设规划，累计配置储粮装具1000万套，每年为农户减少粮食损失25亿斤以上。

（三）粮食安全省长责任制全面建立，国家粮食安全保障制度建设取得重大突破

2014年底国务院印发了《关于建立健全粮食安全省长责任制的若干意见》，明确界定了地方政府粮食安全责任；2015年又配套出台了考核办法，监督考核机制正在抓紧建立。各地积极主动推进粮食安全省长责任制的全面落实，31个省级人民政府全部出台了实施意见，大部分省份制定了考核办法。各地普遍成立了落实粮食安全责任工作领导小组或建立了联席会议制度，吉林、江苏、安徽、江西、湖南、广西、海南、四川、云南、甘肃等省（区）将粮食安全责任落实情况纳入政府绩效考核，保障区域粮食安全、维护国家粮食安全的制度体系初步形成。

（四）着力深化改革开放和依法治粮，粮食流通管理效能不断提高，发展环境持续改善

积极稳妥推进粮食收储体制改革，玉米临时收储探索形成“一主多辅”模式，价格更加贴近市场，油菜籽收购交由省级政府组织实施。吉林、黑龙江、安徽、湖北、河南等省积极探索出台省级临储、加工补贴收购等办法，认真抓好质量不达标粮食的收购工作。统计业务实现归口管理，网上直报系统投入运行，统计制度改革基本完成，统一、精简、准确、管用的粮食流通统计体系初步形成，服务宏观调控决策的水平进一步提高。以“一县一企、一企多点”模式为主推进国有粮食企业改革，代储代烘、粮食电商等新业态服务“三农”效果明显。在市场持续低迷的情况下，努力挖潜增效、搞活经营，2015年全国国有粮食企业实现统算盈利78亿元，五年累计盈利377亿元。召开全国粮食科技创新大会，启动实施科研项目督导评估新机制，积极推进新一轮粮食科技体制改革。加快行业人才体制改革，建立健全激励机制，为行业人才培养提供制度保障。大幅减少行政审批事项，切实提高审批效率和服务水平。积极扩大开放，加强国际合作，国家粮食局与农业部联合举办APEC第三届粮食安全部长级会议，成功举办APEC粮食安全政策伙伴关系机制系列会议，与多个国家涉粮机构签署了战略合作协议，建立了良好的合作关系。加快推进法治粮食建设，粮食法立法进程加快。各地粮食法制建设取得积极进展，广东、贵州、宁夏和江苏无锡、甘肃兰州等地颁布实施了地方性粮食法规，一大批地方政府规章先后出台。各地公布了粮食行政权力清单，认真开展粮食执法检查工作，积极探索推进省际间联合执法，依法治粮、依法管粮取得实效。

（五）扎实推进科技兴粮人才兴粮，行业自主创新能力明显增强

近几年，中央财政累计投入 9.4 亿元，支持粮食公益性行业科研专项等 25 个重点项目，建成 5 个粮食产后领域国家工程实验室。横向通风储粮新技术和储运监管物联网等绿色高效技术得到推广应用，真菌毒素污染粮食安全利用技术研发取得重要阶段性成果。“现代食品加工及粮食收储运技术与装备”已列入国家重点研发计划，今年将全面启动实施。5 年间，有 11 项粮油科研成果获国家科技进步奖和发明奖。行业技能人才培养体系不断完善，4 万多人取得国家粮食职业资格。河南工业大学和南京财经大学首次获得粮食专业博士培养项目，2015 年粮食行业实现了院士“零突破”。

（六）加强党风廉政建设，粮食系统政风行风持续好转

认真落实中央全面从严治党战略部署，扎实开展党的群众路线教育实践活动和“三严三实”专题教育，统筹融合业务党务队伍建设。认真贯彻落实惩治和预防腐败体系工作规划，通过举办行业反腐倡廉图片展等形式积极开展廉政教育，粮食系统党员干部党的意识、纪律意识、规矩意识、法治意识进一步增强。加强粮食文化建设，开展纪念“四无粮仓”创建 60 周年系列活动，弘扬“创业、创新、节俭、奉献”的“四无粮仓”精神，传承“宁流千滴汗、不坏一粒粮”行业优良作风。开展世界粮食日和全国爱粮节粮宣传周活动，产后节粮减损行动取得实效，全社会节约粮食、反对浪费的新风尚正在形成。

在充分肯定成绩的同时，也要清醒地看到粮食流通发展存在的困难和差距。比如，我国是粮食消费大国和贸易大国，但还不是粮食经济强国；粮食连年丰收、粮源充裕，但粮食资源优势转化为经济发展优势的潜力尚未充分挖掘；粮油产品数量充足品种多样，但还不能适应消费结构升级换代的新要求；粮食流通改革不断深化，但一些结构性深层次矛盾尚待破解；统一开放竞争有序的粮食市场体系初步形成，但市场配置粮食资源的决定性作用还远未得到发挥。所有这些，我们都要深刻认识，深入分析，坚持问题导向，锐意改革创新，着力加以解决。

二 准确把握“十三五”粮食流通工作面临的新形势新任务

“十三五”时期是我国全面建成小康社会的决胜阶段，也是粮食行业落实“四个全面”战略布局、保障国家粮食安全、推进粮食经济持续健康发展大有作为的重要机遇期。当前，经济发展进入新常态，速度换挡、结构优化、动力转换，大众创业万众创新热情高涨，新业态新模式不断涌现，这些都对传统粮食产业发展提出了新要求新挑战，也带来了新动力新机遇。我们必须深刻认识新常态，正确分析粮食工作面临的新情况新问题，准确把握粮食行业发展趋势和内在规律，促改革、谋创新、求突破，切实增强粮食流通工作的前瞻性、针对性和有效性，牢牢把握工作主动权。

“十三五”是全面破解粮食供求阶段性结构性矛盾的关键期。从供求总量看，近年来国内外粮食生产连获丰收，消费疲软不振，供求整体宽松。据联合国粮农组织预测，2016 年全球谷物产量、库存量将继续保持较高水平，分别达到 25.3 亿吨、6.4 亿吨。国内粮食生产实现历史罕见的“十二连增”，近三年产量连续保持在 6 亿吨以上，2015 年达到 62140 万吨，粮食综合生产能力稳定在较高水平。综合分析，“十三五”前期国内外粮食供求形势仍将延续总体宽松的格局。从品种结构看，我国小麦供求基本平衡，玉米和稻谷阶段性过剩特征明显，特别是一些低端品种销路不畅，大豆产需缺口继续扩大。同时，近两年低价大麦、高粱、木薯干、DDGS 等玉米替代品进口激增，2015 年高达 3750 万吨，

加上各种渠道进口的低价大米不断增加，使得国内供求矛盾进一步加剧。今年开始，国家将加大种植结构调整力度，但效果显现还需要一个过程，品种结构矛盾短期内难以有根本性改变。从市场价格看，当前国内粮食价格处于全球“高地”，呈现产区与销区、原粮与成品粮、国内市场与国际市场粮食价格“三个倒挂”的局面。据国家粮油信息中心监测，国内市场已连续41个月呈现“稻强米弱”“麦强粉弱”状态，2015年底小麦、大米、玉米三大谷物国内外价差每吨分别为771元、745元、790元。近年来，国家启动了以市场化为导向的粮食价格形成机制改革，国内粮食市场价格将逐步与国际市场接轨。上述这些因素，与世界经济面临的不确定、不稳定因素和国内经济发展中存在的问题矛盾交织叠加、相互影响，使得粮食供求形势和市场走势更加错综复杂。

破解粮食供求阶段性结构性难题，关键是要积极稳妥化解供给侧和需求侧不对称矛盾，既要引导培育新的消费需求，又要着力增加有效供给，推动实现更高水平的供求平衡，同时还要防止调整过度导致个别品种供求失衡、价格大幅波动。要建立健全促进粮食供求平衡的长效机制，打破粮食“多了少了、少了多了”的历史怪圈，增强保障国家粮食安全的持续性和稳定性。

“十三五”是全面推进粮食流通能力现代化的攻坚期。我国幅员辽阔人口众多，区域差异明显，自然灾害多发，及时有效保障城乡居民粮食供应、保持粮食市场总体稳定，始终是粮食流通工作的基本职责和首要任务。随着新型城镇化、农业现代化加快发展，粮食生产进一步向核心产区和优势产区集中，粮食区域之间、季节之间不平衡的矛盾更趋突出，保证军需民食、应急救灾和市场稳定的难度将继续加大。只有建设更高水平的粮食收储供应保障体系，实现快速反应、科学调度、精准调控，才能确保国家粮食安全。而当前粮食流通各环节发展不平衡不协调，突出表现为物流成本高，信息化发展滞后，流通效率较低；粮食质量快速检验能力不足，污染粮食处置长效机制尚未建立；粮食应急保障水平不高，全天候快速响应能力较弱等。这些问题制约了粮食资源快速集散、高效配送、顺畅流通，是粮食流通能力现代化建设亟待突破的瓶颈障碍，也是必须啃下的“硬骨头”。

“十三五”时期，必须加快实施“粮安工程”，尽快适应粮食资源在全国范围内跨区域、长距离、大规模、高效率流通的新要求，加快打通粮食物流主通道，加强粮食物流重要节点建设，大力提升粮食信息化水平，全面提高粮食应急能力，纵深推进粮食流通能力现代化建设。

“十三五”是全面释放粮食产业经济活力的转型期。粮食的公共物品和一般商品双重属性，客观上决定了粮食行业具有配置资源保安全、发展产业活经济两大使命。一方面，我们肩负着保供应、惠民生、兜底线的职责，必须抓好收储、管住储备、稳定市场；另一方面，我们肩负着活流通、扩内需、稳增长的重任，必须大力发展粮食产业经济，促进国民经济持续健康发展。这两个方面构成粮食行业发展并行推进的“两个车轮”，相辅相成，互为支撑。

长期以来，受发展阶段、政策体制、外部环境影响，粮食流通工作的着力点主要放在抓收购、保供应、稳市场上，粮食加工转化没有摆上应有的位置，导致收储与加工脱节，产业发展不协调，初级加工产能过剩，优质精深加工能力不足，粮食产业经济发展滞后。同时，新一轮重要农产品价格形成机制改革已经启动，粮食收储体制机制将随之发生根本性变革，国有粮食企业“收原粮、管原粮、卖原粮”的经营模式将难以为继，必须通过大力发展粮食产业经济求生存谋发展。当前，我国粮食产能稳定在较高水平，粮食库存充足，粮食安全基础较为牢固，加之农业经营方式深刻变革，粮食适度规模经营加速推进，城镇化步伐加快，城乡居民消费结构加快升级，多元化、个性化、定制化粮油产品需求快速增加，这都为粮食产业经济发展提供了前所未有的历史机遇。

从粮食流通环节看，粮食加工转化一头连着收储，一头连着销售，是整个流通链条的枢纽，不仅是粮食供求的“调节器”，更是粮食企业提质增效的“推进器”。因此，必须在切实抓好粮食收储、管住管好政府储备的同时，以粮食加工转化为引擎，以全产业链模式为路径，大力推动粮食产业经济发展，加速实现粮食行业转型升级。

“十三五”是全面促进国内与国际粮食市场深度融合的机遇期。随着经济全球化和贸易自由化的纵深推进，国内外粮食市场的关联度越来越强，特别是近几年国际粮食形势对我国粮食市场的影响更加直接。近期国际货币基金组织决定将人民币纳入特别提款权货币篮子，这将对全球经济和贸易产生深远影响。今后一个时期，随着“一带一路”等国家对外开放战略的加快推进，我国经济深度融入世界经济的趋势将更加明显，国内外粮食市场的加速融合已成必然。如何有效防范化解国际风险的冲击，加快形成互利共赢的国际合作关系，更好地保障国家粮食安全，是摆在我们面前的重大课题与现实考验，我们必须因势而谋，应势而动，顺势而为。

深入贯彻国家粮食安全战略，要求我们既要保持战略定力，确保“谷物基本自给、口粮绝对安全”，又要积极有效地利用好国际市场、国际资源；既要着眼于遵循粮食供求自身规律，保护好国内粮食生产者、经营者、消费者的利益，又要放眼经济社会发展大局，履行维护全球粮食安全的大国使命，以更宽广的胸襟和更开放的视野主动融入国际市场；既要积极研究“引进来”，又要着力推进“走出去”，找准融入全球粮食市场的结合点，在保障我国粮食安全的同时为世界粮食安全作出更多贡献。

面对新形势新机遇新挑战，“十三五”时期的粮食流通工作，必须围绕全面建成小康社会的战略目标，以创新发展、协调发展、绿色发展、开放发展、共享发展“五大理念”为统领，总体推进“五大体系”建设。

坚持以创新发展理念推进粮食流通各项改革，着力打造运行规范、稳健管用的粮食安全保障制度体系。要强化粮食安全省长责任制，完善中央和地方共同负责的粮食安全保障机制；加快完善粮食收储机制和价格形成机制，防止过度干预市场；改革完善中央和地方储备粮管理体制，确保政府粮食储备安全可靠；加快粮食科技体制和人才体制改革创新，激发行业内外“双创”活力；大力加强法治粮食建设，深入推进依法治粮。

坚持以协调发展理念激发粮食产业经济活力，着力打造链条完整、效益良好的粮食产业经济体系。要充分发挥粮食加工转化引擎作用，培育“产购储加销”一体化的全产业链模式，把粮食产业发展放到国民经济发展全局通盘谋划，促进一、二、三产业融合；淘汰落后加工产能，发展优质精深加工产能；促进粮食副产物综合利用，大力发展循环经济；优化粮食企业发展模式，积极发展混合所有制经济，加速资源、资金、资产集聚，形成一批辐射范围大、带动能力强的粮食产业集群。

坚持以绿色发展理念引领粮食流通能力现代化建设，着力打造运转高效、生态环保的现代粮食仓储物流体系。要以“粮安工程”建设为抓手，打通粮食物流通道，提高粮食流通效率；配套建设一批综合性粮食加工物流园区，实现生产链、供应链、服务链有机衔接；推广生态节能技术应用，大力推进绿色生态储粮和节粮减损；积极开发利用太阳能、秸秆、稻壳等资源，培育与粮食副产物、行业设施资源密切关联的新兴产业；运用现代信息技术改造传统粮食行业，全力提升粮食企业生产经营管理、粮食部门调控监管服务的信息化水平。

坚持以开放发展理念拓展粮食行业发展空间，着力打造开放包容、互惠共赢的粮食流通产业国际合作体系。要积极引进国外先进技术、管理经验，促进国内粮食流通产业管理水平的提高；推动粮食精深加工产品和粮食仓储设施、机械设备、储粮技术“走出去”，培育具有国际竞争力的大粮商，开展多种形式的跨国经营，实现多层次、宽领域合作共赢；积极参与国际粮食标准和贸易规则制定，增强维护全球粮食安全的话语权。

坚持以共享发展理念促进粮食供给侧结构调整，着力打造体现全面小康特征、惠及城乡居民的优质健康粮油产品供应体系。要积极引导农民种植适销对路的优质粮油品种，实现优质优价，帮助粮农持续增收；提供品种丰富、质量安全、营养健康的粮油产品，满足城乡居民个性化多元化消费需求；扩大“放心粮油”覆盖面，积极发展主食产业化；打赢行业精准扶贫攻坚战，切实保障贫困人口和困难群体口粮需要，增强种粮农民和城乡居民的现实获得感。

当前，要围绕贯彻“五大发展理念”、推进“五个体系”建设的要求，把编制和实施粮食行业“十三五”发展规划作为一项承前启后的重要工作来落实。要认真贯彻“一带一路”、京津冀协同发展、长江经济带“三大战略”，抓住粮食流通能力现代化、粮食产业经济发展、粮食行业信息化“三个重点”，搞好行业规划与国家规划、地方规划、“粮安工程”建设规划“三个衔接”，确保规划的战略性、科学性和实用性，切实发挥行业发展规划的引领指导作用。

三　扎实做好2016年粮食流通重点工作

2016年是“十三五”开局之年，做好全年粮食流通各项工作，提升粮食安全保障能力，对于顺利实现粮食行业“十三五”发展目标、促进全面建成小康社会具有重要意义。2016年粮食流通工作总体要求是：认真贯彻落实党的十八大和十八届三中、四中、五中全会精神，深入学习贯彻习近平总书记系列重要讲话精神，按照“四个全面”战略布局的总体部署，牢固树立“五大发展理念”，深入贯彻国家粮食安全战略，全面落实粮食安全省长责任制，改革创新、主动作为、稳中求进，立足行业实际去产能、去库存、降成本、补短板，坚决打好粮食收购“攻坚战”和安全储粮“持久战”，加快实施“粮安工程”，大力发展粮食产业经济，统筹推进粮食流通改革发展各项工作，为促进经济社会持续健康发展作出新贡献。具体要围绕“四个突出抓好、四个深入推进”，扎实做好以下重点工作。

（一）突出抓好粮食收购

当前，南方稻谷主产区仓容爆满，东北地区库存居高难下，今年粮食收储矛盾将空前突出。各地和相关央企要高度重视、严阵以待，在当地党委政府的领导下，抓好预案、预警、预控，新年一过就要马上安排部署，采取非常规举措，及早做好新粮收购各项准备工作。要加快建仓修仓进度，加大调销腾库力度，多渠道消化不合理库存，充分利用社会仓容，千方百计扩大收储能力。要认真落实国家粮食收购政策，抓好地方政策性粮食收储，积极组织开展市场化收购，严厉查处“打白条”“转圈粮”等违法违规行为，切实保护好农民利益和种粮积极性。

（二）突出抓好安全储粮和储备管理

当前，全国粮食库存处于历史高位，安全储粮形势异常严峻、压力巨大。确保储粮安全将是一场硬仗，容不得丝毫麻痹和懈怠。各地和有关央企要始终保持实战状态，切实做到严防死守、常抓不懈。要全面落实“双随机”监管要求，以实施“监管创新年”行动为抓手，认真履行行政监管督导职责，严格执行责任追究制度，把责任真正落实到每个收储执行主体、每个承储企业负责人、每个仓廒保管员，切实做到“谁储粮、谁负责”“谁坏粮、谁担责”。要积极采用绿色生态储粮技术，进一步规范千吨囤等简易设施储粮技术。今后新粮收储一律不允许再搭建席茓囤，从源头上杜绝“火烧连营”的隐患。要严格落实安全生产责任，坚决防止重大安全事故发生。

政府粮食储备是保障国家粮食安全的“撒手锏”，储备管理是各级粮食部门重要的行政管理职责，任何时候都不容放松。要不断完善管理制度，切实做到储备管理与企业经营彻底分开，落实责任强化约束，规范运行防范风险，管住管好政府粮食储备，确保数量真实、质量良好、储存安全。

（三）突出抓好粮食产业经济发展

各地要全面摸清本地粮食产业发展状况，特别是粮食加工业规模能力、技术水平等情况，因地制宜，扬长避短，研究制定本地粮食产业中长期发展规划，明确粮食产业经济发展的总体思路、目标任务、实施路径，分步实施，稳妥推进。要突出重点分类施策。对于高能耗、低水平、粗放式的落后加工产能，要加快淘汰。对于长期亏损、资产负债率高、停产半停产的“僵尸企业”，要通过兼并重组等方式稳妥处置。对于基础实力强、市场前景好、管理水平较高、增长潜力大的粮食加工转化企业，要积极扶持壮大，大力发展精深加工，培育品牌名牌，形成大型产业集团。要开辟产业发展新路径。充分利用粮食行业的既有资源，大力发展绿色粮食产业，积极培育新的产业经济增长点。加快启动“仓顶阳光工程”新能源项目试点，在粮库仓顶铺设光伏电池板发电；积极稳妥发展秸秆饲料、秸秆稻壳板材、稻壳发电等项目，做好既减少秸秆焚烧、又帮助农民增收的“秸秆经济”文章；大力推进“绿色全谷物口粮工程”，催生新消费，培育新需求；加强生物技术在绿色储粮、生态饲料和低脂蛋白资源利用等方面的集成创新和推广应用；加快“互联网＋粮食”电商平台建设，打造“粮油网络经济”。要优化产业发展环境。全面清理和修订制定粮食加工质量标准、卫生标准，进一步完善行业标准体系。建立粮食产业经济发展统计制度，科学设置统计指标，真实反映和及时发布产业情况。稳步推进粮食企业信用体系建设，建立健全守信奖励、失信惩戒的机制。粮食收储销售优惠政策、“粮安工程”建设项目要重点向产业经济发展倾斜。同时各地要积极争取金融、财税、用地等政策支持，为粮食产业经济发展创造有利条件。

（四）突出抓好粮食安全责任考核

今年国家有关部门将按照国务院的要求，首次对各地落实粮食安全责任的情况进行全面考核。国家粮食局将会同有关部门在 3 月底前出台 2016 年考核方案，加强对责任落实情况的日常督查，认真组织开展年度考核工作，并及时通报考核结果。各地的考核工作也要全面推开，特别是尚未出台考核办法的省份，要加快工作进度。各级粮食部门要切实履行牵头责任，搞好沟通协调，紧密结合本地实际，完善考核内容和方式，扎实做好考核工作，将粮食安全责任层层落实到位。

（五）深入推进“粮安工程”建设

全面落实“粮安工程”建设规划，夯实粮食收储供应安全保障基础。要加快粮食仓储和现代物流体系建设。围绕扩大主产区收储能力和满足主销区地方增储需要，继续加大仓储设施建设力度；围绕畅通“八大粮食物流通道”，重点建设改造一批中转仓、内河码头、沿海深水港口、铁路接发设施、批发市场和物流园区。要加快粮食行业信息化建设。广泛运用大数据、物联网等技术手段，以地方储备粮库为重点推进智能粮库建设，以省级粮食交易平台为重点推进业务集成和信息协同。强化统筹指导，统一技术标准、接口规范和数据平台，实现粮食行业信息化水平的整体提升。同时，要进一步加强区域性应急配送中心建设，提升应急实战能力；进一步加快粮食收购现场快速检验能力建设，全面提升粮食检验监测技术和服务能力；进一步支持粮食整理和烘干设施建设，并重点向核心产区和新型经营主体倾斜。

（六）深入推进改革创新和依法治粮

坚持市场化改革取向与保护农民利益并重，改革完善粮食价格形成机制和收储制度，按照“市场定价、价补分离”的原则，积极稳妥推进玉米收储制度改革，继续执行并完善稻谷、小麦最低收购价政策。改革完善中央储备粮管理体制，完善储备粮吞吐调节机制。深化国有粮食企业改革，培育发展多元化市场购销主体，积极稳妥发展混合所有制经济，创新企业经营方式和发展模式，激发企业发展活力。农村粮站要主动抓住农村人口市民化和城镇化的历史机遇，以“农民进城安家落户，我为农民种地供粮”的理念，大力发展粮食规模化、产业化经营。要进一步健全粮食市场体系，完善国家粮食统一竞价交易系统，积极发挥宏观调控平台作用。着力推进粮食行政管理部门简政放权、职能转变和依法行政，着力加强政风行风建设，增强服务意识，创新服务方式，提高服务水平。加快粮食法立法进程，做好国家和地方粮食流通相关规章的制定修订工作。全面贯彻实施新的食品安全法，强化食品安全责任机制，确保粮食质量安全。认真开展粮食执法检查，加大基层一线粮食行政执法力度，进一步规范粮食市场秩序，营造规范、统一、公平的市场环境。

（七）深入推进科技兴粮和人才兴粮

积极发挥行业院士在科技创新方面的领军作用，加快现代粮食收储加工关键技术攻关和装备研发，着力研究粮食及副产物高效转化利用新技术，推进真菌毒素和重金属污染粮食安全利用技术示范应用。加强粮食产业科技创新联盟建设，着力构建产学研用一体化科技创新机制。继续实施粮食行业“百千万创新人才”工程，启动实施“青年英才计划”；加速推进高技能人才培养工程，分批创建“高技能人才工作室”，充分发挥“技能拔尖人才”示范带动作用；举办第四届全国粮食行业职业技能竞赛，选拔“粮食行业全国技术能手”。通过组建国家粮食安全政策专家咨询委员会和粮食科技专家咨询委员会，加强“粮食智库”建设。

（八）深入推进行业扶贫和援藏援疆工作

按照中央关于扶贫开发工作的统一部署，发挥粮食部门行业扶贫的职能作用，促进贫困地区优质粮油生产，加强粮源调度，保证口粮供应，在政策、资金、项目、人才等方面加大对贫困地区的支持力度，大力发展粮食产业经济。积极做好定点扶贫工作，发挥粮食行业优势，推进精准扶贫、精准脱贫。认真贯彻落实中央西藏工作座谈会和中央新疆工作座谈会精神，强化组织协调，在粮食收储和市场调控、仓储和物流设施建设、产业经济发展和质量安全体系建设等方面，尽心尽力支持西藏、新疆等地加快发展。继续加大对口支援革命老区工作力度，推动老区同步实现小康。

四　切实把全面从严治党的责任扛在肩上落到实处

各级粮食部门要按照中央关于全面从严治党的总体要求，在地方各级党委的领导下，切实增强抓好党建工作的责任感和紧迫感，全面落实党风廉政建设“两个责任”，不断提高管好行业、带好队伍的能力水平，为扎实推进“十三五”和2016年粮食流通各项工作提供坚强有力保障。

（一）坚持两手抓两促进，实现党建工作和粮食流通工作“五同步”

要充分发挥粮食部门各级党组织领导核心作用，不断提升谋划粮食流通改革发展和全面从严治党的能力水平，切实发挥广大基层党组织在做好粮食流通各项工作中的战斗堡垒作用。要认真落实党建工作和粮食流通业务工作同步规划、同步部署、同步实施、同步检查、同步考核“五同步”要求，一手抓党建，一手促发展，引导广大党员干部主动参与粮食流通改革，激发谋事创业的积极性主动性创造性，把党的政治优势、组织优势、群众工作优势，转化为化解粮食流通矛盾、推动行业健康发展的不竭动力，为确保国家粮食安全提供坚强思想政治保障。

（二）坚持讲纪律守规矩，把中央各项兴粮惠农政策落到实处

要更加自觉地在思想上政治上行动上同以习近平同志为总书记的党中央保持高度一致，从讲政治纪律守政治规矩的高度，不折不扣地贯彻落实党中央、国务院关于粮食工作的方针政策和决策部署。要严格执行粮食收储政策和基础设施投资政策，绝不允许搞变通、打折扣，绝不允许把中央兴粮惠农政策当作谋取小集团利益和捞取个人私利的手段，绝不允许算计国家、坑害农民，违者必须严惩、绝不姑息。要切实加强粮食行业党风廉政建设和反腐败工作，认真落实主体责任和监督责任，强化权力运行制约和监督，切实加强对重大投资、重点项目、重点环节的监督管理，严肃查处涉粮腐败案件。要认真学习贯彻《中国共产党廉洁自律准则》和《中国共产党纪律处分条例》，把纪律和规矩挺在前面，切实做到真管真严、敢管敢严、长管长严，为全面落实国家粮食安全战略、推进粮食流通改革发展营造风清气正的良好政治生态。

（三）坚持转作风强队伍，把粮食行业优良传统不断发扬光大

要进一步巩固扩大党的群众路线教育实践活动和“三严三实”专题教育成果，始终牢记宗旨意识，进一步转变工作作风，为种粮农民办实事、为基层企业解难题、为城乡居民增福祉。要教育广大干部职工坚定理想信念，增强能力素质，培养造就一支忠诚干净担当的粮食“铁军”。刚才，大会表彰了全国粮食系统100家弘扬“四无粮仓”精神先进单位和100位传承“四无粮仓”精神先进个人，会议还将正式启动在全国粮食系统开展向河北省柏乡粮库学习的活动。这些先进典型，生动体现了粮食人无私奉献、艰苦奋斗的高尚品格，崇严尚实、克勤克俭的优良作风，锐意改革、勇于创新的精神境界。粮食系统广大党员干部要把他们作为修身律己用权、谋事创业做人的榜样，所有粮食企业要把他们作为改革创新发展、转型提质增效的标杆，迅速在全行业掀起学先进、赶先进、讲奉献、比贡献的热潮，进一步凝聚推动粮食行业持续健康发展的强大正能量。

同志们，粮食流通工作任务艰巨、使命光荣、责任重大。让我们紧密团结在以习近平同志为总书记的党中央周围，以夙夜在公的责任感、忠诚担当的使命感、只争朝夕的紧迫感，扎实工作，攻坚克难，开拓创新，牢牢端稳中国人自己的饭碗，为经济社会持续健康发展、全面建成小康社会作出新的更大贡献！

在贯彻落实中央“一带一路”战略工作座谈会上的讲话

国家粮食局党组书记、局长 任正晓
2016 年 6 月 17 日

同志们：

国家粮食局召开这次座谈会，主要是结合粮食流通工作实际，研究粮食系统贯彻落实中央“一带一路”战略的总体思路和工作措施。刚才，各省局局长和部分企业负责人作了很精彩的发言，我感到，大家对实施“一带一路”战略的认识深刻，谈了很多真知灼见，提了很多宝贵的意见建议。总体上看，全国粮食系统对中央“一带一路”战略布局做到了思想上坚决拥护，工作上积极跟进，措施上主动对接，很多地方取得积极进展。中粮、中航、西安爱菊集团、黑龙江新友谊农场、上海良友集团、江苏牧羊集团和维维集团等一批企业利用“一带一路”建设平台加快步伐“走出去”，取得了不错效果，令人振奋，也很受启发。会上大家提出的意见建议，我们将带回去作全面梳理和认真研究，积极与有关部门沟通协调，在谋划下一步工作中尽量采纳吸收。下面，就粮食系统如何进一步贯彻落实“一带一路”战略，我讲三点意见，供大家参考。

一 充分认识“一带一路”战略给推动粮食流通事业发展和提升国家粮食安全保障能力带来的重大机遇

“一带一路”战略，是以习近平同志为总书记的党中央主动应对全球形势深刻变化、统筹国内国际两个大局作出的重大战略决策，是我国在新的历史条件下实行全方位对外开放的重大举措、推行互利共赢的重要平台。自 2013 年倡议提出后，“一带一路”战略的精神内涵不断丰富，合作范围不断扩大，各方认同不断增强。我们要深刻认识到，推进实施“一带一路”战略，顺应了世界多极化、经济全球化的时代要求和各国加快发展的愿望，有利于维护全球自由贸易体系和开放性世界经济，也有利于我国进一步深度融入世界经济体系，拓展战略发展空间，对于我国全面建成小康社会、实现中华民族伟大复兴的中国梦具有重要的现实意义和深远的战略意义。我们还要深刻认识到，推进实施“一带一路”战略，在从东亚经济圈到欧洲经济圈、贯穿亚欧非大陆的广大空间内，开展更大范围、更高水平、更深层次的区域合作，必将进一步推动国内外粮食市场加速融合，为加强粮食流通工作的国内互通和国际合作、加快粮食流通能力现代化建设提供更为广阔的空间，为积极参与全球粮食资源配置，更好地保障国家粮食安全、维护世界粮食安全提供难得的历史机遇。

（一）实施“一带一路”战略有利于加快推进粮食物流体系现代化

“粮安工程”实施以来，我国粮食仓储设施建设取得显著成效，但是现代物流设施建设相对滞后，物流成本高、效率低，成为制约粮食流通能力现代化的短板和瓶颈。努力实现区域基础设施更加完善，安全高效的陆海空通道网络基本形成，互联互通达到新水平是"一带一路"建设的主要目标之一，基础设施建设是优先领域，国家将进一步加大投资力度，加快建设交通基础设施的关键通道、关键节点、重点工程和通信干线网络建设，这为我们进一步畅通粮食陆水联运通道，打通粮食物流瓶颈，提高粮食市场信息互联互通水平，大幅提升粮食流通效率，加快建设现代粮食物流体系创造有利条件，提供了重大契机。

（二）实施"一带一路"战略有利于加快推进优势区域粮食产业集群化

当前粮食产业经济发展滞后，主要表现为：产业结构不合理、产业发展不协调、收储与加工脱节、粮食企业普遍"小散弱"等。促进产业集群发展是调整优化产业结构、建设现代粮食产业体系，推动粮食产业经济持续健康发展的有效抓手。随着"一带一路"战略的深入实施，国内经济将加快资源整合和联通融合，粮食加工贸易等领域的国际合作也将明显加强，必将推动一、二、三产业加速融合、粮食流通各环节有机衔接、区域分工协作不断优化，促进粮食产业优质资源快速向优势区域集聚，形成一批有规模、有效益、有竞争力、有示范带动作用的粮食产业集群。

（三）实施"一带一路"战略有利于加快推进粮食资源配置全球化

"一带一路"沿线大多是新兴经济体和发展中国家，总人口约 44 亿，经济总量约 21 万亿美元，普遍处于经济发展的上升期，目前我国已经与约 30 个国家签署了共建"一带一路"谅解备忘录，还同 10 个国家签署了国际产能合作协议。沿带沿路国家农业资源丰富，粮食播种面积约 3.2 亿公顷，粮食品种以水稻和小麦为主，2014 年粮食总产量为 10.7 亿吨。沿带沿路国家粮食市场贸易空间巨大，从与我国邻近国家的情况看，中亚 5 国、南亚 8 国、俄罗斯、乌克兰等为粮食净出口国，中亚小麦年净出口 340 万吨，南亚大米净出口 1200 万吨，俄罗斯小麦净出口 1300 万吨、玉米 250 万吨，乌克兰玉米净出口 1650 万吨、小麦 800 万吨；西亚 18 国、东南亚 11 国为粮食净进口区域，西亚小麦年净进口 1900 万吨、玉米 800 万吨、大米 500 万吨，东南亚小麦净进口 1500 万吨、玉米 900 万吨，净出口大米 930 万吨。许多国家有意向和我国在粮食生产、仓储物流、粮机研发制造、粮食加工转化、粮食质量检测等方面加强交流，开展多层次、大范围、宽领域的国际粮食合作前景十分广阔。依托"一带一路"建设，充分利用国际资源，助阵粮食"引进来""走出去"，实现粮食优质资源的互补相通，将成为我国与"一带一路"沿线国家经济合作的一大契合点，更为我们参与全球粮食资源配置、有效利用两个市场两种资源保障国家粮食安全拓宽了渠道、提供了平台。

（四）实施"一带一路"战略有利于加快推进粮食市场一体化

推进"一带一路"建设，实现贸易畅通，将进一步打破地区分割，形成一体化的贸易机制，使粮食资源能够按照统一市场规则在全国乃至更大范围内实现顺畅流通和高效配置；将进一步打破市场封闭，扩大对外开放，加速国内外粮食市场融合，倒逼国内粮食市场主体改善经营模式，拓宽经营思路，延伸产业链条，增强核心竞争力，提升在国际粮食产业分工中的地位；将进一步打破粮食市场垄断，减少和消除市场准入障碍、技术壁垒和贸易限制等不正当竞争现象，促进规范竞争、有序竞争、公平竞争；将进一步完善粮食市场规则，健全粮食监管制度，增强诚信守法观念，规范市场秩序，形成统一开放、竞争有序的现代粮食市场体系。

全国粮食系统要进一步把思想和行动统一到中央对国内外形势的战略判断上来，统一到"一带一路"战略部署上来，增强机遇意识、责任意识和担当意识，切实肩负起全面贯彻落实"一带一路"发展战略的政治责任和行业使命。

二 明确粮食系统贯彻落实“一带一路”战略的主攻方向

2015年3月，国家发布了《推动共建丝绸之路经济带和21世纪海上丝绸之路的愿景与行动》，明确了“一带一路”建设的总体思路、基本框架、合作重点等，为我们贯彻落实“一带一路”战略提供了根本遵循。目前，全国31个省区市和新疆生产建设兵团“一带一路”建设实施方案衔接工作已基本完成，各地粮食部门要按照实施方案的要求主动融入，自觉把粮食流通工作放在“一带一路”建设大局中统筹谋划，抢抓机遇，主动作为，找准粮食流通改革发展和“一带一路”建设的结合点，找准不同地区贯彻落实“一带一路”战略的侧重点，统筹谋划、重点发力、有序推进，在积极参与“一带一路”建设中谱写保障国家粮食安全、维护全球粮食安全的新篇章，在扎实推动粮食流通事业中贯彻落实好“一带一路”战略。具体来说，要重点抓好以下五个方面。

（一）扎实推进重要物流通道和节点建设

要搭上“一带一路”建设的时代快车，积极争取中央和地方政策、资金支持，加快形成粮食流通基础设施互联互通的网络格局。要按照“八大物流通道”总体布局，加快推进西南和西北、华东沿海、华南沿海粮食物流通道建设，尽快畅通筋脉。要重点抓好沿线18个省份26个重点物流节点的建设，培育壮大西部粮食物流中心（重庆）、西南粮食安全基地（云南）、舟山国际粮油产业园（浙江）等一批粮食物流园区，破解瓶颈，补齐短板，为粮食资源跨区域、长距离、大规模、高效率流通打下坚实的硬件基础。

（二）积极推动粮食产业集群发展

要紧跟“一带一路”建设步伐，重点加强粮食产业基地和产业园区建设，进一步提升产业层次，优化发展环境，吸引优势企业、先进技术、高端人才和资金不断涌入，充分发挥集聚、辐射和带动效应。要注重发挥区域比较优势，突出本地特色，学习借鉴“山东滨州模式”，在优势产区发展若干粮食产业集群，形成优势互补、互利互惠、合作共赢的产业经济发展新格局。

（三）不断优化粮食进出口布局和品种结构

要加强与“一带一路”特别是周边国家相关农业和粮食机构的沟通与联系，拉紧相互利益纽带，结成利益共同体，建立稳定的粮食合作战略伙伴关系。要在巩固现有贸易关系基础上，积极探索发展与东南亚地区稻谷、油料等贸易合作、与中亚、西亚及欧洲地区小麦、粗粮等贸易合作，与美洲地区大豆、玉米等贸易合作，不断优化进口结构，健全多边多元、稳健可靠的粮食进口格局。同时，瞄准国际市场，积极开发优质粮油加工产品特别是精深加工产品，不断提升粮食产品的国际竞争力，逐步拓宽出口渠道，积极利用国际市场消化国内粮食库存，推动国内粮食产业结构优化升级。

（四）加快培育一批具有国际竞争力的大粮商

要继续深化国有粮食企业改革，积极发展混合所有制经济，加大兼并重组力度，加快资源整合，组建跨区域、跨领域、跨所有制的大型粮食企业集团。要拓宽思路，立足优势，因企制宜，既可以聚焦某个领域，走专业化发展道路，打造一批核心竞争力突出的“高精尖”专业性企业集团；也可以走一体化全产业链发展道路，培育一批集粮食生产、仓储、物流、加工、贸易于一体的综合性企业集团。依托领军型产业集团，形成“走出去”合力，积极参与国际粮食分工和产业链再造，提升国际粮食市场影响力和话语权，加快构建起动态开放、稳健可靠、调控高效的粮食安全保障体系。

（五）进一步加强粮食流通国际合作交流

按照政府引领、企业主体、市场运作的原则，积极与“一带一路”沿线国家在粮食重点领域开展多层次合作交流。要加强国际产能合作，在农业资源丰富、生产成本较低、接近目标市场的国家和地区，加大投入力度，形成生产加工能力，培育新的经济增长点，变产品输出为产能输出。要充分发挥仓储设施建设、绿色生态智能储粮技术、生物防治技术、粮油加工机械、质量安全快速检测、农户产后减损技术示范等方面的优势，积极推动先进技术输出，使相关国家地区共享我们的发展成果。要大力引进国外先进的粮食现代物流技术、粮油精深加工技术、粮食流通信息化技术和先进管理经验，加快补齐粮食产业短板，破解瓶颈制约，实现协调健康发展。

“一带一路”战略内涵深刻、内容丰富、前景广阔，以上五个方面是当前粮食系统抓好贯彻落实的切入点和突破口，各地要结合实际，拓展思路，在更为广泛的领域大胆作为、积极作为，务求实效。

三　着力强化贯彻落实“一带一路”战略的保障措施

“一带一路”建设是一项宏大的系统工程，涉及范围广，时间跨度长，抓好贯彻落实有大量具体工作要做。全国粮食系统要把贯彻落实“一带一路”战略作为当前和今后一个时期的重大任务，精心组织，周密安排，扎实推进，务求实效。

（一）加强组织领导

为了进一步贯彻落实好“一带一路”战略，国家粮食局决定成立全国粮食系统推进“一带一路”建设工作小组，负责“一带一路”建设工作的统筹领导和组织协调。各地也要相应成立工作机构，强化组织保障，完善工作机制，做到工作有人抓，任务能落实，迅速形成上下联动、各司其职、各展所长的良好局面。

（二）加强规划引导

目前，国家局和各地正在抓紧制定粮食行业“十三五”规划，要把“一带一路”建设既作为规划的重要内容，又作为重要载体，摆上突出位置。通过出台规划、搭建平台和提供服务，引导各方面有计划、有组织、有秩序地参与到“一带一路”建设中。

（三）加强沟通协调

按照共商、共建、共享的原则，加强与沿线国家相关粮食管理机构的沟通衔接，不断充实完善“一带一路”粮食领域的合作内容和模式。探索建立联席会议制度，加强谋划研讨、信息共享，凝聚共识、形成合力。各地要积极争取当地党委政府支持，加强与相关部门的沟通交流，推动形成政策、资金等方面的合力。大力调动各类粮食经营企业的积极性，引导更多社会力量投身“一带一路”建设，努力形成政府、企业、社会有机结合的推进格局。

（四）加强区域联动

各地粮食部门要传承发扬“和平合作、开放包容、互学互鉴、互利共赢”的丝路精神，牢固树立“全国一盘棋”思想，依托各自比较优势、区位优势、资源优势，加强粮食产销衔接、产业合作、设施互联、信息互通，推动粮食产业集聚发展，实现区域合作共赢。

同志们，贯彻落实“一带一路”战略任务繁重、使命光荣，让我们团结一致、开拓进取，积极作为、扎实工作，为推动“一带一路”建设、保障国家粮食安全作出新的更大的贡献！

在全国粮食流通工作会议上的总结讲话

国家粮食局党组成员、副局长　徐鸣

2016 年 1 月 9 日

全国粮食流通工作会议圆满完成各项议程，今天就要结束了。与往年一样，今年的会议照样开得很成功，有新的特点。李克强总理、张高丽副总理、汪洋副总理三位国务院领导连续三年对会议作出重要批示，徐绍史主任连续三年专门出席会议并作重要讲话，这两个连续三年表明了党中央、国务院和国家发改委对国家粮食安全的高度重视、对粮食行业的关心，也是对粮食工作的肯定。

从会议内容上看，与会同志认真学习了李克强总理、张高丽副总理和汪洋副总理的重要批示精神，认真学习了徐绍史主任的重要讲话精神，认真学习了任正晓局长的工作报告。在“十三五”的开局之年，会议不仅研究部署当年工作，还明确了今后五年粮食行业的发展思路和主要任务。按照中央“四个全面”战略布局，会议对粮食行业的党建工作提出了要求，表彰了“四无粮仓”先进集体和先进个人，推出了新时期粮食行业的新典型——河北柏乡粮库，正式启动向柏乡粮库学习活动。

分组讨论中，大家交流了学习国务院领导重要批示和徐绍史主任重要讲话的体会，对正晓局长的工作报告给予高度评价。同时，也反映了地方粮食工作面临的形势和一些问题，提出了许多好的意见和建议，我们将认真整理归纳，逐项研究，该吸收的吸收，该解决的解决，该改进的改进。

国务院领导同志的批示会后将通过机要传给大家，徐绍史主任的讲话已经印发，各地要认真组织传达学习、贯彻落实。正晓局长的工作报告对粮食行业落实党的十八届五中全会、中央经济工作会议和中央农村工作会议精神，以及国务院领导的批示精神和徐绍史主任的讲话精神，作了具体部署和安排。下面，我就如何贯彻落实谈四点意见。

一　围绕党的十八届五中全会抓落实

十八届五中全会对“十三五”时期我国经济社会发展作出了全面部署，提出了创新、协调、绿色、开放、共享的发展理念。工作报告就粮食行业牢固树立和认真贯彻五大发展理念作了具体安排，是全会精神在粮食行业的落地和细化，是粮食部门谋划“十三五”各项工作的基本遵循，也是编制行业“十三五”规划的重要依据。因此，落实工作报告要求必须与学习贯彻五中全会精神有机结合起来。

一要树立新理念。习近平总书记强调，五大发展理念，是我国发展理念的重大创新，是“十三五”乃至更长时期我国发展思路、发展方向、发展着力点的集中体现。这五大理念，是关系我国发展全局的一场深刻变革。具体到粮食行业，必须实现一系列重大转变。发展动力上，由主要依靠资金、资源和人力的大量投入，转向以人才为核心，以科技创新、体制创新、管理创新为主要引擎。发展模式上，由主要管收购仓储保供，扩展到收储加运销协调发展，产供需总体对称，大力推进绿色低碳生态，实现协调发展、可持续发展。发展空间上，由单一的国内市场，延伸到统筹国内外两个市场、配置国内外两种资源。发展成果上，努力走出“谷贱伤农、米贵伤民”消极循环，在逐步增加种粮农民收入的同时提升人民群众粮食消费水平，不断增强生活幸福感。主产区、主销区、产销平衡区涉粮利益趋于均衡，粮食生产、储备、流通、加工各主体共同发展。

二要明确新任务。这次会议按照五大发展理念的要求，对“十三五”时期粮食行业的发展提出了一系列新任务。为了大家学习贯彻，把重点归纳成四项。一是发展产业经济，这是继“粮安工程”、粮食安全省长责任制后又一个大战役，发展粮食产业经济是进一步发挥粮食行业在国民经济中重要作用的需要，是实现协调健康可持续的需要。要在抓好粮食收储保供的同时，以粮食加工转化为引擎加速粮食行业转型升级，打造一批辐射范围大、带动能力强的粮食产业集群。二是“粮安工程”要在继续抓好仓储设施建设的同时，着力抓好仓储设施的提档升级，提升现代化功能。三是在体制机制上，强化粮食安全省长责任制的考核，改革完善粮食收储和价格形成机制，加快推进粮食企业改革。四是扩大开放，引进一批国外先进技术和管理经验，积极参与“一带一路”建设，重点是推动粮食精深加工产品和粮食仓储设施、机械设备、仓储技术“走出去”。

三要编制好规划。此次会议关于今后五年的任务和要求，要落脚在“十三五”行业规划上。首先要高度重视，国家粮食局“十三五”行业规划编制领导小组由正晓局长亲自挂帅，各地粮食部门的主要负责同志也应亲自主持，组织骨干力量，成立相应的班子，建立工作机制，抓紧开展工作。其次要领会中央精神，明确全面建成小康社会对粮食流通工作的新要求，准确把握五大发展理念的本真内涵，认真落实正晓局长提出的“三大战略”“三个重点”“三个衔接”的具体要求，确保规划编制的正确方向。编制粮食行业五年规划一定要有宏观思维、战略思维，对经济社会发展全局关联度、影响力越大，越能受到各方面重视，才能真管用。否则就是自拉自唱。再次要科学编制规划，搞好研究论证，确保各项目标、指标的合理性和可行性，既不能过了冒了，也不能小了低了。把粮食流通能力现代化、粮食产业经济发展、粮食行业信息化、绿色生态储粮等重点问题的内涵弄懂弄透，在此基础上编制好规划。最后要抓政策保障。主动与发展改革、财政、税务等部门沟通协调，积极争取政策和资金支持，能够明确的应写到规划中去，提高规划的含金量。只有把各项支持政策协调好、写实了，规划才有力度、才能落地。

二 围绕中央经济工作会和农村工作会抓落实

这次会议按照中央经济工作会议、中央农村工作会议等决策部署，对今年粮食工作作出了具体安排，提出了“四个突出抓好、四个深入推进”的重点任务。我理解，“四个突出”是需要尽快见效的，“四个深入”是要持续推进的。这八项任务完全符合中央关于今年经济和农村工作的要求，我们要深刻领会，分类施策、分项发力，确保全年任务的完成。

前两个“突出抓好”，是应对粮食阶段性结构性过剩。当前，粮食产量、库存量均创历史最高，给粮食收购、安全储粮和消化库存带来前所未有的压力。所以，会议要求坚决打好粮食收购“攻坚战”和安全储粮“持久战”。打好这“两战”，必须要提早谋划、统筹安排、充分准备、有效应对。在今年粮食收储的巨大压力面前，我们没有退路，必须挺起粮食人的脊梁，不辱使命、迎难而上、全力以赴，绝不能因为我们的工作不到位挫伤农民种粮积极性，给国家粮食安全带来不可挽回的损失。要切实做到两个“确保”，即确保不出现“卖粮难”、确保储粮安全。

后两个“突出抓好”，是“十三五”开局的工作。万事开头难。只有起好步，后面的路才能走的顺。粮食产业经济是“十三五”时期要着力抓好的重点领域，之前粮食行业在这方面介入不深，基础较薄，抓手不多，怎么办？从哪里入手？路径是什么？手段是什么？都是亟须解决的问题，今年内应当明确立足点、找准突破口，尽快与有关部门协调，制定规划、建立机制、拿出政策措施，对行业和企业形成引导力和调控力。否则，就是开空头支票，空有理念，难见实效。粮食安全责任考核，是贯彻国务院粮食安全省长责任制的重要举措，也是一项非常敏感的工作，今年是头一年进行考核，第一次搞好了今后就顺利；搞不好，以后再扳回来就难了。所以要精心组织，周密安排，确保首战成功。

四个“深入推进”，是以往工作的延续，需要持续发力。“粮安工程”规划实施两年来，粮食行业迎来了新一轮投资热潮，尤其是新建库容和危仓老库改造取得了显著成效。从今年开始，要在继续加强仓储设施建设的同时，把重点更多地放到提升粮食仓储的现代化能力上来，放到建设粮食物流大通道上来。要及早与发改、财政等部门协调，争取理解、认同和支持。改革和法治工作都需要不断深化，今年改革的任务比较重，粮食价格形成机制、粮食收储制度、粮食竞价交易系统等需要在改革中完善，深化国有粮食企业改革还要下更大的气力，这些在工作报告中都作了安排，各地要认真贯彻落实。科技兴粮和人才兴粮实施两年来，取得了显著成效。今年要在粮食科技方面有所突破，努力让人才、科技在传统的粮食行业绽放异彩，真正发挥核心作用和第一生产力作用。扶贫和援疆援藏是全面建成小康的战略性任务，中央专门开了会议，粮食部门要发挥行业优势，主动担当、锲而不舍地抓紧抓好。

三 围绕本地实际抓落实

此次会议对全行业的发展作了全面部署。各地在贯彻过程中，既要把握精神实质和总体要求，又要与本地实际相结合、创造性地加以实施。

第一，立足本地实际。粮食行业的特点是差异大，东、中、西各不相同，南、北方情况各异，主产区、主销区、产销平衡区任务各有侧重，贯彻会议精神要因地制宜、突出重点，不能眉毛胡子一把抓。完成今年更加繁重的任务、谋划好“十三五”发展，必须把本地的情况搞准搞透，有针对性地施策发力。

第二，坚持问题导向。这是习近平总书记教给我们的重要哲学思想，是干好工作的方法论。工作报告对粮食行业面临的矛盾和问题进行了客观分析，比如在粮食供求仍然紧平衡的状态下出现了阶段性结构性过剩、粮食流通有了很大发展但现代化水平还相对较低、粮食产业经济活力还不强、市场体系尚不完善，粮食的质量安全、供给结构还不适应消费需求的发展，改革有待于进一步深化，等等。各地在落实会议精神时，只有找准问题、抓住主要矛盾，工作才有针对性，才能有的放矢、精准发力，取得事半功倍的效果。

第三，发挥首创精神。思路在基层、高手在民间。在国家局层面搞好顶层设计非常重要，但地方的首创精神同样重要。改革开放三十多年来，我国的改革举措很多都来源于地方，粮食行业的发展也不例外。工作中一定要打开思路、勇于突破，不能被固有的东西束缚住手脚。在座的各位局长工作经验丰富，素质高、能力强，充满活力和智慧，只要大家解放思想、放开手脚、大胆探索，各种创新创造一定会喷涌而出，推动粮食行业迈进一个新的时代。

四 围绕加强和改善党的领导抓落实

工作报告按照“五个同步”要求，对粮食行业的党建工作作出了部署、提出了要求，针对性、操作性很强，要贯彻落实好必须做到以下三点：

一是真重视。党的十八大之后，党中央把党建工作提升到了一个新的高度，全面从严治党作为“四个全面”的重要组成部分，是各级党组织必须完成的任务。习近平总书记强调，如果我们党弱了、散了、垮了，其他政绩又有什么意义呢？要把抓好党建作为最大的政绩。粮食部门的同志一定不能有党建工作是软任务的错误认识，真正担负起抓党建的硬责任，确实履行好“一岗双责”。

二是真用力。要像抓业务工作那样，按照中央要求用心谋划本单位的党建工作，花时间、花精力抓党建工作，配备得力的党建干部队伍，做到有部署、有措施、有抓手、有监督、有检查。当前和今后一个时期，要敬终如始地抓好“三严三实”专题教育，要结合粮食行业的实际、本单位本系统实际、班子和个人实际，深入查摆整改问题，要把崇严尚实精神在粮食行业深入持久地贯彻下去、树立起来。

三是真见效。工作报告部署的党建工作三个重点，各地要认真把握精神内涵，切实下功夫抓好落实，务求取得实效。检验的标准就是领导核心作用和战斗堡垒作用更强，党员干部讲政治纪律守政治规矩更加自觉，粮食行业多发易发的腐败和违规案件明显减少。这次会议表彰了弘扬传承“四无”粮仓精神先进集体和个人，启动了向河北柏乡粮库学习活动，各地要按会议要求，迅速掀起学先进、赶先进、讲奉献、比贡献的热潮，进一步凝聚推动粮食行业持续健康发展的强大正能量。

五 岁末年初需要抓好的几项重点工作

第一，抓好安全生产工作。1月6日，国务院召开全国安全生产电视电话会议，马凯副总理、郭声琨和王勇国务委员3位国务院领导同志出席会议。会议传达了习近平总书记上个月24日关于安全生产的重要讲话、李克强总理近期就安全生产作出的重要批示，两位领导的讲话和批示再一次强调了安全生产的重大意义，对安全生产工作提出了新的更高要求。马凯副总理在讲话中分析了全国安全生产的严峻形势，部署了今年全国安全生产重点工作，要求做到“六个着力”，即着力完善落实安全生产责任制、着力遏制重特大事故频发势头、着力提升安全生产法治化水平、着力深化安全生产领域改革、着力加强安全基础和能力建设、着力推进安全监管方式方法创新。从四个方面强调做好近期安全生产工作：要求强化红线意识和责任担当，对安全生产工作进行再检查再落实；认真开展安全隐患大排查、大整治，强化打非治违；突出城市建设运行安全风险防范；强化重点行业领域安全监管，落实有效管控措施。

各级粮食部门要高度重视，切实贯彻好全国安全生产电视电话会议精神，按照国家粮食局《关于做好冬季和“两节”期间安全生产工作的通知》要求，全面落实企业安全生产主体责任，层层落实行业监管责任，迅速开展一次安全生产大排查，重点加强对露天储粮、简易存储设施储粮、储粮化学药剂管理与使用、进出仓作业等重点部位的安全检查，即查即改，彻底消除安全事故隐患。本月中下旬，国家粮食局将组成由局领导带队的安全工作检查组，分赴重点省份督查督导贯彻会议精神的情况和安全隐患排查结果，对于检查中发现的工作不认真、措施不到位，存在重大安全隐患的要严肃追究责任。

第二，抓好秋粮收购。今年秋粮收购任务繁重，而且越往后越难，各地要按照会议要求，认真组织好粮食收购工作。执行最低收购价和临时收储政策的地方，要严格执行国家粮食收购政策，敞开收购、应收尽收、随到随收；没有启动政策性粮食收购的地方，粮食企业要积极入市收购，搞活粮食经营，确保不出现“卖粮难”。时值年关，正是农户急需售粮变现的时候，各地要及时兑付卖粮款，决不允许“打白条”，切实保护好种粮农民利益。

第三，做好粮食市场保供稳价工作。各地要按照国家发展改革委、国家粮食局《关于做好2016年“两节”“两会”期间粮油市场供应有关工作的通知》要求，加强粮源组织调度，充实地方粮油库存，加强粮油加工、储运、配送、供应各环节的有效衔接，确保市场供应和价格基本稳定。要强化粮油质量安全监管，进一步落实监管责任，让人民群众安全消费、放心消费、健康消费。

第四，做好春节期间各项工作。一是新春佳节将近，各地要严格遵守中央八项规定，狠抓党风廉政建设的关键时点，坚决反对“四风”，杜绝利用过年过节收受红包礼金，确保风清气正过“廉节”。二是要开展多种形式的“送温暖、献爱心”活动，走访和慰问部队官兵、离退休老同志、生活困难职工及家属，切实采取措施，帮助他们解决实际困难，确保城乡居民度过一个欢乐祥和的节日。

同志们，今年的会议开得早、任务多，大家回去后要及时向党委、政府汇报，尽快传达会议精神，各省区市要争取在春节前把粮食工作会议开了，尽早把各项任务安排布置下去。最后，祝大家春节快乐。谢谢。

在全国粮食行业安全储粮和安全生产视频会议上的讲话

国家粮食局党组成员、副局长 徐鸣

2016 年 11 月 11 日

同志们：

今天，国家粮食局会同中储粮总公司召开全国粮食行业安全储粮和安全生产视频会议，各省（区、市）粮食行政管理部门的主要负责同志和分管安全的同志，中储粮、中粮、中航及其分支机构和各地省级粮食企业的有关负责同志参加会议。这次会议的主要任务是：深入学习贯彻习近平总书记、李克强总理关于全国安全生产工作的重要批示精神，对做好“两个安全”工作、切实守住粮食工作的“底线”进行再动员、再部署，再一次敲响警钟，打响“两个安全”保卫战。刚才，吉林、黑龙江、江苏、安徽 4 个省粮食局负责同志介绍了本省安全储粮和安全生产情况，以及下一步工作安排。中储粮仓储部部长巩福生同志介绍了中储粮系统安全储粮和安全生产情况，对下一步工作提出了具体要求。下面，我讲五个方面意见。

一 从讲政治的高度重视安全储粮和安全生产工作

党中央、国务院高度重视粮食安全和安全生产工作。10 月 30 日，习近平总书记作出重要批示强调，安全生产事关人民福祉，事关经济社会发展大局，要牢固树立发展决不能以牺牲安全为代价的红线意识，以防范和遏制重特大事故为重点，要坚持标本兼治、综合治理、系统建设，坚持党政同责、一岗双责、齐抓共管、失职追责，严格落实安全生产责任制，更好维护广大人民群众生命财产安全。李克强总理也作出重要批示要求，安全生产是经济社会发展的重要基础和保障，要坚持人民利益至上，切实增强红线意识，狠抓隐患排查、责任落实、健全制度和完善监管，加快建立安全风险防控体系，更加细致扎实地做好安全生产各项工作。我们召开这次会议的目的，就是认真贯彻落实党中央、国务院关于保障国家粮食安全和安全生产的重要指示和要求，进一步强化粮食行业广大干部职工的安全储粮和安全生产意识，切实抓好“两个安全”工作。

安全储粮和安全生产是粮食部门的基本职责，如果“底线”守不住，其他一切无从谈起。我想强调三点：一是重视“两个安全”与否是党性强弱的表现，粮食部门的党员干部特别是领导干部如果不重视安全储粮和安全生产，就是对国家粮食安全不负责任，就是对人民的生命财产不负责任。二是重视“两个安全”与否是检验“四个意识”的一个标尺，党中央、国务院高度重视粮食安全和安全生产工作，习近平总书记反复强调，要从严从实从细抓好安全工作，确保不发生重大安全生产事故。粮食部门的同志如果不把“两个安全”工作做到位，核心意识、看齐意识从何谈起？三是重视“两个安全”与否是做好各项粮食工作的根基所在，其他工作做得再好，如果对“两个安全”不重视、安全隐患不消除，储粮出现问题、安全生产事故频发，一票否决，一切归零。

二 充分认识安全储粮和安全生产的严峻形势

一是库存粮食多。现在我国粮食库存数量之多前所未有。这既为国家粮食安全提供了丰富的粮源保障，也给粮食保管和生产作业带来了巨大挑战。如何把巨量的具有生物特性的粮食保管好，确保不出现大规模坏粮，任务异常艰巨。与高库存相对应，各种作业尤其是进出仓、车辆设备运行、熏蒸用药等十分频繁，当前正值秋粮收购期，安全生产压力非常大。

二是仓储设施有短板。目前，全国仍有不少的粮食储存在简易仓、罩棚仓、囤垛等简易仓囤里，还有相当一部分 20 世纪 80 年代之前建设的仓容仍在储粮，这些老旧设施储备的粮食风险很大。

三是粮食储存时间长。粮食储存时间过长容易变质，损耗增加、质量下降。今年以来，经过综合施策"去库存"，去掉了一些库存，但随着时间推移，又将有一批粮食达到储备年限，给后续安全保管带来新的压力。

四是气候异常自然灾害频发。今年受厄尔尼诺现象影响，春夏洪涝灾害比较严重，一些地方粮食在生长环节、收获时节受到影响，引发质量问题。气象部门预测，今冬还有拉尼娜现象，可能产生新的不利因素。随着气候变化日趋复杂，应对极端天气和自然灾害可能成为常态，粮食保管和安全生产面临新的挑战。

五是粮食从业人员构成变化。由于库存量巨大，保管人员相对不足，许多粮库在编人员不够，雇用临时人员较多，这部分人员大多缺乏专业知识和储粮经验，责任意识、安全意识不强，成为安全储粮薄弱环节。粮食进出仓搬运、驾驶等也越来越依赖外包作业，近年发生的安全事故大多是外包作业人员违规操作所致。

六是事故时有发生。今年以来，全行业发生生产安全事故 13 起、死亡 20 人。其中有 7 起是粮堆埋人，死亡 13 人。倒车、熏蒸也是安全生产事故多发点。东北等储备任务较重主产区，占事故的八成。主销区也不能高枕无忧，今年以来，一个销区省就发生因熏蒸散气后入仓不当人员死亡的事故。这些事故主要是由隐患排查治理不彻底、生产作业管理不规范导致的。

三 必须把安全储粮和安全生产责任制落到实处

发生事故的背后往往是责任不落实，要避免事故发生，就必须压实责任，强化追责问责。

一是各级粮食行政管理部门要切实履行行业监管督导责任。要切实加强日常性和重点时期的指导和检查，发现问题决不能手软，要监督企业及时处置隐患，抓早抓小，善于总结和防范系统性风险。一旦失之于宽松软，出了事就要承担监管不力的责任，天津港"8·12"爆炸事故监管缺失是一个重要原因，国务院对监管不力的单位和人员已经给予了严肃处理，我们一定要从中吸取深刻教训，引以为戒。尽快建立起"一把手"和分管领导的责任追究制度。

二是中储粮系统各分公司要按照总公司的部署要求，认真抓好直属库及其外租仓"两个安全"责任落实，还要承担起对代储、委托库点的监督和指导责任。要及时发现问题苗头，督促隐患整改，决不能对本库以外的安全工作不闻不问、对安全风险听之任之。要发挥技术和管理上的优势，指导政策性粮食承储企业守住"两个安全"的底线。特别是租仓库点，决不能搞一租了之，要像对待直属库一样承担直接管理责任。

三是各类粮油仓储单位要切实承担起主体责任，特别是要落实企业负责人第一责任人的责任。“两个安全”能否在企业落实，关键看负责人重不重视、抓不抓紧，坏了粮、出了事，首先追究负责人的责任。因此，主要负责人必须亲自抓，分管负责人必须直接管，要真抓真管、逐级传导，细化企业内部各层级、各岗位的责任，落实到人，形成高压态势，实行全员风险管理。

四是不但要明确责任，更要严格问责追责。中储粮、中粮等中央粮食企业在安全储粮、安全生产方面创造了不少好做法好经验，把安全生产考核与人事录退、绩效奖金、工资等级挂钩，不管是企业负责人还是一线操作人员，都密切相关其切身利益，发现问题或出了事故，让其付出代价，感觉到“疼”。有必要查处几个典型案例，彰显不履行责任的后果，该予党纪政纪处分的坚决处，该予行政处罚的坚决罚，该向司法机关移送案件的坚决送，形成强有力的震慑。

四 全面贯彻实施安全储粮和安全生产“两个守则”

10 月下旬，国家粮食局就贯彻执行《粮油安全储存守则》和《粮库安全生产守则》印发了通知。这“两个守则”是在中储粮大力支持下，组织安全储粮、安全生产方面的专家用了半年多时间，在对以往制度标准和实践经验进行系统归纳总结的基础上提炼编写而成的。一定要把这“两个守则”贯彻好、落下去，真正使之成为粮食从业人员的基本准则和作业规范。我强调两点：

一要认真开展“两个守则”的全行业全员培训。国家粮食局已经印发《关于在粮食行业开展安全储粮和安全生产全员培训的通知》及《培训大纲》。各地粮食行政管理部门和中储粮、中粮、中航各分公司要按照通知的要求和培训大纲的安排，制订完善培训方案，周密组织培训工作，精选师资人员，科学编排培训内容，创新培训方式，加强培训考核，确保培训效果，实现从各级部门到基层粮库一线所有管理与作业人员做到应知应会。

二要切实将“两个守则”贯彻到日常管理工作中。寓管理于培训之中，目的就是要促进守则在日常管理工作中的执行。从现在开始基层粮库一线必须按照“两个守则”的内容及要求，规范粮油保管和生产作业。要加强对一线人员包括外包人员的日常培训，切实规范作业与管理行为。各地粮食行政管理部门和中储粮、中粮、中航各分公司要对“两个守则”的贯彻落实情况加强检查指导。

五 全面开展秋冬安全储粮和安全生产大检查

当前已逐渐进入秋粮收购的高峰阶段，安全储粮和安全生产处于关键时期。为有效应对高库存下安全储粮和安全生产的严峻形势，国家粮食局决定开展秋冬粮油安全大检查，通知已经下发。今天的会议就是开展安全大检查的动员会、部署会。会议之后，各地粮食行政管理部门和中储粮、中粮、中航各分公司要按照通知要求，精心组织，迅速行动，把大检查扎扎实实地开展起来。

这次大检查的方式是，先由各粮油仓储单位按照通知要求进行自查，省级粮食行政管理部门和中储粮、中粮、中航各分公司负责组织督查指导，并通过抽查的方式检查验收。也可以采取地方粮食行政管理部门与央企分公司组织相互检查。无论采用哪种方式，检查、督查、抽查人员都必须深入现场，对检查结果签名负责，承担责任。

这次大检查的主要内容是：第一，检查各级落实安全储粮和安全生产责任制的情况，安全责任是否层层压实，做到责任到人、责任到岗。第二，检查各项安全制度、安全措施落实情况，风险防范机制、隐患排查机制是否健全。第三，检查设施设备是否完好，是否符合储粮安全、生产安全标准和要求。第四，检查从企业负责人至一线职工的管理与作业情况，是否做到应知应会、按标准按程序规范操作。

要把安全大检查过程作为隐患排查的过程。针对今年降雨量普遍偏多、超期储备粮食快速增加的情况，大检查中要对粮情进行一次全面摸底调查、对各种安全隐患进行一次全面排查。根据不同地域、不同入仓时节、不同储存品种以及不同质量等级的粮情，进行分类检查、分析研判，及早发现苗头性、倾向性、趋势性问题，有效加以处置。重大粮情要及时报告，务必防止出现系统性风险。大检查中，也要对安全生产形势作出分析判断，以粮库为单位查找安全生产的薄弱环节，该加强的加强、该排查的排查、该处置的处置。做到不留死角、不留隐患，更不留遗憾。

在全面加强风险排查和防范的同时，要根据区域特点有重点地加强风险控制。东北地区要突出抓好千吨囤、钢筋囤、蓆茓囤和罩棚、罩棚仓、钢构简易仓等简易仓囤的规范装粮、粮情检测，适时对各类储粮形态进行通风降温，防止因气温降低过快造成结露，同时要强化进出仓、烘干等安全作业管理。南方稻谷主产区要突出抓好罩棚、罩棚仓、钢构简易仓等简易设施的规范装粮、粮情检测和虫霉防治，控制各类入仓粮食水分杂质，抓住时机通风降温，严格按规范要求进行熏蒸及散气作业。其他地区也要根据自己的实际情况，因地制宜采取适用有效的保粮措施与安全可靠的作业方案。不管是安全储粮还是安全生产，都要把外租仓和外包作业作为整治重点，切实补短板、破瓶颈。在应对处置问题隐患的过程中，各地要加强指导，注意发挥好本地安全储粮与安全生产技术指导专家组的作用。

为保证大检查的效果，必须一级抓一级，国家粮食局会同中储粮总公司适时组织重点督查，督查今天会议精神的贯彻情况，督查大检查是否按通知要求落实到位、是否存在死角和漏洞、上报的情况是否属实。

同志们，安全储粮和安全生产责任重大。中储粮作为中央事权粮食的执行主体，安全储粮、安全生产的任务非常艰巨，今天的会议我们两家一起召开，就是要形成合力、强化责任，共同承担起保障安全的重要使命。我们一定要按照党中央、国务院关于国家粮食安全的决策部署和安全生产的各项要求，深入学习宣传贯彻党的十八届六中全会精神，强化红线意识和底线思维，认真落实"一规定两守则"，坚决打赢高库存下安全储粮和安全生产这场硬仗，切实守护好国家粮食安全和人民生命财产安全。

谢谢大家！

身在兵位　胸为帅谋
全面做好新时期办公室工作

——在全国粮食系统办公室主任座谈会上的讲话

国家粮食局党组成员、副局长　曾丽瑛

2016年10月18日

同志们：

今天，我们齐聚北京召开全国粮食系统办公室主任座谈会，这对于研究探讨新时期办公室工作的特点、任务，总结交流经验，扎实推进新形势下的粮食系统办公室工作，有着十分重要的意义。

近年来，各级粮食行政管理部门在党中央、国务院和各地省委、省政府的正确领导下，认真贯彻国家粮食安全新战略和中央关于粮食流通工作的部署，抓收购、稳调控、促改革、谋发展，着力保证粮油供应、稳定粮食市场、保护种粮农民和消费者利益，确保国家粮食安全、经济社会持续稳步发展。这些成绩的取得，与各级粮食部门的努力工作是分不开的，也与在座各位代表的辛苦付出是分不开的。在此，我代表国家粮食局党组向与会同志并通过你们向粮食战线广大干部职工表示衷心的感谢！

我们今天是办公室系统的会议。办公室在机关和行业起着枢纽作用，党务、政务、业务、事务等工作头绪多，焦点也多，我们要在纷繁复杂的工作中理出头绪，从容应对，把办公室的工作放在全局中去考虑、去谋划，增强工作的敏感性，善于发现和抓住“一滴水见太阳”的东西，做好大局文章。下面，结合当前粮食形势和自己工作实践，我从三个方面与大家交流一下对办公室工作的理解、感悟和希望。

一　身在兵位，胸为帅谋，要增强底线思维意识，围绕粮食流通工作深入调查研究，多出好主意

“身在兵位，胸为帅谋。”一个人即使地位不高，也要有大局意识，遇事要从国家和集体利益出发，从全局高度想问题、办事情。这句古训对我们办公室的同志非常适用，习近平总书记在考察中央办公厅时就指出：“要围绕大局出谋划策、贡献智慧，身在兵位，胸为帅谋，主动对党和国家全局工作、对党中央抓的重点工作进行深入研究，多出大主意、好主意。”如何做到“身在兵位，胸为帅谋”？

一是站位要高一些。法国拿破仑说过“不想当将军的士兵不是好士兵”，这与“身在兵位，胸为帅谋”的说法不谋而合，一名普通士兵也可以像将军甚至元帅那样来考虑战略问题，这也是一名优秀士兵的必要条件。同样，我们办公室的同志虽处“兵位”，但要目标远大，善于思考大局问题，既要胸怀大局又要脚踏实地，既要善于从大处着眼又善于从小处着手，如果能把大小结合起来、把兵帅的作用充分发挥出来，大家才能“心往一处想，智往一处谋，劲往一处使”，从而把各方面智慧和力量

凝聚起来、调动起来，步调一致、齐心协力开拓粮食流通改革发展的新局面。

二是预想要多一些。《礼记·中庸》有云："凡事预则立，不预则废。"这个"预"就是有备无患、遇事不慌。这是古人对底线思维高度凝练的概括。在现实生活中，有备无患的关键在于"备"。习近平总书记不久前讲话中指出，凡事从坏处准备，努力争取最好结果，做到有备无患、遇事不慌、牢牢把握主动权。我们办公室的同志做任何工作都要强化底线思维，只有做到了"只要有百分之一的可能，就要做百分之百的准备"，才能有惊无险、化险为夷。相反，工作稀里糊涂，没有应急预案，在遇到问题和矛盾时就会手忙脚乱、难以应对，结果会造成全局工作的被动甚至失误。

三是调研要实一些。习近平同志在正定县任县委书记时，曾经一个人骑一辆旧自行车到距离县城30公里的西兆通公社调研，公社书记张五普在大院门口见到习近平惊讶地问："习书记怎么你自己来了？你认得路？"习近平说："打听，我打听着就来了。"也许这一路走来打听了不少群众、看到了不少实情、收获了不少务实的发展新思路，也有了令人信服的发言权。我们在求真务实和敬业精神方面要向总书记看齐，在工作调研中做到脑勤、嘴勤、腿勤，真心倾听群众呼声，摸出实情、听到民意，提出利国惠民的好政策。

二 身在兵位、胸为帅谋，要增强服务大局意识，在粮食流通工作中充分发挥办公室的职能作用

办公室作为整个机关的枢纽和窗口，承担着承上启下、协调左右，联系内外，确保机关政令畅通、运行有序的重要职能。随着粮食宏观调控的加强和粮食流通体制改革的推进，粮食流通工作的内容和方式也随之发生了重大变化，无论怎么变，我们都要始终把围绕中心、服务大局作为办公室工作的价值取向和政治责任，围绕粮食流通工作中心开展各项工作，充分发挥办公室的职能作用，在服务大局中找到最佳定位，做到最大有为。

一是重视和发挥参谋助手作用，确保领导科学决策。办公室承担着直接为领导服务的工作，其核心就是为领导决策服务。因此，办公室的同志要主动培养和树立当参谋助手的意识，准确把握领导决策不同环节的不同特点，找准工作的切入点和着力点，增强工作的科学性、系统性、预见性，更多地为领导决策出主意、想办法、提建议、拿方案，努力为领导决策提供全过程、高标准的服务。通过办公室的推动、协调、检查、督办，精准实施领导的决策，帮助领导把工作意图贯彻下去、落实到位，努力成为领导信任、得力、可靠的助手。

二是重视和发挥中心枢纽作用，确保政令畅通无阻。办公室是综合办事机构，对上报告，对下传达，对外常常是代言人。因此，办公室的同志必须在政治上与党中央保持高度的一致，在大是大非面前立场坚定、头脑清醒。必须时刻站在全局高度，想领导之所想、谋领导之所虑，时刻保持良好的工作状态，确保政令畅通、令行禁止。要注意改进和完善组织协调的手段和方法，最大限度地理顺关系、消除误会、避免摩擦、减少扯皮，保证工作顺畅，既不能缺位失职，又不能越俎代庖，更不能假传指令或报告不实之词。

三是重视和发挥督办督查作用，确保工作落到实处。为政之道，贵在落实。抓落实是办公室的核心职能之一。新一届党中央、国务院对抓落实工作高度重视，李克强总理在不同场合反复强调要狠抓落实。粮食系统办公室要把抓落实放在更加突出位置，真正将"抓落实是本职，不抓落实是失职"的

观念固化于心，主动谋事，勇于担当，确保决策部署得到不折不扣地贯彻执行。要主动研究抓落实的方式方法，切实把抓落实内化为信念，外化为习惯，固化为制度，以政令畅通为目标，以督查督办为载体，彻底解决个别干部既不守时间，也不按标准完成工作任务的问题。

四是重视和发挥桥梁、窗口作用，确保服务保障到位。办公室是了解和服务基层、联系群众的桥梁和窗口。工作人员要热情接待，周到服务，无论是接听电话、接待来人，还是处理公文、协调工作，都要做到谦虚谨慎、礼貌待人、文明办公、热情大方。要为基层更好地开展工作提供便利条件，加强信息交流，向基层提供便捷及时的信息服务，加大政务公开力度，使基层更多地了解党和政府的重大决策和工作动向，拓宽与群众联系和民主决策的渠道，广泛征询基层和群众的意见和建议，凝聚民心，集中民智，发挥民力。

三 身在兵位、胸为帅谋，要增强严实相成意识，忠实践行“五个坚持”，大力加强办公室队伍建设

习近平总书记视察中办并同中办各单位班子成员和干部职工代表座谈时，对中办工作提出了“五个坚持”的要求，这是我们在新形势下做好办公室工作的根本遵循，也是粮食系统办公室工作人员的行为指南，更是每一名党员干部加强党性修养的重要内容。我们要认真学习、深刻领会、坚决贯彻，树立科学的发展观、正确的政绩观和荣辱观，正确对待名与利、得与失、苦与乐，时刻做到把党和人民利益放在首位，谋事而不谋利，奉献而不索取，努力建设一支高素质、高水平的干部队伍。

一要绝对忠诚，经得起政治考验。办公室工作是政治性、全局性、政策性很强的工作，工作人员任何时候都必须绝对忠诚，把政治素质作为自身的第一素质，增强核心意识、看齐意识，坚持把对党绝对忠诚作为根本政治要求和最重要的政治纪律，始终在思想上政治上行动上同以习近平同志为总书记的党中央保持高度一致，增强党性立场和政治意识，提高政治敏锐性和政治鉴别力，在大是大非面前头脑清醒、旗帜鲜明，经得起大风大浪考验，决不能在政治方向上走岔了、走歪了，更不能走错了。

二要服务大局，挑得起工作重担。办公室工作必须紧紧围绕大局、时时聚集大局、处处服务大局，找准位置、出谋划策、发挥作用，使各项工作紧贴粮食流通需要、适应新形势下工作要求。要认真抓好学习，既要学科学理论和办公室业务知识，又要学现代技能和谋事处事本领。要提高综合能力，做到提笔能写，开口能讲，有事会办，尤其要把提高政策水平、写作水平作为增强业务能力的重中之重。要不断提高参与决策的能力，善于运用创造性思维，谋划具有粮食流通科学发展的工作思路。

三要作风严谨，经得起群众检验。要大力倡导求真务实的作风，从摸实情、办实事、创实绩上花力气。牢记“天下大事必作于细”的道理，对工作极端负责，不唯书、不唯上，切忌做表面文章、搞形式主义。要善于预测、分析和把握工作重点，善于领悟领导意图，从勤动脑、多思考、出计谋上下功夫，勤勤恳恳，兢兢业业，雷厉风行，提高办事效率，树立良好的对外形象。既要尊重领导，又要关心群众。待人接物要文明礼貌，不卑不亢，不能对上阿谀奉承、对下盛气凌人；对基层的同志要热情、客气，不能以大话压人，不能有衙门作风。

四要廉洁自律，抗得住各种诱惑。“吾日三省吾身”，谨记“当干部就不要想发财”，时刻牢记党

的性质和宗旨，牢记"君子爱财取之有道"的道理，做到严以修身、严以用权、严以律己，谋事要实、创业要实、做人要实。严格遵守党规党纪，堂堂正正做人，干干净净做事，做到不仁之事不为，不义之财不取，不正之风不染，不法之事不干，时刻绷紧廉洁自律这根弦，在思想上、行动上筑起拒腐防变的坚强防线。在协调各方关系、处理各种事务时，要坚持从党的事业出发，从大局出发，不能存有任何偏见和成见，不从个人恩怨出发，不以个人好恶为标准。

五要敬业奉献，耐得住艰苦寂寞。办公室的工作就是服务，服务就意味着奉献，没有奉献精神，服务就没有积极性、主动性和创造性。做好办公室工作，没有吃苦耐劳的作风，没有无私奉献的精神，是难以胜任的。要引导同志们把心思用在工作上，正确认识苦和乐、得与失的关系，牢固树立敬业奉献精神，养成"计利当计天下利"的胸襟，做到虔诚而执着、至信而深厚，守护好共产党人的精神高地。要慎独、慎微、慎初，耐得住清苦，守得住寂寞，在工作和奉献中体现自己的人生价值。

我想说的主要就是这三个方面。今天 31 个省（区、市）和新疆生产建设兵团办公室的同志都来了，其中有 21 名办公室主要负责同志专程赶来，这说明大家都非常重视这次座谈交流的机会。办公室工作不容易，对内要统筹，对外要协调，大家非常辛苦，在这里向同志们再次表示敬意。一个单位的工作效率、质量、效果、形象问题，都与办公室有极大关系，在座的与会代表的工作做得非常好，也积累了丰富经验。这回请大家来座谈，就是希望多提宝贵意见，谈谈经验和感受，相互交流，这样能够很好地促进粮食系统办公室工作。

谢谢大家。

在2016年全国粮食流通监督检查行政执法培训班上的讲话

国家粮食局党组成员　赵中权

2016年11月2日

同志们：

这次全国粮食流通监督检查行政执法培训班是国家粮食局批准举办的，今天正式开班了。参加这次培训班的都是各省粮食流通监督检查行政执法的业务骨干，还邀请了各省负责粮食安全省长责任制考核工作的同志参加，湖北省各市、县粮食监督执法人员和粮食安全责任制考核工作的人员也参加这次培训班学习。在此，我代表国家粮食局，对大家的到来表示热烈的欢迎！对支持举办本次培训班的各位领导、各位专家表示衷心的感谢！借这个机会我讲三点意见。

一　提高认识，增强做好粮食监督检查工作的使命感和责任感

这次培训班，是在全党上下传达贯彻党的十八届六中全会精神的时候举办的。六中全会是在全面深化改革、决胜建成全面小康的关键时刻召开的一次具有里程碑意义的重要会议。当前，学习贯彻好全会精神，是粮食行业的一项首要政治任务，这次培训班就是学习贯彻全会精神的一项重要举措。党的十八大以来，在以习近平同志为核心的党中央坚强正确领导下，面对复杂的国际国内形势，团结带领全党全国各族人民同心协力、苦干实干，党和国家各项工作取得新的重大成就。中国的发展迎来了重要战略机遇期，也面临一系列突出矛盾和挑战。党的十八届三中全会作出全面深化改革的战略部署，明确提出解决好“三农”问题是全党工作重中之重。当前，粮食行业的改革工作已经进入深水区和攻坚期，搞好监督检查，为深化改革保驾护航，是一项光荣而艰巨任务。

（一）加强监督检查是深入推进粮食收储制度改革的重要保障

2004年以来，国家在主产区实施粮食最低收购价和临储收购，对促进粮食生产、保护农民利益起到了积极的推动作用，但也给粮食收储工作带来巨大压力，形成了沉重的财政负担。今年，国家将在东北地区实行“市场化收购”加“补贴”的玉米收储制度改革，并全面启动粮食“去库存”，化解过剩产能、消化不合理库存。随着粮食流通一系列改革措施的推进，一些历史上积累的问题会逐渐暴露出来，如库存短量、挪用资金、质价不符等等，利用政策切换窗口骗补、套差等新的违规行为很难避免，出现局部性农民“卖粮难”以及压级压价收购、“打白条”等问题也会不同程度发生。面对粮食流通改革出现的问题，我们必须提前研判、未雨绸缪；必须拿出切实有效的措施，化解老问题、防范新问题；必须加强监督检查，切实维护好正常的粮食流通秩序，为改革措施的顺利推进营造良好的市场环境。

（二）加强监督检查是全面落实粮食安全省长责任制的迫切需要

2014 年，国务院印发了《关于建立健全粮食安全省长责任制的若干意见》，2015 年又出台配套的考核办法，推动粮食安全省长责任制的深入实施，充分体现了党中央、国务院对粮食工作的高度重视，奠定了新时期粮食安全的基石。责任制中提出，要落实粮食安全责任、提高粮食生产能力、保护种粮积极性、管好粮食储备、增强粮食流通能力、推动粮食产业化、保障粮食市场稳定、强化粮食质量安全治理、推进节粮减损、强化保障监督等方面的重点工作，很多规定都赋予了粮食监督检查工作新的内涵，提出了新的要求。做好考核工作，层层压实责任、健全措施，切实将粮食安全省长责任制落到实处，履行好新的监督检查职责，将粮食安全省长责任制的具体措施落到实处，是我们当前面临的艰巨任务。

（三）加强监督检查是全面实施"粮安工程"的内在要求

"粮安工程"作为首个国家级粮食安全专项规划，实施五年时间以来，全国一线骨干粮库收储功能明显增强，"北粮南运"主通道和西南、西北物流通道逐步形成，粮食质量监测体系进一步完善，"放心粮油"工程和"主食产业化"初现雏形，对强化粮食安全保障基础、拉动地方经济、促进农业增效农民增收起到了积极的作用。目前，"粮安工程"建设已进入攻坚阶段，很多瓶颈问题还有待进一步破解，其中，很重要的一项就是加强粮食流通监管能力建设。新形势下，不但要切实加强粮食监督检查工作，为"粮安工程"的顺利推进营造环境，更要认真思考如何运用现代先进技术，推动粮食监督检查工作实现"三个转变"：一是从传统的"人防"向"技防"和"智防"转变，实现监管常态化；二是从事后检查向在线监管转变；三是从大规模的运动式检查向分类随机监管转变，切实提高监管工作的质量和效率。

（四）加强监督检查是转变政府管理职能的重要措施

党的十八届四中全会对依法治国特别是行政执法体制改革作出了全面部署。习近平同志在今年全国"两会"期间，参加上海代表团审议时发表重要讲话指出："深化经济体制改革，关键是加快转变政府职能；要推进简政放权，深化权力清单、责任清单管理，同时要强化事中、事后监管。"9 月 21 日，国务院召开推进"双随机一公开"监管工作电视电话会议，明确提出今年底随机抽查事项达到市场监管事项的 70% 以上，明年年底前实现全覆盖的目标要求。根据党中央、国务院的统一部署，深入推进"放管服"改革，要求建立和完善粮食行政管理权力清单和粮食流通监督检查权利清单；建立粮食企业名录库和粮食监督检查人员名录库，以"双随机一公开"方式切实加强事中事后监管；实现降低行政成本和制度性成本，提高检查透明度，减少寻租行为，确保检查公平、公正、高效，为转变政府管理职能营造良好的市场环境。

二 强化培训，建设高素质粮食流通监督检查队伍

近年来，各级粮食部门面对复杂的粮食购销市场形势，积极主动开展监督检查工作，取得了很大成绩。但一些地方粮食部门被弱化、边缘化，执法人员不足、保障不力、手段欠缺等问题比较突出，与依法行政的要求还有很大差距。国家粮食局对监督执法人员的培训工作高度重视，利用申请到的财政资金，为各地培训了一批业务骨干和师资力量，对推动和保证粮食流通改革发展发挥了积极作用。但是，由于粮食业务涉及面广、基层单位多，监督执法人员素质还不能完全适应粮食流通

发展的需要。因此，提高执法队伍能力和水平，建设高素质执法检查队伍，是摆在我们面前的一项重要任务。当前，加强粮食监督执法队伍的培训要解决好以下几个问题。

（一）适应粮食流通发展新形势的需要，进一步增强监督执法培训的自主性

粮食流通监督执法培训，必须紧紧围绕粮食流通事业改革发展的新形势、新情况、新任务来进行。“新”在哪里呢？

一是全面化解粮食供求阶段结构性矛盾的关键期。粮食收购量和库存量“双重叠加”的态势在一定时期内持续，既要化解粮食供求阶段性、结构性难题，又要从战略高度谋划，确保国家粮食安全的长久之策。二是全面提高粮食收储供应能力的攻坚期。粮食流通基础设施布局不合理，区域性收储能力不足，粮食系统信息化和现代化发展滞后。三是全面释放粮食产业经济活力的转型期。迫切需要积极推进粮食流通供给侧结构性改革，着力促进粮食产业经济发展和结构优化升级。四是全面转变粮食流通方式的变革期。随着粮食价格形成机制和收储制度的完善，粮食收、储、销方式都会发生根本性变革，对切实维护好生产者、经营者、消费者的利益，提出了新要求。五是全面推进国内与国际粮食市场融合的机遇期。经济全球化，推进粮食市场加速融合，如何更好利用国内国际两个市场、两种资源，是粮食系统面临的现实考验。

上述粮食流通面临的新形势，对粮食监督执法培训提出了新要求，必须强化培训的自主性。

（二）适应建设高素质监督执法队伍的需要，进一步增强监督执法培训的针对性

我们这支队伍的特点：一是涉及范围广，面向4.3万多个基层单位。二是基层人数多，面对210多万从业人员。三是人员变动大。四是技术进步快，迫切需要提升粮食监管的技术手段，加快粮食监管信息化、科技化水平。

然而，能够参加培训班学习的人毕竟是少数。因此，这类培训要在人员选派上严格把关，培训方式上突出特点，培训内容上更贴近粮食流通工作，持续推进监督执法队伍的“正规化、专业化、职业化”，不断提高人员素质和水平。

（三）适应加强粮食法治建设的需要，进一步增强监督执法培训的实效性

党的十八届六中全会《决定》提出，全面推进依法治国，总目标是建设中国特色社会主义法治体系，建设社会主义法治国家，促进国家法治体系和治理能力现代化。

粮食监督执法培训，必须以提高“依法行政”能力作为主要目标。要紧紧围绕加强粮食法治建设的要求，选择最合适的内容、最合适的方法，提高执法人员法制化思维能力和依法行政能力。要完善监督执法程序和制度，建立粮食行政管理部门与纪检监察和司法机关涉粮案件查处移送制度；建立粮食行业信用监管体系，实现分级分类监管，坚持依法依规行使监督执法职责。

通过培训，提高监督执法人员“深化改革、推动发展、化解矛盾、维护法治严肃性”的能力。

（四）适应粮食监督执法培训工作的需要，进一步实现粮食监督执纪培训工作的规范化

加强粮食监督执法，必须实行粮食执法人员持证上岗和执法资格管理制度。这就要求我们进一步规范监督执法的培训工作。要探索建立培训教材、培训师资的正规化、专业化，建立监督执法人员的考核、考试制度和资格制度，还要建立监督执法培训的后评估制度，不断改进和完善培训工作。

三 精心组织，确保培训学习取得实效

为搞好此次培训，监督检查司和湖北省粮食局做了大量的前期准备工作，目的就是让大家学习好、生活好、休息好。这里，对这次培训班提几点要求。

（一）增强责任意识

粮食流通监督检查行政执法工作政策性强、知识更新快、社会关注度高。行政执法人员的素质和执法水平直接影响行政执法的效果，关系群众利益，关系政府形象。各地要高度重视培训工作，这也是全面推进依法行政、建设法治政府的内在要求。从近年来的执法实践看，我们的执法人员大多为半路转行，法律知识较弱，执法经验不足，因此，要通过培训提高素质，推动从单纯的充实人员向全面提高执法队伍综合素质转变，增强监督检查队伍的稳定性和专业性。总的要求是，要培养一支既精通仓储保管、账务处理等粮食业务技能，又知晓法律、政策、管理等知识的专业型复合型监督执法队伍。

（二）珍惜学习机会

参加本次培训的既有长期从事粮食流通监督检查行政执法的老同志，也有新同志，既有国家粮食局组织的，也有湖北省粮食局组织的，因此，我们在培训内容安排上尽可能做到二者兼顾，坚持理论和实际相结合，既有政策法规解读，也有典型案例剖析。本次培训我们特别邀请了中纪委驻国家发改委纪检组的专家讲解“执纪审查的一般程序和方法”，这对提高我们粮食执法人员的职业能力和素质具有重大的意义。当前，正值秋粮收购的关键时期，特别是东北三省和内蒙古自治区是玉米收储制度改革的试点，改革和收储任务十分繁重，在这个时候，把大家集中起来办这次培训，充分体现了局党组对这项工作的重视，大家要珍惜学习机会，心无旁骛地认真学习，以积极主动的态度、认真严谨的学风，静下心来听课，熟练掌握有关政策法规，做到学有所成。

（三）遵守培训纪律

培训期间，大家在吃、住、行、学等方面，要严格落实中央八项规定精神和《党政机关厉行节约反对浪费条例》的要求，自觉遵守各项规章制度。一是遵守学习制度，二是遵守廉政制度。监督者首先要被监督，会议以外的项目、活动都要自觉遵守廉洁规定。三是遵守安全制度。各省领队务必切实负起责任，带好队伍。切实保障大家高高兴兴的来，认认真真的学、平平安安的回。

（四）做好服务保障

参加本次培训的人员较多，大家来自全国各地，客观上也给培训的组织工作带来了压力。培训班的各位工作人员要认真做好各项管理、服务和保障工作；确保组织安全，防止一切事故的发生。要尽可能为大家的学习培训创造一个良好的环境。同时也请各位参训学员给予积极配合、支持，共同维护好培训工作秩序。

最后，预祝本次培训班取得圆满成功，祝同志们学有所获，取得预期的学习成果。

谢谢大家！

在全国粮食调控与统计工作会议上的讲话

国家粮食局党组成员、副局长　卢景波
2016 年 3 月 17 日

同志们：

这次全国粮食调控与统计工作会议的主要任务是，贯彻落实全国粮食流通工作会议精神，总结交流 2015 年粮食调控与统计工作，研究分析粮食流通新形势新问题，安排部署 2016 年工作任务。国家粮食局对这次会议非常重视，会前，党组书记、局长任正晓同志审阅了我的讲话稿，并作出重要指示，我们要认真学习领会，抓好贯彻落实。下面，我讲三点意见。

一　2015 年粮食调控与统计工作成效明显

2015 年，在粮食持续丰收、市场消费低迷、收储矛盾突出、工作任务艰巨的背景下，全国粮食调控战线紧紧围绕抓收购、保供应、稳市场的中心任务，着力提升粮食宏观调控能力，着力推进粮食流通统计改革，各项工作都取得了新突破新进展，有效保护了种粮农民利益，维护了粮食市场基本稳定，为确保国家粮食安全作出了积极贡献。

（一）粮食收购再创新高

初步统计，全国各类企业粮食收购量继 2014 年突破 35000 万吨后，2015 年跨上 40000 万吨的新台阶，达到 42420 万吨，同比增加 5925 万吨。通过托市收购、整晒提等、产后减损等措施，促进农民增收 872 亿元。一是粮食收储政策不断调整完善。小麦和早籼稻、中晚稻执行预案进一步修改完善，实现了“三合一”。取消油菜籽临储收购，交由地方政府负责组织收购，中央财政对重点产区给予适当支持，激活了收购市场，促进了有序流通。国家调整完善玉米临时收储政策，适度下调玉米临储价格，增加中航工业集团公司作为辅助收储主体，释放了玉米收储体制的改革完善的积极信号。国家政策性粮食收购严格执行质量标准，不完善粒超标小麦和生霉粒超标玉米的收购处置工作交由地方政府负责。同时，政策公布和启动时间均比上年提前，促进了收储工作的平稳开展。二是政策性收购大面积启动。河南等 6 省、湖南等 4 省、安徽等 9 省分别启动了小麦、早籼稻和中晚稻最低收购价执行预案。东北三省一区启动了玉米临时收储。全年累计收购政策性粮食 18280 万吨，同比增加 5920 万吨，再创历史新高。三是地方分担粮食收购的责任意识增强。各地认真贯彻落实粮食安全省长责任制，主动分担粮食收储责任，因地制宜、多措并举，引导多元主体入市收购，充分利用社会仓容；加强农户科学储粮指导，引导有序售粮；强化服务，切实维护收购市场秩序，认真抓好区域内粮食收购工作。四川、河南、贵州等省结合本地实际，采取补贴加工、支持品牌化生产经营等措施，促进油菜籽流通产业健康发展。安徽、湖北、内蒙古、辽宁、吉林、黑龙江等省积极采取省级临储、配备设备、补贴收购等方式抓好质量不合格粮食收购，取得了不错的效果，得到了各方面的肯定。

（二）粮食调销稳步推进

一是做好政策性粮食竞价销售。国家有关部门统筹安排投放品种和数量，合理确定销售底价，全年累计竞价成交政策性粮食 1875 万吨，出库 1995 万吨，既供应了市场，又为产区腾出了一定仓容。各地积极配合做好交易准备、粮食出库、商务纠纷协调等工作，为竞价销售工作的顺利推进发挥了积极作用。黑龙江、吉林两省出台了对加工企业竞买粮食的补贴政策，不仅加快了库存粮食消化，还促进了粮食加工企业的生产发展。二是积极组织政策性粮食移库集并。各地牢固树立大局意识，强化协作沟通，千方百计为新粮收购腾仓并库，全年完成政策性粮食跨省移库任务 330 万吨、省内跨县集并 175 万吨。三是大力推动产销合作。北京、黑龙江、上海、浙江、福建等省（市）开展了多形式、深层次的产销合作，推动粮食合理流通，促进了粮食区域平衡。特别是销区和产销平衡区结合地方储备增储，积极到产区采购粮源，既落实了增储任务，又缓解了产区仓容压力。全年粮食跨省流通量达到 15735 万吨。

（三）粮食储备和应急体系建设不断加强

一是地方增储工作进展顺利。地方各级政府层层签订了《落实地方粮食储备责任承诺书》，及时分解下达地方粮食储备增储计划，组织企业采购粮源，协调解决资金，加快建仓扩容，增储工作进展总体顺利。2015 年末，地方粮食储备实际到位 87%，北京、天津、河北、内蒙古、吉林、黑龙江、上海、江苏、安徽、山东、湖南、广西、陕西、甘肃和宁夏等 15 个省（区、市）已全部落实到位。今年 2 月我们已将增储进展情况向省级人民政府作了反馈，并报告国务院。二是进一步强化储备粮管理。国家有关部门及时下达中央储备粮轮换计划，加强日常跟踪督促，严格审核处理轮换超架空期等问题。中储粮总公司进一步强化内部管理和风险管控，克服新陈价差较大等困难做好轮换工作。各地进一步完善地方储备管理和轮换等制度，强化督查考核。总体看，各级储备粮数量真实、质量良好、储存安全。三是应急工作持续推进。各地加强应急体系建设，调整优化应急网点布局，按照“五位一体”的要求，改造和提升网点功能，特别是山西、江西、山东、湖北还争取到地方财政资金支持，江西、广西、陕西、青海、新疆组织了应急培训，北京、山西、吉林、湖北等省（市）开展了应急演练，黑龙江、福建、重庆、宁夏进一步修订完善了应急预案，应急保障能力进一步增强。

（四）粮食流通统计制度改革初见成效

一是统计职能实现归口管理。我局结合职能调整，对粮食购销存、粮油加工业、仓储设施和投资、机构和从业人员、粮食科技等统计业务实行调控司归口管理，解决了统计工作多头管理、数出多门等问题，进一步增强了统计数据的权威性和准确性。山西、上海、河南、湖北、西藏、青海已实行统计归口，其他大多数省份也明确了牵头单位，有关工作正在扎实推进。二是网络直报初见成效。国家局统一组织开发了“国家粮油统计信息系统”，并于 2015 年选择部分省份试运行。青海、天津、北京、上海、广西、甘肃“早学习、早培训、早运行”，系统推广应用成效显著。2016 年 1 月，网络直报系统在全国正式上线运行，大大减轻了基层统计人员的负担，进一步提高了工作效率和数据质量。三是统计服务水平得到有效提升。积极加强同有关部门的协调沟通，对地方储备和商品库存统计资料的管理使用相关问题作了明确。首次开展接新前农户存粮专项调查，摸清底数，做到了心中有数。增设东北地区生霉粒玉米收购进度统计，同时，调整优化大豆市场价格监测直报点，为大豆目标价格改革试点提供数据支撑。及时通过网络等媒体发布数据，积极为企业和社会提供信息服务。

过去一年，面对错综复杂的粮食供求形势和艰巨繁重的调控任务，粮食调控战线的同志们兢兢业业、任劳任怨、攻坚克难，付出了大量心血和汗水，成绩的取得来之不易。在此，我谨代表国家粮食局向粮食调控战线的全体干部职工表示衷心的感谢和诚挚的问候！

二 准确把握粮食调控工作面临的复杂形势和艰巨任务

当前，世界经济仍在深度调整中疲弱复苏，不确定性、不稳定性比较大；我国经济发展进入新常态，一些深层次矛盾凸显，经济下行压力加大；国内外粮食供求形势也在发生深刻变化，进入了新一轮的调整周期。外部因素和内部矛盾交织叠加，一些老问题、新困难相互影响、累积加重，粮食调控工作面临更加复杂严峻的形势，这要求我们坚持问题导向，积极促改革、谋创新、求突破，牢牢掌握粮食调控工作的主动权。

（一）粮食供求结构性矛盾突出对调控工作提出新要求

粮食生产实现历史罕见的“十二连增”，2015 年达到 62140 万吨，粮食需求继续保持刚性增长但增速放缓，产需总量基本平衡。部分粮食品种阶段性供过于求是当前粮食供求最显著的矛盾，我国小麦产需基本平衡，玉米、稻谷供给过剩特征明显，大豆产需缺口继续扩大。据测算，玉米已经连续 4 年产大于需 2500 万吨以上；稻谷已经连续 5 年产大于需 1500 万吨以上。虽然国家已经着手调整完善玉米收储政策，加大种植结构调整力度，但是效果显现还需要一个过程，综合考虑玉米播种面积、单产、比较效益等情况，预计 2016 年玉米产量仍将处于历史较高水平。由于稻谷最低收购价保持基本稳定，预计国内稻谷产量将保持相对稳定。这就要求粮食调控必须着眼于粮食供求总量长期紧平衡和玉米、稻谷阶段性过剩并存的实际情况，积极发挥调控对生产的引导作用，促进粮食供给侧结构性调整，实现粮食生产和流通协调发展。

（二）粮食收储压力空前对调控工作提出新挑战

当前，大部分主产区高装满储，收储能力严重不足将是 2016 年新粮收储面临的最突出问题，焦点和难点体现在“两个地区两个品种”，即东北三省一区的玉米和江苏、安徽、江西、湖北、湖南、四川等南方 6 省的稻谷。东北地区库存已经超过全国库存总量的一半，在 2015 年秋粮收购期间，个别市县甚至出现了政策性收储库点因为实在没有收储场地而不得不停止收购的情况。南方 6 省库存持续增加，仓容爆满，收储矛盾空前突出，收储仓容缺口巨大。如果不尽快采取针对性措施，今年部分核心产区新粮收购将面临没空仓装粮、没场地打垛的严峻局面。这就要求必须进一步增强大局意识、责任意识和风险意识，未雨绸缪，及早部署，想方设法化解收储难题，尽全力避免发生农民“卖粮难”。

（三）粮食“去库存”任务艰巨对调控工作提出新课题

在粮食生产连续丰收、收购数量不断增加、粮食消费持续低迷和低价粮进口激增等多重因素作用下，出现了粮食库存之高、简易仓囤储粮数量之大、超期储存粮食之多“三个前所未有”的困难局面，各方面对抓紧“去库存”已经达成共识。粮食“去库存”关联度高、影响面大，一方面，如果不能尽快消化不合理库存，为新粮收购腾出仓容，将会进一步加大收储压力，也给安全储粮带来巨大风险，同时库存粮食品质也会不断退化，造成更大损失；另一方面，如果把握不好粮食“去库存”的节奏和力度，就有可能造成粮价大幅下跌，影响市场稳定，影响农民种粮积极性。因此，必须统筹兼顾、综合施策，充分调动和发挥中央、地方、企业多方积极性，协调运用各种调控手段和措施，积极稳妥做好粮食“去库存”工作，确保平稳有序推进。

（四）国际市场的影响日益加深对调控工作提出新考验

随着经济全球化和贸易自由化的纵深推进，国际市场对国内粮食市场的影响越来越直接。特别是近年来，为了保障种粮农民收益，充分调动种粮积极性，最低收购价和临时收储价格水平不断提高，逐步拉大了国内外粮食价差，低价粮食特别是玉米替代品进口激增，对国内市场的冲击十分明显，进一步加剧了国内粮食供求矛盾。据有关方面测算，2015 年各种渠道进口的粮食及替代品挤占了 4000 万吨以上的国内市场份额。在今年粮食政策性收储政策调整完善后，粮食及替代品进口增加的趋势会有所减缓，但对国内市场的冲击仍不容忽视。今后国内外粮食市场的关联度会越来越高，深度融合已经成为新常态，国际市场对国内市场的影响会更加明显，这就要求我们实施粮食宏观调控时眼界要宽、站位要高，充分考虑国际市场这个因素和变量，进一步统筹利用好两个市场、两种资源，确保“谷物基本自给、口粮绝对安全”。

三 扎实做好 2016 年粮食调控与统计重点工作

做好 2016 年粮食调控和统计工作，要深入贯彻党的十八大和十八届三中、四中、五中全会及中央经济工作会议、中央农村工作会议精神，认真学习贯彻习近平总书记系列重要讲话精神，牢固树立并切实贯彻创新、协调、绿色、开放、共享“五大发展理念”，按照全国粮食流通工作会议的总体部署，不断完善调控思路，灵活运用调控手段，切实增强粮食宏观调控的针对性、精准性和有效性，着力抓好粮食收储、库存消化、储备管理、统计监测等四项重点任务，推动粮食宏观调控和统计工作再上新水平。

（一）全力以赴打好粮食收储攻坚战

一是提早谋划部署。今年国家继续实行小麦和稻谷最低收购价政策，收购预案即将印发。玉米收储制度将按照“市场定价、价补分离”的原则进行改革完善，有关政策框架将很快明确。今年的粮食收储困难多、压力大、任务重，各地和有关央企要认真落实中央有关决策部署，打破常规，及早准备，完善工作方案，拟定应急对策，狠抓责任落实，确保收购工作顺利开展。有关政策出台后，我局将尽快召开粮食收购工作会议，作出具体安排部署。二是突出抓好政策性粮食收购。加强市场监测，按照政策要求及时启动政策性收购，防止发生农民“卖粮难”。合理布设收购网点，充分利用符合条件的社会仓容，满足农民售粮需要。指导和督促收储企业自觉遵守“五要五不准”收购守则，严格执行质价政策，确保政策落实不出偏差、不打折扣。进一步加强政策宣传和组织协调，努力改善服务，引导农民有序售粮，减少排队时间，对于种粮大户等新型经营主体，要积极采取“绿色通道”等方式为他们排忧解难。要落实好“四共同”机制，强化监督检查，严厉查处压级压价、“打白条”“转圈粮”等违规行为。各地要结合本地实际，及时采取有效措施，组织好质量不达标粮食的收购。三是下大力气积极抓好市场化收购。随着粮食价格形成机制的逐步完善和收储制度改革的不断推进，市场化收购将发挥越来越重要的作用。各地要按照粮食安全省长责任制的要求，积极抓好本地区粮食收购工作，促进粮食生产和流通的健康发展。积极培育新型粮食服务主体，鼓励他们与农民结成利益共同体，通过开展全产业链一体化经营等模式，让农民在种粮卖粮中获得更多收益。积极培育和规范粮食经纪人，通过他们走家入户收粮，方便农民售粮。进一步增强创新意识，指导收购市场主体积极利用订单收购、预约收购等模式，为农民卖粮提供便利。及时发布粮食收购、价格等信息，及时受理粮食收购资格行政许可申请，切实提高服务水平。

（二）积极稳妥抓好粮食“去库存”工作

粮食“去库存”是今年粮食调控工作的难点之一。国家有关部门将统筹兼顾、分品种施策，陆续明确相关政策措施。各地要增强大局意识，把“去库存”作为今年粮食流通工作的重中之重抓好抓实。一是积极抓好资质审核和市场监管。要按照有关要求认真审核加工企业购买资格，合理确定销售对象。强化市场监管，维护市场秩序，确保销售的粮食按规定用途使用。严厉查处“以陈顶新”“转圈粮”等违法违规行为，要督促有关企业按规定及时出库，严查“出库难”，推动“去库存”工作顺利进行。二是积极促进粮食加工转化发展。高库存既是一种压力，也是一种资源优势。要结合粮食“去库存”，培育一批信誉良好、成长性较强、带动能力较强、能够支撑国家宏观调控需要的大中型粮食加工企业，积极发展粮食产业经济，培育壮大粮食加工产业集群，打造国家粮食宏观调控支撑服务体系，充分发挥加工转化“蓄水池”“调节器”的作用。三是积极抓好政策性粮油竞价销售。把握好节奏和力度，根据市场形势适时调整投放数量和频率。优先安排销售核心主产区的粮食和储存时间较长的粮食，积极腾仓并库存，同时防止品质下降。进一步加强对交易工作的指导，完善竞价销售方式，提高服务水平，妥善处理商务纠纷，调动用粮企业竞买积极性，提高成交履约率，加快粮食销售进度。

（三）切实提高粮食储备管理水平

随着粮食供求周期的发展变化和价格形成机制、收储体制的改革完善，今后政府粮食储备的守底线、保供应、稳市场的作用将更为突出。要按照国家有关要求，改革完善中央储备粮管理体制，完善吞吐调节机制，优化品种结构和区域布局，确保中央储备粮安全可靠、调控有力。要继续深入落实国务院第 52 次常务会议有关要求，加快推动地方储备增储任务的落实，规模尚未落实到位的省份要加大工作力度，确保在年底前完成增储任务，夯实区域市场调控物质基础。要针对地方粮食储备规模增大，管理任务不断加重的实际情况，进一步建立健全地方储备各项管理制度，落实责任、强化约束、规范运行、防范风险。地方储备规模落实和管理情况是粮食安全省长责任制考核的一项重要内容，省级粮食部门要牵头对市、县级地方储备管理工作进行考核，各地对此务必要高度重视。同时，要进一步完善区域性应急配送体系，结合推进“放心粮油”供应网络建设，健全粮油应急供应网络，推动“五位一体”融合发展。适时组织应急演练和培训，提高各类应急条件下的粮食供应保障能力。积极探索生产与消费有效衔接、灵活多样的产销合作模式，提升合作水平，促进粮食有序流通。

（四）扎实提升统计信息服务能力

一是打牢统计工作基础。进一步扩大统计覆盖范围，将市场信息监测直报点数量增加到 1000 个，将城乡固定调查点数量由目前的 16.9 万户增加到 18 万户，增强统计调查数据的代表性和科学性。加快信息化建设，逐步实现统计调查内容全部通过网络直报，探索开发手机 APP 等信息实时报送平台，不断提高统计调查数据的时效性和准确性。加强统计队伍建设，充实统计力量，加大业务培训力度，特别是要做好对企业统计人员的培训和指导，不断提升统计人员的素质和能力。二是加快建立粮食产业经济发展统计制度。组织精干力量，在深入调研、科学论证的基础上，抓紧建立粮食产业经济发展统计指标体系，做到能够真实、准确、及时地反映粮食产业经济的发展状况，为推动粮食产业经济持续健康发展提供科学有效的决策依据。三是着力提高统计服务水平。以粮食流通重点工作需求为导向，整合各类统计信息，深入挖掘企业直报信息价值，拓宽统计信息应用，为精准调控提供信息支持。依托统计信息，加强对粮食经济、重大政策、突出问题的深度研究，切实提高统计分析和预测预警预判能力，提出有针对性的政策建议。做好信息发布工作，及时向社会公布统计数据和分析资料。

最后，特别强调必须坚持“两手抓”，切实落实全面从严治党的要求。这是我们做好粮食调控工作的根本保障。要巩固深化党的群众路线教育实践活动和“三严三实”专题教育成果，抓好“两学一做”学习教育，自觉增强“四个意识”，从讲政治纪律守政治规矩的高度，不折不扣地贯彻落实党中央、国务院关于粮食工作的方针政策和决策部署。坚持党建工作与调控业务工作“五同步”，切实做到“两手抓、两手硬、两不误、两促进”。驰而不息严格落实党风廉政建设“两个责任”和“一岗双责”，把纪律和规矩挺在前面，切实做到真管真严、敢管敢严、长管长严。要充分发挥粮食部门优势，做好行业扶贫工作，切实抓好贫困地区粮食收购，加强粮源调度，保障口粮供应，帮助贫困农户脱贫致富，为打赢扶贫攻坚战贡献我们的力量。

同志们，做好2016年粮食调控工作任务艰巨、责任重大，让我们振奋精神，开拓创新，履职尽责，扎实工作，为保障国家粮食安全、促进经济持续健康发展和全面建成小康社会作出新的更大贡献！

谢谢大家！

在全国粮食财会工作会议上的讲话

国家粮食局党组成员、副局长　邓亦武
2016年4月19日

同志们：

这次全国粮食财会工作会议是经国家粮食局批准召开的。会议的主要任务是，深入贯彻党的十八届五中全会和中央经济工作会议、中央农村工作会议精神，认真学习贯彻全国粮食流通工作会议的各项工作部署，总结2015年全国粮食财会工作，分析形势，听取意见和建议，研究部署2016年工作。国家发展改革委党组成员、国家粮食局党组书记、局长任正晓同志对此次会议高度重视，专门作出了重要批示，充分肯定了一年来粮食财会工作的成绩，提出了工作要求，这是对全国粮食财会队伍的巨大鼓励和有力鞭策。大家一定要认真学习、深刻领会、抓好落实。

2015年，各地粮食财会部门紧紧围绕粮食流通中心任务，履职尽责，攻坚克难，做了大量卓有成效的工作，为深化粮食流通体制改革、保障国家粮食安全作出了突出贡献。在此，我代表国家粮食局党组向各级粮食财会部门，向辛勤工作在粮食财会战线上的同志们表示衷心感谢！今年是“十三五”开局之年，做好粮食财会工作，对于深入贯彻落实全面建成小康社会战略部署，切实提升粮食流通能力；对于全面深化粮食流通领域改革，激发行业发展内生动力；对于确保各项粮食流通重点工作的完成，增强国家粮食安全保障能力具有十分重要的意义。关于今年粮食财会工作任务，耀鹏同志还要作具体部署。下面，我讲几点意见，供大家参考。

一　粮食财会工作要适应粮食流通新形势、新要求

当前，粮食流通工作形势发生了较大变化，各级粮食财会部门要适应新形势的需要，按照全国粮食流通工作会议和“十三五”规划的部署，抢抓机遇、迎接挑战，切实做好各项粮食财会工作。

（一）要充分认识粮食流通工作面临的新形势

粮食高库存已成为当前我国粮食工作中迫切需要解决的突出问题。我国粮食高库存产生的原因是多方面的，一方面，是在国内粮食“十二连增”与国际粮食供求宽松同步碰头的情况下，出现了合理的粮食库存沉淀。自2004年起，我国粮食生产实现了“十二连增”，2015年全国粮食产量更是达到创纪录的62140万吨，生产能力的快速增长成为助推库存增加的主要原因。另一方面，粮食高库存也与农户的存粮大幅度减少，粮食企业加工转化意愿不强，低价进口粮挤占国内的市场空间，全球经济下行粮食需求疲软等因素有直接关系。

尽管粮食高库存增强了我国粮食供给能力，但同时也导致了诸多不利影响，突出表现为粮食存储费用大幅增长，财政支出压力巨大；过高的库存使管理难度增大，安全储粮隐患增多；仓储设施需求快速增长，短期内难以满足需要；国内粮食市场供求失衡，粮食价格倒挂等一系列问题。在国内粮食总产、进口、库存“三量齐增”的新形势下，各级粮食部门和粮食财会部门要深刻领会中央的部署和

要求，抢抓新机遇，迎接新挑战，不断解决粮食流通中面临的困难。

（二）要深刻领会粮食财会工作面对的新要求

党的十八届五中全会对“十三五”时期我国经济社会发展作出了全面部署，提出了创新、协调、绿色、开放、共享的发展理念。年初召开的全国粮食流通工作会议上，任正晓局长就粮食行业牢固树立和认真贯彻五大发展理念作出了翔实、具体的安排，提出了“十三五”时期粮食行业发展的新任务，对打好粮食收购“攻坚战”和安全储粮“持久战”，加快实施“粮安工程”，大力发展粮食产业经济，统筹推进粮食流通改革发展等各项工作提出了新要求，为粮食财会工作指明了今年和今后一个时期的重点方向。

不久前，全国人大四次会议审议通过了《中华人民共和国国民经济和社会发展第十三个五年规划纲要》。纲要中明确提出要继续实施并完善稻谷、小麦最低收购价政策，深化大豆目标价格改革，积极稳妥推进玉米价格形成机制和收储制度改革，建立玉米生产者补贴制度。实施粮食收储供应安全保障工程，科学确定粮食等重要农产品储备规模，改革完善粮食储备管理体制和吞吐调节机制，引导流通、加工企业等多元化市场主体参与农产品收储，以及推进智慧粮库建设和节粮减损等任务。这些任务的提出，不仅对粮食流通工作提出了新目标，而且也对粮食财会工作提出了更高要求。

（三）要积极主动把握新机遇、应对新挑战

在我国粮食“三量齐增”的新形势下，粮食财会工作机遇与挑战并存，需要积极应对，抢抓机遇，迎接挑战，全力完成“十三五”开局之年的各项财会工作，为促进粮食流通发展发挥重要作用。

一方面，粮食财会工作迎来了难得的机遇。一是近年来国家不断加大粮食流通领域的投入，粮食仓储物流设施建设加快推进，粮食流通产业发展的基础不断夯实。二是粮食财会工作的外部环境不断优化，特别是粮食安全省长责任制的出台，为贯彻国家粮食安全战略提供了有力的制度保障。粮食安全省长责任制考核办法的实施，为粮食财会工作提供了有力的抓手。三是随着粮食产业经济的发展，粮食行业将进入跨越式发展的轨道，粮食财会工作在促进粮食产业经济发展中具有突出优势，其重要性更加凸显。

另一方面，粮食财会工作在新形势下也面临诸多挑战。一是随着“市场定价、价补分离”玉米收储政策的出台，粮食收储体制改革将进一步深化，市场在粮食价格形成和购销中的决定性作用不断加强，这不仅对传统粮食购销模式产生深远影响，粮食财会工作目标、工作方法也将发生转变。二是高收购量和高库存量给粮食财会工作带来巨大压力，随着粮食收购量的大幅增长，资金贷款量也将加大，粮食财会部门协调和筹集收购资金的任务更加艰巨。此外，粮食去库存等涉及粮食财会业务的工作量也越来越大。三是随着“粮安工程”的深入实施及粮食产业经济的快速发展，粮食流通建设和发展资金需求将越来越多，粮食财会部门承担的任务更加繁重。

二 粮食财会工作要在促进粮食流通改革发展中发挥更加重要的作用

各级粮食财会部门要认真学习习近平总书记关于粮食安全的重要论述，深刻领会“五大发展理念”的内涵实质，深入贯彻全国粮食流通工作会议的精神，紧紧围绕“四个突出抓好、四个深入推进”，切实做好 2016 年粮食财会重点工作。

（一）贯彻好粮食行业“十三五”规划纲要，把各项规划任务落到实处

目前，粮食行业“十三五”发展规划纲要及物流业发展、加工业发展、信息化发展、科技创新发

展等4个专项规划正在紧锣密鼓地编制中，预计在今年6月底前下发，各地粮食部门也在结合实际制定和落实本地区的粮食行业“十三五”规划。今年是“十三五”规划的开局之年，粮食财会部门作为推动粮食行业“十三五”规划实施的重要力量，要明确肩负的重任，全力推进规划各项任务的落实。

一是要深刻领会规划的内涵。要反复研读、认真学习出台的各项规划，熟悉和掌握规划的指导思想和任务目标，结合粮食财会业务实际，准确把握粮食财会工作贯彻落实“十三五”规划的切入点和落脚点，明确粮食财会工作的定位和职责，切实增强工作的前瞻性、主动性、有效性。

二是要强化规划的引领作用。规划是粮食行业发展的行动指南，是落实各项工作的基本依据，贯彻落实规划首先要提高规划的权威性和严肃性。各级粮食财会部门要坚持以规划作为工作开展的依据，统筹部署和安排今后5年的粮食财会工作，切实提高规划落实的执行力。

三是要为规划实施提供有力保障。“十三五”各项规划涉及面广、综合性强，其中各主要任务与工程建设实施，都依赖于有力的财税、金融政策支持，需要大量的资金投入。粮食财会部门既是规划实施的重要参与者、落实者，更是为规划服务的推动者、协调者，要站在服务粮食宏观调控、保障国家粮食安全的大局角度，为规划实施提供政策支持和财务保障，全力推进规划的顺利实施。

（二）服务粮食收储制度改革，抓好收购资金筹措和管理

粮食财会工作要适应收储制度改革的需要，积极转变职能，创新工作方式，在继续落实好政策性粮食收购资金的基础上，积极探索市场化粮食收购资金的供应路子。

一是要抓紧政策性粮食收购资金供应不放松。当前，小麦和稻谷两大口粮品种的收储政策将继续维持稳定。各级粮食财会部门要指导企业认真做好政策性粮食收购贷款资格认定、资金需求测算、售粮款兑付结算等方面的工作。同时，积极协调农业发展银行，缩短办贷时间，降低收费标准，及时足额保障资金供应，确保政策性粮食收购顺利进行。

二是要探索粮食收购资金多渠道供应的路子。各级粮食部门要指导企业多渠道筹措资金，积极与商业银行合作，通过签订银企战略合作协议、设立或借助担保基金和担保公司、探索供应链融资等各种方式，帮助粮食企业缓解自主经营贷款难。同时，积极争取地方政府对小微企业、涉农贷款的财政贴息和担保费用补助等方面的政策，降低粮食企业筹资成本。

三是要加强粮食收购资金监管。近一时期，我们连续接到有关部门反映，个别地区存在挤占挪用地方储备粮贷款等违规违纪问题，导致国家政策性贷款无法及时回收和农发行停贷。为此，各级粮食财会部门要积极配合农发行，督促粮食企业严格执行钱随粮走、购贷销还、专款专用、库贷挂钩、封闭运行等规定，严禁挤占挪用收购资金，确保收购资金安全。同时，要认真执行国家粮食局印发的《粮食收购资金筹集和兑付管理暂行办法》等有关规定，指导企业切实做到当场现款结算，坚决杜绝“打白条”现象发生，切实保障种粮农民利益。

四是要积极落实地方增储资金。当前，地方粮食增储工作总体进展较为顺利，但增储任务落实情况不平衡。据反映，有的地方农发行从控制风险角度，对地方储备粮实行集中统一管理，部分县级地方储备粮贷款难，直接影响到地方储备粮规模的落实。为此，粮食财会部门要积极加强协调，落实新增地方储备粮费用利息补贴来源，协调增储的贷款资金，保障地方储备规模按规定时间落实到位。

（三）指导企业搞活经营，大力支持粮食产业经济发展

加快粮食产业经济发展，是粮食行业继“粮安工程”、粮食安全省长责任制后的又一个重大战略举措。打造链条完整、效益良好的粮食产业经济体系，对于粮食行业进一步转型升级，充分发挥对国

民经济持续健康发展的促进作用具有重大意义。发展粮食产业经济，重在搞活微观粮食经营主体。只有企业经营机制变活了，加工转化能力提高了，粮食产业经济发展的基础才牢靠。粮食财会部门要切实加强企业经营管理指导，通过引导企业深化改革、创新经营模式，实现转型升级，提质增效，不断助力于粮食产业经济发展。

一是要增强粮食企业经济活力。指导企业适应收储体制改革的需要，不断转变发展方式，促进一、二、三产业融合发展。以促进粮食加工转化升级为引领，构建"产购储加销"一体化的全产业链模式，加速资金、资产、资源集聚，培育粮食产业化龙头企业，形成一批辐射范围大、带动能力强的粮食产业集群。

二是要指导粮食企业探索发展新路径。粮食企业经营方式优化、生产方式创新是推动粮食产业经济升级的重要途径，要积极完善财税、金融等支持政策，引导企业发展绿色粮食产业，通过开展"仓顶阳光工程"、秸秆深加工、稻壳再利用等项目挖潜增效。同时，大力推进"绿色全谷物口粮工程"，催生新消费，培育新需求，促进粮食产业结构调整。

三是为粮食产业经济发展创造良好外部环境。粮食财会部门要加强协调，为粮食产业经济发展提供更多资金支持。积极配合财税部门加大对营业税、增值税改革等调研力度，落实和完善粮食企业相关税收政策。同时，积极协调有关部门，对重点粮油产业化龙头企业的科技创新、技术升级改造、生产设备购置和粮食生产基地建设等予以扶持。抓住国家推进供给侧改革的有利时机，争取有关转产资金和政策的支持，对长期亏损，资产负债率高，停产半停产的"僵尸企业"，通过实施兼并重组等方式稳妥处置。

（四）加强沟通协调，积极推动"粮安工程"实施

"粮安工程"实施以来，各级粮食部门积极争取发展改革、财政等部门的大力支持，取得了良好成效。2013 年至今，中央累计投入 240 多亿元，新建仓容 1388 亿斤，维修改造"危仓老库"2460 亿斤，建设和完善了一大批粮食流通设施，粮食流通基础设施条件不断夯实，面貌焕然一新。2016 年，国家将继续加大"粮安工程"建设投入，近期国家发改委和国家粮食局已下达了 2016 年第一批粮食仓储和物流项目中央预算内投资计划，第二批项目投资计划正在安排中。同时，今年还计划在去年三省试点的基础上，进一步推进实施粮食行业信息化建设，按照"1+4"的模式，重点对地方储备粮库智能化升级改造等项目建设给予支持。规范粮食行业信息化建设的意见将在近期下发，行业信息化建设有关标准也正在编制修订中。面对"粮安工程"建设时间紧、质量要求高、资金需求量大的繁重任务，粮食财会部门要主动承担起项目建设资金筹措、管理、监督的重要职责，切实保障"粮安工程"建设的顺利实施。

一方面，要加强项目建设资金筹措。各级粮食财会部门要根据本地项目规划和建设情况，科学测算建设资金需求，主动加强与财政、发改等部门和金融机构的沟通协调，争取地方政府及有关部门支持，多渠道筹集"粮安工程"建设资金，确保地方配套资金及时足额到位，保障项目建设顺利进行。

另一方面，要加强项目建设资金监管。各地粮食财会部门要按照《国家粮食局关于切实加强"粮安工程"建设项目资金管理工作的通知》《"粮安工程"危仓老库维修专项资金管理暂行办法》等文件和规定要求，加强"粮安工程"建设资金监管，确保专款专用。要指导项目建设单位健全内部财务管理制度，妥善保管合同、凭证等原始资料，及时登记会计账簿，定期进行财产物资清查，及时配合开展完工验收和项目绩效评价，切实加强廉政风险防范。

（五）树立服务意识，保障行政事业运行和部门自身建设

增强服务意识，做好服务工作，保障行政事业单位正常运转，是粮食财会部门重要的职责之一。粮食财会部门要充分认识到加强财务管理的重要性，强化预算编制和管理，提高资金使用效率，不断提高服务质量和服务水平。

一是积极保障行政事业运行经费。保障必要的经费需要是各级粮食部门工作正常开展的首要条件，也是推进粮食流通领域市场化改革，实行政企分开的必要前提。为此，各级粮食财会部门要高度重视经费保障工作，特别是基层粮食财会部门，要加强与财政部门的沟通，想方设法筹措工作正常开展的资金，确保行政经费及时足额到位，切实保障各级粮食行政管理工作的开展，促进粮食宏观调控任务的落实。

二是做好预算编制和管理。当前，一些单位年度预算观念不强，预算未能准确反映粮食流通工作年度重点，预算决策与行政决策存在脱节。部分重大事项既没有列入行业的中期规划，也没有列入本单位的年初预算，影响了粮食流通工作的正常开展。为此，粮食财会部门要结合工作实际，按照中期财政规划管理的有关要求，促进各类行业发展规划与滚动预算有机衔接，切实增强预算编制的前瞻性、规划性和科学性，使预算支出更好地服务于粮食事业发展。

三是切实提高资金使用效益。粮食财会部门要深刻领会中央有关要求，本着厉行节约的原则，坚决抵制铺张浪费，严格控制“三公经费”和一般性支出，加强国有资产监管，切实规范资产购置、使用、处置程序，进一步降低行政成本。同时，认真做好部门“三公经费”向全社会公开工作，增加预算管理的透明度，主动接受社会监督，促进财政资金使用效率不断提高。

三 粮食财会工作要贯彻落实全面从严治党的各项要求

全面从严治党是中央“四个全面”战略布局的重要组成部分，落实全面从严治党是新时期加强党风廉政建设的重要任务。粮食财会部门和财会人员要以全面落实从严治党的要求作为工作开展的基本遵循，认真贯彻党风廉政建设的各项要求，扎实开展“两学一做”学习教育，增强“四个意识”，切实改进工作作风，为促进粮食财会工作更好地服务粮食流通中心任务提供坚强保障。

（一）认真开展“两学一做”学习教育，让全面从严治党的实质内化于心

中央决定，今年在全体党员中扎实开展“学党章党规、学系列讲话，做合格党员”学习教育。“两学一做”学习教育是继党的群众路线教育实践活动、“三严三实”专题教育后，又一次深化党内教育、全面落实从严治党的重要举措。

各级粮食财会部门要充分认识开展“两学一做”学习教育对于推动全面从严治党向基层延伸、保持发展党的先进性和纯洁性的重大意义，把此次学习教育作为一项重大政治任务，尽好责、抓到位、见实效。在学习教育中，粮食财会部门要紧紧抓住“三个突出”。一是要突出“学”。要原原本本、逐字逐句、原汁原味地学习党章党规和习近平总书记的系列讲话，要学精学透，切实做到内化于心，使理论转化为强大的精神动力，真正让党员党性观念、党纪党规意识在广大粮食财会队伍中落地生根。二是要突出“做”。要坚持以知促行，把学习的成果转化为争做合格党员的行动，通过深入查摆问题，搞清离合格党员的差距，切实提高党性修养，不断坚定共产党员的理想信念，自觉地在思想上政治上行动上同以习近平同志为总书记的党中央保持高度一致。三是要突出“实”。就是要坚持问题导向，

对照工作中的不足，有针对性地解决问题，有的放矢地加强整改，用心用力、抓细抓实，切实把学习成果落实到促进各项粮食财会工作中，落实到推动粮食流通发展中。

（二）切实改进工作作风，让全面从严治党的成果外化于行

工作作风的不断改进是落实全面从严治党成果的具体体现。粮食财会部门要进一步巩固扩大党的群众路线教育实践活动和“三严三实”专题教育成果，不断加强作风建设，以作风建设推动粮食财会工作建设，促进粮食事业平稳较快发展。

一是要切实加强调查研究。粮食财会工作的经验来源于实践，并需要在实践中不断总结和完善。为此，粮食财会部门要大兴调查研究、求真务实之风，要主动到基层收储现场和粮食企业调查研究，听取基层的意见，帮助基层企业解决实际困难。同时，要有针对性地开展粮食流通政策调研，通过实地考察掌握第一手资料和数据，真正做到“心中有数”。

二是要牢固树立群众观念。粮食工作扎根于农村，服务于广大农民和基层粮食企业。这就要求粮食财会人员要密切与群众的联系，真正把心系群众、服务人民作为工作的出发点，努力为基层群众办实事，为粮食企业办好事。

三是要带头坚持真抓实干。面对粮食流通工作中的艰巨任务，只有真抓才能攻坚克难，只有实干才能大有作为。粮食财会队伍要以抓铁有痕、踏石留印的精神状态，脚踏实地、求真务实地做好每一项工作，全面提高执行力，确保工作任务落到实处。

（三）增强制度刚性约束，让全面从严治党的要求固化于制

增强制度刚性约束是规范修身、用权、律己的重要保障，也是粮食财会部门落实全面从严治党的根本要求。只有用制度来固化纪律建设的要求，才能建立起全面从严治党的长效机制。

一是要建立和完善廉政风险防控机制。粮食财会部门要结合本单位、本部门工作实际，进一步完善粮食财会工作廉政风险防控机制，特别是要结合“粮安工程”建设资金管理、部门预算资金管理等重点环节，厘清权力流程，细化相关规定，切实建立起廉政风险防控长效机制。

二是要强化财经纪律的约束力和惩戒力。要及时发现和纠正粮食财会工作中的违纪行为，对于违反财经纪律的行为要敢抓敢管，绝不姑息纵容，切实维护财经纪律的严肃性和权威性。对发现的重大违规违纪典型，要配合有关部门一查到底，不仅要追究责任人，还要倒查追究领导责任，使财经纪律的刚性约束真正转化为具有强大威慑力的高压线。

三是粮食财会人员要做遵纪守规的表率。粮食财会人员要以身作则，强化纪律规矩意识，认真遵守国家财经纪律，带头加强廉洁自律，树立良好的职业道德，牢牢守住纪律“底线”。在遵守财经纪律方面，要求别人做到的，粮食财会人员必须首先做到；要求别人不做的，粮食财会人员要带头抵制。只有这样，才能打造忠诚干净担当的粮食“铁算盘”。

同志们，面对“十三五”开局之年的新形势和新任务，粮食财会队伍要直面挑战、锐意进取，紧紧围绕中央关于粮食工作的总体部署，全面落实全国粮食流通工作会议的各项任务，扎实做好今年的各项粮食财会工作，为推进粮食流通改革发展作出更大的贡献！

3

第三篇

全国粮食工作

粮油生产

一 2016 年粮油生产

2016 年是全面建成小康社会决胜阶段的开局之年，也是推进结构性改革的攻坚之年。面对复杂形势和多重挑战，在党中央、国务院的坚强领导下，各级农业部门认真落实新发展理念和中央决策部署，围绕"提质增效转方式、稳粮增收可持续"的工作主线，以绿色发展为导向，以改革创新为动力，以结构调整为重点，着力推进农业供给侧结构性改革，努力提高供给体系质量和效率，农业农村经济呈现稳中有进、稳中向优的良好态势。2016 年粮食总产继续保持稳定，油料播种面积、单产和总产均呈现稳中有增趋势。粮油生产稳定发展，为经济社会大局提供了有力支撑，发挥了"压舱石"的作用。

（一）粮食生产

1. 面积总体稳定

2016 年结构调整成效显著。据统计，全年粮食播种面积 11303.4 万公顷，比上年减少 30.9 万公顷，减幅 0.3%。

2. 单产稳中略减

2016 年粮食平均单产每公顷 5451.9 公斤，比上年减少 30.9 公斤，减幅 0.6%。

3. 总产连续第十三年丰产

2016 年粮食总产 61625 万吨，比上年减少 518.9 万吨，减幅 0.8%，粮食产量连续 4 年稳定在 60000 万吨以上。

4. 三季粮食总体稳定

夏粮面积增加、产量略减。2016 年夏粮播种面积 2763.3 万公顷，比上年增加 0.7 万公顷，增幅 0.03%；总产 13920.3 万吨，比上年减少 167.8 万吨，减幅 1.2%；单产每公顷 5037.7 公斤，比上年减少 62.1 公斤，减幅 1.2%。

早稻略减。2016 年早稻播种面积 562 万公顷，比上年减少 9.5 万公顷，减幅 1.7%；总产 3277.6 万吨，比上年减少 91.1 万吨，减幅 2.7%；单产每公顷 5832.2 公斤，比上年减少 62.5 公斤，减幅 1.1%。

秋粮稳中略减。2016 年秋粮播种面积 7978.2 万公顷，比上年减少 22.1 万公顷，减幅 0.3%；总产 44427.1 万吨，比上年减少 260 万吨，减幅 0.6%；单产每公顷 5568.6 公斤，比上年减少 17.1 公斤，减幅 0.3%。

5. 主要粮食品种"三减一增"

稻谷稳中略减。2016 年稻谷播种面积 3017.8 万公顷，比上年减少 3.7 万公顷，减幅 0.1%；总产 20707.5 万吨，比上年减少 115 万吨，减幅 0.6%；单产每公顷 6861.7 公斤，比上年减少 29.6 公斤，减幅0.4%。

小麦面积增加、产量略减。2016年小麦播种面积2418.7万公顷，比上年增加4.6万公顷，增幅0.2%；总产12884.5万吨，比上年减少134万吨，减幅1%；单产每公顷5327.1公斤，比上年减少65.5公斤，减幅1.2%。

玉米面积减少、产量下降。2016年结构调整突出、调减成效显著的品种是玉米，播种面积3676.8万公顷，比上年减少135.1万公顷，减幅3.5%；总产21955.2万吨，比上年减少508万吨，减幅2.3%；单产每公顷5971.3公斤，比上年提高78.4公斤，增幅1.3%。

大豆面积增加、产量上升。2016年大豆播种面积720.2万公顷，比上年增加69.6万公顷，增幅10.7%；总产1293.7万吨，比上年增产115.2万吨，增幅9.8%；单产每公顷1796.3公斤，比上年减少15.1公斤，减幅0.8%。

（二）油料生产

据统计，2016年全国油料播种面积、单产和总产均呈现稳中有增趋势。

1. 面积稳中有增

2016年油料播种面积保持稳中有增，为1411.3万公顷，比上年增加10.3万公顷，增幅0.7%。五种油料作物面积“两增三减”，其中花生面积472.8万公顷，比上年增加11.2万公顷；向日葵面积115.3万公顷，比上年增加11.7万公顷；油菜籽面积733.1万公顷，比上年减少20.3万公顷；芝麻面积40.2万公顷，比上年减少2万公顷；胡麻面积28.2万公顷，比上年减少1万公顷。

2. 单产小幅提高

2016年油料平均单产每公顷2571.7公斤，比上年提高51.5公斤，增幅2.0%。五种油料作物单产“四增一减”，其中油菜籽单产每公顷1984.1公斤，比上年提高2.4公斤；花生单产每公顷3657.3公斤，比上年提高95.6公斤；芝麻单产每公顷1569.3公斤，比上年提高50.6公斤；胡麻单产每公顷1426.4公斤，比上年提高59.3公斤；向日葵单产每公顷2592.9公斤，比上年减少10.7公斤。

3. 总产持续增加

2016年油料总产稳中有增，为3629.5万吨，比上年增产92.5万吨，增幅2.6%。五种油料作物产量“三增两减”，其中花生产量1729万吨，比上年增产85万吨；向日葵产量299万吨，比上年增产29.2万吨；胡麻产量40.3万吨，比上年增产0.3万吨；油菜籽产量1454.6万吨，比上年减少38.5万吨；芝麻产量63.1万吨，比上年减少1万吨。

4. 主产省油料保持稳定

2016年油料产量超过100万吨的省份有12个，这12个省份的油料产量占全国总产的79.7%。与上年相比，河北、内蒙古、山东、河南、广东、四川、贵州7省（区）增产，江苏、安徽、江西、湖北4省减产，湖南持平，增减相抵12个油料大省共增产26.2万吨。河南省油料产量最多，达619.1万吨，占全国总产的17.1%；内蒙古自治区产量增幅最大，增产26.4万吨，增幅13.7%。

二 绿色高产高效创建

2016年，深入开展绿色高产高效创建，集成组装增产增效、资源节约、生态环保的可复制的技术模式，打造高产高效升级版，引领种植业转型升级，取得了积极的进展。

（一）取得的主要成效

2016年中央财政安排15亿元资金，在全国选择288个县开展整建制绿色高产高效创建，集成推广成熟技术模式，促进农机农艺结合、良种良法配套，促进模式再集成、层次再提升，示范带动更大面积增产增效。

一是以绿色理念为引领的技术集成取得新进展。按照“一控、两减、三基本”的要求，综合运用安全投入品、物理技术、信息技术、绿色防控等措施，促进生产与生态协调发展。“减”，减化肥和农药。推进精准施肥、科学用药，提高化肥农药利用率。黑龙江省绿色高产高效创建县平均亩减少化肥使用量14.6公斤，减少农药使用量71.9毫升。陕西省绿色高产高效创建县主要农作物化肥用量增幅降至0.2%以下，带动全省增幅降到0.4%以下，创建县农药使用量下降18%～24%，带动全省下降3个百分点。“替”，有机肥替代化肥。合理利用有机养分资源，推进有机肥替代部分化肥，用耕地内在养分替代外来化肥养分投入。四川省绿色高产高效创建县有机肥施用面积达到50%，化肥用量减少30%。贵州省在创建县全面推行秸秆还田，增加有机质投入，项目区化肥使用量减少6.4%。“节”，推广高效节水技术。推行农艺节水、品种节水和工程节水，大力推广喷灌、滴灌、测墒补灌、水肥一体化等节水技术，做到以水定产，提高水资源利用率。新疆维吾尔自治区绿色高产高效创建县集成推广水肥一体化技术49万公顷，辐射带动全区应用面积147万公顷。宁夏回族自治区玉米创建县大力推广水肥一体化技术，每亩节水250方，节水50%以上。黑龙江省在水稻创建县推广浅湿节水灌溉技术，亩节水80方左右。

二是以高产高效为特征的典型带动取得新进展。各地整合资金、集约力量、集中打造，涌现出一批高产高效并重的先进典型。高产典型突出。华南双季稻产区绿色高产高效创建县首次创出早稻平均亩产832.1公斤、晚稻平均亩产705.7公斤、双季稻年亩产1537.8公斤的高产纪录。黄淮海两熟区同一地块创出小麦平均亩产729公斤、玉米平均亩产912.9公斤、两季年亩产1641.9公斤的高产纪录。辐射带动面广。吉林省11个绿色高产高效创建县，示范面积16万公顷，辐射带动近40万公顷。江西省双季稻示范区平均亩产1025.6公斤，比非示范区亩增产64.6公斤，增幅6.3%。广东省6个绿色高产高效创建县，示范面积4.5万公顷，辐射带动23.7万公顷。

三是以提质增效为目标的模式创新取得新进展。以绿色高产高效创建为平台，发展优质专用品种，推行稻田综合种养、高效复合种植等模式，示范带动产量提升、效益增加。推广“水稻+”增收模式。长江流域水稻主产省在绿色高产高效创建县因地制宜推广稻田养鱼、虾、蟹、鸭等综合种养模式，亩效益普遍在1500元以上，比普通稻田高出1倍以上。推广“粮油双增”模式。山东省在绿色高产高效创建县推广玉米花生宽幅间作高效生态种植模式，充分发挥豆科作物养地作用，玉米亩产500公斤以上，增收花生120公斤以上，亩均收益提高30%以上。推广“一田多用”模式。在绿色高产高效创建县，开辟休闲观光、农事体验、文化传承等多种功能，拓宽农民增收渠道。四川省三台县建立观赏油菜示范点，举办赏花活动，吸引游客50万人次以上，拉动休闲产业消费5000万元以上。

四是以机艺融合为载体的瓶颈攻关取得新进展。各地将农机农艺融合作为绿色高产高效创建的重要内容，减轻劳动强度，提高生产效率。突破关键环节瓶颈。在水稻机插秧、玉米籽粒机收、油菜机械播栽及收获、马铃薯机种机收等方面取得了积极进展。浙江省水稻绿色高产高效创建县引进钵苗插秧机、新型施肥机、植保无人机等高效作业机械，破解秧苗弱、机插难、劳动强度大等技术难题，实现关键环节“机器换人”。提升全程机械化水平。推广应用多功能、智能化、经济型农业机械装备，努力在耕种收全过程实现机械化。湖北省油菜创建县将关键技术进行组装，实现翻耕、灭茬、施肥、播种、开沟、覆土等多工序联合作业，推进全程机械化生产。黑龙江省在水稻育秧上实行智能浸种催芽、机械播种，在大田生产上运用高速插秧机、侧深施肥机、专用收获机，确保在“7 个十天”内高标准完成芽种生产、秧田播种、泡田整地、秧苗移栽、健身防病、田间收获、秋季翻地作业。

五是以品牌建设为导向的产业融合取得新进展。各地在绿色高产高效创建中，推行标准化生产，推进产销衔接，促进一、二、三产业融合，提升质量效益竞争力。订单种植。河南省将绿色高产创建作为小麦供给侧改革的试验点，引导粮食加工企业与示范县建立订单生产，8 个创建县落实优质专用小麦订单面积 15.3 万公顷，占创建县总面积的 1/3 左右。创建品牌。安徽省在创建县建立生产基地 18.3 万公顷，参与品牌运营的核心企业 47 家，打造了 543 个粮油绿色食品认证品牌，5 个中国地理标志品牌。优质优价。黑龙江省五常市建设有机大米生产基地，每斤价格超过 30 元，最高达到 100 元。贵州省播州区发展优质稻生产基地，优质稻价格比普通稻谷高 50% 以上，每亩增收 600 多元。

（二）开展的主要工作

2016 年是高产创建项目改革的第一年，在创建规模、资金支持、组织方式等方面都有了较大的调整，由过去的分散布点、遍地开花，改为优中选优、集中打造，工作要求更高，创建任务更重。各地创新思路、突出重点、加强指导，切实抓好各项措施落实。

一是强化责任落实。各省（区、市）高度重视绿色高产高效创建工作，将其作为推进农业转方式调结构的重要抓手和推广先进技术的重要平台。省级统筹。各省（区、市）都成立了由农业部门负责同志任组长的绿色高产高效创建领导小组，加强统筹协调，形成工作合力。新疆维吾尔自治区由政府副主席任组长，有关厅局负责同志为成员，为创建工作提供了有力的组织保障。责任到县。项目县都成立了由政府负责同志任组长的协调机构，明确责任分工、细化工作措施，县长是创建工作的第一责任人，县市农业局是项目实施的责任主体，农业局长是项目实施的第一责任人，确保任务落实到位、工作责任到位。

二是聚合力量打造。各地整合资源，协调人力、物资、资金向绿色高产高效创建县倾斜，着力打造绿色发展示范样板。升级创建层次。以绿色发展理念为引领，从过去单一追求高产，转变为高产与高效相统一、生产与生态相协调。黑龙江省在绿色高产高效创建县全面推行化肥、农药、除草剂“三减”；湖南省明确双季稻创建县化肥农药实现零增长，单位面积平均节约成本 15% 以上。扩大创建规模。改变过去以万亩片为单元的创建方式，选择生产基础好、优势突出、特色鲜明、产业带动能力强的县开展整建制创建，打造高产创建升级版，不少省份涌现出几万亩、十几万亩、几十万亩的集中连片示范方，起到了很好的示范带动作用。聚焦创建资金。将过去的每个示范片 16 万元，增加到每个项目县 400 万 ~ 600 万元，整合资金、集中发力。江苏省财政安排 2.7 亿元资金支持开展绿色高产高效创建；山东省整合涉农资金 3.7 亿元，在更大范围、更高层次搭建绿色高产高效平台。

三是狠抓指导服务。充分发挥行政 + 科研“1+1 > 2”的作用，聚集各方力量，形成政府主导、部门配合、院所参与的大协作格局。行政出题。河北、湖北、四川等省组织省内外知名专家组成专家技术指导组，整合科研、教学、推广等部门资源和力量，要求每个项目县依托 1 个科研单位，聘请 1 名领衔专家，建立 1 支团队开展协同攻关。专家破题。针对油菜机收水平低的瓶颈，由傅廷栋院士和官春云院士领衔，集成组装了油菜直播全程机械化、毯苗机械移栽等高效技术模式；针对水稻毯式育秧存在的植伤瓶颈，由张洪程院士领衔，集成组装了小稻钵苗机插精准肥水绿色高产高效技术模式。

农技部门答题。充分发挥基层农技部门业务性强、服务范围广、联系生产紧的优势，每个示范片明确1名农技人员蹲点包片，做到工作指导到田间、技术服务到地头、物资供应到农户，提高关键技术到位率。

四是创新工作机制。充分发挥新型经营主体的示范引领作用，推行耕种收全过程专业化、社会化服务，推动绿色高产高效创建组织方式和机制创新。培育新型经营主体。鼓励种植大户、家庭农场等新型经营主体参与，使其成为项目承担的主体，更好发挥示范带动作用。四川省推行种粮大户带动、“大园区＋小业主”全程托管、土地股份合作社等适度规模经营模式和“龙头企业＋专合组织＋种粮大户”的产业化经营模式。培育专业化服务组织。引导植保、农机合作社等新型服务主体，推行代耕代种、代收代储、统防统治、统配统施等专业化服务，提升生产的组织化程度和集约化水平。吉林省开通测土配方施肥手机信息服务，农民在自家地块即可接受系统服务，有效提高了测土配方施肥技术入户到田率，探索了农业技术推广的新途径。

五是强化监督检查。监督检查是绿色高产高效创建的重要保障。2016年创新项目实施方式，引入主体申报制、考核验收制、竞争淘汰制，切实加强项目监管，为开展好绿色高产高效创建提出了更高要求。事前有把关。项目省根据农财两部下发的实施方案，明确试点区域、目标任务、操作方式等内容，通过层层申报、逐级把关，科学遴选项目县，确保申报主体机会平等、申报过程公正公平，充分调动项目县积极性，做到优中选优。事中有检查。跟踪调度项目县工作进展，及时发现问题，督促整改落实。创新督导方式，组织28个省份开展省际间交叉督导，既相互督促检查，又促进经验交流，共同进步提高，取得了很好效果。事后有考核。设立绿色高产高效创建绩效考核评价机制，组织县级自评、市级复核、省级考核，验收合格的县下年度可继续申报，验收不合格的县取消下年度申报资格，并把各省份考核结果作为下年度项目安排的重要依据。江西省引入第三方对项目县创建成效进行考核，确保考核结果科学公正。

三 基层农技推广体系改革与建设

2016年，农业部会同各地农业部门认真贯彻落实中央关于基层农技推广体系改革与建设的部署和要求，因地制宜、积极行动、扎实工作，在健全推广体系、提升人员能力、增强服务能力、支撑农业产业发展等方面取得了新的进展和成效。

（一）巩固改革成果，健全基层农技推广体系

根据产业特色和区域布局，科学设置基层农技推广机构，强化县级农业部门对乡镇推广机构的指导管理，强化投入保障，加快地方法规制修订。截至2016年底，农业部所属种植业、畜牧兽医、渔业、农机化四个系统共设立基层农技推广机构7.23万个，主要分布在基层，其中县级1.82万个，乡镇级5.41万个。乡级农技推广机构中，实行“县管”和“县乡共管、以县为主”的机构占总数的60.5%。96.6%的基层农技推广机构实行全额拨款，农技人员工资待遇普遍得到保障。《天津市实施〈中华人民共和国农业技术推广法〉办法》完成修订，修订后的《办法》在农技人员招录、公益性职能拓展、农民技术员法律地位明确等方面，较现行农业技术推广法提出了更为细化的规定。

（二）完善培养机制，提高农技人员业务素质

采取异地研修、集中办班和现场实训等方式，分层分类分批对农技人员进行业务培训。实施农技人员学历提升、定向培养等计划，为基层推广队伍注入新鲜血液，提高专业水平和学历层次。浙江省

建立“省级统一组织、培训基地承办、异地集中办班、示范县选派学员”的农技人员培训机制，有效提升了基层农技人员为农服务能力。安徽省实施基层农技人员学历提升计划，对在农技推广补助项目实施中考核称职以上的基层农技人员参加学历提升教育，给予每人 90% 的学费补助。福建省招录 37 名乡镇农技推广机构紧缺人才定向委培生，支持 81 名具有大专学历的乡镇农技人员参加福建农林大学成人专升本学历教育。

（三）健全运行制度，增强农技推广服务能力

以“包村联户”为主要形式的工作机制和“专家 + 农业技术人员 + 科技示范户”的服务模式在全国农业县普遍建立，基层农技推广工作实现了目标化、责任化、制度化管理，基层农技人员与农民的联系更加紧密，工作作风进一步转变，工作效率和质量明显提升，农民对农技人员的满意度不断提高。2016 年基层农技人员从事推广服务的平均天数达到 200 天，其中田间服务在 60 天以上。

（四）创新方式方法，提高农技推广服务效能

健全县、乡、村农业科技试验示范基地网络，按照产业规划到位、培训指导到位、示范推广到位“三个到位”的要求，建设了 1 万多个农业科技示范展示基地。基地与农业科研院校（所）紧密对接，农业科研院校提供农业技术支撑，开展“一业为主、多种示范”的引进、试验、技术集成、对比展示和技术培训等工作，成为农业科技成果展示的窗口和技术推广的辐射源，满足了农民对农业技术可视化、多样化、综合化、现场化的要求。大力推进农技推广信息化建设，初步构建了农业生产各环节上下贯通、左右关联、优势互补、运转高效的农业科技服务网络平台，推动了农技推广评价数据化、农技管理精确化、服务环节精准化，为广大农户提供了高效便捷、简明直观、双向互动的农技推广服务，有效地提高了农技推广服务综合能力。在 10 个省组织农业科研院校开展重大农技推广服务试点，探索建立“科研试验站 + 区域示范基地 + 推广机构 + 农户”的农技服务新模式。

（五）加强指导服务，为现代农业发展提供有力支撑

2016 年，基层农技推广体系示范推广了超级稻、双低油菜、转基因抗虫棉等一大批新品种，推动我国主要农作物良种覆盖率达到 96% 以上、畜禽水产品种良种化比重逐年提升、奶牛良种覆盖率达 60%。示范推广了稻田综合种养、小麦氮肥后移、玉米一增四改、马铃薯脱毒种薯、奶牛饲料高效利用、深海网箱养殖等一大批农业防灾减灾、农机农艺融合、资源高效利用等先进适用技术，支撑粮棉油糖高产创建、园艺作物标准化生产、畜禽标准化规模养殖和水产品健康养殖等生产模式，为推动农业供给侧结构性改革提供了有力支撑，促进了农业稳产增产、连年丰收。

（六）助力产业扶贫，为精准扶贫提供有力支撑

基层农技推广体系主动对接产业扶贫工作，加强技术对口帮扶，将意愿强烈的贫困户作为脱贫示范户，积极推动特色优势产业发展，为打赢脱贫攻坚战提供有力支撑。安徽省每个农技人员联系服务 2 个贫困户，在春季田管、夏收夏种、秋收秋种等关键季节和养殖关键时期，进村入户开展指导服务，面对面地讲，手把手地教，帮助贫困户依靠农业科技致富脱贫。广西基层农技人员积极参加农业产业扶贫，通过技术指导推动扶贫，雇用贫困农户参与示范基地生产管理，使示范基地成为他们增加收入的来源之一。

四　农机购置补贴

2016 年，中央财政安排农机购置补贴资金 237.5 亿元，与上年持平。各地按照农业部、财政部有

关规定，积极推进“缩范围、控定额、促敞开”，进一步强化绿色生态导向，强化创新实践、强化综合施策，全年补贴工作高效规范平稳有序推进，政策常态化稳定实施迈出坚实步伐。全年扶持246万农户购置农机具283万台（套），推动全国农机装备总量稳步增加、结构持续改善；促进农作物耕种收综合机械化率提升约2个百分点，预计超过65%；补贴实施工作在财政部组织的第三方绩效考核中获“政策实现度高”最高等级评价。开展的主要工作有以下五方面。

（一）推进常态实施

农财两部联合印发《关于做好2016年部分财政支农项目实施工作的通知》，提出“缩范围、控定额、促敞开”的阶段性工作思路和绿色生态的政策导向；制定印发《2015—2017年农业机械购置补贴实施指导意见》，构建指导各地落实政策的制度框架。围绕这个制度安排，以提高资金供需的匹配性为切入点，积极推动政策常态化稳定实施。在加强“缩范围”工作指导基础上，全面推动落实先购后补、具体操作与经销商分离、一站式服务等高效便民措施。在38个省级实施单位中，有13个实现了补贴范围内全部产品敞开补贴，其他实行重点产品敞开补贴；28个实行先购后补；27个实现去经销商操作；30个开展了政务大厅一站式服务；10个实行试点大型农机具金融租赁和农机信贷服务。

（二）开展创新试点

注重增强补贴政策支撑农机科技成果转化应用功能，启动浙江、福建、湖南3省农机新产品补贴试点。尊重企业市场主体地位和农民自主选择权，经农财两部同意，2016年福建省对12个市场成熟度高、风险可控性强的补贴品目开展市场化改革试点，取消推广鉴定证书资质要求，凡取得法律授权的第三方质量认可的农机产品，农民购置后均可申请补贴。根据全国人大代表和相关方面的意见，由山东省畜牧局、财政厅组织开展养蜂机具补贴试点，从安排给山东省的中央财政补贴资金中切块1000万元，为养蜂机具补贴试点开辟“绿色通道”。同时要求相关省份加强试点跟踪评估，总结可复制、可推广的操作模式。试点工作的部署开展，进一步丰富了支持“购机”的方式，得到了各方面认可和支持。

（三）全面公开信息

一是信息化载体建设深入推进。农业部和38个省级农机部门均在官方网站上开通补贴信息公开专栏，2471个县建立了县级公开专栏，占全部实施县的86%。二是公开内容务实管用。各级基本做到了补贴政策信息、操作流程、受益农户信息等全面公开，农业部还集中公布了10353个咨询投诉电话，开通了网络投诉受理窗口。三是公开形式不断创新。部省市县建立网址链接，可以双向逐级访问。新疆、湖南等省份在省级网站统一建设县级专栏，方便查询。山西、江西等省份探索开展受益对象信息和资金使用进度实时公开，为农民要不要购机、购机后能不能当年获得补贴提供了判断依据。

（四）严厉打击违规

一是严惩违规行为。由农业部农机化管理司布置调查的举报投诉，经查实后即要求其他省份进行联动调查并上报结果，根据调查汇总结果采取后续处理措施，此举有力强化了对失信违规企业的打击力度，加快了违规问题处理。自2015年以来被联动调查暂停补贴的124家企业（含82家国家质量抽查不合格企业）中，有101家的问题已处理完毕。二是强化信息支撑。在农业部网站建立违规处理和黑名单数据库，集中登记各地查处信息，实现了部省互联互通、短信实时告知、风险及时提醒。2014～2016年，各地农机管理部门先后登记了违规产销企业信息384条，涉及违规产销企业239家，登记黑名单信息72条。三是创新查处机制。初步建立省际间违规查处联动机制，对存在具体违规线索或在其他省份发生违规问题的产销企业，授权各省份可先暂停其补贴资格。鼓励各省份依据“违规行为以发生地处理为主”和“政府领导下的部门负责制”原则，按规定自主开展暂停后处理工作。组织制定农机购置补贴产品经营违规行为处理办法。

（五）优化实施管理

一是大力推进简政放权。将补贴机具分类分档、补贴产品投档和补贴软件管理等权限下放到省，废止了 2009 年以来 13 份有关补贴政策实施的文件，各省份工作自主性、责任感明显增强。二是探索建立内控管理机制。围绕补贴机具种类范围确定、分类分档与补贴额确定、分省资金规模建议、部级举报投诉查处、延伸绩效管理等关键工作，研究制定了补贴内部控制规程，突出了程序规范和实践先行意识，合理界定岗位职责，细化业务流程，强化风险应对。三是创新督导检查方式。按照“双随机”原则，组织 47 名部、省专家对重点时段重点工作进行专项抽查，变年度例行检查为动态专项检查，针对问题及时反馈各地进行整改。四是加强延伸绩效管理。科学设置绩效指标，强化季度抽查，通报具体问题，督促整改落实；严格绩效结果运用，对优秀省份在资金分配过程中按 10% 比例增加资金。五是提升工作人员能力素质。利用“三会四班”、课题研究、集中调研等形式，累计培训 500 余人次，全面解读政策，集中研讨难点，面对面回应各地关切，基层补贴工作人员业务能力素质明显提升。

五 测土配方施肥

2016 年，在中央财政支持下，农业部深入推进测土配方施肥工作，选择 200 个县开展化肥减施增效技术集成试验示范。完善配方肥推广应用机制，大力推进技术服务个性化、施肥指导信息化、基础工作成果化，做到基础工作与化肥减施增效齐头并进，集成示范与配方肥推广协同推进，为促进粮食稳定发展、农业节本增效和农民节本增收发挥了重要作用。

（一）开展化肥减量增效示范

各省份以设立减肥增效县为抓手，加大减肥增效示范区建设力度，以玉米、蔬菜、苹果三大作物为主，兼顾当地优势作物，整合资源、加大投入，引导带动化肥使用量零增长行动开展。以现代生态农业产业化示范区为核心，按照有硬件可展示、有技术可推广、有标准可复制的要求，建立测土配方施肥技术示范片，全国累计建立各类作物化肥减施增效示范区 1.8 万个，示范面积近 400 万公顷。

（二）开展取土化验与田间试验

各级土肥技术部门认真开展取土化验、田间试验等基础工作。据统计，2016 年全国累计采集土样 27 万个，分析化验土壤、植株样品 420 万项次。各项目县（场、单位）按照《测土配方施肥技术规范》要求，2016 年开展主要粮食作物、经济园艺作物“3414”“2+X”、肥料利用率、中微量元素和配方校正试验等 8400 多个。

（三）农企对接配方肥下地

各级农业部门加大测土配方施肥信息发布力度，开展农企合作，按照“专家出配方 + 企业加工生产 + 网点服务供应”的模式，积极引导企业按照农业生产需求生产、供应配方肥，指导农民配方施肥。据统计，全国发布不同区域、不同作物的科学施肥配方 1 万多个，推广应用配方肥 3000 多万吨（折纯），配方肥应用面积近 2700 万公顷次。

（四）培训宣传普及技术

各级农业部门采取多种形式，加强测土配方施肥的技术培训、指导服务和信息宣传。2016 年全国 27 个省份累计举办技术培训班 2.85 万期次，全国培训农民 620 多万人次，培训技术人员 10 万人次，发放培训资料 4000 多万份。农业部会同中国电信集团公司，开展“化肥农药使用量零增长技术进万家”宣传活动，运用信息化手段，通过线下培训、线上答题的方式宣传化肥减量增效技术。全国累计参与人数 140 万人次，参与每周答题 21.5 万人次，视频学习 19 万人次。

2016 年全国农用化肥有望实现自改革开放以来首次接近零增长，部分省份提前实现负增长。一是促进了作物增产和农民增收。与农民习惯施肥相比，测土配方施肥示范区小麦、水稻、玉米亩均增产 7.1%、7.5%、7.1%，亩均节本增收 22 元、65 元、72 元。二是促进了施肥方式转变。项目县（场、单位）将测土配方施肥与化肥机械深施、机械喷施、种肥同播、有机无机配施、种植绿肥等技术及果菜茶滴灌、喷灌、渗灌水肥一体施用技术示范区相融合，促进了施肥方式的转变，进一步提高了肥料利用效率，全国推广水肥一体化面积 600 万公顷、机械施肥面积 5400 万公顷、种植绿肥 320 万公顷。三是促进了施肥结构优化。通过测土配方施肥项目的实施，农民科学施肥意识明显增强，重化肥、轻有机肥、偏施氮肥、施肥结构不合理等现象逐步得以转变，测土配方施肥技术已被越来越多的农民所接受。

六 病虫害防治

2016 年受超强厄尔尼诺气候事件影响，粮食作物重大病虫呈多发、重发态势，全国累计发生 3.2 亿公顷次。其中，水稻“两迁”害虫、黏虫等迁飞性害虫明显重于近年；小麦赤霉病、稻瘟病等气候型病害大面积流行风险显著高于常年；水稻螟虫、小麦穗期蚜虫、玉米螟等常发性害虫维持发生区域广、危害程度重的态势，严重威胁粮食生产安全。各级农业部门和植保机构立足抗灾夺丰收，强化组织发动，加强监测预警，推行统防统治，精准指导服务，全力以赴打好防控战役，累计实施防治 4.1 亿公顷次。经科学防控，有效遏制了重大病虫暴发危害，有力地保障了粮食生产安全。

（一）主要病虫害发生情况

1. 小麦病虫害

累计发生 6105 万公顷次，比上年减少 5.9%。其中，虫害发生 2945 万公顷次，比上年减少 10.3%；病害发生 3160 万公顷次，比上年减少 1.4%。小麦穗期蚜虫在江淮、黄淮海、西北麦区偏重发生，发生面积 1482 万公顷次，与近 5 年平均值相当；麦蜘蛛在黄淮海大部麦区中等发生，发生面积 584 万公顷次，低于近 5 年平均值；吸浆虫在江淮、黄淮、华北麦区持续呈下降趋势，发生面积 131 万公顷次，比上年减少 15% 以上。小麦赤霉病在江淮、黄淮大部麦区偏重流行，长江中下游麦区大流行，发生面积 690 万公顷次，比上年增加 19%，是 2001 年以来第二重发年份；白粉病在长江中下游、江淮和黄淮部分麦区偏重发生，局部出现上穗危害，发生面积 784 万公顷次，轻于 2015 年，显著重于 2011 ~ 2014 年；小麦纹枯病在江淮、黄淮南部麦区偏重发生，发生面积 852 万公顷次，与近 10 年平均值基本持平；条锈病总体中等发生，仅江汉平原、四川“三江一河”、汉中部分地区达偏重程度，发生面积 158 万公顷次，低于 2001 年以来的平均值；叶锈病在江淮、黄淮麦区持续呈上升态势，发生面积达 340 万公顷次，是近 10 年来发生第二重发年份。

2. 水稻病虫害

累计发生 8239 万公顷次，同比减少 9.9%。其中，虫害发生 5629 万公顷次，比上年减少 9.2%，病害发生 2610 万公顷次，比上年减少 11.3%。稻飞虱呈现“前重后轻”特点，华南、西南中南部早稻偏重发生，江南、长江中下游早、中稻中等发生，西南北部、江淮单季稻偏轻发生，累计发生2073万公顷次，比上年减少10.5%；稻纵卷叶螟在长江下游偏重发生，沿江、沿湖稻区大发生，华南、江南、长江中游、西南中北部稻区中等发生，其他稻区偏轻发生，累计发生1391万公顷次，比上年减少10.5%；二化螟在四川、湘中南、赣中及赣北、鄂东南及江汉平原稻区偏重发生，湖南衡阳、江西南昌等部分地区大发生，其他稻区中等或偏轻发生，累计发生1304万公顷次，比上年减少4.6%；三化螟在华南、江南等大部稻区偏轻发生，发生程度呈持续下降态势，累计发生109万公顷次。稻纹枯病在江南中西部稻区大发生，其他大部稻区偏重发生，总体程度轻于上年，累计发生1717万公顷次，与上年基本持平；稻瘟病除江汉平原、江南部分稻区偏重发生外，大部中等以下程度发生，程度明显轻于上年，累计发生388万公顷次，比上年减少24%；稻曲病在长江下游和东北南部单季稻区中等发生，累计发生187万公顷次。水稻病毒病累计发生34万公顷次。其中，华南、江南和西南南部稻区南方水稻黑条矮缩病呈回升态势，程度重于2015年，面积也广于2015年；江淮、长江中下游稻区黑条矮缩病和水稻条纹叶枯病轻度发生，程度和面积呈持续下降态势。

3. 玉米病虫害

累计发生6956万公顷次，比上年减少10.3%。其中，虫害发生5216万公顷次，比上年减少7.1%；病害发生1739万公顷次，比上年减少18.6%。玉米螟在东北、华北、黄淮大部以及西北局部偏重发生，山西、内蒙古部分地区达大发生程度，累计发生2314万公顷次，与上年持平略增；黏虫总体偏轻发生，累计发生155万公顷次，比上年减少60.7%，但陕西渭南、西安、咸阳，河南洛阳、三门峡，山西运城和内蒙古鄂尔多斯等地出现高密度连片集中危害；二点委夜蛾在黄淮部分地区虫量高，河北、山东局部达大发生程度，总体危害重于前三年，轻于重发的2011年；蚜虫在华北、黄淮局部偏重发生，累计发生545万公顷次。大斑病在东北、华北局部偏重发生，其他地区中等或偏轻发生，累计发生405万公顷次；小斑病在黄淮局部中等发生，累计发生251万公顷次，轻于近年；褐斑病在黄淮海中等、局部偏重发生，累计发生155万公顷次，重于上年。

4. 农区蝗虫

累计发生129万公顷次，与近年持平。其中，东亚飞蝗在环渤海湾、华北湖库和沿黄滩区等中等发生，局部出现高密度点片危害，发生面积为118万公顷次（夏蝗发生63万公顷次，秋蝗发生55万公顷次）；西藏飞蝗在四川川西高原、西藏东南部和青海玉树等农牧交错区及金沙江、雅砻江河谷地区中等发生，发生面积9.3万公顷次，比上年增加4.5%；亚洲飞蝗在新疆阿勒泰、阿克苏、塔城和吐鲁番等地偏轻发生，累计发生1.7万公顷次，比上年减少22.7%。北方农牧区土蝗总体中等发生，内蒙古中西部、新疆北部等局部发生较重，累计发生165万公顷次，比上年减少15.8%。

另外，马铃薯病虫害总体中等发生，累计发生580万公顷次。其中，马铃薯晚疫病在西南主产区大部偏重发生，在西北、华北和东北主产区中等或偏轻发生，累计发生174万公顷次，比上年减少6.5%。

（二）主要措施和成效

保产就是增收、减损就是增效。针对粮食作物重大病虫重发流行态势，农业部组织各地立足抗灾夺丰收，及早安排部署，加密监测预警，广泛动员发动，强化督查指导，大力推进统防统治，适时开展应急防治，最大限度减轻发生程度、降低危害损失，全力保障粮食生产稳定发展。据统计，“虫口夺粮”减少粮食产量损失6164万吨。

一是及早动员部署。制定印发《防病治虫夺粮食丰收行动方案》，组织各地突出主要作物、重大病虫、关键环节，明确防控思路、目标任务、技术路径和工作措施，落实“政府主导、属地责任、联防联控”工作机制，全力以赴打好防控战役。同时，召开春季病虫防控工作会、小麦穗期病虫防控现场会、秋粮作物重大病虫防控现场会，下发《农作物重大病虫防控技术方案》《小麦赤霉病防控指导意见》和《关于加强二点委夜蛾防控工作的紧急通知》，分区域、分作物、分病虫、分时段具体安排小麦、水稻、玉米等作物重大病虫防控工作。

二是加密监测预警。组织1030个农作物重大病虫测报区域站开展系统监测、全面普查，全面掌握发生迁飞性、流行性、暴发性重大病虫消长动态，及时会商发生趋势，准确发布预报预警信息，并通过病虫电视预报、广播通知、手机短信等多种形式，促进病虫发生信息和防控技术进村入户，科学指导防控行动。2016年累计发布《植物病虫情报》36期，在中央电视台《天气预报》栏目发布小麦赤霉病、稻飞虱等预警信息6期，在中央人民广播电台《三农早报》栏目发布病虫预报信息28期。

三是强化科学防控。组织各地坚持“治早、治小、治了”原则，根据不同病虫发生危害特点，采取针对性防控策略和措施，尽可能减少发生面积、降低危害程度。如小麦条锈病在狠抓秋播药剂拌种基础上，重点落实冬春季“带药侦查、打点保面”预防控制措施，有效减少了发病面积；小麦赤霉病坚持“主动出击、见花打药”不动摇，做到防病不见病，全面采取预防控制措施，较好地减轻了危害损失；稻飞虱狠抓早稻防控，压前控后，有效减少了中、晚稻发生面积，减轻了防控压力；玉米螟在采取灯光诱杀、放蜂治螟基础上，重点抓好大喇叭口期“一防双减”，努力压低病虫发生基数，减轻穗期危害程度。

四是推进统防统治。结合实施小麦“一喷三防”、重大病虫专业化统防统治补助等项目，继续扶持发展规范化防治服务组织，大力推进统防统治。截至2016年底，全国专业化防治组织达8.8万个，其中在农业部门备案的“五有”规范化组织达3.95万个，比上年增加1900多个，大中型植保机械保有量27.8万台（套），比上年增加1.8万台（套），日作业能力近700万公顷，水稻、小麦、玉米等粮食作物病虫害统防统治覆盖率达到35.5%，比上年提高2.8个百分点。同时，为稳步提高防控组织化程度和科学化水平，在全国建立600个万亩连片示范区，继续集成推广统防统治与绿色防控融合推进模式，辐射带动病虫综合治理、农药减量增效技术的大面积推广应用。

五是加强防控督导。全面落实分片包干联系督导制度，4月下旬至5月下旬、6月下旬至7月上旬、8月上旬至10月上旬，分别组派5个、3个和10个督导组，采取日常联系和现场督导相结合形式，对11个夏粮主产省区、6个黄淮海夏玉米二点委夜蛾重点发生区和23个秋粮主产省区开展督查指导，及时调度重大病虫发生和防控进展，督促检查补助政策、资金落实情况。各地也在防控关键时期，组派精干力量，深入田间地头、防控一线，面对面、手把手开展防控技术指导，有力促进了防控工作措施落实到位、技术措施落实到田。

七 农业防灾减灾

（一）农业气象灾害总体情况

受超强厄尔尼诺影响，2016年我国气候异常，极端天气气候事件多发，农业气象灾害频发、重发，对粮食和农业生产构成严重威胁。总的看，2016年农业气象灾害重于上年、重于近五年。灾害以洪涝、干旱和低温冻害为主，风雹和台风局部发生，给农业和粮食生产带来较大影响。2016年，全国农作物受灾面积 2622.1 万公顷，比上年增加 445.1 万公顷，其中成灾 1367.1 万公顷、绝收 290.2 万公顷，分别比上年增加 441.6 万公顷和 670 万公顷。农作物受灾、成灾和绝收面积均重于近五年均值，为近五年次高值（仅轻于 2013 年）。

分灾种看，干旱区域集中，局地受灾较重，总体轻于常年。7 月下旬至 8 月底，内蒙古东北部、黑龙江西部以及甘肃发生较为严重的夏伏旱。全国农作物因干旱受灾面积 987.3 万公顷，同比减少 73.7 万公顷。其中，成灾 613.1 万公顷、增加 121 万公顷，绝收 101.8 万公顷、减少 2.8 万公顷。农作物因旱受灾和绝收面积低于近五年平均值，为近五年次低值（仅重于 2012 年）。洪涝南北并发，多地齐发，总体重于常年。3 月下旬，华南进入汛期，较常年偏早 16 天。6 月下旬至 7 月中旬，长江中下游地区平均降水量比常年偏多 74%，发生类似 1998 年的洪涝灾害。7 月中旬华北黄淮等地出现极端暴雨天气过程，一些县市日降雨量突破历史极值。全国农作物因洪涝受灾 853.1 万公顷，同比增加 291.1 万公顷。其中，成灾 433.8 万公顷、绝收 129.7 万公顷，分别增加 221.7 万公顷和 63.8 万公顷。受灾、成灾和绝收面积均为近五年次高值（仅轻于 2013 年）。湖北、湖南、安徽、河北、江西等 5 省农作物因洪涝受灾 549 万公顷，占全国农作物因洪涝受灾总面积的 64%。台风登陆偏晚、个数偏多、强度偏强、影响总体偏轻。全年 8 个台风在我国登陆，较常年偏多 1 个，其中 6 个达到强台风等级，主要集中在下半年。全国农作物因台风受灾 202.4 万公顷，同比增加 30.2 万公顷。其中，成灾 59.8 万公顷，绝收 14.5 万公顷，分别减少 16.1 万公顷和 3.6 万公顷。农作物因台风受灾面积为近五年次低值（仅重于 2015 年），成灾和绝收面积均是近五年最低值。风雹灾害分布范围广、多发频发，影响总体偏轻。全国农作物因风雹受灾 290.8 万公顷，同比减少 1 万公顷。其中，成灾 142.4 万公顷、增加 39.2 万公顷，绝收 26.9 万公顷，减少 4.1 万公顷。受灾、成灾和绝收面积均轻于近五年平均值。低温冻害和高温热害局地重发。1 ~ 3 月，我国遭遇多次大范围寒潮和雨雪冰冻天气过程，局部地区气温跌破历史极值。全国农作物因低温冻害受灾 288.5 万公顷，同比增加 198.5 万公顷。其中，成灾 117.9 万公顷、绝收 17.3 万公顷，分别增加 75.9 万公顷和 13.6 万公顷。受灾和成灾面积均为近五年最高值。此外，6 ~ 8 月，江淮、江汉、江南和华南大部多次出现大范围高温天气，也对农业生产造成一定的影响。

2016 年自然灾害对农业生产的影响：一是局部地区粮食因灾减产。全年因灾损失粮食 4095 万吨。其中，长江流域的洪涝造成部分地区早稻“雨洗禾花”，全国早稻减产 91 万吨。中稻局部受淹，分蘖减少，晚稻受前茬早稻收获期推迟影响，栽插推迟，全国中晚稻减产 35 万吨。西北和东北局地的伏旱从玉米抽雄吐丝一直持续到灌浆结实，部分田块发生“卡脖旱”，造成玉米植株矮小，叶片干枯，光合作用减弱，影响结实率和百粒重。二是规模种养损失较重。洪涝灾害直接经济损失大，特别是承包土地、规模经营的新型农业经营主体，经营面积大，投入资金量大，融资借贷额度大，灾后恢复生产难。湖北、安徽等地规模种植养殖户损失大多达到 100 万 ~ 400 万元，恢复生产资金缺口较大。三是局部农田设施受损。强降雨冲毁部分农业设施，洪灾中过水农田面积大，耕作层不同程度受损。部分山区被毁农田及受损的农机设备、畜禽栏舍和水产养殖设施短期内难以修复。

（二）开展的农业防灾减灾工作

灾情发生后，各级农业部门迅速行动，科学应对，抓好农业防灾减灾和灾后生产恢复各项措施落实。

一是及早部署安排。年初，针对超强厄尔尼诺影响，制订了《科学应对厄尔尼诺防灾救灾保丰收预案》，指导各地提早做好防灾减灾各项准备。灾害发生后，韩长赋部长主持召开部党组会，学习贯彻习近平总书记重要指示、李克强总理的重要讲话和汪洋副总理的要求，动员农业部门全力投入农业抗灾救灾和灾后生产恢复。农业部4次召开防汛抗洪专题会议，安排落实农业防汛抗洪工作。在生产恢复的关键时刻，农业部又紧急召开洪涝重灾省份农业生产恢复视频调度会商会，学习贯彻李克强总理重要批示精神，调度分析灾区粮食及农业生产情况，安排灾后生产恢复重点工作。部领导带队深入安徽、湖北、湖南、江西等重点省份，指导当地防汛救灾和疫病防控工作，督促各地落实防灾救灾各项措施。

二是加强指导服务。农业部多次下发洪涝、台风等灾害防御紧急通知，安排部署农业防汛抗洪工作。组织专家根据受灾情况和作物生长发育进程，制定下发8个分区域、分作物的救灾技术指导意见。派出20多个工作督导组和技术指导组，赶赴受灾省区指导农业救灾和恢复生产。洪涝重灾区各级农业部门先后组派150多个工作组，组织发动4.5万人（次）的专家和农技人员，深入洪涝灾区，指导落实好灾后生产恢复的各项措施。

三是狠抓生产恢复。结合灾区实际，多措并举、精准发力，千方百计落实抗灾自救恢复生产措施。适时改种补种，全国完成改补种面积200多万公顷，其中改补种粮食面积120多万公顷，挽回粮食损失750多万吨。强化病虫防控，发挥植保专业化统防统治组织作用，调度5万多台大型植保机械，开展统防统治，遏制病虫扩散蔓延。同时，派出11个督导组，深入23个重点省（区）督查指导秋粮重大病虫防控。洪涝重灾省份完成病虫害防治600多万公顷。搞好养殖补栏补苗，支持养殖大户修整圈舍、清淤池塘，抢修加固和修复损毁大棚等设施，补充养殖机械，及时搞好畜禽补栏、补投水产苗种。完成畜禽补栏780万头（只），鱼苗补投50.4亿尾，畜禽水产养殖逐渐恢复。

四是防控动物疫病。农业部先后派出4个工作组分赴湖南、江西、河南等重点省份检查动物防疫。组织全国兽医系统机关干部和技术人员，深入洪涝重灾区、养殖密集区，指导帮助养殖户开展环境消毒、死亡畜禽无害化处理、紧急免疫等灾后防疫工作。加强动物疫情监测和检疫监管，严厉打击贩卖因灾死亡畜禽及其产品的行为。灾区无害化处理死亡畜禽5050多万头（只），紧急免疫畜禽27831万头（只），使用消毒药品3798吨，消毒面积9.9亿平方米。

五是抢修损毁农业设施。加大水毁农田修复，灾区修复损毁农田12.9万公顷，占因涝需修复水毁农田面积的49%。抢修蔬菜大棚等设施，洪涝灾区完成损毁蔬菜等农业设施大棚修复面积5.1万公顷，占因涝需修复大棚设施的70%。加快修复养殖设施，江西、河北、安徽和湖南等省修复畜禽圈舍150万平方米，整修池塘10.7万公顷。

六是加大救灾支持。积极商财政部紧急安排13亿元农业生产救灾资金，支持重灾省份用于种子种苗补贴、灾后病虫防控等工作，支持灾后生产。根据改种补种需要，紧急调拨国储种子354万公斤、省储种子805万公斤，支持灾后改补种。向灾区紧急调运防护服1.5万多套，帮助灾区做好动物疫苗、消毒药剂等应急防疫物资的调拨。各受灾地区均通过安排救灾资金、物资、保险理赔等多种方式支持尽快恢复生产。

（三）农业防灾减灾工作成效

农业部坚决贯彻党中央、国务院的部署，立足抗灾夺丰收，坚定稳粮增收的目标不动摇，创新工作思路，推进科学抗灾，加强指导服务，毫不放松地抓紧抓好农业防灾减灾救灾工作，最大限度减轻灾害影响和损失，取得了显著成效。粮食产量稳定在60000万吨以上、为历史上第二高产年，棉油糖、肉蛋奶、水产品供给充足，农村居民人均可支配收入达到12363元、继续高于城镇居民收入增速，农业农村发展保持了稳中有进的良好态势。

粮食生产扶持政策

2016 年，国家继续实施“藏粮于地、藏粮于技”战略，不断加大对粮食生产的扶持力度，强化生产能力建设，完善财政补贴政策，健全价格调控机制，推进粮食收储制度改革，保护和调动农民的生产积极性，促进粮食生产稳步发展。在各方面共同努力下，全年粮食种植面积 11303.4 万公顷，比上年减少 30.9 万公顷；粮食总产量 61625 万吨，比上年减少 518.9 万吨，减产 0.8%，粮食市场供给总量充裕，保障了国家粮食安全，为推动农业供给侧结构性改革、实现宏观经济稳中向好奠定了坚实基础。

一 财政补贴政策

2016 年，国家进一步调整和完善农业生产补贴政策，全面推行“三项补贴”改革，提高补贴政策效能、指向性和精准性。一是将原有的农作物良种补贴、种粮直补和 80% 的农资综合补贴存量资金合并为农业支持保护补贴，政策目标为支持耕地地力保护提升，补贴对象为拥有耕地承包权的种地农民，享受补贴的农民须保证耕地不撂荒、地力不下降。二是将 20% 的农资综合补贴存量资金、种粮大户补贴和“三项补贴”增量资金，支持多种形式的粮食适度规模经营，加快建立完善的农业信贷担保体系，补贴对象重点向种粮大户、家庭农场、农民合作社、农业社会化服务组织等新型经营主体倾斜。中央财政安排上述补贴资金约 1400 亿元。另外，安排农机购置补贴 230 亿元左右，补贴机具共计 11 大类的 137 个品目，补贴金额在 5 万 ~ 60 万元不等，并在江苏等部分省区开展了农机报废更新补贴试点工作。安排产粮（油）大县奖励资金 320 亿元左右，改善产粮（油）大县财力状况，对 2009 ~ 2013 年五年平均粮食产量或商品量位于全国前 100 名的产粮大县，作为超级产粮大县给予重点奖励，调动地方政府重农抓粮的积极性。此外，安排 60 多亿元资金，支持基层农技推广体系改革和建设、粮食绿色高产高效创建、农机深松整地作业、测土配方施肥、化肥农药减量增效试点、耕地轮作休耕试点、耕地质量提升、东北地区黑土地保护利用试点等工作。

二 产能建设支持政策

国家安排中央预算内投资 310 多亿元，用于全国新增千亿斤粮食能力规划田间工程、大型灌区续建配套和节水改造、新建大型灌区工程、大型泵站更新改造、农作物良种工程等项目建设，比上年增加 70 亿元左右，着力改善农田水利等农业基础设施条件，提升农业综合生产能力。其中，新增千亿斤粮食产能规划田间工程中央投资 145 亿元，在 800 个产粮大县建设高产稳产粮田约 80 万公顷；大型灌区续建配套和节水改造、新建大型灌区和大型灌排泵站更新改造投资约 170 亿元；农作物良种工程投资 8 亿元。此外，财政、国土部门安排资金约 500 亿元，用于重点地区高标准农田建设。全国新增高标准农田 530 万公顷，增强了粮食生产抗灾减灾能力，促进了粮食生产稳步发展。

三 粮油收购政策

（一）小麦最低收购价政策

为保护农民利益，防止“谷贱伤农”，2016 年，国家继续在小麦主产区实行最低收购价政策。综合考虑小麦生产成本、市场供求、比较效益、国际市场价格和粮食产业发展等各方面因素，2015 年 10 月，国家发展改革委会同有关部门公布了 2016 年小麦最低收购价格，价格水平与上年持平，即当年生产的小麦（国标三等）最低收购价为每斤 1.18 元。最低收购价执行时间为 2016 年 5 月 21 日至 9 月 30 日。政策适用范围为河北、江苏、安徽、山东、河南、湖北等 6 个小麦主产省。

（二）稻谷最低收购价政策

2016 年，国家继续在稻谷主产区实行最低收购价政策。同时，根据不同稻谷品种的生产成本、供求变化、比较效益、库存水平、产业发展导向和国际市场价格等各方面情况，国家首次适当下调了早籼稻最低收购价格水平。2016 年 2 月，国家发展改革委会同有关部门公布了稻谷最低收购价格，即当年生产的早籼稻（三等，下同）、中晚籼稻和粳稻最低收购价分别为每斤 1.33 元、1.38 元和 1.55 元，其中早籼稻每斤比上年下调 2 分，中晚籼稻、粳稻保持上年水平不变。早籼稻最低收购价政策适用范围为安徽、江西、湖北、湖南、广西 5 个主产区，中晚稻最低收购价政策适用范围为辽宁、吉林、黑龙江、江苏、安徽、江西、湖北、河南、湖南、广西、四川 11 省（区）。

（三）玉米收储制度改革

为完善玉米价格形成机制，引导种植结构调整优化，推动供求关系平衡，减轻主产区收储压力和财政负担，推进农业供给侧结构性改革，促进玉米产业健康发展，2016 年，国家开始实行玉米收储制度改革，在东北三省和内蒙古自治区按照“市场定价、价补分离”的原则，将玉米临时收储政策调整为“市场化收购”加“补贴”的新机制。玉米价格由市场形成，供求关系靠市场调节，生产者随行就市出售玉米，鼓励各类市场主体入市收购。同时，为保证农民种植玉米的基本收益，国家建立了玉米生产者补贴制度，安排玉米种植补贴约 390 亿元。

（四）大豆目标价格政策

为充分发挥市场机制的作用，保护和调动豆农的生产积极性，2014 年以来，国家在东北三省和内蒙古自治区开展了大豆目标价格改革试点，有力地促进了大豆生产的恢复发展。2016 年，国家继续在上述地区推进实施大豆目标价格政策。综合考虑供求状况、国际市场价格等因素，大豆目标价格为每吨 4800 元，保持上年水平不变，稳定大豆种植收益，引导大豆与玉米正常轮作。

（五）油菜籽收购政策

在 2015 年取消油菜籽临时收储政策后，2016 年，油菜籽收购继续由地方政府全面负责，省级政府按照保障农民基本收益和市场基本稳定的原则，根据本地实际情况，自行确定辖区内油菜籽市场收购指导意见，油菜籽收购实行市场化，价格完全由市场供求形成，地方政府自主制定出台种植补贴政策，引导各类企业积极开展市场化收购。中央财政继续对湖北、四川、安徽、江苏、湖南 5 个油菜籽重点产区予以适当支持，推动油菜籽产业健康发展。

粮食流通

一 粮食收购与销售

（一）粮食收购数量再创新高

2016 年各类粮食企业共收购粮食 45990 万吨（原粮，下同），创历史新高，同比增加 3455 万吨。其中小麦 11637 万吨，同比增加 2052 万吨；稻谷 13115 万吨，同比增加 2253 万吨；玉米 20343 万吨，同比减少 794 万吨；大豆 586 万吨，与上年基本持平。收购量增加的原因：一是粮食产量继续保持历史较高水平。2016 年，我国粮食总产量达 61625 万吨，虽然较上年略有下降，但仍处于 2004 年以来的增产周期中的次高水平，也是连续第四年稳定在 6 亿吨以上，农户可出售粮食增加。二是多元市场主体入市积极。一方面，取消玉米临储政策，实行“市场化收购”加“补贴”的新机制，深加工企业、饲料加工企业和贸易企业收购积极性大大提高。另一方面，各地出台相关政策，支持和鼓励社会资本参与仓储设施建设和粮食收购。三是农户存粮数量呈下降趋势。随着耕地加速流转，粮食生产集约化快速发展，粮食生产进一步向专业合作社、种植大户等新型经营主体集中，加上农村消费方式改变，农户卖原粮再买成品粮及其制品的情况更趋普遍，农户存粮数量逐年减少，粮食商品率相应提高。

（二）国有粮食企业粮食销售量同比增加

2016 年，国有粮食企业共销售粮食 26906 万吨，比上年增加 6506 万吨。分品种看，小麦销售 5958 万吨，同比增加 342 万吨；稻谷 6868 万吨，同比增加 1151 万吨；玉米 10523 万吨，同比增加 4884 万吨；大豆 2951 万吨，同比增加 246 万吨。销售量增加的主要原因：一是国家大力推进粮食库存消化工作，取得阶段性成效，2016 年国家政策性粮食销售出库 3480 万吨，同比增加 1485 万吨；二是玉米收储制度改革激发了市场活力，深加工、饲料和贸易企业效益明显改善，市场消费需求有所恢复。

（三）各类企业粮食库存上升

由于粮食生产连获丰收，为切实保护种粮农民利益，国家加大了托市收购力度，政策性粮食库存增幅较大，国有企业库存总量处于高位。分性质看，国家政策性粮食库存大幅增加；地方储备增储任务如期完成，库存增幅较大；中央储备库存基本持平；国有企业商品库存略增。分品种看，小麦和稻谷库存比例略升，玉米和大豆库存比例略降。从库存的区域分布看，主产区库存比例上升，主销区和产销平衡区库存比例下降。非国有粮食企业库存基本持平，其中小麦库存下降，玉米库存增加，稻谷和大豆库存略增。

二 粮油竞价交易

（一）进一步加强国家粮食交易中心体系建设

2016 年，国家粮食局粮食交易协调中心（以下简称交易中心）致力于以国家粮食交易中心为龙头，以各省(区、市）联网粮食交易中心为抓手，以互联网技术为手段的国家粮食交易中心体系建设。

一是认真落实国务院《关于建立健全粮食安全省长责任制的若干意见》，推进政策性粮食联网交易，2016年，湖南、湖北、上海、四川、甘肃、辽宁、山西、山东、陕西、内蒙古、宁夏、云南、黑龙江和江苏等14个省份地方储备粮购销轮换，采取联网方式通过全国粮食统一竞价交易系统平台公开竞价交易。二是截至2016年，全国共有28个省级国家粮食交易中心，其中南宁国家粮食交易中心是当年由广西壮族自治区人民政府申请组建，经国家粮食局批准建立的国家粮食交易中心在地交易中心。三是为切实有效地加强交易中心体系管理，指导各在地交易中心开展粮食交易活动，规范竞价交易秩序，研究制定了《粮食竞价销售交易规则》《国家政策性粮食竞价交易合同商务处理办法（试行）》《粮食竞价交易资金结算管理办法》。

（二）强化全国粮食交易系统平台功能建设

2016年，为适应发展变化的粮食流通市场，更好地服务于国家宏观调控和交易会员，全力打造更加实用、便捷、安全、高效的全国粮食电子交易平台，提升服务水平，交易中心不断推进交易系统平台功能建设。一是在2015年底“全国粮食统一竞价交易系统平台”（以下简称交易平台）顺利搭建并试运行成功后，于2016年1月8日正式上线运行。交易平台全年运行状况良好，交易顺畅无误。二是加快交易平台与网银系统对接，确保交易资金安全，有效防范资金风险。通过与光大银行、国家开发银行和农业发展银行，以及交易系统平台开发公司密切合作，年中全面实现了与监管银行交易资金网上实时转账。三是不断完善交易平台功能，与软件开发公司通力合作，设计研发了协商交易和物流服务板块，进一步拓宽了交易模式和服务范围。四是为确保粮食竞价交易系统运行安全、稳定、可靠，适时对交易平台组织了系统验收，通过了公安部安全等级测评，达到了系统三级安全等级保护标准。

（三）组织开展国家政策性粮食竞价交易

2016年，交易中心围绕着国家“去库存”任务部署，积极做好库存粮食销售工作，分别采取定向销售、邀标销售、委托销售等多种方式，通过交易平台共组织国家政策性粮油竞价销售交易会371场，全年共成交国家政策性粮油3822万吨，比上年增加1949万吨，增幅104%。分品种成交小麦459万吨、早稻13万吨、中晚籼稻160万吨、粳稻528万吨、玉米2158万吨、大豆165万吨、菜籽油339万吨。此外，湖北、湖南、上海等14个省级国家粮食交易中心通过交易平台共计成交地方储备粮油516万吨。总体看，2016年国家政策性粮油成交量较上年大幅增加。一是国家为进一步优化库存粮食结构，对超期储存和蓆茓囤储存玉米和粳稻适当调价，定向销售给饲料、淀粉和酒精等用粮企业。二是由于当年我国油菜籽产量下降，进口量减少，为确保市场供应，适时加大了菜籽油投放力度，销售成交临储菜籽油是上年的14倍。三是国家在时隔近两年后，重新恢复了临时存储大豆的竞价拍卖。

（四）发挥交易平台优势稳步推进贸易粮网上交易

2016年，国家取消玉米临时收储政策，改为“市场定价、价补分离”，实行“市场化收购”加“补贴”的新机制。为适应玉米收储制度改革，发挥交易平台功能作用，交易中心积极探索直接面向种粮农民，通过网上平台销售的方式，帮助农民卖粮，满足不同类型企业粮源需求，提供集交易、结算、物流、金融为一体的第三方服务。12月12日，在东北地区秋粮旺季收购初期，交易中心与黑龙江省各级粮食部门、有关地市政府和种粮农民携手合作，成功举办了“全国玉米市场化电子交易暨黑龙江省农民粮食购销专场”，首日共组织粮源24.4万吨，成交量4.8万吨。这是交易中心创新粮食销售模式、搭建为农服务平台，推动种粮农民通过电子交易平台快捷方便销售粮食的有益尝试，为今后推进贸易粮网上交易成为常态奠定了基础。

粮食调控

一 认真抓好粮食收购，农民利益得到有效保护

（一）严格执行国家粮食收购政策

由于粮食收购量逐年增加，而库存粮食消化相对缓慢，主产区收储矛盾突出。地方政府和各级粮食部门提前谋划、周密部署，指导督促收粮企业严格遵守“五要五不准”粮食收购守则，切实加强收购市场监督检查，从严从重打击压级压价、“打白条”等坑农害农行为，维护种粮农民利益。认真组织市场化收购，充分发挥国有粮食企业的示范作用和多元市场主体的积极性，特别是主动探索玉米市场化收购的新思路、新方法，成效明显，收购工作进展顺利，没有出现大范围农民“卖粮难”。

（二）政策性粮食收购成效显著

国家粮食局会同有关部门单位及早研究最低收购价政策，4 月上旬即印发了小麦和稻谷最低收购价执行预案，较 2015 年提前了 1 个多月。为缓解主产区收储矛盾，预案明确充分利用社会仓储设施，并允许其他央企和地方骨干企业租赁社会仓容。指导各地和有关企业提前做好预案启动相关准备，合理布设收购网点。新粮上市后，由于市场价格低于最低收购价格，河北等 6 省、安徽等 4 省、湖北等 9 省分别启动了小麦、早籼稻和中晚稻最低收购价执行预案，新疆启动了小麦临时收储。针对夏粮受灾情况，安徽、湖北、河南、江苏等地认真贯彻落实粮食安全省长责任制，通过省级临储、购置设备、贷款贴息等措施抓好超标小麦收购，最大限度减少了农民因灾损失。

二 综合施策保障供给，粮油市场保持总体稳定

（一）国家政策性粮食“去库存”成效显著

2016 年，粮食“去库存”是粮食供给侧结构性改革的重要内容，也是粮食调控工作的难点热点。国家有关部门注意把握好“去库存”的节奏和力度，合理安排投放品种和数量，适时增加新粮投放，优先安排核心主产区粮食销售，既积极稳妥消化了库存陈粮，又满足了市场需求，保持了市场平稳，还为重点产区新粮收购腾出了仓容，有效缓解了收储压力。各地切实强化企业购买资格审核和市场监管，维护好交易秩序，加快成交粮食出库消化，江苏、安徽两省还出台了相关补贴政策，共同推动“去库存”工作顺利开展，取得了阶段性成效。在粮食连续丰收、消费相对低迷和进口替代数量依然较大等复杂背景下，全年共销售出库各类政策性粮油 3480 万吨。

（二）国内主要粮食品种市场价格涨跌互现

2016 年国内主要粮食品种市场价格涨跌不一：玉米临储政策改为市场化收购新机制，价格回归市场，均价同比下降；小麦和稻谷价格略涨；大豆价格基本稳定。据监测，2016 年末主产区小麦、早籼稻、中籼稻、晚籼稻收购价格每百斤分别为 124.1 元、131.3 元、136.1 元、137.8 元，同比分别

上升 6.7%、2.2%、2.7%、1.2%；玉米、大豆收购价格每百斤分别为 78.5 元、206.1 元，同比分别下降 19.2%、1%。

三 强化储备和应急管理，综合保障能力不断增强

（一）地方储备库存继续增加

国家粮食局指导各地粮食部门努力克服各种困难，抓住新粮上市的有利时机，抓紧组织粮源采购，加快推进地方粮食储备增储工作。2016 年全国地方储备规模基本落实到位，河北、山西、内蒙古、浙江、安徽、山东、广东、重庆、四川、云南、甘肃、宁夏等 12 个省份超额完成增储任务。部分地区有针对性地增加了成品粮油储备，区域粮食安全保障能力进一步增强。

（二）储备粮油轮换总体顺利

国家粮食局等部门继续加强中央储备粮管理，进一步调整优化中央储备粮区域布局，切实强化 2016 年度中央储备粮油轮换的指导和督促，及时下达 2017 年度中央储备粮油轮换计划。各地着力强化储备粮管理，认真抓好地方储备粮油轮换，较好地发挥了储备粮油吞吐调节作用，保障了储备粮油质量安全。同时，不断完善管理和运行机制，创新模式方法，地方储备粮管理的规范化、法治化、科学化水平有了新的提高。

（三）粮食应急保障体系进一步完善

2016 年，各省（区、市）粮食局以粮食安全省长责任制考核为契机，加大投入力度，进一步健全各级特别是基层粮食应急供应保障体系，应急保供能力显著提高。一是做好粮食应急预案的编制、修订、完善工作。部分省（区、市）对省级粮食应急预案进行修订完善，督促尚未制订粮食应急预案的市、县政府尽快编制并发布，粮食应急预案覆盖面进一步扩大。安徽、陕西等省已实现粮食应急预案覆盖全部市、县。二是加大应急体系建设投入力度。有关省（区、市）严格按照粮食安全省长责任制要求择优确定粮食应急加工、供应等企业，并重新签订协议，强化企业责任意识。河北、山东等省积极协调财政部门争取资金支持，对省内粮食应急加工、供应企业进行提升改造，全面提高粮食应急加工、配送、储存能力。截至 2016 年底，全国各省（区、市）共确定粮食应急供应网点 45309 家，粮食应急加工企业 5823 家。三是认真组织开展粮食应急演练和观摩培训，切实提高实际操作能力。北京、内蒙古、贵州、青海等省（区、市）通过制订详细的工作方案，周密进行安排部署，确保了培训、演练成功举办，锻炼了粮食应急保供干部队伍。四是切实做好应急供应工作。河北省 7・19 洪涝灾害、江苏盐城龙卷风灾害、新疆阿克苏地震等自然灾害发生后，受灾地区粮食部门积极参加抢险救灾工作，加强监测预警，督促相关企业做好粮源采购和应急供应，确保了当地粮食市场供应和价格基本稳定。

粮食流通体制改革

一 改革发展总体情况

2016 年，全国粮食系统紧密团结在以习近平同志为核心的党中央周围，认真落实党中央、国务院关于粮食工作的决策部署，扎实推进粮食流通领域各项改革，取得了新成效。

（一）全面部署粮食流通改革工作

2016 年 1 月，国家粮食局召开全国粮食流通工作会议。会议强调要牢固树立“五大发展理念”，深入贯彻国家粮食安全战略，全面落实粮食安全省长责任制，改革创新、主动作为、稳中求进，立足行业实际去产能、去库存、降成本、补短板，坚决打好粮食收购“攻坚战”和安全储粮“持久战”，加快实施“粮安工程”，大力发展粮食产业经济，统筹推进粮食流通改革发展各项工作，为促进经济社会持续健康发展作出新贡献。会议对做好 2016 年粮食流通各项改革提出明确要求。

2016 年粮食流通改革的总体思路是：以创新发展、协调发展、绿色发展、开放发展、共享发展“五大理念”为统领，重点是推进三项改革、建立三项制度，即改革完善粮食收储制度，改革完善中央储备粮管理体制，深化国有粮食企业改革，建立粮食安全责任考核评价制度，建立安全储粮和安全生产问责制度，建立粮食产业经济发展统计制度。

（二）扎实推进粮食流通各项改革

1. 改革完善粮食收储制度

研究完善粮食等重要农产品收储制度。继续执行并完善小麦和稻谷最低收购价政策。新粮上市后，河北等 6 省、安徽等 4 省、湖北等 9 省分别启动了小麦、早籼稻、中晚籼稻最低收购价执行预案。安徽、湖北、河南、江苏等地还积极采取省级临储、购置设备、给予补贴等方式，认真抓好超标小麦收购工作。

积极推进玉米收储制度改革。这是党中央、国务院的一项战略部署，是农业供给侧结构性改革的一场硬仗。改革的内容是取消玉米临储政策，改为“市场定价、价补分离”，实行“市场化收购”加“补贴”的新机制。国务院领导高度重视，成立了由国家发改委牵头、20 个部门参加的部际协调机制，明确由国家粮食局负责日常工作。内蒙古、辽宁、吉林、黑龙江粮食部门主动担当、积极作为，制订工作方案，协调落实鼓励加工转化、强化信贷支持、加强运力调度等政策措施，引导多元主体积极入市；中国储备粮管理总公司、中粮集团有限公司、中国航空工业集团公司坚持始终在市均衡收购；销区粮食部门积极组织企业到产区采购，共同推动玉米收储制度改革顺利开展。总体来看，市场运行总体平稳，改革取得积极成效。

2. 改革完善中央储备粮管理体制

按照中央关于全面深化改革的决策部署和习近平总书记重要指示精神，根据 2016 年中央 1 号文件“按照政策性职能和经营性职能分离的原则，改革完善中央储备粮管理体制”的总体要求，对中央储备粮管理体制改革进行了认真研究，多次召开专题会议明确改革思路，研究改革方案，提出改革意见建议。

3. 深化国有粮食企业改革

积极指导国有粮食企业适应粮食供给侧结构性改革的新形势新要求，采取分类施策、积极稳妥发展国有粮食企业混合所有制、搞活粮食企业经营、进一步争取地方政府对国有粮食企业改革的支持等措施，增强国有粮食企业活力，提高国有资本效率，完善产权清晰、权责明确、政企分开、管理科学的现代企业制度，加强和改进党对国有粮食企业的领导，国有粮食企业改革发展取得了扎实成效。国有粮食企业积极承担政策性粮食收储任务，促进种粮农民增产增收，继续发挥了服务国家粮食宏观调控的重要载体作用。2016 年全国国有及国有控股粮食企业统算盈利约 110 亿元。

4. 建立粮食安全责任考核评价制度

为贯彻落实国务院关于粮食安全省长责任制的文件精神，国家粮食局会同国家发展改革委、农业部牵头启动粮食安全省长责任制考核工作。制订了考核方案和 2016 年度考核指标及评分细则，建立了考核组织领导构架和工作机制。同时，建立了与各地区粮食安全省长责任制考核工作联络和信息报送机制，跟踪了解各地考核工作进展情况。通过建立健全相关制度措施，形成了落实粮食安全省长责任制的合力，为切实发挥好考核作为"指挥棒"的督导引领作用，推动地方政府维护粮食安全主体责任的落实奠定了坚实的基础。

5. 建立安全储粮和安全生产问责制度

一是成立国家粮食局安全储粮和安全生产工作领导小组及技术指导专家组，加强工作领导与技术指导。二是出台《粮油安全储存责任暂行规定》，编制印发《粮油安全储存守则》《粮库安全生产守则》（以下简称"一规定两守则"），形成粮食行业安全储粮和安全生产的基本准则与行为规范。组织开展粮油安全大检查，将"一规定两守则"落实情况作为重点督查内容。

6. 粮食产业经济统计制度

粮食流通统计制度改革稳步推进，《国家粮油统计信息系统》于 2016 年初在全国推行使用，系统运行良好，功能不断完善。4 月初印发提高粮食统计基础数据质量的文件，进一步夯实统计基础。8 月底完成粮食产业经济统计制度的制定工作，将其纳入新修订的《国家粮食流通统计制度（2017—2018 年度）》，报国家统计局审批后正式印发实施。

二　粮食安全省长责任制实施与考核

2016 年是粮食安全省长责任制考核启动第一年，粮食安全省长责任制考核工作组各成员单位统筹研究，稳步有序实施。印发了《粮食安全省长责任制考核工作方案》和《关于开展 2016 年度粮食安全省长责任制考核工作的通知》，全面解读考核指标及评分标准，建立考核工作机构，完善了联席会议机制、联络员工作机制、与省级人民政府联络沟通机制、抽查考核机制、考核结果运用机制等 5 个机制，全面启动考核工作。各省（区、市）政府都出台了粮食安全责任制考核办法，成立考核工作领导小组，加强组织领导和督导检查。各地以考核工作为契机，查缺补漏，补齐短板，有力推动了粮食安全省长责任制的落实。

三 粮食收储制度改革

按照中央1号文件“改革完善粮食等重要农产品价格形成机制和收储制度”要求，国家有关部门继续执行并完善稻谷、小麦最低收购价政策，深入推进东北地区大豆目标价格改革试点，按照“市场定价、价补分离”的原则，积极稳妥推进玉米收储制度改革，玉米收储实行“市场化收购”加“补贴”的新机制。

把玉米临储政策改为市场化收购的新机制，是农业供给侧结构性改革的重大突破。国家发展改革委牵头建立玉米收储制度改革和收购工作部际协调机制，20个部门单位参加。各部门单位加强协调配合，积极完善相关配套措施，东北三省和内蒙古自治区主动担当、积极作为，狠抓各项措施落实，中储粮、中粮、中航等央企始终在市、均衡收购，发挥了引导和稳定市场的作用。总体看，改革平稳有序，进展顺利。一是理顺了价格形成机制。玉米价格由市场形成，并回归到合理水平，地区间、品种间、品质间的合理价差日益显现，实现了农产品价格形成机制的重大转变。二是形成了正常的市场流通秩序。过去政策性收储后储存难、销售难、流通不畅，改革后北粮南运顺畅起来，国外玉米及大麦、高粱等替代品进口明显减少。三是激活了市场。深加工、饲料和贸易企业积极入市收购，收购比重占80%左右，彻底改变了以往由国家临储收购主导收购市场的局面。产业上下游链条逐步理顺，加工企业效益明显改善，开工率大幅回升，产业活力充分激发。与此同时，农民市场意识明显增强，调整优化种植结构的主动性显著提高。

四 国有粮食企业改革

2016年，各地粮食部门深入学习贯彻党的十八大和十八届三中、四中、五中、六中全会精神，深入学习贯彻习近平总书记关于国有企业改革和粮食工作的重要讲话精神，按照全国粮食流通工作会议部署，指导国有粮食企业适应粮食供给侧结构性改革的新形势新要求，增强国有企业活力，提高国有资本效率，完善产权清晰、权责明确、政企分开、管理科学的现代企业制度，加强和改进党对国有企业的领导，国有粮食企业改革发展取得了扎实成效。国有粮食企业积极承担政策性粮食收储任务，促进种粮农民增产增收，继续发挥了服务国家粮食宏观调控的重要载体作用。

（一）加强国有粮食企业分类指导

继续推进“一县一企、一企多点”改革，以县级骨干粮库为主体，促进资产、资源向优势粮食企业集中，鼓励实行跨区域兼并重组，组建公司制、股份制粮食企业，培育了一批辐射范围大、带动能力强的国有骨干粮食企业。同时，规范粮食储备企业管理，确保粮食储得进、管得好、调得动、用得上并节约成本费用。促进做强做优做大粮食产业化龙头企业，完善公司法人治理结构，引导粮食产业转型升级、提质增效，增强活力和竞争力。

（二）积极稳妥发展国有粮食企业混合所有制

坚持因地施策、因业施策、因企施策，宜独则独、宜控则控、宜参则参，引导符合条件的国有粮食企业引入各种所有制资本参与企业改制重组，逐步实现股权结构多元化，放大国有资本功能。积极探索国有粮食企业利用仓储和运输设施设备等资源，与产业链上下游的非国有粮食企业合资合作，促进资源有效利用、资产保值增值。

（三）引导国有粮食企业创新经营模式

鼓励有条件的国有粮食企业向收购、仓储、物流、加工、销售等一体化发展，扩大市场影响力。实施粮食品牌战略，鼓励支持粮食企业申请地理保护标志和农产品地理登记，创建粮油类名牌产品和著名商标，引导科学消费。鼓励粮食企业与新型粮食生产经营主体合作，提供产前、产中、产后服务，提高粮食生产经营的组织化、产业化和社会化程度。鼓励粮食生产加工企业与电商平台合作，促进优质粮油产品进城下乡，推动线上线下融合发展。

（四）进一步争取地方政府对国有粮食企业改革的支持

结合企业改革和“退城进郊”，盘活土地、仓房等资产资源，以争取地方政府免征、先征后返等方式，将粮食企业现有的国有划拨土地转变为出让用地。同时，各地特别是主产区粮食部门抓住时机，多方努力，形成合力，解决国有粮食企业改革改制中的困难和问题，为进一步深化改革创造条件。

（五）强化对国有粮食企业改革的调查研究

对已出台的国企改革文件精神进行梳理，加强改革情况调研，厘清改革重点难点问题，总结基层经验。研究起草了深化国有粮食企业改革的指导意见，并多次征求基层意见建议，进行修改完善。

粮食流通监管

一 中央储备粮代储资格认定

2016 年，国家粮食局认真落实国务院推进行政审批改革的精神和要求，精简中央储备粮代储资格认定申报材料、简化审批程序，及时向社会公告调整变化事宜。2016 年起，中央储备粮代储资格认定减少“资信证明”和“财务审计报告”两项涉及中介服务的材料和粮油保管员、粮油质量检验员的国家职业资格证书复印件材料，申请程序上取消了省级受理报批，改由国家粮食局直接受理。为服务申请人，国家粮食局还及时修改完善《中央储备粮代储资格认定服务指南》，梳理《中央储备粮代储资格认定常见问题及解答》，通过政府网站及时更新公布，并派驻业务人员到局行政审批受理窗口工作，提供及时优质的咨询服务。严格依法行政，确保审批质量，在法定时限内完成了 2016 年（总第 21 批）中央储备粮代储资格认定工作。

2016 年，国家粮食局共接收 1371 份企业申请材料，受理 1249 户。受理企业中，新申请和补充申请企业 915 户，授予资格 246 户（包括：粮食类 226 户，授予资格仓容 1365 万吨；油脂类企业 20 户，授予资格罐容 48 万吨）；延续申请企业 202 户，同意延续资格 118 户（延续粮食类资格企业 113 户，延续仓容 564 万吨；延续油脂类资格企业 5 户，延续罐容 9 万吨）；变更申请企业 132 户（同意变更事项 125 户）。

2016 年，根据国家发展改革委规章立法计划，国家粮食局结合近年中央储备粮代储资格认定工作实践，对《中央储备粮代储资格认定办法》（国家发展和改革委员会 财政部令第 20 号）进行了修订，经广泛征求意见、多次修改完善，形成了送审稿并通过发改委法规司合法性审查。

二 粮食流通监督检查

2016 年，全国粮食监督检查工作深入贯彻党的十八大和十八届三中、四中、五中、六中全会精神，紧紧围绕行业中心工作，以全面落实粮食安全省长责任制考核为抓手，以管粮、管企、管人为监管主线，全力实施“监管创新年”行动，着力强基础、补短板、上台阶，认真履行监管职责，为完成粮食流通改革目标任务，保障国家粮食安全作出了积极贡献。

（一）全力实施“监管创新年”行动，开创粮食流通监管新局面

面对严峻复杂的粮食流通新形势新要求，各级粮食部门认真履职尽责，大胆创新，全力实施“监管创新年”行动，在监督检查体系、工作方式方法、人员队伍建设等方面取得了可喜成绩。一是粮食安全省长责任制考核稳步推进，压实地方政府保障区域粮食安全的主体责任。二是库存检查方式得到进一步优化。强化在地原则，落实地方监管责任，突出问题导向，因地制宜实施监管，逐步建立起中央与地方分级负责，全面检查与随机抽查、专项检查、突击检查相结合，更加灵活有效的粮食库存检

查方式。三是“双随机一公开”监管机制在粮食行业得到逐步推广。按照国务院要求，制定并公布了“随机抽查事项清单”和“‘双随机一公开’监管工作细则”，提出了粮食行业“双随机”抽查名录库建设方案。北京、江苏等省（市）明确了随机抽查事项清单，以现有行政执法人员为基础建立了执法检查人员名录库；以纳入粮油统计信息系统的粮油经营者为基础建立了市场主体名录库，并在各项执法检查中充分运用，提高了监管效能，强化了事中事后监管。四是示范单位创建方式得到较大改进。依照“动态管理、总量控制、定期复核、能进能出”的管理工作机制，新评定第六批示范单位20家，分批次对前五批评定的示范单位的资格条件进行复核，创建工作效果和质量得到明显提高，示范带动和行业引领作用得到充分发挥。五是适应新形势需要的监督检查队伍初步建立。选取辽宁等9个省份进行试点，依托粮油库存检查专业人才库，按照“国家指导、省级组建、共同使用”的原则，建立了16支共195人的涉粮案件核查应急队伍，四川、宁夏等地也自行成立应急队伍，解决了目前检查队伍组织不固定、集结不迅速、管理不规范、配合不协调等问题，提高了检查效率和效果。全国有18个省级粮食部门举办了行政执法培训，进一步提高监督检查人员的执法能力和水平。

（二）服务粮食供给侧结构性改革，监督检查助推中心工作的作用得到新提升

2016年，各地着力粮食供给侧结构性改革，切实加强粮食收购市场和“去库存”监管，监督检查服务和保障粮食流通中心工作的职能作用得到了充分发挥。

在收购市场监管方面，适应小麦、稻谷最低收购价政策与玉米市场化收购并存的新形势，各级粮食部门强化粮食收购市场监管，保护种粮农民利益。国家粮食局根据粮食主产区粮食收储形势，修订了租赁社会粮食仓储设施收储国家政策性粮食指导意见，缓解收储仓容不足压力。及时部署收购检查，明确各方监管责任，并加强收购督导，严查违规案件，及时纠正少数粮食收储企业违反国家粮食收购政策的行为。地方各级粮食部门按照国家粮食局部署，加大粮食收购政策执行情况的专项检查力度。内蒙古、辽宁、吉林、黑龙江4省（区）转变思路、主动担当、积极作为，加大对玉米收购秩序的检查力度，有力地支持了玉米收储制度改革。安徽省利用两个月时间在全省集中开展了粮食收购违规问题专项治理，坚决打击了以权谋私、办事不公、收“人情粮”“关系粮”等损害群众利益的违规行为；江苏省增强快速检测能力，强化新收获粮食质量监控，建立等外小麦处置监管责任机制；河南省加强粮食经纪人的管理和监督。总体看，通过强化市场监管，较好地保护了种粮农民利益，保障了最低收购价政策的有效落实，玉米收储制度改革稳妥起步、进展总体顺利，没有发生区域性的“打白条”和农民“卖粮难”问题。

在销售出库监管方面，严格粮食“去库存”监管措施，确保国家合理消化粮食库存工作顺利推进。按照国务院的决策部署，参与制订完善超期储存和蔗茓囤储存粮食定向销售、2013年“分贷分还”临储玉米和大豆销售、中储粮包干临储玉米销售、国家临储玉米转储等方案。会同有关部门联合印发《关于进一步加强国家政策性粮食出库管理工作的通知》及《关于做好合理消化粮食库存监管工作的通知》，完善管理制度、规范业务流程、统一手续凭证、强化监管措施，防范不符合食品安全的粮食流入口粮市场。同时对“去库存”量较大的黑龙江等12个省份合理消化粮食库存监管情况进行了摸底调查，及时掌握“去库存”工作动态。安徽省研究出台了“四类粮食”定向销售监管办法，做到责任明确、制度规范、流程清晰、处罚严厉。内蒙古、云南省（区）有力配合海关缉私部门打击粮食走私。天津、吉林、江苏省（市）严查定向销售稻谷转手倒卖的违法违规行为。湖南、四川、江西省强化重金属超标最低收购价稻谷处置的监督管理。总体看，各地对粮食“去库存”工作高度重视，切实加强组织领导，落实责任分工，认真处理纠纷，为合理消化粮食库存创造良好的市场环境，确保政策

实施达到预期效果。

（三）坚持常规检查和专项检查相结合，保障国家粮食安全取得新成效

一是开展粮食库存常规检查，坚决守住“数量真实、质量良好、储存安全”的监管底线。2016年上半年，在部署各省（区、市）开展粮食库存检查的同时，选择安徽、山东、河南、湖北、四川5省作为重点省份，采取“统一抽调、混合编组、集中培训、交叉互查、本地回避”的方式，实行省内混合交叉普查，并委托省级和市级粮食部门对行政区内的中央储备粮进行在地检查。国家有关部门进行了抽查评估，突出重点区域和企业、突出政策性粮食库存、突出混合交叉抽查、突出问题导向、突出责任追究。重点检查和联合抽查共发现各类管理问题474个，督促有关单位限期整改，挂牌督办13起严重违规问题。各地也因地制宜强化库存检查工作。安徽省坚持整改问题与问责责任人、实施行政处罚、健全完善制度、提升管理水平“四个相结合”，切实发挥库存检查综合效应；广东省借助外力加大委托第三方稽查力度；北京、浙江、福建、海南省（市）结合销区特点将动态储备和异地储存作为监管重点；河北、贵州省组织省级储备粮专项检查，督促新增省级储备规模、费用、仓储“三到位”。粮食库存检查的规范、教育、震慑功能得到了有效彰显，粮食库存管理水平不断提高。

二是组织中央储备粮专项检查，外部监管体制机制改革有序推进。连续两年开展中央储备粮专项检查，进一步强化中央储备粮的监督管理，守住管好中央储备粮。2016年下半年，国家粮食局随机选取了中储粮内蒙古、黑龙江、广州、广西4个分公司所属8个直属企业，开展了中央储备粮专项检查。检查发现个别分公司和直属企业存在基础管理工作不扎实、轮换管理粗放、质量入库把关和管理不严、业务管理违规等比较重大的问题70个，并将发现的问题向中储粮总公司进行了通报，督促限期整改，严肃问责，筑牢国家粮食安全的最后一道屏障。同时注重结合检查，全力推进中央储备粮监管机制改革，深入分析和研究中央储备粮管理出现的重大问题，提出进一步完善管理的思路和措施，改革取得了阶段性成效。

（四）注重严查重处与建章立制并举，涉粮案件核查取得新突破

据统计，2016年国家粮食局共受理群众举报和领导批示的案件46件，对其中舆论曝光、社会关注度高的10件重大涉粮案件进行了直接查办，特别是以中央专项巡视反馈问题整改为契机，更加突出执法为民理念，加大对拖欠农民售粮款案件督办力度，全年已为农民追回售粮款334万元。结合媒体反映粮食系统违规违纪案件查处情况，对近年来查处的各类违规违纪问题进行认真梳理，举一反三，积极推进粮食行业作风、政风建设。同时强化案件查办制度建设，会同中央纪委、最高检、公安部制定《粮食流通涉嫌违法违纪案件移送纪检和司法机关暂行办法》，建立涉粮案件查办与纪检、司法机关衔接移送机制。各地畅通举报投诉渠道，及时受理群众举报，依法查处涉粮违法违规案件7569例，其中责令改正4783例，警告1501例，暂停或取消粮食收购资格537户，罚款531例，处罚金额193.29万元。四川、湖南等地加大了对违规违纪案件的惩治力度，充分发挥了案件的警示和震慑作用。北京、河北、吉林省（市）开展案卷评查，做到案例清晰，依据充分，程序完备，要件齐全，卷宗完整，规范了案件核查程序。

（五）持续推进社会粮食流通监管，规范市场秩序迈出新步伐

社会粮食流通监管一直是监督检查工作的难点，各级粮食部门群策群力，强化措施，优化方式，取得了较好效果。一是监管内容不断拓宽。国家粮食局部署各地开展了《国家粮食流通统计制度》执行情况专项检查、军粮质量专项检查，上海、广西、重庆、西藏、青海、新疆等省（区、市）加强市

场粮油供应和质量安全检查，浙江省圆满完成G20峰会粮油供应保障任务，天津市等地指导粮食经营者认真履行最低最高库存量义务。二是监管方式日益完善。除传统人防监管方式外，增加了技防措施。天津等地运用市场主体联合监管系统双告知模块，做好信用信息归集公示；内蒙古、陕西省（区）开通了监督检查信用信息平台；江苏省实现了粮食流通移动执法市县全覆盖，用信息化打造“互联网+粮食监管服务”新模式；安徽省结合开展粮食经营者守法诚信评价，推行分级分类执法检查。全年各地共开展执法活动8.43万次，出动检查人员32.5万人次，检查各类粮食企业27万户次，有力地维护了粮食流通市场秩序。

（六）加强工作指导和层级监督，体系建设和制度机制完善有了新进展

针对粮食监督检查面临的新情况、新问题、新趋势，监督检查战线迎难而上，不断健全监管体系，完善制度机制，取得较好成效。体系建设方面，在政府机构改革力度不断加大，粮食部门被大量撤并的情况下，保持了基层机构和队伍稳中有升。截至2016年底，市（地）级、县级粮食部门内设监督检查机构分别为320个、1876个，在连续两年减少后首次小幅度增长，湖南、广东、广西三省区增幅较大。成立粮食执法队1814个，同比增加129个，其中市（地）级增加82个，县（区）级增加47个。落实监督检查专项经费1.16亿元，同比增加2321万元。监管机制方面，山西、山东、甘肃等省建立跨部门、跨区域协同监管和联合惩戒机制，国家收储政策执行地区政策性粮食“四个共同”监管机制进一步强化，严格落实收储企业的主体责任，形成了监管合力。规章制度方面，河北、山西省修订行政处罚自由裁量权适用规则，完善了监督检查工作实施细则；浙江省制定行政执法人员行为规范手册，确保执法工作规范。

三 粮食质量安全监管与粮油标准化

（一）粮食质量安全监管

2016年，地方各级粮食部门，认真贯彻中央决策部署，积极围绕粮食流通中心任务，奋发有为，扎实工作，按照《2016年粮食质量安全重点工作》《关于推进落实粮食质量安全保障机制的意见》等文件要求，有效推进粮食质量安全监管，制度建设取得显著成果，粮食质量安全监测工作更加规范，粮食质量检验检测能力明显提升，粮油标准体系进一步完善，粮食质量监管水平不断提升，人民群众用粮安全得到有效保障。

1. 健全完善粮食质量安全监管体制机制

一是监管制度建设成果显著。国家粮食局以国家发展改革委第42号令颁布实施《粮食质量安全监管办法》，对规范粮食经营行为，加强粮食质量安全管理，维护粮食流通秩序提供了重要的制度依据。制定发布《关于推进落实粮食质量安全保障机制的意见》《关于粮食行业检验检测机构整合工作的指导意见》，指导地方全面强化粮食质量安全监管、合理优化粮食检验检测体系。完成了《超标粮食收购处置指导意见（送审稿）》起草工作，与相关部门达成共识。安徽、湖北、四川、重庆、云南制定（起草）或修订了本地粮食质量安全监管实施细则或补充规定；天津、河北、山西、内蒙古、山东、广东、四川、云南、陕西、甘肃、宁夏研究制定了粮食质量安全保障机制实施方案或意见。内蒙古、辽宁、江苏、浙江、福建、山东、宁夏出台了《粮食质量安全事故（事件）应急处置预案》。北京、天津、山西、江苏、福建、山东、广东等地开展了应急演练。

二是监管责任层层落实。各地粮食部门建立健全粮食质量安全监管协调机制，按照“一把手”负

总责，分管领导具体负责的要求，明确科室职责，落实分级管理，形成了全省粮食部门上下对应、快捷高效的工作机制。各地粮食部门按照属地原则，通过采取签订责任书、建立质量档案等措施，督促粮食经营企业落实质量安全主体责任，加强信用体系建设。规模以上粮食企业基本都设置了质量安全管理机构、明确了主要负责人和直接责任人。

各地继续推进粮食质量安全监管责任及责任追究制度建设。福建省政府办公厅印发《关于加强粮食质量安全监管和责任追究的通知》，明确各级政府对本地区粮食质量安全负总责，落实各部门职责，明确规定“将粮食质量安全监管、检测、执法经费纳入同级财政预算”。江西省发文明确市县人民政府以及党委政法委、发改、公安、监察、粮食等15个监管部门具体职责。黑龙江省制定《黑龙江省粮食质量安全监管责任制度》《粮食质量安全监管责任追究制度》。宁夏以自治区食安委文件印发《宁夏回族自治区粮食质量安全监管责任及责任追究办法》。

2. 扎实开展关键环节粮食质量安全监测监管

一是稳步推进粮食质量安全监测。为提升粮食质量安全监测规范化管理水平，2016年监测工作建立样品采集全程录像和检验结果复核制度，确保监测样品的真实性和检验结果的准确性。

进一步规范开展收获粮食质量安全监测工作，在全国范围内采集和检验新收获小麦、稻谷、玉米等主要粮食品种国家级监测样品3700份和质量调查品质测报样品8663份，对常规质量、品质指标及农药残留、真菌毒素和重金属等食品安全指标进行全面监测。监测结果显示，收获粮食质量安全状况总体良好。地方各级粮食部门结合实际，增加样品数量、开展专项监测、加大经费投入，强化省级粮食质量安全监测工作。云南、浙江、陕西、辽宁样品数量达到国家级的4 ~ 8倍。云南样品量同比增加超过40%，工作经费较上年增加30%。辽宁扦取质量调查和品质测报样品1.6万份，并将大豆、花生、黑花生、高粱、红谷子等特色粮食品种纳入调查测报范围。江苏、安徽、湖北、河南等省针对小麦质量下降问题，及时开展集中会检，第一时间掌握质量状况。河南连续5年举办小麦质量信息发布会。浙江建立了2005 ~ 2015年质量调查和品质测报数据库。湖北京山县将品质测报信息制作车身广告，鼓励农户选种优质稻种。湖南全年市县级质量安全监管工作经费投入较上年增长122%。

继续稳步推进库存粮食质量安全监测检查工作。组织开展了全国库存粮食质量监测，对河南等5省进行了国家联合抽查，对内蒙古等4省（区）进行了中央储备粮专项抽查工作。抽查结果表明：库存粮食质量整体良好，个别样品存在水分、杂质、不完善粒等质量指标不达标和卫生指标不合格的问题。对于检查发现的问题，各地粮食部门及时采取措施，妥善处置，有效防止不合格粮食流入口粮市场。

二是主动参与流通市场粮食质量监管。各地粮食部门加强协调，建立粮食流通市场联合执法长效机制。甘肃省粮食局与食药、工商、质检等部门沟通协调，定期联合检查大型粮油批发市场、超市和农贸市场。上海、江苏联合相关部门开展小麦粉呕吐毒素专项治理行动。河北开展“监管创新年”活动，加大对重点地区、重点品种、重点环节、重点企业的检查力度。辽宁在重点粮食仓储企业、批发市场、超市等单位抽检原粮、成品粮样品近千份，确保“两节”“两会”粮油市场供应质量安全。浙江开展粮油批发市场成品粮油质量安全专项监测，确保G20峰会粮食质量安全。福建配合治理“餐桌污染”建设“食品放心工程”，对粮食经营企业（含批发市场）和加工企业进行质量抽查。

三是加强政策性粮食质量监管。各地以“放心粮油”、军供粮油、应急储备成品粮油、“主食工程”等产品为重点，加强成品粮油质量监管。江西印发《江西省粮食流通市场监管联合执法实施意见》，对各类政策性成品粮油食品进行质量抽查。河南印发《河南省粮食局关于加强推进放心主食“放心粮油”工程建设的实施意见》，逐步构建粮油食品安全保障体系。四川印发《“放心粮油”工程质量可追溯体系技术导则》。宁夏对“放心粮油”示范加工企业和示范店粮油产品的质量和主要食品安全指标开展监测。湖北各地从“放心粮油”市场体系建设经费中专门列支质量抽查检测费，保障质量监管工作开展。山东烟台与当地食药部门联合出台监管办法，建立对“放心粮油”产品实施联合监管长效机制。

3. 稳步提升粮食质量安全检验监测体系能力

一是健全完善体系建设。2016年国家粮食局下达中央预算内投资2.16亿元，支持87个粮食检验监测机构购置仪器设备，提升基层粮食质量检验监测能力。各地粮食部门加强协调，攻坚克难，创新粮食质量检验监测机构建设模式，确保粮食检验监测体系的系统性、稳定性。安徽初步实现检验检测体系地市全覆盖。福建省政府明确要求“建立健全省、市、县三级粮食质量安全检验检测体系”。黑龙江、江苏、浙江、湖北等地积极推进库所合一、站所合一等方式，加大基层粮食质检机构建设力度。

二是提升体系检验技术水平。国家粮食局组织开展了重金属元素、真菌毒素食品安全检验技术培训与比对考核工作，各省（区、市）及新疆生产建设兵团的69个粮食质量监测机构、106名粮食质量安全检验技术人员参加培训和现场比对考核，考核评价结果均达到满意。北京组织市储备粮承储库点全面开展基层检化验员现场检验比对培训工作。辽宁强化培训考核，全省累计培训各级粮食质检机构、收储企业检验人员、粮食经纪人近4000人，编写了《辽宁省粮油检验员培训教材》《粮油质量安全、法律、条例、标准、案例》等培训教材。宁夏建立质检行业内首家高校教学实践实习基地，目前接受区内高校相关专业毕业生实习50余人，加强了专业后备人才队伍建设。

三是推动体系作用发挥。各级粮食质量安全检验监测机构认真履职，积极为粮食质量安全监管提供技术保障。2016年，全国粮食质检机构合计检验样品超过46.5万个，较上年继续增加。内蒙古检验样品量增长近一倍，吉林增长约50%，天津、河北、河南、湖南增幅也超过20%。从承检机构层级看，内蒙古、吉林、黑龙江、山东、河南、四川等地区市县级机构业务量增长幅度较大。从样品来源看，部分地区鼓励检测机构向社会提供第三方检测服务，建立协议客户，取得一定成效。湖南省站全年接受社会和企业委托检测样品6800余份，同比业务量增加10倍以上；吉林、安徽、山东地市级机构接受社会委托样品数量也大幅增加。

4. 全面贯彻落实粮食质量安全管理各项工作

一是认真落实粮食质量安全管理工作考核任务。粮食质量安全监管已纳入粮食安全省长责任制和食品安全工作两项国务院的考核工作。国家粮食局结合实际，研究提出2016年度粮食质量方面的考核指标，指导各地开展粮食安全省长责任制考核自评工作，完成食品安全考核部门复核工作。各地高度重视，扎实工作，16个省级粮食部门和34名个人在2016年国家粮食局粮食质量安全监管工作评估考核中获得优秀成绩。

二是精心组织粮食质量安全宣传活动。国家粮食局要求各地粮食部门认真宣传贯彻新食品安全法，切实做好污染粮食处置工作。按照国务院食品安全宣传周活动统一部署，国家粮食局组织开展“粮食实验室开放日”“放心粮油”现场宣传活动，在成都市成功举办“全国食品安全宣传周·粮食质量安全宣传日”主场活动。各地结合实际，积极开展粮油食品安全知识竞赛、粮油质量安全宣传进社区、进学校、进军营等活动，有力增强了广大群众对粮油食品安全消费的信心。四川开展宣传 500 余次，发放宣传资料 50 余万份。辽宁与省电视台联合录制了粮食提质增收的新闻综述和农户科学储粮宣传片，指导农民科学储粮减损。河南邀请 10 多家新闻媒体及社会公众参观粮仓和粮食产业园区。辽宁、内蒙古印发宣传资料 5 万余份，引导广大消费者科学膳食、健康消费。

三是着力推进粮食质量安全管理信息化建设。国家粮食局编制粮食质量安全信息化建设方案，推动实施粮食质量安全管理地理信息系统建设。辽宁推进建设粮食质量安全监管信息化系统。江苏打造“互联网 + 粮食监管服务”新模式，建成面向社会、监管和服务对象以及监管主体的综合性互联网监管与服务平台，开发移动执法手机 APP，实现粮食流通移动执法市县全覆盖，并与省信用管理系统无缝对接。吉林会同省食药监局着手构建吉林大米质量可追溯体系。重庆投资建设粮食质量监管信息平台。

（二）粮油标准化

2016 年，在粮食流通深化改革新形势下，国家粮食局紧紧围绕国家标准化改革和行业重点工作，着力推进粮油标准化各项工作，全行业粮油标准化水平显著提升。

1. 深化标准化工作改革

2016 年作为标准化改革决战决胜关键一年，国家粮食局认真贯彻落实国务院标准化改革工作决策部署，以改革促完善、促发展，不断强化标准化工作基础性、战略性地位，强化标准化工作引领和支撑作用。

一是整合精简强制性标准。按照国务院办公厅关于《强制性标准整合精简方案》的有关原则和要求，对现行粮油强制性国家标准、行业标准开展清理评估，并经国务院标准化协调推进部际联席会议确定后，由国家粮食局归口管理的《大米》《小麦粉》《花生油》《大豆油》《菜籽油》《芝麻油》《棉籽油》《棕榈油》《玉米油》《米糠油》《葵花籽油》《油茶籽油》《橄榄油、油橄榄果渣》《粮食、油料检验 扦样、分样法》14 项原强制性国家标准转化为推荐性国家标准；《小麦》《稻谷》《玉米》《大豆》4 项强制性国家标准层级保留不变；同时将《粮食仓库安全操作规程》《粮食仓库机电设备安装技术规程》《储粮化学药剂管理和使用规范》3 项强制性行业标准转化为强制性国家标准。

二是认真做好推荐性标准复审。按照国务院办公厅《贯彻〈深化标准化工作改革方案〉行动计划（2015—2016 年）》的统一部署，集中开展推荐性标准复审工作，共复审推荐性粮油标准 911 项，其中现行国家标准和国家标准计划 520 项，现行行业标准和行业标准计划 391 项。通过全面复审，理顺了推荐性粮油标准的层级设置，优化了国家标准、行业标准体系结构。

三是创新粮油标准化工作体制机制。2016 年，在全国粮油标准化技术委员会基础上，国家标准委批准成立原粮与制品、储藏与流通、油料与油脂、机械等四个分技术委员会，进一步完善了粮油标准化工作机制，增强了标准化队伍和力量，促进了标准制修订工作能力和效率的提升。

四是推进中国粮油标准“走出去”。在北京举办“APEC 粮食标准互联互通研讨会”，出席秘鲁 APEC 第 4 届粮食安全部长会议。组织专家开展了小麦、大米、玉米、大豆等主要粮食国家标准和世界上主要产粮国标准比对分析工作，撰写编制 APEC 10 个经济体粮食质量标准对比研究报告。获得了 APEC 基金支持，受到了 APEC 第 4 届粮食安全部长会议肯定，并写入《亚太经合组织粮食安全皮乌拉宣言》。通过工作，全面掌握了我国粮食标准与其他国家标准的异同，扩大了我国粮油标准的国际影响力。配合国家标准委开展与英国、法国的标准互认工作。

2. 不断完善粮油标准体系

一是开展重点标准制修订。围绕行业重点和热点工作，采用快速程序制修订重点标准。制修订《玉米》《稻谷中镉含量快速测定X射线荧光光谱法》《水浸悬浮容重测定》《大米粒型分类判定》和20项信息化标准等一系列重要标准，支撑了行业重点工作的推进，填补了标准体系的空白和不足。

二是做好2016年标准制修订工作。向国家标准委申报粮油国家标准制修订计划34项，下达行业标准制修订计划57项；组织审定国家和行业标准107项；正式发布标准52项。截至2016年底，国家粮食局负责管理的国家和行业标准共有560项，其中国家标准351项，行业标准249项，涵盖粮食流通每个环节。

三是主动与科研成果对接，促进研究成果转化和应用。组织力量进一步熟化稻谷中镉的快速检测、稻谷新陈度测定、自动分样器、大米加工精度和不完善粒图像分析测定、横向通风、多参数粮情检测等科研成果，帮助科研成果转化为粮油标准，现已初步形成科研成果转化落地工作机制。

四是支持地方标准体系建设。近年来，部分省份高度关注粮油标准对地方经济的促进作用，大力加强地方标准体系建设。国家粮食局帮助吉林、黑龙江、湖北、云南等省建立地方粮油标准体系，同时为打造吉林大米、湖北优质大米、云南特色粮油品牌，建设黑龙江绿色生态大米产区等工作出谋划策，提供技术指导。

3. 加强粮油标准宣贯实施和后评估

一是举办标准培训班。5月18日至20日，在成都举办《粮食仓库建设标准》《简易仓囤储粮技术规程》等新标准和标准制修订基础知识培训班，特邀国家标准委审评中心、国家粮食局科学研究院、河南工业大学的有关专家进行授课，来自全国28个省（区、市）的130余名学员接受了培训，促进了新标准的规范使用和贯彻实施，对于推进粮食仓库建设规范化、提高粮食行业标准制修订效率和标准文本质量有着非常重要的现实意义。

二是创新标准宣贯方式方法。制作主粮标准视频宣传片，在国家粮食局政府网上公开供社会各界人士浏览。同时，要求各地采取网络、电视和印刷宣传品等方式，向农民、粮食经纪人和收购库点宣传粮食检验标准，消除可能存在的对标准的误读误解，努力实现明明白白卖粮买粮。

三是研究标准实施中出现的问题，及时发布标准说明和修改单。针对东北玉米生霉粒和黄淮4省小麦发芽粒问题，专门发出通知，进一步明确标准实施过程中应注意的问题，统一检验尺度，提高标准实施科学性和一致性，有效保证了新粮收购工作顺利进行，保证了国家粮食收购质价政策的正确执行。

四是高度重视标准在粮食收购流通、市场监管中的实施。强调各地在粮食收购中按照“五要五不准”要求，做好人员培训，以及收购现场标准上墙、政策上榜、样品上台、仪器设备上桌等各项工作；配合相关单位对执行标准情况进行监督检查，及时发现问题纠正错误，规范执行粮食收购质价政策得到地方政府和农民的好评。

五是不断探索完善标准验证和后评估工作。组织开展重金属、真菌毒素、扦样、大米新陈度判定与检验等验证测试，探索完善验证申请、机构安排、方案制订、现场管理、专家评审等环节的流程，保证验证评估工作的公平、公正，测试评价结果的科学性、真实性。

4. 组织开展粮食质量调查和品质测报

一是组织开展新粮质量会检。采集检验新收获小麦、稻谷、玉米、大豆和油菜籽样品8240份，样品覆盖20个省(区、市)240个市的850个县，在粮食收获后第一时间掌握新收获粮食的质量状况。

二是开展针对性质量调查检验。针对会检中发现的东北玉米和黄淮小麦质量问题，及时增加真菌毒素等质量安全检测项目，以最快速度掌握情况，形成质量报告，为宏观决策提供依据。建立东北玉米质量“十日专报”制度，密切监控新收购玉米生霉粒情况，保证了玉米收购工作顺利推进。

三是加强技术指导和推广新技术应用。指导安徽省开展贫困县扶贫点粮食品质测报工作，引导农民调整种植结构，发展地方特色粮食生产，促进农民增收农业增效。开展扦样地理信息管理系统试点，应用信息化设备，实现样品基本信息可追溯，提高扦样地理信息准确性和科学性。

（三）粮油标准国际合作取得新突破

2016年，围绕加强APEC粮食标准互联互通和推进粮油标准化工作改革等重点任务，国家粮食局积极开展区域粮油标准合作，稳步推进国际标准制修订工作，粮油国际标准化工作水平得到进一步提升。

1. 成功举办APEC粮食标准互联互通研讨会

2016年，国家粮食局以推动落实APEC 2014有关粮食安全倡议为契机，积极参与区域粮食标准和贸易规则制定。推动实施“增强APEC粮食标准互联互通”项目，这是国家粮食局第一个APEC基金资助项目。通过APEC粮食安全政策伙伴关系机制（PPFS）多边合作平台，项目收集了10个经济体的粮食质量标准，完成了各经济体粮食质量标准关于适用范围、质量要求和检测方法等方面的对比研究报告。8月，“APEC粮食标准互联互通研讨会”北京成功召开，来自13个APEC经济体的80多名代表参会。会议介绍了各经济体粮食标准体系，分享了实践经验，交流了国际组织粮食标准化工作，讨论了APEC粮食标准互联互通项目的研究报告，并就实现区域粮食标准互联互通和协调统一提出了重要建议。9月，项目有关建议获APEC/PPFS 2016大会和APEC第四届粮食安全部长级会议认可，并作为成果写入《亚太经合组织粮食安全皮乌拉宣言》，有力提升了中国在APEC粮食标准领域的影响力。

2. 稳步推进粮油国际标准制修订工作

2016年，国际标准化组织谷物与豆类分委员会（ISO/TC34/SC4）秘书处发布工作文件41项，发布国际标准2项，立项国际标准新项目3项，在研国际标准项目8项，复审标准5项。由我国主导制定的《玉米 规格》和《谷物及制品中赭曲霉毒素A的测定》两项国际标准已通过委员会阶段投票，即将进入国际标准草案阶段。5月，分委员会第38次年会在德国杜伊斯堡顺利召开，来自加拿大、中国、法国、德国、西班牙、瑞典、英国等7个国家的21位代表参加了会议，形成29项决议。会上，秘书处组织我国代表介绍了中国自主创新技术——水浸悬浮法测定玉米水分和非转基因谷物中转基因成分检测的动态扦样方案技术报告，引起各国代表的广泛关注和充分肯定，为下一步标准立项奠定基础。发展国际谷物与饲料贸易协会成为SC4联络组织，这将对完善谷物与豆类国际标准体系，促进ISO标准在粮食国际贸易中的实施应用具有重要推动作用。

作为谷物与豆类分委员会和动植物油脂分委员会的国内技术对口单位，积极组织国内专家跟踪研究各阶段标准文件，完成国际标准草案投票33项，提名2人次专家参与《稻米 规格》等国际标准制定工作，推荐1名专家参与食品技术委员会“黄曲霉毒素工作组”工作。

3. 继续扩大对外交流

2016年11月，组织粮食质量检验技术专家赴阿根廷进行了为期14天的大豆、玉米标准与检验技术培训，开展对阿根廷粮食生产和流通情况、质量安全保障体系及粮食质量管理与检测技术等内容的学习，为推动质量安全信息化建设和加快粮食收购环节快速检测技术研发等方面提供了有益借鉴。

四 “放心粮油”工程

继2008年国务院15号文件提出实施“放心粮油”进农村进社区示范工程后，2014年国务院69号文件又提出：“2018年年底前，在城乡普遍建立‘放心粮油’供应网络。”这体现了党中央、国务院对粮油质量安全的高度重视和对“放心粮油”工程的关心支持，为粮食行业在新形势下进一步搞好“放心粮油”工程、保障粮油质量安全指明了方向，提出了新的目标和任务。全国各级粮食行业协会深入贯彻落实国务院重要指示精神，带动引领广大粮油企业，深入推进放心粮油供应网络建设，为保障人民群众放心消费、安全消费作出新的贡献。

党的十八大以来，在各级党委、政府的高度重视和大力支持下，在各级粮食行政管理部门、粮食行业协会和广大粮油企业的共同努力下，全国放心粮油供应网络建设快速发展，取得可喜进展。

（一）多数省市县已将“放心粮油”工程及放心粮油供应网络建设列入政府“民生工程”，重点推进

陕西省人民政府从2013年开始在全省实施放心粮油全覆盖工程，印发了《陕西省人民政府关于实施放心粮油全覆盖工程的意见》，成立了由省政府领导同志挂帅、各有关职能部门参加的省放心粮油全覆盖工程领导小组，制定和实施了全覆盖工程实施方案和各项配套制度和措施，安排了专项资金。江苏省人民政府党组在“三严三实”专题教育实践活动中将“加快推进‘放心粮油’工程建设，加大粮油安全监测力度”列为32项重点整改事项之一；苏州、盐城、泰州、镇江、连云港、宿迁等市将“放心粮油”工程列入政府为民办实事重点项目，纳入政府年度考核，予以督导。湖北省有8个市州、36个县市政府将“放心粮油”工程列入政府为民办“10件实事”之一。山东省临沂市人民政府连续4年将“放心粮油”工程列入全市年度民生大事。目前，全国各省（区、市）均已将放心粮油供应网络建设列入粮食安全省长责任制实施方案，正在逐步落实。

（二）各地对“放心粮油”工程建设的财政资金投入不断加大，带动了社会资金投入，有力地支持了放心粮油供应网络建设

近几年来，四川省省级财政资金投入累计达到1.87亿元，撬动地方及社会资金总量达15亿元以上；山东省各级财政用于“放心粮油”工程的资金投入累计达到2.3亿元，其中省级财政资金达到1.7亿元；湖北、山西、吉林等省财政资金投入累计均达到1亿元以上；西藏自治区2015年安排区级财政资金108万元用于“放心粮油”工程建设。从地市级财政来看，苏州市“十二五”期间财政资金投入达到2000多万元，合肥市2015年和2016年共安排800万元财政资金用于“放心粮油”工程。据对20个省（区、市）的初步统计，2010年以来，用于“放心粮油”工程建设的各级财政资金投入累计达到10.7亿元，其中2015年投入达到2.54亿元。

（三）放心粮油供应网络建设已初具规模，覆盖面越来越广

陕西省按照统筹规划、统一标准、规范认定的原则，利用3年时间，在全省共建成1082个放心粮油示范店、1247个放心粮油经销点和48个放心粮油配送中心，覆盖全省70%的城乡地区，服务人口2700多万，2015年全省放心粮油供应网点粮油销售量达到76.5万吨，销售收入50.8亿元，实现

利润 2.27 亿元。山西省已建成放心粮油供应网点 11000 余家，其中示范销售店 1215 家、示范配送中心 141 家、放心粮油经销店 9762 家。四川省已发展各类粮油超市、连锁店 5800 多家，其中放心粮油配送中心 82 个，旗舰店 79 个、展示体验店 16 个，示范店 1000 多家。江苏省已建成放心粮油示范销售店 2498 家。山东省已建成各类放心粮油供应网点 2700 余家。据不完全统计，全国已建成放心粮油示范企业 12447 家、建成较规范的放心粮油经销店（挂牌店）17000 余家，还发展了 10 万多家城乡粮油网点，初步形成了放心粮油供应网络的基本架构。

（四）放心粮油示范企业努力加强管理，提高质量，改善服务，扩大市场，发挥了良好的示范效应

西安爱菊粮油集团在狠抓产品质量的同时，大力开发市场，扩大营销网络，累计投入 1 亿多元建立了各类连锁网点 700 多家，通过新建和改造形成了日加工小麦 1000 吨、大米 400 吨、食用油 1600 吨、馒头 100 万个、豆芽 200 吨、豆腐及其他豆制品 200 吨的生产能力，成为西安市放心粮油供应网络的主要载体和政府实施放心粮油、放心主食、放心豆制品的三大惠民工程的主要抓手。湖北荆楚粮油有限公司投资 3 亿多元，在全省建立了 103 家放心粮油配送中心和 1684 家放心粮油连锁店，实行“五统一”管理，即统一采购配送、统一店名标识、统一经营策略、统一服务规范、统一质量承诺，公司组织各分公司和连锁店积极开展放心粮油进学校、进社区、进单位“三进”活动，已进学校 4820 家、进单位 2 万多家。重庆渝百家公司拥有 2 家大卖场和 500 多家粮油便利店，实行“线上线下＋物流配送”的经营模式，所有的店配送频次可达每周 3 次，配送率达 90% 以上，公司计划到 2020 年建成粮油便民店 3000 家。上海粮油先锋便利连锁有限公司目前拥有粮油门店 405 家，其中直营店 220 家、特许经营店 157 家，粮油平价店 28 家，年营业额超过 20 亿元，成为上海粮油市场供应的主渠道，为保供稳价、服务民生发挥了重要作用。河北黑马粮油工业有限公司积极开拓农村市场，推进放心粮油进农村，已发展农村粮油连锁店、连锁超市 340 个，经营品种以粮油食品为主，并扩展到日用百货、学习用品、烟酒糖茶等，品种达 4000 余种，服务农村人口 60 多万人，占据集市总人口的 80%，农村粮油市场占有率达到 80%。

（五）各地粮食行政管理部门、粮食行业协会为放心粮油示范企业提供服务、加强监督采取了许多好做法，创造了许多好经验

四川省粮食局制定下发了《四川省放心粮油质量追溯体系技术守则》，规范质量追溯体系的运作；四川省粮食行业协会与中国邮政储蓄银行四川分行签订了“全力支持四川省‘放心粮油’工程战略合作协议”，授信总额 100 亿元，帮助企业解决融资困难问题。陕西省粮食局加强对放心粮油企业和网点的质量抽查和人员培训工作，3 年来共抽检网点 343 个，抽检样品 3168 个；共组织培训 209 次，培训人员 3581 人。江苏省南通市粮食局与工商、质检、民政等联合共建质量、价格、计量、卫生、服务“五放心粮店”243 家。广东省惠州市粮食局和粮油行业协会共同开发了惠州市粮油二维码溯源系统，并且与惠州市公共信用信息管理系统对接，使进驻二维码溯源系统的粮油产品实现了“来源可追、质量可溯、问题可查、责任可究”，全市已有 40 家粮油企业的 126 个产品使用粮油追溯产品的比例达到 80% 以上。

总体看，放心粮油供应网络建设已经取得了长足的发展和可喜的成果，在保障粮油质量安全和市场稳定、方便城乡居民生活上发挥了积极作用，受到了广大消费者的肯定和欢迎。但是也存在许多的困难和不足，主要是：放心粮油供应网络发展还很不平衡，有些地区起步较晚，进展较慢，网点数

量不足，布局不合理，经营不规范；许多粮油加工销售企业资金不足、技术落后、管理粗放、经营不善；放心粮油示范企业的示范引领作用有待增强；政府对粮油质量安全监管力度有待加大；等等。

在国家粮食行政主管部门的指导下，通过全国各级粮食行政管理部门、粮食行业协会和广大粮油企业的共同努力，一定能够建成一个覆盖全国城乡、惠及千家万户、放心安全优质的粮油供应网络。

五 粮食法治建设

2016 年，全国粮食部门认真贯彻落实党的十八大和十八届三中、四中、五中、六中全会精神，坚持依法行政，加快建设法治粮食，为国家粮食安全提供法治保障。

（一）推动粮食安全省长责任制考核工作深入开展

《国务院关于建立健全粮食安全省长责任制的若干意见》下发以后，各地高度重视，及时出台贯彻意见措施，切实承担保障区域粮食安全的主体责任。2016 年启动了考核工作，国家粮食局会同国家发展改革委等部门研究起草考核工作方案，建立与省（区、市）粮食安全省长责任制考核工作联络和信息报送机制，跟踪了解考核进展。各省级政府都出台了考核办法，成立了考核工作领导小组，天津、山西、吉林、上海、江苏、安徽、江西、湖南、广西、海南、四川、云南、甘肃等省（区、市）将粮食安全责任落实情况纳入省级政府绩效考核，绝大部分省级政府下达了 2016 年粮食安全责任书。考核相关工作的有力推进，为粮食安全省长责任制“首考”做了充分准备。

（二）加快推进粮食法制建设

国家粮食局积极配合国务院法制办做好调研、征求意见梳理等粮食法立法审查相关工作，加强与有关部门的沟通协商，研究提出有关意见的采纳建议。为配合行政审批制度改革，2016 年 2 月，国务院令第 666 号对《中央储备粮管理条例》《粮食流通管理条例》部分条款予以修改，取消了“中央储备粮保管、检验、防治人员资格认定”，将“粮食收购资格认定”由工商登记前置审批改为后置审批，并将无证收购处罚权交由粮食行政管理部门行使。国家粮食局及时印发条例贯彻落实通知，各地认真组织学习条例修改有关内容，依法做好中央储备粮代储资格认定和粮食收购资格认定等工作。相继出台《国有粮油仓储物流设施保护办法》和《粮食质量安全监管办法》等粮食规章，加快修订《中央储备粮代储资格认定办法》。贯彻落实“放管服”改革工作要求，修订《粮食收购资格审核管理暂行办法》，明确农民、粮食经纪人、农贸市场粮食交易者等从事粮食收购活动，无须办理粮食收购资格；企业从事粮食收购活动，应当办理工商登记并取得粮食收购资格，进一步激发了粮食市场活力。河北、吉林、内蒙古、山西、浙江、山东、湖南、重庆等地相继出台了国有粮油仓储物流设施保护相关制度，黑龙江省印发了地方国有粮食购销企业收储国家政策性粮食管理暂行办法。

（三）持续做好粮食行政审批制度改革工作

为认真贯彻党中央、国务院关于“放管服”改革精神，全国粮食部门扎实开展粮食行业行政审批制度改革工作。经清理规范，目前，国家粮食局仅保留中央储备粮油轮换计划审批、中央储备粮代储资格认定、粮食收购资格认定 3 项行政审批事项。地方粮食部门保留的事项主要涉及粮食收购资格认定、地方储备粮管理、军粮供应、仓储设施处置审批等 4 个方面。取消“对上报国家粮食局的中央储备粮代储资格受理报批”中央指定地方实施的行政审批事项和中央储备粮代储资格申请人“资信证明”“财务审计报告”两项中介服务。将粮食收购资格认定由工商登记前置审批改为后置审批，审批时限从法定 15 个工作日压缩到 10 个工作日。河北行政审批服务窗口推行“四零”承诺服务，即“服务受理零推诿、服务方式零距离、服务质量零差距、服务结果零投诉”，切实提升服务质量，方便群众办事。上海通过上海粮食网“行政许可网上受理大厅”，在线接收申请表和申请材料，并及时通过网上或短信通知申请者办理情况，方便群众办事。广东创新省级储备粮代储资格认定流程，全面实行网上办理，并引入第三方审核。陕西开发行政许可在线受理系统，实现了粮食收购资格认定网上预受理、预审查。

（四）持续推进粮食法治宣传教育工作

国家粮食局印发《关于粮食行政管理部门深入推进依法行政 加快建设法治粮食的意见》，制定《全国粮食行业法治宣传教育第七个五年规划（2016—2020 年）》和年度法治宣传工作要点等，组织指导各地粮食部门充分利用国家宪法日、条例颁布纪念日、夏秋粮食收购期间等重要时间节点，扎实开展粮食法治宣传活动，有效提高粮食行业干部职工法治思维和依法办事能力。北京、河北、山西、江西、云南、吉林等地采取专题培训、专题讲座、座谈会、在线学习等形式，丰富学习途径；上海、安徽、福建、西藏、甘肃、青海、新疆、内蒙古等地在“12・4”国家宪法日暨全国法制宣传日、条例颁布纪念日等重要时间节点，开展粮食法治宣传活动；河南在夏粮收购期间，坚持送法进企业，开设企业法制专题讲座，发放相关法律法规宣传资料 15000 多份。2016 年，中宣部、司法部对“六五”普法进行表彰，黑龙江省粮食局法规处和上海市粮食局庄旦鸣等 3 名同志分别获得全国法治宣传教育先进单位和先进个人荣誉称号。

（五）加强全社会粮食流通监管

认真组织开展库存检查，组织多部门针对重点省和企业开展联合、集中抽查，对检查中发现的问题，下发整改通知书、督促限期整改。强化粮食收购市场监管，在夏粮、秋粮收购重要时间节点，派出督导组、工作组，开展实地督导和走访调研，督促指导做好粮食收购工作，严防发生农民“卖粮难”，严查给售粮农民“打白条”等违法行为。加强粮食“去库存”监管，严厉打击“出库难”“转圈粮”等违法违规行为，加强各地政策性粮食出库动态和问题跟踪，严防违法违规行为发生。开展中央储备粮专项检查，坚持随机抽查、问题导向，以直属库为重点，充分发挥涉粮案件核查应急队伍力量，继续引入会计师事务所检查力量，采取“解剖麻雀”的方式深入核查企业执行《中央储备粮管理条例》及国家有关政策、规章制度情况。修改完善“国家粮食局随机抽查事项清单”，制定《国家粮食局随机抽查工作细则》，形成具体操作规程和检查标准，提高可操作性和实效性。目前，各省（区、市）已普遍建立“双随机一公开”抽查机制。

粮油统计与信息体系建设

一 粮油统计信息

2016年，各级粮食行政管理部门认真履行行业统计职责，继续深入推进粮食流通统计制度改革，完善统计制度，创新统计方法，加强市场监测，统计工作效率和水平显著提升。

（一）“国家粮油统计信息系统”上线运行

2016年1月，覆盖各级粮食部门和企业的“国家粮油统计信息系统”上线平稳运行，统计方式实现了由过去层层汇总、逐级上报，到企业网上直报、统计报表自动超级汇总的重大变革，大大减轻了基层统计人员负担，提高了工作效率和数据质量。到2016年末，直报系统入统对象近6万家，城乡居民固定调查点15万余户，国家粮油市场监测点1072个，已收集各类信息上亿条，统计数据的代表性、权威性进一步增强。

（二）建立粮食产业经济统计制度

建立粮食产业经济统计制度是2016年深化统计制度改革的首要任务，国家粮食局深入开展调研，广泛征求意见，科学设置统计指标体系，建立了粮食产业经济统计制度，为推动粮食产业经济健康发展提供数据支撑。粮食流通统计制度的修订亦同步完成，调整充实了部分统计指标，修改完善了指标解释和填报说明。制度印发后，国家粮食局和各地都开展了专项培训，参训人员在1万人以上，有效保证了统计制度的顺利实施。

（三）完成2015年粮食行业统计年报和社会粮油供需平衡调查

国家粮食局实现统计职能归口管理，不仅有效解决了过去数出多门、难以协同的问题，增强了数据的准确性和权威性，而且为实现大数据管理奠定了基础。2016年首次组织召开了全国粮食行业统计年报会审汇编工作会，有关业务司共同审核年报结果，形成了统计部门与相关业务部门良性互动局面，有效提高了数据质量，提升了统计服务水平。同时，各省（区、市）粮食局按照《社会粮食和食用植物油及油料抽样调查方案》继续开展社会粮食、食用植物油及油料供需平衡情况调查，较好掌握了全国及分地区、分品种的粮油消费水平、消费结构、供需状况等。

（四）加强粮油市场监测

为落实“粮安工程”关于“2017年国家粮食信息直报点增加到1000个”的要求，进一步做好粮食市场监测工作，国家粮食局调整了粮食市场信息监测点的数量和布局，优化了监测方案，监测点数量由原来的560个增加到1072个。2016年10月下旬，国家粮食局启动东北玉米收购进度日报，建立了覆盖184个县、791个监测点的玉米收购价格网上直报系统，及时向国办、玉米收储制度改革和收购工作协调机制成员单位报送相关信息，受到各方面充分肯定；同时在国家粮食局网站及时发布东北玉米收购进度、市场价格等信息，引导各类市场主体积极入市，对玉米收储制度改革的顺利推进发挥了积极作用。作为大豆目标价格改革试点中大豆市场价格监测工作的5家监测单位之一，国家粮食局重新布局东北三省和内蒙古地区的大豆市场价格监测直报点，强化工作要求，确保监测数据的完整性和有效性。

（五）做好日常统计工作

认真做好粮食统计月报、旺季粮油收购进度五日报等常规统计工作。加强粮食产业经济统计分析，编制粮食加工转化统计月报；为配合做好粮食去库存和仓储安全管理工作，新设简易存储设施储存国家政策性粮食情况统计月报。及时向国务院领导和有关部门报送全国粮食收购、销售、库存、价格等统计信息，多篇信息被中办、国办采用。强化统计分析，深入研判粮食流通形势和市场变化，及时反映苗头性、趋势性问题，提出政策措施建议。

二 粮油市场信息体系建设

2016 年粮油市场信息工作坚持以“创新、协调、绿色、开放、共享”的五大发展理念为引领，积极提升市场监测和预测水平，服务国家粮食安全和粮食流通的信息化的能力与服务社会企业经营发展的能力进一步提高。

一是国家与各级粮食信息部门组织精干力量做好宏观调控决策信息研究，加强对国内外粮食市场重点问题研究。围绕解决“高产量、高库存量和高进口量”并存的“三高”问题，积极加强市场研究，提出合理的意见与建议。专题研究的内容包括“去库存和保产能并重，从调优生产结构入手调优库存结构”“从粮食单产，成本和品种比价方面研究提出完善粮食政策的措施建议”“国际玉米价格走势对国内玉米政策的影响”等多个方面。

二是国家和各省级粮食信息部门根据宏观调控需要和各地市场需求，继续加强对本省（区、市）、国内和国际粮油市场生产、消费、贸易和价格走势的研究。加大信息监测密度和报送频率，及时报告最新粮油市场情况和“苗头性、趋势性、潜在性”问题研究分析材料。拓展监测范围，监测品种扩展到宏观经济运行、饲料养殖、金融能源，从更宏观的角度及粮食金融能源属性方面深入研究粮食市场的运行规律。国家粮油信息中心 2016 年全年共组织编发 96 期《粮油市场报告》、12 期《月度形势分析》和 6 篇“三性”问题分析材料，及时向国家粮食局和有关部门报告最新粮油市场情况，突出“短、平、快”特点，抓住“热点”问题。局办公室采用报出了 7 条，其中被中办采用 3 条，国办采用 4 条。

三是结合玉米收储制度改革，各级粮食信息部门特别是东北三省及内蒙古自治区的粮食信息部门，加强政策前期调研、执行期各市场主体的行为监测等，为支持政策提供信息支持与市场引导。积极开展产销区调研和重点地区驻点调研活动，加强国家粮油市场监测预测能力，基本做到重大问题及时报告。

四是积极探索市场信息服务。国家粮油信息中心充分利用自身优势，组织精干力量为国家发展改革委、财政部等部门提供粮油市场周度、月度信息材料，为宏观部门决策提供信息参考。积极引入外部专家系统，与中粮集团、益海嘉里、北京粮油集团等行业龙头，以及国务院发展研究中心、农业部、中国气象局、中科院等涉粮部门建立了密切联系。江苏省粮食局发布江苏粮油价格指数。建成“江苏省粮食价格指数平台”，依靠软件与网络技术，通过建立覆盖全省的粮食收购、批发、零售各个环节的信息采集网点，实时采集粮油价格等信息，并进行加工整理、分析预测，向社会发布。吉林省粮食局进一步完善了粮油市场价格监测体系，在成品粮油、原粮监测方面，加大了监测密度，并对重点粮食品种深入研究；针对玉米种植结构调整的实际情况，增加了杂粮杂豆的监测；及时发布监测信息，为广大农民种粮、卖粮提供信息服务。湖北省粮食局调整优化了市场监测网络，着力提升监测质量。按照放心粮油、应急供应、军粮供应、粮情监测“四位一体”建设要求，调整优化现有粮食宏观调控监测预警系统网络布局，加大调研分析力度，为领导决策和企业经营管理提供数据支撑和参考。

五是各地粮食行业信息化建设工作逐步展开。国家粮食局年内印发了《关于规范粮食行业信息化建设的意见》和《粮食行业信息化“十三五”发展规划》等文件，制修订了20项相关技术标准。安徽省成立了全省粮食行业信息化工作领导小组，2016年上半年完成省级中心机房扩建改造工程，实现了省级平台与各市粮食储备库的互联互通。湖北省启动并上线运行省级平台项目，着手进行OA移动办公试点的前期准备，探索实现从电脑到手机的“掌上OA办公”迁移。吉林省建设了3个信息化项目：省粮食局政务办公平台项目、省粮油仓储管理平台项目和省级储备粮信息化管理平台项目。贵州省推出1+5平台建设，积极打造“贵州粮食云”。河北省已建设1个数据中心、3个平台和4个系统。

三 粮食政务信息公开

（一）持续推动政府信息和政务公开

2016年，国家粮食局认真贯彻落实中共中央办公厅、国务院办公厅《关于全面推进政务公开工作的意见》(中办发〔2016〕8号）和国务院办公厅《关于全面推进政务公开工作的意见》实施细则（国办发〔2016〕80号）要求，进一步推进决策、执行、管理、服务、结果公开，加强政策解读、回应社会关切、加强平台建设等工作，持续推动政府信息和政务公开工作。

1. 加大粮食行业重点领域政府信息公开

推进粮食部门抓收购、保供给、稳粮价方面的信息公开，通过政府网站及时向社会公布国家政策性粮食交易安排，发布国家跨省移库和省内跨县集并计划，稳定市场预期，及时公布国家政策性粮食销售出库监督检查相关内容。加强市场监管方面的信息公开，及时在局政府网站公布粮食收储企业安全储粮和行业安全生产情况、春节和“两会”期间粮油市场供应工作部署、2016年粮食库存检查工作部署、粮食安全省长责任制考核工作有关文件、监督检查示范单位创建活动情况等。做好粮食行业规划建设工作信息公开，在推进《粮食行业“十三五”发展规划纲要》编制等工作中，及时发布符合公开条件的相关政务信息，并将行业规划编制、粮食仓储物流设施建设、行业信息化建设、“危仓老库”维修改造四个方面作为信息公开的重点，及时通过报刊、政府网站等媒体向社会公布和宣传。主动公开就业创新信息，第一时间发布全局人才招录（聘）信息，委托专业人才服务机构承担人才招聘具体工作，在相关高校就业网、人才资源市场网发布信息并持续更新；及时发布全年粮食行业职业技能鉴定计划等相关职业技能鉴定消息。

2. 加强“放管服”改革方面的信息公开

规范行政审批行为，制定发布行政许可事项受理单、服务指南、审查工作细则、服务规范、申请人满意度评价表，方便申请人了解办理条件、材料、程序、期限等；在行政审批过程中使用受理单，实行办理时限承诺制。认真落实《国务院关于第二批取消152项中央指定地方实施行政审批事项的决定》(国发〔2016〕9号)，及时发布国家粮食局公告（2016年第1号）和《国家粮食局办公室关于开展2016年中央储备粮代储资格认定工作的通知》(国粮办储〔2016〕108号)。明确中央储备粮代储资格认定变化事项由国家粮食行政管理部门直接受理，企业不再向省级粮食行政管理部门提交申请材料，减少审批环节。认真落实《国务院关于第二批清理规范192项国务院部门行政审批中介服务事项的决定》(国发〔2016〕11号）和新修订的《中央储备粮管理条例》，在2016年中央储备粮代储资格认定和粮食收购资格认定过程中，精简企业申报材料，不再要求申请企业提供相关中介服务材料。对于中央储备粮油轮换计划批准审批事项，国家粮食局采取与财政部、中国农业发展银行并联审批的方式，提高审批效率。

3. 强化部门预、决算信息公开

国家粮食局按照有关部门的要求及时在政府网站上公开了2016年部门预算和2015年部门决算。同时，严格按照局领导作出的“要从加强党风廉政建设和反腐败工作的高度，切实做好预算公开工作，并建立长效机制，将预算公开工作作为促进国家粮食局依法依规理财的重要抓手”的批示精神，印发了《国家粮食局贯彻落实〈中共中央办公厅 国务院办公厅关于进一步推进预算公开工作的意见〉的实施意见》，不断完善长效机制，从制度上推动全局各单位做好预算公开等工作，及时转发财政部、国税总局等部门减税降费相关信息。

4. 加强政府网站平台建设

不断优化网页布局，适时调整板块和栏目设置，提高网站的实用性，方便公众查阅相关信息。切实强化局政府网站的信息传播作用，提高网站适读性，确保栏目平均更新率，增加新闻主管部门前置审核程序，加强拟发布信息审核，确保信息质量。将“全国粮食统一竞价交易系统”升级为“国家粮食电子交易平台”，该系统自2016年1月8日起上线运行，与25家省级交易中心联网，为公众传递了大量的国家粮食宏观调控和粮食“去库存”方面的信息，为涉粮企业经营管理提供了翔实的数据。

5. 进一步加强政策解读

继续加强与《人民日报》、新华社、中央人民广播电台、中央电视台等20多家主流媒体的合作。2016年5月，入驻《人民日报》手机客户端政务发布大厅，及时发布有关涉粮政务信息，增强了与公众的互动交流，丰富了信息发布渠道。紧紧围绕粮食流通中心工作，通过国新办新闻发布会、例行发布会、接受采访、组织记者实地采访和撰写稿件等形式，及时主动回应社会关切，为粮食流通工作营造良好社会氛围。

6. 健全政府信息公开工作机制

按照国务院办公厅《2016年政务公开工作要点》和国务院第四次廉政工作会议关于政府信息和政务公开工作的有关要求，结合粮食工作实际，制定了《国家粮食局2016年政府信息和政务公开工作要点》，对国家粮食局信息公开工作进行了任务分解，将信息公开工作任务分解细化到各有关司室，明确职责分工。加强对政府信息和政务公开工作人员的培训，对每年新入职的工作人员都要进行政府信息公开工作培训，强化公开理念，增强专业素养，提高工作水平。加强政府信息和政务公开工作能力建设和考核，将政府信息和政务公开工作纳入绩效考核体系。

（二）主动公开政府信息情况

2016年，国家粮食局主动公开政府信息630条。按公开方式分，通过政府网站公开政府信息605条，其他方式公开25条。按公开内容分，人事工作类信息69条，占公开信息总数的10.95%；国际交流类信息13条，占公开信息总数的2.06%；市场调控类信息237条，占公开信息总数的37.62%；库存检查类信息31条，占公开信息总数的4.92%；粮食财务类信息25条，占公开信息总数的

3.97%；流通发展类信息33条，占公开信息总数的5.24%；党务工作类信息30条，占公开信息总数的4.76 %；仓储安全类信息45条，占公开信息总数的7.14%；粮油科技类信息44条，占公开信息总数的6.98 %；节粮减损类信息8条，占公开信息总数的1.27%；政策法规类信息31条，占公开信息总数的4.92%；老干部工作类信息37条，占公开信息总数的5.87%；粮油标准类信息13条，占公开信息总数的2.06%；质量安全类信息14条，占公开信息总数的2.22%。

2016年国家粮食局共承办人大代表建议和政协委员提案47件，其中建议32件、提案15件。在《国家粮食局办公室关于做好人大代表建议和政协委员提案办理工作的通知》(国粮办发〔2016〕111号)中明确提出，要积极稳妥地探索办理结果公开，分步推进，扩大公开范围，自觉接受人民监督，让办理工作成为转作风、办实事、解难题的过程，更好地服务人民群众。2016年，有2件国家粮食局主办的提案、4件协办的提案建议对外公开，较往年有所增加。

1. 政府网站

继续加强局政府网站平台建设，及时准确公开粮食信息。截至2016年12月31日，局政府网站共发布各类信息1734条；中国政府网抓取转载69条；开设党的十八届六中全会精神、粮食收储供应安全保障工程、玉米收储制度改革等9个专题专栏。

2. 新闻发布

全年共组织新闻发布3次，4月26日，国家粮食局领导出席国务院新闻办公室新闻发布会，介绍当前粮食工作有关情况，就中国粮食安全形势，粮食安全省长责任制，粮食收购、玉米收储制度改革等问题答记者问。3月、5月、10月，局领导分别在《人民政协报》《中国经贸导刊》《经济日报》发表《必须始终绷紧粮食安全这根弦》《去库存是粮食收储工作的“牛鼻子”》《产后节约减损是保障国家粮食安全的战略选择》，权威解读有关工作。同时，《人民日报》《经济日报》《光明日报》等中央级纸质媒体发布粮食流通报道110篇，其中《经济日报》连续3天头版刊发北粮南运系列报道、连续3天整版刊发玉米收储制度改革系列报道；组织新华社、中国新闻社、人民网等中央级网络媒体发布相关报道128条；组织中央级电视媒体发布相关报道56条，制作发布专题节目3期、焦点访谈1期；组织中央级电台发布报道34条，推出特别节目2期；组织相关专家参加专题访谈11人次。

3. 出版物

2016年，国家粮食局中国粮食经济杂志社编辑出版发行《中国粮食经济》12期，增刊1期，主动发布党中央、国务院、国家发展改革委及其他有关部门涉及粮食工作的重要通知、意见、公告等，每月发布国有粮食购销量初步统计数据。此外，由国家粮食局委托中国粮食研究培训中心组编的《2016中国粮食发展报告》和《2016中国粮食年鉴》收录了重要的粮食政策法规文件和统计资料，使公众可以更全面地了解粮食工作。

4. 局长信箱

2016年，国家粮食局“局长信箱”共收到社会公众各类咨询240件。对于公众的咨询、反映和诉求信息，国家粮食局通过信件回复、电话沟通等方式，及时给予妥善答复。

（三）依申请公开政府信息情况

2016年，国家粮食局共收到依申请公开事项63件，其中62件在规定的时限范围内通过电子邮件、邮寄信件等申请人要求的方式回复申请人，有1件因需要统一答复口径，会签其他部委，在与申请人沟通后，延期回复。

粮食流通体系建设

一 “粮安工程”建设

“粮安工程”全面实施以来，在各级发展改革和财政等部门的大力支持下，粮食部门统筹协调推进“粮安工程”建设，有力提高粮食收储能力、提升粮食供应水平，促进了农民增收、企业增效，切实保障了国家粮食安全。

（一）粮食收储仓容大幅增加

2013 ~ 2016 年，累计安排中央预算内投资 160 多亿元，安排 7500 多万吨新仓建设任务，大幅提升了粮食收储能力，在粮食连年丰收情况下为粮食收储奠定了坚实基础。同时，中央财政 2013 ~ 2016 年累计补助 90 多亿元用于粮库维修改造、功能提升以及粮库智能化升级改造等，极大改善了粮食仓储设施条件。特别是江苏、安徽等省份一些经维修改造的“危仓老库”，经受了 2016 年南方暴雨和洪涝灾害的考验，有效保障了储粮安全。

（二）粮食现代物流体系初步建成

2013 ~ 2016 年，累计安排中央预算内投资 30.3 亿元，建设和配置了一大批散粮设施，粮食物流节点建设覆盖面进一步扩大，散粮接卸设施布局逐步完善，运输方式不断优化，建设了南宁中国－东盟粮食物流园区、西安粮食物流枢纽、贵州西南粮食城等一批集粮食仓储、物流、加工、交易等功能于一体的粮食物流园区，粮食物流效率明显提升。

（三）粮食应急供应体系建设持续推进

截至 2016 年底，全国粮食应急加工企业 5823 个，应急供应网点 45309 个，粮食应急保供能力不断提升。

（四）粮油质量安全检验监测能力不断提高

2013 ~ 2016 年，累计安排中央预算内投资 6 亿多元用于粮食质量安全检验监测能力建设。目前，各级粮食行政管理部门的专业检验监测机构达到 800 家，采集、检验粮食样品覆盖全国 31 个省（区、市）240 个市，粮食质量安全检验监测能力不断提高。

（五）粮食节约减损效果明显

2013 年以来，粮食储存、物流、加工、消费等各环节的节约减损工作不断推进。累计安排中央预算内投资约 9 亿元为 400 多万农户配置科学储粮装具，使农户存粮环节损失浪费减少。同时，随着“危仓老库”维修改造深入实施，粮食散粮接卸设施和运输工具的推广，以及节能环保新工艺、新装备的推广应用，粮食储存、运输环节的损耗明显降低，品质也得到了有效保障。另外，积极开展加工业节粮减损工作，持续推进爱粮节粮宣传活动，也对促进全社会节粮减损、反对浪费发挥了重要作用。

二 粮食仓储管理

2016年，面对库存持续高位运行、安全储粮和安全生产压力巨大的严峻形势，国家粮食局着力加强粮油仓储管理，把“两个安全”摆在突出位置，压实责任、规范行为，创新出台“一规定两守则”，组织开展粮食行业全员轮训和春秋两季粮油安全大检查，建立仓储物流设施保护制度，有力地保障了库存粮食总体安全。

（一）出台“一规定两守则”

以规范性文件发布《粮油储存安全责任暂行规定》，在全面落实、层层压实粮油储存安全责任方面首次形成系统的制度性规定；编制印发《粮油安全储存守则》《粮库安全生产守则》，并启动全行业培训。国家粮食局分南北两个片区开展了师资培训，编制了《培训大纲》，寓管理于培训之中，全面规范从业人员作业与管理行为，尤其是督导基层企业、粮库一线切实执行到位。“一规定两守则”共同形成粮食行业安全储粮和安全生产的基本准则与行为规范。

（二）在关键节点组织开展全国粮食行业春秋两季粮油安全大检查

国家粮食局在各地及企业日常工作的基础上，抓住春夏、秋冬季节转换等关键节点，充实检查内容，规范检查方法，着力构建“两个安全”检查的长效机制。11月11日，召开全国粮食行业安全储粮和安全生产视频会议，对“两个安全”工作进行再动员再部署。针对夏秋收购、防汛度夏、年终岁尾等加强部署，派工作组赴重点省份开展督查，及时通报督查结果和事故情况，指导各地区和中央粮食企业排查风险隐患、坚守安全底线。

（三）成立了国家粮食局安全储粮和安全生产工作领导小组及技术指导专家组

指导省级粮食行政管理部门组建专家指导“地方队”，着眼于研究解决重点难点问题，发挥专业指导作用，为保障“两个安全”提供智力支持。

（四）组织开展第七次全国储粮虫螨专项调查

此次检查距离上次全国虫螨调查已逾10年，旨在掌握现阶段我国的储粮害虫种类、分布及发展状况，切实加强储粮害虫监测，为后续虫害防控治理打下基础。

（五）配合“去库存”和解决收储矛盾

为应对仓容不足，加强临时存储技术攻关的重点研究，充实政策和技术的工具箱。协调供销、物资系统调查可用于政策性收储的仓容。

（六）建立仓储设施保护管理长效机制

《国有粮油仓储物流设施保护办法》（国家发展和改革委员会令 第40号）于2016年6月30日发布，自2016年8月1日起正式实施；将仓储物流设施保护情况纳入粮食安全省长责任制考核体系，进一步强化粮油仓储物流设施保护管理责任，有效保护仓储物流设施。

粮食产业经济发展

2016 年粮食产业经济呈现良好发展势头。粮食产业产值和经济效益平稳增长，产业结构和布局逐步优化，2016 年粮油加工企业 1.8 万家，实现工业总产值 2.8 万亿元，同比增幅 13.3%，利润总额 1321 亿元，销售收入利润率 2.6%。在国内经济发展进入新常态的形势下，大力发展粮食产业经济、加快培育粮食产业发展新动能，已经成为推进企业提质增效、产业转型升级、行业转型发展的重要基础和拉动粮食主产区经济发展和农民就业增收的重要支撑。

（一）国家系列重要政策加大支持粮食产业发展

《国务院办公厅关于进一步促进农产品加工业发展的意见》（国办发〔2016〕93 号）等文件提出推进农产品加工业向优势产区集中布局，形成生产与加工、科研与产业、企业与农户相衔接配套的上下游产业格局；支持农户和农民合作社改善储藏、烘干、清选分级等设施装备条件，促进商品化处理，减少产后损失；支持主食加工业发展，引导城乡居民扩大玉米及其加工品食用消费等。《国务院办公厅关于开展消费品工业“三品”专项行动营造良好市场环境的若干意见》（国办发〔2016〕40 号）提出通过“增品种”“提品质”“创品牌”，不断促进消费品工业迈向中高端。为促进玉米深加工转化，经国务院批准，自 2016 年 9 月 1 日起，将玉米淀粉、酒精等 10 种玉米深加工产品的增值税出口退税率恢复至 13%。为支持玉米购销市场化改革，引导多元主体积极入市收购，促进玉米加工转化和深加工企业稳定发展，缓解农民“卖粮难”，根据国家要求，东北三省和内蒙古自治区陆续出台了玉米深加工企业收购加工新产玉米奖补政策。补贴对象为生产经营地在本省（区）范围内、规模以上、就地采购、自建仓储设施的各类玉米深加工企业，补贴政策执行期截止到 2017 年 6 月底。

2016 年 1 月，全国粮食流通工作会议提出：坚持以协调发展理念激发粮食产业经济活力，打造链条完整、效益良好的粮食产业经济体系。要充分发挥粮食加工转化引擎作用，培育“产购储加销”一体化的全产业链模式，把粮食产业发展放到国民经济发展全局通盘谋划，促进一、二、三产业融合；淘汰落后加工产能，发展优质精深加工产能；促进粮食副产物综合利用，大力发展循环经济；优化粮食企业发展模式，积极发展混合所有制经济，加速资源、资金、资产集聚，形成一批辐射范围大，带动能力强的粮食产业集群。8 月，国家粮食局印发《关于加快推进粮食行业供给侧结构性改革的指导意见》（国粮政〔2016〕152 号），提出“大力发展粮食产业经济”的重点工作任务，包括：一是增加多元化定制化个性化粮食产品供给；二是加快发展粮食精深加工转化；三是扶持壮大骨干粮食企业；四是实施品牌发展战略；五是推动粮食产业集群发展；六是发展粮食循环经济；七是加快淘汰落后产能；八是发展新型粮食经营业态。9 月，国家粮食局印发《国家粮食流通统计制度及其实施细则》（国粮调〔2016〕225 号），正式建立了粮食产业经济月（年）报表统计体系，为真实反映和及时发布产业经济发展情况奠定了基础。

（二）编制印发《粮油加工业“十三五”发展规划》

2016 年上半年，国家粮食局组织武汉轻工大学等单位扎实开展“粮油加工业转型升级重点课题研究”，凝练了基本思路；深入山东、四川等地基层粮食企业开展专题调研，凝聚各方共识。起草组在认真形成《规划（初稿）》基础上，广泛征求了各司室、直属联系单位、有关涉粮行业协会、各省级粮食局和央企的意见；多次召开座谈会，听取企业和专家意见。《规划》修改完善后征求了国家发展改革委、财政部等16个相关部门意见，并咨询了行业相关资深专家。

2016年12月，国家粮食局印发了《粮油加工业“十三五”发展规划》（国粮储〔2016〕278号）。《规划》突出了贯彻五大发展新理念、推进粮食行业供给侧结构性改革和发挥市场主导作用，客观分析了面临形势，科学提出了指导思想、基本原则和发展目标，研究提出了增加绿色优质粮油产品供给、优化调整产业结构、推进一、二、三产业融合发展、强化科技创新支撑引领、培育新的产业经济增长点和加强应急加工供应保障体系建设六大重点任务。在“培育产业经济新的增长点”方面提出三项具体工作任务：一是发展粮食深加工。鼓励大型加工企业发展创新型导向的粮油加工产业模式，充分挖掘副产物潜在价值，最大限度延长产业链。二是构建绿色加工体系。支持企业节粮技术改造升级，建立粮油加工业节能、节水等技术标准体系等。三是创新现代营销模式。推进实施“互联网+粮食”行动，发挥全国粮食统一竞价交易平台连接产区和销区，服务于种粮农民、购粮企业和消费者的重要作用。

（三）针对消化玉米库存发展生物基新材料、燃料乙醇开展专题研究

2016年3月，国家粮食局组织赴吉林省调研聚乳酸产业发展情况；10月，赴湖北、江苏、山东等地及相关协会调研，对发展淀粉基塑料的技术经济可行性进行深入研究，测算了市场规模潜力，提出了“多措并举、多渠分流、政府主导、委托加工”的操作模式，研提了政策措施建议。同时，委托国家粮食安全政策专家咨询委员会，组织专家对改造利用现有产能增加燃料乙醇产量加快玉米去库存问题进行专题研究，提出措施意见，并配合国家发展改革委、国家能源局就发展燃料乙醇促进玉米库存消化研究有关实施方案。

（四）开展对各地“仓顶阳光工程”调研

收集整理了光伏发电的国家、地方政策，主动与国家能源局进行沟通，赴山东、安徽进行调研总结，与试点建设粮库及相关光伏企业进行座谈，在此基础上研究起草了《“仓顶阳光工程”试点建设建议》。据不完全统计，目前全国已建成粮库光伏发电项目10个，光伏发电装机容量17054千瓦，在建项目装机容量4300千瓦，拟建项目装机容量21093千瓦。

（五）促进粮食产业经济发展取得明显成效

2016年，浙江、福建、山西、安徽、河南、山东省政府以及黑龙江、贵州、湖北、内蒙古、陕西、江西、安徽、山东省（区）粮食局出台了相关促进粮食产业经济发展、整合重组、化解过剩产能、品牌建设等指导意见。《浙江省人民政府办公厅关于加快粮食产业经济发展的意见》中提出：用五年左右时间打造千亿粮食产业经济，总产值达到1000亿元，实现利税100亿元。《福建省人民政府关于培育新型粮食市场主体促进粮食产业发展的意见》明确省级财政每年统筹安排专项资金，重点支持大米和小麦粉加工企业的设施设备技术改造、粮食质量检测能力建设、自动送料仓建设、信息化建设提升、节能环保、节粮减损和“机器换工”等项目。河南省政府决定，从2016年商品粮大省奖励资金中拿出2亿元，吸纳社会资金3亿元，建立5亿元的主食产业化和粮油深加工扶持基金，推动主食产业化和粮油深加工发展，做大做强龙头企业。湖北、吉林、辽宁、宁夏、山东、河南等省（区）粮食局安排了专项资金支持粮油精深加工，各省级财政支持资金合计约7.56亿元。

粮食行业“十三五”发展规划

一 粮食行业“十三五”发展规划纲要

为贯彻党中央、国务院关于粮食工作的总体部署，扎实推进粮食行业供给侧结构性改革，切实增强粮食行业发展实力，全面提升国家粮食安全保障能力，国家发展改革委、国家粮食局编制了《粮食行业“十三五”发展规划纲要》（以下简称《纲要》）。《纲要》于 2016 年 10 月印发各省（区、市）发展改革委、粮食局和相关中央企业实施。

（一）编制主要思路

《纲要》编制以落实国家粮食安全新战略为指导，以确保国家粮食安全为目标，在深入分析“十三五”期间粮食行业面临的新形势、新任务基础上，妥善处理好政府与市场、中央与地方、产区和销区、品种和结构、国内与国际等五大关系，切实贯彻落实创新、协调、绿色、开放、共享的发展理念，在继续全面落实粮食安全省长责任制、大力实施“粮安工程”建设规划和科技兴粮、人才兴粮工程的基础上，坚持重点突出“三大战略”、粮食产业经济发展、粮食行业信息化建设战略导向，力求做到《纲要》既对主要工作全面覆盖，又突出重点内容。

（二）主要内容

《纲要》共有十二章。

第一章是指导思想、发展理念和发展目标。本章在深入分析行业发展环境、明确行业发展指导思想和发展理念的基础上，在粮食宏观调控、粮情预警和应急保障、粮食产业经济、粮食仓储物流、粮食流通现代化、粮食质量安全保障、粮食行业治理等 7 个方面提出了发展目标，基本涵盖了“十三五”时期粮食行业的重要工作和主要任务。

第二章是改革完善粮食宏观调控。为应对粮食收储“双高叠加”的态势，适应未来粮食流通新要求，本章重点从完善相关政策和体制机制入手，提出了“十三五”时期要改革完善粮食收储制度、健全粮食调控机制、完善粮食储备调节体系、提升粮食应急保障能力等方面的内容。

第三章是加强粮食市场体系建设。为了更好地发挥市场在粮食资源配置中的决定性作用，在《纲要》中把“加强粮食市场体系建设”放在了重要位置。本章从健全市场体系、拓展市场功能、培育市场主体、完善粮食竞价交易平台等方面提出了“十三五”期间粮食市场的发展方向，以切实增强粮食市场引导生产、服务调控、配置资源的能力。

第四章是发展粮食产业经济。发展粮食产业经济是继“粮安工程”、粮食安全省长责任制后，粮食行业开展的又一项重点工程，也是《纲要》的重要内容之一。本章从增强粮食产品有效供给、促进粮食产业结构调整、培育粮食产业经济增长点、提升粮油加工产业市场竞争力等方面，规划了“十三五”时期推进粮食产业经济发展的主要任务。

第五章是完善现代粮食仓储物流体系。粮食仓储物流设施建设是“粮安工程”的重要内容，在《粮食收储供应安全保障工程建设规划（2015—2020 年）》中，已对“十三五”期间粮食仓储物流设施建设进行了系统规划。本章主要是结合新形势，对“粮安工程”建设规划中仓储物流设施建设有关内容进行了补充和完善。“十三五”时期粮食流通基础设施建设的侧重点主要放在物流体系建设上，仓储设施建设方面更多的是调整优化布局结构、提升功能等。

第六章是强化粮食科技创新。科技创新是粮食行业转型升级的重要推动力。本章从推动科技创新突破、加强科技成果转化应用、完善科技创新体系、发挥企业技术创新主导作用等方面，提出了“十三五”时期粮食行业科技发展的方向。

第七章是推进粮食行业信息化深度融合发展。本章按照统筹实施、实用为本、统一标准、互联互通的原则，结合已出台的《国家粮食局关于规范粮食行业信息化建设的意见》具体要求，对粮食行业信息化建设进行了总体部署，重点围绕粮食行业信息化“1+1+4”的建设内容（即国家粮食管理平台、省级粮食管理平台、粮库智能化升级改造、粮食交易中心和现货批发市场电子商务信息一体化平台建设、重点粮食加工企业信息化改造、粮食应急配送中心信息化建设），提出了粮食行业信息化建什么、怎么建、怎么用的措施和路径。

第八章是提升粮食质量安全保障能力。本章分别从检验监测能力建设、标准体系建设、监管与风险监测预警能力建设、国际标准业务合作等方面提出了发展方向，力争在“十三五”期间，建成“机构成网络、监测全覆盖、监管无盲区”的粮食质量安全监管体系。

第九章是促进粮食节约减损。推动全社会粮食节约减损是构筑“无形粮田”、增强粮食安全保障能力的重要手段。本章从促进农户源头减损、推进粮食经营过程减损、推动消费减损等 3 个层次提出了促进粮食节约减损的措施，基本涵盖了粮食流通产业链条减损的各个方面。

第十章是推进粮食产业国际合作。统筹国际国内两个市场、两种资源是“十三五”时期保障国家粮食安全的重要手段。本章分别从鼓励和支持企业“走出去”、培育大型跨国粮食集团、加强国际合作与交流等方面提出对策。同时，也明确指出了我国开展粮食领域国际合作和交流的根本目标是履行国际义务，努力消除饥饿，维护全球粮食安全。

第十一章是提高粮食行业依法治理能力。本章全面提出了“十三五”期间提升粮食流通依法治理能力的对策，包括加强法制建设、加强宣传教育、推进法治机关建设、增强流通监管能力、严格文明执法等内容。

第十二章是保障措施，为推进《纲要》的顺利实施提出了具体要求。主要包括，明确实施责任主体、推进重点任务落实、加大投入支持力度、提供兴粮人才保障、加强规划协调指导等 5 个方面。

二 粮油加工业“十三五”发展规划

为深入推进粮食行业供给侧结构性改革，落实《粮食行业“十三五”发展规划纲要》（发改粮食〔2016〕2178 号），加快发展粮食产业经济，增加绿色优质粮油产品供给，推进产业转型升级，国家粮食局研究制定了《粮油加工业“十三五”发展规划》，并于 2016 年 12 月印发各地和有关央企组织实施。

《规划》主要分 5 个部分，体现 3 个特点：一是突出贯彻五大发展新理念，推进粮油加工业转型升级的总体思路、五条原则中均体现了贯彻五大发展新理念；二是突出推进供给侧结构性改革，明确了调结构、提品质、延链条、强创新、促升级、增效益、降成本、补短板等重点任务；三是突出发挥市场主导作用，注重坚持市场导向，注重广泛听取企业意见，并与各专项规划、省级加工规划等进行了衔接。

第一部分是面临形势。总结了“十二五”粮油加工业的发展基础，分析了当前面临的挑战和“十三五”时期发展的有利机遇。

第二部分是指导思想、基本原则和发展目标。指导思想是：以满足人民群众日益增长和不断升级的安全优质营养健康粮油产品消费需求为目标，把增加绿色优质粮油产品供给放在突出位置，以提高粮油加工业供给质量效益和保障粮食安全为中心，以改革创新为动力，以推动全产业链融合发展为路径，充分发挥加工转化对粮食产业发展的引擎作用和粮食供求的调节作用，着力调结构、提品质、创品牌、延链条、促升级、增效益，为保障国家粮食安全奠定坚实基础。基本原则是：市场主导，政策引导；创新驱动，两侧发力；协调推进，突出重点；质量安全，绿色发展；深化改革，开放共享。目标及指标是：到 2020 年，形成“安全营养、绿色生态、布局合理、协调发展、链条完整、效益良好”的现代粮油加工产业体系。对产业规模和效益、科技创新能力、质量安全水平、节能减排和节粮减损、加强应急保障能力几个方面研究提出了 15 项目标指标。

第三部分是明确了六项主要任务。一是增加绿色优质粮油产品供给，二是优化调整产业结构，三是推进一、二、三产业融合发展，四是强化科技创新支撑引领，五是培育新的产业经济增长点，六是加强应急加工供应保障体系建设。

第四部分是优化产业布局。按照产地原则，兼顾销区，对成品粮油加工、深加工、饲料加工业、粮机装备制造等四个行业提出了具体的产业布局和产品发展方向。

第五部分提出了七项政策保障措施。完善财税引导扶持，加大金融服务支撑，加强产业政策和标准的指导，加强行业信息监测预警与服务，积极发挥行业组织作用，加强人才支撑保障，加强规划实施和评估。

三 粮食行业科技发展“十三五”规划

2016 年 12 月，国家粮食局印发了《粮食行业科技发展“十三五”规划》（以下简称《规划》），明确了“十三五”时期粮食行业科技发展的方向、目标、路线和重点任务。

（一）总体思路

按照《中共中央 国务院关于深化体制机制改革加快实施创新驱动发展战略的若干意见》，结合粮食行业科技需求，以聚焦粮食科技创新战略性、重大关键任务为核心，统筹相关联领域技术研发方向，通过搭建粮食科技创新平台，促进粮食科技成果转移转化，落实科技创新扶持政策等方式聚集创新资源，构建粮食科技创新体系，多渠道、多角度、多元化解决行业发展关键技术问题，加快推动粮食产业发展从要素和投资驱动向创新驱动转换，以改革破除制约科技服务粮食产业发展的瓶颈，激发各类科技创新主体的积极性，推进粮食科技创新，促进粮食产业升级。

（二）规划目标

《规划》按照需求导向、深化改革、人才驱动、开放发展的原则，提出力争在“十三五”末，解决一批制约粮食行业科技发展的突出共性关键技术问题，进一步加快完善粮食科技创新平台体系，使粮食科技自主创新能力显著提高，粮食科技创新环境不断优化，粮食科技创新体制机制更有活力，支撑粮食产业经济发展，引领方式转变的作用更加突出。

（三）重点创新任务

《规划》围绕粮食质量安全、绿色生态储粮、现代粮食物流、深加工转化、粮油加工装备、口粮营养健康、粮食信息化技术和粮食安全战略等八个领域，聚焦粮食行业发展的重大科技需求，以重点任务为核心，发展众创、众包、众扶、众筹，汇众智聚众力，针对粮食创新需求技术群，不断突破制约行业发展的技术瓶颈。

（四）构建粮食科技创新体系任务

一是促进成果转化，围绕重大需求强化科技成果转移转化，实施粮食行业“科技特派员”行动，落实知识产权、成果转化收益分配制度，加强粮食科普平台建设和宣传。二是推动创新平台建设，即加快工程实验室（重点实验室）、局工程中心、创新联盟、企业中心等科技成果工程化平台、科研基地建设，鼓励多种形式的交流与合作。三是推进粮食科技体制改革，通过创新任务凝练机制、评估机制，健全服务机制，推动深化科技体制改革，充分发挥政府、科研院所、高等学校、学术社团、企业的创新作用，加强高层次领军科技人才的培养，通过激励机制激发科研人员创新活力，营造良好的学术氛围。

（五）保障措施

《规划》提出积极争取各级政府和科技、财政、发展改革等部门对粮食科技的支持，注重科技政策与产业政策、财政政策的衔接配套。加强行业科技指导和服务，营造良好创新环境。探索多元化科技资金投入机制措施，支撑规划顺利施行。

四　粮食物流业“十三五”发展规划

2017年3月3日，国家发展改革委和国家粮食局联合印发了《粮食物流业“十三五”发展规划》（以下简称《规划》），明确了“十三五”时期粮食物流业发展方向、目标和任务。

（一）《规划》编制思路

《规划》编制坚持创新、协调、绿色、开放、共享发展理念，以“一带一路”建设、京津冀协同发展、长江经济带发展三大战略为引领，以全面提升粮食收储供应能力、促进粮食物流业健康发展为导向，按照《物流业发展中长期规划（2014—2020年）》《粮食收储供应安全保障工程建设规划（2015—2020年）》《粮食行业“十三五”发展规划纲要》中提出的粮食物流业发展方向和目标，深入分析粮食行业供给侧结构性改革、粮食价格形成机制和收储制度的改革完善等对粮食物流业发展提出的新要求，进一步梳理和细化“十三五”期间粮食物流业的发展目标、总体布局、主要任务、发展路径、技术路线等，重点突出“两横（沿长江、沿陇海）、六纵（沿海、沿运河、沿京哈、沿京沪、沿京广、沿京昆）”八条重点发展线路和“50个一级节点、110个二级节点”重点建设内容，提出了优先支持粮食物流产业园区建设的战略导向。

（二）《规划》主要内容

《规划》是对《粮食行业“十三五”发展规划纲要》中关于粮食物流部分的进一步细化，全篇共分四部分。

第一部分是发展环境。在全面梳理粮食物流业发展现状的基础上，深入分析和总结了粮食物流业发展面临的突出问题，在对“十三五”期间粮食安全新战略、粮食市场化改革、粮食产业发展以及信息化发展、交通布局等综合分析的基础上，对“十三五”期间粮食物流业的发展趋势进行科学研判。

第二部分是总体要求。以指导思想为引领，在遵循基本原则的基础上，结合发展环境，确定了总的发展目标，提出了“一个体系、一套标准、一个平台”的细化目标，通过实施“点对点散粮物流行动”“降本增效行动”“标准化建设行动”三大行动，着力解决制约粮食现代物流发展的瓶颈。

第三部分是主要任务。在发展八大粮食物流通道的基础上，提出突出大节点，强化主线路，重点完善和发展“两横、六纵”八条重点发展线路及重点打造 50 个左右一级节点、110 个左右二级节点，推动火车散粮运输系统工程、港口散粮运输提升工程建设等总体任务。在对总体任务细化分解的基础上提出七大任务。一是完善八大通道建设，明确了各个通道需要提升的能力、建设的内容以及发展的路径；二是打造“两横、六纵”重点线路，明确了各个线路的主要品种、发展重点以及重点发展节点等；三是布局粮食物流进出口通道，明确了各进出口通道的重点发展节点、建设内容、对接区域等；四是提升区域粮食物流水平，明确了优化粮食仓储设施、发展区域快速物流、服务市场供应体系、提升加工物流水平、培育第三方粮食物流企业等全产业链各环节的发展路径和任务；五是推广应用新技术新装备，明确了粮食物流新技术新装备的研发、推广的目标和路径；六是完善粮食物流标准体系，明确了粮食物流标准体系建设的目标、任务和方式；七是大力促进物流与信息化融合，明确了粮食物流与信息化融合发展的方向、途径和具体任务。

第四部分是保障措施。为推进《规划》的顺利实施提出了具体要求，主要包括：加强组织领导与协调、加大资金投入与政策支持力度、拓宽投融资渠道、强化人才队伍建设等 4 个方面。

五 粮食行业信息化“十三五”发展规划

2016 年 12 月，国家粮食局印发了《粮食行业信息化“十三五”发展规划》(以下简称《规划》),《规划》确定了“十三五”时期粮食行业信息化发展方向、目标、路线和重点任务。

（一）《规划》编制主要思路

1. 构建互联互通、业务协同、资源共享的“1+1+4”行业信息化体系

针对目前行业信息化发展存在发展不平衡、不协调、不可持续等问题，以及资源共享难、互联互通难、业务协同难等突出矛盾，《规划》在《国家粮食局关于规范粮食行业信息化建设的意见》(国粮财〔2016〕74 号）基础上，以行业信息化需求为导向，按照“管用、实用、好用”的原则，进一步明确了“1+1+4”重点建设内容（即国家粮食管理平台、省级粮食管理平台、粮库智能化升级改造、粮食交易中心和现货批发市场电子商务信息一体化平台建设、重点粮食加工企业信息化改造、粮食应急配送中心信息化建设），构建国家、省、企业三级架构，明确要运用云计算、大数据、“互联网 +”等先进理念和技术推动行业信息化发展，为宏观调控、行政管理、公共服务和行业发展提供支撑。

2. 利用现代信息技术支撑粮食产业转型发展和流通能力现代化

为破解粮食流通各环节衔接不紧密、不协调等问题，有效监测粮食供需波动和库存状况，提升粮食流通效率和应急保障能力，《规划》提出要推动现代信息技术与粮食收购、储藏、加工、物流、消费等环节的深度融合，构建“互联网 + 粮食”发展新引擎。通过国家粮食管理平台、省级粮食管理平台、智能化粮库、粮食电子商务一体化平台等的建设，强化市场监测和应急供应、提升粮食质量监测

能力，为国家粮食监管和调控提供有力支撑，为粮食生产者、经营者、消费者提供优质服务。

3. 利用大数据决策提升粮食宏观调控精准性和监管效能

《规划》明确了以数据为中心的发展理念。着力建立行业信息资源体系，把大数据作为核心生产要素覆盖业务的各环节，实现粮食各类数据信息实时采集、深度挖掘、主体化分析，准确预判粮食供需情况和趋势，提高粮食宏观调控的科学性、预见性、针对性。强化大数据技术在流通监督检查、库存检查、市场供需监测、质量监测与追溯、企业信用评价等核心业务中的应用能力。

（二）《规划》的主要内容

《规划》共有四章。

第一章是发展形势。本章深入分析了行业信息化发展现状、发展需求、面临的形势和挑战，为《规划》主要任务和建设工程的提出奠定了基础。

第二章是总体要求。本章提出了行业信息化建设的指导思想、基本原则和发展理念。明确了“十三五”时期行业信息化管理水平、核心业务系统覆盖率、行业装备信息化水平、信息化基础设施水平、信息资源利用水平、服务信息化水平、信息化支撑能力等方面的发展目标，确定了“十三五”时期行业信息化的重点建设内容。

第三章是主要任务。《规划》提出了九项任务：一是实施行业大数据战略。包括健全粮食信息采集体系、促进信息系统互联互通和推动大数据发展和应用。二是推进粮食收储信息化。包括实施粮库智能化升级改造、提升仓储装备智能化水平和提升粮食收储信息化服务水平。三是强化粮食物流信息服务。包括推动建设国家级粮食物流信息平台、引导物流园区信息平台建设和推动物流信息技术的创新与发展。四是提升粮食加工业信息化水平。包括实施重点粮食加工企业信息化改造、实施装备设计与制造升级行动和推动粮食加工企业智能化升级。五是提高监测与应急信息化水平。包括健全粮食市场信息监测网络、提升粮食应急供应信息化水平和完善粮食市场监测信息数据库。六是促进粮食电子商务发展。包括完善全国粮食统一竞价交易平台功能、推动粮食现货批发市场信息化升级和推动“互联网+粮食”电商平台建设。七是提升行政监管信息化能力。包括推动行业信用信息监督管理体系信息化建设、提升监督检查信息化水平和提升质量安全监测预警能力。八是实施行业信息服务开放行动。包括健全粮食行业信息服务体系和创新信息服务方式与内容。九是强化行业信息化支撑能力。包括完善粮食行业信息化标准体系、健全安全保密体系、全面提升运行维护保障水平、强化信息化科技支撑和壮大信息化专门人才队伍。

第四章是保障措施。本章为推进《规划》的顺利实施提出了具体保障措施。一是加强统筹协调。二是加大投入力度。三是强化组织实施。四是加强资源整合。

粮食科研

一 粮食科技进步与创新

为贯彻粮食安全战略，落实中共中央、国务院关于推进科技体制改革，促进成果转移转化的重要指示精神，国家粮食局深化粮食科技体制改革，激发粮食科技创新活力，深入实施“科技兴粮工程”，提升行业科技水平，2016 年粮食科技工作深入分析行业科技发展，科学规划科技创新任务，规范管理，创新成果转化方式，争取资源，引导成果落地使用，促进了粮食科技创新发展。

（一）研究编制粮食行业科技创新发展“十三五”规划

2016 年 12 月，在认真梳理粮食行业科技面临的形势、机遇和挑战以及重大技术需求的基础上，经粮食行业相关领域专家共同研究，印发了《粮食行业科技创新发展“十三五”规划》。在全面建成小康社会的决胜阶段，粮食科技将围绕粮食质量安全、绿色生态储粮、粮食现代物流、粮食深加工转化、粮食加工装备、口粮营养健康、粮食信息化技术和粮食安全战略等八个技术领域，聚焦粮食行业发展的重大科技需求，明确粮食行业“十三五”重点科研任务，针对重点技术问题开展集中公关，协调科技创新资源，全面解决行业面临科技问题，同时按照全面实施创新驱动战略要求，全面贯彻国家科技体制改革精神，提出了加强粮食科技创新体系建设、深化粮食科技体制机制改革、促进科技成果转化、加强粮食科技人才队伍建设等措施，以全面提升粮食科技创新水平，促进行业科技创新发展。

（二）深入推进科技体制改革激发科技创新活力

2016 年 9 月，经公开征集、专家评选，明确了 10 个科研团队承担《2016 年粮食行业急需、关键重大的 10 个科研项目》的研究任务。这 10 个项目是在无财政经费引导的条件下，为创新粮食科技研究组织方式，聚集行业科技创新资源，探索突破粮食科技问题合力的新模式。在粮食行业专家论证研究的基础上，提出了真菌毒素污染粮食快速检测预警和安全利用、重金属污染稻米安全合理利用、延长粮油储藏保质期、简易仓囤安全储藏技术、粮油营养健康、饲料营养、生物基新材料、新能源技术应用、全谷物加工共性关键技术、粮油加工副产物规模化高效利用技术与模式等 10 类粮食行业急需重大关键技术需求。10 个项目已批复启动，科研团队正在开展研究工作。

（三）规范粮食科技管理确保成果质量

一是为规范国家科技奖励推荐程序，2016 年国家粮食局制定了《推荐国家科技奖励粮食行业候选项目试行办法》，明确由国家粮食局推荐的国家科技奖励候选项目征集、遴选、公示、报批、推荐等要求。

二是按照推荐程序要求，经广泛征集、专家遴选和公示后，在 4 个 2016 年国家科技奖粮食行业候选项目中，河南工业大学牵头申报的“食用植物油风险因子控制关键技术与应用”，被国家粮食局推荐为 2016 年国家科技进步奖候选项目。

三是为强化粮食科技项目管理，保证粮食科技成果在行业高效应用，印发了《粮食科技在研项目督导评估管理办法》，明确通过组织督导评估专家，对粮食科技项目实施过程进行督导评估，指导项目单位更好地完成研究任务，取得能用好用的科技成果。

四是按照《粮食科技在研项目督导评估管理办法》要求，组织督导专家对2014年、2015年粮食公益性行业科研专项13个项目和国家科技支撑计划项目“玉米及其加工副产物中玉米赤霉烯酮和脱氧雪腐镰刀菌烯醇消减技术研究与示范”等3个课题进行了中期督导。各项目总体进展顺利，要求承担单位针对督导发现的问题落实整改意见。

（四）积极争取科技创新资源推荐团队承担国家科技计划研究项目

2016年3月，国家重点研发计划重点专项“现代食品加工及粮食收储运技术示范”专项项目2016年申报指南发布。其中，粮食绿色储藏技术研究、示范和粮油加工等3个项目与行业直接相关。按照重点研发计划项目推荐程序，由国家粮食局推荐、国家粮食局科学研究院牵头的“粮食收储保质降耗关键技术研究与装备开发”、中国储备粮管理总公司牵头的“现代粮仓绿色储粮科技示范工程”、中粮营养健康研究院牵头的“大宗油料适度加工与综合利用技术及智能装备研发与示范”等3个项目均获批立项，财政资助约1亿元。现已在专业机构的指导下顺利启动实施。

2016年10月，2017年专项项目申报指南发布。国家粮食局完成了5个聚焦行业科技需求、解决粮食产业升级重点问题的专项项目研究候选团队的推荐工作，即“大宗米制品适度加工关键技术装备研发与示范”“粮情监测监管云平台关键技术研究与装备开发”“粮食产后‘全程不落地’技术模式示范工程”“传统杂粮加工关键新技术装备研究及示范”和“特殊保障食品制造关键技术研究与新产品创制”等。2016年还委派专家参与了国家重点研发计划“食品安全关键技术研究”专项实施方案的编制工作，将粮油食品安全检测和污染粮安全合理利用等技术需求纳入了方案。

2016年3月，组织推荐国家粮食局科学研究院申报中欧合作项目“粮食真菌毒素污染综合防控系统关键技术研究”，中粮营养健康研究院申报中英合作项目“谷物加工与副产物生产新一代可食性原料关键技术研究”，中粮数字健康科技（北京）有限公司申报了“老年人群智能营养师服务平台建设及商业化探索”。经科技部评审，“粮食真菌毒素污染综合防控系统关键技术研究”获批立项。

（五）对接粮食科技成果转移转化

2016年5月，国家粮食局会同中国科协联合成功举办了“2016年粮食科技活动周——首届粮食科技成果转化对接推介活动”。活动受到中央、地方媒体的广泛关注。活动期间，印发了《粮食企业技术难题及科技需求汇编》（354项成果）、中国粮油学会印发了《可面向企业转化的粮食科技成果汇编》（197项成果）及《粮食科研机构（70家）和创新团队及学术带头人（140名）汇编》。派专家参与科技部牵头的科技列车行活动。

2016年7月，为进一步落实国家促进科技成果转移转化政策，印发了《国家粮食局关于大力促进粮食科技成果转化实施意见的通知》（国粮储〔2016〕148号），提出了促进科技项目成果转化、鼓励科研单位自主决定成果转化方式、鼓励企业应用科技成果、激励行业科技人才创新创业等意见，通过政策引导推动粮食科技成果转化。同时，结合粮食产后服务体系，利用国家科技计划中农户加工、储粮相关技术研究成果和技术积累，编写完成了《大农户储粮实用手册》，为解决市场化条件下农民收粮、清理、烘干、卖粮、储粮等一系列难题提供支撑。

（六）粮食科技工作成效明显

2016年6月，对“十二五”国家科技支撑计划项目“数字化粮食物流关键技术研究与集成”进行了验收，取得多项科技成果。例如，粮食收储专用近红外检测仪的设备性能与国外产品相当，并实现了小批量的生产和销售；基于分子印迹技术的油脂中塑化剂、氯丙醇、缩水甘油的检测方法；害虫和气体一体化检测设备、固定化和移动便携式粮食真菌在线检测仪、多传感器集成终端、粮食烘干在线水分检测技术、粮食数量在线监测系统和粮食行业的安全网关等信息成果已推广应用；粮食流通信息数据平台为示范地级市粮食调控提供了有力的支撑；成品粮应急储备库设计、管理模式、指挥系统、物流配送体系，以及低温储粮进出仓工艺研究均实现了应用示范。

2016 年 12 月验收的科研院所技术开发专项“4000t/d 大豆脱皮膨化系统关键技术与装备国产化”“谷物及淀粉黏度检测技术与仪器的研究开发”成果均已投入使用。江西某企业应用江南大学开发的“重金属污染稻米安全加工利用技术”，实现了 5 万吨镉大米消减的生产能力。

2016 年，国家粮食局推荐的国家粮食局科学研究院杨万生获全国科普先进个人，河南工业大学科技处获全国科普先进集体。同时，国家粮食局仓储与科技司被认定为全国科普优秀组织单位。推荐了粮食行业科技创新领军人才候选人和科技创新团队。

◆国家粮食局科学研究院

2016 年，国家粮食局科学研究院（以下简称粮科院）围绕粮食中心工作和产业发展，积极发挥科技支撑作用，粮食科技进步与创新取得一系列丰硕成果。

（一）围绕行业需求展开攻关，科技创新取得可喜成绩

全年承担国家和省部级各类纵向科技计划任务 100 余项。其中 2016 年申报和立项课题 30 余项，包括 4 个重点专项的 13 个项目的 17 项任务，国家自然科学基金 2 项，国际合作课题 2 项，其他各类课题 10 余项。

申请专利 16 项，其中发明专利 14 项，获得授权专利 6 项。签订横向技术合同 32 项，承接政府部门等委托咨询服务 10 余项，与 20 家企业及政府部门签订了技术合作协议。制修订国家和行业标准近 20 项。培养在校研究生 75 人，其中博士研究生 6 人。

1. 储粮新技术研究领域

完成了《安全储粮作业守则》《安全生产作业守则》《简易仓囤储粮技术规范》《罩棚储粮技术要点》《“四无粮仓”评定规则》《磷化氢熏蒸技术规程》《平房仓横向通风技术规程》《食品级惰性粉气溶胶储粮防虫技术规程》《储粮温度、湿度和气体浓度测控系统技术规程》等一大批行业标准规范的编写工作，缓解了粮食储藏行业标准规范长期不足的问题，为指导粮食安全储藏发挥了重要作用。

横向通风技术体系日趋完善，初步实现了通风系统标准化、通风设备智能化、通风工艺多元化。在辽宁和浙江温州，36 米跨度和 33 米跨度平房仓横向通风技术的应用获得了成功。举办了 3 期储粮新技术培训班，培训人员 400 人。建立了 3 个科学储粮示范库。横向通风成套储粮技术应用企业达 150 多家，总仓容达 300 万吨，其中浙江省推广应用仓容达 100 万吨，安全储粮效果良好，社会经济效益显著。

2. 粮食质量安全研究领域

粮科院主持制修订的 ISO 国际标准《谷物及制品中赭曲霉毒素 A 的测定》由工作草案（WD）上升到委员会草案（CD）。基于稀酸提取技术开发的重金属快速分析仪器方法形成行业标准。新研发了 12 种国家粮油分析标准物质，其中 10 种为国内首次发布。使用粮科院研发的粮油分析标准物质实验室累计已超过 300 家，覆盖国内 30 个省份的农业、粮食、卫生、检验检疫、科研、教育等部门检验

测试机构。粮科院“国家粮食局粮油质量检验测试中心”通过国家认监委新的检验检测机构资质评审。

基于GIS和网格化的监测调查和溯源技术在四川遂宁的“放心粮油”多环节可追溯体系建设中得到示范应用。中欧真菌毒素防控国际合作项目“食品和饲料安全真菌毒素综合管理系统研究”获得科技部立项支持，拓展了真菌毒素国际合作平台。

3. 谷物加工技术研究领域

“高含量杂粮挂面加工技术”“高水分小麦组织化蛋白加工技术”分别在湖南、安徽两地推广应用，产品得到市场认可，取得较好的经济和社会效益。

杂粮挂面系列产品被中国食品技术学会评为“2016年度最受欢迎的方便食品”，并获得“2016年中国方便食品创新奖”荣誉称号。“重大杂粮主食产品创制关键技术与产业化应用”项目获2016年度中国食品科学技术学会技术进步一等奖。

4. 粮食品质研究领域

以大米食味评价为突破点，完成了粳米食味参考样品研发，在8个省市开展了“大米加工精度与食味品质关系”的验证实验，提出了以适度加工为基础的《大米》国家标准修订意见，得到了行业标准管理部门和加工企业的高度评价。召开了以“品质驱动发展，科技引领未来”为主题的2016中日稻米科技研讨会，有近150名中日业界代表到会，19位中日专家学者在会上交流了稻米科技最新成果及经验，会议反响良好，受到业界好评。

完成了粮食行业公益性研究专项“商品粮油品质资源数据库研究”，建设了3省粮食品质数据库，并与财政部“粮食产业基础数据库和科技信息服务平台”项目顺利对接，扩大了示范推广区域。杂交谷子小米新食品开发取得进展，开发的全小米粉蛋糕和泡芙营养丰富、口感良好，为小米食品产业化开发奠定了基础。

5. 粮油营养研究领域

积极构建我国粮油营养成分数据库，推动粮油营养健康消费。通过采集样品分析，取得粮油及制品营养成分数据1.8万多个。查阅分析近25年的国内外谷物和油脂营养相关文献3000多篇，获得营养成分数据量1.1万余个和大量营养科学证据。研究东北“德美亚”玉米营养品质及饲用价值，促进产销对接。开展有效能量平衡体重控制、谷薯类及植物油适宜消费、功能活性物质补充等多项探究，重点建立营养健康综合评价体系，开发出营养富集型、营养调控型全谷物食品、杂粮面制食品、去除部分淀粉面制食品等系列健康食品，为企业设计开发营养健康谷物制品提供关键技术指导。

在河南开展小麦、玉米淀粉加工副产品高效生物转化饲料示范，建设年产1万吨中试生产线。开发了复合微生物固态发酵新工艺，产品粗蛋白质营养价值得到显著改善。开展了畜禽无抗饲料研发与推广示范，综合发酵酶解饲料、微囊化益生菌、寡糖与多糖等成果应用于生长猪、肉鸡和蛋鸡饲料中，取得了部分或完全替代抗生素的效果。

6. 发酵技术研究领域

向大型生物农药企业进行了多杀菌素发酵生产技术的成果转化。开发了多杀菌素粮堆表层自动施药装置，开展了全仓和表层两种不同施药方式防治储粮害虫的应用试验，防治效果良好。

开发了米糠生物酶法稳定化技术，酶法稳定米糠中 γ－谷维素含量明显高于微波和热稳定处理的样品。利用味精废水为发酵原料培养耐高浓度硫铵的酵母，并在5吨发酵罐中进行了中试放大，酵母菌产品可作为促生长饲料添加剂使用，实现废弃物的资源化利用。对棉粕固态发酵工艺参数进行了优化，酸溶蛋白含量由发酵前的 3.4% 提高到 7.2%。

完成了“玉米深加工发展现状及新兴产业概况”“吉林省玉米深加工企业及生物基材料产业基地调研报告”和“玉米深加工转化生物基材料现状与建议”等研究报告，为推进粮食“去库存”做好支持服务。

7. 粮食生物脱毒技术研究领域

DDGS（酒糟蛋白）中毒素［玉米赤霉烯酮（ZEN）/ 脱氧雪腐镰刀菌烯醇（DON）］生物降解技术的规模化应用取得重大突破。开展 500 吨发酵罐的高毒素含量玉米燃料乙醇 DDGS 脱毒生产试验取得圆满成功。在连续 6 批次 300 吨规模的废醪液发酵试验中，ZEN、DON 两种毒素被同步消减，脱毒效果显著，ZEN 含量由 3600μg/kg 降至 200 ~ 500μg/kg，DON 含量由 8400μg/kg 降至 1500μg/kg 左右，脱毒产品的各项指标符合饲料卫生标准要求，脱毒成本每吨 DDGS 50 ~ 100 元，符合产业化要求。与江苏某企业签订了真菌毒素降解酶制剂专利技术转让合同，推进成果实施迈出了重要一步。

8. 油脂标准研究领域

积极建立商品粮油品质资源及加工用途数据库。通过研究验证液相色谱 – 质谱法分析植物油甘油三酯方法，建立了首个植物油掺伪鉴定系列标准方法。参与完成了《食用植物油》国家食品安全标准。完成了《橄榄油掺伪鉴定方法》《粮油检测 植物油中邻苯二甲酸二甲酯类物质含量测定》《长柄扁桃籽》《长柄扁桃油》《长柄扁桃》《粮油检测 植物油中角鲨烯含量测定》和《粮油检测 植物油中多酚含量测定》等 7 项国家及行业标准的制修订，并全部通过了审定。

9. 粮食战略研究领域

深入开展了中央与地方两级储备以及政府与商业储备融合机制的研究。完成了多品种、长序列、分环节粮食经济数据库的构建。开发了省级粮食安全评价分析与辅助决策平台。建立了口粮产量、价格监测数据采集标准，构建了口粮产量预测模型和消费预测模型。

积极参与国家及地方粮食行业“十三五”发展规划的编制研究，承担并完成了北京市、山西省和内蒙古自治区等粮食行业“十三五”发展规划编制任务，得到高度认可。

（二）服务行业现代化建设，科技产业取得重要发展

1. 粮食工程咨询与设计服务

在服务行业方面，完成了国家和地方粮食局委托的《粮食物流业“十三五”发展规划》《粮库安全生产守则》《西藏自治区“十三五”时期粮食行业发展规划》《林芝市三级储备库和粮油应急加工及供应配送中心整体搬迁项目》等项目编制、编写及初步设计等工作。完成了“粮食气密保温钢板仓设计文件”“南方罩棚储粮技术要求”“利用工商企业仓房临时储粮技术要求”“气膜仓作为储备仓的技术要求及造价估算规划”等行业管理技术文件的编制工作。完成了国家发展改革委和粮食局交办的“十三五”仓容缺口测算、调研提纲、粮食产后服务中心烘干整理设施的配套测算编制。参与完成了《散粮接收发放技术规程》行业标准编制。参加了国家粮食局组织的赴印尼粮食仓储物流加工能力建设考察咨询，提出了我国粮食仓储技术及服务“走出去”的相关建议。

在工程咨询方面，完成国家级发展规划 1 项、省级规划 5 项、市县级规划 4 项、企业产业园区及基地建设规划 3 项。完成军民融合军粮应急保障工程、青海粮食现代物流平台、喀什新合作大唐农产品流通冷链物流港项目等资金申请及可行性研究报告 120 余项。中储粮东北综合产业基地项目、苏州

市粮食收储供应安全保障工程建设规划、中储粮厦门直属库搬迁安置重建项目可行性研究报告等分别荣获北京市工程咨询协会一、二、三等奖。

在工程设计及总承包方面，完成了粮食行业方案设计及修建性详细规划方案设计 45 项、初步设计及施工图设计项目 40 项及 1000 多万吨仓容设计项目的后期服务工作。其中，中储粮东北综合产业基地项目工程设计一期投资 20 多亿元，设计仓容 108 万吨，集公、铁、水多式联运于一体，包括立筒仓、浅圆仓和机械化平房仓等多种仓型及散粮、集装箱等多元作业模式。完成了西南粮食城调控交易中心、中铁（贵州）市政公司企业总部、联东集团北京马驹桥二期等一批民用项目竞标和项目前期工作。积极开拓工程总承包业务。竞争中标的东莞国际食品产业园仓储物流配送中心 CDE 仓 EPC 项目，为下一步承接 EPC 总承包项目积累了经验。

在粮食信息化方面，完成了《粮食数据采集技术规范》《省级粮食信息应用平台技术规范》《粮食信息术语》和《粮食仓储业务数据元》等 4 项信息化标准的编制。“数字粮库”“放心粮油”和“扦样管理云平台系统”等 3 项系统软件开发工作初见成效。完成了“十二五”科技支撑计划项目《成品粮进出仓设备研发及管理系统研发与示范》的课题验收。利用科研成果承接了多项横向工程项目，成果转化初见成效。

在工程监理方面，进一步加强制度建设。制定了《施工现场发生质量安全生产事故处置应急预案》及《办公及生活区域重大突发事件应急预案》。积极开拓市场，申报了市政工程甲级资质。监理的大兴研发中试基地 1#、2# 研发楼工程、北京领先基业科技有限公司研发楼及地下车库 1 段等 6 个工程分别荣获“北京市结构长城杯金质奖工程”及“北京市结构长城杯银质奖工程”。

清苑粮食储备库完成了 17 栋平房仓内环流技改工作，扩建 10 万吨储备仓项目开工建设，将为进一步做好科研示范库打下良好基础。完成了 3.3 万吨小麦轮换和 5022 吨临储玉米出库工作。确保中央储备粮和临储玉米品质良好、数量真实、储存安全。

2. 粮油检测仪器和装备研发

全年推广粮食品质检测仪器和谷冷设备等 360 台套，累计行业用户达 1400 余家，继续保持行业技术领先地位，深受用户信赖。

完成稻谷新鲜度检测仪的研制，通过国家标准质量中心组织的专家测试，在中储粮 7 个库点进行实际应用。研发了新型试验用碾米机，申请了发明专利和实用新型专利。编制的大米粒型检测标准正式发布。大米加工精度检测方法和检测仪器的研究取得初步成果。研发的油料外观品质检测仪，可以对油料外观品质特征进行检测，已通过国家粮食局组织的验收。

（三）加强国内外交流合作，促进产学研结合

1. 对外科技交流工作

全年共开展国际学术交流活动 43 项，其中出访交流项目 17 项 29 人次，出访目的地涉及美国、巴西、日本、荷兰、土耳其、德国、比利时、加拿大、澳大利亚、新西兰、秘鲁、印尼等 12 个国家。来访交流项目 26 项，分别来自澳大利亚、加拿大、美国、英国、奥地利、法国、日本、乌拉圭、新西兰等国家。

通过走出去和请进来，在粮食储藏、粮食品质、粮食安全、粮油营养等领域与澳大利亚默多克大学、澳大利亚出口谷物创新中心、澳大利亚南十字星大学、加拿大谷物委员会、加拿大萨省全球粮食安全中心、加拿大曼尼托巴大学、美国威斯康星－麦迪逊大学、美国农业部农业研究服务中心、美国

德州农工大学、英国巴兹保健和国民信托、英国威普医院、奥地利农业大学、法国波尔多大学、日本食品综合研究所、新西兰梅西大学等诸多著名大学及单位深入开展了交流与合作，促进了粮科院科研水平的提高。

2. 科技成果编辑出版工作

《粮油食品科技》编辑部按时保质完成了全年 6 期杂志的出版和发行工作。全年收录和处理科技论文 310 余篇，终审 210 篇，刊登 146 篇。其中，国家及省部级等各类基金论文 112 篇，占全年刊发论文的 76%，粮食加工、油脂加工、营养与品质、质量安全、仓储物流等领域的科技论文刊出后都收到了良好反响，充分体现了院刊服务粮食科研、促进粮食科技进步的推进器作用。

同时，编辑部积极做好粮食科技活动周资料汇编工作，在时间紧任务重的情况下，完成了《粮食科技成果》《粮食企业技术难题及科技需求》《粮食科研机构和创新团队及学科带头人》等 3 本汇编共计 970 多页的编制任务，为保障科技活动周成功举办作出了重要贡献。

3. 粮油科普宣传及新技术推广工作

粮食产业基础数据库和科技信息平台建设取得进展，机房建设完成装修及设备订货，平台通过信息等级保护论证获得二级备案证书，完成了数据迁移。院网站 PC 端改版上线完成，增加了科技服务、数据库共享等新栏目，整体风格焕然一新。搭建了移动端爱粮节粮科普宣传平台，推送科普文章 200 余篇。

在“2016 年粮食科技活动周暨首届全国粮食科技成果转化对接推介活动”展会期间，粮科院以 10 个标准展位、72 块展板参展，与 19 家单位签订了合作协议，技术成果推广转化取得良好效果。

◆中国粮油学会

（一）粮食行业科技奖励工作取得新突破

为落实《国家科学技术奖励条例》《社会力量设立科学技术奖管理办法》和《中国粮油学会科学技术奖管理办法》等文件精神，结合当前互联网技术的发展趋势，更加公正、客观、便捷地评选出粮食行业先进科技成果，2016 年度中国粮油学会科学技术奖具有以下几方面新突破：一是制作完成并成功试运行科技奖励评估系统，系统运行稳定，使用者普遍反映较好，基本满足了粮油科技奖励的日常管理工作需求，提高了奖励工作质量和效率，为全面实现网络申报、网络专评和网络管理奠定基础。二是完善了评审制度、规范评审程序、严格评审标准，夯实公平公正的制度基础，使评审结果更加公平、公正，营造良好的评审氛围。本年度粮油科技奖申报项目 63 项、受理 60 项、评审出“大型绿色节能稻谷加工装备关键技术与创新”等 33 项获奖项目，分别比上年增长 34%、66.7%、73.7%。三是编辑出版了《2015 年度中国粮油学会科学技术奖获奖项目汇编》，并在中国粮油学会官方网站上同步宣传，便于公众及时了解粮油科技创新成果。

（二）科技成果评价工作步入正轨

2016 年，中国粮油学会全面制修订了《粮油科技成果评价管理办法》等文件，启动粮油科技成果评价工作，同时停止粮油科技成果鉴定。经项目单位申请，先后组织中国工程院院士、业内资深专家 100 多人次，对 19 项成果进行了评价，为粮油科技成果转化交易、获得国家及省部级科技奖励保驾护航。同时接受国家粮食局委托开展全国粮食系统第三方科技评价，协助局仓储与科技司完成了“十二五”国家科技支撑计划、粮食公益专项等行业重要科技项目的检查和验收工作。

（三）组织开展学科发展研究，引领学术新发展

中国粮油学会高度重视学科发展研究工作，建立了学科发展报告制度，并承担了中国科协2014—2015年学科发展研究项目。通过精心安排、认真实施，组织近150名专家历时两年时间，《2014—2015年粮油科学技术学科发展报告》于2016年上半年经中国科学技术出版社正式出版发行。全书分为1个综合报告和9个专题报告，翔实总结了“十二五”期间粮油科学技术学科的发展概况，展示了取得的重要新理论、新技术、新成果、新贡献；详细研究了国外粮油科学技术的发展前沿；深刻剖析了国内粮油科学技术与世界同行先进水平的差距及原因；深入探讨了粮油科学技术学科如何适应我国经济发展新常态下的战略需求；提出了“十三五”期间粮油科学技术学科的发展方向和研发重点。该书得到了中国科协学会学术部领导的充分肯定和较高的评价，报送国家粮食局为制定行业“十三五”发展规划提供依据。

（四）多措并举提高《中国粮油学报》水平，品牌化建设效果明显

在中国科学技术信息研究所发布的2016年版《中国科技期刊引证报告（核心版）》中，《中国粮油学报》在食品科学技术类24种期刊中列第6位，总被引频次为2200，比上年的2097提升了4.9%；核心影响因子为0.708，比上年的0.766降低了7.6%；基金论文比为0.74，比上年的0.71略有提高。2016年共出版12期，刊登稿件339篇，约362.88万字符，其中有基金项目资助的稿件共318篇，占总稿件数的93.8%，有国家级基金资助的稿件184篇，占总稿件的58.4%。

为进一步扩大《中国粮油学报》在行业的影响，提升期刊的服务水平，《学报》继续组织评选优秀论文、优秀审稿专家，最终评出优秀论文30篇、优秀审稿专家30位。

2016年6月中国科协开展中国科技期刊年度优秀论文遴选推介活动，最终评选100篇优秀论文。经中国粮油学会推荐，《中国粮油学报》2014年第7期《食用油中邻苯二甲酸酯类物质的来源分析及预防措施》荣获优秀论文。

（五）搭建学术会议平台，促进粮食行业学术发展

一年来，中国粮油学会积极整合优质学术资源，围绕行业发展的热点、难点问题，搭建学术平台，学术交流活动选题前沿、专业交叉、形式多样、氛围活跃、管理规范，深受广大科技工作者的欢迎，促进繁荣学术交流效果明显。全年共召开“粮油全产业链发展助力‘健康中国’战略研讨会”“中国粮油学会油脂分会第25届学术年会暨产品展示会”等学术交流会议44次，参会近8000人次，提交论文537篇。

（六）拓展国际交流与合作，为粮油行业走向世界服务

2016年中国粮油学会重点加强了与国际谷物科技协会建立学术交流的长效机制，通过“请进来、走出去”，有目的、有计划、有重点地参加和组织国际学术交流活动，密切了和ICC等国外同行学术组织的联系与合作，提高了粮油学会在国际学术组织中的作用和影响，扩大了我国粮油科技工作者的对外联系和影响。全年在华举办国际学术交流活动4次，组团出国参会5次、共13人次，接待来访外国专家14人次。

二 战略性课题研究

2016年4月，根据中央关于粮食流通工作的决策部署和全国粮食流通工作会议精神，国家粮食

局确定把“粮食产业经济发展战略研究”和“政府粮食储备管理模式比较研究”2 个题目作为 2016 年粮食战略性课题研究题目。按照《粮食战略性课题研究管理办法》要求，经过公开招标、专家评审等相关程序，确定由中国粮食研究培训中心、农业部农村经济研究中心分别承担课题研究工作。

课题研究过程中，国家粮食局始终与承担单位保持沟通联系，密切跟踪进展，督促按时完成研究任务。2 家单位提交初步研究成果后，立即组织专家评审，专家一致认为，研究成果符合立项要求，所提政策建议针对性、指导性、可操作性都较强，对于推动粮食流通事业持续健康发展具有较高的参考价值。

课题一：粮食产业经济发展战略研究。该课题由中国粮食研究培训中心承担研究工作，研究成果包括总报告和 7 个子报告。总报告在全面总结我国粮食产业经济发展现状、深入分析面临机遇和挑战的基础上，明确了加快粮食产业经济发展的指导思想、基本原则和主要目标，提出了七大重点任务，即大力培育新型经营主体，构建有效发展模式促进提质增效，依托粮食产业园区实现“六化”发展，依靠科技创新驱动推动转型升级，实施“互联网 + 粮食”战略支持信息化发展，积极利用国际国内两个市场两种资源，依托“粮安工程”加强基础设施建设。同时，从加大财税支持、完善金融保险政策、健全用地制度、加大改革力度、强化公共服务能力等五个方面提出了加快粮食产业经济发展的保障措施。7 个子报告分别就粮食产业经济发展的基本问题、促进粮食产业多元主体发展政策、粮食产业发展模式、科技创新是粮食产业经济发展的内生动力、粮食产业电子商务发展、粮食企业“走出去”、国外粮食产业经济发展政策等重点问题进行了研究。

课题二：政府粮食储备管理模式比较研究。该课题由农业部农村经济研究中心承担研究工作，研究成果包括总论篇、6 个借鉴篇和 3 个专题篇。总论篇总结了我国政府粮食储备管理现状，指出了当前存在的突出问题，总结了部分国家和地区的管理模式，并从进一步厘清政府与市场边界、统筹协调中央和地方政府财权事权、以“有保有效”为原则健全粮食储备管理、建立健全主产区与主销区利益协调机制、建立更为完善的激励机制和监管机制、完善粮食市场调控政策体系等 6 个方面，提出了完善我国政府粮食储备管理模式的政策建议。借鉴篇梳理了日本、韩国、印度、俄罗斯、瑞士等国家和我国台湾的粮食储备管理模式，在对国际经验进行归纳总结的基础上，分析提出了对我国的借鉴和启示。专题篇从历史发展轨迹、微观农户行为、宏观调控体系三个角度进行分析，提出了相应政策建议。

三 专家咨询工作

2016 年 5 月，在国家粮食局的领导下，成立了国家粮食安全政策专家咨询委员会（简称“专家咨询委员会”），秘书处设在中国粮食研究培训中心。2016 年，专家咨询委员会深入贯彻党的十八届三中、四中、五中、六中全会精神，认真贯彻落实中央经济工作会议、中央农村工作会议和全国粮食流通工作会议精神，开展了决策咨询、重大课题研究、学术交流等工作。

（一）积极为国家粮食局及有关部门开展咨询服务，做好国家粮食安全政策的咨询员

2016 年专家咨询委员会紧紧围绕国家粮食局粮食流通重点工作和重大决策部署的制定和实施，在粮食去库存、粮食产业经济发展、粮食进口话语权、粮食行业“十三五”发展规划纲要、粮食供给侧结构性改革等方面，做了一些全局性、战略性的决策咨询和参谋服务工作，提出了诸多具有重要参

考价值的建设性意见和建议，为保障国家粮食局科学决策发挥了重要作用。一是开展了“关于改造利用现有产能增加燃料乙醇产量加大粮食去库存力度”的专题咨询。近十年来，我国粮食连续丰收，库存持续增加，玉米阶段性过剩特征明显，库存积压严重，财政负担沉重，仓容非常紧张。2015 年中央农村工作会议明确提出，要高度重视去库存、降成本、补短板，加快消化过大的农产品库存量，加快粮食加工转化；《2016 年政府工作报告》和 2016 年粮食流通重点工作中也明确提出，要多渠道消化不合理库存。消化粮食库存已成为中央政府和国家粮食局的重点工作。6 月 17 日，国家粮食局委托专家咨询委员会组织相关专家委员，以及国家发改委、国家粮食局、中储粮总公司、中粮集团及部分省粮食局等单位的有关领导和专家，对发展燃料乙醇加快粮食去库存的相关问题进行了认真研究，围绕国内外玉米供求现状及趋势、玉米库存消化路径选择、扩大燃料乙醇可行性及风险防范、增加燃料乙醇产量路径和布局等相关问题进行了深入分析和广泛研讨，研究起草了《改造利用现有产能增加燃料乙醇产量加大粮食去库存力度》的专题咨询报告，供相关部门决策参考。二是开展“关于粮食进口话语权”的专题咨询。一些人认为，近几年，我国粮食进口量逐年增大，但我国在国际粮食市场上的话语权还比较弱，我国应该在粮食进口方面有更多的话语权，在贸易合同方面应有更大的主动权。针对这些问题，专家咨询委员会组织力量对我国大豆进口快速增加的原因、国际出口大豆企业的情况、我国大豆进口企业的情况、大豆进口的定价模式、贸易合同条款的确定、贸易纠纷处理机制、大豆协会的职能等问题进行了认真研究，并就相关问题咨询了中粮集团、中储粮公司以及美国大豆出口协会等单位的专家，研究起草了《关于我国大豆进口话语权有关问题的研究报告》，供相关部门决策参考。三是召开“关于粮食行业‘十三五’发展规划纲要”的专题咨询。根据国家粮食局的部署，专家咨询委员会对《粮食行业“十三五”发展规划纲要》（以下简称《规划纲要》）进行充分论证。对《规划纲要》的题目、逻辑结构、发展目标、工作任务和重点工程等问题进行了深入交流讨论，并提出了相关修改建议。

（二）认真组织召开学术会议，做好国家粮食安全政策的宣传员

根据国家粮食局部署，专家咨询委员会在世界粮食日成功举办了“中国粮食产业经济发展学术报告会”，会议主题是深入贯彻“创新、协调、绿色、开放、共享”的发展理念，加快推进粮食供给侧结构性改革，大力促进粮食产业经济发展，夯实保障国家粮食安全的产业基础。专家咨询委员会的有关领导和专家，以及联合国粮农组织（FAO）驻华代表处、南京农业大学、益海嘉里集团、江苏省粮食集团等主要负责人和专家，围绕当前农业政策改革方向、全面建成小康社会与粮食经济发展、推进粮食价格形成机制改革、创新驱动粮食产业经济发展等方面作了重要学术报告。与会专家针对目前粮食供求结构性矛盾、粮食去库存、保障国家粮食安全、粮食产业经济发展、粮食市场主体发展等方面提出了许多重要观点，为我国粮食工作提出了一些重要政策建议。国家粮食局有关领导出席，相关司室、直属联系单位负责人，相关省（区、市）粮食局负责人，以及高校、科研院所和粮食企业代表等 200 余人参加了报告会。

（三）积极开展课题研究，做好国家粮食安全政策的研究员

2016 年，专家咨询委员会围绕“我国粮食价格形成机制和收储制度改革研究”“我国粮食储备最优规模及去库存化研究”“构建我国粮食主产区利益补偿机制研究”等三个专题，组织开展了《玉米“市场定价、价补分离”政策的具体做法及实施效果研究》《完善稻谷最低收购价政策研究》《玉米去库存分析报告》《我国玉米深加工行业发展现状及未来 5 年趋势研究》《市场化背景下的粮食供给安全——

粮食储备最优规模研究》《粮食主产省积极引入省外资本发展粮食产业经济研究》《粮食主销省支持粮食主产省发展粮食产业经济研究》等多项课题研究，形成了一批具有较高质量的研究成果。

（四）创建了课题研究成果转化机制和平台

专家咨询委员会秘书处创建了《国家粮食安全政策参考》和《专家咨询动态》内部刊物，作为专家咨询委员会与国家粮食局进行信息交流的平台。专家咨询委员会秘书处整理了相关专家委员提交的研究成果，形成了《完善稻谷最低收购价政策研究》《完善稻谷最低收购价政策研究》《玉米去库存分析报告》《我国玉米加工现状及发展展望》《我国饲料现状及发展展望》《市场化背景下的粮食供给安全——粮食储备最优规模研究》等课题研究报告摘要，并编印在《国家粮食安全政策参考》上，供国家粮食局领导及各司室、单位参阅，推动专家委员会研究成果的转化运用。

粮食行业人才队伍建设

一 召开全国粮食行业人才兴粮工作会议

围绕大力实施人才兴粮战略部署，国家粮食局于2016年11月7日至9日在安徽省合肥市召开首次全国粮食行业人才兴粮工作会议。会议认真学习贯彻了全国科技创新大会和中央《关于深化人才发展体制机制改革的意见》座谈会精神，全面总结了党的十八大以来粮食行业人才工作取得的成绩，深入分析了推进人才兴粮工程的重要性和紧迫性，并结合粮食行业科技创新人才缺乏的实际，明确提出了服务行业发展，聚焦科技创新，培养造就一支高素质的粮食行业人才队伍和不断深化改革，建立健全汇聚英才的人才发展体制机制的工作重点，在全行业统一了思想，凝聚了共识，形成了全行业齐心协力推进人才工作的良好局面。

会议同期举办了“全国粮食行业院校人才培养成果展”，集中展示了“十二五”期间34所院校突出粮食行业办学特色，打造粮食学科品牌，培养造就粮食科技创新人才、技术技能人才等方面的成果。

二 选拔产生首批全国粮食行业青年拔尖人才

为加强人才战略性开发，加强青年专业技术人才培养，提升粮食行业未来人才竞争力，根据《国家粮食局关于深化粮食行业人才体制改革的实施意见》关于实施粮食行业百千万创新人才工程的有关部署，国家粮食局研究制定了《全国粮食行业青年拔尖人才优先培养实施办法》，组织各省级粮食行政管理部门、有关中央企业和高校分专业领域推荐青年拔尖人才候选人，经组织专家评审，产生了首批7名全国粮食行业青年拔尖人才，并将以中央财政补助的方式，资助其服务行业需求，自主选题开展研究工作，为优秀青年专业技术人才成长成才开辟了新的通道，在激励青年专业技术人才潜心研究，推动科技创新人才发展方面发挥了积极作用。

三 继续实施高层次专业技术人才知识更新工程

按照国家专业技术人才知识更新工程2016年高级研修项目安排，国家粮食局2016年6月1日至7日在湖北省武汉市举办了1期全国粮油加工新技术与装备高级研修班，组织各省级粮食行政管理部门、有关中央企业和高校推荐的69名学员，重点围绕粮油加工新技术与装备现状和发展趋势、新技术与设备在粮油加工行业的应用情况、中国2025智能制造技术等方面的内容开展研修。

根据国家粮食局2016年面向行业举办培训班计划，2016年12月4日至10日在河南省郑州市举办了1期全国粮油质量安全体系建设高级研修班，组织各省级粮食行政管理部门、有关中央企业和高校推荐的 70 名学员，重点围绕食品安全监管技术发展现状和趋势、国家粮油质量标准体系建设和国际标准最新动态、真菌毒素防控和脱毒、粮油产品质量安全风险管控等内容开展研修。

截至 2016 年底，相关高层次专业技术人才培养项目为粮食行业累计培训了 552 名科技创新领军人才培养对象。

四 粮食行业技能鉴定与职业教育发展

（一）成功举办第四届全国粮食行业职业技能竞赛

2015 年 11 月，第四届全国粮食行业职业技能竞赛活动正式启动，各省（区、市）粮食局和有关中央粮食企业积极响应，认真组织开展初赛，一些地区还开展了地市级的选拔赛、大比武、岗位练兵等活动，层层选拔优秀选手。

2016 年 11 月 5 日至 7 日，由国家粮食局、中国就业培训技术指导中心、中国财贸轻纺烟草工会共同举办的 2016 年中国技能大赛——第四届全国粮食行业职业技能竞赛决赛在安徽省合肥市成功举办。本届竞赛的主题是“培养造就粮工巧匠，守住管好天下粮仓”，开展粮油保管员和粮油质量检验员两个职业类别的比赛。来自全国 29 个省（自治区、直辖市）以及中国储备粮管理总公司、中粮集团公司、中国航空工业集团公司共 32 支代表队，226 名选手参加了比赛。

经过紧张激烈的角逐，中粮集团有限公司代表队获得团体一等奖，中国储备粮管理总公司代表队和安徽省粮食局代表队获得团体二等奖，湖南省粮食局代表队、湖北省粮食局代表队和江苏省粮食局代表队获得团体三等奖。中储粮（天津）仓储物流有限公司杨晓磊、中粮贸易安徽有限公司杨俊和梁山中谷国家粮食储备库曲叶祥获得粮油保管员职业比赛一等奖；安徽省粮油产品质量监督检测站李皖光获得粮油质量检验员职业机构组比赛一等奖；中粮（新乡）小麦有限公司张强涛和中央储备粮济南直属库刘双获得粮油质量检验员职业企业组一等奖；24 名同志获得粮油保管员、粮油质量检验员机构组和企业组比赛个人二等奖；20 名同志获得粮油保管员、粮油质量检验员机构组和企业组比赛个人三等奖。安徽粮食工程职业学院王佳、张园分别获得粮油保管员、粮油质量检验员职业方向高职学生组一等奖；安徽粮食工程职业学院刘艺、新疆工业经济学校（新疆经济贸易技师学院）余瑶分别获得粮油保管员、粮油质量检验员职业方向中职学生组一等奖；8 名来自各职业院校的学生获得粮油保管员、粮油质量检验员职业方向高、中职学生组二、三等奖；中粮集团有限公司代表队、中国储备粮管理总公司代表队、安徽省粮食局代表队、湖北省粮食局代表队、山东省粮食局代表队、山西省粮食局代表队、新疆维吾尔自治区粮食局代表队、湖南省粮食局代表队共 8 支代表队获得优秀组织奖；安徽粮食工程职业学院、山东商务职业学院、新疆工业经济学校（新疆经济贸易技师学院）、云南商务信息工程学校 4 个职业院校获得优秀院校奖。

此次竞赛有四个突出特点：一是参与人数历届中最多。相对往届竞赛规模，此次竞赛参观选手和现场观摩人员数量创出新高，参赛选手达到 226 名，各地观摩人员近 300 人。二是仪器设备选用更贴近实际。主要的仪器设备均以实际生产中所使用的仪器设备为参照，经综合对比和实地考察之后选定，厂家技术服务人员驻赛提供维护，天秤、色谱分析仪等生产厂家还为参赛选手提供免费培训。三是初赛准备更加充分。主要体现在竞赛动员时间久，基层参与更为深入、广泛。绝大多数省（区、市）粮食局和中央粮食企业组织了岗位练兵、集中培训、层级选拔赛和省级初赛，涉及职工数万人。四是竞赛影响和宣传力度更大。宣传报道方面，中央媒体、主流新闻、门户网站和地方媒体30余家及时报道了竞赛活动，部分媒体转载了竞赛报导内容。经验交流方面，竞赛同期举办了各地初赛成果展，竞赛手册新增了选手风采内容。国家粮食局网站开设了竞赛专栏，及时向全行业介绍竞赛动态信息。

本届竞赛集中展示了粮食行业一线技术职工的“工匠精神”和职业技能水平，诠释了“人才兴粮”“科技兴粮”的丰富内涵，带动全行业掀起了“练本领、学业务、比技能、强素质”的大练兵高潮，多方位展现粮食行业广大职工以“守住管好天下粮仓”为己任的情怀和为国家粮食安全保驾护航的能力和决心。竞赛初赛成果展展示了全国各地粮食行业培育、选拔优秀技能人才和建设、壮大技能人才队伍的好方法、好经验、好作风。

（二）粮食行业职业教育发展

1. 组织实施了《高等职业学校粮油储藏与检测技术专业仪器设备装备规范》项目

粮油储藏与检测技术专业实训基地教学与实训设备是培养粮油储检专业学生职业素质、职业技能和创新能力的重要场所，是实施“产学融合、学做合一”教学模式的基础。为了使粮食职业院校更好地培养出符合粮食行业需求的技术技能人才，体现出更加鲜明的人才培养特色，按照职业教育规律和职业成长规律，构建完整的粮油储检专业实践教学课程体系，使学生从入学开始就接受相应的实践教学和职业训练，根据专业人才培养方案所规定的培养目标配备规范的实验、实训仪器设备和场地条件是十分必要的。学生通过粮食微生物实训、粮油出入库作业实训、粮情检查实训、粮情控制与处理实训、粮油检验基础实验、粮油物理检验实训、粮油化学检验实训等技能实训，逐步掌握粮油储检专业基本理论知识和实践操作技能，使学生达到高级粮油保管员和高级质量检验员的技能水平，提高职业意识、职业素养和职业技能。为了促进职业教育实训基地的建设与完善，促进粮油储检专业的教学改革，本着“立足当前、兼顾发展”的原则，制定出本标准，为职业院校和相应层次的培训机构开展粮油储检专业的实验、实训教学以及社会培训，提供专业仪器设备的种类、数量、技术要求等配备依据和场地要求，以保障粮油储藏与检测技术专业人才的培养质量。

2. 校企合作取得了进一步发展

一是行业23所职业院校承担了面向行业企业的技能培训任务，全年共培训职工1.5万人次。二是积极为校企合作牵线搭桥。联系职业院校为企业组建的技能培训基地提供服务，如派出专家为中粮贸易有限公司培训基地提供专业指导，推荐骨干专家到基地进行授课等。

3. 进一步加强专业结构建设

一是组织专家参与《高等职业学校专业教学标准》修（制）订工作，提交了工作组名单和计划修订的专业意向；二是对《中等职业学校专业目录》提出保留原有粮油储运与检验技术和粮油饲料加工技术2个专业，新增食品药品与粮食专业大类，并将相关专业归口到此专业大类中的建议。

4. 加强专业教学建设

《粮油工业类专业企业生产实际教学案例》项目通过了评审，已验收结项，并达到了预期效果，对开展专业教学具有较强的指导作用。

5. 组织修订《粮油储检、加工专业教学指导方案》

为使粮食骨干专业教学发展更为规范，根据粮油储检、加工专业教学标准，结合实际工作，组织专家修订了《粮油储检、加工专业教学指导方案》，增强了对开展骨干专业教学的指导性。

6. 进一步推动职业教育改革发展

组织职业院校负责人参加全国粮食行业人才兴粮工作会议，促进职业教育对接行业人才队伍建设。组织“全国粮食行业院校人才培养成果展”，34所院校集中展示粮食职业教育教学和人才培养成果。活动取得良好效果，对大力实施科技兴粮和人才兴粮工程，推动行业人才发展体制机制改革，为确保国家粮食安全提供坚实的人才保障具有重要意义。

粮食行业安全生产

2016 年，国家粮食局积极采取措施，主动应对粮食“高库存”与“去库存”下安全生产的双重压力，成立国家粮食局安全储粮和安全生产工作领导小组及技术指导专家组，各省级粮食行政管理部门也比照国家粮食局的做法建立了技术指导“地方队”，多措并举保持了全年安全生产形势总体稳定，没有发生重特大安全生产事故。

面对夏粮和秋粮收购、部分地区仓容紧张和高温洪汛等情况，国家粮食局立足行业实际，适时预警风险，组织开展安全生产隐患排查和督导检查。颁布实施《粮库安全生产守则》，规范粮库生产经营多环节的安全管理与作业行为；印发《国家粮食局办公室关于做好今夏粮食行业安全度汛工作的紧急通知》，对粮食安全度夏度汛提出要求；印发《国家粮食局办公室关于做好 2017 年“两节”期间粮食行业安全储粮和安全生产工作的通知》，对粮食行业安度“两节”，确保粮安、人安进行部署；印发《粮食行业危险化学品安全治理实施方案》，全面加强粮食行业危险化学品安全治理，坚决防止粮食行业危险化学品事故。国家粮食局还及时通报行业典型生产安全事故，警示各地及企业举一反三、引以为鉴，避免类似事故重复发生；强化红线意识、底线思维，通过全员轮训和视频会议，强化责任传导压实，推动《粮库安全生产守则》等相关规定和要求的执行，着力构建安全生产长效机制。

节粮减损

一 节粮减损行动

2016 年 2 月，国家发展改革委、财政部等十部门印发了《关于促进绿色消费的指导意见》(发改环资〔2016〕353 号)，进一步推进开展反食品浪费行动，促进全社会形成爱粮节粮的良好风尚。

2016 年 10 月，在 2016 年世界粮食日和全国爱粮节粮宣传周期间，以“积极应对气候变化，促进粮食减损增效”活动主题，国家粮食局、农业部等联合在全国范围内组织开展了粮食减损增效“三进”系列活动。一是粮食减损增效进农村。组织机关工作人员、农业科技专家、气象专家等，走村入户、深入田间地头，宣传国家粮食生产、收购政策，调研秋粮收获收购工作开展情况。二是粮食减损增效进学校。组织学生走进种粮大户、农技站、粮库、加工企业、粮油实验室、农业科研院所、气象站等，开展粮食种植、收获、储藏、质检、科研、气象职业体验，宣传讲解相关科普知识，提升学生爱粮节粮意识和粮食减损增效知识水平，在青少年群体中大力营造“珍爱粮食、从我做起，积极促进粮食减损增效”的良好社会氛围。三是粮食减损增效进家庭。组织开展社区主题科普讲座、社区互动交流活动、主题倡议等活动，向公众宣传讲解节粮减损、粮油营养健康，以及气候变化对粮食和农业的影响等科普知识，发放爱粮节粮主题宣传品。

2016 年 10 月，国家发展改革委、国家粮食局印发《粮食行业“十三五”发展规划纲要》(发改粮食〔2016〕2178 号)，把“促进粮食节约减损”作为重要内容，提出到 2020 年每年减少粮食产后流通环节损失浪费 1300 万吨以上，损失浪费率下降 40% 以上。2016 年 12 月，国家粮食局印发《粮油加工业“十三五”发展规划》(国粮储〔2016〕278 号)，提出系列措施力争在加工环节每年节粮 400 万吨以上。

二 爱粮节粮宣传教育

(一) 突出主题，深入开展世界粮食日和全国爱粮节粮宣传周活动

2016 年世界粮食日和全国爱粮节粮宣传周期间，会同农业部、教育部、科技部、中国气象局、全国妇联，联合国粮农组织等部门和组织以“积极应对气候变化 促进粮食减损增效”为主题，在全国范围内组织开展粮食减损增效“三进”系列活动。活动周期间，地方各级粮食、农业政策技术专家，走进农村、走进学校、走进家庭，通过专题讲座、技术指导、互动交流、职业体验、作品征集等形式，宣传讲解国家粮食政策和减损增效科技知识，发放主题宣传册、宣传品。各地还结合地方特色，组织开展主题知识竞赛、节粮主妇评选、节粮小窍门征集等活动。据统计，全国共有 3000 多个工作组、2 万多人，走进 4 万多个村组、20 多万家农户、2000 多所学校、20000 多个家庭，举办专题讲座 1000 多次，与农民座谈交流 16000 多次，发放主题宣传册 15 万套、宣传品 9 万套。

（二）创新方式，进一步丰富爱粮节粮宣传教育活动内容

2016 年，围绕粮食流通中心工作，通过精心策划宣传报道、节粮减损权威发布、特色活动等形式，开展爱粮节粮宣传教育活动，形成规模效应。其中，1 月、5 月、6 月、10 月分别围绕粮食绿色产业、科技成果转化、粮食质量安全、粮食减损增效等主题，组织中央和省级主流媒体发布新闻报道 300 多篇，拍摄爱粮节粮宣传片 7 个、制作专题节目 1 期。世界粮食日和全国爱粮节粮宣传周主会场邀请气象先生冯殊围绕活动主题进行权威发布，倡导社会各界积极应对气候变化，采取有效措施，促进粮食减损增效。各地粮食部门结合地方特色，组织开展放心粮油进社区、“十大好米”评选、爱粮节粮标兵评选、爱粮节粮诗诵读和粮油质检咨询等活动，有效增强爱粮节粮宣传的互动性、传播性，在全国营造了爱惜粮食、珍惜粮食的良好氛围。

粮食财务管理

一 主动协调落实收购资金，促进粮食收购，开拓市场化收购资金筹集新渠道

（一）探索建立市场化收购资金保障机制，促进玉米收储制度改革顺利进行

2016 年国家在东北地区实行了“市场化收购”加“补贴”的玉米收储制度改革。为适应市场化收购新形势，确保企业“有钱收粮”，国家粮食局深入调查研究，提出了鼓励有条件地区建立粮食担保基金等措施建议，并报经国务院同意。为抓好贯彻落实，中国农业发展银行、国家发改委和国家粮食局联合印发《关于建立东北地区玉米收购贷款信用保证基金实施方案》。为促进信用保证基金实施方案的进一步落实，国家粮食局在长春市召开东北三省一区座谈会，请河南、江苏两省介绍粮食担保基金和担保公司运作经验，促进基金组建运行。同时建立了玉米市场化收购资金信息半月报制度，跟踪分析资金来源和构成等情况，判断形势，及早提出对策建议。积极做好政策储备，研究制定了《防范东北地区玉米“卖粮难”收购资金应急预案》，启动了“玉米市场化收购资金多渠道筹集研究”专题征文活动，指导地方因地制宜，多种渠道筹集收购资金，保护了种粮农民利益，保障了玉米收储制度改革顺利推进。

（二）落实政策性粮食收储资金，保障政策性粮食收购和地方储备粮增储任务完成

研究完善小麦、稻谷最低收购价粮食信贷政策，及早协调农发行印发了《关于做好夏季粮油收购信贷工作的通知》（农发银发〔2016〕125 号）、《关于做好秋粮收购信贷工作的通知》（农发银发〔2016〕262 号），确保政策性粮食收购资金及时足额供应。积极与国家开发银行、地方商业银行等各类金融机构沟通，拓宽融资渠道、创新融资新途径。指导企业科学研判市场形势，搞活自主经营。针对河南、安徽等小麦不完善粒超标地区多元主体缺乏收购资金问题，协调农发行下发了《关于做好当前夏粮收购信贷工作的紧急通知》（农发银发〔2016〕158 号），缓解了基层企业燃眉之急，保护了种粮农民利益。完善地方储备粮信贷政策，协调农发行印发了《关于进一步做好地方储备粮油信贷工作的通知》（农发银发〔2016〕258 号），妥善解决了湖南、广东个别地区地方储备粮贷款停贷限贷等问题，促进了地方储备增储任务落实。

二 积极争取财税政策支持，促进粮食“去库存”和产业经济发展，出台减税降费新政策

国家粮食局积极争取财税部门支持，进一步优化了粮食企业财税政策环境。2016 年 3 月 11 日，协调财政部、国税总局印发了《关于部分国家储备商品有关税收政策的通知》（财税〔2016〕28 号），明确免征政策性粮油承储企业房产税、城镇土地使用税和印花税政策，且延续 3 年到 2018 年底。8 月 19 日，协调财政部印发了《关于恢复玉米深加工产品出口退税率的通知》（财税〔2016〕92 号），

明确自2016年9月1日起将玉米淀粉、酒精等玉米深加工产品增值税出口退税率恢复至13%，支持粮食加工产品出口，有力促进了粮食“去库存”和粮食产业经济发展。粮食企业财税负担大大减轻，发展后劲明显增强，加上各地进一步加强了企业经营管理指导，企业在做好政策性粮食收储的同时，积极开展多元化、产业化经营，企业盈利水平显著提升。

三 深化预算改革，强化财务管理，促进各项资金使用效益不断提高

一是强化财务管理服务职能，切实抓好预算绩效管理。积极争取财政等部门支持，坚决保障党中央、国务院有关粮食工作的重大决策以及国家粮食局党组安排部署的重要任务所需经费，把有限的资金用在刀刃上，花出成效，确保资金安全。将批复的预算绩效目标进一步细化到各处室，层层压实责任。组织各单位对所有项目认真开展绩效自评，实现绩效自评全覆盖。有关工作获财政部通报表扬。

二是进一步强化制度建设，构建规范和加强国家粮食局预算财务管理长效机制。制定《国家粮食局关于进一步加强和规范财务管理工作的通知》（国粮财〔2016〕115号）和《关于进一步加强会议费和公务接待费等经费管理工作的通知》（国粮办财〔2016〕282号）等财务规范文件，对严肃各项财经纪律、严格执行会议费管理办法、严格执行公务接待管理办法、加强房屋租赁装修等工程项目管理等提出明确要求，以刚性的制度约束，进一步规范预算财务管理。

三是严肃财经纪律，加大财务监管力度。从严审核各项开支，切实贯彻落实中央八项规定精神和有关具体落实措施，国家粮食局近几年一般性行政事务支出大幅压缩。先后组织开展粮食公益性行业科研专项经费检查、“账外账”“小金库”“公款私存”等财务管理专项检查、财经纪律执行情况专项检查等专项检查4次，组织直属联系单位相关领导干部经济责任审计等4次，就检查审计中发现的问题认真分析成因、提出整改措施，逐项下达整改通知，督促有关单位切实加以整改，严防各类财经违规违纪事项的发生。

粮食宣传

一 牵头做好玉米收储制度改革舆论宣传引导工作，为改革营造良好舆论氛围

（一）会同有关部门做好宣传引导总体部署工作

10 月 25 日，与中宣部新闻局联合召开内部协调会，就做好玉米收储制度改革政策宣传和舆论引导工作作出部署，内蒙古、辽宁、吉林、黑龙江等 4 省（区）党委宣传部负责同志、中央媒体有关部门负责同志和中央网信办有关负责同志参加会议。会同中宣部做好舆论引导总体部署工作，并且组织专家及时开展政策解读，积极回应社会关切。

（二）适时召开新闻通气会

3 月 28 日、10 月 27 日，与中央农办、发展改革委、财政部、农业部等部门单位联合召开新闻通气会，向社会发布玉米收储制度改革背景、政策框架及改革进展等情况，《人民日报》、新华社、中央电视台等 20 余家主流媒体参加，持续释放积极信号，为玉米收储制度改革工作营造良好舆论氛围。

（三）组织中央主流媒体进行实地采访

11 月 14 ~ 17 日、11 月 21 ~ 26 日，组织《人民日报》、新华社、《光明日报》《经济日报》、中央人民广播电台和中央电视台等中央主流媒体 3 次深入辽宁、吉林、黑龙江等地进行实地采访，以玉米收储制度改革各项政策措施落实情况、玉米收购工作进展情况等为主要内容，通过专题报道、深度分析、人物访谈等方式进行全面深入报道，加强正面宣传引导，进一步稳定市场预期。

（四）及时发布玉米收购市场信息

玉米收购工作伊始，在国家粮食局官方网站设立“玉米收储制度改革”专栏，下设“工作动态”“各地工作”“收购进展”“市场行情”“媒体声音”等子栏目，及时发布玉米收储相关政策通知、收购进展、市场价格等信息，提高市场信息透明度，消除误传误解误读，增强市场信心。

（五）组织开展专家政策解读

会同有关部门单位联合提出政策解读专家名单，组织主流媒体采取专家访谈、专题报道、深度解读等方式，对玉米收储制度改革的重要意义、主要内容，以及收购资金、补贴、收购整体安排等具体政策措施进行权威解读，向社会持续释放积极信号。

（六）指导地方做好宣传工作

11 月 16 日印发进一步做好玉米收储制度改革舆论宣传引导工作的通知，要求东北三省一区粮食部门高度重视加强领导，加强政策解读和宣传引导，采取多种宣传方式引导增强市场信心，加强舆情监测和应对，及时报道好做法和取得的成效，组织做好行政区内玉米收储制度改革和收购工作宣传报道，为改革和收购营造良好外部环境。

（七）加强舆情监测和应对

组织开展专题舆情监测，实时监测舆情动态，通过舆情快报、旬报、专报等形式及时报送有关领

导，加强舆情监测的精准性和时效性，提升舆情反应速度，适时进行舆情处置，及时回应社会关切。

二　深入贯彻落实例行新闻发布制度，积极组织开展涉粮新闻宣传工作

（一）主要负责同志积极发声，主动回应社会关切

4月26日，任正晓局长、卢景波副局长出席国务院新闻办公室新闻发布会，介绍当前粮食工作有关情况，并就我国粮食安全形势、粮食安全省长责任制、粮食收购、玉米收储制度改革等问题答记者问。3月11日、5月10日、10月12日，任正晓局长分别在《人民政协报》《中国经贸导刊》《经济日报》发表《必须始终绷紧粮食安全这根弦》《去库存是粮食收储工作的"牛鼻子"》《产后节约减损是保障国家粮食安全的战略选择》，权威解读粮食流通相关工作。

（二）重要工作节点及时发声，为粮食流通工作营造良好的舆论环境

围绕粮食流通中心工作，紧跟业务热点，向社会及时发布粮食行业供给侧结构性改革、粮食安全省长责任制考核、粮食去库存、国家粮食安全政策专家咨询委员会、全国玉米市场化电子交易平台等工作进展情况。全年共组织记者到基层采访报道10次，涉及125人次；组织《人民日报》《光明日报》《经济日报》等中央级纸质媒体发布粮食流通报道110篇，其中经济日报连续3天头版刊发北粮南运系列报道、连续3天整版刊发玉米收储制度改革系列报道；组织新华社、中国新闻社、人民网等中央级网络媒体发布相关报道128条；组织中央级电视媒体发布相关报道56条，制作发布专题节目3期、焦点访谈1期；组织中央级电台发布报道34条，推出特别节目2期；组织相关专家参加专题访谈11人次。

（三）加强新闻发言人队伍建设，拓宽新闻发布平台

进一步充实新闻发言人队伍力量，及时更换局新闻发言人。开通《人民日报》客户端政务发布大厅作为传统发布平台的有效补充，运用新媒体做好涉粮新闻发布，提升信息发布的效率和质量，初步形成平台丰富、分层发布的新闻体系。

三　认真组织开展2016年世界粮食日和全国爱粮节粮宣传周活动，成功举办粮食减损增效"三进"活动

2016年世界粮食日和全国爱粮节粮宣传周期间，会同农业部、教育部、科技部、中国气象局、全国妇联，联合国粮农组织等，以"积极应对气候变化 促进粮食减损增效"为主题，在全国范围内组织开展粮食减损增效"三进"系列活动。活动周期间，地方各级粮食、农业等部门组织政策技术专家，走进农村、走进学校、走进家庭，通过专题讲座、技术指导、互动交流、职业体验、作品征集等形式，宣传讲解国家粮食政策和减损增效科技知识，发放主题宣传册、宣传品。各地还结合地方特色，组织开展了主题知识竞赛、节粮主妇评选、节粮小窍门征集等活动。

四　把舆情监测放到更加突出的位置抓好抓实，更好服务粮食流通中心工作

（一）下大力气提高舆情监测的时效性、针对性和精准性

2016年是玉米收储制度改革第一年，部分地区出现小麦赤霉病，粮食去库存工作压力大，农民

售粮、粮食收储领域社会关注度高、舆论压力大。针对这些热点舆情，动态调整监测的关键词、时段、媒体和频次，把“玉米降价”“粮农利益受损”“卖粮难”“玉米收储制度改革”“小麦赤霉病”“粮食高库存”等作为高亮关键词进行重点监测。在重要政策出台、行业突发事件或媒体曝光负面新闻等重要节点，实行全天 24 小时不间断监测推送，有效提高反应速度和监测的精准性，力争重大舆情不迟报、不漏报。全年共监测搜集热点涉粮舆情 2568 条，筛选报送《粮食舆情摘编》75 期、涉粮舆情信息 88 条、《粮食舆情统计分析报告》12 期、《粮食舆情专题分析报告》3 期，其中局领导对 12 期《粮食舆情摘编》作出重要批示。

（二）加强舆情分析研判，提高舆情应对水平

统筹结合经济农业领域热点、粮食流通业务工作热点及粮食市场行情等多方面因素，着力加大舆情分析研判力度，注重定量统计和定性分析，以旬报、专报等形式有针对性地提出舆情措施建议。建立重大舆情专家会商机制，联系一批懂粮食、懂新闻的专家，重大突发舆情及时会商研究，争取应对时间。

五 加强局政府网站内容建设，充分发挥网站作为政府信息公开和为民服务的重要平台作用

（一）定期通报网站信息发布情况

按季度通报局政府网站信息发布和点击率情况，确保栏目平均更新率。结合公众阅读反馈适时调整板块和栏目设置，提高网站适读性。

（二）严格审核，丰富内容

增加新闻主管部门前置审核程序，加强局内拟发布信息审核，确保信息质量。实时抓取转载国家粮食政策动态、行业重要工作情况等，多元化网站信息来源，进一步丰富网站内容。全年共发布各类信息 1615 条，中国政府网抓取转载 65 条。

（三）科学规划设计专题专栏

紧跟业务热点，及时开设专题专栏，科学设计版面，注重贴近基层、服务群众。设置党的十八届六中全会精神、粮食收储供应安全保障工程、玉米收储制度改革、2016 年世界粮食日和全国爱粮节粮宣传周、第四届全国粮食行业职业技能竞赛、2016 年粮食科技活动周、当前粮食工作有关情况新闻发布会、“两学一做”学习教育、2016 年全国粮食流通工作会议等 9 个专栏。

（四）加强网站信息安全管理

根据网站等级保护测评阶段性整改要求和网络安全环境需要，购置安装 4 台服务器，更新搭载了最新的操作系统、网站综合防护系统、防病毒软件，监测及防护功能均有较大提升。协调托管机房及防篡改系统公司做好防火墙和风险防范工作，优化网络信息安全环境，确保网站安全运行。

◆中国粮食经济杂志社

一 牢牢坚持正确的政治方向和舆论导向，突出重点亮点，大力传播粮食流通好声音

2016年，《中国粮食经济》深入学习贯彻习近平总书记有关意识形态和新闻舆论工作的系列重要讲话精神，坚持正确的政治方向和舆论导向，努力发挥粮食行业主流媒体作用，紧紧围绕粮食流通中心工作开展新闻宣传和理论探讨，在重大主题宣传、先进典型宣传、爱粮节粮宣传、粮食文化建设等方面取得了新的成绩。全年共编发稿件350余篇，信息300余条，共计130万字。

（一）加强重大主题宣传，为行业改革发展提供有力的舆论支持

2016年，中国粮食经济杂志社紧紧围绕粮食流通中心工作尤其是全国粮食流通工作会议部署的重点工作，加大重大主题宣传和策划力度，针对国家粮食局及全国粮食系统“两学一做”学习教育、全国粮食流通工作会议、粮食产业经济发展、粮食行业供给侧结构性改革、粮食收购、粮食行业贯彻“一带一路”战略、全国粮食系统援藏工作会议、人才兴粮工作会议、“互联网＋粮食”等粮食行业重大主题或热点话题开展多层次、多角度深入宣传。其中，对全国粮食流通工作会议的专题报道采取与6家地方粮食期刊联合进行报道的形式进行，扩大了宣传覆盖面、提高了宣传效果。在“卷首语”栏目，就落实全国粮食流通工作会议精神、学习贯彻落实习近平总书记在新闻舆论工作座谈会上的讲话精神、开展“两学一做”学习教育、打好夏粮收购攻坚战、粮食科技活动周、安全储粮、秋粮收购、贯彻党的十八届六中全会精神等刊发评论，做到了重大主题宣传有立场、有观点、有深度、有声势。此外，国家粮食局作出“突出抓好粮食产业经济发展”的部署后，新开设了“产业经济”栏目，大力宣传各地发展粮食产业经济的经验做法。

（二）大力宣传先进典型，弘扬行业正能量

全年共推出了31篇“‘四无粮仓’精神永传承”系列报道，报道了国家粮食局评选表彰活动情况，每期对1家先进单位和1～2位先进个人的先进事迹进行宣传报道。结合向柏乡粮库学习活动，派员赴柏乡粮库进行采访，以讲故事的方式大力宣传柏乡粮库和库主任尚金锁的先进事迹，撰写了通讯《旗帜飘扬——河北柏乡国家粮食储备库创业发展之路》。在封面位置连续刊登《听一听柏乡粮库的故事》系列宣传，每期刊登2个粮库职工服务农民、爱粮护粮的小故事。在“法治粮食”栏目中进行“法治人物”系列报道，对入围中央国家机关“法治人物”“法治故事”宣传展示活动的粮食法治战线上的优秀工作者进行宣传。全年刊登了11位“法治人物”的先进事迹。各典型报道努力做到鲜活、生动、贴近读者，具有较强的可读性，反响热烈。

（三）坚持眼光向下，报道基层粮食部门的生动实践

在“交流”“区域粮食”等栏目刊登了一批各地粮食部门贯彻落实粮食安全省长责任制、国有粮食企业改革、混合所有制经济发展、粮食收储体系建设、粮食去库存、“粮安工程”、安全储粮、粮食收购、粮食大数据等方面的经验做法或发展思路，以及部分地区粮食部门在2016年夏季抗洪救灾中的先进事迹。在“法治粮食”栏目就《粮食流通管理条例》的修订、粮食部门推进依法管粮经验做法等主题进行宣传报道。此外，继续在“普法驿站”小栏目刊登法律小知识。在“调查”栏目刊发了全国或地方有关成品粮批发市场、产粮大县转型升级、粮食经纪人队伍发展、“崇州模式”调查、粮食

应急体系建设、粮食收购调查等较为深入、较接地气的调查报告类文章。

（四）弘扬粮食文化，营造爱粮节粮浓厚氛围

通过开设“粮食文化”“爱粮节粮”“博物馆”等栏目，大力弘扬粮食行业优良传统、行业精神，传播中华民族农耕文明和粮食史，抒发爱粮情怀，普及节粮知识，以较强的可读性赢得了读者的认可和喜爱。在封面位置进行12次“节约一粒粮”系列公益宣传。在“粮食文化”“爱粮节粮”栏目继续刊登“老干部的抗战记忆”和青年干部“守纪律讲规矩促成长”优秀征文作品及一批反映基层粮食职工爱粮情结或粮食历史的文章。在“博物馆”栏目介绍古代农业制度和农业人物，刊登了连载作品《中国粮食储备制度的历史沿革》。结合世界粮食日和全国爱粮节粮宣传周活动，以“积极应对气候变化，促进粮食减损增效”为主题，出版《中国粮食经济》爱粮节粮增刊，对全国粮食、气象等部门开展的活动进行集中宣传报道。

（五）进一步完善封面及内文设计版式，逐步形成了自己独具特色的风格

2016年对封面及内文版式进行进一步美化，设计了较为简洁统一的封面风格和动静结合的内文风格，受到了读者的好评。

（六）编辑人员“走出去”，增加自采稿件比例，以更好地发挥行业主流媒体作用

2016年，杂志社编辑人员积极“走出去”，参加行业内重要会议、活动，撰写了一批可读性较强、更加符合宣传需要、更能体现国家粮食局机关刊物定位的深度报道。如针对粮食系统贯彻“一带一路”战略座谈会、援藏工作会议、人才兴粮工作会议等重要会议，撰写了《让粮食行业在“一带一路”建设中生辉闪亮》《倾力援藏 情暖高原》《人才聚 事业兴》等深度报道；参加国新办、国家发改委、国家粮食局等部门举办的新闻发布会，发表《回应关切 坚定信心》等报道及动态消息；参加世界粮食日活动，撰写了《应对气候变化 保障粮食安全》；派调研组赴国家粮食局定点扶贫县安徽省阜南县盛郢村调研走访第一书记，并发表题为《贫困村里的主心骨 实干立身的带头人》的调研报告，得到了领导和读者的肯定；深入基层粮食部门如柏乡粮库等报道基层先进典型，深入东北地区调研玉米收储制度改革情况；参加社会组织、地方粮食部门和企业举办的会议、活动并进行宣传报道，如《“放心粮油”守护“舌尖上的安全”》《京粮集团：向现代粮食产业集团迈进》等。

二 各地粮食期刊发挥期刊优势，提高水平，办出特色

2016年，各地粮食经济类期刊适应粮食形势发展需要，紧贴粮食流通中心工作和各地重点工作开展宣传报道、理论研究和经验交流，不断提高办刊水平，充分发挥了粮食经济类期刊在宣传粮食工作、服务粮食工作、引导行业舆论方面的作用。

一是充分发挥期刊优势，加强深度报道和评论力度。如《安徽粮食》《贵州粮食》《江苏粮食》《陕西粮食经济》等每期均刊登了由编辑部撰写的卷首语，主动引领导向，强化宣传效果。部分期刊还开设了专题栏目，对不同时期的粮食重点工作进行专题报道。如《安徽粮食》专题报道了安徽省秋粮收购、对口援藏等工作。《广西粮食》设立了“十二五回眸”专栏，总结“十二五”，展望“十三五”。二是大兴调查研究之风，刊登了大量调查研究类文章。大部分地方粮食期刊如《安徽粮食》《江西粮食》《陕西粮食》《福建粮食》等均开设了调查研究类栏目，刊登了一批反映各地粮食产业经济及基层粮食部门、先进企业典型经验等的文章。三是积极宣传依法治粮。《齐鲁粮食》《江苏粮食》《浙江粮食经

济》设立“依法管粮”“依法治粮”“法制园地”等栏目，宣传粮食行业政策法规，推动依法治粮进程。四是深入宣传粮食行业开展“两学一做”教育情况，大力宣传柏乡粮库先进事迹。《广西粮食》《福建粮食》等通过开设专栏等形式大力宣传柏乡粮库先进事迹，刊发基层粮食职工学习体会。《广西粮食》《浙江粮食经济》《齐鲁粮食》开设了“永远跟党走”“两学一做”“党建工作”等栏目，大力宣传各地粮食部门党建工作尤其是“两学一做”开展情况。五是利用出版增刊的形式，深入报道重点事件。如《黑龙江粮食》针对黑龙江第十三届金秋粮食交易暨产业合作洽谈会出版了以“冰城对话 金秋洽谈”为主题的专刊，《吉林粮食》为查干湖夏季峰会暨吉林省粮食产销协作洽谈会出版了专刊。六是进一步美化刊物。许多粮食期刊由黑白印刷改为全彩环保纸印刷，版式设计、印刷装帧水平均上了一个新台阶。

粮食文化建设

习近平总书记指出，文化自信是更基础、更广泛、更深厚的自信。2016 年，国家粮食局各级党组织认真学习宣传贯彻习近平总书记系列重要讲话精神，积极践行社会主义核心价值观和共产党人价值观，大力弘扬粮食行业优良传统，坚持把粮食文化建设与粮食流通业务有机结合，与全面加强党的建设有机结合，做了大量卓有成效的工作，取得了明显成绩。

一 积极践行社会主义核心价值观

结合粮食流通工作实际，深入开展中国特色社会主义和中华民族伟大复兴中国梦宣传教育，认真学习贯彻习近平总书记在庆祝中国共产党成立 95 周年和纪念中国工农红军长征胜利 80 周年大会上的重要讲话，组织党员干部参观主题展览，观看江西于都“长征源合唱团”《长征组歌》表演，大力弘扬以爱国主义为核心的民族精神。制定《关于贯彻〈党委（党组）意识形态工作责任制实施办法〉的实施细则》，严格落实党管意识形态工作责任，加强意识形态阵地管理，规范新闻宣传报道，强化正面思想舆论引导。

二 积极践行共产党人核心价值观

召开全局党员干部大会，对 18 名优秀共产党员和 10 名优秀党务工作者进行集中表彰；国家粮食局百岁抗战老战士老党员刘清霜向党组织交纳 10 万元特殊党费后，在全局开展向刘清霜同志学习活动；大力宣传国家粮食局驻村第一书记杨乔伟全心全意带领农民致富的先进事迹。通过正面典型示范，大力弘扬忠诚老实、光明坦荡、公道正派、实事求是、艰苦奋斗、清正廉洁等共产党人价值观，在全局上下营造人人学习先进、人人争当先进的良好氛围。

三 大力弘扬粮食行业优良传统

大力宣传“四无粮仓”精神和“宁流千滴汗、不坏一粒粮”行业优良传统，深入开展爱粮节粮宣传活动，发挥粮食部门在厉行节约反对浪费中的示范带头作用。积极选树粮食行业新典型，在全系统深入开展向河北省柏乡粮库学习活动，组成先进事迹报告团赴全国 13 个省区市开展巡回宣讲，大力宣传“柏粮精神”，学习柏乡粮库一心为民、勤俭务实、敢于创新、诚实守信的优良作风。

四 加强廉政文化建设

组织党员参加中央国家机关工委组织的党章党规知识竞赛并取得优异成绩。召开全局警示教育大会，邀请专家围绕发生在国家粮食局的公款私存、挪用公款案件，为党员干部作“以案释法”辅导报告，安排岗位廉政风险等级较高的党员干部旁听案件庭审，发挥查办案件警示教育作用。举办纪检干部履行监督执纪问责职责专题培训班，邀请有关专家做辅导讲座，围绕践行“四种形态”进行深入研讨。用好短信平台，扎实开展“家庭助廉”活动，充分发挥家庭在落实中央八项规定精神中的重要作用。

五 扎实开展群众性文体活动

组织开展“天天万步走”、队列广播操、游泳、乒乓球等文体活动，活跃机关业余生活氛围。在粮食系统组织践行“三严三实”主题书画展，收到各类作品数百件，评出一、二、三等奖作品近50件，在局机关进行集中展出，并推荐优秀作品参加国家发展改革委主题书画展。积极争取中央国家机关工会联合会支持，为国家粮食局免费配置40余万元仪器设备，建设“心理健康空间”，提高党员干部身心健康水平。

国际交流与合作

2016 年，国家粮食局积极扩大和加强对外交流与合作，推进与外国政府负责粮农事务的部门、有关粮农国际组织、协会、研究机构等建立双边或多边合作机制，加强在粮食储藏、质量检测、科技研发、市场信息和政策法规等方面的交流与合作；根据粮食工作需要，务实引进国外智力；积极帮助和指导粮油企业“走出去”；努力为保障我国和世界粮食安全贡献力量。

一 积极推动国际交流，加强对外合作

2016 年，国家粮食局领导会见了来访的外国政府粮农机构、外国粮油协会、国际粮农组织和跨国企业高级代表团。来宾主要包括印度尼西亚国有企业部部长、加拿大农业和农业食品部部长、乌拉圭牧农渔业部部长、澳大利亚副总理助理部长、联合国粮农组织驻华代表、联合国世界粮食计划署驻华代表、法国粮食出口协会主席、国际谷物理事会理事长、法国罗盖特集团全球事务总裁等。2016 年，国家粮食局共接待国外来访团组 21 个，来访外宾近 200 人次。

通过外宾来访交流，使来宾对我国粮食生产、消费、贸易、储藏、质检和科技，以及深化粮食流通体制改革等情况有了清晰的了解，为进一步加强国家粮食局与国外政府粮食主管部门、协会和大企业的合作奠定了基础。在此基础上，国家粮食局同有关国家政府涉粮机构建立了长期合作机制并稳步推进合作项目的实施。

一是国家粮食局和阿根廷农业产业部在已签署合作谅解备忘录的基础上，为进一步增进中阿两国在粮油领域的交流与合作，全面落实谅解备忘录内容，正在推进组建中阿粮食合作联合委员会，以促进双方在粮食流通、贸易政策、科学技术及质量标准等方面深化合作。

二是推进了国家粮食局和印尼国有企业部签署合作谅解备忘录，就两国粮食及农作物加工和存储合作事宜进行对接。按照合作谅解备忘录的内容，国家粮食局组织了粮食仓储物流加工能力建设咨询团组赴印尼访问，实地为印尼提供仓储技术和设计的指导和帮助，并组织了印尼选派的仓储技术人员来我国进行仓储科学技术培训。

三是促成了国家粮食局和加拿大谷物委员会签署合作谅解备忘录。2015 年，国家粮食局与加拿大谷物委员会签署了合作意向书。为进一步加深中加两国在粮食领域的交流与合作，力争在粮食储藏、加工、物流、标准质量和粮油科技合作等方面取得更深更广的成效，在国家发展改革委和外交部的大力支持下，国家粮食局与加拿大谷物委员会于 2016 年 11 月 4 日签订了双方合作谅解备忘录，该备忘录的签订列入了李克强总理出访加拿大成果清单。

四是促成了国家粮食局和乌拉圭牧农渔业部签署粮食领域合作谅解备忘录。谅解备忘录的签署开启了国家粮食局与乌拉圭牧农渔业部在粮食科技、加工、质量安全和贸易等方面的交流与合作。

五是推动了国家粮食局和澳大利亚农业与水利部签署粮食领域合作意向书。合作意向书签订后，双方保持密切联系，共同探讨开展合作的渠道与方式。国家粮食局积极协调局科学研究院与澳大利亚

农业与水利部农业资源经济科学局开展农产品价格波动联合研究。

以上合作谅解备忘录及合作意向书的签署和实施，标志着国家粮食局同这些国家在促进粮食科技、粮油加工、质量标准、生态绿色储粮和节粮减损等领域的合作走向长远化和实质化。

二 帮助和指导粮油企业“走出去”

为积极实施国家农业“走出去”战略，国家粮食局在帮助和指导粮食企业“走出去”方面作出了积极的努力。国家粮食局组织召开粮油企业“走出去”座谈会，在了解他们“走出去”情况的基础上，创造条件，使相关企业参与国外政要来访座谈，使其了解企业的诉求，同时把帮助“走出去”企业解决问题、拓展合作纳入局领导出访任务。局领导出访澳大利亚和新西兰，秘鲁和智利，主要任务是签署和实施合作谅解备忘录项目，同时更重要的任务是帮助企业解决“走出去”面临的实际困难和问题，探讨我国与其他国家在粮食储藏和粮油深加工等方面开展技术合作的可能性，为我国粮食企业立足国外创造有利条件，引导两国粮食企业基于双方需要商谈具体项目合作，探讨交流我国在节粮减损方面的技术和经验，推介我国相关企业与国外企业开展技术交流和设备出口合作。

三 认真履行国际义务，维护国家利益

（一）做好亚太经济合作组织（APEC）粮食安全政策伙伴关系机制（PPFS）相关工作

根据外交部的部署，国家粮食局负责承办 APEC PPFS 有关会议。2016 年 8 月下旬，国家粮食局在北京组织召开了 APEC PPFS 框架内的“APEC 粮食标准互联互通研讨会”及“APEC 小农和中小企业粮食减损技术、经验和有关行动高级别研讨会”。来自澳大利亚、加拿大、俄罗斯、智利等 13 个 APEC 经济体和国际标准化组织（ISO）的代表共 90 余人参加了会议，代表们交流对话，推动务实合作，共同促进亚太地区粮食安全。

为履行国家粮食局作为 APEC PPFS 中国政府代表的义务，国家粮食局派员参加了在日本召开的“APEC 构建农业和食品全球价值链冷链技术高级别论坛”和在越南召开的“APEC 加强基础设施投资保障粮食安全政府企业论坛”，并在会上作了关于中国粮食收储供应安全保障工程建设的报告。不仅维护了中国的利益和话语权，也帮助 APEC 各成员政府部门、私营部门以及其他相关国际组织和论坛加深了对国家粮食局的了解和认识，展现了国家粮食局在 APEC 舞台上的良好形象。

（二）做好亚洲合作对话（ACD）相关工作

国家粮食局作为 ACD“粮食、水和能源安全相互关系”领域牵头单位，在外交部的统一部署下，与水利部、能源局等相关单位紧密配合，推动该领域合作。为推动该领域工作开展，国家粮食局组织局科学研究院申请了 2017 年度亚洲区域合作专项资金项目——ACD 框架下绿色生态储粮技术研修班项目。国家粮食局还积极配合外交部，为 2017 年 1 月中旬在阿联酋阿布扎比召开的 ACD 第 15 次外长会议做相关准备工作。

四 积极借鉴国（境）外粮食科学技术和管理经验

2016 年，为解决粮食综合加工利用、油脂技术开发，以及粮食储藏先进技术等方面的问题，国

家粮食局积极向国家外国专家局申请引进国外智力项目。经过努力，国家粮食局共获批引进境外技术、管理人才项目 2 项，分别是国家粮食局科学研究院的“粮食质量安全控制与转化利用”项目和中粮营养健康研究院的“食品安全与营养健康技术与创新方法研究”项目，合计聘请国（境）外专家 61 人次，资助引智项目经费 70 万元。

引进专家通过实验指导、现场调研、讲座等形式，带来了食品营养、农产品加工、粮食储藏、粮食质量安全、畜牧业营养等多个领域的先进经验和科学技术。这些引智项目的执行，为解决我国粮食行业发展过程中的难点问题提供了有效的智力支持，特别是促进了我国粮食质量安全控制与转化利用科研水平，推动了我国食品安全与营养健康技术与创新方法研究，为我国营养健康食品科学探索了新的发展方向。同时，项目单位与国外粮油科研机构巩固了已有合作基础，并建立了新的国际合作关系及人才联合培养机制。

五 组织因公出国（境）培训项目和国际会议团组出访

2016 年，为提高粮食流通管理水平，深化粮食流通体制改革，国家粮食局向国家外国专家局申请并获批因公出国（境）培训项目 3 个：一是政策法规司赴加拿大粮食流通管理体制与法制建设培训项目；二是标准质量管理办公室赴阿根廷大豆、玉米标准与检验技术培训项目；三是仓储与科技司赴巴西粮食产业经济发展培训项目。在执行培训项目过程中，各单位严格遵守国家有关规定，合理安排培训课程，严格选拔培训人员。通过执行培训项目，我国粮食管理部门和粮食企业的干部及技术人员学习了有关国家在粮食产业发展、法制建设、粮食检验技术等方面的经验和技术，为提高我国粮食管理与储粮技术水平起到了积极的促进作用。

为支持粮食行业人才更广泛地参加国际交流与合作，着眼国家发展大局和国家粮食局中心工作实际需要，2016 年，国家粮食局积极派员参加粮食行业国际会议或出国执行合作项目。如，派员参加国际标准化组织谷物与豆类分委员会第 38 次会议、东盟与中日韩大米紧急储备（APTERR）理事会第四次会议、第九届世界真菌毒素论坛、国际食品工业展览会等，派员与美国阿肯色大学、美国农业部、比利时根特大学等开展项目交流与合作。通过派员参加这些国际会议、执行合作项目，使我国科研技术人员了解行业前沿动态，与各国同行交流粮食科学技术和产业发展经验，探讨共同开展项目合作，积极扩大我国在粮食领域的国际影响力。

机关党建

一 机关党建重点工作开展情况

（一）深入学习贯彻党的十八届六中全会精神

一是制订工作方案。把深入学习贯彻党的十八届六中全会精神作为重要的政治任务，明确总体要求、学习重点，针对党员领导干部和普通党员，分别作出部署、提出要求。

二是深化研讨。认真开展局党组中心组集体学习，发挥局党组中心组示范带头作用，组织基层党支部、党小组采取多种形式进行学习研讨，全面把握习近平总书记在全会上的重要讲话精神和《关于新形势下党内政治生活的若干准则》《中国共产党党内监督条例》精神实质。邀请中央宣讲团成员沈春耀同志作专题辅导报告，进一步深化党员干部对全会精神的认识。

三是在具体实践中落实全会精神。认真组织开好年度民主生活会、组织生活会，以党小组、党支部为单位，对全局所有党员进行民主评议，确定评议等次。机关党委派员列席各单位会议，加强具体指导，在具体实践中严肃党内政治生活，提高党内生活质量。

（二）扎实开展“两学一做”学习教育

一是制订实施方案。在深入学习贯彻习近平总书记关于“两学一做”学习教育重要讲话精神的基础上，认真落实中央办公厅和中央组织部通知精神，结合粮食部门实际，制订实施方案并切实贯彻执行。各基层党组织结合实际，制订具体化、精准化和差异化的工作方案，提高学习教育针对性。

二是坚持“学”为基础。局党组成员以普通党员身份参加所在支部集中学习研讨和主题党日活动。积极参加中央国家机关工委“百场支部学习会、千名书记讲党课、万名党员写感言”活动，举办基层党组织书记“两学一做”学习教育培训班，机关党委书记在培训班讲专题党课，所有基层党组织书记都在支部范围内讲专题党课。利用微信群、支部工作 APP 等现代信息手段学习党章党规和系列讲话，结合实际深入学习与自身工作紧密相关的自选书目。

三是坚持“做”是关键。组织基层党组织结合自身实际，总结务实管用、便于操作的支部工作法。开展学习教育“灯下黑”专项治理，对党员组织关系、党费收缴、支部换届等工作进行专项检查，按月向中央国家机关工委报送情况。组织“学习焦裕禄精神，争做‘四讲四有’合格党员”专题研讨。在全系统深入开展向河北省柏乡粮库学习活动，组成先进事迹报告团赴安徽等 13 个省区市开展巡回宣讲 16 场次，大力弘扬“四无粮仓”精神和“宁流千滴汗、不坏一粒粮”行业优良传统，宣传柏乡粮库好做法，推动学习成果转化。

四是强化督查督导。按月向中央国家机关工委报送学习教育开展情况。编发《机关党建工作情况“两学一做”特刊》30 期，在国家粮食局官方网站开设专栏，适时交流好经验好做法。采用书面督导和现场督导相结合的方式，对全局基层党组织开展学习教育的情况进行督导检查。

（三）认真做好中央专项巡视相关工作

一是认真做好中央专项巡视配合协调工作。及时向巡视组提交相关材料，在局党组以及局中央专项巡视整改工作领导小组的正确领导下，组织开好巡视动员会、警示教育大会、反馈情况大会以及巡视整改推进会，做好上下沟通衔接，确保中央专项巡视顺利开展。

二是边巡边改。对巡视期间发现的违规发放上下班交通费补贴、党员未足额交纳党费等 4 个问题，利用 1 个月时间进行专项治理并全部整改到位。起草关于专项治理工作情况的报告，向中央巡视组、中央巡视办报告专项治理情况。

三是强化集中整改。中央专项巡视期间，依纪依规严肃处置巡视发现的问题线索，对违纪党员给予党纪政纪处分，在支部党员大会作深刻检查；对在同一岗位任职 10 年及以上的干部全部进行了交流，对漏报个人有关事项干部进行批评教育，对瞒报干部进行诫勉谈话、通报批评，对拟提拔任职干部作出暂缓提拔处理。

四是推进全面整改。中央巡视组反馈意见后，局党组在第一时间制订整改方案，明确问题清单、措施清单和责任清单，定期通报整改进展。截至目前，整改方案明确的30个问题，已有25个整改到位，2 个将于 2017 年上半年整改到位，3 个需要持续整改，整改情况向中央巡视办和中央第十三巡视组作出全面报告。

（四）认真做好局党组专项巡视相关工作

一是印发巡视工作实施办法。在中央纪委驻国家发展改革委纪检组的具体指导下，到国家统计局进行学习调研，制定印发《中共国家粮食局党组巡视工作实施办法》，明确巡视总体原则、机构人员、内容范围、工作方式以及权限程序。

二是做好首轮巡视准备工作。制订工作方案，明确第一轮专项巡视的总体要求、主要任务、工作安排和工作步骤。组织开好首轮专项巡视工作动员会，召开巡视工作专题培训会，印发巡视工作指导手册，提高巡视工作规范化水平。

三是扎实开展首轮专项巡视。抽调熟悉党务、纪检、人事和财务工作的同志组成局党组巡视组，自 10 月下旬开始对规划财务司、研究培训中心 2 家单位开展专项巡视，突出政治巡视要求，强化问题导向，指出 8 个方面 23 个具体问题。督促被巡视单位边巡边改、全面整改，专项巡视效果明显。

二 机关党建基础性工作开展情况

（一）强化思想建党和制度治党工作力度，切实增强党员干部“四个意识”

一是强化理论武装。把学习领会习近平总书记系列重要讲话精神作为重中之重的任务，认真组织党组中心组第一至四季度集体学习。邀请知名专家利用“粮安论坛”作专题报告 6 次，及时为全局党员购买《习近平总书记系列重要讲话读本（2016 年版）》等学习材料，组织党员干部认真学习。

二是加强理想信念教育。深入开展庆祝中国共产党成立 95 周年系列活动和红军长征胜利 80 周年纪念活动，召开全局“两优一先”表彰大会暨河北省柏乡粮库先进事迹宣讲会，组织观看江西于都“长征源合唱团”《长征组歌》合唱表演，增强党的意识。

三是重视和加强意识形态工作。印发《关于贯彻〈党委（党组）意识形态工作责任制实施办法〉的实施细则》，确保意识形态工作守土有责、守土尽责。组织收看学习《西式民主怎么了》，增强党员干部政治敏锐性和政治鉴别力，确保在大是大非面前不动摇、不含糊。

四是进一步扎紧全面从严治党制度笼子。印发全面从严治党制度规定4件，其中局党组文件2件、机关党委文件2件。对党的十八大以来国家粮食局制定的全面从严治党制度规定进行统一汇编，印发党员干部学习，切实增强制度执行力，发挥制度刚性约束作用。

（二）全面加强基层党组织建设，发挥基层党组织政治核心作用和战斗堡垒作用

一是印发“两个文件”，严肃党内组织生活制度。把加强基层党组织建设、增强基层党组织活力作为强化机关党建工作的前提和基础。制定《关于进一步严格基层党组织生活的意见》，对严格执行“三会一课”、组织生活会、民主生活会、民主评议党员、谈心谈话等提出明确要求，指导全局20个未按期换届基层党组织进行换届；印发《关于进一步加强党小组建设的通知》，全局设置78个党小组，每名党员包括局党组成员都被编入一个党小组参加组织生活。

二是印制“两个本子”，推动制度落地生根。结合深入开展“两学一做”学习教育，印制启用《基层党组织会议记录本》和《“两学一做”学习教育台账》，对落实组织生活制度情况特别是“三会一课”情况进行全程留痕记录，切实做到抓在经常、严在日常。

三是用好“党费证”，增强党的意识。在对党员欠交党费情况进行专项检查并全额补交的基础上，印制《中国共产党党员党费证》，全局党员人手一本，按月记录党员交纳党费情况。以百岁抗战老战士、老党员刘清霜同志在建党95周年之际向党组织交纳10万元特殊党费为契机，加强党性教育。中央组织部、中央国家机关工委对刘清霜同志的做法进行了宣传。

（三）把纪律挺在前面，持续推进党风廉政建设和反腐败工作

一是加强纪检干部队伍建设。认真落实《中共国家粮食局党组关于进一步加强党的纪律检查工作的意见》，指导基层党组织选配政治素质高、敢于担当负责的同志担任纪检委员、纪委书记。制定《国家粮食局直属机关纪律审查工作规程》和《机关纪委工作规则》，提高机关纪委工作规范化、制度化水平。举办全局纪检干部履行监督执纪问责职责专题培训班，邀请有关专家做辅导讲座，围绕践行监督执纪问责“四种形态”进行深入研讨。

二是加强纪律规矩教育。组织全局党员参加中央国家机关党章党规知识竞赛并取得优异成绩。召开全局警示教育大会，邀请检察院专家围绕发生在国家粮食局的公款私存、挪用公款案件，为全局党员干部作“以案释法”辅导报告，安排40余名岗位廉政风险等级较高的党员干部旁听案件庭审，印发关于案件处理情况及教训警示的通报，剖析案件原因，总结警示教训，发挥查办案件警示震慑作用。

三是坚持抓早抓小。利用“家庭助廉短信平台”，不定期向党员干部及家属发送廉政提醒短信，累计发送短信3万余条。组织开展“用好巡视整改成果，聚焦全面从严治党”约谈提醒活动，对全局副处级以上党员干部进行提醒。对新任职领导干部进行集体廉政提醒谈话。指导有关单位根据形势任务变化，对廉政风险点、风险等级和防控措施进行调整，修订完善廉政风险研判防控机制。

四是科学处置问题线索。建立线索处置台账，对所有线索均按照“五类标准”分类进行处置，全程留痕管理，按月清理并向上级纪检机关进行报告。2016年1月到12月，机关纪委共收到信访举报69件，受理12件，转办57件。全年办理各类问题线索13件，其中初核5件，谈话函询8件，均已了结。

五是严肃执纪问责。全年对6名党员干部给予党纪处分，其中党纪轻处分1人，党纪重处分1人，开除党籍1人。责令2名党员干部在支部党员大会作深刻检查，对1名处级干部进行岗位调整。严格

落实“一案双查”，在对1名严重违纪涉嫌违法党员进行严肃处理的同时，对主管处长进行严肃追责问责。

（四）驰而不息反对“四风”、转变作风

一是严格执行中央八项规定精神。年初，按照中央纪委要求，开展落实中央八项规定精神“回头看”活动，对局党组落实中央八项规定精神的20条措施进行修订完善，印发局党组实施办法。以支部为单位，开展贯彻落实局党组实施办法学习讨论活动，提高思想认识，掌握具体要求，确保不因知纪不够而触碰红线。

二是一手抓日常提醒一手抓查纠整治。抓住元旦、春节等重要时间节点，通过印发通知、发送短信、警示教育等方式，提醒党员干部严格遵守中央八项规定精神和局党组实施办法。结合深入整改中央专项巡视反馈问题，配合有关司室单位，严肃查纠违反中央八项规定精神的行为。

三是大力传承弘扬粮食行业艰苦奋斗、勤俭节约优良作风。发挥工会、妇委会等群团组织作用，扎实开展爱粮节粮宣传活动，深入开展“家庭助廉”活动，发挥家庭在落实中央八项规定精神中的重要作用。

（五）全面加强党的群团工作，切实发挥群团组织作用

一是加强党对群团工作的领导。认真学习贯彻党的群团工作会议精神，制定印发《关于加强和改进党的群团工作的实施意见》并切实抓好贯彻执行，增强群团工作的政治性、先进性、群众性。组织干部职工参加中央国家机关第三届公文写作技能大赛，11篇作品分别获得一、二、三等奖。

二是做好服务干部职工工作。组织开展“送温暖”活动，累计发放困难补助金近8万元。开展六一儿童节亲子联欢活动，邀请专家对相关家庭进行高考志愿填报辅导，积极联系有关部门解决干部职工子女入托入学问题。通过建立QQ群、组织联谊活动等方式，帮助单身青年解决婚恋交友问题。开展“一带一路天天万步走”、羽毛球、乒乓球等群众性文体健身活动，积极争取中央国家机关工会联合会支持，为国家粮食局免费配置40余万元仪器设备，建设“心理健康空间”，提高党员干部身心健康水平。

老干部工作

一 总体情况

2016 年，在局党组和离退休干部工作领导小组的正确领导下，离退休干部办公室认真贯彻落实中办发〔2016〕3 号文件精神和全国老干部局长会议部署要求，围绕充分发挥老同志的特殊优势，积极开展正能量活动，加强离退休干部思想政治建设和党组织建设，认真落实老干部政策待遇，加强工作人员队伍建设，较好地完成了工作任务。

截至 2016 年底，国家粮食局共有离退休人员 290 人。其中，离休 72 人，退休 218 人；在离休干部中，抗战时期参加革命 17 人，解放时期参加革命 55 人；80 岁以上离退休人员 162 人，最高年龄 101 岁；在老同志中，有中共党员 223 人。为老干部服务的在职人员 29 人。

二 全面落实从严治党要求，切实加强党员干部政治教育和离退休干部党支部“两项建设”

组织离退休和在职人员先后开展了纪念建党 95 周年和红军长征胜利 80 周年等活动，深刻领会习近平总书记“七一”讲话精神，认真学习习近平总书记纪念红军长征胜利 80 周年重要讲话精神。邀请全国人大代表、全国劳动模范、全国道德模范、河北柏乡国家粮食储备库主任尚金锁同志讲“两学一做”学习教育专题党课。通过开展中国共产党成立 95 周年感言征集活动和“我为党旗添光彩”征文活动、请局领导向老同志通报粮食流通工作情况、举办建党 95 周年和长征胜利 80 周年书画及诗、词、赋作品征集活动等多种形式，切实增强广大党员爱党护党为党的自觉性，强化中国特色社会主义道路自信、理论自信、制度自信、文化自信的坚定性。大力加强党组织建设，完成了离退办党委换届选举工作。组织离退休基层党务人员工作会议，进一步提高了党务人员实际工作能力。各离退休干部党支部积极采取集中宣讲、座谈交流等方式落实学习制度。

三 不断创新活动载体，扎实开展为党的事业不断增添和传递正能量活动

围绕纪念中国共产党成立 95 周年，组织离退休党员开展“我为党旗添光彩”征文、感言和宣讲活动，将优秀宣讲材料汇编成《党旗下的故事》。组织开展“阳光老人”评选活动，编印“阳光老人”事迹材料《为霞尚满天》。通过活动，展示广大离退休党员在中国革命、社会主义建设以及改革开放中发挥的先锋模范作用和爱党、忧党、兴党、护党的政治担当，展现广大离退休老同志热爱生活、积极向上、与时俱进的精神风貌。百岁抗战老战士、78 年党龄的老党员刘清霜同志，在建党 95 周年纪念日即将来临之际，自愿向党组织交纳 10 万元的特殊党费，促进了正能量活动的开展，提升了“两

学一做”学习教育效果。通过优秀家风家训展示，弘扬中华民族传统文化，以“世界爱粮日”为契机，开展“光盘也是正能量”节粮微行动，以离退休干部党支部为主体，在离退休干部当中开展互助关爱、传递温暖活动，建立老干部信息宣传工作队伍，不断完善“老粮食人”微信公众平台，宣传离退休干部工作和离退休干部先进典型，教育引导老干部为粮食流通事业增添正能量。

四　以认真负责严实相成的工作态度，扎实做好离退休干部服务管理工作

扎实做好走访慰问老红军、老党员、老同志的工作，探视慰问住院的老同志，重点帮扶有特殊困难的老党员、老同志，定期救助生活完全不能自理退休人员和无工作单位的老同志遗孀。继续开展“比健康、晒长寿”活动，为80岁以上的高龄老人发放健康长寿奖。办理符合条件的老同志享受“夕阳红”救助资金，借力社会资源为老同志提供养老服务。继续通过北京市民政服务系统购买社区小时工服务，为老同志提供个性化的家政服务和新型服务方式。完善《离退休干部办公室医务工作制度》，制定印发《国家粮食局离退休干部办公室在职职工及子女医疗费用报销规定》，有序开展日常门诊，完善老干部健康体检流程。严格遵守财经纪律和有关规定，按照预算执行经费支出，按时发放离退休费和津补贴，认真完成财务检查、巡视期间的专项检查和单位内部控制建设等工作，按规定报销医药费和住院押金结算。切实加强阵地建设，协调各方力量，对马连道活动站北平房会议室进行了改造。发挥网宣、书画、台球、棋牌、文娱、舞蹈等协会作用，组织开展书画展、麻将赛等多项文体活动。精心组织春、秋游活动，让老同志体验美好生活，感受祖国发展变化。

五　深入学习贯彻中办发〔2016〕3号文件精神

组织引导离退休和在职人员认真学习中办发〔2016〕3号文件，深刻领会文件精神，用中央文件精神统一思想、指导行动。召开2016年党务工作会议，开展学习中办发〔2016〕3号文件专题座谈会。通过设计相关《调查问卷》广泛征求老同志们的意见建议。各处结合各自职责和工作特点，分担不同课题，积极开展专题调研活动。认真学习中组部转发的各地各部门关于落实中办发〔2016〕3号文件的好经验、好做法。在此基础上，紧密联系国家粮食局老干部工作实际，研究讨论贯彻意见，起草了《中共国家粮食局党组关于进一步加强和改进离退休干部工作的实施意见》。

六　加强学习教育，狠抓离退休干部工作队伍建设

认真组织党员干部开展“两学一做”学习教育，自觉践行“三严三实”要求，坚持每周四的学习日制度，坚持支部书记讲党课制度，坚持自学与集体学习相结合，组织工作人员认真学习习近平总书记系列重要讲话精神，切实抓好党纪党规特别是《中国共产党廉洁自律准则》《中国共产党纪律处分条例》《中国共产党党内监督条例》和《关于新形势下党内政治生活的若干准则》等党内法规的学习贯彻。开展了党员代表交流心得体会、青年党员研讨、网上答题等活动。按照局党组关于落实党风廉政建设主体责任和监督责任的实施方案，坚持一级抓一级，层层传导压力，严明党的纪律规矩，锲而不舍落实中央八项规定精神，认真执行党内监督条例和述职述廉、谈话制度，严格落实《关于领导干部报告个人有关事项的规定》，形成了齐抓共管、防微杜渐的良好环境。

4

第四篇

各地粮食工作

北京市粮食工作

基本情况

北京市位于华北平原西北边缘，东南距渤海约 150 公里，西、北和东北群山环绕，东南是缓缓向渤海倾斜的大平原，地势西北高、东南低。全市土地面积 16410 平方公里，其中平原面积占 38.6%，山区面积占 61.4%。2016 年末全市常住人口 2172.9 万人，比上年末增加 2.4 万人。其中，常住外来人口 807.5 万人，占常住人口的比重为 37.2%。常住人口中，城镇人口 1879.6 万人，占常住人口的比重为 86.5%。2016 年末全市户籍人口 1362.9 万人，比上年末增加 17.7 万人。2016 年，北京市粮食播种面积 8.73 万公顷，比上年减少 1.72 万公顷；粮食产量 53.7 万吨，比上年减产 14.2%。

从 2016 年粮食供需平衡调查情况看，北京市粮食消费 535 万吨，其中口粮消费 361 万吨。粮食总供给 623.7 万吨，其中自产粮食占 10%，其余全部依靠外省购进和进口，外省购进 528.8 万吨，进口 32.3 万吨。食用油消费 57 万吨，比上年增加 0.6 万吨。

2016 年粮食工作

2016 年，北京市粮食行业牢牢抓住京津冀协同发展的机遇，贯彻创新、协调、绿色、开放、共享的发展理念，深化粮食流通领域改革，释放粮食产业经济活力，丰富粮油市场供应，稳定粮油价格，为首都经济社会发展作出了新的贡献。

一 保持粮食市场平稳运行

全年粮食消费量为 535 万吨，其中口粮 362 万吨、饲料和工业用粮 173 万吨。北京国家粮食交易中心发挥交易平台作用，举办竞价交易会 39 次、交易量 115 万吨，带动了大宗粮油贸易的开展。“京粮集团”全年粮食购销量 1046 万吨，同比增长 27.6%，发挥了粮食流通主力军作用。市储备粮油累计轮换 119.83 万吨，有效调节了市场供求和价格。收购转储郊区玉米 2.17 万吨，确保农民不出现“卖粮难”。全市粮食消费价格指数累计下降 0.9%，涨幅低于全国平均水平 1.4 个百分点。

二 首次开展粮食安全责任考核工作

按照层层落实粮食安全行政首长责任制的要求，16 个相关部门组成粮食安全区长责任制监督考核工作组，加强对区政府相关工作的监督考核，落实国务院对市政府的考核任务。监督考核工作组及时下达年度考核任务，细化考核标准和工作流程，建立了部门联席会议制度、联络员制度、与区政府沟通协调制度、抽查考核制度和考核结果运用制度，建立了监督考核工作机制。13 个区政府出台实施方案，逐项落实考核任务，推动了相关工作开展。

三 继续深化粮食产销合作

市政府分管副市长带队参加主产区粮食贸易洽谈会，粮食行政管理部门和相关企业积极参与，通过签订战略合作协议、建立粮源基地、委托代购代储市储备粮等多种形式，不断深化北京市与主产区的粮食产销合作。国有粮食企业积极参与粮食收购，加强外埠粮源基地建设，拥有自有产权的基地 19 个、仓容能力 90 多万吨，提高了一手粮源掌控能力。投入粮食产销合作资金近 600 万元，促进了企业互动、技术交流、项目对接和产业延伸。

四 编制《北京市粮食收储供应安全保障工程建设规划（2016—2020 年）》

从建设粮油仓储设施、打通粮食物流通道、完善应急供应体系、保障粮油质量安全、强化粮情监测预警、促进粮食节约减损等方面入手，全面推进粮食流通基础设施建设。在建项目 8 个，投资 3 亿元，建设仓容 30 万吨。

五 编制《北京市粮食行业"十三五"发展规划》

提出"围绕一个主题，坚持五大理念，建设五个体系，提高三个能力"的总体目标，即围绕保障首都粮食安全的主题，坚持创新、协调、绿色、开放、共享的发展理念，建设粮食产销合作体系、现代粮食仓储物流体系、放心粮油产品供应体系、粮食产业经济体系、粮食市场调控与应急保障体系，提高粮食流通领域的信息技术应用能力、科技创新能力、依法治理能力，发挥北京都市粮食产业独特优势，全面提升粮食安全保障能力和水平，推动首都粮食行业持续健康发展。

六 京津冀协同发展稳步推进

贯彻落实京津冀协同发展战略，发挥三地比较优势，加快粮食产业对接。黄骅港粮食产业园、黄骅港综合保税区电子商务与物流产业园等重点工程有序推进，天津油脂基地实现销售收入和利润大幅度增长。三省市粮食部门统筹搭建对接协作平台，健全政策研究、统筹协调、督促检查、信息报送、对接服务等工作机制，签订了粮油信息服务、粮油交易服务、粮食应急协同联动等合作协议，扩大了协同发展的深度和广度。

七 市储备粮管理进一步规范

认真落实地方粮食储备责任，各远郊区政府签订落实地方粮食储备承诺书，市粮食局重新下达了远郊区粮食储备任务。重新修订了市储备粮承储合同，落实各环节的管理责任。推行《粮食仓库仓储管理规范》地方标准，推广应用绿色储粮技术，应用准低温储粮、惰性粉防虫等绿色储粮技术的市储备粮占度夏市储备粮总量的64%，市储备稻谷连续五年实现了准低温储粮技术且免化学药剂熏蒸，市储备粮宜存率保持100%。

八 粮食质量安全监管能力明显提升

完善粮食质量监测网络，加强监测网点建设，防止发生区域性、系统性粮食质量安全风险。支持粮油质检机构配置技术设备，加强技术人员培训，进一步提高了检测能力和水平。制定粮食熏蒸作业、粮食质量安全事故应急处置、粮食仓储物流设施保护、行业安全生产培训等相关规定，开展新收获粮食、库存粮食的质量抽查和市储备粮入库真菌毒素检测工作，有效防止了超标粮流入口粮市场。

九 依法行政工作稳步推进

落实法治政府建设情况报告制度，严格履行重大行政决策调研、专家咨询论证、合法性审查和集体讨论等程序，切实落实重大行政决策的科学化、民主化、法治化。修订并公布了行政职权事项清单，修订粮食行政处罚裁量基准，动态调整行政职权事项35项，推进行政执法岗位目录制度，加强行政执法队伍体系建设。

十 全面宣贯“一规定两守则”

贯彻落实《粮油储存安全责任暂行规定》《粮油安全储存守则》和《粮库安全生产守则》，对企业的安全生产管理基础和作业现场安全管理情况进行多项目、多层次、无死角的专项抽查，严防严控重特大粮油储存和生产安全事故发生。

十一 开展“收购资格认定”专项检查

按照《北京市粮食流通领域市场主体信用信息归集和公示工作方案（试行）》，组织各区商务委开展“收购资格认定”专项检查，复查已获得粮食收购资格企业的经营条件，在北京市已办理粮食收购资格的236家企业基础上，梳理仓储设施在京的粮食收购企业191家，抽查具有粮食收购资格企业173家，发现问题要求整改企业6家，撤销23家不符合条件和长期不从事粮食收购活动企业的资格。

十二 开展全市粮油库存检查工作

按照“统一抽调、混合编组、集中培训、综合交叉、本地回避”的原则进行联合复查，分别对北京市通州、顺义、平谷、延庆和昌平 5 个区的 20 个粮食库点进行复查，复查比例达到 33.9%。从检查结果看，北京市粮食库存数量真实，账实相符；储存安全；轮换计划下达及时规范，轮换任务执行情况良好；粮食补贴拨补及时到位；库贷对应，资金占用合理；库存管理较为规范。

十三 开展市储备食用油库存检查工作

在承储企业自查的基础上，组织开展复查工作。复查比例占地方储备油总量的 92.77%。从复查结果看，接受复查的企业地方储备油库存数量真实，账实相符；质量符合国家有关规定，储存安全；补贴拨补情况良好；库贷对应，资金占用合理，库存管理规范。

十四 开展储存和收获环节粮食质量安全监管监测工作

2016 年库存粮食质量安全抽查工作共抽检样品 107 份，其中中央事权的粮食 49 份，地方事权的粮食 58 份，主要检验质量情况、储存品质情况和主要食品安全指标合格情况。组织开展 2016 年度收获粮食质量安全监测工作，共扦取样品 26 份。

十五 组织开展爱粮节粮宣传周活动

以“积极应对气候变化，促进粮食减损增效”为主题，通过发放主题宣传册、征集主题作品以及科普讲座等方式，普及粮食减损增效知识，加大爱粮节粮的宣传力度。

十六 按照“双随机一公开”原则开展粮食流通监督检查

市、区两级粮食行政管理部门全年共出动执法 1191 次，出动执法人员 3452 人次，检查企业 1531 个次。2016 年，全市作出行政处罚 5 起，累计罚款 1.8 万元。市级粮食行政管理部门按照“双随机一公开”的原则，行政处罚结果在北京市企业信用信息网和市粮食局网站监督检查处罚公示专栏予以公开。

十七 做好退耕还林补助粮供应工作

全年发放退耕还林补助粮 2.1 万吨，共拨付退耕还林补助粮供应资金 4080.6 万元，全市累计供应小麦 77.6 吨，玉米 3.27 吨，面粉 12293.9 吨，大米 2255.6 吨，折合原粮共计 21113.7 吨。共涉及昌平、房山、密云、平谷、延庆、门头沟、怀柔 7 个区，1691 个村，158896 户退耕农户，进一步保护退耕农户利益。

十八 落实粮油应急加工能力储备

市粮食局与 15 家粮油加工企业签订粮油应急加工协议。其中，面粉加工企业 4 家、大米加工企业 7 家，日处理水稻和小麦能力合计约 10420 吨；油脂加工企业 4 家，日精炼油脂能力约 5340 吨；签约企业的粮油日加工能力可以满足北京市粮油市场供应需要。

十九 组织开展应急示范演练

演练以实况与模拟相结合、企业演练和现场综合演练相结合的方式进行，重点演练了原粮应急出库、应急加工启动、成品应急投放、应急调动外埠粮源入京等应急响应内容。演练还通过对沿六环、京津冀、环渤海三道粮食应急保障圈的测试，检验了生产运输能力。

二十 合理调整市储备粮布局和品种结构

异地储备规模增加 8.9 万吨，市储备粮异地储存数量达到 24.7 万吨，节约了北京市土地资源。进口 5.5 万吨加麦，进一步优化市储备粮品种结构。

二十一 提高粮食质量安全事故处置能力

制定《北京市粮食局粮食质量安全事故（事件）应急处置方案》，针对粮食收购、储存以及政策性粮油加工、销售等环节可能发生的质量安全事故，完善应对粮食质量安全事故的快速反应及应急处置信息发布的相关机制和程序。

二十二 推动粮食行业专业人才队伍建设

举办第四届北京市粮食行业职业技能竞赛，设置职工组和学生组两个组别，开展理论知识竞赛和实际操作竞赛，共 20 个代表队、91 名选手参加了比赛，推动专业人才队伍建设。组织粮油保管员（初级）和粮油检验员（中级）鉴定工作，37 人通过粮油保管员鉴定并取得证书，27 人通过粮油质量检验员鉴定并取得证书。

二十三 政府信息公开工作力度增强

全年共主动公开政府信息 40 余条，编发京粮信息 103 期，报送京粮动态 26 期，上报信息 55 篇，办理依申请公开事项 3 件，上网各类信息 500 余条、照片近 20 张，收发、参阅信息 1000 余条。

二十四 表彰北京市粮食行业先进集体和先进个人

市粮食局、市人力资源和社会保障局授予益海嘉里食品营销有限公司北京分公司等 41 个单位“北京市粮食行业先进集体”荣誉称号；授予年一峰等 48 名同志“北京市粮食行业先进个人”荣誉称号。

◆北京市粮食局领导班子成员

李广禄	党组书记、局长
张　强	党组副书记、副局长
阎维洪	党组成员、副局长
任昌坤	党组成员、副局长

2016 年 2 月 4 日，北京市粮食局局长李广禄（左二）陪同国家粮食局局长任正晓（右一）视察首都节前市场。

2016 年 10 月，北京市粮食局局长李广禄（左二）赴河北、河南考察。

2016 年 10 月 29 日，北京市粮食局局长李广禄（右一）出席京津冀粮食行业协同发展第二次局长联席会议。

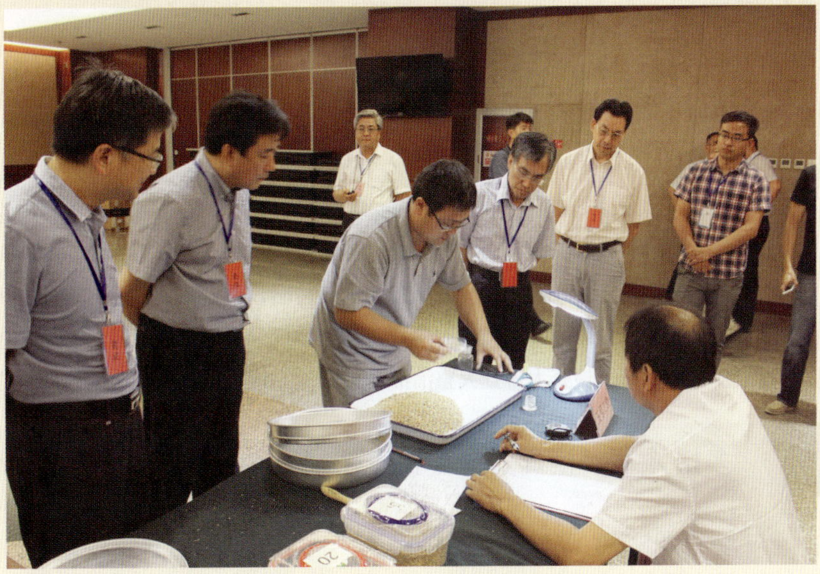

北京市粮食局局长李广禄（左四）观摩第四届北京市粮食行业职业技能竞赛。

天津市粮食工作

基本情况

天津市地处华北平原东北部，东临渤海，北屏燕山，西靠首都北京，平均海拔为 2 ~ 5 米，年降水量 550 毫米左右，属暖温带大陆性季风气候。天津地区的形成始于隋朝大运河的开通，唐朝中后期成为南粮北运的水陆码头，是元朝漕粮转运中心，现在是中国北方最大港口城市。天津市行政区域总面积 11916.9 平方公里，全市现辖 16 个区。2016 年末，全市常住人口 1562.1 万，比上年末增加 15.2 万人（其中，外来人口 507.5 万，增加 7.2 万人），常住人口中，城镇人口 1295.5 万，城镇化率为 82.9%。

2016 年，全市粮食播种面积 35.7 万公顷，粮食总产量 196.4 万吨，主要粮食作物为小麦、稻谷、玉米等，全年产量分别为小麦 60.9 万吨、稻谷 13.4 万吨、玉米 118.1 万吨，大豆、高粱等其他杂粮 3.1 万吨。全年粮食消费量约 705 万吨，粮食产消缺口约 509 万吨。

2016 年粮食工作

2016 年，天津市粮食局在市委、市政府的领导下，在国家粮食局、市发展改革委具体指导下，坚持“四个全面”战略布局，坚持稳中求进工作总基调，认真落实习近平总书记对天津工作提出的“三个着力”重要指示，按照年初全国粮食流通工作会议的部署，结合“两学一做”学习教育，全面落实粮食安全省长责任制，持续推进“粮安工程”建设，不断加强粮食流通监督检查和法制建设，积极开展粮食安全生产大检查大排查大整治活动，圆满完成了以确保粮食安全为中心的各项任务。

一　多措并举，粮食安全省长责任制取得新突破

（一）积极落实两级储备规模

落实粮食安全省长责任制是确保粮食安全的重要抓手。2016 年，天津市粮食局结合实际，逐项分解任务，推动责任制落地落实。主动会同市发展改革委、市财政局等单位制定了《关于完善区县粮食储备制度的实施意见》，明确了市、区两级粮权、事权及各储备粮功能定位，为各区落实储备任务提供了制度依据。各区高度重视，齐心协力，全部按时完成原粮和成品粮增储任务。蓟州区、宝坻区、武清区主动作为，狠抓落实，原定 2 年的原粮增储任务 1 年完成。宁河区一次性完成成品粮增储任务。

（二）持续加强仓储设施建设

不断加快天津粮食仓储基础设施新建扩建步伐，2016 年共投入 3.3 亿元，新建、扩建仓容 38.9 万吨；完成了 2015 年仓储设施维修改造项目的验收；积极推进 6 家市级储备粮油承储企业仓房提升改造工程，其中 3 家已下达资金计划，另 3 家正在进行备案和招投标工作，预计 2017 年内完工。

（三）全力推动粮食安全责任制考核

以天津市政府名义印发了《天津市粮食安全区县长责任制考核办法》，为开展考核提供了遵循。市、区分别成立了粮食安全责任制考核工作组，加强了对考核工作的组织领导。研究制定了天津市年度考核的《方案》，组织召开了考核培训会和推动会，为扎实开展考核工作奠定了坚实基础。同时，积极组织各区查漏补缺和自评，保证了粮食安全区长责任制年度考核的顺利进行。

二 主动作为，粮食行业协同发展迈出新步伐

（一）政府间协同更加深入

坚决贯彻落实京津冀协同发展战略，结合天津市粮食流通工作实际，创新实践，破题发力，协同发展和产销合作成效明显。建立了京津冀粮食行业协同发展局长联席会议制度，搭建发展平台，成功主办第二次局长联席会议。京津冀三地粮食局共同签署了《粮食应急协同联动合作协议》，形成覆盖全面、合作深入、协调有序、处置高效的协同应急联动格局。京津冀三地粮油交易中心和信息中心分别签订了《关于建立粮油交易服务协同合作的协议书》《关于建立粮油信息服务协同合作的协议书》，实现资源和信息共享。

（二）产销间联系更加紧密

天津市粮食局会同市发展改革委、市财政局出台了《关于进一步促进天津市与粮食主产省开展粮食产销合作的意见》，为深化产销合作提供了政策指导。局主要领导先后赴黑龙江、吉林等 7 个省（区）进行调研，参加产销合作洽谈会；与黑龙江省、山西省粮食局签署了产销合作协议，促进了产销合作持续健康发展。2016 年结合粮食轮换，共引粮入津 89 万吨，有效稳定了天津市粮源供给。

（三）企业间合作更加务实

遵循“政府搭台、企业唱戏”的原则，支持京津冀三地粮油集团建立战略合作关系。协调市食品集团到黑龙江、河北与当地知名企业座谈交流，天津利达粮油有限公司等龙头企业通过设立分公司、收购库点等形式，积极开展合作，标志着天津市粮食企业真正实现“走出去”，有效发挥了天津市粮油龙头企业的示范作用。

三 科学规范，储备粮管理水平迈上新台阶

（一）严格储备粮管理

始终高度重视加强储备粮管理，确保储粮数量真实、质量良好、存储安全。制定了《天津市级成品粮储备管理办法》《关于完善市级静态储存大米轮换管理实施意见》《天津市粮食质量安全保障》等规章制度，为强化储备粮管理提供了保障；扎实做好轮换工作，2016 年共轮换粮食 52.6 万吨。加强储粮安全检查，共出动 890 人次，累计检查库点 107 家，检查市级储备粮油 180 余万吨。经查，天津市地方储备粮油管理严格，安全规范。加强储粮质量强检，共检查市级储备粮油近 300 万吨，全部合

格。制定了《天津市市级储备粮承储库化验室标准》，协调有关单位落实了市粮油质检中心建设专项资金 1180 万元。完善了天津市重金属超标粮食质量安全监管机制，确保了天津市储备粮质量安全。

（二）狠抓安全生产管理

年初与各区粮食行政管理部门和市属涉粮企业负责人签订安全生产责任书，形成了“人人抓安全、人人管安全”的良好氛围。牢固树立“隐患就是事故，事故就要处理”的理念，制订了安全生产隐患大排查大整治活动方案，先后派出 207 人次，排查库点 35 家，检查中发现的 28 个隐患已全部整改到位，确保了生产安全。强化防汛准备，健全防汛指挥体系，成立应急队伍，备齐防汛物资，加强应急值守，确保了安全度汛。组织开展储粮化学药剂专项整治，在静海古城粮食储备库召开现场推动会，进一步规范了行业危化品使用管理。

（三）着力推动信息化建设

天津市粮食局先后派人赴山东、江苏等省学习调研，结合天津实际，制定了《天津市粮食系统信息化建设总体方案》，为下一步抓好信息化建设做了顶层设计。加强粮油科研学术工作，《粮油市场价格监测体系网络平台》项目获天津市行政管理创新奖。

四　精心组织，确保粮食流通市场稳定规范

（一）市场调控向精准发力

坚持以检查促落实，以规范正秩序，确保粮食流通市场基本稳定。扎实开展 2015 年度供需平衡调查，进一步摸清了全市粮油供需总体情况，为政府宏观调控提供决策依据。认真做好粮油竞价交易工作，2016 年共完成交易粮食 103 万吨、实现交易额 21.8 亿元。复核全市应急供应网点 496 家，为加强应急网络建设奠定了坚实基础。组织粮食应急培训、演练和粮食质量安全应急演练，提高了应急能力。军粮供应保障及时、质量安全，并主动向深度拓展，成效明显。

（二）粮食收购和审批向便民拓展

认真梳理和精简了粮食收购资格的申请条件、材料及办理流程。认真落实收购政策，及时做好收购各项准备工作，积极组织多元市场主体入市收购。全市各类粮食企业共收购地产新粮 30.2 万吨。武清区的便民措施有效解决了“最后一公里”的服务问题，深受百姓欢迎。编制并颁布了全市粮食收购资格许可事项地方性统一标准和审批办事指南，为企业在申办资格时提供了更加便捷、优质、高效的服务。

（三）监督检查向严实看齐

较好完成了全市粮食库存检查，对 7 家承储企业近 80 万吨政策性粮食的库存账实、质量、轮换等情况进行全面检查，检查中发现的问题已全部整改到位。严格专项检查，对成交的 244 笔共 39.3 万吨国家超期储存粮进行了监督抽查；汇总审核 405 家收购企业资质；对宝坻区、武清区部分夏粮收购点的收购情况进行随机抽查，未发现压级压价、“打白条”等问题。对 335 家粮食企业的最低最高库存量标准进行了核定。

五　真抓实干，落实全面从严治党要求取得新成效

（一）切实把管党治党主体责任扛在肩上抓在手上

牢固树立抓好党建就是最大政绩理念，以落实中央巡视反馈问题整改为契机，全面开展从严治党

各项工作。坚决贯彻落实全面从严治党要求，制定了《市粮食局党组关于贯彻落实全面从严治党要求的实施意见》。认真落实局党组《“三重一大”事项决策实施办法》和《议事决策规则》，提高党组科学决策水平。加强党风廉政建设，全市粮食系统逐级签订了责任书和承诺书。对违纪问题进行了严肃处理，对个别同志进行了警示谈话，局系统落实全面从严治党要求更加严格，风清气正的氛围进一步浓厚。

（二）认真抓好巡视反馈意见整改见底见效

中央和市委巡视意见反馈后，局党组高度重视，及时成立了整改领导小组，先后 7 次专题研究整改工作，细化整改措施，确保整改落地落实。局党组和 19 个基层组织均召开了专题民主生活会或组织生活会。目前，72 项反馈意见已经全部整改到位，需长期坚持的 10 项措施严格落实，2 项正在精心准备。通过巡视整改，局系统党性观念明显增强，各项秩序更加规范。

（三）扎实开展“两学一做”学习教育

扎实抓好“两学一做”学习教育，严格落实“基础在学、关键在做”的总体要求，采取书记讲党课、辅导讲座、参观展览、专题研讨等多种形式，深入学习党章党规和系列讲话，引导党员干部争做“四讲四有”合格党员。针对加强基层党建的“七项重点任务”和“六项专项整治”专题研究部署，全力抓好落实。召开纪念建党 95 周年大会，积极组织开展“三会一课”“主题党日”和“五好支部”创建活动。通过抓基层组织建设，各级党组织建设更加坚强，全体党员尊崇党章、遵守党规、做合格党员的行动更加自觉。

◆天津市粮食局领导班子成员

朱　军	党组书记、局长
李久彦	党组成员、副巡视员
周　海	党组成员、副巡视员
吴维吉	党组成员、中国天津粮油批发交易市场总裁
马宝瑛	副局长

2016 年 1 月 27 日，天津市召开 2016 年粮食流通工作会议，市粮食局局长朱军接受各区粮食行政管理部门和市属涉粮企业负责人递交的安全生产责任书。

2016 年 3 月 18 日，天津市 2016 年粮油仓储工作暨储粮化学药剂管理与使用工作会议在静海区古城粮食储备库召开，市粮食局局长朱军（主席台右二）出席会议并讲话。

2016年8月1日，天津市粮食局局长朱军（左三）陪同市发展改革委副主任马超英（左四）赴市粮食储备有限公司检查指导市级成品粮存储和库房基础设施建设工作。

2016年10月16日，天津市粮食局联合市农委等部门在蓟州区举办"2016年世界粮食日"暨全国爱粮节粮宣传周活动启动仪式。天津市粮食局党组成员、副局长马宝瑛（左二）主持启动仪式并参加活动。

河北省粮食工作

基本情况

河北省环抱首都北京，东与天津市毗连并紧傍渤海，东南部、南部衔山东、河南两省，西倚太行山与山西省为邻，西北部、北部与内蒙古自治区交界，东北部与辽宁省接壤。全省总面积 18.8 万平方公里，占全国土地总面积的 2%。河北省的地势有三大地貌单元，其中坝上高原平均海拔 1200~1500 米，占全省总面积的 8.5%；燕山和太行山地，其中包括丘陵和盆地，海拔多在 2000 米以下，占全省总面积的 48.1%；河北平原是华北大平原的一部分，海拔多在 50 米以下，占全省总面积的 43.4%。河北省属温带大陆性季风气候，大部分地区四季分明。

初步核算，2016 年，全省生产总值实现 31827.9 亿元，比上年增长 6.8%。河北省是全国 13 个粮食主产省之一。2016 年，全年粮食播种面积 632.7 万公顷，比上年下降 1%；粮食总产量 3460.2 万吨，增长 2.9%。其中，夏粮产量 1448.7 万吨，下降 0.1%；秋粮产量 2011.5 万吨，增长 5.1%。主要生产小麦、玉米。正常年景粮食产需总量平衡有余，油脂油料缺口较大，主要靠省外购入和进口弥补。各类粮食企业累计收购粮食 2438.1 万吨，比上年增加 213 万吨。其中收购小麦 1293 万吨，比上年增加 327.4 万吨；收购玉米 1037 万吨，受玉米价格下行压力加大的影响，比上年减少 133.7 万吨。

2016 年粮食工作

2016 年，河北省粮食部门在省委、省政府的领导和国家粮食局大力支持下，认真履职尽责，深入贯彻落实党中央、国务院关于粮食工作的战略部署，不断强化工作举措，创新体制机制，促进了粮食流通事业稳步发展，主要工作取得了明显成效。

一 落实粮食安全省长责任制迈出重要步伐

（一）明确了各级政府粮食安全责任

为层层落实责任、传导压力，指导、督促各设区市政府出台了粮食安全责任制实施意见，11 个设区市政府均出台了对县级政府的考核办法。

（二）对 2016 年度考核工作进行了具体部署

组织召开了省粮食安全责任制考核工作组第一次联席会议，沈小平副省长到会讲话。会议研究通过并印发了《河北省粮食安全责任制考核工作方案》《关于开展 2016 年度河北省粮食安全责任制考核工作的通知》两个文件，以此为标志，考核工作全面启动。12 月，对市级自评作出了具体安排。

（三）组织了模拟对标自评

10 月 9 日，省粮考办印发了《关于开展 2016 年度粮食安全省长责任制考核模拟自评工作的通知》（冀粮安考办〔2016〕4 号），要求各有关部门按照国家考核评分表和《2016 年度粮食安全省长责任制考核指标及评分标准解读》，结合本部门年度考核目标任务完成情况进行模拟自评。

（四）加强培训和督导

组织了一次粮食安全责任制考核工作培训会议，编制了《粮食安全责任制考核工作文件汇编》。12 月初，派出由局领导带队的四个督导组，对各市粮食安全责任制工作的落实情况进行了督导检查。

二 积极应对自然灾害保证了粮食收储平稳运行

（一）托市收购政策执行有力

2016 年，面对复杂多变的市场形势和局部洪涝灾害，河北省粮食局会同中储粮公司和省有关部门积极研究对策，及时启动小麦托市收购。各类粮食企业累计收购粮食 2438.1 万吨，比上年增加 213 万吨。其中收购小麦 1293 万吨，比上年增加 327.4 万吨；收购玉米 1037 万吨，受玉米价格下行压力加大的影响，比上年减少 133.7 万吨。针对“7·19”洪涝灾害和邯郸阴雨天气出现的小麦不完善粒严重超标给夏粮收购带来的困难，在财政资金十分紧张的情况下，省政府拿出 7200 万元专项资金用于处置这一问题，有效减轻了农民受灾损失，保证了收购工作有序进行。

（二）粮食应急保障作用充分发挥

2016 年 7 月，河北省南部地区遭受特大洪涝灾害。面对灾情，全省粮食系统以强烈的责任心、使命感，迅速投入抗洪救灾工作中，紧急启动应急预案，充分利用军民融合保障平台，协调联动提高应急效率。其间，共为受灾群众投放成品粮油 3175 吨（其中省级储备 2100 吨。包括大米 1408 吨、小麦粉 1598 吨、食用油 169 吨）以及方便面、火腿肠、饮用水等应急食品，同时为救灾部队提供主副食品 45 吨。粮食系统参与救灾人员达 1350 余人次，动用车辆 136 台次，投放地点达 176 个，圆满完成了救灾保供任务，受到灾区群众好评。在省政府常务会上，省长张庆伟对河北省粮食部门在抗洪救灾中的表现给予了充分肯定和表扬。10 月 16 日，省委、省政府对全省抗洪抢险救灾工作进行总结表彰，河北省粮食局军供中心荣获“先进集体”称号，调控处、省储中心的两名同志荣获“先进个人”称号。

（三）地方储备粮管理进档升级

圆满完成了 2016 年度储备粮轮换计划，共轮换粮油 60 万吨，确保了常储常新；开展了省、市、县三级储备粮承储企业基本情况核查，截至 2016 年 11 月底，河北省地方储备粮实际落实到位率 100%，其中省级储备超过一半以上，保持了国家确定的地方储备粮规模数量；通过连续两年的省储粮承储企业管理水平提升活动，30 家企业全部达标，库容库貌和制度建设有了质的飞跃。

（四）着力做好政策性粮食交易工作

利用河北省国家粮食交易平台，积极推动地方储备粮入市交易。2016 年累计成交国家政策性粮食 232.2 万吨，成交总金额 41.3 亿元；累计成交省级储备粮 19.5 万吨，成交总金额约 4.68 亿元；累计成交市级储备粮 5.3 万吨，成交金额约 1.4 亿元。

三 “粮安工程”建设取得突破性进展

（一）“危仓老库”维修改造基本结束

全省粮食部门克服种种困难，积极落实主体责任，截至 2016 年 12 月底，已竣工库点 272 个。修建仓房容量累计完成 602 万吨，完成了国家核定河北省 557 万吨的维修仓容任务。这项工作的完成对缓解 2016 年夏粮收购仓容压力起到了关键作用。

（二）粮食现代物流项目建设进展有序

国家下达河北省 90 万吨建仓规模，河北省安排建设企业 32 家，使用中央预算内补助资金 1.62 亿元，其中 20 家已完工。2016 年争取国家中央预算内投资专项补助资金 2850 万元，支持河北省 4 个粮食现代物流项目，均已开工建设。

（三）危仓老库维修改造军粮专项全面展开

争取到的 1.2 亿元危仓老库维修改造军粮专项省以上配套资金全部拨付到位。其中，中央补助资金 4500 万元，省级配套资金 7500 万元。全省 57 个项目中，42 个项目已经完工或主体完工，10 个项目正在抓紧施工，其他 5 个项目因地方城乡区域规划调整，项目调整到 2017 年施工建设。

（四）粮食质量安全监测监管得到加强

在收获粮食质量监测方面，省、市两级共完成监测样品 591 个（小麦 254 个，玉米 331 个，稻谷 6 个），其中省级监测样品 315 个，市级监测样品 276 个。结果显示，2016 年河北省收获粮食质量安全状况较好；在库存粮食质量监测方面，共抽检样品 455 个，样品质量指标合格率 97.4%，储存品质宜存率 95.6%，食品安全指标合格率 99.2%；在省级储备粮轮换出库方面，从有轮换任务的 42 家企业，采样 176 个，样品质量储存品质和安全指标合格率均达 100%。同时，不断提升市级粮食检验机构的检测技术和服务能力，积极争取中央财政资金 460 万元，支持唐山、承德 2 家质检机构配备检化验仪器设备 60 余台套，市级质检机构达到 9 家。组织开展了河北粮食质量安全事故（事件）应急处置预案演练，进一步提高了质量安全事故的应对处置保障能力。

（五）粮食企业运转安全规范

各级粮食部门进一步明确安全生产工作的总体目标和重点工作任务，扎实开展安全生产攻坚行动，加强关键环节、重点部位和特殊时段的安全生产检查，强化防汛、防火、安全储粮隐患排查，确保了全省粮食系统安全生产不出问题。全系统没有发生安全生产责任事故，被省政府评为安全生产“目标管理优秀单位”。“7·19”洪灾发生前，河北省粮食局未雨绸缪，提前做好隐患排查、仓房加固、腾并仓容等各项准备。“7 · 19”洪灾发生后，河北省粮食局派出工作组深入受灾企业，积极组织干部职工对库区粮食和其他财产进行转移，努力把损失降到最低，洪灾中全省没有出现一栋仓房坍塌，没有发生严重损粮坏粮事故。

四 粮食信息化建设进程加快

（一）粮库智能化升级改造获国家支持

为充分利用现代信息技术提升河北省粮食仓储设施功能及管理水平，河北省粮食局从顶层设计入手，注重企业需求，加强与省财政厅协调沟通，科学制订符合河北省实际、行之有效的实施方案。经过积极准备和认真答辩，顺利通过国家组织的专家评审，成为粮库智能化升级改造重点支持省份，争取中央财政补助资金 7000 余万元。

（二）省级储备粮信息化管理系统建设继续推进

2016 年省财政安排省级储备粮监控体系建设资金 2880 万元，二期建设项目已进入具体实施阶段。

（三）粮食信息化管理平台正式启用

将省粮食信息化管理平台作为推进全省粮食信息化建设的重点工作来抓，不断完善系统功能，加强业务培训，平台已于 2016 年 11 月 1 日开始试运行，全省粮食系统业务协同水平得到显著提升。

（四）粮食市场监测预警能力不断提高

年内组织研发了新的“河北省粮油市场监测预警系统”并上线运行。新体系以省级监测点为骨干、市级监测点为主体、县级监测点为基础，监测点由原来的 283 个增加到 442 个，做到了全省市场价格监测布局县域全覆盖，实现了原粮购销、成品粮批发零售、粮食加工转化、物流节点的粮食流通全产业链监测。

五 依法治粮各项工作积极推进

（一）完善粮食依法行政相关工作

国务院《粮食流通管理条例》修订后，河北省粮食局及时提请省法制办对《河北省粮食流通管理规定》进行了修改。制定了河北省粮食局重大行政执法决定合法性审查等制度，组织开展了全省行政执法案卷评查，扎实做好规范性文件合法性审查等工作。在省政府组织的依法行政考核中，河北省粮食局被评为 2016 年度“依法行政优秀等次单位”，连续四年获此殊荣。

（二）加强粮食监督检查

认真开展粮食行政执法，重点组织了政策性粮食竞价销售、省级储备粮轮换、夏粮收购、秋粮收购等专项检查。认真组织开展了本年度粮食库存检查，省级抽查阶段共检查 42 个企业的 154.9 万吨粮食，针对发现的问题，下发整改通知书 26 份。总的看，河北省地方企业承储政策性粮食数量真实、质量良好、储存安全。

（三）全面推进“双随机一公开”工作

按照省政府有关要求，积极开展“双随机一公开”，指导市县粮食行政管理部门推广“双随机一公开”制度，进一步提高了检查效率，规范了行政执法行为。

（四）继续推进全国粮食流通监督检查示范单位创建活动

2016 年，河北省高邑县粮食局被国家粮食局命名为全国示范单位，带动和引领了县级粮食行政管理部门行政执法工作。

六 省际间产销合作互动频繁

（一）京津冀协同发展迈出新步伐

2016 年以来，河北省粮食局不断加强与京津粮食部门的合作，4 月 29 日、10 月 21 日分别在北京市和天津市召开了京津冀粮食行业协同发展局长联席会议，签署了《京津冀粮食行业协同发展联席会议制度》和《北京市粮食局 天津市粮食局 河北省粮食局 粮食应急协同联动合作协议》等文件，京津冀粮食协同发展取得实质性进展。河北省承接了部分北京市市级储备，并于 9 月底完成代收任务；推进了冀津粮食企业合作，天津利达粮油有限公司河北分公司成立；与京津相关机构对接，加深了粮油质量监管的合作。

（二）省际间粮食合作不断深化

积极推动与贵州、黑龙江、山西等省的实质性合作。与贵州省粮食局签订了《全面战略合作框架协议》，贵州省粮食局在河北省举办了粮食仓储培训班，河北省粮食局组团参加了贵州省第三届粮油精品展示交易会，双方合作向纵深发展。分别组团参加了黑龙江第 13 届金秋粮食交易合作洽谈会和山西粮食（小杂粮玉米）产销衔接会，签订了长期稳定粮食购销合作协议。

七 粮食行业作风实现明显转变

（一）扎实开展“两学一做”和机关作风整顿

紧紧围绕打牢“学”的基础，大力推进学习型党组织建设，坚持以上率下、丰富学习内容、创新学习形式，党员干部的政治意识和理论水平显著提升。深入推进机关作风整顿和党风廉政建设，列出问题清单，研究整改措施，做到立行立改，结合“一问责八清理”专项行动，不断将机关作风整顿引向深入。严格落实党风廉政建设主体责任，结合“两学一做”学习教育、省级机关作风整顿和巡视整改，积极推进主体责任的落实。严格落实中央八项规定，严格纠正“四风”，严格执纪问责，持之以恒开展多种形式的廉政教育活动，进一步筑牢了党员干部的思想道德防线。

（二）选树典型促进发展

柏乡粮库作为河北省多年培树的先进典型，得到了国家粮食局的特别关注和认可。在 2016 年 1 月全国粮食流通工作会议上，河北省粮食局作了《落实全面从严治党要求，为粮食流通持续健康发展提供有力保障》的典型发言，国家粮食局印发了《关于在全国粮食系统开展向河北省柏乡粮库学习活动的决定》，号召全国粮食系统开展“学柏粮，争先进”活动，并组织柏粮集团到全国各地巡回报告 17 场。一年来，先后有十几个省市粮食部门到柏粮集团参观学习。

◆河北省粮食局领导班子成员

张　宇	党组书记、局长
李凤刚	党组副书记、副局长
杨洲群	党组成员、副局长
刘荷香	副局长
李秀梅	副巡视员

2016年6月3日，河北省粮食局与贵州省粮食局在石家庄市签订了全面战略合作框架协议。

2016年7月1日，河北省政府新闻办组织召开新闻发布会，发布主题为：河北省启动2016年小麦最低收购价执行预案。

2016年8月2日，河北省政府发出了动用省级储备成品粮油救灾的命令。河北省粮食局立即行动，进入应急状态，确定救灾粮油调运方案，连夜组织装车。

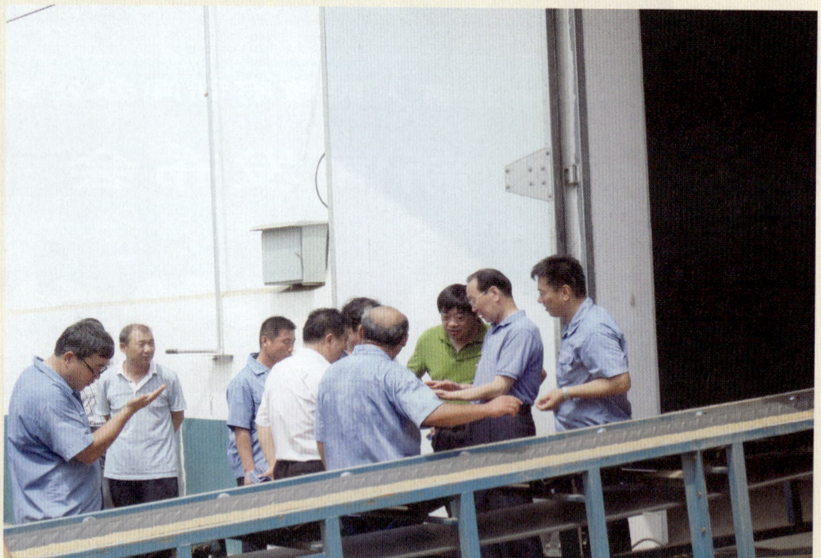

2016年8月，河北省粮食局局长张宇（右二）、副局长杨洲群（右三）赴保定、沧州、衡水三市，深入托市委托收储库点，现场检查国家小麦收购政策落实情况，指导夏粮收购工作。

山西省粮食工作

基本情况

山西省总面积为15.68万平方公里，地形多为山地丘陵，辖11个设区市，119个县、市、区。据2016年人口抽样调查，年末全省常住人口为3681.64万人。山西属于典型的温带大陆性气候，干旱少雨，晋南和晋中盆地是重要的商品粮基地。山西素有“小杂粮王国”之称，品种有120多种，是我国重要的杂粮生产基地。山西的小杂粮种植分布广泛，品种齐全，极具开发潜力。

2016年，山西农作物种植面积有372.08万公顷，比上年减少4.69万公顷。其中，粮食种植面积324.14万公顷，减少4.58万公顷；油料种植面积11.47万公顷，减少0.65万公顷。在粮食种植面积中，玉米种植面积162.48万公顷，减少5.21万公顷；小麦种植面积67.29万公顷，减少0.22万公顷。2016年全省粮食总产量1318.5万吨，比上年增加58.9万吨，增产4.7%。其中，夏粮总产275.0万吨，增产0.8%；秋粮总产1043.6万吨，增产5.8%。其中玉米产量888.9万吨，比上年增长3.0%；小麦产量273.4万吨，比上年增长0.7%；谷子产量42.7万吨，增长20.6%；豆类产量36.9万吨，增长20.8%。年消费粮食1365万吨左右，小麦缺口2806万吨，稻谷缺口115万吨，全部靠调入，玉米需销往省外432万吨。总体上看，总量不足，结构不平衡，产粗吃细，小麦不足，玉米有余。

2016年，全省各类粮食企业收购粮食615.7万吨，比上年减少116.5万吨。其中，国有粮食经营企业收购189万吨，占总收购量的30.7%。全年销售粮食947万吨，比上年增加8%。其中，国有粮食经营企业销售343.15万吨，占总销售量的36.2%。

截至2016年末，全省共有国有粮食企业371户，年末职工人数20471人。山西国有粮食企业总仓容846万吨，其中可用仓房容量682万吨。

2016年粮食工作

2016年，山西省粮食局在省委、省政府的正确领导和国家粮食局精心指导下，认真落实党中央国务院和省委省政府关于粮食工作的决策部署，积极践行新发展理念，不断激发干事创业积极性，突出问题导向，坚持真抓实干，打基础、谋长远、解难题、树正气，各项工作取得新进展、新成效。

一 加强宏观调控，粮食保供稳市水平有了新提升

（一）购销任务圆满完成

认真执行国家粮食收购政策，加强市场调研和形势研判，积极协调落实粮食收购资金，引导多元市场主体入市收购，保护农民种粮积极性。全年落实收购资金152.77亿元，落实收购仓容230万吨，确保了有人收粮，有钱收粮，有仓收粮。全年收购粮食615.7万吨，销售粮食947.2万吨，超额完成目标任务。

（二）保供稳市规范有序

全面完成国家下达山西省新增35万吨地方储备粮任务，清理规范77个县44.9万吨县级调控粮，夯实市级应急成品粮油储备，强化了宏观调控的物质基础。修订《山西省粮食应急预案》，开展了粮食应急演练，全省粮食应急供应网点、应急加工、应急配送中心分别达到1557个、128个、101个；建立省、市、县价格监测点234个，巩固并完善80个省级粮食价格监测直报点，提高了粮食应急保障和市场监测预警能力。圆满完成军粮供应任务。开展“中国粮企山西行”活动，成功举办2016山西粮食（杂粮、玉米）产销衔接会，签约粮油购销总量625.5万吨。

（三）惠民服务有效提升

出台“放心粮油”工程建设指导意见，对晋中、阳泉两市“放心粮油”经销店进行质量抽检。太原市“流动粮店、平价粮店”平台深受消费者欢迎。组织开展节假日和夏秋粮收购市场专项检查，累计检查1926次，出动7070人次，查处违规行为553例，维护了粮食市场秩序。

二 实施“粮安工程”，粮食流通能力迈上新台阶

（一）规划纲要引领

依托国家粮科院专家，集各方智慧，编制“十三五”粮食行业发展规划纲要、粮安工程规划、粮食产业发展规划、粮食仓储物流规划、粮食信息化规划等“1+4”发展规划，其中“粮安规划”列入省政府64个专项规划，科学制定了“十三五”山西省粮食流通发展战略。从实际出发认真对接落实，完成了配套规划的制订。

（二）夯实流通基础

投资3亿元，推进41.5万吨仓容新建粮库项目。落实2.12亿元，对223个“危仓老库”项目进行了维修改造。落实资金6641万元，对17个军供网点进行了功能改造提升。投资1350万元，为2.7万个农户配置了标准化储粮装具。投资2410万元，对太原等5个市和省质监中心的检测能力进行了提升。大同市粮食质监中心通过国家考核验收，至此，山西省11个市质检站全部纳入国家粮食质监体系。把信息化建设作为全省粮食行业转型升级的重要抓手和突破口，完成了规划编制、标准设计和前期准备。

（三）提升安全储粮和安全生产水平

加强地方储备粮管理，建立储备粮管理责任清单和岗位责任制。对全省511个库点的库存粮食开展库存检查和质量抽查。组织全省秋季储粮安全大检查和省级抽查，开展粮食质量安全培训和应急演练。落实粮油仓储物流设施保护制度，制定实施细则，完成全省仓容专项调查。开展粮食系统安全生产消防演练和粮食行业安全生产隐患排查专项整治行动。

三 加大落实力度，粮食安全责任得到新加强

省政府高度重视，分管副省长任组长，15个省级部门和单位组成的省粮食安全责任制考核领导小组，出台《山西省粮食安全责任制考核办法》，将粮食安全省长责任制考核纳入省年度目标责任综合考核体系。省级各有关部门齐抓共管，密切配合，山西省在全国率先分解下达市级考核任务。各市县政府加强组织领导，严抓落实，形成了省考市、市考县的分层考核机制。坚持问题导向，建立责任清单、问题清单，明确工作责任，强化推进措施，有力推动了各项考核任务的落实。

四 创新发展思路，粮食产业经济取得新进展

（一）聚焦粮食产业发展

认真调研并起草《关于促进粮食产业经济发展的指导意见》，省政府印发各市执行，为山西省粮食产业经济发展提供了政策支持，发展目标、重点和路径更加明晰。建立产业发展项目库，成立了主食产业化协调和自律组织。"山西杂粮交易网""美淘村""饭中有豆"等一批电商平台上线运行，山西吕梁山杂粮交易中心挂牌成立。成功举办了"2016山西优质杂粮玉米产品展销会"；忻州、吕梁等市参加了2016北京农博会，推介了山西省优质杂粮产品；朔州市平鲁区被中国粮食行业协会授予"中国红山荞麦之乡"称号；山西杂粮的影响力不断扩大和提升。

（二）稳妥推进混合所有制改革

引导101户民营企业和粮食经纪人参与政策性粮食购销业务，经营量50.95万吨。支持山西晋粮植物油库等6个储备企业吸纳社会资本3069万元，建立了股份制经营企业。主导山西粮食物流中心与民营企业组建国有控股的混合所有制企业，盘活现有仓储资源，解决了省粮食物流中心职工长期待岗问题。协调相关部门落实税收优惠政策，为264家粮企减负4698万元。认真落实"两包三到"要求，扎实开展驻村帮扶。推进杂粮产业发展助力脱贫攻坚，得到了省领导的肯定和支持。省粮食局在全省干部驻村精准帮扶推进大会上作典型发言。山西电视台对省粮食局派驻永和县扶贫的第一书记先进事迹进行了专题报道。

五 强化自身建设，粮食事业发展呈现新局面

（一）落实全面从严治党

扎实推进"两学一做"学习教育，进一步强化"四个意识"，切实履行好全面从严治党主体责任，实现党建工作和粮食流通工作"五同步"。按照"靠理想感召、靠发展凝聚、靠制度规范、靠纪律约束"的"四靠"要求，推进班子队伍建设。开展"热爱粮食岗位、敬畏粮食安全、振兴粮食事业"共产党员先锋行主题实践活动，成效明显。省委组织部对省粮食局坚持"四靠"要求、突出行业特色、注重党建实效的做法予以充分肯定，《山西日报》《党的生活》《山西组织工作》等媒体和刊物相继进行了报道。

（二）扎实推进依法治粮

制定全省粮食行业"七五"普法规划和年度普法工作要点。重新梳理了行政权力"两清单、两张

图”，出台《山西省粮食局粮食行政处罚裁量权实施办法》，制定并在网上公布了随机抽查事项工作细则、清单以及名录库。

（三）加强干部教育培训

积极开展干部在线教育学习，与山西大学联合开展了领导干部综合能力提升专题培训，与省委组织部共同举办了全省贯彻粮食安全省长责任制暨粮食产业经济研讨班，干部队伍的素质和能力不断提升。

（四）深入推进科技兴粮人才兴粮

山西省球形仓储粮、石洞仓生态储粮、绿色充氮气调储粮三项技术，在全国绿色储粮技术交流会上作了典型交流。杂粮营养成分测定等技术成果在全国粮食科技成果转化会上做了推广。在中国技能大赛第四届粮食行业职业技能竞赛中，山西省两名选手获得了粮油保管员职业个人三等奖，省粮食局获得了优秀组织奖，实现奖牌零突破。全系统干部职工精气神得到提升，正向激励不断加强，呈现出奋发进取的精神风貌。

◆山西省粮食局领导班子成员

丁文禄	党组书记、局长
马　珩	党组成员、副局长
薛愿兵	党组成员、副局长
宋林根	党组成员、副局长（2016年9月14日任职）
武京运	副巡视员
吕苛青	党组成员、副局长（2016年9月14日退休）
李春泽	党组成员、纪检组长（2016年5月12日调动）

山西省粮食局局长丁文禄在忻州市调研秋粮收购等工作。

山西省召开全省粮食流通工作会议。

山西省粮食局举办小杂粮、玉米宣传周。

山西省粮食局召开 2016 年世界粮食日暨全国爱粮节粮宣传周新闻发布会。

内蒙古自治区粮食工作

基本情况

2016 年末，全区常住人口 2520.1 万人，比上年增加 9.1 万人。其中，城镇人口 1542.1 万人，乡村人口 978.1 万人。城镇化率 61.2%，比上年提高 0.9 个百分点。

全区实现地区生产总值 18632.6 亿元，按可比价格计算，比上年增长 7.2%。其中，第一产业增加值 1628.7 亿元，比上年增长 3.0%；第二产业增加值 9078.9 亿元，比上年增长 6.9%；第三产业增加值 7925.1 亿元，比上年增长 8.3%。公共财政预算收入 2016.5 亿元，公共财政预算支出 4526.3 亿元，分别比上年增长 7.0% 和 6.4%。

全年农作物播种面积 794.7 万公顷，比上年增长 5.0%。其中，粮食作物 578.5 万公顷，比上年增长 1.0%。粮食总产量 2780.3 万吨，比上年下降 1.7%；油料产量 220.0 万吨，比上年增长 13.6%。

2016 年粮食工作

2016 年，内蒙古自治区深入贯彻国家粮食安全战略，按照全国粮食流通工作会议的安排部署，紧紧围绕自治区党委政府对粮食流通工作的要求，全力推进玉米收储制度改革，全面落实粮食安全省长责任制，认真执行中央八项规定和自治区 28 项具体规定，各项工作呈现新进展，有了新突破，取得新成效，党风行风得到根本性好转，为自治区经济社会发展作出了积极贡献。

一 粮食生产结构趋优

2016 年，全区粮食总产量 2780.3 万吨，同比下降 1.7%。其中，玉米 2139.8 万吨，同比下降 5%；小麦 169.9 万吨，同比增长 7.3%；大豆 100.5 万吨，同比增加 13.2%；稻谷 63.2 万吨，同比增加 18.8%；油料 220.0 万吨，同比增加 13.6%。呈现“一减四增”的良好态势，粮油供给侧结构性改革初见成效。

二 粮食流通平稳有序

2016 年，全区收购粮食 2548.1 万吨。其中，商品粮收购 1278 万吨。玉米 2394 万吨，同比减少

23%；小麦 93 万吨，同比增长 12%；大豆 15 万吨，同比减少 48%；稻谷 21 万吨，同比增长 55%；油料 215 万吨，同比增长 567%。

2016 年，全区商品粮销售 740 万吨。其中，玉米 518 万吨，同比增长 9.6%；小麦 139 万吨，同比增长 53.5%；大豆 21 万吨，同比增长 64.6%；稻谷 39 万吨，同比增长 148%；油料 24 万吨，同比减少 3.2%。

三 认真落实玉米临时收储政策

2015~2016 年度，自治区粮食局与中储粮内蒙古分公司、农发行内蒙古分行联合布设收储库点，严格执行国家收储政策，临储玉米收购 2186 万吨，促进农民增收 153 亿元。自治区一次性投入财政资金 4050 万元，购置 135 台专用色选机，解决了超标玉米色选问题，圆满完成了玉米收购任务。

四 全力推进玉米收储制度改革

本着“有人收粮、有钱收粮、有仓纳粮、有车运粮”的要求，开展政策宣传、舆论引导、产销协作、银企合作、协调运力等各项工作，玉米收购各环节保障有力，有效衔接。

3 月，发布玉米收储制度改革信息，通过自治区政府网、内蒙古粮网等平台加大宣传力度；10 月，自治区粮食局联合财政厅、农牧业厅和中储粮内蒙古分公司、农发行内蒙古分行等部门单位召开新闻通气会，宣传解读收购政策，引导农民积极有序售粮；争取国家有关部门和中央企业先后安排内蒙古自治区政策性收购计划 700 万吨；出台玉米深加工企业支持政策；举办了首届内蒙古粮食产销协作洽谈会，与广西、浙江等 5 省（区）签订粮食产销战略合作协议，搭建企业间合作平台，积极引导多元主体入市，做到了有人收粮。

在农发行发放收购贷款的基础上，多次与建设银行、邮储银行等商业金融机构对接，引导各类商业银行发放贷款 21 亿元；自治区财政拨付 1 亿元建立了收购信贷保证基金，通过盟市政府注资和企业认缴的方式扩大基金规模，总规模达到 3.11 亿元，通过基金放贷 8.3 亿元，做到了各类市场主体有钱收粮。加强调研和情况分析，准确把握收购形势，加大腾仓并库力度，做到了有仓纳粮。

抽调专人设立铁路运输协调办公室，加强与沈铁、哈铁和呼铁局的沟通协调。其中，呼伦贝尔、通辽等地还设立专门机构或派专人常驻铁路局。12 月，全区铁路日派车皮数量由 11 月 174 车增加到 260 车，日均发送玉米 1.7 万吨，两月共发运玉米 13631 车，做到有车运粮。

落实各地政府收购主体责任，建立部门间联席会议制度和信息上报反馈机制，在呼伦贝尔、兴安盟等地先行先试的基础上，稳妥推行“粮食银行”试点，加大粮食产后服务力度，保证收购市场平稳有序。

五 放心粮油、应急保障和质量监管工作稳步推进

明确了放心粮油工作机制和任务目标，制订建设规划和推进措施，召开了全区放心粮油工作会议，开展放心粮油示范企业认定和年审，推进放心粮油工程与“万村千乡市场工程”、城市便民市场建设的融合发展。赴宁夏回族自治区考察学习应急供应体系建设先进经验，完成全区粮食应急供应体

系建设各项基础工作。积极开展粮食质量安全监管工作，完成 940 份新收获粮食重金属、真菌毒素含量和农药残留等项目的检测，完成了 216 份“放心粮油”及批发市场等经营主体成品粮油质量抽检。坚持改革创新，完成了全区军粮供应保障任务。包头市依托粮油购销和加工企业，配套财政扶持政策和监管措施，采取分期分批试点的形式逐步推进粮食应急体系建设，积极筹备应急供应和质量安全演练。赤峰市成立放心粮油工程建设管理办公室，结合放心粮油工程构建粮食应急供应保障网络。巴彦淖尔市制订放心粮油工程建设总体规划，做到有引导资金、有示范企业，推动粮食应急供应、放心粮油工程与主食产业、军粮供应融合发展。乌海市积极探索推进成品粮应急储备、加工、供应整体协同发展。

六 完善地方储备粮管理体制机制

坚持“安全第一，预防为主，综合治理”的方针，坚持标准不降、劲头不松、力度不减，突出“严、准、实、快”，开展常态化、大范围的安全储粮、安全生产大检查，全区各级粮食部门狠抓责任落实，强化库存监管，实现安全储粮安全生产零重大事故，保持了安全稳定总体形势。其中，包头市将 2016 年确定为“储粮安全年”，锡林郭勒盟制定下发储备粮巡查规程，确保行政区粮食储存安全。

进一步落实各级地方粮食储备，完善地方储备管理制度，提出了自治区级储备粮轮换办法修订意见，寻求自治区级储备粮油新的管理模式。阿拉善盟主动探索建立旗级地方粮食储备；兴安盟结合当地粮食产业实际，积极研究储备粮油存储和轮换方式，为解决成品粮油储备轮换亏损提供了借鉴。

七 推进“粮安工程”建设

建立督察、约谈、通报机制和项目申报审批挂钩奖惩制度，设立项目建设进度台账，积极推进开工项目建设，粮食流通基础设施建设水平显著提高。危仓老库维修改造完成 89%；盟市所在地成品粮应急低温储备设施建设完成投资 1.23 亿元，占总投资额 77%；2016 年粮食仓储设施项目完成投资 2.13 亿元，完成工程进度 64%，物流项目完成 59%；积极推进部分未完成的农户储粮专项建设；投资 2620 万元实施 7 个粮食质量安全检验监测能力建设项目；争取中央财政资金 2094 万元，自治区配套 2500 万元专项资金启动 42 个危仓老库（军粮专项）维修改造项目；粮食价格监测预警子系统和储备粮管理监测预警系统顺利通过竣工验收，正式投入使用。

八 大力发展粮食产业经济

编制完成自治区粮食流通“十三五”规划，以自治区政府办公厅名义转发《关于进一步促进粮食流通产业发展的意见》，明确了粮食产业发展总体思路和具体举措。积极稳妥推进国有粮食企业改革，会同财政、农发行核实粮食政策性财务挂账 76.9 亿元；在区直国有粮食企业开展改革试点，构建自治区级粮食宏观调控载体。以“科技列车赤峰行”为标志，正式启动粮食产后服务工程。加大与“粮达网”“有粮网”等粮食线上交易企业的沟通联系，促进“互联网 + 粮食”业态发展。赤峰市依托区位优势和粮食产品优势，加快杂粮产业发展，推进地方企业与大型企业合作，创建了“八千粟”“乡野田”等知名杂粮品牌，松山区与中粮贸易等 3 个企业合作项目落地启动。

九 落实粮食安全省长责任制

建立了粮食安全省长责任制政府领导、多方参与的组织领导机构，畅通工作联络和信息沟通渠道，提高了工作效率。建立了既符合内蒙古自治区实际又利于操作的考核制度和指标体系，坚持落实国家目标任务要求与立足地方实际相结合，确保考核工作和业务工作共同推进。突出目标和问题导向，组织自治区本级全面开展自查，加强对盟市督导检查，深入抓好整改落实，取得明显成效，得到了国家相关部门的充分肯定。为进一步落实责任制要求，自治区财政鼎力支持，2016 年追加“放心粮油”和新收获粮食质量抽检专项经费 94 万元，2017 年又增加自治区本级责任制考核、应急演练等经费 400 万元。包头市为切实落实粮食安全盟市长责任制，明确了昆区、青山、东河三个行政区粮食行政管理部门，解决了 10 多年来三区因机构改革而导致粮食流通行政职能缺位的问题。阿拉善盟在自查总结阶段的工作组织有力，报告上报及时、规范。

改进粮食市场监管方式，推进粮食行业“双随机一公开”监管，为推动全区粮食流通各项工作提供有力保障。完成粮食库存检查和统计制度执行情况专项检查，进一步加强政策性粮食销售出库管理。以秋粮收购为重点强化监督检查工作，配合海关开展打击粮食走私活动。继续推进全国粮食流通监督检查示范单位创建活动和示范单位复核工作。认真开展军供粮食质量大检查，确保军粮质量稳定可靠。

十 坚定不移推进粮食行业全面从严治党

2016 年，全区粮食系统更加重视党建工作，着力推进全面从严治党，做到“两手抓、两不误、两促进”。以学习贯彻党的十八届六中全会和习近平总书记系列重要讲话精神为引领，深入学习领会自治区第十次党代会精神，牢固树立“四个意识”，特别是核心意识、看齐意识，坚定地执行了中央和自治区党委政府各项决策部署。坚定不移推进粮食行业全面从严治党，认真开展“两学一做”学习教育，巩固和拓展了群众路线教育实践活动和“三严三实”专题教育成果，保持和发展了党的先进性和纯洁性。在自治区粮食局机关开展“遵章守纪、履职尽责、攻坚克难、勇于担当”教育活动，增强了全局领导干部的凝聚力、向心力和执行力。严肃认真配合自治区党委第六巡视组巡视工作，即知即改、立行立改，使机关党建工作上了一个新台阶。积极做好兴安盟定点帮扶和呼伦贝尔市莫旗、鄂伦春旗帮扶攻坚工作。拓宽离退休干部服务内容，努力提高老干部工作水平，机关党建、工会、青年等工作有序推进。

◆内蒙古自治区粮食局领导班子成员

张天喜	区发展改革委党组成员、粮食局党组书记、局长
王斯琴	党组成员、副局长
柯　克	副巡视员

2016 年 8 月 30 日，内蒙古自治区人民政府副主席王玉明在首届内蒙古粮食产销协作洽谈会上致辞。

2016 年 6 月 23 日，内蒙古自治区粮食局联合相关部门在呼和浩特市举行“粮食质量安全宣传周”启动仪式，图为区粮食局局长张天喜（左五）作动员讲话。

2016 年 6 月 23 日，内蒙古自治区粮食局在呼和浩特市举办“粮食质量安全宣传日”活动，图为区粮食局局长张天喜（中）向消费者发放宣传册。

2016 年 8 月 30~31 日，内蒙古自治区粮食局受自治区政府委托，会同盟市政府在呼和浩特市内蒙古国际会展中心主办内蒙古首届粮食产销协作洽谈会，图为签约仪式。

辽宁省粮食工作

基本情况

辽宁省位于我国东北地区南部，南临黄海、渤海，东与朝鲜一江之隔，与日本、韩国隔海相望，是东北地区唯一的既沿海又沿边的省份，也是东北及内蒙古自治区东部地区对外开放的门户。全省国土面积14.8万平方公里，其中耕地面积409.29万公顷，占全省土地总面积的27.65%，人均占有耕地约0.096公顷。全省地形概貌大致是“六山一水三分田”，地势北高南低，山地丘陵分列东西。辽宁属温带大陆性季风气候区，四季分明，适合多种农作物生长，是国家粮食主产区和畜牧业、渔业、优质水果及多种特产品的重点产区。全省有14个省辖市、100个县（市、区），总人口4271万。

2016年粮食工作

2016年是“十三五”开局之年，辽宁省认真落实全国粮食流通工作会议精神，深入贯彻国家粮食安全新战略，大力发展粮食产业经济，扎实推进粮食流通改革发展，成效显著。

一 粮油生产稳中向好，粮食产量连续增长

2016年全省共播种粮食作物323.14万公顷（其中玉米225.89万公顷，水稻56.25万公顷，小麦0.58万公顷，杂粮14.92万公顷，豆类13.22万公顷，薯类9.21万公顷）；播种油料作物28.90万公顷。根据国家统计局公告，2016年辽宁省粮食产量为2100.6万吨，成为辽宁省历史第二高产年，进一步巩固了全国粮食主产省地位。比上年增产98.1万吨，增幅4.9%，连续两年实现恢复性增长，对稳定和提振全省经济发挥了重要作用。

二 认真落实粮食安全省长责任制，全面提升粮食安全保障能力

国务院《关于建立健全粮食安全省长责任制的若干意见》文件下发后，辽宁省政府高度重视，先后5次召开省政府常务会议和省长专题办公会议，研究部署粮食安全工作，先后制定出台了《辽宁省人民政府关于建立健全粮食安全省长责任制的实施意见》《辽宁省人民政府办公厅关于印发辽宁省粮

食安全省长责任制考核办法（试行）的通知》《辽宁省人民政府关于印发辽宁省地方储备粮管理办法的通知》。此外，结合辽宁省实际，制定下发了《辽宁省人民政府办公厅关于开展2016年度粮食安全省长责任制考核工作的通知》。这一系列意见和通知要求，激发了各地及相关部门落实粮食安全省长责任制的责任感、使命感，提高了工作积极性、主动性，切实担负起各自职责。

三 切实落实国家粮食收购政策，全力做好粮食收储工作

一是较好完成商品粮和政策性粮食收购任务。2016年全省共收购粮食3405万吨。年初，及时启动了国家临储收购工作。二是做好生霉粒超标玉米的收购工作。按照国家2015年临储收购生霉粒含量在2%以上的玉米由地方政府负责组织收购的要求，及时启动了生霉粒超标玉米收购工作，下拨补贴资金2450万元，收购超标玉米28万吨。三是做好2016年度秋粮收购和产销衔接工作。10月，组织召开全省秋粮收购工作会议，部署了全省秋粮收购工作。组织参加了吉林、黑龙江、山西三省和内蒙古自治区的秋粮交易洽谈会。与江苏、山西两省签订产销战略性协议，与中粮贸易辽宁公司、中储粮辽宁分公司签订了秋粮收购协议。四是制定玉米深加工企业收购加工2016年产玉米支持政策。预计玉米深加工和饲料加工企业收购加工2016年新产玉米120万吨，省财政补贴1.2亿元。五是进一步完善粮油应急供应管理工作。修订《全省粮食应急供应预案》。到12月底成品粮油应急储备达到预定规模。六是做好国家超期储存和蓆茓囤储存粮食定向销售工作。6～9月，完成了国家超期储存和蓆茓囤储存粮食的定向销售工作。

四 严格加强仓储管理和储藏新技术应用，确保储粮安全

由于库存粮食处于历史高位，安全储粮和安全生产形势十分严峻。各级粮食行政管理部门和有关央企把不坏粮、不发生安全生产事故作为头等大事常抓不懈。一是全面完成国家下达的新增30万吨储备粮任务。二是落实双随机监管要求。建立全省统一的粮食经营者和粮食执法者名录库，通过随机摇号的方式，从名录库中随机选择检查对象和选派检查人员，做到全程留痕，实现责任可追究，把责任真正落到承储企业，切实做到谁储粮、谁负责，谁坏粮、谁担责。三是积极推广绿色生态储粮技术。加强“四合一”储粮技术、低温储粮技术和粮情监测技术的推广和应用。进一步规范钢筋囤等简易设施储粮技术。四是严格落实安全生产属地化监管和企业的主体责任，坚决遏制重大安全事故发生。五是加大地方储备粮的管理。严格执行省政府下发的《辽宁省地方储备粮管理办法》，落实责任，规范运行，防范风险，确保储备粮数量真实、质量良好、储存安全。

五 积极推进粮食企业改革，着力发展粮食产业经济

大力发展粮食产业经济。一是继续推进一县一企、一企多点的国有企业改革，以经营性国有资产统一监管，成立辽宁省粮食发展集团为契机，积极发展粮食行业混合所有制经济，大力培育多元化市场主体，推进股权多元化改革，开展落实企业市场化选聘经营者、职业经理人制度和员工持股等试点，为企业发展营造宽松的政策环境。二是促进粮食加工转化，优化粮油产品结构。既做减法，又做加法，减少无效和低端供给，扩大有效和中高端供给，支持粮油加工企业开发深加工高需求、高附加值的新兴

优质产品，满足消费者日益增长的新需求。三是加大粮食产业园区建设。重点依托沈阳粮食集团、昌图国家粮食储备库等大型粮油加工物流龙头企业，聚集粮食仓储、物流、研发、加工、电子商务平台为一体的综合产业园区，逐步形成以园区为载体、基地为支撑的一、二、三产业融合发展的粮油加工产业集群。

六 夯实粮安工程建设，有效提高粮食流通能力

一是国家发展改革委、国家粮食局联合下发了《关于下达粮食仓储和物流项目 2016 年第一批中央预算内投资计划的通知》，安排辽宁省建设收纳型仓容 20 万吨，补助建设资金 3000 万元；下发《关于下达粮食现代物流项目 2016 年中央预算内投资计划的通知》，安排辽宁省资金 3860 万元。二是做好粮食流通产业化发展工作。2016 年，继续加强粮食流通产业化建设，逐步向自动化、智能化升级改造建设项目倾斜，全省确定了 19 个粮食流通产业化项目，总投资 11600 万元。三是做好智能粮库升级改造工作。全省首批共确定 50 个建设项目，总投资 11985 万元。其中，省级平台建设项目 1 个，承储企业建设项目 49 个。四是做好农户科学储粮仓专项建设工作。国家和省财政投资 1.7 亿元，新建 9.5 万户农户科学储粮仓。五是做好应急供应粮食仓储设施维修改造工作。省财政下拨资金 2199 万元，用于政策性应急供应粮食仓储设施维修改造。六是积极推进粮食质量监测体系建设。全省 32 个质检机构（12 个市站、20 个县区站）建设项目，共安排专项资金 2144 万元。同时，根据国家粮食局要求，组织 3 个专家组，对“十二五”期间检验监测能力项目进行了检查验收。

七 着力加强科技兴粮，提升粮食产业创新能力

一是创新科研体系建设。组建辽宁省粮食产业技术创新战略联盟，研究提出“十三五”粮食流通产业技术发展项目建议。加强粮食科研基础条件平台建设，推进科研实验室维修改造，提升科研研发能力和水平。加大科研成果转化力度，加快粮食保质减损技术、粮食烘干节能减排技术、粮食产后减损技术推广应用。二是加强科研项目研究。承担“辽宁地区种粮大户高水分粮食储藏自然通风工艺技术研究”“电热储能式粮食干燥热风炉的研制”“储粮机械通风技术基础参数、控制模型及效能评价研究”等国家粮食公益性行业科研专项 3 项。承担《辽宁高水分玉米棒规模化储粮仓研制及重点仓型改进与示范》国家科技支撑计划项目 1 项。完成了“现代粮仓绿色储粮科技示范工程”国家重点研发计划专项申报工作。开展了“国储库稻谷绿色生态储藏工艺技术优化研究与示范”“基于相变储能材料能量转换机理的绿色生态储粮温控技术研究”的省科技计划课题 2 项，每个课题申报 2 项专利。按照省政协第十一届委员会第四次会议委员提出的“关于加强水稻储备安全，扶持水稻粮仓建设的建议”提案，自立科研课题，自筹经费 20 万元，研究解决水稻储存损失难题，并取得了阶段性成果。

八 严格落实从严治党要求 提高党的建设科学化水平

辽宁省粮食局深入开展“两学一做”学习教育，抓牢思想武装，深化理论学习，自觉在思想上政治上行动上同以习近平同志为核心的党中央保持高度一致。坚决落实全面从严治党主体责任，严格履行党建工作和党风廉政建设责任制，坚持依法行政。修订完善了一系列规章制度，编印了《辽宁省农委规章制度汇编》。认真做好省委巡视反馈意见整改落实，制订整改方案，逐条对照检查，列出问题

清单，明确整改主体，严格抓好落实，建立健全长效机制，以制度建设筑牢整改成果。严守政治纪律和政治规矩，认真办理省委、省政府领导批示，及时完成各项交办任务。

◆辽宁省粮食局领导班子成员

何焕秋	党组书记、局长（2016 年 8 月调任铁岭市委书记）
陈 健	党组书记、局长（省农村经济委员会主任，2016 年 8 月任职）
王 洪	党组成员、纪检组长（2016 年 8 月退休）
周尊安	党组成员、纪检组长（2016 年 10 月任职）
滕增泰	党组成员、副局长（2016 年 10 月调任辽宁省粮食发展集团董事长）
刘国际	总经济师

辽宁省粮食局局长何焕秋在 2016 年全省粮食流通工作会议上讲话。

辽宁省粮食局召开全省粮食流通工作会议。

2016 年粮食流通工作会议表彰先进集体。

2016 年粮食流通工作会议表彰先进个人。

吉林省粮食工作

基本情况

吉林省位于中国东北地区中部，东界俄罗斯，东南隔图们江、鸭绿江与朝鲜民主主义人民共和国相望，南连辽宁省，西接内蒙古自治区，北邻黑龙江省。总面积 187400 平方公里，约占全国总土地面积的 2%，居全国第 14 位，省会长春市。现辖 1 个副省级市、7 个地级市、1 个自治州、60 个县（市、区）和长白山保护开发区管理委员会。21 个县级市、16 个县、3 个少数民族自治县、20 个市行政区，433 个镇、5 个少数民族镇、185 个乡、28 个少数民族乡。全省耕地面积 703 万公顷，其中粮食作物面积 502.2 万公顷。2016 年末，全省常住人口为 2733.3 万，其中城镇人口 1529.7 万。2016 年，全省实现地区生产总值 14886.23 亿元，增长 6.9%。全省城镇居民人均可支配收入达到 26530.42 元，同比增长 6.5%；农村居民人均可支配收入达到 12122 元，增长 7.0%。

吉林省是国家重要的商品粮基地，主要粮食作物有玉米、水稻和大豆三大品种。2016 年，玉米播种面积在 365.69 万公顷，稻谷面积 78.07 万公顷，大豆面积 20.01 万公顷。全省粮食总产量 3717.2 万吨，其中水稻 654.1 万吨、玉米 2833.0 万吨、大豆 39.9 万吨、杂粮 190.2 万吨。全年粮食收购量为 5342 万吨、销售量（含加工）2590 万吨。全年粮食消费总量为 2045 万吨，其中，口粮消费 549 万吨（城镇口粮 257 万吨，农村口粮 292 万吨），饲料用粮 361 万吨，加工用粮 1467 万吨，种子用粮 28 万吨。分品种消费情况是：小麦 146 万吨，稻谷 336 万吨，玉米 1305 万吨，大豆 142 万吨，其他 116 万吨。

2016 年粮食工作

2016 年，吉林省粮食系统紧紧围绕“富农强企，惠民兴业”为主题，认真抓收购、保增收，打基础、活流通，强产业、促发展，保供给、惠民生，粮食事业不断取得新进展，为全省经济社会发展提供了有力支撑。

一　粮食收储对全省经济增长贡献明显

2015~2016 年度，吉林省粮食收购工作，面对粮食丰收、收储企业高装满储、市场需求下降、粮价低位运行、临储收购价格下调等实际情况。省委、省政府高度重视，巴音朝鲁书记、蒋超良省长多次就粮食收购工作作出指示和批示。隋忠诚副省长在全省粮食收购会议上作出全面安排部署，收购期间多次调度情况，研究推动工作落实，先后深入长春、四平等粮食主产区调研督导，现场办公，解决问题。省粮食局会同有关部门单位及早谋划、提前准备，认真执行“五要五不准”收购准则，有序推进收购工作。分五批共布设临储玉米收购库点 1135 个，做到主产县平均一乡两库，最低收购价水稻收购库点 186 个，实现农民就地就近卖粮，减少售粮运费支出；加强质价政策宣传和市场信息服务，取得农民对政策调整的理解；实行全过程监控、封闭式验粮、一卡通结算，让农民卖放心粮；加大政策执行监管力度，从严查处压级压价、提水降等、打白条等坑农害农行为，让农民卖舒心粮。截至 4 月 30 日，全省累计收购新粮 5724.5 万吨。其中，玉米 5310 万吨，稻谷 377.5 万吨，大豆 18.5 万吨，其他 19.0 万吨。做到了农民余粮应卖尽收，没有出现卖粮难问题，农民售粮总收入达到 850 亿元。特别是收储政策性粮食，全省收储企业年可实现利润 30 亿元左右，企业效益明显改善，为稳定农民收入作出重要贡献。

二　扎实推进 2016~2017 年度收购工作

2016 年是玉米收储制度改革的第一年，取消玉米临储政策，实行市场化收购加补贴的新机制。针对当年粮食收购面临的特殊形势，吉林省粮食局按照政府引导、风险共担、市场运作、粮贷挂钩的总体要求，紧紧围绕“有人收粮、有钱收粮、有仓收粮、有人卖粮、有人买粮”，抓重点破难点，积极引导多元市场主体入市收购，解决“有人收粮”问题。加强与各类粮食企业的联系和对接，积极协调落实库点布设、资金筹措、物流运输等保障条件，引导和支持企业发挥市场主体作用，利用市场机制，畅通粮食流通渠道。一是发挥储备粮调控作用，引导市场价格。中储粮吉林分公司和省储备粮公司，落实储备粮轮入计划 420 万吨，首批启动了 76 个收购库点，收购价格每百斤 72.5 元。同时积极争取与中储粮物流公司合作，落实销区储备粮轮入计划 300 万吨。10 月 29 日，省委书记巴音朝鲁会见中储粮总公司主要领导时，又落实中储粮在吉林省收购贸易玉米 300 万吨的计划，加上已经落实的 720 万吨收购计划，确保中储粮在吉林省收购玉米总量不低于 1000 万吨，释放积极市场信号。二是中省直大型粮食企业积极落实收购计划，始终在市收购、承担社会责任。中粮、中航等中直企业认真落实国家部署，计划当年在吉林省的收购量不低于上年水平，并且已经表态实行保本运营，宁可不挣钱，也要多收粮，全力支持改革、支持吉林省粮食收购。三家公司已将国家下达的指导性收购计划分解到库点，有 25 个库点已经开库，充分体现了央企主动担当的责任意识。根据企业仓储和经营能力，吉林省也将对吉粮集团、省投资集团、吉粮资产等大型国有和国有控股企业下达指导性收购计划，更好地发挥粮食收购主渠道作用。三是落实加工企业支持政策，引导就地加工转化。省里及时制定印发了玉米加工补贴实施办法，对省内 22 户玉米深加工企业收购期内收购加工省内新玉米继续给予补贴，支持深加工企业多收购、多加工、多建库存，最大努力增加玉米就地转化数量。从 9 月 23 日开始，省内玉米深加工企业陆续挂牌收购新玉米，收购价格在每吨 1400 ~ 1500 元。四是发挥社会多元主体活跃市场流通作用，引导企业积极入市收购。组织各地跟踪落实产销合作协议，鼓励贸易企业短线经营、快购快销、见利就走，扩大市场流通。协调铁路、交通部门对粮食运销提供运力保障、实行绿色通道。五是合理制定最低收购价稻谷政策。吉林省粮食局会同中储粮、农发行公布了最低收购价稻谷收储库点，共在 43 个市县确定收储库点 185 家。但是吉林省普通稻谷收购价格高于最低收购价水平，还不具备启动条件。

三 粮食销售工作有序推进

年初以来，吉林省粮食局针对全省粮食库存情况，主动算好财政补贴账，就地加工转化效益账，市场销售盈亏账，争取国家出台有利于吉林省的去库存政策，提出一次性划转中央储备、竞价销售、定向销售、竞价补贴、省间移库等政策建议，得到了国家的认可。3 月以来，国家相继出台一系列政策措施，已累计消化库存 1066 万吨。其中，“分贷分还”临储玉米竞价销售 284.5 万吨，包干销售临储玉米 39 万吨，定向销售 261.5 万吨，一次性储备销售 301 万吨，最低收购价稻谷销售 7.5 万吨，中央储备轮换玉米销售 140 万吨，省级储备粮轮换销售 32 万吨。此外，吉林省粮食局充分利用吉林省储粮自然条件和粮源优势，与京、津、沪、闽、粤、川、贵、滇、琼、苏、浙、桂、渝、晋、赣、豫、甘等 17 个省区市建立长期稳定的购销合作关系，8 月成功举办了吉林省粮食产销协作粮洽会，邀请全国 31 个省区市的粮食行政管理部门有关负责人和涉粮企业代表千余人参加会议，现场签约开展异地代储、省外储备轮换等粮食业务，为销区提供了稳定的粮源保障，拓宽了吉林省粮食销售渠道。

四 “粮安工程”建设继续实施

为缓解粮食收储矛盾，吉林省粮食局继续加大“粮安工程”推进力度，年初提出全年完成 300 万吨仓容建设任务，已完成 448 万吨建设任务，其中带动社会投资建仓 170 万吨，超额完成年初确定的目标任务。粮食仓储业快速发展，不仅在一定程度上缓解了吉林省粮食收储矛盾，也成为投资拉动吉林省经济增长的重要力量。

五 “吉林大米”品牌建设加快推进

2016 年，吉林省大米品牌建设取得了突破性进展。认真编制了《吉林大米品牌建设规划（2016—2020）》，确定品牌建设初创期、成长期和成熟期的目标、任务和措施。重点推进了“五个一”工程。一是塑造一个品牌。通过在央视、机场、车站、飞机、高铁等高端媒体和重点场所投放广告，在北京、上海等 15 个主要销区城市，采取权威解读、现场品鉴、产品展示、捐赠义卖等综合形式，举办 26 场推介活动，集中打造“吉林大米”品牌，在业内形成了“吉林大米现象”，“吉林大米”的知名度和影响力显著提升。二是构建一个联盟。组建吉林大米产业联盟，实施“吉林大米 +”战略，将具有区域影响力的 27 户加工企业纳入其中，共同打造一个品牌。三是建立一套标准。组织修订吉林大米地方标准，编制吉林稻花香、长粒香、圆粒香、秋田小町标准，为吉林大米品牌市场准入、产品追溯和质量管理提供规范依据。四是搭建一个平台。吉林大米网启动开通，提供网上查询、线上销售、产品追溯等服务，推广“互联网 + 吉林大米”营销模式，首批 17 个联盟企业 18 个品牌 78 款产品进驻销售。五是拓宽一批渠道。针对主销区和中高端市场，开展点对点精准营销，设立 1476 家直营店、进入 5000 余家商超。其中以吉林大米统一标识命名的直营店 26 家、商超专柜 300 个，很大程度地提高了品牌知名度和市场占有率。通过品牌建设，吉林大米量价齐升，中高端大米销量达到 75 万吨，每市斤平均销售价格达到 7.50 元，完成年度工作目标，同时有效带动企业新建基地 40 万亩。“吉林大米”已被社会广泛认可，成为 G20 杭州峰会和中国女排指定用米。在品牌建设的推动下，全省 90% 的稻谷均被大米加工企业以高于国家最低收购价格收购，初步测算，平均收购价格每市斤达到 1.65 元，高于最低收购价格 0.10 元，带动广大农民增收 10 亿元。

六 扩大“粮食银行”试点

2016 年继续扩大“粮食银行”试点，是省委全面深化改革重点任务，也是省政府重点工作。各级粮食管理部门高度重视，精心组织，科学谋划，按照“政府引导、市场运作、农企自愿、粮权不变、存取自由”原则，坚持省里试点与各地探索同步推进，以解决种粮大户、家庭农场、专业合作社储粮难为核心，本着哪里土地流转快、农户储粮矛盾突出，“粮食银行”就开办到哪里的发展思路，积极开展代烘干、代储存、代销售等“粮食银行”业务，形成行之有效、可复制、可推广的运行模式、操作经验和管理办法，圆满地完成了试点任务。全省共有 37 个市县，153 户企业挂牌开展“粮食银行”业务，比上年增加 58 户，超额完成了年初确定的开办 150 户的试点目标。“粮食银行”吸纳 5300 多农户存粮 8 万吨，在农民减损增收、企业节支、社会增效等方面均收到了较好的效果。据测算，全省通过“粮食银行”减少农户储粮损失 6400 吨，户均增收 1440 元，同时还为粮食收购企业节省银行贷款利息 45 万元。

七 扶持玉米深加工产业发展

受国内外经济环境、粮食市场形势、供求关系以及国家政策等多重因素影响，吉林省深加工产业亏损加重，生存面临严峻挑战。为保证深加工企业正常生产经营，促进产业健康发展，积极争取国家和省里政策支持，对企业竞购加工临储玉米给予补贴。经省政府同意，2016 年 1 ~ 6 月对玉米深加工企业自购加工玉米给予每吨 150 元补贴。在补贴政策的拉动下，极大调动了企业生产积极性，全省 24 户（大成集团分户核算）企业中，有 16 户仍然保持较高的开工率和市场占有率。1 ~ 10 月，加工转化玉米 810.5 万吨，实现产值 185.2 亿元，利税 5.8 亿元。为了稳定玉米深加工产业发展，引导多元主体积极入市收购，吉林省粮食局积极争取省政府对规模以上玉米深加工企业，收购加工 2016 年省内新玉米给予补贴的扶持政策，补贴收购期限从 11 月 1 日到 2017 年 4 月 30 日，加工期限到 2017 年 6 月底前。在政策的支撑下，玉米深加工企业积极入市收购加工新玉米，在产企业开工率达到 90% 以上。

八 开展“地趴粮”专项整治

落实粮食安全省长责任制和省政府关于促进农民增收提出的“抓安全储粮减损耗”部署要求，结合国家粮食收储制度改革，粮食购销市场化，农户庭院储粮安全实际，吉林省粮食局提前谋划，把农户安全储粮暨“地趴粮”专项整治作为一项重要工作，抓实、抓细、抓好，并取得阶段性成效。积极开展集中专项整治，召开会议专题安排部署，并提出具体工作要求，在松原市、公主岭市、四平市、白城市、农安县组织召开专项整治现场会，以点带面，指导农户安全储粮，加强督导检查，定期调度，将专项整治深入推进，新建设农户科学储粮示范仓 1 万套，送达农户 8350 套，年底前可全部完成建设任务。

◆吉林省粮食局领导班子成员

张宏明	党组成员、副局长
张卿槐	党组成员、副局长
杨　光	党组成员、副局长
李毅勇	巡视员
沈启地	副巡视员
徐　辉	副巡视员（2016 年 4 月任职）

2016 年 6 月 17 日，吉林省粮食局在福州举办吉林大米福州推介会。

2016 年 6 月 17 日，吉林省粮食局在福州举办吉林大米福州推介会。

2016 年 10 月 28 日，吉林大米上海推介暨新米上市发布会召开。

2016 年 12 月 9 日，长岭县玉米收储现场。

黑龙江省粮食工作

基本情况

黑龙江省位于中国的东北边陲，北部和东部与俄罗斯相邻，边境线长 3045 公里，是亚洲与太平洋地区陆路通往俄罗斯和欧洲大陆的重要通道。全省土地总面积 47.3 万平方公里，居全国第 6 位，总耕地面积和可开发的土地后备资源均占全国 1/10 以上，土壤有机质含量高，是世界著名的三大黑土带之一，寒地黑土已成为发展绿色食品的最佳宝地，绿色食品认证数量和产量均居全国首位，盛产大豆、水稻、玉米、小麦、马铃薯等粮食作物及甜菜、亚麻、烤烟等经济作物。黑龙江省是我国重要的商品粮基地，粮食产量、商品量、净调出量和库存量均居全国第一位。

2016 年粮食工作

2016 年，黑龙江全省粮食系统以习近平总书记对黑龙江省两次重要讲话精神为政治动力和行动指南，认真落实中央和省委省政府有关粮食工作重要部署，以推进玉米收储制度改革为牵动，全面推进各项重点工作落实，较好完成年度任务目标，实现了“十三五”粮食工作良好开局，为今后粮食工作打下坚实基础。

一 粮食生产

2016 年，黑龙江省粮食产量再创新高，达到 6058.5 万吨，其中稻谷 2255.3 万吨、玉米 3127.4 万吨、大豆 503.6 万吨。2015 年 10 月至 2016 年 9 月末，全省各类粮食经营企业自主收购新粮 4060 万吨，销售及转化 3704 万吨。

二 粮食流通

2015~2016 收购期，黑龙江省通过及早制订收储预案、强化收购工作措施、严格落实国家政策，加强监督检查，有效应对玉米生霉问题，对符合标准的粮食做到应收尽收，促进了农民余粮顺畅销售，全社会各类企业自主经营新粮当年购销基本平衡。截至 2016 年 4 月 30 日，全省累计收购粮食

7984万吨，同比增加753万吨。主要特点：一是收购政策出台早、启动快。国家最低收购价水稻和玉米临储收购政策在2015年10月10日和11月1日如期启动，分别比上个收购期提前20天和30天，确保了农民余粮顺畅销售。二是收储库点布设多、能力够。全省共设立政策性粮食收储库点1259个，其中委托收储库点593个，租赁收储库点566个，满足了农民售粮需要。三是收购数量大、增幅高。粮食收购总量和政策性粮收购量再创历史新高，增幅分别达11%和25%。自2016年秋粮上市至年底，全省各类入统企业收购粮食4041万吨，其中水稻2217万吨、玉米1717万吨、大豆95万吨、小麦10万吨、杂粮2万吨。

三　粮食安全省长责任制

全面落实粮食安全省长责任制，强化了组织领导保障。启动了粮食安全省长责任制落实考核工作，省政府成立了由主管领导为组长的考核工作组，省粮食局发挥考核工作组办公室职能作用，加强与相关部门协调，及时下发相关考核文件，强化了对各地落实的跟踪指导。在当地政府领导下，各地粮食部门认真负责，在推进落实和综合协调等方面做了大量工作。结合完成玉米收储制度改革政治任务，严格实行各级政府和农垦总局行政主要领导责任制，建立了层层压实责任、传导压力，相关部门密切配合、协同推进工作机制。省委省政府突出加强了粮食工作组织领导，王宪魁书记、陆昊省长、黄建盛副书记多次作出批示和提出明确要求并深入调研督导工作落实，吕维峰副省长经常研究部署和跟踪督导、召开10多次专题会议协调解决实际问题。各市县政府和农垦总局认清和担负起了落实主体责任，强化了粮食工作组织领导和保障措施。各级粮食部门主动承担牵头责任，争得当地政府把粮食工作摆上重要位置，加强综合协调，增强了工作推进合力和执行力。为顺利迎接“首考”奠定坚实基础，为全面做好粮食工作强化了组织领导保障。

四　玉米收储制度改革

黑龙江省是全国玉米生产第一大省，推进玉米收储制度改革全国看东北、东北看龙江。全省紧紧围绕承担好这一重大政治任务，各级粮食部门把不出现农民“坏粮”和“卖粮难”作为底线，采取多项非常举措，打赢玉米市场化购销硬仗，国家玉米收储制度改革政策顺利落地生效，为确保这一重大改革成功作出重要贡献。黑龙江省积极主动落实玉米收储制度改革得到国家充分肯定。汪洋副总理到黑龙江调研结束时评价：省委省政府态度坚决，坚持问题导向，勇于攻坚克难，主要领导亲自抓，力度大，措施实，总体运行情况好于预期，已经取得巨大成就。

一是加强了政策宣传和舆论引导。使各方面认清玉米收储制度改革的必要性和重要性，坚定了丢掉政策性保底收购幻想、主动迈向市场、强化市场营销的改革决心和信心。

二是实施了农户科学储粮推进行动。各地强化技术指导、增加资金投入和媒体宣传先进典型、曝光问题等措施，绥化市和齐齐哈尔市完成1.5万套农户科学储粮仓建设任务，经过“人努力”，全力消除玉米“地趴粮”，农户玉米余粮90%以上实现离地通风科学储存，有效防止了玉米生霉降质损失，加之“天帮忙”，本收购期黑龙江省玉米质量东北最优，为农民好粮卖好价奠定基础。

三是强化了购销服务配套措施。创新销售模式，搭建“8·25玉米会”和“9·22金秋会”服务平台，玉米购销协议履约率达67%；举办了农民玉米市场化购销电子交易专场。推动收购资金筹集渠道多元化，全省累计投放玉米收购资金330亿元左右；成立玉米收购贷款信用保证基金，农发行为36户企业发放市场化收购贷款6.1亿元。加强粮食仓储设施建设、增扩场地、调销腾库等措施，完成国家下达70万吨仓容建设任务，收储能力30万吨以上企业达到36个，接新前落实新增收储能力5500万吨以上。建立运输协调保障机制，全省铁路外运玉米数量、日均装车数、发运专列数均创历史新高。引导各类市场主体积极入市收购，中粮、象屿等大型贸易企业发挥引领作用，扩大购销；地方国有粮食购销企业增强社会责任意识，保本经营；中粮（肇东）生化有限公司等大型深加工企业主动让利农民，稳定收购价格；中储粮一次性储备合理布设库点，始终在市。切实做到了确保有人收粮、有钱收粮、有仓收粮、有车运粮。

四是建立了工作督导机制。省粮食局和农委抽调业务骨干成立11个省委省政府秋粮购销督导组，实行牵头部门领导包片负责制，持续深入各地强化跟踪督导，定期召开部门联席会议，及时研究解决问题。粮食部门成立省市县联动秋粮购销调控领导小组，整合资源、强化力量，持续深化部署、跟踪落实。同时，认真落实国家水稻最低收购价政策，继续实行敞开收购，应收尽收。截至2016年底，全省各类入统企业收购玉米1715万吨，同比减少1640万吨。其中：企业市场化收购1565万吨，同比增加1040万吨；中央储备粮轮换收购150万吨。

五 粮食企业改革

按照国家深化国有企业改革部署，黑龙江省大力推进了地方国有粮食购销企业改革，发展混合所有制经济。实施企业布局调整，截至2016年末，累计将153个规模小、实力弱、地处偏远、难以生存发展的粮库退出了地方国有粮食购销企业序列，交由市县政府采取多种方式，盘活存量资产，放开搞活。按照建立“一县一企、一企多库”紧密型集团化经营管理模式（即小县“一县一企”，产粮大县可以“一县两企”或“一县三企”）的改革思路，依托骨干企业，累计兼并整合粮库131个，地方国有粮食购销企业数量由579户调整优化组合到302户，企业主体进一步精干。推进了地方国有粮食购销企业与厦门象屿农产、昆丰集团、瓮福金泰等大型粮食企业的合作，发展混合所有制经济，企业丰仓增效，新增仓容400万吨左右，企业实现利润20.8亿元。坚持稳中求进，加快建立现代企业制度，完善企业法人治理结构，健全议事决策机制和激励约束机制，推进了企业内部用工和薪酬制度改革，加强了企业经营管理，调动了职工干劲和积极性，企业面貌焕然一新。为适应玉米收储制度改革的新形势，督导各地粮食部门组织指导所属粮食购销企业面向市场找销路、开展市场化购销，搞活粮食经营，当年实现市场化粮食购销540万吨，缓解了农民余粮卖难问题。

六 粮食流通监管

扎实推进地方国有粮食购销企业仓储规范化管理，达标率94.7%，保证了库存粮食储存安全。持续加强行业安全生产监管，全年未发生重大安全生产责任事故。地方国有粮食购销企业专项审计扎实推进，排查和整改了重点问题。加强依法治粮，推进法治机关建设，集中培训行政执法人员850名，完善和落实行政执法责任制，加强事中事后监管，核查处理涉粮案件88起，查处涉盐违法案件488起。维护了粮食和食盐市场秩序，优化了发展环境。

七 行业发展

推进粮食流通产业提质增效，增强了产业发展实力。2016 年全省粮食加工企业省内实际加工原粮 2195 万吨，同比增加 48 万吨；实现产品销售收入 687 亿元；实现利润 10 亿元，同比增加 3.2 亿元；累计纳税 9 亿元，同比增加 2.5 亿元。

一是推进了玉米深加工大项目建设。象屿北安、富锦两个 60 万吨玉米深加工项目 2016 年 10 月已投产，全省入统玉米深加工能力达到 1025 万吨，同比增加 8%。

二是落实玉米加工奖补政策。支持深加工企业满负荷生产，扭转了玉米深加工企业开工不足、运行艰难的不利局面，企业发展活力和利润明显提升。粮食接新以来，23 户深加工企业收购玉米 415 万吨、加工 275 万吨。2016 年全省实际加工玉米 550 万吨、同比增加 11 万吨，实现产品销售收入 109.6 亿元，累计纳税 2.43 亿元。

三是推动水稻加工产业整合发展。2016 年全省实际加工水稻 1225 万吨，实现产品销售收入 409 亿元，实现利润 5.9 亿元。推进水稻加工企业扩能改造与产权（品牌）整合，全省年加工能力 30 万吨以上企业达到 51 户。创新大米营销手段，启动运营黑龙江大米网电子商务平台，当年实现交易额 9.7 亿元。

四是地方国有粮食购销企业经济效益创新高。全省实现利润 20.8 亿元，同比增加 11.3 亿元；吨粮效益 31.5 元，同比增加 6.6 元；上缴税金 3.6 亿元，同比增加 1.3 亿元。齐齐哈尔市利润总额超过 5 亿元，鸡西市、农垦超过 2 亿元。

八 党群工作

全面从严治党，强化了政治保障。认真落实全面从严治党主体责任和监督责任，扎实开展“两学一做”学习教育，把党的思想政治建设和党风廉政建设摆在首位、抓在日常、严在经常。切实增强政治意识、大局意识、核心意识、看齐意识，严守党的政治纪律和政治规矩，严格遵守中央八项规定、省委九项规定，持续反“四风”改作风。较好完成巡视“回头看”及其整改任务，切实强化了粮食工作政治保障。

◆黑龙江省粮食局领导班子成员

朱玉文	党组书记、局长（2016 年 7 月任职）
王乃巨	党组成员、副局长
吴久英	党组成员、副局长
陈立祥	副巡视员
胡东胜	党组书记、局长（2016 年 7 月调任省政协）
金　辉	党组副书记、副局长（2016 年 2 月退休）
谢功臣	党组成员、纪检组长（2016 年 5 月退休）

2016 年 9 月 23 日，黑龙江省省长陆昊（左二）参加黑龙江第十三届金秋粮食交易暨产业合作洽谈会。

2016 年 9 月 30 日，黑龙江省副省长吕维峰（左三）出席全省秋粮收购视频会议。

2016 年 11 月 1 日，黑龙江省省委副书记黄建盛（前排左二）到省粮食局调研。

上海市粮食工作

基本情况

上海市2016年全年粮食播种面积14.01万公顷，比上年减少2.19万公顷，减幅13.5%；粮食总产量99.2万吨，比上年减少11.5%；单产为每公顷7079.3公斤，比上年增加2.3%。夏粮播种面积3.98万公顷，比上年减少1.73万公顷，降幅30.4%。总产14.84万吨，比上年减少9.81万吨，降幅39.8%。其中：小麦播种面积3.26万公顷，比上年减少1.29万公顷，降幅28.4%；产量12.09万吨，比上年减少7.81万吨，降幅39.2%。秋粮播种面积10.02万公顷，比上年减少0.48万公顷，降幅4.6%。总产84.3万吨，比上年减少2.8万吨，降幅3.2%。其中：水稻播种面积9.51万公顷，比上年减少0.27万公顷，降幅2.8%；产量81.8万吨，比上年减少2.3万吨，降幅2.7%。

上海市年粮食消费量621万吨左右，其中口粮426.5万吨，饲料用粮124万吨，工业用粮70.6万吨；本市食用油年消费量在49.8万吨左右。本市郊区提供粮源约16%，80%以上粮源从国内采购和国外进口。全市累计收购小麦18万吨，同比减少50.3%，其中国有购销企业收购3.37万吨，同比减少55.2%；收购粳稻110.3万吨，同比增加31%，其中国有购销企业收购40.7万吨，同比减少6%。9个大中型粮食批发市场全年粮食交易总量75.6万吨，其中粳米41.6万吨、食用油2.6万吨，上海粮食交易中心批发市场网上交易粮食102万吨，发挥了吸纳粮源、活跃流通、保障供应的重要作用。

2016年粮食工作

2016年，上海市各级粮食部门认真贯彻国家粮食安全战略，积极落实市委、市政府工作要求和国家粮食局工作部署，着力推进粮食流通各项工作，为上海粮食安全提供了有力保障，实现了上海粮食流通“十三五”良好开局。

一 贯彻落实粮食安全省长责任制

2016年是粮食安全省长责任制的首考之年，市政府高度重视，周波副市长组织召开市粮食安全工作联席扩大会议，全面部署落实相关工作。这项工作在各方的共同努力下，按计划按步骤地推进，有效发挥了责任制在保障本市粮食安全方面的抓手作用。在市级层面建章立制抓推进。上海市粮食局会同有关部门制定实施本市考核办法、考核工作方案、2016 年度考核评分细则和针对市属政策性企业的考核评估办法，建立联席会议各成员单位工作协调机制、联络机制和“申城粮安”工作微信群，在此基础上，通过研究验证材料、开展考核培训、对口联系指导、梳理补齐短板等工作，确保了工作推进有序有效。在各区和企业层面，积极对标抓落实。各区和有关企业也高度重视，对标国家及本市的工作要求，抓早启动，建立相应的联席会议制度或成立专门的考核工作小组，协调推进工作；逐条对照考核要求，采取有力措施争取补短板；骨干粮食企业结合粮食政策性业务和企业日常经营活动，推进贯彻落实。

二 不断提升粮食供应保障能力

着眼于全面提升今后本市粮食流通工作水平和特大型城市粮食供应保障能力，上海市粮食局编制发布了上海粮食流通发展“十三五”规划，并着力提升供应保障能力。2016 年在供应保障方面重点推进了以下几项工作。

粮食收储机制进一步完善。在粮源组织方面：针对近年来粮食市场出现的收储矛盾，与市财政、市农委等部门积极沟通协调，研究制定了《上海市小麦、稻谷最低收购价执行预案》(以下简称《预案》)，经市政府同意，在秋粮收购期间启动实施。有关区和粮食企业认真贯彻执行《预案》，积极采取措施，确保敞开收购，切实保护种粮农民利益，全市各类粮食企业共计收购粮食 132 万吨。在储备粮管理方面：有序组织地方储备粮油轮换，推进轮换市场化运作，全年轮换市级储备粮 70.12 万吨，网上政策性粮食竞价交易 77 万吨，较上年增加 12 万吨，增幅 18%。同时，进一步规范推进市级储备粮“藏粮于企”管理，加强地方储备粮轮换出入库质量抽检，确保了粮食储存质量安全。

粮食市场能级逐步提升。上海国家粮食交易中心全年交易量超 100 万吨，区政策性粮食进场交易覆盖率达到 89%。在粮食批发市场建设方面，开展粮油批发市场专题调研，加强市场发展规划。各区也积极加强市场供应网络建设，设立粮油供应网点，收到较好成效。此外，还制定了本市军粮资格认定实施细则，推进本市军粮粮源采购通过竞价模式进行，健全军粮筹措机制，确保军粮供应质量稳定。

三 有序推进“粮安工程”建设

在国家粮食局的统一部署下，经过认真调研和沟通协商，研究编制了本市“粮安工程”建设实施方案，并经市政府同意后发布实施。

粮食仓储设施建设取得新进展。35 万吨增储建库项目已基本完成建设任务，发挥预期作用。全面启动“危仓老库”维修改造工作，全市完成维修改造仓容 6.2 万吨。

粮情监测和应急保障进一步加强。通过深化粮食流通统计制度改革、制定实施《上海粮食市场监测管理暂行办法》、优化监测网点布局、运用信息化手段加强监测数据统计分析、调整市级应急加工、运输企业等，进一步提升了粮情监测分析和应急保障工作水平。目前全市设立零售监测点 232 家，市级直报点 34 家，粮食应急加工企业 16 家，其中市级 11 家，市区两级应急加工能力较 2015 年增加了 2700 吨。

四 加强粮食依法行政

粮食行政审批制度改革不断深化。按照国务院批复精神和市委、市政府的统一部署，积极推动在浦东新区开展粮食收购资格认定“证照分离”改革试点工作，并逐步在全市推广，提高审批透明度和可预期性。

粮食法治工作更加规范。积极开展权力清单和责任清单清理，形成上海市粮食系统统一版本的行政权力清单和行政责任清单。推进“双随机一公开”监管工作，形成市、区两级粮食行业抽查事项目录，研究制定了随机抽查工作细则，建立检查对象名录库和执法检查人员名录库。

粮食流通监管不断夯实。依法加强粮食收购、储存和政策性用粮等的监督检查和质量卫生监管，并重点推进粮油库存检查、行业安全储粮和安全生产工作，确保粮食存储安全。协同市场监管部门部署做好针对小麦粉加工及深加工和超标粮食处置等工作，进一步夯实本市粮食流通联合监管和案件查处通报工作机制。加大监管资金投入，2016 年共投入粮食质量检查经费 259.9 万元，同比上升 8.4%，为提升监管效能提供了有力保障。

一年来，上海市粮食局还在加强信息化建设和应用、开展“两学一做”学习教育、加强干部队伍、党风廉政和作风建设、提高履职能力等方面都取得了新的成绩，为做好粮食流通工作提供了坚强保障。

◆上海市粮食局领导班子成员

盖国平	市商务委副主任，市粮食局党组书记、局长
王建忠	党组成员、副局长（2017 年 2 月退休）
沈红然	党组成员、副局长
诸　旖	党组成员、副局长
洪文明	党组成员、副巡视员

2016 年 8 月 22 日，上海市召开 2016 年度上海市粮食安全工作联席扩大会议，部署落实粮食安全省长责任制和考核相关工作，副市长周波（左）出席会议并作重要讲话，市政府副秘书长金兴明（右）主持会议。

2016 年 6 月 27 日，上海市商务委副主任、市粮食局局长盖国平（前排左四）与副局长沈红然（前排右三）、副局长诸旖（前排左三）、副巡视员洪文明（前排右二）带领机关党员干部赴中共二大会址纪念馆参观学习，瞻仰回顾党的峥嵘岁月，集体重温入党誓词。

2016 年 10 月 16 日下午，上海市商务委副主任、市粮食局局长盖国平（右一）一行考察崇明粮食生产基地收割现场、大米加工车间及丰收日活动开展情况。

江苏省粮食工作

基本情况

江苏省地处东南沿海，是全国经济发达省份，同时也是粮食生产、购销、加工和消费大省，多年来粮食购销、加工、消费总量位居全国前列。江苏历来重视粮食生产和流通，在推进经济又好又快发展的同时，科学处理好工业化、城镇化与粮食生产、粮食安全的关系，确保了全省粮食供需平衡、口粮自给。2016 年，江苏粮食行业始终把“保障粮食安全、促进农民增收”的重要使命扛在肩头、抓在手上，力抗严重自然灾害，粮食行业运行健康；力解仓容紧缺压力，粮食收储平稳有序；力推“粮安工程”建设，安全保障能力显著增强；力抓粮食安全责任落实，依法管粮扎实推进；力促发展内生动力，部门形象明显提升。

2016 年粮食工作

2016 年，江苏粮食行业认真贯彻落实党中央、国务院和省委、省政府决策部署，坚持以保障粮食安全和促进农民增收为中心，紧紧围绕打造“江苏五粮”，始终坚持谋划大局，坚持担当创新，坚持团结奋进，各项工作取得明显成效。

一 粮食生产

2016 年，江苏遭遇罕见自然灾害，粮食总产量比上年同比略有减少，但仍是一个丰收之年。全省粮食作物播种面积 543.27 万公顷，粮食生产总量达 3466 万吨，位列全国第 6 位。其中小麦 1119.6 万吨，稻谷 1931.4 万吨，油菜籽 93.6 万吨。粮食供需总量平衡有余。

全省粮食生产能力明显提升。2016 年，江苏推广稻麦周年高产高效模式与栽培等 50 项重大农业技术，实施 338 个农业三项工程项目，设立 11 个重大技术推广专项协作组，建设粮食类现代农业科技综合实发基地 10 个，遴选粮食类科技示范户 8.52 万户，实现村村全覆盖。

二 粮食流通

2016年粮食购销形势复杂，受全国性高库存、高进口、高成本“三高”叠加影响，面对“收不进、储不下、销不出”的流通困境，江苏粮食人不断创新思路，攻坚克难，全省国有粮食企业共收购入库粮食1709.6万吨，促进农民增收30亿元。

（一）去库存力度空前

夏秋两季粮食收购前，全省仓容缺口350万吨。江苏积极采取适当超期超量轮出地方储备粮、财政奖励最低收购价粮食拍卖出库等措施，全省去库存472.5万吨，有力化解收购仓容不足困难。苏州、无锡轮换费用由财政兜底，南京安排4000万元轮换补贴列入预算，徐州落实县级财政腾仓补贴1000多万元。

（二）抓收购有力有效

严格执行国家粮食收购政策，适时启动小麦、稻谷最低收购价执行预案。建立粮食收购共同担保基金7.8亿元。全省布设麦、稻托市收购库点1358个，其中租赁社会仓容91个，方便农民售粮。适应粮食生产组织方式变化，为种粮大户、家庭农场等新型主体提供订单收购、预约收购、烘干整理等个性化服务，全省对接种粮大户1.7万多户，帮助烘干粮食413.5万吨。

（三）促销售积极有为

加强省内外产销衔接，拓展南京与淮安、苏州与宿迁、无锡与徐州等苏南主销区与苏北主产区产销合作，举办苏（州）宿（迁）、徐（州）（无）锡扬（州）省内产销合作洽谈会，在上海举办江苏大米推介发布会，加强与东南沿海销区省份合作，卖好江苏粮。江苏大米在上海市场占有率提高到七成。同时，与福建、黑龙江、吉林、浙江等省共同举办产销合作洽谈会，拓宽江苏粮食销路。

（四）降损失全力以赴

组织抗灾保粮，要求各地开展即购即销、代购代储、指定收购托底收购等方式收购等外粮食。苏南五市制定了等外粮收购办法，其他地区支持省内外饲料、转化用粮企业入市收购，确保了农民等外粮有出路，减少农民损失5亿元。

三 粮食调控

（一）大力推进产销合作

全省签订购销合同（协议）181.5万吨，签订4.87万公顷粮食生产基地协议，促进省内产区粮食向销区合理流动。与多省签订粮食产销合作战略协议，组织企业参加福建、黑龙江、吉林、内蒙古、长三角等地的粮食交易合作洽谈会，签订购销合同（协议）215万吨，有力推动了省际间粮食企业实现优势互补、互惠互利、长期合作和共同发展。

（二）严格管理地方储备

提前全面完成国家下达的粮食增储计划，全省地方粮食储备规模如期到位。强化储备管理，修订发布地方储备粮管理办法和轮换办法，优化储备布局和品种结构，提高储备轮换效率，充分发挥调控作用，加强管理，确保储备粮数量充足、结构合理、质量良好、调用高效。

（三）全面健全应急体系

完善应急网络，重点建设粮食应急指挥中心、应急配送中心、应急加工及运输网络、应急供应网点。全省落实应急加工企业395家，应急供应企业2111家，实现城乡全覆盖，满足全省粮食应急保障需要。无锡市早餐工程实现线上订购，南通、镇江、扬州、连云港等市积极推进应急供应、军粮供应、放心粮油、成品粮油储备、主食产业会“五位一体”融合发展。

四　粮食流通体制改革

（一）粮食安全省长责任制实施情况

粮食安全省长责任制出台以来，江苏认真贯彻落实，稳中求进，固强补弱，积极构建更有效率、更可持续的粮食安全保障体系。积极推动全省各地抓好粮食安全责任制落实，制订出台考核方案，履行考核牵头责任。开展专题培训，省委组织部和省粮食局联合举办市县长粮食安全专题研究班，进一步强化各级政府保障粮食安全的责任意识和大局意识。定期召开联席会议，共同商讨、研究解决工作中遇到的难题。建立联络沟通、督导检查、信息报送等机制，有效保证工作按照时序进度完成。通过政策解读、指标解释、调查摸底、日常巡查等方式，指导各市政府开展粮食安全责任制考核，针对性指出各市粮食安全工作存在的薄弱点，督导整改提高。强化考核结果运用，对考核中成效显著、成绩突出的给予表扬奖励，对工作不到位的将严格追责。

（二）国企改革情况

截至2016年底，江苏共有国有粮食购销企业数788家，其中国有独资企业697家，国有控股企业91家，较改革前减少了398家。国有粮食企业职工人数15990人，其中在岗职工13305人，不在岗职工2685人；在岗职工人均年收入5.4万元。购销总公司净资产115亿元，利润3.6亿元。

一是大力实施企业兼并重组。初步形成了县（市、区）粮食购销总公司（集团）+子公司、分公司+收储库点的经营模式，进一步增强了资产体量，减少了企业数量，促进资产、资源向优势企业集中，提高企业融集资金、掌控粮源和抵御市场风险的能力。

二是积极推进土地产权改革。各级粮食主管部门认真贯彻国家和省有关改革文件精神，为提高企业融资能力，积极争取政府支持，加强与国资委、财政、国土、工商、税务等部门的沟通协调，推进土地产权改革，努力将企业拥有的国有划拨土地变更为出让土地。全省现有划拨地2321.2公顷，划拨转出让地517.5公顷，土地出让收益4.5亿元。

三是努力提高产业化经营水平。全省各地积极创新企业经营机制，着力改变国有粮食购销企业“买原粮、卖原粮”的传统经营方式，打破生产、收购、储存、加工、销售各自为政的格局，不断提高产业化经营水平。

四是加快构建现代企业制度。在资产管理、财务核算、制度管控、人力配置等方面，引入现代企业制度，逐步建立完善法人治理结构，促进国有粮食企业转型升级。

五是积极发展混合所有制经济。目前，无锡、南通、扬州、盐城、连云港等地进行了混合所有制的改革试点，取得初步成效。截至2016年底，全省混合所有制企业55家。

五 粮食流通监管

（一）立足提高监管能力，大力开展方式手段创新

针对“先照后证”改革，制定出台加强事中事后监管措施。全面推进落实“双随机”抽查机制并专门开发了软件系统。全面推广移动执法，努力提高监督检查工作效能。在全国率先运用信息化手段，开发了移动执法手机APP，实现了粮食流通移动执法市县全覆盖，并与省信用办信用管理系统无缝对接。深化信用体系建设，强化分类监管和成果运用。

（二）立足守好安全底线，深入开展各类执法检查

一是把握底线、强化措施，突出抓好粮食销售监管。二是开辟新线、创新方式，与中储粮实行交叉检查。加大对重点地区、重点品种、重点环节、重点企业的检查力度，实现了省级储备扩储企业全覆盖。三是高效组织、全面覆盖，扎实开展统计专项检查。四是深入一线、靠前指导，扎实抓好夏秋收购监管。2016年度全省累计出动检查人员3138人次，开展584次粮食质量检查，检查企业3033个次，查处粮食质量案件153例，较好地维护了粮食质量安全。

（三）发挥示范引领作用，认真开展示范单位创建和复核工作

积极创建国家监督检查示范单位，阜宁县粮食局、盱眙县粮食局荣获第六批全国粮食流通监督检查示范单位。认真组织监督检查示范单位复核，对第一批至第三批8家全国粮食流通监督检查示范单位和第一批16家全省粮食流通监督检查示范单位全部进行了复核。

（四）考核制度全面建立，粮食法制建设深入推进

积极推动全省各地抓好粮食安全责任制落实，制订出台考核方案。建立省级粮食安全责任制联席会议制度，履行考核牵头责任，细化考核指标，统一考核标准，查漏补缺，补好短板。修订发布《省级储备粮轮换管理办法》《军粮质量管理暂行办法》《军粮供应站和军粮代供点资格认定办法》等制度，出台《江苏省粮食行业法治粮食实施意见》。着力推进行政审批改革，建立“三级四同”行政权力清单，实现省级层面行政权力事项“零审批”。无锡率先出台地方性法规，加强粮食市场管理。

六 粮油统计与信息体系建设

统计方面：全面启用国家统计直报系统，扩大统计覆盖范围，规范粮食企业统计台账。按时编发粮食收购进度五日报、日报表，统计月、年报表，价格监测周报表，加强统计数据审核，提高统计数据质量。积极开展全社会粮油供需平衡调查、农户余粮调查，掌握年度粮油供需等状况，为粮食宏观调控提供可靠的依据。围绕粮食流通重点，积极开展统计分析，及时反映粮食流通状况变化。

信息体系建设方面：建成基于大数据应用的1210粮食综合信息管理平台，推广基于物联网应用的地方智能粮库和收储可视化信息系统。完成146个仓储智能化升级项目。推进绿色生态储粮，全省粮库机械通风、粮情测控系统、环流熏蒸技术引用率分别达到94%、73%和59%。以苏州、无锡、常州等市为代表的江苏粮食信息化建设模式推广到全国20多个省份。

七 粮食流通体系建设

2016年，江苏力推“粮安工程”建设，安全保障能力显著提升。在全面完成危仓老库改造的基

础上，继续落实国家千亿斤仓容建设规划，实施百亿斤仓容建设计划，粮食收储能力显著增强。

（一）仓储设施建设顺利推进

编制发布《江苏省“十三五”粮食发展规划纲要》，实施百亿斤仓容建设计划，省级以上财政补助 10.77 亿元，2016 年建成投入使用仓容 250 万吨，全省完好仓容达 2405 万吨，全面改善粮食流通基础设施条件。争取国家军粮维修改造专项资金 5734 万元，加快军粮成品粮库改造和装备功能提升。加强烘干能力建设，建成烘干设施 100 套，全省年烘干能力达 1200 万吨。全省库存粮情安全稳定，超额完成国家粮库安全生产标准化任务，得到国家粮食局肯定。

（二）产业融合发展成效显著

出台粮食一、二、三产业融合发展意见，推广省农垦集团粮食质量可溯化模式和南通全产业链联盟、淮安大米品牌建设等经验做法。支持主产区粮食就地加工转化，全省粮油工业年生产总值和销售收入均超过 2300 亿元，拥有驰名商标 24 个、地理标志产品 9 个，10 家企业跻身全国粮油企业百强，数量全国第一。积极参与“一带一路”建设，牧羊、正昌、金太阳油脂等企业均在海外建立研发生产基地。

（三）粮食质量监管体系完善

2016 年，江苏进一步完善了粮油质检体系、执法监管体系和放心粮油市场供应体系，基本实现原粮质量检测覆盖率、不合格粮处置率、原粮出入库检验率和放心粮油店乡镇覆盖率“四个 100%”。建立覆盖全省粮食主产县的原粮质量安全监控点，为保证全省粮食质量安全提供科学依据。

八　行业发展

2016 年，全省入统粮油加工企业 1265 家，同比增长 7.84%。全年实现工业总产值 2510.5 亿元、销售收入 2478 亿元、利润 129.4 亿元，分别同比增长 4.59%、4.62% 和 12.56%。国家级产业化龙头企业 23 家，省级龙头企业 103 家，省级以上龙头企业用占全省 10% 的企业数量完成了占全省 1/3 的工业总产值。几大产业中，大米加工业、油脂加工业、粮食食品加工业、粮机制造业经济指标增长较快，饲料产业产值与上年基本持平，小麦粉加工产业产值较上年有所减少。

人才队伍建设方面：举办新任粮食局长培训班、粮食企业 CEO 清华研修班，培养粮食行政管理和企业经营管理人才。组织 6 批境外培训交流，开阔国际视野。推动连云港粮校升格，江南大学、南京财经大学、江苏科技大学等涉粮院校健全粮食专业结构体系，建立从本科到硕士、博士的全学历教育平台，为粮食行业长远发展提供人才支撑。组织行业技能大赛和技能培训，全省技能人才队伍稳步扩大，职业素质不断提升。

新闻宣传方面：充分利用江苏粮网、《江苏粮食》杂志、江苏粮食政务微博、江苏智慧粮食微信等四大平台，拓宽宣传渠道，丰富宣传手段，完善宣传体系，通过讲好粮食“故事”，向全社会展示粮食工作亮点，树立粮人先进典型，助力行业全面发展，提升行业整体形象。2016 年，江苏成功承办了“世界粮食日”全国主会场活动，展示了江苏粮食好形象。

九　党群工作

2016 年，江苏省粮食局坚持认真学习贯彻中央、省委关于全面从严治党的决策部署，切实落实党建主体责任，坚定不移反腐败，驰而不息强作风。突出建立反腐败的长效机制，对权力运行流程进行细致分析，照准薄弱环节、风险所在，重点规范细化党委（党组）议事规则，强化权力运行源头管控；健全重点工作、重点环节、重点岗位廉洁风险防控和监督机制，并建立问责机制。开展“学党章党规、学系列讲话，做合格党员”的主题活动，推进轮岗交流，转政风、改作风、带行风，做好粮人、当好粮官、干好粮事成为全系统的共识，形成了推动发展的强大合力。

◆江苏省粮食局领导班子成员

陈　杰	党组书记、局 长
季俊秋	党组成员、副局长（2016 年 3 月任职）
朱新华	党组成员、副局长
张生彬	党组成员、副局长
陈一兵	党组成员、副局长
韩　峰	副巡视员
张国钧	副巡视员
董淑广	党组成员、人事处长
于国民	党组成员、副局长（2016 年 3 月交流任省新闻出版局副局长）
蒋云峰	党组成员、省纪委驻省粮食局纪检组长（2016 年 12 月交流任省纪委驻省发改委纪检组组长）

2016 年 4 月 26 ~ 28 日，江苏省举办全省领导干部（粮食安全）专题研究班，进一步增强粮食安全意识，明确粮食安全责任。

2016 年 5 月 9 日，江苏省粮食局召开“两学一做”学习教育动员部署会，要求全局上下切实将“学”和“做”统一起来，以知促行，知行合一。

2016 年 6 月 23 日下午，盐城市阜宁、射阳部分地区突遭罕见龙卷风冰雹灾害，江苏省粮食局立即启动应急机制，全力保障灾区人民粮油供应。江苏粮食局党组书记、局长陈杰赶赴受灾现场，指导粮农和加工企业救灾工作。

2016 年 10 月 16 日，世界粮食日和全国爱粮节粮宣传周主会场活动在江苏南京举办。

浙江省粮食工作

基本情况

2016年是实施“十三五”规划开局之年。浙江全面落实党的十八大和十八届三中、四中、五中、六中全会精神，深入贯彻习近平总书记系列重要讲话精神和考察浙江时的重要指示，统筹推进“五位一体”总体布局和协调推进“四个全面”战略布局，以“八八战略”为总纲，认真落实省委各项决策部署和省十二届人大四次会议确定的目标任务，坚持稳中求进工作总基调，主动把握和引领经济发展新常态，积极推进供给侧结构性改革，坚定不移打好转型升级系列组合拳，扎实做好补短板各项工作，全面完成年初确定的工作目标，全省经济稳走向好、社会和谐稳定，实现了“十三五”良好开局。

2016年，浙江省粮食播种面积125.5万公顷，比上年减少1.76%；粮食单产和总产量分别为5992公斤/公顷和752.2万吨，单产比上年增加1.8%，总产量与上年持平。其中，春粮产量58.7万吨，比上年减少18.79%；早稻产量73.8万吨，比上年增加9.01%；秋粮产量619.7万吨，比上年增加1.23%，其中晚稻产量520.0万吨，比上年增加1.99%。油菜籽播种面积11.8万公顷，下降3.9%；单产1943公斤/公顷，减少5.4%；总产量22.93万吨，减少8.7%。

全省各类粮食企业共收购粮食166万吨，同比增加12.8%，其中订单收购107万吨，同比增加13.4%。全省共销售粮食2145万吨，进口粮食331.8万吨，出口粮食0.3万吨，粮食商品量为367万吨。

全省30家批发市场全年成交粮食704万吨，比上年减少1.1%，其中省外粮源占90.1%。

全省报送粮油加工业统计报表的粮油加工企业411个，全年完成工业总产值460.5亿元，产品销售收入483.1亿元，利润总额17.7亿元。

2016年粮食工作

2016年，在浙江省委、省政府的坚强领导下，全省粮食系统牢固树立“大粮食安全观”，围绕“五粮五保”工作重点，有效落实了用好一根“指挥棒”、打好“六大战役”、强化三个保障的任务措施，实现粮食工作“全年红”：粮食安全省长责任制考核有望取得“优秀”，粮食工作各项目标任务全面完成，实现了生产经营和廉政建设“双安全”，开创了浙江省粮食工作新局面。主要体现在“三个抓”：

一 聚精会神抓大事

一年来，浙江省粮食局精心谋划、全力推进，重点抓了四件大事。

（一）高起点谋划粮食事业发展

思路决定出路，理念引领发展。2016 年全省粮食工作会议提出了以“大种类、大储备、大粮源、大产业、大消费”为主要内容的“大粮食安全观”，这是新时期粮食工作的新理念、新使命，得到了国家粮食局的充分肯定。全省粮食系统牢固树立“大粮食安全观”，实现了粮食工作以收储为主的粮食安全向“收储加运销”一体化的转变。在新的起点上，浙江省粮食工作明确了“五个更加”的“十三五”时期建设高水平粮食安全保障体系的发展目标，确立了“内外聚粮保安全、生态储粮保应急、产业兴粮保发展、市场活粮保供应、依法管粮保质量”的发展重点，形成了新时期“大粮食、大安全、大保障、大发展”的粮食工作定位和发展格局，编制出台了《浙江省“粮安工程”建设规划（2016—2020）》，为浙江粮食工作勇立潮头奠定了坚实的基础。

（二）高要求落实粮食安全责任制

2016 年是粮食安全省长责任制首考之年，省政府领导明确要求确保“国考”优秀。全省上下把落实粮食安全责任制作为一项重要任务，齐抓共推、全力落实。一是领导重视前所未有。时任省长车俊与各市市长签订《粮食安全责任书》，副省长黄旭明专题部署考核工作，孙景淼副省长多次听取汇报并协调解决重大问题，61 项“国考”项目、26 项“省考”项目，全部分解落实到市县和相关部门，各市政府以同样形式，将责任落实到县级政府。杭州、台州、丽水等市将责任制落实情况纳入党政领导班子综合考核。二是推进力度前所未有。及时研究谋划考核工作，科学制定考核办法、方案和评分细则，严格考核要求、强化奖惩力度。主动与国家有关部门沟通衔接，认真查找薄弱环节，列出清单、明确措施、整改到位，省级部门共下发 20 个补课文件，并对各地责任制落实情况开展了专项督查、跟踪落实。三是取得成效前所未有。浙江省考核工作在省政府高度重视下，在省粮安领导小组成员单位特别是省发改、财政、国土、环保、水利、农业、统计、物价和检验检疫等部门大力支持下，抓得早、抓得严、抓得实，取得明显成效，得到国家考核办的充分肯定，并在全国粮食流通工作会议上作了典型交流。

（三）高水平查补粮食工作短板

“查补短板”是省委、省政府着眼于“十三五”时期发展全局的一项重要决策部署。针对浙江省粮食产业发展滞后现状，浙江省粮食局聚焦粮食产业经济发展短板，省粮食局成立研究小组，立足“保障粮食安全、推进产业升级、优化发展环境”的思路，开展调查摸底、组织专题调研、广泛征求意见，及时形成了加快浙江省粮食产业发展政策意见。省政府办公厅出台了《关于加快粮食产业经济发展的意见》（浙政办发〔2016〕133 号），明确用五年左右时间，打造千亿粮食产业经济，提出了 8 个方面的主要任务和 6 项保障措施，促进浙江省粮食产业加快发展。浙江省粮食局及时进行贯彻部署，吹响了推动浙江省粮食产业经济向中高端发展的集结号。2016 年全省粮食产业总产值达到 460.5 亿元，比上年增长 12.7%。

（四）高标准开展“两学一做”学习教育

开展“两学一做”学习教育，是党中央落实全面从严治党的重要部署，也是 2016 年党建工作的主线。各地粮食部门围绕中心工作，突出“学”这个基础，紧抓“做”这个关键，领导带头、精心组织、扎实推进，取得了实实在在的成效。省粮食局党组坚持理论深学先行、筑牢思想基础，组织党员干部深入学习习近平总书记系列重要讲话精神，开展党章党规党纪教育，实现局领导、支部书记讲党课和党员听党课两个全覆盖。第一时间学习贯彻党的十八届六中全会精神，促进党员干部切实增强“四个意识”，特别是核心意识、看齐意识，严守政治纪律和政治规矩。紧紧围绕“做合格党员，争当五个标兵”的要求，唱好“三部曲”，开展了“四个问一问”，各基层党组织查找问题 79 条，并列出责任清单、落实整改；以“够不够到位”为主要内容，开展了“四个看一看”；以带头做表率为主要内容，开展了“四个想一想”，扎实推动“两学一做”学习教育往严处走、往实处落。浙江省粮食局党建工作在全国粮食工作会议和省直机关“两学一做”座谈会上作典型发言。

二 千方百计抓创新

准确把握粮食工作面临的新形势，积极推动粮食供给侧结构性改革，以时不我待、攻坚克难的精神，创新工作举措、全力破解难题，全省粮食工作有突破、有亮点。

（一）创新仓储项目建设抓手

在全省部署开展了“粮食仓储设施建设项目推进年”活动，建立健全“四个一”工作机制，压实责任、传导压力，采取了专项督查、工作通报、召开现场会等措施，建设进度明显加快、项目管理更加规范。全省 56 个粮食仓储物流设施项目全部开工，其中 19 个项目基本完工，建成仓容 75.7 万吨；355 个危仓老库维修改造项目进度达到 90% 以上，完成改造仓容 185 万吨，极大增强了粮食仓储能力。粮食物流建设扎实推进，2016 年争取国家粮食现代物流专项补助资金 2180 万元，支持 2 个重点物流项目建设。

（二）创新储备粮轮换机制

为增强储备粮轮换的灵活性，缓解集中出入库矛盾，更好地发挥储备粮调控作用，浙江省粮食局从实际出发，在省财政厅、农发行支持下采取了适当延长储存年限、延长轮空期、鼓励符合条件的粮食企业参与地方储备粮相关业务等三项新措施，并创新省级储备粮轮换机制，研究制订了省级储备粮委托代储动态轮换试点方案。

（三）创新仓储建设管理品牌

省属储备粮库大力传承弘扬“四无粮仓”精神，积极倡导“用心保粮每一粒，创新发展每一天”的新理念，紧紧围绕管好储备粮中心任务，大力推动仓储能力建设和科技水平的升级，在此基础上研究制定了“仓廪现代化、储粮绿色化、信息智慧化、管理精细化”的粮库评定标准，积极探索创建“四化粮库”示范品牌，努力实现从传统“四无粮仓”向现代“四化粮库”的跨越。

（四）创新军粮供应管理模式

为适应军粮供应新形势、新要求，按照“保障有力、万无一失”的目标，提出了在“十三五”期间努力打造“体制一体化、采购集约化、运输规范化、发展融合化、监管常态化、安全绝对化”的浙江特色军粮管理新模式。全省 11 个市军粮供应实现了“四统一”，宁波、舟山、金华、台州等市军民融合不断发展，军粮供应保障工作上了新台阶，部队更加满意。

（五）创新仓储质检技术标准

省储备粮公司搭建科研创新平台，实现了产、学、研、用有机结合，积极推进科技创新和成果转化，2016 年获得粮食仓储科技国家发明专利 3 项、实用新型专利 4 项、国家软件著作权 1 项。省粮油质检中心提出并承担了《连筒散装粮食扦样器》《包装粮食深层吸式扦样器》两项全国行业标准的制定，浙江省首次为全国粮食行业创立新标准。

三 一心一意抓安全

围绕内外粮源、粮食储存、粮食质量、应急保供四方面安全保障，强化责任、精准发力，守住了安全底线、提升了保障能力。

（一）增强了粮源安全保障

全省按时足额完成国家下达的新增地方储备粮任务。同时，一方面抓好省内收购。各级粮食部门克服仓容不足、市场行情低迷等困难，积极抓好三季粮食收购。及时出台了小麦和稻谷最低收购价执行预案，开展了“五送”为农服务活动，全省签订粮食订单109万吨，发放预购定金6534万元。杭州、宁波、嘉兴、绍兴等地积极研究出台受灾小麦收购政策，嘉兴、金华、湖州等地启动了晚稻最低收购价执行预案，有效防止了农民“卖粮难”。2016年全省各类粮食企业共收购粮食166万吨，同比增长12.8%，其中订单收购107万吨，同比增长13.4%，为全省农民增收5亿元以上。2016年7月，国家粮食局局长任正晓到浙江省调研检查粮食收购工作，给予了高度肯定。另一方面积极引进省外粮源。进一步推进省际粮食产销合作，截至2016年底，共建立省外粮源基地27.1万公顷，省内各类主体共投资18.5亿元建立储加销基地76个，建立粮食加工线48条、年加工能力达到267万吨。浙粮集团在黑龙江建成3.33余万公顷粮源基地。浙江省粮食企业通过参加产销协作洽谈会，签订各类粮食购销协议171万吨，全年共调入省外粮源1350多万吨，确保了市场供应和增储粮源。

（二）增强了储粮安全保障

仓储管理水平全面提高，深入开展“星级粮库”创建工作，着手制定“五星级粮库”创建标准，全省累计创建“星级粮库”126个，其中“四星级粮库”达到20个；以贯彻落实“一规定两守则”为契机，层层压实安全责任，促进仓储管理上新水平。绿色储粮比例不断提升，大力推进“科技兴粮”，积极指导各地推广应用“仓顶阳光”工程、储粮“四合一”升级新技术、智能控温、智能充氮气调、仓外测虫等绿色生态、节能降耗、智能高效的储粮新技术，不断提升绿色储粮比例。2016年，全省绿色生态储粮仓容达到104万吨。粮食信息化建设加快推进，省粮食局完成了“省级粮食管理平台”并投入试运行，“省级储备粮业务管理系统”开发完成，部分业务系统已投入运行。向国家争取到54个粮库智能化升级改造中央补助资金5824万元，并及时会同省财政安排到建设单位，大力推进“智慧粮库”建设。全省共有142个粮库已建成或部分建成仓储信息化系统，有67个粮库正在建设。杭州、衢州、宁波等市积极推进“粮食 + 互联网”，网上交易业务向省外拓展，2016年全省网上粮食交易市场实现交易量299万吨。

（三）增强了粮食质量安全保障

监管机构队伍得到加强。实现了11个市粮食质量检测机构“全覆盖”，跨层级组建了11支粮食行政执法队伍，成立了涉粮案件核查应急队伍。质量检测监管及时到位。全省粮油质检机构按时组织完成了收获粮食质量调查和品质测报、库存粮食质量安全、稻谷重金属、军粮供应质量、批发市场成品粮油质量和省内收购小麦呕吐毒素检测等6类专项、共4575批次扦样检测任务，对发现的问题及时督促整改。同时，各级粮油质检机构和粮食收储企业完成储备粮油出入库质量检验和鉴定38000多批次。监管力度进一步加强。制订了粮食质量安全事故应急处置预案，建立了粮食行政执法“双随机一公开”抽查监管机制和超标粮食处置长效机制。组织实施了粮食库存检查和政策性粮食出库、国家超期储存粮食定向销售、粮食收购政策执行情况等方面的监督检查。检查结果表明，浙江省库存粮食数量真实、质量良好、管理规范，没有发现违规情况。

（四）增强了应急供应安全保障

通过完善储备粮轮换机制，加强军粮统筹管理，修订完善粮食应急预案，省市联动在温州举行粮食应急预案和质量事故处置演练等措施，全方位加强了粮食应急保供能力建设。特别是G20峰会期间，省粮食局成立了领导小组，建立工作机制，出台工作方案，与武警部队签订军粮保障协议，加强组织协调，优质高效推进G20峰会服务保障工作。全省粮食部门切实维护粮油市场稳定、保障粮油供应和军粮供应，圆满完成峰会服务保障任务，为今后建立应急保障和安全维稳长效机制积累了宝贵经验。

浙江省粮食局还积极推动机构队伍建设，鉴于多数市县粮食机构队伍不适应粮食事业发展的实情，2016年将市县粮食行政管理部门科室、人员配置情况纳入粮食安全责任制考核范围，并加强督促指导。同时，加强干部队伍培训工作，全年举办培训班15个，培训人员2000余人次、鉴定各级专业技术人员366人。一年来，粮食系统的工作机构得到健全、工作力量得到加强、队伍素质得到提高。

与此同时，认真贯彻“一带一路”建设和长江经济带发展战略，支持舟山国际粮油产业园区建设。协同省财政厅出台省级粮食风险基金管理办法，积极落实储备粮食企业税收政策。牵头做好对口扶贫工作，主动与那曲地区粮食局对接，做好对口援藏工作。组织开展世界粮食日和爱粮节粮宣传周、食品安全宣传周、第十一届长三角粮食发展与合作会议、首次以粮食主题馆参展省农博会等活动，编撰《浙江通志·粮食志（试写稿）》74万字，并利用各种媒体加强宣传报道，提升了粮食工作影响力。浙江省粮食流通统计、会计报表和财务分析、粮食质量安全监管等工作获得全国先进，特别是在第四届全国粮食行业职业技能竞赛中，浙江省代表队获得了2个二等奖、3个三等奖的历史最佳成绩，展示了浙江粮食人过硬的职业本领和精神风貌。

◆浙江省粮食局领导班子成员

姚少平	党组书记、局长
韩鹤忠	党组成员、副局长
李立民	党组成员、副局长
李益敏	党组成员、副局长
叶晓云	党组成员、总工程师
龚震源	副巡视员
陈群华	副巡视员、管理监督处处长
何　震	党组成员、人事处处长

2016 年 11 月 24 日，时任浙江省委副书记袁家军（右二）一行来到 2016 浙江农业博览会浙江粮食馆参观。

2016 年 10 月 16 日，浙江省粮食局、省农业厅、省教育厅、省科技厅、省气象局、省妇联等六家单位联合举办“2016 世界粮食日暨全国爱粮节粮宣传周”活动，副省长孙景淼（右五）出席现场活动并讲话。

2016 年 11 月 22 日，浙江省粮食局局长姚少平（中）一行先后到中央储备粮杭州直属库和省粮食局直属粮油储备库督查安全储粮和安全生产情况。

2016 年 3 月 31 日，浙江省粮食工作会议在杭州举行，总结“十二五”时期粮食工作的主要成果，明确“十三五”时期粮食工作的总体思路。

安徽省粮食工作

基本情况

安徽省地处长江、淮河中下游，长江三角洲腹地，居中靠东、沿江通海，东连江苏、浙江，西接湖北、河南，南邻江西，北靠山东，东西宽约 450 公里，南北长约 570 公里，土地面积 13.94 万平方公里，占全国的 1.45%，居第 22 位。地跨长江、淮河、新安江三大流域，世称江淮大地。长江、淮河横贯东西，将全省分为淮北平原、江淮丘陵、皖南山区三大自然区域。境内巢湖是全国五大淡水湖之一，面积 800 平方公里。

2016 年末，全省户籍人口 7027 万，比上年增加 77.9 万人；常住人口 6195.5 万，增加 51.9 万人。初步核算，全年生产总值（GDP）24117.9 亿元，按可比价格计算，比上年增长 8.7%。

全年粮食作物种植面积 664.45 万公顷，比上年扩大 1.16 万公顷。油料种植面积 73.11 万公顷，减少 4.1 万公顷。

2016 年粮食工作

2016 年，安徽省粮食系统认真贯彻落实党中央国务院和省委省政府决策部署，积极践行新发展理念，尽责担当，创新作为，呈现亮点频出、充满生机、富有活力的强劲发展势头，粮食工作持续走在全国前列，实现了“十三五”良好开局。

一 严格落实粮食安全行政首长责任制，粮食安全保障能力实现新提升

安徽省积极传承敢为人先的改革基因，在国家启动“首考”之前，认真贯彻落实《安徽省人民政府关于落实粮食安全省长责任制的实施意见》，科学制定考核办法和计分细则，明确考核程序，协调省直 15 个部委厅局圆满完成对各市政府 2015 年粮食安全责任的首次考核，并将结果纳入省政府绩效考核，确保粮食安全省长责任制在安徽落地生根。省粮食局牵头对接国家考核要求，提请省政府成立省粮食安全领导小组，健全工作机制，与各市政府签订责任书，细化目标任务，为迎接国家“首考”做了充分准备。同时，坚持以国家和省“十三五”规划为引领，对接“一带一路”、长江经济带战略，编制印发《安徽粮食流通发展“十三五”规划》，为提升区域粮食安全层次、打造粮食强省绘制了路线图和时间表。

二 全力以赴抓好粮食收购，为促农增收和经济社会发展作出新贡献

面对粮价下行、仓容不足、不利天气影响等诸多矛盾和困难，各级粮食部门主动当好政府参谋，严格执行粮食收购政策，准确理解正确把握质量标准。在全国率先启动小麦最低收购价执行预案，经省政府同意启动小麦省级临时收储，出台添置清理设备等系列惠农利民政策。争取国家粮食跨省移库和简易储粮罩棚建设计划，千方百计扩大收储能力。建立新型农业经营主体数据库，精准对接服务新型农业经营主体，积极引导多元主体入市收购，做细做实为农服务。召开新闻发布会和媒体恳谈会引导舆论，营造良好收购氛围，确保夏粮收购顺利进行，坚决守住“农民种粮卖得出”的底线。2016年全省收购稻谷1535万吨、小麦1384万吨，分别居全国第2位、第3位；其中托市收购小麦、稻谷均居全国第二位，促农增收约37亿元。

三 不断创新精准调控举措，为去库存、稳粮价、拓市场开辟了新路径

创新出台“去库存”腾库补贴政策，有力促进在地储存中央事权粮销售出库。择机竞价销售2016年省级临储小麦并实现盈利，充分凸显省临储政策稳市场、促增收的作用。提前安排地方储备轮换，配合销售国家超期储存粮食，释放了更大仓容空间。建立市县储备粮轮换备案制度和公开竞价销售制度，进场交易91万吨，市县储备轮换更加规范。加强应急体系建设，大力提升“堡垒型”粮食应急企业和网点功能，加快“1+7”军粮供应保障应急中心建设。密切关注粮油市场价格动态和供需变化，及时发布粮油价格监测信息，保证了“两节”“两会”和抗洪军民、受灾群众粮油供应。督促省有关部门确定的可能发生重大自然灾害的重点市，抓紧完善应急预案，争取政策支持，完善应急设施，开展应急演练，提升保障能力。合肥国家粮食交易中心被明确为国家粮食交易协调中心唯一备份中心，继续发挥重要调控载体作用。深化与沪浙闽粤等地产销合作，“皖粮西进”“皖粮入川”开局良好。

四 精心实施“智慧皖粮”建设，粮食流通现代化建设掀起新高潮

编制《粮食行业信息化建设发展规划》（2016—2020年），全面部署实施“智慧皖粮”建设，提升粮食流通基础设施水平。举全局之力，成功争取国家粮食仓储设施智能化升级重点支持省，获得中央补助资金2.43亿元。科学提出“智慧皖粮1358”建设思路，一期省级平台与19个示范库实现互联互通，二期市级平台和81个省储库信息化建设进入收尾阶段，三期总投资3.23亿元1545个项目已正式启动，“智慧皖粮”雏凤架构初露。省财政补助的38个47万吨仓储物流项目已竣工发挥效用；争取中央预算内补助资金2.89亿元，205万吨仓容大头落地。各市加大仓储设施投入，滁州市确定连续3年安排1000万元扶持国有企业兴建烘干中心。全省“粮安工程”危仓老库维修改造工程通过专项审计并经受去年夏季洪涝灾害考验，得到国家粮食局和财政部充分肯定。加快淮北、池州质检站建设，实现粮食质量安全监测机构市级全覆盖。狠抓“两个安全”责任落实，突出“严、实、准、快”，做实安全举措，精准发力监管，从快整治隐患，四位一体筑牢安全屏障。安全生产和安全储粮连续4年零事故。制定出台“星级粮库”创建工作指导意见，提出创建标准，科学组织，精心督导，涌现出了一批条件优、环境美、管理好的粮库，取得阶段性成效。

五 着力推进“调转促”，粮食产业经济发展彰显新作为

着力推进加工业转型发展，争取省政府出台进一步促进全省粮食产业园区转型升级的意见，印发《2016 年安徽粮食流通产业“调转促”工作实施意见》《2016 年全省粮食产业化重点工作意见》，细化重点任务，建立责任分工，推进各项工作落实，粮食产业发展路径更加明晰。省级粮食产业化资金切块分解到各市，支持粮食产业化及主食产业化发展。强力推进“放心粮油”和“主食厨房”工程建设，召开全省粮食产业化暨“两项工程”座谈会，及时总结工作成效，分析面临形势任务，提出工作要求。各地及时制订“两项工程”年度工作实施计划，大力培育“两项工程”经营主体，推进“两项工程”与粮食应急体系建设、军供网点建设、成品粮储备五位一体融合发展。新增放心粮油配送中心和示范店 633 个、主食厨房配送中心和直营店 306 个。着力推进品牌建设，支持企业争创著名商标、安徽名牌、驰名商标等，加大“皖粮”品牌宣传力度，培育一批名优特新品牌。粮油类中国驰名商标达 27 个，地理标志认证 6 个，新增省著名商标 91 个、名牌产品 17 个；六安市荣获“全国油茶产业发展示范市”称号，肥东县荣膺“中国芝麻油之乡”称号，入选全国粮油加工企业“50 强”17 家，“皖粮”品牌影响力与日俱增。深化国有粮食企业改革，出让土地确权达 60%，购销企业同比减少 121 个。马鞍山、滁州、六安等市企业重组取得积极进展。全省地方国有粮食购销企业实现盈利 2.85 亿元，同比增盈 6634 万元；所有者权益 61.25 亿元，同比增加 3.76 亿元，改革红利持续释放。稳步推进“粮食银行”试点，有效缓解农民储粮难、卖粮难。

六 立足依法治粮、依法管粮，粮食行业发展环境得以新优化

注重织密扎紧制度笼子，省粮食局先后出台《推进依法治粮领导小组工作规则》《深入推进依法行政加快建设法治皖粮的实施意见》《行政许可和行政处罚等信用信息公开暂行办法》，完善行政权责清单，制定省粮食局公共服务、中介服务清单和重大事项、重大行政执法审查审核规定，公布行政权力运行监管细则，实现权力在阳光下运行。认真组织开展粮食库存检查，顺利通过国家重点抽查，得到国家联合工作组高度评价。落实“双随机一公开”要求，加强关键环节监管，有力维护粮食市场秩序。继续推进信用信息主体“全覆盖”，探索建立“守信联合激励”和“失信联合惩戒”机制，严肃查处涉粮违规案件，真正起到查处一例、震慑一片、警示一方的效果。认真组织开展粮食科技周暨法规宣传日和世界粮食日活动，社会效果明显。

七 狠抓科技、人才兴粮，粮食行业科学发展有了新支撑

坚持科技创新，基层粮食仓储企业应用“新四合一”绿色储粮技术有了新进展，科学储粮技术推广应用处于全国前列。坚持“人才兴粮”战略，着力集聚第一资源。创新实施“双百贫困生”工程，将扶贫与扶智相结合，突出职教优势，联合有关厅局，从省内贫困家庭定向招收中、高职学生，免费就读，定向输送到省内粮食企业就业，探索家庭脱贫与企业引才相促进的新路径。第一批次 76 名学生已全部入校学习。统筹推进职业技能培训鉴定，805 人取得国家职业资格证书，140 人获省市级技术能手。实施年度千人培训计划，建成 1 个全国技能拔尖人才工作室，举办 2 期援藏业务培训班。切

实有效加强干部队伍建设，严格按标准选拔任用干部，不断完善干部人事管理制度，修订《省粮食局处级干部选拔任用初始提名办法》《省粮食局处级干部选拔任用工作流程图》等，开展局直机关机构和人员编制实名制管理，实现机构清、编制清、领导职数清、实有人员清。广泛开展干部交流锻炼，及时招录招聘新生力量，建立健全激励保障机制，不断提升行业队伍素质。成功承办第四届全国粮食行业职业技能竞赛决赛和首次全国人才兴粮工作会议，安徽省参赛选手勇夺4金4银1铜，居各省（区、市）代表队之首，进一步展示安徽粮食人风采。

八 持续强化全面从严治党，自身建设得到新增强

落实全面从严治党要求，扎实开展"两学一做"学习教育，进一步强化"四个意识""三个看齐"，切实履行好党建和党风廉政建设主体责任。坚持教育、管理与监督三管齐下，防控廉洁风险，守住廉洁底线。严格落实中央八项规定精神，努力打造为民务实清廉的服务型机关。坚决贯彻中央和省委部署，以坚定的政治自觉推进中央巡视"回头看"反馈意见整改落实，认真开展"管党治党宽松软问题"专项治理和"讲看齐、见行动"学习讨论，在全系统组织开展"粮食购销管理、仓储管理、财务管理、国有资产管理"四个专项治理，党风、政风、行风持续优化。大力传承弘扬"四无粮仓"精神，开展"让党旗飘扬、让党徽闪光"主题实践和向河北柏乡粮库及本系统先进典型学习活动，涌现出了一大批爱岗敬业、无私奉献、开拓进取、奋勇争先的先进集体和个人。安徽省粮食局荣获"2014 ~ 2016年度省直机关文明单位"荣誉称号。

◆安徽省粮食局领导班子成员

牛向阳　　党组书记、局长
刘　惠　　党组成员、巡视员
王用华　　党组成员、纪检组长（2016年11月退休）
杨增权　　副局长
马三九　　党组成员、副局长
许维彬　　党组成员、副局长

2016 年 5 月 10 日，安徽省政府召开全省夏粮收购工作会议，深入分析夏粮收购工作面临的形势，安排部署收购工作措施。副省长方春明（主席台中）出席会议并讲话。

2016 年 6 月 2 日，安徽省政府副省长方春明（左二）在寿县深入收购一线调研指导夏粮收购工作，省粮食局党组书记、局长牛向阳（左四）和省有关部门主要负责同志参加调研。

2016 年 6 月 13 日，安徽省粮食局局长牛向阳在滁州检查调研夏粮收购工作。

2016 年 6 月 5 日，安徽省粮食局组织党员到金寨县实地参观学习，上专题党课，接受革命传统教育。

福建省粮食工作

基本情况

福建省地处东南沿海，全省海域面积13.6万平方公里，陆地面积12.4万平方公里，山海资源丰富，森林覆盖率65.9%，山地、丘陵占全省陆地总面积的80%以上，素有“八山一水一分田”之称。2016年末常住人口3874万人，同比增加35万人，实现地区生产总值2.85万亿元，增长8.4%。全社会固定资产投资2.29万亿元，增长9.3%；外贸出口6838.9亿元，占全国份额保持基本稳定；城镇居民人均可支配收入36014元，增长8.2%；农民人均可支配收入14999元，比上年增长8.7%。

福建是粮食主销区，2016年粮食种植面积117.7万公顷，比上年减少1.6万公顷，其中稻谷面积76.9万公顷，减少2万公顷；粮食产量650.87万吨，比上年减少10.2万吨，其中谷物496.05万吨(稻谷471.47万吨、小麦0.55万吨、玉米21.77万吨、谷子0.02万吨、高粱0.39万吨、其他谷物1.85万吨)、豆类24万吨、折粮薯类130.82万吨；粮食收购量151.8万吨，其中国有粮食企业收购81.7万吨，非国有粮食企业收购70.1万吨；粮食销售量2265.5万吨，其中国有企业销售820.3万吨；粮食进口量644万吨；粮食商品量325万吨。

2016年粮食工作

一年来，在福建省委、省政府的正确领导和国家粮食局的有力指导下，福建省各级粮食部门认真贯彻党的十八大及十八届三中、四中、五中、六中全会精神，认真学习中央及全省经济、农村工作会议精神，以落实粮食安全省长责任制为抓手，认真推进粮食流通各项事业发展，较好地完成了各项工作任务。

一 粮食调控

一是收购政策有效落实。认真落实国务院和省政府确定的粮食收购政策，全省共收购粮食151.8万吨，其中储备粮订单收购37.17万吨，发放订单补贴8920.8万元。根据市场行情变化，适时在三明市启动了最低收购价执行预案，没有出现农民“卖粮难”。二是粮食增储按时到位。面对新增地方储备粮规模大幅提升的艰巨任务，全省各地认识统一、行动迅速，千方百计按省政府下达的计划，落实责任、落实资金、落实仓容，抓紧组织粮源采购。截至 2016 年 12 月 23 日，储备粮规模全部落实到位，顺利在国家规定时限内完成。三是库存粮食安全稳定。面对连年增加的粮食储备库存，全省各地粮食部门始终把储备粮管理放在突出位置来抓，严格遵守“一规定两守则”，积极推进科学储粮和绿色储粮，储备粮日常管理和监管工作得到加强。坚持每年开展春季和秋季两次全省粮食库存大检查，2016 年共检查库存粮食 111.1 万吨，占纳入检查总量的 34.72%，从检查结果看，全省库存粮情总体安全稳定。四是应急水平不断提升。2016 年 12 月首次举行省市联合粮食应急演练，各地市结合实际也开展了粮食应急演练，有效提高了粮食应急预案的针对性和可操作性。截至 2016 年底，全省共确定 1382 个应急供应点，较 2015 年增加 66 个供应点，日可供应粮食 21894 吨。各地市场粮源充裕、价格稳定，有效保证了军需民食。

二 粮库建设

国家增储计划下达后，福建省提出力争 2018 年底省市县三级建成与本级储备粮规模相匹配储备仓容的目标，全省各级政府根据本级地方储备粮规模，加快了标准化仓容建设，有力改善了全省粮食仓储基础设施，提升了粮食储备保障能力。截至 2016 年底，省级建库方面：本轮省级粮库建设 11 个项目 55.5 万吨仓容中，已完工 2 个项目 16 万吨仓容、已开工 9 个项目 39.5 万吨仓容；市县建库方面：全省标准化仓容不足的 53 个市县粮库建设项目中（共 202.57 万吨仓容），已建成投入使用 10 个项目 26.42 万吨仓容、已开工 39 个项目 163.65 万吨仓容，还有 4 个项目 12.5 万吨仓容都已落实用地，正在开展前期工作；危仓老库维修改造方面：完成投资 3.5 亿元，完成维修改造仓容 210 万吨、功能提升仓容 183 万吨，有效地改善了全省粮食仓储条件。

三 引粮入闽

福建省超过 60% 的粮食需要靠省外调入，粮源的掌控对全省粮食安全有着举足轻重的作用。近年来，全省各地积极实施“走出去，引进来”战略，不断扩大深化与粮食主产省区的产销合作。一是“走出去”，在产区建立粮食生产和仓储基地。截至 2016 年底，全省已经在多个粮食主产省建立各类粮源基地 100 多万亩，调回粮食 80 多万吨。省级国有粮食企业在粮食产区收购粮食仓容 15.5 万吨，建立 18.5 万吨异地代储粮食，将产业链延伸到粮食主产区，有利福建省掌握“第一手”粮源。二是“引进来”，巩固和拓宽引粮入闽渠道。2016 年福建省粮食局继续将粮食产销协作福建洽谈会平台搭建到“中国・海峡项目成果交易会”上，突出助推粮食供给侧改革主题，吸引了省内外 1100 余家粮食企业、科研院校 3200 多名代表参会，共签订粮食购销合同 631.73 万吨，征集粮食科技项目成果 295 项，对接科技项目 26 项。不仅为福建省提供了稳定可靠的粮源，同时缓解了产粮区粮食库存压力，实现产销双赢。2016 年粮洽会期间，包括福建电视台、《福建日报》《台湾导报》、中国政府网、凤凰网在内等 60 多家省内外主流媒体对会议盛况进行了报道或转载，有效扩大了社会影响力。

四 粮食质量监测

认真开展治理“餐桌污染”，建设“食品放心工程”工作，围绕粮油质量安全负责制、加强收获粮食质量安全监测、库存粮油质量抽查、强化粮油质量监管基础工作、开展检验监测体系建设等方面进行全面部署。一是提升检测能力。近几年共投入 5940 万元用于全省粮食质量检测机构的基础设施、仪器设备和能力提升建设，大幅提升了全省粮食质量监测机构检验能力，适应对重金属、真菌毒素和农药残留等食品安全指标的监测需求。二是依法开展抽检。根据国家有关粮食质量、卫生管理的法律法规，依法开展了对粮食收购、储存、运输活动和政策性用粮购销活动中粮食质量及原粮卫生的监管。省级监测机构全年共安排粮油质量抽检 1800 份。三是加大宣传力度。利用粮食食品安全周、粮食质量月、世界粮食日等活动，通过举办粮食质量讲座和培训、实验室开放日等方式，全方位、多角度地向粮食经营者和公众宣传普及粮油质量安全知识，提高全社会粮食质量安全和爱粮节粮意识，共同维护粮食质量安全。

五 粮食安全责任制

2016 年 7 月，国家有关部门下发《关于开展 2016 年度粮食安全省长责任制考核工作的通知》后，省政府高度重视，于伟国省长到长乐市专题调研粮食安全责任制落实情况，省政府成立了以黄琪玉副省长为组长的考核工作组；16 个省直部门携手共抓粮食安全保障工作，制定出台考核办法，签订粮食安全责任书，把粮食安全的责任和任务落实分解到市、县政府；各级粮食部门主动做好牵头协调，积极推进考核工作。各级各有关部门抓粮食工作的合力不断增强。2016 年通过省政府或省政府办公厅制定出台了一系列政策措施，如关于培育新型粮食市场主体促进粮食产业发展、关于加强粮食流通行政执法管理、关于加强粮食质量安全监管和责任追究等方面的意见或办法，为确保全省粮食安全提供了制度保障。

六 粮食系统党建工作

各级粮食部门深入学习贯彻习近平总书记系列重要讲话，严格落实党要管党、从严治党的要求，把主体责任落到实处，切实做到党建工作和业务工作同步规划、同步部署、同步实施、同步检查、同步考核，粮食系统党建工作实效不断增强。2016 年，按照中央、省委统一部署，各级粮食部门坚持领导带头，突出问题导向，加强督促指导，落实真学真做，高标准、严要求推进“两学一做”学习教育。通过各种形式积极开展廉政教育，粮食系统党员干部党的意识、纪律意识、规矩意识、法治意识进一步增强。针对粮食部门工作实际，部署加强对粮库建设、粮食收购、储备轮换、增储落实等重点环节的监督检查，保障惠农强农富农政策落到实处。同时，切实履行好了全面从严治党主体责任，扎实抓好党风廉政建设和反腐败工作。

◆福建省粮食局领导班子成员

林锡能	党组书记、局长
冯利辉	党组成员、副局长
张永生	党组成员、纪检组长（任职至 2016 年 4 月）
赖应辉	副局长
黄敬和	党组成员、副局长
赵端榕	副巡视员

2016 年 6 月 18 日，福建省省长于伟国到第十二届粮食产销协作福建洽谈会现场巡馆。

2016 年 8 月 24 日，福建省省长于伟国到福建省储备粮管理有限公司长乐直属库调研。

2016年6月18日，福建省副省长黄琪玉出席第十二届粮食产销协作福建洽谈会并致辞。

2016年8月26日，福建省粮食局长座谈会在福州召开。

江西省粮食工作

基本情况

江西省简称“赣”，因公元733年唐玄宗设江南西道而得省名，又因为江西最大河流为赣江而得简称。江西位于中国东南部，在长江中下游南岸，以山地、丘陵为主，属亚热带季风气候区，年平均气温17.8℃，四季分明，全年雨量充沛，光照充足。全省面积16.69万平方公里，辖11个设区市、100个县（市、区）。2016年末，全省常住人口4592.3万人。

2016年，全省实现生产总值18364.4亿元，增长9%。财政总收入3143亿元，同口径增长9.6%，其中一般公共预算收入2151.4亿元，同口径增长8.7%。固定资产投资19378.7亿元，增长14%。社会消费品零售总额6634.6亿元，增长12%。主要经济指标增速位居全国“第一方阵”。城镇居民人均可支配收入28673元，增长8.2%；农村居民人均可支配收入12138元，增长9%。

江西是全国13个粮食主产省之一，是全国重要的稻米生产地区。2016年，全省耕地面积310万公顷，粮食播种面积368.62万公顷，总产量2138万吨，实现“十三连丰”。全省共收购稻谷1170万吨，同比增加120万吨，其中收购早稻380万吨；托市收购早稻占全国早稻托市收购总量的54%。全省外销稻谷超过600万吨，从省外购进玉米、小麦等500多万吨。

2016年粮食工作

2016年，江西省粮食部门认真落实习近平总书记视察江西时重要讲话精神，在省委省政府的正确领导和国家粮食局的精心指导下，围绕巩固江西粮食主产区地位，以全面落实粮食安全省长责任制为抓手，以“抓收购、保粮安、稳基础、强产业”为重点，着力推进粮食流通各项工作。

一 粮农利益得到有效保护

全省各级政府高度重视粮食收购工作，7月26日，省政府召开全省早稻收购工作电视电话会议，副省长尹建业出席会议并作重要讲话，各设区市政府分管领导、各县区主要领导参加会议。7月28日，江西省较周边省份提前2天启动了早稻收购工作预案，第一时间托住了市场，稳定了农民卖粮收入。省粮食局、中储粮江西分公司、农发行江西省分行联合召开全省中晚稻托市收购工作视频动员会，并建立了三家联席会议制度，共同商讨和部署粮食收购工作。为解决收购仓容急缺问题，着力加强了中央事权粮的“去库存”和地方储备轮换及临时储备粮的销售工作。加快推进了新建仓项目建设进度，积极修缮部分老旧仓库，增加收购有效仓容。积极协调有关部门，在确保收购资金和粮食安全的情况下，放宽租仓条件，租借社会仓容入市收购，缓解仓容紧张矛盾。全省未出现农民“卖粮难”和“打白条”等情况，托市收购促进农民增收近20亿元，实现了政府、企业、农民“三满意”。

二 保供稳价能力持续增强

省、市、县三级地方粮食储备体系进一步完善。出台了省级储备粮管理办法，制定了省级动态储备粮管理办法。基本落实国家下达的江西省地方储备粮指导性计划，其中设立省级动态储备粮22.5万吨，建立成品粮储备6万吨。逐步完善了粮食应急保障预警体系，新修订了粮食市场信息监测管理办法，粮食市场监测点扩大到234个，实现了国有与民营、收储与加工、批发与零售全覆盖。应急保障供应体系进一步完善，全省已建成粮食应急加工点245个，应急配送中心91个，粮食应急供应网点1525个，基本实现全省各市、县（区）全覆盖，形成了较为完备的应急供应、应急加工网络体系。

三 安全储粮能力明显提升

着力加快粮油仓储设施建设，全年争取中央预算内投资补助建仓项目39个，总仓容75万吨，中央和省财政补助资金1.5亿元，建成并投入使用的新仓近50万吨，争取省财政资金9600万元用于旧仓维修和功能提升，全省粮油仓储设施明显改善。着力抓好粮库智能化改造，江西省被列为国家“粮安工程”粮库智能化升级重点支持省份，中央财政下达补助资金1.8亿元，省财政补助9000万元，开发建设省级综合信息平台，为推进“智慧赣粮”建设打下了坚实的基础。着力抓好储粮技术革新，在地方国有粮食中心库推广绿色充氮气调储粮和谷物冷却低温储粮技术应用，增强了安全储粮保障能力。严格落实“两规定一守则”要求，着力加强安全储粮管理，开展了“两个安全”工作培训和储粮安全、安全生产大检查，确保了2016年全省储粮安全无事故。

四 粮食市场监管更加有力

健全完善粮食市场监督检查机制，牵头组织在全省范围内建立了粮食、工商、价格等五部门的粮食市场联合执法的机制，推动相关市县与湖北、湖南毗邻市县之间建立跨区域联动执法机制。建立健全了“双随机一公开”检查制度，制定了全省粮食流通监督检查随机抽查事项清单，建立了全省粮食流通监督检查对象名录库和粮食流通监督检查人员名录库。采取“双随机”抽查方式，开展了全省粮食库存检查和地方储备粮专项检查，确保了检查效果，受到国家粮食局和省政府的充分肯定。扎实开展粮食企业守法诚信评价工作，全省粮食行政管理部门共对2266家企业评定了诚信等级，并予以公告后上传到信用江西平台。按照在地监管原则，依法加强对超期储存粮销售和地方临储粮的处置监管，确保了超期存粮和严重超标粮未流入口粮市场，维护了社会稳定，并为财政节约支出1亿元以上。

五 粮食行业改革进一步深化

一是形成了静态和动态相结合的省级储备粮管理新模式，采用“互联网 + 粮食”技术，对动态承储企业进行在线监控，每年为财政节约支出近 5000 万元。二是推动了省级储备粮相对集中管理，提高了管理效率，降低了管理成本，确保了储备粮数量真实、质量良好。三是推进国有粮食企业经营模式创新，各地国有粮食企业依托现有仓储设施，引进民营资本合作建立粮食烘干基地，为粮农提供粮食烘干中转服务。四是加快推进地方国有粮食企业整合重组，创新管理机制和经营机制，地方国有粮食企业“一县一企，一企多点”的粮食流通新格局基本形成。五是出台了粮食产业经济发展意见，积极推动品牌化、集约化发展。六是构建新型产销协作关系，拓展粮食工作新空间。积极支持玉米收储制度改革，抓住玉米“去库存”的有利时机，组织相关企业参与竞标采购，调入玉米 300 多万吨，为企业降低成本约 7 亿元，为粮食流通工作增添了新动力。全省粮油加工业企业完成工业总产值 906.5 亿元，实现销售收入 896.2 亿元，利润总额 23.8 亿元。

六 粮食安全责任制全面落实

省政府高度重视落实粮食安全省长责任制工作，省长刘奇、副省长尹建业均作出重要批示。在省政府的高位推动下，建立了粮食安全省长责任制联席会议制度，明确了相关部门任务分工，下发了粮食安全责任书，建立了工作联络机制，制订了考核工作方案，组织开展了督导检查。各地高度重视，认真承担保障区域粮食安全主体责任，及时出台贯彻意见措施，认真组织对设区市的考核，进一步压实了粮食安全责任。

七 全面从严治党进一步加强

紧紧围绕粮食工作中心任务，以“三大工程”和“党建 +”工作为抓手，认真学习贯彻十八届三中、四中、五中、六中全会和习近平总书记系列讲话，尤其是视察江西时的重要讲话精神，牢固树立抓好党建就是最大政绩的理念，坚定不移推进全面从严治党。深入推进“两学一做”学习教育，牢固树立“四个意识”，不断强化全面从严治党责任，大力加强党的建设，切实做好抓基层打基础工作，推动全面从严治党向基层延伸，基层党组织活力不断增强。着力抓好党风廉政建设，层层压实责任，推动从严治党“两个责任”落到实处。高度重视巡视反馈问题整改工作，主动认领问题，自觉对标看齐，把整改工作作为一项重要的政治任务抓紧抓实。坚持严格执行中央八项规定精神，持之以恒纠正“四风”，强化监督执纪问责，努力建设风清气正的政治生态，粮食系统良好精神风貌得到充分彰显。

◆江西省粮食局领导班子成员

黄　河	党组书记、局长
罗　洪	党组成员、副局长
刘福元	党组成员、副局长
赵　国	党组成员、纪检组长（任职至2016年2月）
廖小平	党组成员、总工程师（2016年12月任职）
杜晓林	副巡视员
辛洪光	副巡视员（2016年2月任职，任职至当年12月）

2016年5月15日，国家粮食局局长任正晓（前排右二）在赣州市于都县调研。

2016年8月8日，江西省副省长尹建业（前排右三）调研早稻收购工作。

2016 年 7 月 26 日，江西省政府召开全省早稻收购工作电视电话会议，副省长尹建业（主席台中）主持会议并讲话。

2016 年 6 月 21 日，江西省粮食局局长黄河（左三）到共青城市调研粮食应急体系建设工作。

山东省粮食工作

基本情况

2016年，山东全年生产总值6.7万亿元，比上年增长7.6%；地方一般公共预算收入5860亿元，同口径增长8.5%；城镇居民人均可支配收入增长7.8%，农村居民人均可支配收入增长7.9%；城镇新增就业121万人；对外收支继续保持较大顺差；居民消费价格上涨2.1%。常住人口城镇化率达到59.02%，户籍人口城镇化率达到49%。

2016年，全省粮食播种面积751.1万公顷。单位面积产量6258.1公斤/公顷。粮食总产量4700.7万吨。其中，小麦2344.6万吨，玉米2065万吨，稻谷88万吨，豆类37.9万吨，薯类（折粮）157万吨。

2016年，全省粮食企业收购粮食4426.8万吨，同比增加1614.4万吨。其中，收购小麦2381.4万吨，收购玉米1917万吨。

2016年粮食工作

2016年，山东省粮食局坚决贯彻国家和省各项粮食工作决策部署，开拓创新，埋头苦干，顺利完成年度任务，实现了“十三五”良好开局。

一 扎实推进粮食安全省长责任制落实

认真履职，推动落实国发〔2014〕69号和鲁政发〔2015〕28号文件，全省17市政府全部出台本市落实粮食安全责任的具体意见或实施办法，建立起省市县政府共同保障区域粮食安全的制度体系。省政府成立由孙伟常务副省长、赵润田副省长任组长的粮食安全责任考核工作组，建立了考核工作会议机制、沟通协调机制、信息报送机制、抽查考核机制、考核结果运用机制等考核工作机制，印发考核工作方案和考核工作通知。省粮食局认真履行考核工作办公室职责，做好迎接国家考核和对市考核工作，拟定考核标准和评分说明，组织召开全省粮食安全责任考核工作座谈会，对年度考核工作作出具体安排部署。各市普遍成立由政府领导任组长的考核工作组和粮食局局长任主任的考核办公室，及时传达落实国家和省考核工作要求，做好相关工作，同时，将迎接省考核和开展对县考核有机结合起来，同步部署、同步推进。各级粮食部门逐项对照考核指标和评分标准，认真查漏补缺，重要事项一把手靠上做工作，有力促进了任务落实。

二 粮食购销成效显著

省粮食局认真履职职责，指导各地做好粮食购销工作，年度购销存全部增加。省政府高度重视，召开全省夏粮收购电视会议，专门作出安排部署。夏收期间，各级粮食部门提早着手、认真准备，全省腾空仓容 950 万吨，安排跨县集并腾仓 10 万吨，公布最低收购价库点 337 个，筹措收购资金 117 亿元。坚持夏粮收购联席会议制度，及时在全省范围内启动小麦最低收购价执行预案，收购最低收购价小麦为近 7 年来最多的一年，助农增收约 14 亿元。积极研判国家在东北地区实施玉米收储制度改革对山东的影响，及时向国家有关部门提出意见建议，会同省发展改革委等 5 部门下发秋粮收购通知，秋粮收购市场稳定有序。指导督促各地落实地方储备规模，调整优化储备结构，落实成品粮储备 13249 吨，全年轮换地方储备粮（油）121.6 万吨。积极推进粮食产销合作，全年与省外签订购销合同 320 万吨。出台意见，加大"去库存"政策落实力度，组织企业竞拍成交国家政策性粮食 240 万吨。

三 安全储粮形势持续稳定

强化安全储粮监管措施。制定国有粮油仓储物流设施保护实施细则、粮油仓储单位备案管理办法、省级储备油管理暂行办法等制度规定，并指导企业加强管理，提高规范化管理水平。认真开展粮食库存检查。2016 年，山东是国家确定的 5 个库存检查重点省之一。省粮食局会同有关部门成立领导小组，印发检查工作方案，加强政策解读和人员培训，加大工作督导力度，圆满完成库存检查任务。检查期间，全省抽调 300 余人，组成 32 个检查组。从检查结果看，全省粮食库存数量真实、质量良好、管理规范、储存安全。配合国家粮食局完成对青岛、德州、临沂、菏泽 4 市的库存抽查任务，国家粮食局对山东工作给予充分肯定。认真落实"党政同责、一岗双责、齐抓共管"的安全生产工作要求，逐级落实责任，层层传导压力，及时发现隐患，坚决抓好整改。全省安全储粮和安全生产形势保持稳定。

四 依法管粮不断深化

坚持依法行政，加强法治粮食建设，指导各地认真开展夏秋粮收购、统计制度执行、政策性粮食销售出库等专项检查和社会粮食流通监管工作，全省出动检查人员 2 万余人次，检查粮食市场主体 5788 户次，查处违法违规案件 715 例，有效维护了粮食流通市场秩序，保障了国家粮食政策落实。初步建立粮食执法"双随机一公开"工作机制，并在全省粮食库存、统计制度等检查工作中得到运用。鲁苏豫皖 4 省毗邻地区粮食执法联席会议在山东台儿庄召开，全面推广山东粮食执法经验。加强与物价、工商等部门的协调配合，全省 84 个县（市、区）建立部门联合执法机制。加强粮食质量监管，研究出台了粮食质量安全保障机制、责任追究制度、应急处置预案等制度，落实中央补助及地方配套资金 1.16 亿元，支持提升粮食检验检测能力。认真开展新收获粮食和库存粮食质量检测，采集样品 2464 个，超额完成国家粮食局下达的粮食质量检测任务。按照国家粮食流通统计改革要求，修订报批并认真落实统计制度，建成价格监测预警点 1000 家，入统涉粮企业通过信息网络实现了直报。

五 “粮安工程”建设整体推进

2016 年是“粮安工程”建设整体推进年。全行业上下通力协作、主动作为，“粮安工程”建设成效突出。“危仓老库”维修改造全面竣工并完成验收，全省新增有效仓容 213 万吨，地方企业有效仓容达到 3019 万吨。全省粮食现代物流设施重点建设项目落实国家政策性资金超过 40 亿元，争取中央预算内资金 3000 万元支持仓储物流项目 12 个。认定应急供应网点 2880 个，加工企业、配送中心及储运企业 769 个。在建应急项目 156 个，涉及 17 个市直及 106 个县，省财政累计下拨补助资金 2.15 亿元。会同省财政厅分三批安排主食产业化建设项目 140 个，落实省财政扶持资金 1.32 亿元。纳入统计范围的粮食批发市场达到 26 家，全年实现成交量 660 万吨。作为国家粮库智能化升级重点支持省，争取中央和省级补助资金 2.7 亿元，占总投资的比例达 83%。省财政资金 1500 万元支持全省粮食流通管理云平台建设完成基础架构建设，上线试运行模块及菜单近 400 个，涵盖粮食流通管理主要方面，在线激活法人及个人用户 5600 多个，在全国粮食行业率先实现省、市、县三级粮食行政管理部门及涉粮单位同一平台协同办公，率先将平台部署在省电子政务云上，实现跨部门数据共享。投资 5000 万元的军供“危仓老库”维修改造任务如期完成。军供基础设施进一步完善，网点布局进一步优化，军粮质量、服务水平稳定提升，军粮供应应急保障任务圆满完成。积极对接全省脱贫计划，为符合条件的贫困户免费发放科学储粮仓 4.6 万个。组织开展全省粮食流通工作观摩和省直单位“粮安工程”建设观摩活动，集中展示“粮安工程”建设成果，推广先进经验做法，推动了“粮安工程”规划实施。

六 粮食产业经济发展保持良好势头

全省粮油加工业产值、效益继续保持全国领先，粮食产业经济发展达到较高水平。认真抓好国有粮食企业改革发展、提质增效，全省国有粮食企业实现营业收入 265 亿元，综合经济效益 4.14 亿元，连续 12 年保持稳步增长。制定《关于加强银企合作促进粮食企业发展的意见》，建立银企合作机制，拓宽粮食企业融资渠道，促进粮食企业发展。指导军供单位发挥军供网络优势，积极推进军民融合深度发展，全省副营业务实现利润 1120 万元，16 个军供站资产超千万元。

七 从严管党治党责任进一步落实

各级粮食部门始终高度重视党建工作，切实增强“四个意识”，着力推动全面从严治党向基层延伸，做到“两手抓、两促进、两落实”。扎实开展“两学一做”学习教育，党的思想、组织、作风和纪律建设进一步加强。认真落实巡视巡察工作要求，积极抓好专项巡视巡察反馈问题整改。严格落实中央“八项规定”精神和省委实施办法，切实转变工作作风，党风廉政建设取得新成效。

◆山东省粮食局领导班子成员

杨丽丽　　省发展改革委党组成员，省粮食局党组书记、局长
乔延亭　　巡视员
丁兆石　　党组成员、副局长
王传民　　党组成员、副局长
崔秀顺　　党组成员、纪检组长、监察专员
李　伟　　党组成员、副局长

2016 年 1 月 22 日，山东省全省粮食流通工作会议在济南召开，省发展改革委主任王忠林（主席台左三）出席会议，省粮食局局长杨丽丽（主席台左四）作工作报告。

2016 年 5 月 25 日，山东省政府召开全省夏粮收购工作电视会议，副省长赵润田（主席台左三）出席会议并讲话。

2016 年 11 月 24 日，山东省粮食安全责任考核组召开第一次全体会议，副省长赵润田（前排左二）出席会议并讲话。

2016 年 5 月 30 日至 6 月 2 日，山东省粮食局组织开展全省粮食流通工作现场观摩活动，省粮食局局长杨丽丽（左四）参观青岛第二粮库智慧粮库建设现场。

河南省粮食工作

基本情况

河南省位于我国中东部、黄河中下游。周边与山东、安徽、湖北、陕西、山西和河北 6 省毗邻。界于北纬 31° 23′ ~ 36 ° 22′ 、东经 110° 21′ ~ 116° 39′ ，南北纵跨 550 余公里，东西横亘 580 余公里。全省处于暖温带和亚热带气候交错的边缘地区，多年年均气温为 12.8 ~ 15.5℃，2016 年全年平均气温为 15.1℃。年降水量从北到南大致在 600 ~ 1200 毫米，全省无霜期在 190 ~ 230 天，一般可满足农作物一年两熟，盛产小麦、玉米、稻谷、大豆、红薯和棉花、芝麻、花生、油菜籽等农产品。河南省古代行政区位于黄河之南，故称河南；因居九州之中，又称“中州”“中原”“豫州”，简称“豫”。新中国成立后，设立河南省。1952 年平原省撤销后部分市县划归河南省。现辖 18 个省辖市和 10 个省直管县（市）及 120 个县市区，总面积 16.7 万平方公里，居全国省区市第 17 位，占全国面积的 1.73%。其中耕地面积 820 万公顷。2016 年全省生产总值达到 40160.01 亿元，比上年增长 8.1%，经济总量占全国的 5.38%，在全国排名第五；年末总人口 10788.14 万，为全国第一人口大省；常住人口 9532.42 万，其中城镇常住人口 4623.22 万，城镇化率 48.5%，比上年提高 1.65 个百分点。全省粮食产量 5946.60 万吨，比上年下降 2% ；速冻米面食品产量 356.7 万吨，比上年增长 1.7% ；全年居民消费价格（CPI）比上年上涨 1.9%，涨幅低于全国水平，其中粮食上涨 0.1%。全省经审核取得粮食收购许可证的经营者 8066 家，入统单位粮食从业人员 14.8805 万。

2016 年粮食工作

一 粮油生产

（一）粮食生产

2016 年，河南省委、省政府始终牢记保障国家粮食安全的政治责任，坚持以“稳粮增收可持续、提质增效转方式”为主线，以推进农业供给侧结构性改革为着力点，选择滑县、永城市等 8 个县市，积极发展优质强筋、弱筋小麦，探索专种专管、专收专储、产销一体机制，提高小麦供给质量和效益。全省优质小麦种植面积达到 40 万公顷。持续加强高标准粮田建设，整合利用农开等部门资金 101.9 亿元，新建 50.3 万公顷建设任务，全省累计建设高标准粮田达到 357.1 万公顷。同时狠抓农业技术推广，深入开展高产创建，为多灾之年实现全省粮食持续稳定发展提供了有力的支撑。2016 年，全省粮食种植面积 1028.62 万公顷，比上年增长 0.2%。其中，小麦种植面积 546.57 万公顷，增长 0.7%；玉米种植面积 331.69 万公顷，下降 0.8%。全年粮食产量 5946.60 万吨，比上年减产 120.5 万吨，下降 2%，仍属历史第二高产年份，占全国粮食总产量的 9.7%，居全国第二位。其中，夏粮产量 3476.80 万吨，下降 1.0%；秋粮产量 2469.80 万吨，下降 3.3%。小麦产量 3466.00 万吨，下降 1.0%；玉米产量 1745.9 万吨，下降 5.4%。

（二）油料生产

2016 年河南省夏秋雨水偏多，降雨量较常年多 20% ~ 50%，对全省秋油生产十分不利。南部土壤黏重地区，花生、芝麻不同程度地出现了草害、虫害和烂根现象。针对异常气候，河南省及时采取气象预警和防灾减灾应对措施，避免和减少了灾害影响；进一步优化油料区域布局，狠抓油料关键技术的试验攻关，着力于绿色高产高效生产技术的推广应用，"高油花生""双低油菜""纯白芝麻"已逐步成为河南省油料生产中的主导品种，全省油料良种覆盖率稳定在 95% 以上，推动了油料产量再创历史新高。2016 年全省油料种植面积 162.48 万公顷，增长 1.5%。油料产量 619.09 万吨，增长 3.2%。其中：花生面积 112.8 万公顷，增加 5.0%，总产 510 万吨，增加 5.2%；油菜面积 32.4 万公顷，减少 6.9%，总产 81.7 万吨，下降 5.1%；芝麻面积 17.33 万公顷，总产 28 万吨，与上年相比基本持平略增；油葵面积 0.67 万公顷，产量 1.1 万吨，与常年持平。

二 粮食流通

据统计调查，2016 年全省粮食商品量 4436 万吨，商品率 74.6%。其中小麦商品量 2575 万吨，商品率 74.3%；玉米商品量 1340 万吨，商品率 76.7%；稻谷商品量 350 万吨，商品率 64.5%；豆类、薯类等其他杂粮商品量近 120 万吨，商品率在 80% 以上。全年全省全社会粮食经营企业完成粮食收购 4866 万吨（含中储粮、中粮系统），比上年增加 904 万吨，增幅 28.2%。全年全省全社会粮食经营企业共净调销省外粮食 790 万吨；国有及国有控股粮食企业累计销售原粮 1278 万吨，比上年增加 431.2 万吨，增幅 50.9%。由于粮食收购量大于销售量，致使河南省粮食企业粮食库存量继续增加。

三 粮食调控

（一）粮食收购

一是夏粮收购工作。各级党委政府高度重视收购，省委书记谢伏瞻多次批示，陈润儿省长、王铁副省长多次实地调研、现场办公，解决夏粮收购中遇到的具体问题。省政府安排 6000 万元财政资金，为符合条件收购超标小麦的粮食购销企业配置清理设备和贴息。并且召开全省夏粮收购紧急会议，安排部署收购工作。粮食部门提前制订粮食收购工作预案，全省共备完好空仓 1380 万吨，新增设备 350 多套，培训收储人员 4500 余人次。建立粮食收购联席协调机制，省粮食局与中储粮河南分公司、农发行河南省分行严格落实"四个共同"原则，分 5 批安排各类收储库点 1178 个，设立延伸集并收储库点 483 个。加强政策宣传和为民服务，省粮食局制定了《致全省售粮农民的公开信》，要求各地收储企业在所有托市粮食收储库点的醒目位置进行张贴，真正让广大农民出售“明白粮”“放心粮”。加强检查督导，省政府成立 6 个督导组，省粮食局派出 8 个工作组，分赴各地检查指导收购工作，确保了夏粮收购平稳有序。二是认真组织秋粮收购工作。省粮食局与中储粮河南分公司、农发行河南省分行确定了 107 个稻谷收储库点。信阳、南阳、驻马店市启动中晚籼稻最低收购价预案，积极开展收购。全省累计收购小麦 3435.4 万吨，比上年同期增加 710 万吨；累计收购秋粮 1014 万吨。

（二）地方粮食储备

省政府和省粮食局先后 4 次召开全省部分市县地方储备增储落实工作督查会议，省粮食局领导班子成员分市包县，与当地政府主要负责同志加强沟通，督促各地按时完成了地方储备粮增储任务。截至 9 月 30 日，河南省圆满完成了国家下达的储备任务。

（三）粮油应急保障

省政府办公厅出台《河南省粮食应急预案》，河南省粮食应急工作体制机制进一步完善。按照“合理布点、全面覆盖、平时自营、急时应急”原则，全省已确定应急供应、加工、配送和储备企业 2623 家。粮食流通统计入统企业再创新高，河南省在全国粮食流通统计评比中获第 4 名。

（四）市场监测预警

一是实行夏粮和秋粮收购进度五日报制度，及时准确地提供收购进度和市场价格变化信息，为各级政府和部门提供决策依据。二是优化布局，增加粮油市场价格监测点。国家在河南建立了 79 个价格监测点，河南省也建立 189 个省级监测点，在统计直报系统与国家局共享信息。

（五）粮食销售

一是产销衔接。先后与广西、广东、黑龙江等 11 省（区、市）进行产销衔接，签署产销合作协议，成功举办“中原粮食重庆行”活动，拓宽粮食销售渠道。二是河南省粮食交易物流市场成为河南省唯一政策性粮食交易市场，全年举办粮油交易会 200 余场次，成交各种政策性粮油 234 万吨，比上年增加 110 万吨。三是严格执行军粮供应政策，保质保量供应部队，驻豫部队对河南省军粮供应工作满意率达 98% 以上。深入贯彻“五位一体”军民融合发展战略，原粮和成品粮应急储备逐年增加，副营收入稳步提高。

四　粮食流通改革

（一）粮食安全责任制考核

省政府成立了以王铁副省长为组长的考核工作领导小组，省粮食局履行牵头部门职责，协调 15 个省考核工作领导小组成员单位健全考核机构，加强制度建设，组织专题培训，研究拟定考核办法，督促出台考核措施，开展模拟打分，及时查漏补缺，确保粮食安全责任落实到位。

（二）供给侧结构性改革

省粮食局印发了《推进粮食行业供给侧结构性改革工作方案》，着力强化服务，为 223 家粮食流通企业申请办理免税，降低企业成本。会同省直有关部门，指导永城开展供给侧结构性改革试点，永城市面粉产业年生产总值增长 14.2%。

（三）国有粮食企业改革

按照“一地一策”“一县一企”原则推进国有粮食企业改革，提升企业竞争能力。高度重视“粮食银行”业务中的风险防控，确保“粮食银行”业务稳健运行。努力打造全省粮食产业经济发展平台，中原粮食集团正式运营。2016 年，全省粮食企业统算亏损 1000 万元，较上年同期减亏 4700 万元，经营状况有所好转。

五 粮食流通监管

（一）依法管粮

一是行政许可事项管理。落实先照后证改革，统一规范行政许可文书。开展了粮食收购资格年度核查，依法取消、注销 324 家企业收购资格。目前全省经审核取得粮食收购许可证的经营者共有 8066 家，其中非国有主体约占 71.8%。二是服务型行政执法建设工作。选取辉县市等 6 个县（市、区）粮食局作为第二批服务型行政执法示范点，制作了微电影《粮心》，在全省服务型行政执法评比中获得好评。三是粮食流通监管。省政府办公厅出台《关于进一步加强粮食流通行政执法工作的通知》，推动了粮食行政执法体系建设。创新检查方式，优化检查方案，圆满完成了全省粮食库存检查任务。粮食收购和销售出库专项检查实行随机抽查，全省共查处各类涉粮案件 436 例。部门和区域联合检查机制逐步形成，与省物价、工商等部门建立联合检查机制，苏鲁豫皖四省、豫鄂两省分别在毗邻地区建立了联合执法合作机制。

（二）粮油质检

全省现有国家挂牌的粮油质量检测机构 20 个，圆满完成托市粮验收、安全监测和品质测报等重点工作，登记样品 18819 批次，检测样品 17416 批次。安排采集小麦质量调查样品 3500 份，编制了《2016 年河南省收获小麦质量品质报告》，与省农业厅联合举办了第五次河南省收获小麦质量品质信息发布会。

（三）诚信评价

省粮食局出台了《粮食企业经营活动守法诚信评价办法》，在国家级和省级粮食流通监督检查示范单位以及具备条件的县（市）推进粮食企业经营活动守法诚信评价工作，加快了粮食企业“守信激励、失信惩戒”机制建设。

六 粮食流通体系建设

（一）“粮安工程”建设

2014 ~ 2015 年国家实施“粮安工程”建设，确定河南省危仓老库维修改造项目单位 679 个、1363 个维修改造项目。到 2016 年底，全省所有项目全面竣工，实际维修改造仓房 12980 栋，总仓容 2313 万吨，其中新增或改善库容 1753 万吨。

（二）仓储管理和安全生产

据统计，全省纳入统计范围的粮食收储企业 2565 户，完好总仓容 6034 万吨。为确保储粮安全，2016 年全省深入开展安全生产周、食品安全周和科技活动周等活动，以科技成果转化为抓手切实提升科学保粮水平。省粮食局成立安全储粮工作领导小组和技术指导专家组，先后培训 600 多人次。组织开展粮油安全普查、安全生产检查和消防演练，全省“一符四无”粮油率稳定在 95% 以上，粮食行业无重大安全事故发生。

（三）粮食行业信息化建设

河南省“粮安工程”粮库智能化升级改造项目首个试点库竣工投入使用，其他371个库点全面铺开，中央财政22385万元和省财政18159万元补助资金已拨付到相关单位。省粮食局智能化管理平台硬件已经安装完毕，正在进行调试。

七 行业发展

（一）粮油加工业

协商财政部门出资2亿元设立粮油深加工企业扶持基金，从2017年商品粮大省奖励资金中安排1亿元对2016年、2017两年部分主食产业化和粮油深加工企业给予贴息扶持。到年底，全省纳入统计的粮油加工转化企业973家。其中：小麦粉加工企业573家，大米加工企业132家，食用植物油加工企业56家。全年小麦粉总产量2062.3万吨，较上年增加312.3万吨；大米产量170.75万吨；精炼食用植物油产量79.18万吨。河南省入统加工及转化企业工业总产值1607.6亿元，销售收入1567.8亿元，实现利润总额37.86亿元。全省主食产业化率提高到35%，粮油加工转化率提高到82%。

（二）“放心主食”“放心粮油”工程

“河南好粮油”声誉在全国越来越响，博大面业、星河油脂、皓佳农业、茂盛粮机被中国粮食行业协会分别评为全国挂面、花生油、杂粮加工和粮机制造行业10强，大程粮油等9家企业入选全国面粉加工50强，山信粮业等2家企业入选全国大米加工50强，阳光油脂入选全国油脂加工50强。

（三）对外合作与交流

全省粮食行业超额完成招商引资目标，引进项目92个，引进资金56亿元。郑州市促成郑粮集团和雏鹰农牧集团合作，加速推进粮食口岸建设。焦作市积极培育和打造粮食品牌，被中国粮食行业协会命名为“中国优质小麦之都”。

（四）粮食科技进步与创新

一是做好粮食科技特派员试点工作。2016年，经河南工业大学组织遴选和河南省粮食局认真审核，河南省向国家粮食局推荐了3人为粮食科技特派员人选，将面向基层开展产后技术指导，支持农民创新创业，服务企业技术需求。二是在第11个全国粮食科技活动周期间，面向企业广泛征集了技术难题和科技需求，面向科研机构和科技型企业征集了可面向企业转化的科技成果。并组织省内42家粮食企业参加了由国家主办的“首届全国粮食科技成果转化对接推介活动”。三是组织开展了2016年世界粮食日和全国爱粮节粮宣传周活动。共发放56110本主题宣传册，40460个主题宣传品，受到社区居民的高度评价。

（五）人才队伍建设

加大领导班子和领导干部队伍建设力度，完善干部管理、培训、考核等制度，不断提高履职能力。强化对省粮食局直属院校的管理和指导，职业教育水平不断提升，为粮食行业提供了人才支撑。河南省1人获得全国粮食行业职业技能大赛三等奖，省粮油饲料产品质量监督检验中心粮食行业技能拔尖人才工作室项目申报成功，实现了河南省零的突破。

（六）扶贫工作

省粮食局党组、基层党组织和党员干部多次到鹿邑县定点帮扶村进行调研，积极帮助探寻脱贫新思路。省粮食局与 35 户贫困家庭、22 个贫困学生结对帮扶，河南经贸高级技工学校接收贫困家庭学生 10 名。

（七）新闻宣传和文化建设

一是围绕全局工作重心，加强与新闻媒体单位沟通，加大新闻宣传力度。2016 年省粮食局组织在《河南日报》、河南广播电台、河南电视台等新闻媒体上发布《致广大农民的公开信》等新闻稿件 20 余篇，获得了较好的社会反响。二是编发《河南粮食信息》191 期，340 余条，创新编发 21 期“舆情专报”，省委、省政府领导对报送的信息多次作出重要批示。河南省粮食局信息工作被省委办公厅评为全省“信息服务质量明星单位”。三是推进粮食文化建设。近几年，河南省贯彻落实国家粮食局加强粮食文化建设的实施意见，全面启动粮食史志编纂工作。先后出版了《2015 河南粮食年鉴》《2016 河南粮食年鉴》《出彩豫粮人》（典型事迹材料），《2017 河南粮食年鉴》正在编写。

八 党群工作

（一）党建工作

省粮食局党组坚持党建工作和业务工作“五同步”，切实担负起全面从严治党的主体责任，成立了党的建设工作领导小组。召开党的工作会议，安排部署机关党建工作，签订党建目标责任书，较好发挥了党建把握方向、引领发展的作用。省粮食局修订完善党组议事规则，完善并严格执行基层党组织书记向上级党组织述职制度。督促各基层党组织认真执行“三会一课”、民主生活会、民主评议党员等制度，开展党员组织关系集中排查和党费缴纳情况自查自改，做好党员发展和管理服务。

（二）党风廉政建设

省粮食局党组切实扛起党风廉政建设主体责任，印发《关于落实党风廉政建设主体责任和监督责任的实施意见》，分解党风廉政建设工作目标任务，并与业务工作目标共同考核。驻局纪检组认真履行监督执纪职责，深入开展党风廉政建设宣传教育，坚持“用身边事教育身边人”，加强正反典型的教育和引导。坚持“一案双书”和“一案双查”，切实提升监督执纪问责能力。修订完善党风廉政建设制度，以“零容忍”态度严肃查处各类涉粮腐败案件。

（三）专项巡视整改

2016 年 2 月至 4 月，省委第九巡视组对河南省粮食局进行了专项巡视，并在 11 月底又对整改工作进行了重点督查。省粮食局党组强化责任担当，特别在整改期间，先后 7 次召开党组或局长办公会议、3 次整改领导小组会议，共修订完善各项规章制度 23 项，及时清退违规费用，对严重违反有关规定的相关责任人进行党政纪处理，共诫勉谈话 7 人，给予党政纪处分 5 人。既完成了整改工作，又保障各项工作稳步推进和大局的稳定，受到了省委巡视组的好评。

（四）“两学一做”学习教育

省粮食局认真安排部署学习教育工作，印发学习教育实施方案和督导方案，发放学习资料 1600 本。省粮食局党组先后开展 4 次专题研讨，召开专题民主生活会，以上率下，传导压力，推动学习教育深入基层。切实加强对各基层党组织学习教育的督查落实，注重教育成果运用，重点在“做”上下功夫，带动机关作风不断向好，党性观念得到强化，遵章守纪成为自觉，廉洁自律形成常态。

（五）政风行风建设

一是印发《河南省粮食局懒政怠政为官不为问责年活动实施方案》，形成了“一级抓给一级看、一级带着一级干”和干部作风明显转变的良好局面。二是印发《河南省粮食局关于进一步加强调查研究工作的意见》，进一步规范下基层调研程序，调研前制订调研方案，调研后形成调研报告或工作报告。三是继续深化信访制度改革，大力推进信访法制化和规范化建设，全年共处理群众信访事项 20 余项。

（六）粮食行业精神文明建设

一是表彰了一批全省粮食行业精神文明创建先进单位，推动了全行业精神文明建设。二是表彰了 46 名全省粮食行业“出彩豫粮人”，彰显了粮食行业的正能量。三是召开了全局精神文明建设工作会议，并对做好“我推荐，我评议身边好人”工作进行了安排。四是组织参加纪念建党 95 周年暨红军长征胜利 80 周年书画摄影展，并荣获全国粮食系统第四届书画摄影优秀组织奖。

◆河南省粮食局领导班子成员

赵启林	党组书记、局长
杨天义	党组成员、巡视员（2016 年 2 月任职）
刘大贵	党组成员、副局长
李国范	党组成员、副局长
乔心冰	党组成员、副局长
葛巧红	党组成员、副局长（2016 年 9 月调离）
李志强	党组成员、副局长
刘国卯	党组成员、省纪委驻粮食局纪检组长

河南省委常委、纪委书记任正晓到省粮食局调研。

2016 年 7 月 3 日，河南省副省长王铁到漯河市调研夏粮收购工作。

2016 年 5 月，河南省粮食局局长赵启林到河南经济贸易高级技工学校调研。

2016 年 2 月，河南省全省粮食工作会议在郑州召开。

湖北省粮食工作

基本情况

2016 年湖北省完成生产总值 32297.9 亿元，比上年增长 8.1%，其中第一产业完成增加值 3499.3 亿元，增长 3.9%。全省农林牧渔业增加值 3780.8 亿元，增长 4%。全省农村常住居民人均可支配收入 12725 元，增长 7.4%。

全年粮食种植面积 443.69 万公顷，比上年减少 2.92 万公顷；油料种植面积 145.29 万公顷，减少 7.13 万公顷。粮食总产量 2554.1 万吨，比上年减少 149.2 万吨；油料产量 329.8 万吨，减少 9.85 万吨。

2016 年粮食工作

一 粮食生产与流通

湖北省粮食总产量 2554.1 万吨，油料产量 329.8 万吨，其中油菜籽 241.6 万吨，3 项数据比上年均有下降。

全省共收购粮食 1662.9 万吨，销售粮食 2418.4 万吨。省外购进粮食 416.1 万吨，主要为玉米、小麦；销往省外 668.8 万吨，主要是中晚籼稻。进口粮食 106.8 万吨，主要是大豆；出口粮食 2 万吨。进口油料 1.8 万吨，省外购进油料 2.5 万吨，主要是油菜籽。

二 粮食调控

面对粮食市场持续低迷、“三高”造成的仓容紧张和特大暴雨洪涝“灾害 98+”等影响，克服重重困难，认真落实国家收购政策。6 月 1 日、7 月 30 日、9 月 23 日分别启动小麦、早稻、中晚稻最低收购价收购，中晚稻收购比往年提前 1 周左右。主动参与全省抗洪救灾工作，从部门经费中紧急安排 210 万元资金采购粮油物资，捐赠支援给 13 个灾情最严重县市的受灾群众。制定印发了《粮食行业灾后重建行动方案》，及时提出小麦专项收储、应急供应等 9 项措施推进粮食行业灾后重建。全省共收购粮食 1734.4 万吨，同时全面落实了新增地方储备规模。

三 粮食流通体制改革

建立完善粮食安全责任制考核工作机制，压实各级政府主体责任。在全国率先开展2015年度粮食安全行政首长责任制考核工作，提请省粮食安全工作领导小组召开会议，研究审定考核结果，通报考核情况并督促整改。建立健全工作机制和相关制度，提前部署筹备2016年度考核工作，制订印发考核工作方案，分解落实年度部门目标责任。做好迎接国家粮食安全省长责任制“首考”准备工作。

聚焦国有粮食收储企业产权制度改革。安排4000万元改革补助资金，支持65个国有粮食收储企业产权制度改革项目。截至2016年底，全省有改革任务的82个县（市、区）全部完成“一县一企、一企多点”整合组建任务；资产确权、土地变性比例分别达到85%和81%。

推动地方储备粮管理创新。建立粮食加工龙头企业承担省级成品粮储备制度，新增25万吨省级成品粮储备，确定28家新增成品粮承储企业，实现承储主体多元化。修订《省级成品粮油动态储备管理办法》，建立风险准备金和第三方评价机制。截至2016年底，地方储备粮经营管理创新已全面覆盖所有市县，全省地方储备扭亏为盈，实现可持续发展。

推进“放管服”改革。在下放审批权限的基础上，公布权力责任清单。推行粮食流通监管执法“双随机一公开”。探索将中储粮轮换、市县地方临储小麦、军供粮竞价采购引入公开交易平台，全年累计成交各类粮油286万吨，同比增加106万吨、增幅59%，年成交总额突破百亿元，创历史新高。

四 依法管粮

倡导大粮食理念、市场理念和依法行政理念，加强对全省粮食部门依法行政工作的指导。制定出台了《关于深入推进依法行政加快法治粮食建设的意见》和《全省粮食行业法治宣传教育第七个五年规划》。开展粮食行政执法培训和换证工作。进一步完善持证、亮证执法制度，组织机关干部积极参加行政执法证和执法监督证换证培训和考试。邀请资深律师讲授行政法律法规及典型案例。举办市、县粮食局长研讨班，突出依法行政能力培训。

完善粮食行政执法制度。按照“双随机一公开”要求，制定下发了《关于推广随机抽查规范粮食流通事中事后监管的通知》，完善行政执法公示和全过程记录制度。出台了《湖北省粮食行政管理部门行政处罚自由裁量权指导标准》，统一粮食行政执法裁量尺度，规范执法行为。加强执法人员培训。联合国家粮食局举办了2016年全省粮食流通监督检查行政执法培训班，市、州、县粮食局从事粮食流通监督检查工作的行政执法人员130人参加培训。组建了14支省市两级涉粮案件应急检查队伍。同河南、湖南、江西等省建立了毗邻地区粮食流通监督检查联合执法机制。完成了全省粮食库存检查省内交叉普查工作，共检查粮食库点1394个。全省2016年共查处涉粮举报投诉案件224起，查处率达100%。开展政策性粮食质量监测、收获粮食质量调查品质测报，制定下发了《湖北省粮食质量安全监管实施细则》。

五 粮油统计与信息体系建设

从建立健全制度体系、提高数据质量、做好统计服务与共享三个方面着手，进一步深化粮食流通统计制度改革。粮食流通统计工作在国家粮食局2016年评比中综合排名位居第二。

提高粮油市场信息服务水平。打造信息资源汇聚平台。通过对上与国家粮油信息中心建立密切合作，横向与中华粮网、武汉国家粮食交易中心等信息互通，对下构建全省粮油价格监测网络，强化全省粮油信息采集枢纽作用。做好市场调研分析。推出了2015年全省粮食市场年度分析报告及2016年油菜籽、小麦、早籼稻、中晚稻品种调研报告和行情跟踪报道，完成了《省粮食局关于湖北省玉米市场价格走势情况的报告》《湖北省秋粮及重要农产品生产价格情况》等材料。提升信息发布和咨询服务水平。利用期刊、专题报告和网站、电台等多种渠道，构建多元信息发布和咨询平台，提升行业影响。与国家粮油信息中心共同举办了“中国油菜籽产业发展大会暨油脂油料市场行情研讨会”。

推进行业信息化建设。全省粮食流通信息化省级综合管理平台项目如期完工，12月16日通过了专家验收评审。信息化管理工作迈上新台阶，改版升级后的省粮食局政务网站在全省政府网站绩效评估中获得了优秀等次。

六 粮食流通体系建设

编制完成《湖北省粮食收储供应安全保障工程建设发展“十三五”规划》。加强对2014 ~ 2015年新库建设和“危仓老库”维修改造工作的督导，全省367万吨“危仓老库”维修改造项目工程总体进度达到99.6%，110万吨新建仓容完成89.7%。2016年争取国家再安排湖北省建仓规模172.25万吨、中央预算内投资2.58亿元，国家粮食现代物流项目中央预算内投资1690万元，相关项目分解计划已报省政府批准后下达。湖北省纳入了2016年国家“粮安工程”智能化升级改造重点支持省份，争取国家补助资金1.85亿元。完成全省中心库、骨干收纳库智能化建设项目招投标工作，建成粮库信息化项目10个。省级财政下拨资金1.31亿元，分别安排维修改造仓容55万吨、为中心粮库配备粮食清理和输送设备190套、补助新型粮食生产经营主体粮食收纳中转库62个、粮食烘干整理设施建设项目51个。安排专项资金1600万元，为中心粮库及主要检测机构配备重金属快检设备95台套，经过2年建设，中心粮库重金属检测能力实现全覆盖。

强化仓储规范化管理和安全生产工作，修改完善《地方储备粮仓储管理办法》等制度，组织开展“外学柏乡粮库、内学十堰粮库”活动，举办全省仓储管理系列培训，提升了仓储管理规范化科学化水平。狠抓粮食行业安全生产责任落实，组织开展汛期灾害防范应对、夏季消防检查、秋季储粮安全和安全生产大检查等工作，各市县粮食局深入企业，逐项、逐环节检查督导，对发现的210多处隐患进行了整改。粮食仓储基础设施和管理得到明显提升，全省安全粮比例达到99%，粮食系统没有发生储粮安全和安全生产重大责任事故，经受住了特大洪涝灾害的考验。

七 行业发展

支持做大粮油加工龙头企业。2016年共安排80个粮油精深加工贴息项目和119个产粮大县扶持项目，重点支持粮油加工企业实施技术改造、发展粮油深加工及副产品综合利用等项目。与省信用联合社签订了战略合作协议，为企业拓展融资渠道。

实施“走出去”行动计划。先后组织省内粮油加工龙头企业到贵州、四川、重庆、福建、吉林、内蒙古、江西等7个省（区、市）开展产销合作，签订粮油购销协议207万吨，金额93亿元。

打造湖北粮油公共品牌。安排 3000 万元资金在中央电视台黄金时段投放湖北粮油“荆楚大地”公共品牌宣传广告片。组织举办第 18 届湖北粮油精品展交会，3 天销售 6158 万元，签订意向协议 18.7 亿元。

完善提升全省“放心粮油”一张网建设与管理。制定出台《“放心粮油”市场体系管理暂行办法》，召开全省“放心粮油”市场体系工作推进会，举办经营管理人员培训班。将“放心粮油”经营网络纳入全省应急供应体系，安排 3000 万元专项资金作为维护补贴，落实应急供应网点和企业 1653 家。

加大粮食科技创新工作力度。出台《加强粮食科技创新的意见》，提出粮食科技创新 12 条措施，成功承办国家“首届粮食科技成果转化对接推介活动”，签约项目总金额 3.5 亿元。安排专项资金 3000 万元支持 88 个科技创新、人才培养项目。

加强行业紧缺人才培养。联合湖北大学知行学院开展粮油储藏与检测技术学历教育。举办了国有中心粮库主任和管理人员参加的信息化培训班、龙头企业负责人参加的粮油产业发展研讨班。组织全省粮食行业职业技能大赛，组队参加全国大赛并取得优异成绩。联合省委党校举办全省市县粮食局长研讨班，培训市州县粮食局长 98 人。

加强项目资金绩效评价和管理。将全省粮食流通和产业发展项目资金纳入绩效评价范围，绩效评价覆盖率达到 40% 以上。结合巡视整改，开展了“丰产仓”配套资金、“放心粮油”补助资金使用情况专项检查。

加强粮食行业宣传。制定下发了《关于加强粮食行业宣传工作的通知》。全年各类媒体刊载有关信息 130 余篇，印发各类宣传册 35000 份、宣传海报 2000 份。

谋划推动粮食文化建设工作。组织开展了粮食文化资源调查统计工作，推动粮食文化宣传教育基地建设，起草了《关于加强全省粮食文化建设的指导意见（讨论稿）》。

八 党群工作

担当党建主体责任，贯彻落实省委《关于落实全面从严治党要求进一步加强省直机关党的建设的意见》，不断强化抓好党建是最大政绩理念。局党组每季度专题听取机关和直属单位落实党建和党风廉政建设工作任务情况汇报，党组成员每半年专题报告履行“一岗双责”工作情况，年底由局领导带队对局直单位开展年度考核，做到党建与业务工作同步研究、同步部署、同步落实、同步检查、同步考核。组织开展“两学一做”学习教育和“三抓一促”活动。突出抓好“三会一课”制度落实，组织开展“微党课”比赛。各支部以“支部主题党日”为基本载体，突出“严”与“实”，党内政治生活得到规范和加强。局党组成员确定 1 家基层单位作为党建工作联系点，坚持以普通党员身份参加所在支部的组织生活，党组书记和机关党委书记分别参加机关支部和直属单位“支部主题党日”活动，指导党建工作。组织局领导、处室主要负责人和年轻干部开展“结穷亲”活动，到扶贫驻点村与贫困户结对帮扶。制定出台了《从严教育管理监督干部的意见》，对干部出现苗头性、倾向性问题，及时提醒帮助。全年局机关和直属单位共组织明察暗访 80 次，谈话提醒 59 人次，通报批评 14 人次，责令作出书面检查 5 人，诫勉谈话 5 人，行政记过 2 人，行政记大过 1 人，免职 2 人，辞退 2 人，行政开除 1 人，开除党籍 3 人。

◆湖北省粮食局领导班子成员

张爱国	党组书记、局长
邹海森	党组成员、副局长
费仁平	党组成员、副局长
胡新明	党组成员、副局长
熊贵斌	党组成员、副局长
刘海涛	党组成员、武汉国家粮食交易中心主任

2016 年 7 月 27 日，湖北省粮食局筹集 165 万元，为全省受灾严重的 12 个市、县（市、区）发放“放心粮油”等救灾物资，帮助灾区群众渡过难关。图为天门市发放现场。

2016 年 9 月 23 ~ 24 日，湖北省粮食局联合贵州省粮食局举办 2016 鄂黔粮食产销合作洽谈推介会。

2016 年 10 月 31 日，湖北省粮食局组织举办“两学一做”学习教育“微党课”比赛活动。

2016 年 12 月 6 ~ 8 日，由湖北省粮食局、中共湖北省委党校联合举办的全省市县粮食局长研讨班在武汉举行。

湖南省粮食工作

基本情况

湖南省位于长江中下游，省境绝大部分在洞庭湖以南，故称湖南；湘江贯穿省境南北，故简称湘。全省土地总面积211829平方公里，共辖13个市、1个自治州，下辖122个县(市、区)，年末全省常住人口6822.0万人。2016年全省地区生产总值31244.7亿元，比上年增长7.9%。按常住人口计算，人均地区生产总值45931元，增长7.3%；全省一般公共预算支出6337.0亿元，比上年增长10.6%。地方收入2697.9亿元，增长7.3%。

2016年全省粮食播种面积489.1万公顷，比上年下降1.1%；棉花种植面积10.4万公顷，下降8.9%；糖料种植面积1.3万公顷，增长1.1%；油料种植面积143.8万公顷，下降0.5%；蔬菜种植面积142.0万公顷，增长3.5%。全省粮食总产量2953.2万吨，比上年减产1.7%；油料与上年持平，棉花减产15.2%，烤烟增产2.5%，茶叶增产5.9%，蔬菜增产5.0%，猪、牛、羊肉类减产2.6%，牛奶增产4.1%，水产品增产4.0%，禽蛋增产3.2%。

2016年粮食工作

2016年，在国家粮食局的有力指导和省委、省政府的坚强领导下，湖南省粮食系统以位卑未敢忘忧国的情怀和舍我其谁的气度，攻坚克难、逆中求进，书写了全省粮食事业稳中有进、弱中向好的绚丽篇章。

一　粮食流通

2016年全省共购进粮食2722万吨（原粮，不含中储粮系统，下同），同比增加453万吨。总购进中从生产者购进686万吨，同比增加121万吨；从省外企业购进1336万吨，同比增加196万吨，其中用于饲料用粮的玉米占比49.7%。食用油购进234.9万吨，同比增加68.5万吨。

全省销售粮食2705万吨，同比增加438万吨，其中销往省外256万吨，同比增加5万吨。销售食用油232.2万吨，同比增加56.7万吨。

2016年全年累计收购粮食958.3万吨（原粮，含中储粮），同比增加95万吨。其中，收购早稻

316.5万吨，同比增加11.7万吨；收购中晚、优质稻610.4万吨，同比增加74万吨。其中，早稻最低价收购119万吨，同比减少24万吨；中晚稻最低价收购87万吨，同比减少2万吨。

二 粮食调控

湖南省于7月30日和10月24日正式启动早稻和中晚稻最低收购价执行预案，共安排托市收储库点614个，全社会收购粮食955万吨。托市收购呈现出“五个到位”“五个好”的特征：一是组织领导到位，收购秩序好。二是政策执行到位，入库粮食质量好。三是便民措施到位，优质服务好。四是监管督查到位，市场环境好。五是宣传引导到位，舆论氛围好。

2016年，湖南省持续打响了“东进西拓”“进京入沪”和“收复传统市场失地”“三大战役”。一是切实抓好省际产销合作。在巩固好与广西、云南、贵州、福建、上海等省（区、市）合作的基础上，正式与广东省政府签订产销合作协议。2016年9月组织举办2016年度湘粤粮食产销协作湖南洽谈会。广东省42家企业与湖南企业共签订55个项目的合作协议，签约粮食96.44万吨，签约金额32.21亿元。抓住国家新增地方储备契机，谋求销区在湖南省建立异地储备。继云南在湖南省建立5万吨动态储备之后，广东等省与湖南省达成异地储备意向31.7万吨。二是审慎稳妥做好中央划转湖南省托市粮的处置工作。中央划转湖南省2013年托市粮处置率已经达到99.6%；划转湖南省2014年托市粮已处置61.8%。三是加大宣传力度，重塑湘米形象。运用新兴网络媒体拓展宣传渠道。与红网合作打造网络平台，“红网·粮食频道”“时刻新闻客户端·粮食频道”相继开通和正式上线运行，成为宣介湖南粮食和粮食工作的劲旅。注重运用传统媒体加大宣传攻势，在湖南经济电视台《经视观察》栏目，推出“湘米再闯上海滩”深度报道，为湖南粮食企业走出去支招壮行，收到良好效果。2016年全省外销粮食430万吨，与上年基本持平。尤其难能可贵的是，2016年湘米近十年来首次实现再次走出国门，中粮米业（岳阳）公司向美国出口大米50吨。

三 粮食储备

一是全面落实增储任务。以高度的政治责任感，克服全省仓容紧张、粮食风险基金余额不足、市县储备贷款落实难等困难，积极争取有关部门的支持，地方储备规模和实物库存全面完成国家有关部门下达的任务。二是落实监管责任。省粮食局年初和各市州签订委托监管责任书，要求市州按监管责任书要求，履职尽责，加强检查，认认真真抓好储备粮日常管理，确保储备粮数量真实、质量良好、储存安全。三是坚持不懈地抓好“四无粮仓”和仓储规范化管理。2016年，继续在湖南省骨干粮库和各级储备粮承储企业中推进“示范仓”“示范库”“星级粮库”等创建活动，开展仓储企业规范化管理，持续推进“四无粮仓”和仓储文化建设。四是抓保防人员队伍建设。6月和10月，在湘潭市举办湖南省粮食收购人员业务知识培训班、“绿色储粮技术研修班”。加强对保防一线业务人员、粮食储备库业务骨干等人员培训。同时积极推进粮库信息化建设，着力推进粮库信息化水平的提高。五是落实“一规定两守则”。加强全员培训，强化“两个安全”责任，促进“两个安全”作业与管理行为规范，推动相关制度标准真正落地，切实守住不发生严重霉粮坏粮事故和重特大生产安全事故的底线。1月10日至13日，省粮食局在湘潭分两期举办全省安全储粮和安全生产培训班。全省14个市州粮食局（商务粮食局）、省直有关企业分管领导、负责仓储管理和安全生产的科室负责人等共计210余人参加培训。六是开展秋冬储粮安全大检查。下文明确了粮油安全大检查内容、重点、要求及步骤，积极组织全行业相关企业认真开展自查自纠。针对存在的问题和薄弱环节按照定人员、定时间、定资金的原则制订整改计划，落实整改措施，严防各类储粮安全和安全生产事故发生。

四 粮食统计和应急保障

近年来，国家粮食局提出进一步深化粮食流通统计制度改革，出台了统计改革实施意见和新的统计制度，大幅精简统计指标，优化统计报表，整合统计职能，实行归口管理。湖南省严格按照国家粮食流通统计制度要求，努力提高统计质量，准确、及时地编制、汇总上报各项粮油统计报表、粮食仓储设施统计报表和资料，搞好粮油统计分析，每月提供内容翔实的市场分析报告。2016 年 12 月在湘潭举办了 2 期统计制度改革培训班，进一步为做好 2017 年的统计工作奠定基础。同时加强粮油市场监测预警，准确掌握粮油供求形势和市场价格变化情况。强化应急保障体系建设。通过加强粮食应急加工、供应、成品粮油储备、运输体系建设，稳步提升了应急保障能力。适应部队改革需要，积极推进军民融合发展。全年全省粮油市场供需基本保持平衡，价格基本保持稳定，没有出现大起大落。

五 行业发展

（一）做好行业“十三五”发展规划

根据《国家粮食局关于做好“十三五”粮食行业发展规划前期工作的通知》（国粮展〔2014〕179 号）和《关于做好“十三五”规划前期工作的通知》（湘发改规划〔2014〕511 号）要求，行业管理处在认真调研和广泛征求财政厅、发改委等省直相关厅委、国内粮食行业专家教授及市州粮食行政管理部门等各方意见的基础上，结合湖南粮食流通实际，编制了《湖南省粮食行业“十三五”发展规划》。该规划经省政府批准，下发各市州县人民政府和省直相关部门实施，开启粮食行业规划报省政府审定印发地方各级政府的先例。

《湖南省粮食行业“十三五”发展规划》包括现实基础和发展环境、指导思想和基本原则、主要目标及发展路径、全面提升粮食核心竞争力、全力保障国家粮食安全 5 个部分，提出了建设安全粮食、法治粮食、创新粮食、智能粮食、效益粮食、优质粮食 6 大目标，着眼湖南粮食大省资源优势，以“创新、协调、绿色、开放、共享”发展理念为统领，服从和服务于国家粮食安全战略，以加快粮食流通产业转型升级为主线，以为农增收、为民服务为根本，以改革创新为动力，以科技发展为支撑，以法治建设为保障，依托“长江经济带”“一带一路”国家战略部署，加快粮食行业供给侧结构性改革，大力发展粮食产业经济，切实履行粮食收储职能，努力实现湖南由粮食大省向粮食经济强省转变。

（二）国有企业完成改革

2016 年全省国有粮食企业（含控股、参股）265 家，其中国有 209 家，国有控股、参股 56 家。在职人数 11510 人，其中在岗人数 8863 人。国有及国有控股粮食企业现有仓容 1075.4 万吨，其中有效仓容 942.02 万吨。通过整合资源，发展混合所有制经济，增强企业竞争力，行业活力进一步增强；认真落实深化国有企业改革要求，深化改革，政企脱钩，截至 2016 年底，省粮食局直属粮食经营企业已全部脱钩交由省国资委管理。

（三）产业经济稳定发展

在粮食高产量、高收购量、高库存量、高进口量、高库存价格、高成本态势持续呈现，稻强米弱、市场疲软的形势下，全省粮食行业攻坚克难，多策联动，实现产业经济转型发展。2016 年入统企业 1199 家，实现粮油加工业总产值 1270 亿元，较上一年度增长 2.9%；完成销售收入 1206 亿元，增长 1.2%。全省加工大米 675.1 万吨，小麦粉 16.4 万吨，食用植物油 121.2 万吨，主食产品 84.2 万吨，米制品 17.7 万吨，饲料 1119.7 万吨，深加工产品 67.5 万吨。

加强调研指导，力促转型升级。加强粮食产业经济发展的调研指导，深度掌握产业发展状况，及时提出推进产业发展的指导意见。在岳阳成功召开粮食计划经济体制取消以来的首次全省粮食产业经济发展座谈会，准确把握和对接供给侧结构性改革新要求，着力抓好产业转型升级，做强做大粮油产业，提高产业经济贡献水平。支持重点企业做大做强，加快创新发展，纵深推进粮油精深加工和副产品综合利用，促进协调发展，推进产业融合发展，构建新型业态，推动共享发展，加快绿色发展，主动对接长江经济带和国家“一带一路”战略，力促开放发展。全年下达专项资金 8474 万元，支持项目 107 个，有力地促进了全省粮油产业的健康稳定发展。

（四）仓储设施管理不断完善

2016 年，国家共下达湖南省粮食仓储设施建设项目 50 个，下达中央预算投资 13445 万元，项目规划总投资 8.39 亿元，建设仓容 94.75 万吨。下达湖南省粮食物流项目 3 个，规划总投资 1.52 亿元，下达中央预算投资 0.21 亿元。按照属地管理的原则，积极组织市州粮食局对中央预算内项目进行验收，积极发挥中央预算内投资的引导作用。加强粮油仓储设施保护，制定和下发了《湖南省国有粮油仓储物流设施保护实施细则》，建立健全粮油仓储设施淘汰、更新及保护机制。

（五）智能粮食建设推进升级

2015 年底，通过粮食、财政两部门共同努力，经财政部、国家粮食局公开评审，湖南省确定为国家首批粮食智能化升级改造重点支持省份，安排中央财政专项补助资金 25767 万元。在时间紧、任务重、难度大的情况下，克服困难，全力推进智能变焦管理系统项目建设工作。坚持统一规划、统一标准、统一组织、统一管理和需求为导向、应用为主、经济适用、适度超前的原则，在积极办理各项前置审批手续的基础上，编制和优化项目建设方案，成功在湖南粮食集团 9 个储备库、25 个收纳库进行建设试点，积极探索全省粮食信息化建设工作经验，指导全省粮食信息化建设工作。

全省智能粮食管理系统项目建设主要由粮库智能化升级改造建设和省市县三级粮食监管信息平台建设两大部分组成。其中，粮库智能化升级改造是整个粮食行业信息化建设的基础，综合粮库仓容量、库区面积、仓房数量等因素，对全省 5 个示范库、143 个储备库、197 个收纳库共计 345 个粮库进行信息化升级改造。其中，智能粮库项目系统功能主要包括智能出入库管理、智能仓储管理、智能安防管理、粮库综合业务管理、粮库业务管理 5 大板块。突出粮库业务应用需求导向，综合粮库功能、定位和实用性等因素，在全省示范库建设 26 个子系统，储备库建设 23 个系统，收纳库建设 8 个子系统，全面满足粮食收储等方面需求。省市县三级管理平台主要建设一个中心、四大平台和 20 个子系统。即粮食流通管理数据中心，粮政综合业务平台、决策指挥平台、粮食公共服务平台、粮食流通专家云服务平台。通过粮库智能化升级改造和省、市、县三级平台建设，形成覆盖省、市、县三级的网络化、电子化的粮食政务与管理平台，全面实现储备粮监管、粮食收购、粮食收储保管、粮食质量追溯、粮食市场流通监管、宏观决策等各领域信息系统的有机集成应用。

通过粮食行业信息化建设，全面实现粮食进出可知、粮温粮情可调、粮源粮质可溯、资金流向可查、库区安全可控、粮政管理可循的目标。

（六）粮食检测收储工作顺利完成

组织开展定点收购库点早籼稻和中晚籼稻现场检测、分仓储存，取得第一手资料数据 9412 个，修复扩建仓容 185.52 万吨，移库集并粮食 2.1 万吨。组织开展“四专一封闭”现场督查，进行了四轮巡查。由湖南金健种业科技有限公司等单位组织开展“水稻全产业链降镉协同技术集成研究”取得阶段性成果。

（七）安全生产工作突出重点

紧密结合粮食工作实际，突出工作重点，全年开展了安全生产专项整治，排查安全隐患，工作抓得有力，措施具体到位，为确保全年安全生产无事故打下了坚实的基础。积极组织春节和“两会”期间安全生产大检查；扎实开展安全生产“监管执法年”活动；开展了汛期安全生产工作检查；认真组织开展“安全生产月”活动；积极实施对口帮扶安全生产示范镇建设；全面开展安全生产大检查和专项整治工作，常抓长治；把握对话契机，查摆问题根源，增强红线意识；牢牢抓住安全生产宣传培训，深化安全意识；下大力气抓好重要时段安全防范工作，在全省各地粮食高仓满储，售粮农户多而杂的情况下，没有发生一起较大安全事故。由于安全生产工作监管到位，省粮食局被省委、省政府评为 2016 年度安全生产工作先进单位。

（八）科研发展取得重大成果

粮食科普宣传丰富多彩，大众爱粮惜粮意识增强。“稻谷中重金属元素镉（Cd）的快速检测技术研发及仪器产业化”“鲜湿米粉关键技术研究及产业化示范应用”在 2016 年度中国粮油学会科学技术奖中分别获得一等奖和三等奖；“油料功能脂质高效制备关键技术与产品创制”分别获得 2016 年度国家科学技术进步奖单位二等奖和个人二等奖。

（九）粮食质量安全管理到位

实施常态监测，全年收获粮食质量安全监测和质量会检采样检测样品 3765 份。其中：早稻 1040 份，中晚稻 2000 份，玉米 60 份，油菜籽 62 份，接受外省检测样品 603 份，指导和支持省粮油产品质量监测中心完成省级层面的其他检测样品 9370 份。全力推进粮食质量安全检验监测能力建设，完成粮食质量安全检验监测能力建设中央预算内投资计划项目，全面组织了二次粮食检验仪器设备招标采购，中标金额 950.545 万元，全省“1+14”质监中心（站）全部获得并完成中央预算内投资计划。强化检验机构技术能力建设，全年组织市州质监站检验技术培训 2 次、比对考核 1 次。由于湖南省工作到位，2016 年省粮食局被国家粮食局评为粮食质量安全监管工作先进单位，被省食安委评为食品安全工作优秀单位。

六　粮食流通监督检查

（一）圆满完成全省粮食库存检查工作，牢牢守住监管底线

为认真落实好“数量真实、质量良好、储存安全”的监管底线，自 2016 年 4 月 1 日开始对全省所有中央储备粮、国家临时存储粮、地方储备粮以及国有粮食企业的商品粮库存，开展了企业自查、市县局督查和省级复查。结果表明，全省粮食库存数量真实，做到了账账、账表、账实三相符，粮食质量感官较好。本次全省粮食库存检查开展企业自查点 1257 个，参与企业自查人数 7542 人，市县级成立督导组 157 个，参加督导人员 628 人。

（二）扎实开展政策性粮食收购专项检查，切实保护种粮农民利益

在粮价持续下行、市场需求低迷、粮食库存高企、仓容紧缺、政策性粮食收购任务繁重的情况下，各级粮食部门坚持边收购边检查，不断加大督导检查力度。7 月 30 日早稻收购启动后，针对政策性粮食收购工作中可能存在“卖粮难”“打白条”等问题，结合在全省粮食系统开展“发挥共产党员先锋模范作用 巩固和深化人性化服务”的主题活动，省粮食局成立了 6 个督查组分别由局领导带队分赴各市州开展督查工作。较好地保护了种粮农民利益，保障了最低收购价政策的有效落实。

（三）对《国家粮食流通统计制度》执行情况进行了专项检查

为落实粮食行政管理部门粮食流通统计工作职责，督促各类粮食企业严格履行报送粮食流通统计报表义务，确保统计数据真实可靠，根据《粮食流通管理条例》的有关规定，认真组织各市州粮食行政管理部门对行政区内所有纳入统计日常管理的涉粮企业的统计制度执行情况进行了专项检查，维护和提高了统计数据质量，确保有关粮食流通统计法规和制度得到贯彻执行。

（四）严肃查处涉粮案件，维护粮食法规政策的严肃性

全省共查处涉粮案件 350 例，主要涉及粮食库存、粮食统计制度、粮食质量、政策性粮食销售出库、粮食收购活动等方面问题，其中责令改正 154 例，警告 107 例，罚款 21 例共 24 万元，暂停和取消粮食收购资格 111 例。岳阳、益阳、常德等地加大对违规违纪案件的惩治力度，充分发挥案件的警示和震慑作用。特别是在处理湖南盈成油脂公司有关问题上，作出收回省级储备油计划指标等处理措施，最终没有给国家财产造成损失，有效维护了粮食流通秩序，净化了市场环境。

（五）全面开展社会粮食流通监管，提升监管效能

全省各级粮食监督检查部门结合本地实际，围绕粮食收购资格、统计制度、粮食质量、最低最高库存制度、仓储设施及运输工具等内容积极开展监督检查，建立了部门之间、跨区域之间联动执法，初步实现监督检查信用信息共享。共开展执法活动 3200 余次，出动检查人员 12871 人次，检查各类粮食企业 10776 户次，有力地维护了粮食流通市场秩序。

加强全省粮食流通监督检查体系建设，争取了编制，建立健全了机构，落实了工作经费，稳定了执法队伍。机构改革后，全省 14 个市州局仍保留了监督检查工作机构，部分市州成立了行政执法支队，117 个县市局有 112 个建立了监督检查工作机构，占 95.7%，110 个区县局成立了行政执法大队，占 94%，其中内设监督检查机构和行政执法队同时存在 37 个。全省取得执法资格的共 831 人，共落实监督检查专项经费 1008 万元。邵东县粮食局获评国家粮食局第六批“全国粮食流通监督检查示范单位”。

七 财务管理

2016 年湖南省粮食局推进国有粮食企业改革，继续做好政企分开政资分开工作。根据“政企分开、政资分开”的要求，湖南省粮食局将持有的湖南粮食集团 47% 股权移交湖南省国资委监管；为落实事企分开要求，注销了湖南省粮油科学设计院。至此湖南省粮食局原有 9 家企业已经全部按照省委省政府的要求移交国资委。已移交的 8 家企业资产 120 亿元、移交人员 5194 人，军粮集团正在进行清产核资。

开展“纠四风、治陋习”专项督查。结合“纠四风、治陋习”专项整治活动，出台了《湖南省粮

食局关于进一步加强“纠四风”整改工作的通知》，有效加强了湖南省粮食局局直各单位财务监督与管理。

推进内部控制工作，加强廉政风险防控。启动内部控制工作，通过政府采购选定天职会计师事务所为湖南省粮食局内部控制工作的咨询机构。组织召开内部控制规范动员大会，开展湖南省粮食局内部控制建设的相关协调工作。完成内部控制手册的编制和总结报告。

八 党群工作

（一）聚焦“全面从严”，狠抓党建基础

局党组认真履行党要管党、从严治党责任，坚持把党的建设与粮食流通业务工作同步规划、同步部署、同步实施、同步检查、同步考核（“五同步”），并结合省粮食局实际研究制定了《关于进一步加强和改进机关党建工作的意见》（正在报批），党建工作责任压力层层传导落实到了各基层党委（总支、支部）党组织书记，各基层党组织书记认真履行“第一责任”，既当好表率，又带好队伍，其他党组织成员（基层党组织班子成员）根据分工抓好职责范围内党建工作，严格履行“一岗双责”。广泛开展了以一次“三优一先”表彰活动、一次“爱党护党”专题党课、一次“党内关怀”走访慰问、一次“不忘初心”重温誓词活动、一次“党章党规”知识竞赛、一次“两学一做”体会征文、一次“寻根之旅红色教育”等“七个一”为主要内容的纪念活动，持续深化理论武装，不断加强思想政治建设，干部职工“四个意识”明显增强。严格执行届期制，督促指导 12 个基层党组织按期、规范地完成了换届选举工作；根据工作需要，成立离退休人员管理服务处党总支、退休人员第四党支部；以“三会一课”为重点对各党委（支部）书记进行了业务培训、以“学党章党规”为主要内容，组织全体党员干部进行了考试。

（二）接续“三严三实”，推进“两学一做”

将“两学一做”学习教育情况和群众满意度测评与年终单位考核、党组织书记履职考评、个人评先评优挂钩；编印下发《省粮食局“两学一做”学习教育应知应会口袋书》，组织“两学一做”应知应会知识考试，考试结果纳入单位绩效考核和个人年度考评，以考促学。在全省粮食系统谋划开展“发挥共产党员先锋模范作用，进一步巩固深化人性化服务成效”主题活动，组织广大党员干部立足“抓收购、保供给、强产业、严监管”本职岗位，广泛掀起做“一眼就能看得出来的共产党员”热潮。持续开展创先争优活动，结合纪念建党 95 周年活动，对 4 个先进基层党组织、17 名优秀共产党员、4 名优秀党务工作者、3 名优秀党支部书记进行了表彰。

（三）营造和谐氛围，推动文明创建

继续将培育和践行社会主义核心价值观和将文明建设各项要求纳入机关处室、局直单位年度绩效考核，做到文明建设与粮食流通业务工作同谋划、同部署、同检查、同考核、同评比，以“文明处室”“文明家庭”“文明个人”评选活动为抓手深入推进文明创建工作。2016 年顺利通过文明（标兵）单位复查。

（四）坚持挺纪在前，正风肃纪强化作风建设

全面协调配合接受了省委第七巡视组为期一个月的巡视工作，全力以赴抓好巡视反馈意见整改落实；按省委和省纪委的统一要求，组织开展了“纠四风、治陋习”和“雁过拔毛”式腐败问题专项整

治工作。对省直纪工委立案审查的案件，落实执行了对当事人的党纪政纪处分。

九 人才队伍建设

（一）加大干部交流、轮岗力度

3 月，对局机关部分处室负责人和局直单位领导班子成员进行了轮岗、交流，共调整、交流了 10 名局机关处室和局直单位主要负责人，新选拔任用了 2 名局直单位党政正职、提拔了 1 名同志任处级非领导职务。

（二）继续做好“三超两乱”专项整治工作

结合超职数配备干部专项整治，整改消化了 1 名副厅级干部、2 名局直单位正处级干部。省粮食局机关和局直参公单位的“三超两乱”专项整治已经提前完成任务。局直其他事业单位的“三超两乱”历史遗留问题按要求力争在 2017 年 9 月底前完成。

（三）加强年轻干部培养锻炼

选派了 1 名年轻干部到基层挂职锻炼，1 名副处级干部到基层扶贫，从局机关提拔了 2 名优秀年轻干部到局直单位担任党政正职。接收了 2 名军转干部，通过全省公务员公开招考与遴选、选调，录用了 2 名年轻干部充实机关力量。

（四）加大了全省粮食行业拔尖人才的培养力度

2016 年 5 月，湖南省粮食局与省人社厅、省总工会、省直工会联合主办了湖南省第三届粮食行业职业技能竞赛暨全国第四届粮食行业技能竞赛初赛，共 17 个代表队 68 名选手参加了全省竞赛，粮油保管员职业组和粮油质量检验员职业组 2 名一等奖获奖者被省人社厅、省总工会、省直工会分别授予“湖南省技术能手”“湖南省五一劳动奖章”“湖南省直五一奖章”荣誉称号，10 名选手获“湖南省粮食行业岗位技术能手”荣誉称号。经过 5 个月的紧张有序的集训，湖南省选拔了 6 名优秀选手参加全国第四届粮食行业职业技能竞赛。湖南代表队一举获得 7 个奖项，团体比赛总成绩在全国 29 个省份中名列第二。同时，湖南省获得了优秀团体奖和优秀组织奖，5 名选手获得二等奖。

（五）取得了全省粮食行业从业人员培训好成绩

2016 年，湖南省粮食局组织全省粮食行业 220 人参加了职业技能培训和鉴定，187 人取得相应资格证书，占参加人员的 85%。局机关组织网络在线培训 95 人次，完成党校送训任务 5 人次，荣获省委组织部“完成送训任务突出单位”。

◆湖南省粮食局领导班子成员

张亦贤	党组书记、局长
向才昂	党组副书记、副局长
石少龙	党组成员、副局长
周　辉	党组成员、副局长
田力民	副巡视员

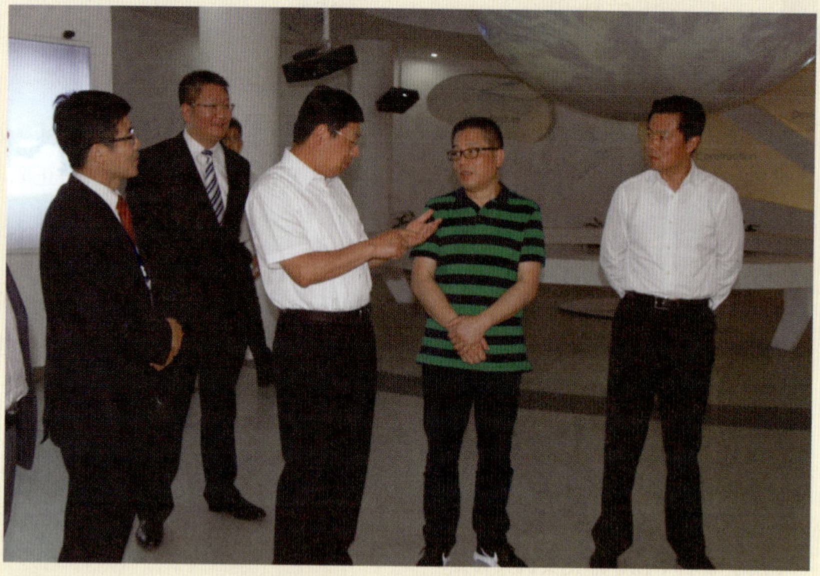

2016 年 5 月 15 ~ 17 日，湖南省粮食局党组书记、局长张亦贤(右二) 一行专程到江苏考察粮食工作。

2016 年 10 月 26 日，湖南省粮食局党组书记、局长张亦贤一行考察调研隆平水稻博物馆。

2016 年 2 月 26 日，湖南省粮食工作会议在长沙召开。

2016 年 10 月 16 日，湖南省举行 2016 年世界粮食日和爱粮节粮宣传周活动（左四为湖南省粮食局局长张亦贤，左五为副局长周辉）。

广东省粮食工作

基本情况

广东省是我国大陆最南端省份，北枕南岭，南临南海，全境共辖 2 个副省级市、19 个地级市、20 个县级市、62 个市行政区、34 个县、3 个自治县。全省土地面积 18 万平方公里，其中岛屿面积 1448 平方公里，占全省土地面积 0.8%。2016 年末广东常住人口 10999 万，其中城镇人口 7611.3 万。2016 年，全省实现地区生产总值(GDP)79512.1 亿元，比上年增长 7.5%；全年城镇常住居民人均可支配收入 37684.3 元，比上年增长 8.4%，扣除价格因素，实际增长 5.9%；农村常住居民人均可支配收入 14512.2 元，比上年增长 8.6%，扣除价格因素，实际增长 6.5%。

广东是全国第一常住人口大省、最大粮食销区。2016 年，广东粮食作物播种面积 250.93 万公顷，粮食产量 1360.2 万吨，比上年增长 0.2%，其中稻谷 1087 万吨、大豆 17 万吨、小麦 0.3 万吨、玉米 81 万吨、薯类及其他 174.9 万吨；全省粮食消费量 4490 万吨；粮食自给率 30.3%。2016 年，广东外购粮食约 3600 万吨，实现了粮食供需平衡；全年粮食消费价格指数累计涨幅 0.8%，比食品消费价格指数涨幅低 4 个百分点，比全国粮食消费价格指数涨幅高 0.3 个百分点。年末与年初相比，全省稻谷收购价下跌 1.12%，大米零售价上涨 1.13%；玉米批发价下跌 14.55%；小麦批发价上涨 1.49%，小麦粉零售价上涨 3%；食用植物油零售均价上涨 6.84%，其中花生油价格上涨 4.62%、豆油价格上涨 16.37%。

2016 年粮食工作

2016 年，广东粮食系统认真贯彻落实党的十八大和十八届三中、四中、五中、六中全会以及习近平总书记系列重要讲话精神，按照省委、省政府和国家粮食局的部署和要求，以压力就是动力、挑战就是机遇的勇气和担当，攻坚克难、爬坡过坎，如期超额完成新增地方粮食储备任务，粮食仓储设施建设实现跨越式发展，总体建设进度居全国前列，粮食安全省长责任制全面落实，粮食安全保障“十三五”重点专项规划印发实施，“南粤粮安工程”建设成效显著，持续确保全省超过 1 亿总人口的粮食安全，全国最大销区粮油市场供需平衡、价格稳定、质量安全、应急有效，实现了广东省粮食工作“十三五”开好局、起好步。

一 高度重视，全面推进落实粮食安全省长责任制

省粮食局对照国家首次粮食安全省长责任制考核要求，克服时间紧、环节多、指标多、涉及部门多等困难，牵头扎实做好相关工作。一是工作部署抓得早。省政府早在4月即专门召开粮食安全省长责任制工作推进会，常务副省长徐少华出席会议并作重要讲话，全面部署考核工作。省粮食局会同14个相关单位，对国家考核的55项定量和7项定性指标进行全面梳理，查找薄弱环节，提出完善措施和完成时限。二是组织领导抓得强。省政府成立常务副省长徐少华任组长的广东省粮食安全责任考核工作领导小组；成立了由15个部门参加的考核工作组，在省粮食局设立考核工作组办公室。各市均相应成立了考核领导机构。三是机制建设抓得细。总结广东省在全国已率先实行两届的粮食安全责任考核制度，按照新要求修订印发了《广东省粮食安全责任考核办法》（粤府办〔2016〕9号文），配套印发考核实施方案、评分细则、评分标准解读等文件。建立了6项基础工作机制，印发《省考核办日常行文的若干原则》。各市按照新的考核要求修订了本市考核办法，并配套完善各项机制建设。四是保障措施抓得实。多次组织召开全省粮食安全责任考核工作会议和培训，深入解读考核政策，部署相关工作。开展预考核工作，全程模拟国家对广东省、省政府对各市政府2个考核层级，查漏补缺、完善提升。争取省财政安排了535万元专项资金用于整改薄弱环节。

二 攻坚克难，如期超额完成国务院下达的地方粮食储备任务

2014年底，国家下达广东省地方粮食储备规模比原规模增加了119%，增储任务全国最大（占全国1/5强），要求在2016年底前全部完成。全省粮食系统牢记肩负使命，迎难而上、提早谋划、主动作为，克服时间紧、任务重、仓容严重短缺等困难，打赢了这场攻坚战。截至2016年底，广东省如期超额完成国家下达任务。一是领导高度重视。省长朱小丹、常务副省长徐少华多次作出指示批示，省政府将落实增储任务列为重点督办事项，向10月底落实进度未达90%的市政府和单位主要负责同志发出督查通知书。省粮食局会同省发展改革委多次开展重点督导，先后向各市政府发出通报4期，函询进度滞后的5个市政府，约谈4个任务滞后市政府负责同志。二是创新管理机制。制定出台省级储备粮动态管理实施细则、租赁仓储设施储存省级储备粮、省外租仓临时储存省级储备粮、加强地方储备粮监管等一系列重要制度文件，各地修订完善储备粮管理制度，进一步推进储备管理制度化、规范化建设，为增储工作提供了制度保障和政策指引。三是深化市场理念。发挥市场机制作用，创新储备方式，优化储备结构，引导多元主体参与。省本级和多个市合计近400万吨储备粮租用社会仓容储存，在黑龙江、辽宁、山东、河南、河北、湖北、安徽、江苏、江西等地开展异地储备约75万吨。全省动态储备规模逐步扩大，成品粮储备已占储备总规模约14%，超过国家规定要求，全省应急保障能力进一步提高。民营企业在储备粮承储、轮换、仓容出租等方面参与程度不断提高，省级储备粮代储资格申报首次向民营企业放开。四是落实储备粮源。省政府与湖南省政府签署《关于建立长期稳定粮食产销合作关系框架协议》。省粮食局积极组织各地粮食部门、企业赴河北、山西、内蒙古、吉林、黑龙江、江西等多个粮食产区开展产销对接，有效落实了增储粮源。

三 牢抓机遇，粮食仓储设施建设实现跨越式发展

2014 年底，全省粮食储备总仓容仅有 730 万吨。2015 年以来，广东省牢牢抓住国家新建 1000 亿斤粮库仓容的重要机遇，安排新建粮食仓容 446 万吨，维修改造仓容 147 万吨（含军供网点维修改造），总投资 66.2 亿元，通过中央投资补助 9.74 亿元带动地方财政、企业、社会资金投入 56.46 亿元。全省已建成粮库仓容 250 万吨，总体进度位居全国前列，仓容总量创历史新高，有效缓解了全省粮食储备仓容严重不足的局面。一是抓组织领导。省政府将全省粮食仓储设施建设和维修改造任务列入年度重点工作，省粮食局联合省发展改革委全力推进项目建设。各地成立由政府以及发展改革、粮食、国土资源、规划等部门组成的工作协调机构，建立健全责任追究机制。二是抓进度督导。省政府将粮食仓储设施建设纳入重点督查事项，对进度较慢市进行立项督查和实地督查。省粮食局联合省发展改革委全年共召开推进会、督办会、约谈会 6 次，派出督导组 25 组次，部署推进和实地督导项目建设。向各有关市政府及主要负责同志致函，协调解决问题。每月向各市政府通报建设进度，适时对滞后项目实行每周、每日督办。三是抓沟通协调。协调省国土资源厅和有关地方政府解决项目用地问题，协调地方政府负责同志与发展改革、粮食、国土资源、规划、财政等部门现场办公，逐一推进落实项目建设用地和资金、审批等问题。争取省级财政安排了 10.43 亿元，补助省级粮库和经济欠发达地区国有粮食仓储设施建设。四是抓项目管理。印发实施《粮食仓储物流设施中央投资补助项目竣工验收实施办法》《“粮安工程”危仓老库维修改造技术指引》《“粮安工程”危仓老库维修改造项目管理实施细则（试行）》，用制度管人管事。举办粮食仓储设施建设培训班，指导和规范各地建设工作。

四 引领发展，粮食安全保障“十三五”重点专项规划印发实施

省委省政府审时度势，首次将《广东省粮食安全保障“十三五”规划》（以下简称《规划》）纳入省“十三五”重点专项规划。省政府十二届 82 次常务会议审议通过了《规划》，并由省政府办公厅印发实施，绘就未来五年发展蓝图。常务副省长徐少华给予充分肯定，指出“这份专项规划编得很实很好，可作为其他专项规划的范体”。一是加强组织领导。省粮食局成立由局主要负责同志任组长的《规划》编制工作领导小组，组织骨干力量开展《规划》编制工作，数易其稿，确保切合广东实际。局党组 2 次召开专题会议，审议《规划（送审稿）》上报省政府。二是认真研究编制。认真学习领会中央和省的重要文件精神和相关部署、要求，将广东率先全面建成小康社会、推进粮食供给侧结构性改革等部署要求贯穿《规划》始终。深入全省各地开展调研，借鉴外省好的做法和经验，借助中山大学“外脑”智慧开展课题研究。三是广泛征求意见。专程到国家粮食局衔接国家规划，得到国家粮食局的肯定和悉心指导。就规划稿先后征求了各地政府及粮食部门、11 家省直相关单位、社会公众的意见。召开专家论证会听取专家学者的意见，并顺利通过论证。四是统筹推进实施。组织制订实施方案，细化分工、落实责任，确保《规划》的目标任务得以落实。此外，省粮食局还联合省发展改革委、财政厅编制了《“南粤粮安工程”建设规划（2016—2020 年）》，报经省政府同意印发实施。各市也结合实际，认真编制实施“十三五”发展规划，统筹推进各项工作。

五 强化监管，全省粮油市场调控成效明显

全省粮食系统紧紧围绕“稳市场、保供给、强监管”中心任务，确保了全省粮食供求基本平衡，市场总体稳定，全年粮食、食用植物油消费价格指数均上涨0.8%。省粮食局连续第5年被国家粮食局评为全国粮食质量安全监管工作优秀单位。一是提升应急保障能力。开展了粮食供应保障和质量安全事故应急培训和演练，应急实战能力进一步提升。在有效管理和维护现有粮食应急保障网络基础上，建立了省级粮食应急保障重点企业联系制度，应急骨干力量进一步强化。坚持动态监测分析粮油市场形势，应急预警预报能力进一步增强。二是强化粮食流通监督检查。全省共出动粮食库存检查人员4379人次，检查企业1382家次，发出整改通知35份。推进储备粮监管制度建设，强化政策性粮食销售监管。成立省涉粮案件应急队伍。三是强化粮食质量监测监管。印发《关于推进落实粮食质量安全保障机制的实施意见》。湛江、梅州两地粮食质检机构顺利通过国家粮食局考核，广东省由国家授权挂牌的粮食质量监测机构增加至8家。全省收获稻谷质量调查和品质测报采样628份，粮食质量安全监测采样298份，同比增加50%，为广东省自产稻谷卫生状况监管提供了有力依据。全年共抽查库存粮食样品445个，结果显示全省库存粮食质量情况总体良好。四是加大行业安全生产工作力度。召开了全省粮食行业安全储粮和安全生产视频会议。组织开展了全省粮食行业安全生产培训和消防安全应急演练，常规性安全生产督导贯穿全年。五是加强军粮供应管理。主动适应部队后勤编制体制改革，军粮供应服务满意率在98%以上，军粮质量检验合格率达到100%，驻粤部队官兵对军粮供应质量“零”投诉。

六 固本强基，粮食系统自身建设不断加强

全省粮食系统继续深化争做有理想、守本分、会作为的纯粹粮食人活动和更主动作为、更科学作为、更有效作为，推动粮食工作创新发展学习实践活动。以党建工作引领粮食业务发展，以“两学一做”学习教育为抓手，以粮食文化建设为载体，有力地推进了全省粮食系统的自身建设。一是扎实推进党的建设。全省粮食系统各级党组织切实增强“四种意识”，严格落实从严治党要求，认真落实中心组学习制度、领导班子民主生活会制度和“三会一课”制度，组织学习河北柏乡粮库等粮食行业先进事迹，基层党组织建设扎实推进。二是扎实推进党风廉政建设。局党组切实发挥带头作用，认真履行党风廉政建设主体责任，积极推进局机关和直属单位党组织负责人“一岗双责”的落实，带领全省粮食系统各级党组织认真制定抓早抓小工作机制、整治违规公款吃喝和“八小时以外”活动监督等实施办法和制度，完善和落实廉政风险防控机制，在全省粮食系统印发和实施落实“中央八项规定”实施细则，进一步营造粮食行业良好的党风、政风、行风。三是推进机构和行业人才队伍建设。开展全省粮食系统机构建设情况摸底调研，进一步完善广东省粮食局权责清单。举办第四届全国粮食行业职业技能竞赛广东选拔赛，组队参加全国大赛，团体成绩在销区省份前列。组织开展全省粮油保管员、质量检验员技能培训、鉴定和多项粮食业务培训班，全年培训基层干部职工近600人次，行业人才素质进一步提升。广东省粮食局监察室被省直机关工委评为“2014年至2016年度广东省直文明单位”。四是做好粮食系统对口援藏工作。做好林芝粮食系统干部来粤学习考察工作，将对口援建的林芝市粮油应急加工厂改造项目纳入广东省援藏总盘子，广东省粮食局被评为“十二五”期间“全国粮食系统

对口援藏工作成绩突出单位”。五是制订实施省级粮食管理信息平台建设方案，为提高粮食行政管理水平提供重要载体。

◆广东省粮食局领导班子成员

余云州	省发展改革委党组成员、副主任，局党组书记
谢　端	局长
吴津伟	党组成员、副局长
林善为	党组成员、副局长
王效峰	党组成员、副局长
邵信辉	副巡视员

2016 年 4 月 11 日，广东省政府在省储备粮东莞直属库召开了粮食安全省长责任制工作推进会。会前，省委常委、常务副省长徐少华（右二）在省粮食局党组书记余云州（右三）、局长谢端（右一）以及省储备粮管理总公司总经理陈少伟（左一）等同志陪同下实地考察了东莞直属库小包装油库、海港码头和中控室。

2016 年 9 月 9 日至 11 日，广东省粮食局副局长吴津伟带领广东省储备粮管理总公司、省粮食行业协会、有关市县粮食局和各类粮食企业一行近百人赴湖南省郴州市、长沙市等地，考察了裕湘食品有限公司、郴州粮油机械有限公司、资兴国家粮食储备库、湖南粮食集团总部及其稻米、油茶生产基地，参观了湖南名优特新粮油精品产品展示，并与湖南省粮食局、相关企业和单位举行座谈暨签约仪式。

2016 年 1 月 27 日，广东省粮食局在广州召开全省粮食工作电视电话会议，贯彻落实党中央、国务院关于粮食工作的新要求，传达学习全国粮食流通工作会议精神，总结 2015 年及“十二五”全省粮食工作情况，深入分析当前面临的形势，部署做好 2016 年及“十三五”重点工作任务。

2016 年 7 月 26 日，广东省粮食局党组召开 2016 年第三次中心组学习扩大会，会上局领导为获得省发展改革委表彰的优秀共产党员、优秀党务工作者和先进党支部颁发荣誉证书。

广西壮族自治区粮食工作

基本情况

2016年广西全区生产总值（GDP）18245.07亿元，比上年增长7.3%。其中，第一产业增加值2798.61亿元，增长3.4%；第二产业增加值8219.86亿元，增长7.4%；第三产业增加值7226.60亿元，增长8.6%。第一、二、三产业增加值占地区生产总值的比重分别为15.3%、45.1%和39.6%，对经济增长的贡献率分别为7.2%、47.0%和45.8%。按常住人口计算，人均地区生产总值37876元。全区粮食播种面积302.36万公顷，比上年减少3.57万公顷。油料种植面积25.72万公顷，增加0.89万公顷。全区粮食总产量1521.3万吨，比上年减少3.5万吨，减产0.2%。其中，夏粮产量34.3万吨，减产7.3%；早稻产量529.7万吨，增产0.2%；秋粮产量957.4万吨，减产0.2%。全年谷物产量1420.6万吨，比上年减产0.1%。其中，稻谷产量1137.3万吨，减产0.1%；玉米产量278.6万吨，减产0.4%。油料产量68.9万吨，增长6.3%。全年全区国有（控股）粮食经营企业和重点非国有粮食经营者、转化用粮企业总购进粮食2105.7万吨（贸易粮，下同），总销售粮食1055.2万吨，转化用粮860.5万吨。2016年全区粮食消费量2159万吨，其中农村口粮666万吨，城镇口粮398万吨，饲料用粮855万吨，工业用粮220万吨，种子用粮20万吨。2016年末，广西国有粮食企业共549家，从业人员7869人。全行业实现利润总额19.8亿元。

2016年粮食工作

2016年是全面深化改革的关键之年，也是“十三五”规划的开局之年。广西粮食系统在自治区党委、政府的坚强领导和国家粮食局的大力支持下，认真贯彻落实中央和自治区关于粮食流通工作的决策部署，努力推进粮食流通体制改革，不断加快粮食流通基础设施建设，积极发展粮食流通产业，为保障全区粮食安全作出了积极努力，各项工作取得了明显成效。

一　粮食流通和粮食调控

粮食安全省长责任制得到全面落实。经自治区人民政府同意，广西壮族自治区粮食局牵头建立了由 15 个部门参加的粮食安全行政首长责任制考核工作联席会议制度，组织成立了考核工作组积极开展相关考核工作，将粮食流通工作的责任内容和量化指标列入绩效考评范围，进一步强化了各级政府保障粮食安全的责任意识，有效促进了粮食安全责任的落实。在 2017 年 1 月 7 日召开的全国粮食流通工作会议上，国家粮食局充分肯定了广西将粮食安全责任落实情况纳入政府绩效考核的做法。

粮食购、销、调、存工作取得新成效，粮食宏观调控能力进一步增强。一是直补订单粮食收购计划完成较好。2016 年全区完成直补订单粮食收购 77.7 万吨，占年度收购计划的 97.1%, 是完成任务较好的年份之一，有 9 个市 58 个县完成了全年订单粮收购计划。二是粮食购销数量增加。全区国有（控股）粮食经营企业和重点非国有粮食经营者、转化用粮企业总购进粮食 2106 万吨，总销售转化粮食 1916 万吨，分别比上年增加 15.8% 和 17.2%。全区市场粮食供应充足，价格基本稳定。三是认真配合国家有关部门做好粮食“去库存”工作。审核认定了全区 38 家饲料加工企业取得国家超期储存和蓆茓囤储存粮食的购买资格，为这些企业参与购买超期储存和蓆茓囤储存粮食创造了条件。顺利销售完毕国家在全区储存的 25 万吨超期储存玉米。四是积极做好粮食产销衔接和采购调运工作。与宁夏、内蒙古、山西等省区签订了粮食产销合作协议，巩固和加强粮食产销合作关系。同时做好区外粮食的采购及调运，组织粮食购销企业到产粮区建立粮食生产和收购基地，做好粮食采购工作，全年从区外采购并运回区内的粮食 708 万吨，保证了全区粮食库存充足。五是确保了军粮、应急救灾粮等政策性粮食供应。全区军粮统一配送率提升到 89%。重新指定自治区本级应急加工企业 28 家，应急供应企业 27 家，应急运输企业 2 家，保证了应急救灾粮调得动、供得上。六是储备粮管理进一步加强。优化储备品种结构，建立优质稻储备，以市场消费为导向，积极探索“以销定储”新模式，降低轮换差价损失。会同自治区财政厅等有关部门制定出台了《广西壮族自治区本级储备粮轮换管理暂行办法》，进一步规范储备粮轮换行为。主动与自治区财政厅等有关部门沟通协商，将广西桂海植物油库承储的自治区本级储备食用油（毛豆油）10000 吨移库到自治区储备粮防城港直属库储存，确保了储备油储存安全。

二 粮食流通改革

2016 年全区粮食系统克服经济下行压力持续增大、粮食市场环境不佳等不利因素影响，积极推动国有粮食企业改革，加快转变企业发展方式，培育粮食产业化龙头企业，全区粮食企业经济发展质量和效益进一步提高。2016 年全区 14 个市的国有粮食企业全部实现盈利，全区国有粮食购销企业实现销售收入 58.11 亿元，同比增加 2.5 亿元，增幅 4.51%，完成绩效考核目标的 129%；实现盈利 2.72 亿元，同比增加 0.74 亿元，增幅 37.18%；实现利税总额 3.03 亿元，完成自治区绩效目标的 550%。全区国有粮食企业改革的稳步推进，坚定了广大粮食企业职工的信心，稳定了队伍，2016 年全系统没有发生集体上访等群体性事件。

三 粮食流通监管

依法管粮有了新举措，粮食流通监督检查效能进一步提高。一是制定印发了《自治区本级储备粮轮换管理暂行办法》《关于加强粮食收购市场监管维护粮食市场秩序的通知》等文件，完成行政权力运行流程和行政权力的权责清单编制，各级粮食部门依法行政能力不断加强。二是建立粮食流通监督检查"双随机"机制。制定《广西壮族自治区粮食局关于推广"双随机"抽查规范事中事后监管的实施方案》，建立粮油企业名录和检查人员名录，粮食流通监督检查按照"双随机"原则，确保监督检查全程留痕，记录完整。三是组织开展全区粮食行政管理部门依法行政示范点创建活动和粮食库存情况、春季储粮安全和安全生产、直补订单粮食收购等一系列专项检查。四是组织开展粮食政策法规宣传和食品安全宣传周活动，举办食品安全法培训班，加强全区粮食质量检验检测工作，自治区粮油质检站完成抽检样品 4000 多个。

四　粮食流通体系建设

粮食流通基础设施建设进一步加快，粮食收储保障能力进一步增强。2016 年，全区有 52 个国有粮食仓储在建项目，累计完成建设投资 3.6 亿元，完成"粮安工程"危仓老库维修改造仓容 118.9 万吨，维修改造库点 217 个，累计完成维修改造投资 3.89 亿元。柳州、桂林、梧州、北海、钦州、贵港、玉林等市实施农户科学储粮专项建设取得新进展，全年共完成专项建设 11.3 万户；现代粮食物流园区建设进一步加快，与南宁市人民政府合作建设的中国－东盟（南宁）粮食物流园区项目第一期 1345 亩建设用地已落实；完成了《广西粮食行业发展"十三五"规划》和 7 项专项规划的编制工作，粮食加工、仓储、物流和应急设施等粮安工程建设纳入自治区"十三五"总体规划。"四合一"储粮技术、绿色储粮技术得到进一步推广，"星级粮库"创建工作全面推进，有效提升了全区粮油仓储管理能力。

五　行业发展

（一）粮油加工产业稳步发展

积极推进全区粮食产业经济发展，努力开拓粮食流通发展空间。2016 年，全区粮食行业围绕打造粮油加工千亿元产业的目标，充分利用广西优质粮油资源，加快发展粮油加工产业，全年粮油工业总产值达 750 亿元，总销售额达 700 亿元，利税总额 38 亿元，利润 21 亿元，进一步增强了粮食企业发展后劲，稳定了粮食企业职工队伍。

（二）粮食科技创新成果突出

大力推广"四合一"储粮技术，全区国有粮食企业装备环流熏蒸技术仓容占国有粮食企业完好仓容 71.7%，装备粮情测控系统仓容量占国有粮食企业完好仓容 80.5%，储粮库 100% 实现机械通风；新开工并完成充氮气调储粮技术改造项目 1 个（自治区钦州粮食储备库），至此全区直属粮库实施该技术已达 9 个，充氮气调储粮仓容 60 万吨，目前全区应用充氮气调储粮技术仓容 115 万吨，占全区总仓容 22%；积极探索数字粮库建设。在广西柳州粮食储备库、广西南宁粮食储备库进行了数字粮库建设试点工作，目前两库已完成了数字网络、硬件以及粮库信息化管理平台、各项业务管理系统的开发和应用，实现了"四簿一卡"数字化和业务、办公及管理信息化，取得了初步的成效。

（三）粮食产业化得到进一步发展

2016 年粮食产业化工作主要围绕自治区千亿元产业的目标，充分利用广西的优势粮油资源，加快粮油加工业发展。一是指导企业开展粮油加工技术升级改造。指导企业引进先进技术和设备，促进粮油加工企业技术革新改造，升级传统加工工艺及设备，提高产品档次及质量，提升粮油精深加工转化水平和产品科技含量，增强企业市场竞争力。二是加快产品结构调整，扩大新的经济增长点。重点发展优质富硒大米、优质油茶深加工技术，以及糙米米粉等主食品工业化粮油产品综合开发技术。三是加强品牌建设。加强名优粮油食品品牌建设，扩大品牌影响，提高全区粮油产品进入高中端市场的份额。四是积极推进核心示范区建设。按照“品种、品质、品牌”的发展要求，加快推进全区富硒粮油核心示范区建设，积极发展富硒优质粮油产业，推动全区粮食示范区做大做强。2016 年广西国泰粮食集团有限公司在宾阳县建立 5000 亩富硒优质稻种植基地，现该公司的富硒大米已取得富硒认证并推向市场。

六 党群工作

全区粮食系统按照党中央和自治区党委的部署，进一步加强党的基层组织建设，深入开展“两学一做”学习教育，推动落实全面从严治党，落实党风廉政建设主体责任，严格执纪监督问责，严肃查办案件，惩处违法违纪行为。自治区直属机关工委到自治区粮食局机关进行专题调研，对局机关和基层党建工作给予了充分肯定。深入实施“人才兴粮”战略，进一步加强粮食行业专业人才培训教育工作。在 2016 年 11 月举办的第四届全国粮食行业职业技能竞赛中，广西代表队获得 3 块铜牌。进一步加大服务对口扶贫联系、“美丽广西・乡村建设”联系和县域发展联系工作的力度，安排 9 名第一书记（含工商学院）到对口扶贫点开展驻村扶贫工作，积极筹集近 300 万元资金投入对口扶贫点支持基础设施和扶贫产业项目建设，通过扩大村内产业规模来带动贫困户脱贫致富，通过基础设施建设改善村容村貌和生产生活环境，多方筹措资金投入联系点建设，为国家和自治区扶贫开发战略和区域经济发展作贡献。

◆广西壮族自治区粮食局领导班子成员

吴宇雄	党组书记、局长
秦全贵	副局长
林愈溪	党组成员、副局长
杨　斌	党组成员、副局长
韦尚英	副巡视员（2016 年 8 月任职）
冯俊英	党组成员、副局长(2016 年 7 月调任广西壮族自治区农村工作办公室专职副主任）
欧泽馨	党组成员、自治区纪委派驻自治区粮食局纪检组长（2016 年 5 月调任广西壮族自治区农村信用社联合社纪委书记）

2016年2月1日，自治区副主席张秀隆（前排左一）在南宁视察自治区粮食局直属企业。

2016年2月19日，全区粮食流通工作会议暨粮食系统党风廉政建设工作会议在南宁市召开。

2016 年 6 月 23 日，自治区粮食局在南宁开展“粮食质量安全宣传日暨放心粮油进社区”活动。

2016 年 7 月 14 日，全区直补订单粮食收购政策学习培训班在南宁市举办。

海南省粮食工作

基本情况

2016 年，海南省年末常住人口 917.13 万人。全省地区生产总值 4044.5 亿元，比上年增长 7.5%；人均地区生产总值 44252 元，比上年增长 6.7%。居民消费价格上涨 2.8%，涨幅控制在预期目标内。接待国内游客 6023.6 万人次，增长 12.9%。20.07 万贫困人口脱贫和巩固提升，完成年度任务的 106%，全省经济社会保持平稳健康发展，实现"十三五"良好开局。

2016 年，全省粮食种植面积 36.04 万公顷，其中稻谷种植面积 28.9 万公顷。粮食总产量 177.9 万吨，比上年减产 3.3%。其中，稻谷产量 149.1 万吨，减产 2.1%。全省粮食总消费 451 万吨，其中城乡居民口粮消费 193 万吨、食品及工业用粮 8 万吨、饲料用粮 250 万吨、种子用粮 1 万吨。居民消费口粮的中高档籼粳米、小麦粉和饲料用粮玉米基本依靠省外市场供给，全年省外购进和进口粮食 373 万吨。由于粮食需求量的增加，粮食自给率由 41.07% 降到 39.7%。

2016 年粮食工作

2016 年，面临行业全面整顿，粮食安全考核、储备粮增储等艰巨任务，在省委、省政府的坚强领导下，省粮食局党组带领全体干部职工迎难而上，认真落实各项工作任务，特别是省粮食局新班子调整到位后，坚持问题导向，强化责任担当，加大整改和改革力度，加强队伍建设和反腐败工作，干部精神面貌有了好的转变，事业有了新的发展。

一 扎实推进粮食系统体制机制改革

针对海南省当前粮食管理体制机制存在弊端，省政府制定了《海南省深化粮食系统体制机制改革落实储备粮增储任务工作方案》，加快推进各项改革。一是储备粮管理机制改革。省政府印发了《海南省省级储备粮管理办法》《海南省储备粮异地储备管理暂行办法》，厘清管理范畴，明确了管理方式，规范了监管责任。二是省粮食局职能和内设机构改革。突出强化监督检查、综合执法和党建反腐三大职能，向省政府申报了改革方案。三是改革重组省直 7 家国有粮食企业。协调省国资委组建储备管理集团公司，省国资委已形成企业重组改革方案上报省政府。

二 全面落实储备粮增储任务

海南省面临诸多问题亟待整改，以及省内粮源少、仓容少、资金组织困难的实际，在第四季度全面落实地方储备粮规模，很好地完成省委省政府交办的任务。一是加强领导。每周召开局长专题会议研究增储任务，倒排工期，局主要领导亲自部署、亲自审定方案、亲自把关重点环节。二是落实督办制度。确定处室和负责人分市县进行督办，实行周报告制度，每周对市县落实储备情况进行汇总通报，每月向省政府报告进度；实施挂牌督办制度，加快推进增储任务的落实。三是双管齐下落实增储任务。海南省落实增储任务主要是通过本地收储和实施省外异地储备，其中 79% 的地方储备粮通过省外异地储备来落实。经省政府同意，海南省将 43 万吨省级储备粮委托中粮贸易公司代储；制订市县异地储备指导方案，统一协调、统一监管，全省 14 个市县 19.9 万吨市县储备通过异地储备落实。

三 扛起粮食安全省长责任制考核重任

海南省成立了海南省粮食安全省长、市县长责任制考核工作领导小组和办公室，省粮食局作为考核组长单位，积极牵头做好迎接粮食安全省长责任制首次“国考”和“省考”工作。一是落实考核主体责任。牵头制定《海南省粮食安全责任制考核方案》《2016 年度海南省粮食安全市县长责任制考核评分细则》，报省政府审批并印发给市县政府实施。二是认真推进粮食安全考核事项补短板工作。对各成员单位实行问题清单管理，明确具体处室、专人跟踪督促落实；专门成立“国考”粮食部门责任落实工作领导小组，列出问题清单和整改清单，按规定时限落实考核事项。三是加强指导和督办。建立考核工作信息报送制度，做到每周一报。组建考核工作微信群，同时举办各类考核工作培训班，加强对各成员单位和市县考核办的指导和督办。

四 抓好六个整改“回头看”，全面推进行业整顿

一是对储备粮管理进行整改“回头看”。储备粮和财务管理方面基本整改完善，对涉及违规人员的处理进行再追查，并将整改情况予以公示。二是对粮食质量管理进行“回头看”。组织开展 2016 年粮食质量安全风险监测，抽取监测样品 110 份；组织赴山东、河南、辽宁三省抓好异地储备入库和在库粮食储备的检验检测 79 批次；组织开展两次全省军粮质量专项检查，全年完成军粮检验 336 批次。三是对制度建设进行“回头看”。启动粮食系统制度体系标准化建设，对涉及粮食重点业务和党建工作等 11 个领域的管理制度进行修订和新建，构建科学、规范、系统、完善的粮食工作制度体系。四是对违纪问题的查处“回头看”。强化了执纪问责，对近两年违纪情况再检查，对 4 名省粮食局违纪人员进行了党纪政纪处分。五是以学习《条例》《准则》为抓手，强化政治学习“回头看”。9 月以来，把政治教育和廉政教育确定为局党组会议、局务会议常项议题，建立领学制度和中心发言制度，开展全省粮食系统“增强党性、严守纪律、廉洁从政”专题廉政活动，强化行业廉政意识。六是抓好非中共党员领导干部教育“回头看”，局党组组织一系列民主恳谈会，不分党内党外领导干部，广泛开展批评和自我批评，加强非中共党员领导干部思想作风建设。

五 圆满完成军粮供应工作

一是积极筹措优质粮源供应部队。各军供站常年保持一个月以上的军粮库存，坚持组织采购防潮包装免洗米、营养强化小麦粉供应南海驻岛礁部队。二是强化军粮质量管理。建立健全军粮质量跟踪服务机制，分别于7月、10月组织开展两次全省军粮质量专项检查，促进军粮质量管理水平的提高。三是加强服务。认真履行《军粮供应服务公约》，实行24小时预约服务和送粮上门服务。四是加强军粮业务基础工作。完善军粮质量监管档案及军粮供应软件系统，抓好军供“危仓老库”维修改造工作。

六 确保全省粮食市场供应和价格基本稳定

一是搞活粮食流通。进一步健全产销协作机制，全年省外购进粮食270万吨，有效满足了海南省城乡居民粮食需求。二是做好粮情监测和社会粮油供需平衡调查。认真抓好了11个国家级网上直报点、30个省级粮情监测点的市场监测工作，加大节假日、台风汛期监测密度和频率，做好粮情预警预报工作；组织开展2016年度全省社会粮油供需平衡调查，全省共调查农户486户，城镇居民户606户。三是完善粮食应急体系。及时更新粮食应急有关情况和数据，粮食应急加工企业83家，粮食应急供应企业273家覆盖全省各市县城乡。四是积极应对2016年台风“莎莉嘉”。研究制订了粮食应急供应预案，启动24小时值班制度和粮情日报制度，派出机关干部驻点基层企业督导防风防汛，由于早安排、早部署、措施得当，所受损失为历次强台风中最小。

七 确保精准扶贫取得实效

海南省粮食局认真贯彻落实省委省政府统一部署，选派能力强、素质过硬的党员干部到扶贫联系点琼中县长征镇潮村担任驻村第一书记，助力抓好村党组织建设，出资28万元帮助建设种羊繁殖基地，完成年度帮扶任务，得到当地乡镇政府的高度评价和帮扶群众的认可。

八 强化党建和党风廉政建设

2016年，局党组全面落实中央关于全面从严治党的总体要求，加强党的建设，认真履行党风廉政建设的主体责任，持续推进反腐败工作纵深发展。一是开展“两学一做”学习教育。加强组织领导，成立机构，制订方案，开展“四讲四有”专题研讨和评议，严格按照“十个规定动作”的时间节点、内容要求抓好学习教育，深入推进学习型党组织建设。二是抓好廉政教育。将党风廉政建设确定为局党组会议固定议题，局务会议有党风廉政建设要求，各直属单位、处室每周例会有“一岗双责”的内容并实行学习记录月查制度。开展“增强党性、严守纪律、廉洁从政”专题廉政活动，各市县粮食局同步进行，强化行业廉政意识。三是强化党风廉政责任和廉政监督。制定建立全省粮食系统“一岗双责”责任清单管理制度，逐级签订“一岗双责”责任状，层层压实责任；制定和有效实施粮食系统全员谈话谈心提醒制度，制定定期述廉制度和会议报告制度，严格执行领导干部述职述廉、廉政谈话、提醒谈话和民主生活会等制度，认真落实领导干部个人报告事项工作制度和查核制度，不断加强廉政监督检查。四是强化执纪。充实了机关纪委干部力量，强化了执纪问责力度，加强了机关作风整顿，对省粮食局机关 4 名工作人员给予党纪政纪处分，问责 2 名企业负责人，诫勉谈话 2 名企业负责人，协查 4 名党员领导干部，形成有腐必反、有贪必肃的高压态势。

◆海南省粮食局领导班子成员

张　可	党组书记、局长
杨卫星	局副巡视员、机关党委书记
张大海	党组成员、副局长
杨全光	党组成员、副局长

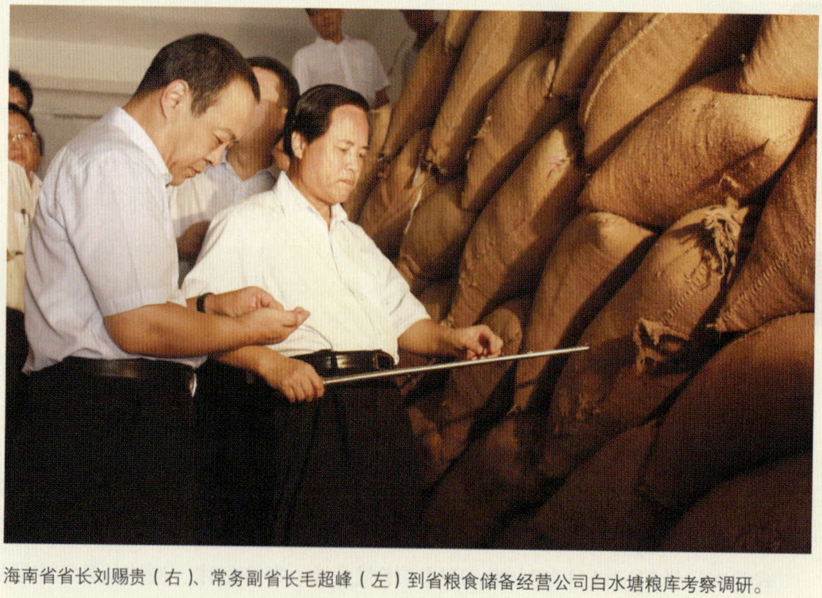

海南省省长刘赐贵（右）、常务副省长毛超峰（左）到省粮食储备经营公司白水塘粮库考察调研。

2016年10月16日，海南省粮食局举办世界粮食日暨爱粮节粮宣传周活动（左四为省粮食局局长张可）。

2016年11月18日，海南省粮食安全省长责任制考核工作领导小组召开全体会议（正面从左至右：省农业厅副厅长王宏良、省粮食局局长张可、省粮食局副局长杨全光）。

重庆市粮食工作

基本情况

重庆市位于中国内陆西南部、长江上游地区，辖区总面积 8.24 万平方公里，是中国面积最大的城市。全市共辖 26 个区、8 个县、4 个自治县。

2016 年全市粮食播种面积 225 万公顷，粮食产量 1166 万吨（其中：稻谷 511 万吨、玉米 265 万吨、小麦 20 万吨），比上年 1155 万吨增产 0.95%。按照全市 3016 万常住人口计算，人均粮食占有量 384.5 公斤。全市油料播种面积 32 万公顷，油料总产量 63 万吨，比上年 60 万吨增产 5%。其中油菜籽播种面积 25.2 万公顷，油菜籽产量 49 万吨，比上年 47 万吨增产 4.3%。

近几年粮食生产量基本保持在 1127 万 ~ 1170 万吨，随着人口增长、生活水平的不断提高，粮食消费需求升级与优质粮油供给不足的供需错配矛盾，粮食供需缺口不断扩大。2016 年产消缺口达到 245 万吨，市外净调入 300 万吨以上。其中，全年稻谷需求量 505 万吨，产不足需，且因本地籼米口感较差，消费者更加青睐优质粳米，需从市外调入优质大米调剂市场。玉米需求量 420 万吨左右，产需缺口 83 万吨，需从市外购进弥补。小麦需求量 105 万吨左右，产需缺口 17 万吨，由于本市小麦品质较差，市场竞争力不强，小麦产量由 2008 年的 58.2 万吨逐年减少到 2016 年的 20 万吨。食用油生产量在 53.7 万吨左右，缺口达 48 万吨左右。

2016 年纳入统计的在产粮油加工企业全年工业总产值 231.02 亿元，比上年 210 亿元增加 10%。产品销售收入 300.23 亿元，比上年 288.22 亿元增加 4.2%。利润总额 9.7 亿元，增长 12.8%。

2016 年粮食工作

2016 年是“十三五”规划实施的伊始之年，重庆市粮食局按照全国粮食流通工作会议精神，根据市委、市政府的总体部署，牢固树立和落实创新、协调、绿色、开放、共享的发展理念，深入实施五大功能区域发展战略，主动适应经济发展新常态，突出供给侧结构性改革，不断提升本市粮食收储供应保障能力，为实现“科学发展、富民兴渝”提供坚实的粮食安全保障。

一 推进粮食供给侧改革工作

（一）根据《重庆市推进供给侧结构性改革工作方案》（渝委发〔2016〕9号）文件要求，编制《重庆市粮食库存规模优化调整实施方案》，力争用2～3年时间，通过开展粮食产销衔接，调剂部分短缺品种满足市场供给，不断优化地方储备粮规模，调整储备粮品种结构，完成国家下达的增储任务。

（二）积极帮助指导粮食企业处理中央事权超期储存粮食的定向销售工作。

（三）按照市政府《关于进一步完善市级储备粮管理体制的批复》（渝府〔2016〕1号）文件精神，理顺重庆市储备粮管理公司管理体制，进一步规范市级储备粮油管理机制。

二 落实粮食安全省长责任制

（一）加强督查，配合市政府督查室开展了2次专项督查，对仓库建设、区县级储备粮完成情况及省长责任制贯彻落实情况的督查，并进行了通报。

（二）制定了本市粮食安全行政首长责任制考核工作方案和2016年度粮食安全行政首长责任制考核评分细则，并经市政府第151次常务会议审议印发。

（三）召开全市粮食安全行政首长责任制考核工作会议，对区县（自治县）人民政府落实粮食安全行政首长责任制的考核工作进行了部署。

（四）多次召开本市粮食安全行政首长责任制考核工作组成员单位会议，就迎接国家粮食安全省长责任制考核工作进行任务分解，并对区县（自治县）人民政府考核进行研究部署。

（五）细化明确重庆市商务委员会机关处室承接国家粮食安全省长责任制考核任务，分解落实考核责任。

三 全面完成地方储备粮增储任务

2014年，国家下达新增本市地方储备粮规模，要求在2016年底前落实到位。为完成增储任务，2014年、2015年本市通过维修危仓老库、市外储备等措施，完成了55万吨。2016年在内部无潜力可挖，市外储备又受仓储条件、储存规模和品种等因素的限制的情况下，采取集中人力、物力、财力、时间，突击在建项目的办法，建成50万吨粮仓投入装粮，为完成增储计划打下了坚实基础，确保了增储计划的圆满完成。

四 切实加强市级储备粮管理

（一）委托市粮油质检站、万州粮油质检站、永川粮油质检站等对储存一年以上的市级储备粮进行数量检查和质量鉴定，共检查590个仓间，涉及68个企业，102个库点，64.2万吨粮油，达标97%，宜存率达98.7%。

（二）加强市外储粮的管理。8月、11月，由委主要领导、分管领导带队，会同市财政局、农发行市分行等相关负责人对市外储粮情况进行了全面检查，并召开了座谈会。在充分肯定成绩的基础上，对加强市外储粮管理提出了严格要求。

（三）开展地方储备粮增储计划完成及安全储粮和安全生产专项督查，对全市市级储备粮的轮换完成情况、区县级储备粮增储情况、应急成品粮的储备情况、安全储粮和安全生产工作进行检查，并进行了交流总结，对存在的问题进行了梳理，要求限期整改和开展“回头看”，有力促进了管理水平的提高。

（四）对地方储备粮开展两次清仓查库工作，实现了账账相符、账实相符。

五 扎实推进粮食仓库建设

重庆市粮食局积极争取市级相关部门的支持，多次召开专题会议研究，特事特办，有力地推进了粮食仓库建设。

（一）目前规划建设的 16 个项目 122 万吨粮仓已开工建设，永川一期工程 5 万吨、江津 10 万吨、铜梁 5 万吨、南川 2 万吨、潼南 2 万吨、开州 2 万吨粮仓建成装粮。

（二）万州、梁平、垫江、忠县、大足、涪陵等 6 个在建粮库各突击 3 万吨粮仓在 2016 年底建成装粮。

（三）南川、璧山、渝北、长寿、綦江、彭水、秀山等 37 万吨粮仓还建项目已批复建设，2017 年底可建成。

六 确保粮油市场购销稳定

由于重庆市逐年粮食供需矛盾突出，保持粮食供求平衡压力愈来愈大。为此，重庆市商务委员会一方面全力抓好市内粮食收购工作，2016 年累计购进粮食 128.9 万吨；另一方面不断加大粮食外购力度，与河南、内蒙古两省（区）粮食局签订了粮食（小麦、玉米）产销战略合作协议，积极参加吉林省粮食产销合作，建立长期稳定的购销合作关系，市外累计共购进粮食 368.4 万吨，保障市场供应，确保不出现断档脱销。

七 切实抓好粮食行业信息化建设

（一）利用两江新区现代服务业试点的契机，在合川、开州两个粮库实施的信息化智能化粮库建设工程已接近尾声，即将投入运行。

（二）2016 年，国家通过竞争答辩的方式，重庆获得国家重点支持省份资格，获得 5000 多万元的中央资金支持，地方财政争取配套 5000 万元，分两年落实。目前已对 150 万吨新建粮库全面进行信息化建设规划。

（三）加快粮油质监体系建设步伐，支持市粮油质检站、万州粮油质检站、永川粮油质检站的搬迁和信息化建设工作，加大企业质检室的设施设备投入和质检人员的培训力度，切实抓好产新粮食品质测报和收购、销售环节的质量监测工作，努力提升粮油质检的能力和水平。

（四）支持重庆国家粮食交易中心的搬迁建设，依托粮食交易中心，开展政策性粮食和经营性粮食的网上采购和销售。

八 狠抓粮油民心工程

（一）大力实施农户科学储粮工程，通过公开招标，为全市农户提供12万套科学储粮小粮仓。

（二）指导市粮油行业协会开展全市放心粮油龙头企业创建评审和粮油加工企业“10强”评选活动。

（三）完成2015年度实施的重庆人和米业有限责任公司等8个应急粮油加工企业技改项目，切实改变本市粮油应急加工企业技术落后的现状，提升应急加工能力。

九 加强粮食行业人才技能培训

（一）会同市人力社保局开展本市第四届粮食行业职业技能竞赛，并遴选优秀选手组队赴安徽参加国家竞赛。

（二）指导市储备粮公司在垫江举办全市粮食仓储业务培训班，大力推广应用科技储备粮新技术。

（三）指导市粮油行业协会在大足举办全市大米加工生产技术管理与实务培训。

十 其他业务工作

（一）完成重庆市“十三五”粮食流通发展规划。

（二）录制重庆新闻广播《阳光重庆》节目，就本市“粮安工程”建设的情况作详细解读。

（三）在永川区举行本市“爱粮节粮宣传周”启动仪式，积极开展爱粮节粮宣传周活动。

（四）开展粮食收购资格清理，重新审核发放粮食收购许可证，收回已过期和未从事粮食收购的许可证。

（五）开展粮食产新质量安全监测工作。

十一 落实党风廉政主体责任

（一）切实抓好党的十八大和十八届三中、四中、五中、六中全会精神的学习及中纪委、市纪委2016年党风廉政建设会议的贯彻落实，进一步增强党员干部的廉政意识。

（二）认真开展“两学一做”学习教育，进一步增强“四个意识”。

（三）强化党风廉政主体责任，把党风廉政建设要求主动融入粮油流通业务工作中，同步推进，同步落实。

（四）建立处务议事决策机制，制定了处务会议议事规则，加强对项目、资金等重点领域和关键环节的监管力度，杜绝不廉洁行为的发生。

◆重庆市商业委员会（重庆市粮食局）领导班子成员

熊 雪	党组书记、主任（局长）
陈国华	党组成员、副主任
刘天高	党组成员、副主任（副局长）
关 力	党组成员、纪检组长
廖红军	党组成员、副主任
李 谦	党组成员、副主任
王 珏	党组成员、副主任
熊 林	党组成员、副主任
尤祖才	党组成员、副巡视员
孙华培	党组成员、副巡视员
曾 诚	党组成员、副巡视员
付灿忠	巡视员

2016 年 7 月 26 日，国家粮食局党组成员、副局长徐鸣调研渝西南现代粮食物流园。

2016 年 3 月 23 日，重庆市粮食局在万州区组织召开 2016 年新增区县级粮食储备管理工作现场会议。

2016 年 7 月 20 日，第四届重庆市粮食行业职业技能竞赛在重粮集团合川粮食公司举行，34 个区县 166 名选手参赛。

四川省粮食工作

基本情况

2016 年全省地区生产总值超过 3.2 万亿元、增长 7.7%，其中第一产业增长 3.8%。全年粮食总产量 3483.5 万吨、增长 1.2%。全省收购粮食 651 万吨、销售粮食 1262 万吨、销售食用油 180 万吨，分别同比增加 8%、6%、21%。全省国有及国有控股粮食购销企业总资产 239.25 亿元，其中固定资产 62.06 亿元、固定资产净值 43.58 亿元、流动资产 158.35 亿元。2016 年实现营收 97.66 亿元，盈利 8133 万元。

2016 年粮食工作

2016 年，四川粮食系统在国家粮食局的大力支持和省委、省政府的坚强领导下，牢固树立“五大发展理念”，把全面贯彻落实粮食安全省长责任制与履行部门职责紧密结合起来，立足“大粮食、大流通、大产业、大创新、大发展”的思路，深化改革、补齐短板、提质增效，着力破解粮食流通难题、纵深推进“粮安工程”建设、积极培育粮食产业经济新动能，努力实现粮食行业“十三五”发展良好开局。

一 全面落实粮食安全省长责任制贯彻有力

省政府高度重视粮食安全省长责任制考核工作，王宁常务副省长担任省粮食安全省长责任制考核工作组组长，先后五次就做好四川省粮食安全省长责任制考核工作作出批示。省粮食局认真履行考核工作牵头责任，建立了省发展改革委、农业厅等 15 个考核成员单位的联席会议制度，出台了四川省粮食安全省长责任制考核《工作方案》《考评细则》《考核评分表》。经联席会议审定报请省政府同意，15 个成员单位联合印发了《关于开展 2016 年度粮食安全省长责任制考核工作的通知》，指导和督促各市（州）围绕年度考核目标任务，开展自查自评工作。四川省 21 个市（州）政府根据省上的文件精神出台了《粮食安全省长责任制贯彻意见》和《粮食安全省长责任制考核办法》，成立了考核工作领导机构，明确责任分工，形成了层层抓落实的工作格局，为首次考核工作取得实效奠定了基础。

二 履行保供稳价职责助农增收措施有力

从推进供给侧结构性改革入手，积极去库存、降成本、补短板，在抓收购、保供应、稳粮价、管储备、强统计上狠下功夫，为保护种粮农民利益作出了积极贡献。一是着力抓好保供稳价。全省收购粮食651万吨、销售粮食1262万吨、销售食用油180万吨，分别同比增加8%、6%、21%，超额完成全年粮油购销目标任务。同时，切实做好元旦、春节、“两会”期间市场粮油及高寒边远山区越冬粮油供应，保证了四川省粮油市场有效供应和价格基本稳定。二是突出抓好粮油收购。认真执行国家粮食收购政策，全省170个企业、220个库点共收购托市稻谷46.5万吨。达州、德阳、广安、成都、南充、资阳等地腾仓并库，合理布局收购网点，严格遵守“五要五不准”收购准则，确保了有人收粮、有仓装粮、有钱收粮。三是大力加强军粮供应工作。按照加快推进应急供应、军粮供应、成品粮储备、放心粮油、主食产业化“五位一体”融合式发展的总体要求，稳步推进21个军粮供应站点维修改造。按照国家粮食局的统一部署，对全省军粮质量及制度建设等方面进行了专项大检查。与武警部队联合成立军粮联管联控机构，联合开展了军粮质量检查。军供保障能力进一步提升。四是全力抓好地方储备落实。为积极适应粮食流通新形势和储备管理新要求，首次采取了项目申报和竞价购买服务的方式，选择28家优势企业承担50万吨省级储备粮增储任务，促进了承储企业之间良性竞争，为创新储备粮管理进行了有益的探索。

三 发挥行业优势增进民生福祉保障有力

坚持把改善民生作为工作的出发点和落脚点，整合行业各方面资源，从最贴近民生的事着手，从最关系民生的事着力，全力保障和改善民生。一是大力实施农户科学储粮专项建设。为促进农民减损增收、切实改善民生、助推脱贫攻坚，阿坝、甘孜、凉山扎实推进21万户小粮仓建设，保质保量完成了省委省政府十大民生工程任务。同时，四川省粮食局积极争取中央和省级资金投入2700万元，在内地18个市同步实施10.7万户农户科学储粮小粮仓专项建设。目前，全省农户科学储粮小粮仓已累计突破130万户。二是全面加强粮食质量安全监管。严格按照国家部委和省政府要求，制定了重金属超标粮食处置管理办法，加强处置全过程的跟踪监管，圆满完成超标稻谷处置工作，严防区域性、系统性粮食质量安全风险。切实加强监管能力建设，全省已建成国家挂牌的粮食质检机构19个，初步形成了以省粮油中心监测站为龙头，国家挂牌区域性粮食质检机构为骨干，重点企业检化验室为基础的粮食质量安全检验监测体系。2016年粮食质量安全监管工作得到国家局考评组肯定。三是创新推进“放心粮油”工程。成都、广安、宜宾、广元、遂宁、内江、乐山、南充、绵阳、巴中等地以健全配送网络、提升智能化水平、扩大覆盖范围为重点，努力把“放心粮油”工程打造成群众身边最安全、最便捷、最实惠的“粮袋子”。全省累计投入专项资金2.1亿元，已建及在建18个粮食质量可追溯体系和质量监管平台，建设各类示范店1560家。成都、自贡、内江等8个市还开展了“互联网+放心粮油”试点建设。

四 践行绿色发展建设“粮安工程”推进有力

认真落实科技兴粮战略，迈入内涵式发展道路，坚持科技换效益、绿色促发展。一是强力推进低温绿色储粮项目建设。在全国率先大规模推进低温绿色储粮技术运用，启动建设低温绿色粮库125个、仓容380万吨，有力促进了粮食流通产业向绿色发展转型升级。项目总体正有序推进，已完工项目58个，大英、丹棱、邻水等地建成投入使用的低温库成效初现，受到国家粮食局领导表扬。二是加快推进粮食行业信息化建设。积极实施“智慧川粮”行动，以全国第3名的成绩成功申报国家2016年“粮安工程”粮库智能化升级重点支持省份，获得中央补助资金1.33亿元，省财政拟投入1.97亿元，建设省级粮食信息化管理平台和智能粮库项目。三是大力加强安全生产工作。严格落实“党政同责、一岗双责、齐抓共管、失职追责”行业监管和企业主体责任，组织全省粮食系统深入扎实开展“打非治违”“汛期安全”“储粮化学药剂”“粮油储存安全冬季普查”等安全生产专项检查活动2680次，排查整改安全隐患1600余处，投入整改资金1300余万元，有效预防和遏制了全省粮食安全生产事故发生，省粮食局被省政府评为安全生产优秀单位。国家粮食局总结推广了四川省的经验和做法。

五 做优产后服务促进经济转型发展推动有力

一是大力实施川粮产后服务工程。成都、德阳、乐山、眉山、资阳等地为新型粮食生产经营主体提供烘干清理、代加工、代储藏等产后全过程、多方位服务，支撑粮食生产方式转变，积极推进现代农业发展。省级财政共下拨2.13亿元资金，全省105个县、173个项目单位，共购置烘干设备1000多（台）套，帮助烘干清理粮食115万吨，为农民挽回晾晒、虫霉等粮食损失4.7亿元，受到国务院汪洋副总理肯定，该做法被国家粮食局在全国粮食系统进行推广。二是不断推动粮食流通产业转型升级。努力做大做强“川粮”品牌经济，四川粮油批发中心注册了“川粮”商标，以PPP模式组建的川粮电子商务公司开发了“川粮”网。由全省统一标识、统一标准、统一监管的“四川军粮连锁”“川粮便民连锁”两大系列已与全省粮食应急网点体系、四川地方土特产品销售体系有效接轨、深度融合。同时，在全国粮食行业率先启动了“四川粮食流通产业示范县”试点工作。三是国有粮食购销企业改革发展取得新成效。各地积极协调落实收购资金，加强企业经营管理指导，争取财税政策和资金支持，为服务“粮安工程”建设等方面做了大量工作，成效显著。德阳市直企业改革经验在全国粮改会上作了交流，广元、眉山、宜宾、安州、温江、广汉等地企业财务状况持续向好，全省国有粮食购销企业呈现稳中求进、稳中趋好的发展态势，连续十四年实现统算盈利。

六 强化依法治粮推进法治四川建设执行有力

一是加强法治机关建设。继续深化行政审批制度改革，着力提高行政效能。及时向社会公布权力清单、责任清单，扎实推进行政权力依法规范在阳光下运行。根据上位法修订情况及行权依据调整情况，四川省粮食局行政许可新增1项，行政处罚新增1项、修订2项、合并2项。省本级现有行政权力35项，其中行政许可3项、行政处罚29项、行政检查3项。二是认真做好监督检查工作。全面落实“双随机一公开”监管要求，重点加强粮食收储政策执行情况监督检查，对群众举报的违法违纪行为“零容忍”，及时严查严处，确保国家惠农富农政策落到实处。全省开展各类粮食流通监督检查4910次，出动检查人员17800人次，检查粮食企业13600户次，处罚违法违规案件315例。特别是对个别单位违反收购纪律、拖欠售粮款的违规违纪行为，进行了及时调查、坚决处理、严肃追责，并在全省范围内通报，发挥了震慑警示作用。三是精心组织库存检查。2016年，四川省是国家确定的5个粮食库存检查重点省份之一，按照国家统一部署，对全省474家企业、1146个库点的库存粮食进行了全面交叉检查，检查结果表明，全省粮食库存数量真实，账实、账账相符，质量良好，储存安全。四川省库存检查工作受到国家联合检查组的充分肯定。

七　落实政治责任推进全面从严治党坚定有力

认真贯彻落实中央和省委的各项要求，从全省粮食流通实际出发，以坚定的政治自觉履行党建主体责任，推进全面从严治党。一是扎实开展“两学一做”学习教育。巩固和扩大党的群众路线教育实践活动和“三严三实”专题教育成果，在全体党员中认真开展了“两学一做”学习教育，坚持边学边改、立行立改，统筹解决查摆出来的突出问题，进一步强化了“四个意识”。二是认真抓好党风廉政建设。认真落实中央“八项规定”、省委省政府“十项规定”，严格落实党风廉政建设“两个责任”，从严执纪问责，持续用力正风肃纪，组织开展作风问题集中整治和巡视整改等“回头看”，紧盯“四风”新形式新动向，抓早抓小，防微杜渐，坚决防止“四风”问题反弹回潮。三是全力做好定点扶贫和脱贫攻坚工作。凉山州盐源县是省粮食局对口帮扶县，2016年，为该县投入专项资金1295万元，发放农户科学储粮小粮仓3.5万个，安排民族地区粮食流通产业发展资金100万元，对口扶贫点盐源县棉桠乡绵垭村纳入精准扶贫的120户贫困户511人已实现全部脱贫。四是重视粮食行业文化建设。各地扎实做好“世界粮食日”和爱粮节粮宣传活动，广安主会场活动有声有色，反响良好。大力弘扬“四无粮仓”精神，积极传承“宁流千滴汗，不坏一粒粮”的行业优良作风，在全省粮食流通工作会议上隆重表彰四川省弘扬传承“四无粮仓”精神先进单位和个人，全行业掀起了学习先进、赶超先进、争当先进的热潮，为推动全省粮食流通产业持续健康发展凝聚强大正能量。

◆四川省粮食局领导班子成员

张书冬	党组书记、局长
付昌友	党组成员、省纪委驻省粮食局纪检组长
王海林	党组成员、副局长
伍文安	党组成员、副局长
王青年	党组成员、副局长（2016年6月任职）
周光林	党组成员、机关党委书记（2016年6月任职）
吴晓玲	副巡视员

2016 年 2 月 3 日，四川省发展改革委主任唐利民（前排左一）、省粮食局局长张书冬（前排左二）到成都市检查春节粮油市场供应情况。

2016 年 6 月 23 日，四川省举办全国食品安全宣传周·粮食质量安全宣传日活动。

2016 年 6 月 24 日，国家粮食局党组书记、局长任正晓带领调研组到四川省成都市、眉山市调研粮食产后服务、粮食专业合作社、低温储备库建设以及粮食电子商务等粮食流通工作。

2016 年 10 月 12 ~ 14 日，四川省粮食局局长张书冬（前排左二）到遂宁、南充、广安调研检查秋粮收购工作。

贵州省粮食工作

基本情况

2016 年，贵州全省粮油加工业产值实现 699.7 亿元。粮食消费总量 1460 万吨，与上年持平；产消缺口 270 万吨，自给率 78.9%。从省外调入粮食 455 万吨，实现输入性平衡。

全省粮食系统独立核算单位 1992 个，在职职工 17715 人。其中，粮食行政机构 98 个，在职职工 725 人；事业机构 57 个，在职职工 605 人；流通企业 762 个，在职职工 6833 人；加工企业 301 个，在职职工 6587 人；多种经营企业 774 个，在职职工 2965 人。

2016 年粮食工作

一 粮食生产

（一）总量

全年粮食总产量 1192.38 万吨，比上年增长 1.0%，自 2013 年以来实现“三连增”，创改革开放以来新高。其中，夏粮产量 257.45 万吨，秋粮产量 934.93 万吨。

（二）主要品种

稻谷产量 430.48 万吨，小麦 59.74 万吨，玉米 324.38 万吨，谷子 1.75 万吨，高粱 25.59 万吨，其他谷物 13.57 万吨。

（三）杂粮等

豆类产量 35.02 万吨。薯类 301.85 万吨，其中马铃薯 233.35 万吨。

二 粮食流通

全年粮食企业购进粮食 573.1 万吨，同比增加 74.4 万吨；销售 447.8 万吨，同比增加 58.5 万吨。2016 年末，国家下达的地方储备粮规模基本按规模储足。

三 粮食调控

认真落实国家粮食产销政策，培育市场多元主体，加强营销指导，市场调控、统计分析、监测预警、应急保障能力不断提高，产销衔接深入推进，全省市场粮源充裕，价格运行平稳。下发《关于2016年中晚籼稻最低收购价格的通知》，及时公布最低收购价政策，调动农民种粮积极性。指导各地认真执行国家粮食收购政策，鼓励支持多元主体入市收购，办理粮食收购许可证2309个。全省成品粮储备4.7万吨，同比增长9.5%，贵阳市现有成品粮储备21150吨。明确粮食应急加工企业217个，应急储运企业143个，建成粮食应急配送中心121个，认定粮食应急供应网点2500个。制定《贵州省粮食局粮食质量安全突发事故应急预案》，省粮食局与安顺市人民政府联合举办了首次全省粮食应急演练和观摩培训会。制定《省粮食局关于促进粮食产销合作深入发展的意见》，与湖北、四川、河北等省签订粮食产销合作协议，联合举办鄂黔粮食产销合作推介会。完成国家粮食安全专家咨询委员会2016年课题《市场化背景下的粮食供给安全——非主产省粮食储备最优规模研究》任务，为高端决策提供政策参考。

四 粮食流通体制改革

（一）粮食安全省长责任制考核

成立贵州省粮食安全工作考核小组，制定《贵州省2016年度粮食安全工作责任制考核评分评价细则》。省政府与各市（州）政府签订了《贵州省2016年度粮食安全责任制考核责任书》。对市（州）开展粮食安全责任制工作进行督导，发现问题，及时通报。转发国家粮食安全考核办《2016年度粮食安全省长责任制考核指标及评分标准解读》，提出考核安排、材料、要求3方面11项内容。

（二）国企改革

出台《关于深化我省国有粮食企业改革的指导意见》《关于推进粮食行业供给侧结构性改革实施方案》等文件，全省国有粮食企业发展态势良好，规模效应逐步显现；混合所有制企业改革取得进展；逐步建立“产权明晰、权责明确、政企分开、管理科学”的现代国有粮食企业；以“粮安工程”“放心粮油”为载体，提高产业化经营水平，因地制宜发展特色粮食产业。全省国有粮食企业收入277096.09万元、支出76201.59万元，全行业统算盈利775.96万元。

五 粮食流通监管

（一）监督检查

全省粮食行政管理部门内设监督检查机构62个，496人获得监督检查行政执法资格，落实监督检查经费104.4万元，成立73个综合执法队，切实履行粮食流通监督检查职能。制定《关于加强粮食库存检查 切实做好2016年检查工作的通知》《关于开展2016年粮食库存重点检查工作的通知》，采取组织企业自查、市级专项检查、省级重点抽查的方式开展各类粮食流通监督检查1808次，出动5274人次，检查企业3573家次，责令改正处罚37例。全省各库存粮食账实、账账相符，轮换基本按期完成，补贴及时到位，库贷挂钩合理，仓储管理基本规范，数量真实、质量合格、储存安全。

投入520万元完成六盘水、毕节市粮油质检中心能力建设；投入464万元为贵州省粮油质检站购置设备仪器；启动全省64家粮食质量检测能力年审工作。9个市州粮油质检站（中心）已建设完毕并投入使用。抓好粮食库存质量安全监管，按照“双随机”的要求，共扦样80份。完成收获粮食质量调查，共采集样品410份，覆盖9个市（州）35个县区。

（二）法治建设

建立《贵州省粮食局行政处罚公示制度》《贵州省粮食局行政许可公示制度》。省粮食局网站设立“办事服务”平台。开展“双随机一公开”监管，有关事项已在省发展改革委平台录入。依托全国首家省级粮食流通监督检查工作培训基地，开展各种形式交流活动，提升行业职工依法行政能力，推动依法管粮工程建设。

六 粮油统计与信息体系建设

（一）统计信息

统计覆盖面和统计数据质量进一步提高。下拨100多万元用于社会粮油供需平衡调查和价格监测统计工作。组织开展粮食流通统计人员培训200余人次。按时完成各类统计年报和月报，连续两年获全国粮食流通统计工作优秀单位。制定《关于进一步加强粮油市场价格监测预警工作的通知》，强化对重点区域、重点市场、重大节假日的监测预报。截至年末，全省共有国家级粮油市场价格直报监测点15个，省级粮油市场价格监测点14个，9个市（州）62个县（市、区）设立粮油价格监测点154个。发布上报市场监测二日报208期、周报52期，月报12期。

（二）信息体系建设

制定《贵州省粮食行业信息化建设实施方案》，依托“云上贵州”大数据系统平台，按照建设1个省级粮食管理平台，5个重点项目——粮库智能化升级改造、贵州国家粮食交易中心信息化建设、重点粮食批发市场信息化建设、重点加工企业信息化改造、粮油应急配送中心信息化建设的“1+5”体系，构建“贵州粮食云”。

七 粮食流通体系建设

“粮安工程”建设。新建成仓容81.4万吨，维修改造仓容50万吨，贵州息烽天安粮油储备库等4个建设项目获中央预算内投资补助资金940万元。全省粮食仓储物流基础设施在建项目50个，总投资84.47亿元，累计完成投资18.91亿元，累计到位资金20.03亿元。西南粮食城等项目列入省政府年度重点工作任务。积极争取国家支持，获“粮安工程”危仓老库维修专项补助资金4740万元，省级配套1500万元，地方财政配套资金、企业自筹资金，用于1个省级应用管理平台、1个示范库、25个储备库、42个收纳库信息化建设，拟改造升级智能化粮库仓容211.03万吨。全省“粮安工程”粮库智能化升级改造现场交流暨培训会顺利召开。省储备粮管理总公司投资1509万元的“智慧粮库”项目和遵义、凯里、龙里3个市级试点库“智慧粮库”建设有序推进。

八 行业发展

（一）产业经济发展

1. 特色粮油。出台《关于推进粮食行业供给侧结构性改革实施方案》，引导企业建设绿色健康、质量优良的种植基地。

2. 品牌打造。举办第三届贵州省精品粮油展示交易会，参展企业 290 家，产品 1500 个，接待观众 8.39 万人次；达成意向性协议 293 个，签约 80 个，金额 2.36 亿元。习水红稗获国家地理保护标志产品，金福禄金钻米等 13 个产品获贵州省名牌产品。

3. 产业扶持。出台《贵州省粮食行业发展项目库管理办法》，纳入项目库项目 183 个，有针对性地予以资金扶持。对粮食加工企业加工量、产值效益下滑问题进行深入调研，完成《当前我省粮食加工企业发展存在的困难及相关诉求》，得到省政府领导高度重视。

4. 成果转化。组织参加“2016 年粮食科技活动周——首届粮食科技成果转化对接推介活动”，贵州南方嘉木食品有限公司、贵州正安莲田农业开发有限公司分别与武汉高校和企业在科研成果利用、转化方面达成合作。

5. 放心粮油。全年放心粮油销售 60 万吨，同比增长 20%；建成放心粮油网点 2000 个，放心粮油配送学校近万所。评选贵阳向日葵粮油连锁有限公司观水路店等 25 家省级放心粮油示范店。对 50 家省级放心粮油示范店粮油质量进行抽检，合格率 100%。

（二）“十三五”发展规划

制定了《贵州省粮食行业发展“十三五”规划纲要》，加强顶层设计。

（三）科研发展

贵阳市产学研联合项目“低嘌呤豆浆加工关键技术的质量安全控制与应用示范项目”被列为 2016 年省科技计划项目，总投资 60 万元。

（四）人才队伍建设

选拔任用副处级干部 2 名；对机关 7 名处级干部、3 名科级干部和 2 名直属单位领导干部进行了轮岗交流；开展直属单位领导班子绩效目标考核及管理工作；分别与华东理工大学、河北粮食培训基地等合作，举办粮食系统干部培训班两期，参加培训 100 余人次；完成粮食行业特有工种职业技能培训和考试工作 58 人；完成 11 名直属事业单位专业技术人员职称考试和评审及专业技术职务评定工作。

（五）安全生产

全年粮食行业安全生产无事故。

（六）节能减损

深入推广储粮新技术，扎实推进“智慧粮库”建设，大力开展节粮减损活动，降低储粮损失率，实现粮食减损 4 万吨。

（七）新闻宣传

以省政府“在线访谈”、多彩贵州网“黔粮之窗”、贵州日报等传媒为载体，加强粮食工作宣传，发出粮食好声音。开展以“粮食质量安全”为主题的食品安全宣传活动，组织安顺康利园食品公司、六枝岩脚大畅面业公司等企业开展放心粮油质量安全宣传和放心米粉现场品鉴活动，答疑服务群众 400 余人次，发放资料 500 余册。

九 党群工作

（一）深入推进“两学一做”学习教育

召开中共贵州省粮食局直属机关第七次党员代表大会，选举产生第七届党委和纪委。走访慰问困难党员和老党员48人次，发放慰问金3万元。开展2008年以来党费收缴工作专项检查，补缴党费15.07万元。

（二）党风廉政建设深入推进

支持配合省纪检监察派驻改革调整工作。组织干部职工观看警示教育片，到羊艾监狱参观接受警示教育。制定干部约谈常态化《实施方案（试行）》，完善《贵州省粮食机关预算管理暂行办法》《贵州省粮食局固定资产管理实施细则》《贵州省粮食局财政专项资金分配评审规程》等规章制度。

（三）抓好群团组织工作

组织青年干部参观西南粮食城和贵安新区大数据中心，机关团青工作在省直团工委绩效考核中荣获优秀等次。

（四）以党建引领，统筹推进“同步小康”帮扶工作

选派5名优秀干部组成工作队到兴仁县巴铃镇开展驻村帮扶，制订“五千行动”工作方案。设立50万元产业帮扶基金，通过产业带动贫困户脱贫致富。开展扶贫日捐款共计5.98万元。

十 其他情况

4个直属单位工作效能全面改善，省粮油质检站粮油质检龙头作用发挥更加明显，省贸易经济学校新校区建设和申报设置“贵州食品工程职业学院”工作取得进展，省储备粮管理总公司储备管理能力显著提升，贵阳国家粮食交易中心业务大楼开始启动建设。

◆贵州省粮食局领导班子成员

沈　健	党组书记、局长
章　萍	党组成员、机关党委书记
吴青春	党组成员、副局长
龙　林	党组成员、副局长
鲁黔灵	党组成员、副局长（2016年7月任职）
何武林	总经济师、党组成员（2016年12月退休）
孙　伟	纪检组长、党组成员（2016年10月调至贵州省农委）

2016 年 7 月 19 日，贵阳市粮食局与长春市粮食局在贵阳市联合举办了“贵阳——长春两地粮食产销合作会议”。

2016 年 9 月 26 日，贵州省举办第三届粮油精品展示交易会。

2016 年 10 月 14 日，在第 36 个世界粮食日即将来临之日，贵州省粮食局扶贫队伍在兴仁县巴铃镇开展了以积极应对气候变化促进粮食减损为主题的爱粮节粮宣传活动。

2016 年 11 月 21 日，贵州省粮食局召开“粮安工程”粮库智能化升级改造现场交流暨培训会。

云南省粮食工作

基本情况

云南省是中国通往东南亚、南亚的窗口和门户，地处中国、南亚、东南亚三大市场结合部，与越南、老挝、缅甸接壤，国境线长4060公里。全省土地面积39.4万平方公里，占全国陆地总面积的4.1%。全省设16个州（市），129个县（市、区），是全国少数民族最多的省份，世代居住有26个民族。2016年末，全省人口总数4770.5万，完成生产总值14869.95亿元，农业总产值3633.06亿元，财政总收入1812.26亿元，城镇常住居民人均可支配收入28611元，农村常住居民人均可支配收入9020元。2016年，全省粮食总产量1902.9万吨，其中稻谷671.9万吨，小麦89.4万吨，玉米756.5万吨，大豆31.5万吨，薯类和其他杂粮353.6万吨。从生产者购进粮食250.77万吨，粮食总销售673.81万吨。粮食商品量591.5万吨，进口粮食67万吨。粮食消费量2159.8万吨，其中城镇口粮332.8万吨，农村口粮640.5万吨，饲料用粮910.4万吨，工业用粮223万吨，种子用粮53万吨。据铁路部门统计，全年调入粮食443.8万吨，调出粮食66万吨。

2016年粮食工作

2016年，全省粮食系统认真贯彻习近平总书记系列重要讲话特别是视察云南时重要讲话以及对粮食生产和粮食安全方面的重要指示精神，认真贯彻落实国家粮食安全战略，以推进粮食供给侧结构性改革为主线，有效应对粮价下行压力持续加大等严峻挑战，全面落实粮食安全行政首长责任制，改革创新、主动作为、稳中求进，进一步推进“粮安工程”建设，加快发展粮食产业经济，切实保障全省粮食安全。

一　编制粮食流通行业规划

认真贯彻落实习近平总书记视察云南时重要讲话，特别是粮食生产和粮食安全方面的重要指示，贯彻省委、省政府和国家粮食局重大战略部署，厘清思路，统筹兼顾，集思广益，以规划为导向，坚持全省粮食行业“一盘棋”，加强与省发改委的沟通协调，突出规划的前瞻性、针对性和可行性，提高规划的含金量，使规划编制符合粮食发展规律，积极构建符合省情粮情的云南粮食安全保障体系。

编制初稿呈省政府审查同意，省政府出台了《云南省粮食流通行业发展“十三五”规划》，为“十三五”云南粮食行业发展谋好篇、布好局、起好步、务好实。

二 保障粮油市场有效供给

认真落实国家粮食收购政策，切实保护种粮农民利益。市场粮油价格基本平稳，地方储备增储任务落实到位。粮食企业改革持续进行，全省国有粮食企业实现扭亏为盈。市场调控稳定有序，推进40万吨省级储备粮定价销售，落实15万吨省级动态储备成品大米产销合作，开展打击粮食走私，大力实施“放心粮油”进农村、进社区、进学校、进军营，确保粮油有效供给。全省各类粮食企业收购粮食173万吨，销售粮食672.9万吨。为本省控制物价涨幅、稳定通胀预期发挥了重要作用。

三 打造高原特色粮油品牌

加快发展粮食产业，推进抓收储、管库存、保供应、稳市场和强产业、活经济、稳增长、促发展“双轮驱动”。支持鼓励云南省储备粮管理有限公司、云南军粮集团有限公司、昆明滇中粮食贸易（集团）有限公司、玉溪滇雪粮油食品有限公司、红粮集团、大红屯粮油购销公司、昭粮集团等龙头企业做大做强，加快粮食产业转型升级。积极争取国家对“北粮南运”云南装卸点和连接中南半岛物流基地等项目的支持。组织云南高原特色粮油产品进京推介，加快把云南省特色粮油资源优势转变为经济优势，狠抓“特色”，打造“品牌”，提升云南粮油产品的影响力。

四 加强粮食基础设施建设

加大新建库建设、危仓老库改造和粮库智能化升级，制发项目管理、资金管理等配套文件，充分发挥纪检监察作用，出台专项监督检查办法，建立月报通报和第三方跟踪审计制度，确保工程进度、质量和安全。完成新建粮库和危仓老库改造82个，仓容137.25万吨，完成投资7.49亿元。加强粮油质量监管网络体系和粮食质量应急检验能力建设，推进“十二五”粮食质量安全检验监测能力建设，完成德宏、丽江、临沧、大理、怒江5个州（市）粮油质监站粮食质量检验监测体系能力项目建设。

五 落实全省粮食安全责任

把贯彻落实粮食安全责任制、国家新增地方储备粮、“粮安工程”项目建设和粮食质量监管作为全年工作的重中之重，从讲政治的高度抓督促落实。强化粮食安全责任制，突出抓好粮食安全责任考核。开展2015年度全省粮食行政首长负责制考核并兑现奖惩，进一步形成各级政府和相关部门重农抓粮强流通的工作合力。根据国家下达的粮食安全省长责任制考核工作方案，充实完善云南省粮食行政首长责任制考核内容，将粮食安全责任落实情况纳入政府绩效考核，层层压实粮食安全责任。

六 推进粮食行业依法治粮

扎实推进政策性粮食销售出库检查、粮食库存检查、执行粮食收购政策检查、涉粮案件查办、“双随机一公开”监管等重点工作。配合相关部门加大对走私大米的查处力度，开展收获和储存环节粮食质量安全风险监测、收获粮食质量调查和品质测报，严禁不符合食品安全标准的粮食进入口粮市场。开展“世界粮食日和全国爱粮节粮宣传周”活动，学习宣传和贯彻落实《粮油储存安全责任暂行规定》《粮油安全储存守则》及《粮库安全生产守则》，加强粮油安全储存和行业安全生产指导，切实防范储粮安全和安全生产事故。

七 建设忠诚干净担当队伍

深入学习贯彻党的十八届六中全会和省第十次党代会精神，落实全面从严治党战略，认真履行管党治党的主体责任、监督责任和领导责任，把认真落实党风廉政建设责任制与粮食业务工作同安排、同要求、同检查、同督促、同落实、同考核。加强和规范党内政治生活，营造风清气正的良好政治生态。坚持从严教育、从严管理、从严监督，按照《云南省粮食局问责办法》，对工作不作为乱作为，违反有关规定的严肃进行问责，让咬耳扯袖、红脸出汗成为常态，贯彻于监督执纪问责各环节。加强意识形态工作，抓好机关精神文明建设，认真开展“挂包帮、转走访”和“双联系一共建双推进”工作。坚持正确选人用人导向，理顺机关处室职责分工，组织全省粮食系统领导干部综合能力提升研修，参加全国粮食行业职业技能竞赛，加强粮食行业职工队伍建设。机关党的建设、老干部工作、工会共青团妇联等都取得新成绩，为推动粮食流通工作顺利开展提供了有力保障。

◆云南省粮食局领导班子成员

海文达	党组书记、局长（2016 年 6 月任职）
许建平	党组成员、副局长
龚国富	党组成员、副局长
官悠房	党组成员、副局长
张　春	副巡视员
马红跃	党组书记、局长（2016 年 5 月改任云南省人大常委会农业工作委员会副主任）
赵家云	党组成员、纪检组长（2016 年 8 月调任云南机场集团党委委员、常委，纪委委员、纪委书记）
杨占荣	副巡视员（2016 年 10 月退休）

2016 年 10 月 13 日，云南省委常委、省纪委书记张硕辅（左四）深入玉溪研和工业园区云南滇雪粮油有限公司考察调研，省粮食局党组书记、局长海文达（左三）陪同调研。

2016 年 11 月 17 日，云南省粮食局党组书记、局长海文达（左三）深入楚雄州国有粮食企业调研仓储设施建设、粮油储备、粮食产业发展现状。

2016 年 7 月 12 日，云南省粮食局召开党组（扩大）会议，传达学习贯彻习近平总书记“七一”重要讲话精神和全国粮食局长年中座谈会议精神，总结交流上半年工作，研究分析当前面临的形势，安排部署下半年粮食流通重点工作。

2016 年 10 月 15 日，云南省粮食局、农业厅、教育厅、科技厅、气象局、妇联等单位，在云南省科技馆举办 2016 年世界粮食日和全国爱粮节粮宣传周主题宣传活动启动仪式。

西藏自治区粮食工作

基本情况

2016 年是“十三五”开局之年。在以习近平同志为核心的党中央坚强领导下，自治区党委、政府坚持以习近平总书记系列重要讲话精神和治国理政新理念新思想新战略特别是治边稳藏重要战略思想为指引，全面贯彻落实中央关于经济工作的重大决策部署和中央第六次西藏工作座谈会以及自治区第八次、第九次党代会精神，牢固树立新发展理念，开拓创新，真抓实干，保持了经济持续快速健康发展，全区社会大局和谐稳定，实现了“十三五”良好开局。全区粮食系统在自治区党委、政府的坚强领导下，围绕自治区党委、政府的中心工作，狠抓粮食流通各项工作，确保了粮食安全，为促进全区经济社会发展、维护社会稳定作出了积极贡献。

2016 年粮食工作

一 粮食生产、流通情况

2016 年全区粮食总产量 101.9 万吨，其中青稞 74.7 万吨。全年各类入统企业收购粮食 0.7 万吨，其中青稞 0.65 万吨；销售粮食 32.1 万吨，其中青稞 4.6 万吨；省外调入粮食 65 万吨，其中大米 30 万吨，小麦粉 35 万吨。

二 强化粮食调控，区域粮食安全得到有效保障

一是抓好粮食收购。严格执行粮食收购政策，积极引导和鼓励多元市场主体入市收购，帮助农民增产增收，确保了涉粮惠农政策落实，有效保护了农民利益。继续落实售粮大户奖励政策，对 2016 年全区 6 户售粮大户进行了表彰奖励，进一步调动和激励种粮农民向国家交售余粮的积极性，让种粮农民在粮食种植中得到更多实惠。二是切实保障市场粮食供应。抓好粮源组织和市场投放，市场粮食充裕，确保了正常的粮食供应。借力全国粮食行业援藏工作平台，积极推进区内外粮食企业的产销对接，有效维护了区域粮食供求平衡。加强社会粮食流通统计和市场监测预警，切实把握粮食供需状

况，动态掌握市场变化趋势。三是继续推进“放心粮油”工程建设。截至2016年底，全区共建“放心粮油”配送中心7个，“放心粮油”店31个。扎实做好“放心粮油”进学校工作，全区“三包”学生口粮国有粮食企业供应比率达80%，较上年提高10个百分点。四是积极探索军粮供应。主动顺应部队改革的新形势和军民深度融合发展的新要求，积极探索粮食部门军粮供应新工作，与西藏军区后勤部签订《西藏军民融合粮油应急保障战略合作框架协议》，为加快推进军民深度融合发展和军粮供应社会化奠定了基础。五是地方储备粮管理能力和水平不断提升。进一步健全和完善储备粮管理、轮换机制，自治区储备原粮实现均衡轮换，自治区储备成品粮实现动态轮换，有效提升了自治区储备粮整体质量和管理水平，确保了自治区储备粮常储常新。自治区储备油实现包装储存，更加适应市场需求和群众消费习惯。结合区情、粮情，探索建立政府与社会相结合的粮食储备新机制，采取动态应急地方储备模式，充分调动各类粮食经营企业积极性，落实国家核定的地方储备粮规模，增强了政府调控粮食市场的物质基础。六是加强调查研究，认真开展全区农户存粮情况、社会粮食储存情况以及青稞储存时限、方式对青稞品质变化影响等专项调研，准确把握全区粮食供需现状及发展趋势，为切实提高粮食宏观调控的针对性、有效性和前瞻性提供了基础资料和决策依据。

三 认真开展粮食安全责任制考核，国有粮食企业改革继续推进

一是切实抓好粮食安全责任制首考工作。自治区政府高度重视，出台了《西藏自治区粮食安全专员（市长）责任制监督考核办法》，成立了由自治区主要领导任组长的自治区粮食安全责任制考核工作领导小组，及时部署考核工作，细化考核内容，分解任务责任，下发考核通知，认真开展自治区自评和地市考核，考核工作的推进，有效促进了各级政府粮食安全责任的层层落实。二是推进国有粮食企业改革。加强全区国有粮食企业改革工作指导，拓展业务范围，努力挖潜增效，积极搞活经营，充分发挥国有粮食企业主渠道作用。切实履行自治区粮食局出资人职责，金谷集团公司集团化改革稳步推进，经营发展取得实效。

四 加大粮食流通监管，积极推进依法管粮

组织开展粮食库存清查，摸清家底，全面掌握了全区国有粮食企业粮食库存数量和质量，有效保障了库存粮食质量良好和储存安全。认真开展粮食科技宣传周和世界粮食日宣传活动，积极开展节日和日常成品粮市场检查，维护了正常的粮食流通秩序，确保了人民群众“舌尖上的安全”。科学设置统计指标，及时修订粮食流通统计制度，统一制定下发粮食企业经营台账，进一步规范了粮食经营者依法统计行为。做好涉粮举报事项的查处工作，协助自治区信访部门认真扎实做好涉粮上访事项调处工作，切实维护了粮食经纪人和种粮农民利益。

五 推进“粮安工程”建设，粮食收储供应安全保障能力进一步提高

主动加强沟通，及时衔接落实粮食行业“十三五”项目建设规划。围绕改善基层基础设施条件，加大工作力度，全面推进项目建设，全年完成38个粮食仓储设施续建项目，完成投资11375万元；完成90个粮库维修项目，完成投资4811万元，全区粮食基础设施条件不断改善，粮食收储能力不断

增强。国家安排的“十二五”粮食质量安全检验监测能力建设项目基本建成，完成投资 2480 万元，切实提升了粮食仓储能力和粮食质量安全检验监测能力。以智能粮库和数字粮店建设工作为重点的粮食信息化建设工作稳步推进。

六 凝聚行业力量，援藏工作开创新局面

积极主动加强与国家粮食局和对口支援省市粮食部门沟通衔接，启动新一轮粮食援藏工作，配合国家粮食局召开全国粮食行业对口援藏工作会议，巩固发展了 17 个省市粮食局、3 家中央企业和部分地方粮食企业共同支援西藏粮食流通工作的平台和交流协调机制，落实投资总额为 5522 万元的对口援助项目，2016 年到位援藏资金 1585 万元，其中援藏会议召开以来到位资金 1385 万元。国家粮食局印发了《关于进一步促进西藏粮食流通事业发展保障区域粮食安全的意见》(国粮财〔2016〕208 号)，提出了一系列援助政策措施。特别是在企业结对帮扶、产业合作发展、人才援藏和科技援助等方面探索了对口援藏新路子。国家粮食局选派 2 名优秀干部赴藏工作，开辟了干部援藏的新纪元。

七 全面落实从严治党，粮食系统政风行风持续向好

认真学习贯彻落实党的十八届六中全会、自治区第九次党代会精神，严明政治纪律和政治规矩，牢固树立“四个意识”，坚决拥戴、依赖、忠诚、捍卫以习近平同志为核心的党中央，始终对以习近平同志为核心的党中央绝对忠诚，全面落实从严治党的工作要求。切实落实党建、党风廉政建设工作与粮食流通工作“五同步”要求，“一把手”负总责和“一岗双责”责任制全面推进，党建、党风廉政建设和反腐败工作有新的加强和新的成效。高度重视巡视整改工作，成立专项整改工作领导小组，制订符合西藏自治区粮食局实际的整改方案，提出有针对性的整改措施，确保巡视整改工作取得实效。结合巡视整改，在局直系统开展“立守规矩、规范管理”落实年工作，局直系统新建制度 56 项，修改完善制度 71 项，废止制度 8 项，做到了用制度规范行为，以制度强化管理，切实发挥了制度的约束、规范和引导作用。认真抓好“两学一做”学习教育，切实把全面从严治党要求贯穿到全区粮食流通工作的全过程。把维护稳定作为硬任务和第一责任，深入实施十项维稳措施，确保了粮食系统和谐稳定和“三不出”“三稳定”。

◆西藏自治区粮食局领导班子成员

次旺诺布	区发展改革委党组成员，区粮食局党委书记、副局长
徐　海	党委副书记、副局长（2017 年 3 月任职）
达　拥	党委委员、副局长
李　军	党委委员、办公室主任
郭晓虹	党委委员、副局长

陕西省粮食工作

基本情况

陕西省位于中国内陆腹地，东临山西、河南，西连宁夏、甘肃，南抵四川、重庆、湖北，北接内蒙古，居于连接中国东、中部地区和西北、西南的重要位置。陕西地域狭长，地势南北高、中间低，从北到南依次分为陕北高原、关中平原、秦巴山地三个地貌区。全省总面积 20.58 万平方公里。全省有 10 个设区市和 1 个杨凌农业高新技术产业示范区。2016 年，全省常住人口 3812.62 万，生产总值实现 19165.39 亿元，居民人均可支配收入 18874 元。全年社会消费品零售总额 7302.57 亿元。粮食播种面积 306.87 万公顷，主要种植小麦、玉米、稻谷，辅以各类杂粮。全省粮食总产量 1228.3 万吨。其中，夏粮产量 479.1 万吨，增长 0.1%；秋粮产量 749.2 万吨，下降 2.6%。

2016 年粮食工作

2016 年，陕西省各级粮食部门深入学习贯彻习近平总书记系列重要讲话特别是来陕视察重要讲话精神，认真落实中央和省委省政府关于粮食工作的决策部署，积极围绕全省工作大局，以新发展理念为统领，以改革创新为动力，积极推进粮食供给侧结构性改革，大力发展粮食产业，加快粮食物流设施建设，全省粮食行业转型升级、跨越发展取得可喜成绩，迈出坚实步伐。

一 粮食生产

2016 年，陕西省认真贯彻落实中央强农惠农富农政策，积极调整种植结构，狠抓粮食生产，全年粮食生产再获丰收。2016 年，全省粮食总产量 1228.3 万吨，比上年增长 0.1%。其中小麦 445.03 万吨、玉米 545.39 万吨、稻谷 91.93 万吨、大豆 17.95 万吨、杂粮 128 万吨。

二 粮食流通

2016 年，陕西粮食系统认真贯彻国家粮食收购政策，精心组织夏秋两季粮食收购，及时协调调入粮食。加强组织领导，深入一线督导，加大政策宣传力度，多渠道筹措收购资金，积极腾仓并库，增设收购网点，抓好储备轮换，开展市场化收购，全力增强收储能力，满足农民售粮需求，保护种粮农民利益。同时，结合供给侧结构性改革，因地因企施策，采取有效措施，千方百计抓好粮食销售和省际间粮食流通工作。2016 年，全省各类粮食企业累计收购粮食 675 万吨，销售粮食 1082 万吨，提前超额完成了省委、省政府下达的“收购粮食 425 万吨、销售粮食 475 万吨”目标任务。组织完成超期储存和蓆茓囤储存粮食定向销售 32.31 万吨。

三 粮食调控

（一）粮食储备

在地方储备粮规模得到充实的基础上，重点加强储备粮管理机制创新。建立省级储备粮考核评价体系，修订完善省级储备粮管理制度，推进承储主体多元化，扩大商业周转储备规模，推动收储企业与加工企业融合发展，探索“以销定储”新模式，建立储备上下联动新机制，积极稳妥推进动态管理试点，确保储备粮数量质量安全，促进承储企业提质增效。2016 年，新增 5 万吨企业商业周转储备粮，省级储备粮动态管理规模达 15 万吨，推进省级储备粮轮换网上公开拍卖交易 13 万吨。先后在富平、靖边、宁强三县开展试点，推动实现 2 万吨县级储备粮油实行动态管理，取得了明显效果。

（二）粮食应急保障

修订完善《陕西省粮食应急预案操作手册》，及时更新粮食应急工作指挥部及其办公室有关信息，确保各成员单位之间联络顺畅。持续夯实应急保障物质基础。截至 2016 年底，全省共建立应急成品粮油储备 10.37 万吨（其中省级 4.3 万吨、市县级 6.07 万吨）。到 2016 年底，全省共建立应急供应网点 1436 个、应急加工企业 106 户、应急配送中心 80 个，应急储运企业 81 户。加快推进全省军粮供应站、放心粮油店和应急供应点三位一体的军粮供应网络体系建设。

（三）粮食产销合作

巩固发展粮食产销合作关系，深化合作方式和内容。2016 年陕西省粮食局与黑龙江、四川、宁夏、新疆等省（区）粮食局签订了粮食合作协议。积极组织省内骨干粮油企业参加黑龙江、吉林、宁夏等省（区）粮食产销合作贸易洽谈会。西安爱菊粮油工业集团、陕西粮农集团先后走出国门，分别与哈萨克斯坦开展了产销合作，建立粮油种植基地和加工园区。

（四）统计和监测预警

在做好统计基础工作的同时，开展了粮食供需平衡调查，建立了省粮食局机关内部统计工作协调机制，夯实了统计工作责任。开展统计制度培训，加强统计分析，提高统计数据质量，扩大统计覆盖面。到 2016 年底，全省纳入直报系统各类入统对象 1524 户、城乡居民固定调查户 6127 户。依托省粮食局官网平台，建立并启用省级粮油价格监测系统。根据省内粮油品种分布和价格监测报送情况，及时调整和充实价格监测点。到 2016 年底，全省共有价格监测点 490 个，其中国家级直报点 26 个、省级直报点 36 个，基本形成了覆盖全省、反应灵敏的四级粮油价格监测网络，实现了省内粮油市场和粮油品种价格指标全覆盖。拓宽信息发布渠道，利用政府官网、农林卫视、微博、微信、手机短信等发布粮油价格，为种粮农民、粮食经营者和管理者提供信息服务。

四 国有粮食企业改革与提质增效

（一）国有粮食企业改革

以继续推进“一县一企”、积极发展混合所有制和加快淘汰僵死企业为重点，突出抓好市县国有粮食企业兼并重组、资源整合和提质增效。到 2016 年底，全省 297 户粮油企业有 15% 的企业建立了混合所有制企业。

（二）重点扶持龙头企业

实施大集团、大品牌战略，对 17 家生产规模大、带动能力强、成长性好、品牌竞争优、特色显著的龙头企业和 24 个市场规模大、技术含量高、创新能力强的驰名品牌给予重点支持。先后召集有关企业和单位召开 14 次专题会议，逐家进行分析研判，有针对性地研究提出具体帮扶措施，着力打造陕西大粮商。对确定的重点支持品牌和龙头企业的宣传资料，收集审核后先行在省粮食局官网进行宣传。

（三）提质增效

进一步完善考核制度，对企业改革和提质增效情况实行考核并通报。2016 年，全省国有和国有控股粮油企业 297 户，实现营业收入 119.16 亿元，实现毛利 0.89 亿元。盈亏相抵后实现盈利 5895 万元，连续 9 年实现全省统算盈利。

五 粮食流通产业发展

（一）编制《粮食产业集群发展规划》

紧扣粮食供给侧结构性改革的主线，适应城乡居民粮食消费新需求，编制了《陕西省粮食产业集群发展规划》，积极推进健康产业与粮食产业的深度融合，大力开发健康粮油食品产业，构建“5S 健康食品”互联网大平台，打造陕西粮食产业升级版，以此来推进陕西粮食产业集群跨越发展。规划到 2020 年，全省粮油产业总产值（销售收入）力争达到 1800 亿元，其中粮油食品加工业力争达到 1200 亿元，实现由粮食小省向粮食产业经济大省的跨越。

（二）编制行业“十三五”规划

编制印发了《陕西省粮食行业发展“十三五”总体规划》和军粮供应军民融合发展、智慧粮食建设、粮食质量安全等 3 个专项规划，为今后五年粮食行业发展绘制了蓝图，提供了遵循。继续实施《陕西省粮油仓储设施建设规划（2010—2020 年）》，截至 2016 年底，累计新建粮油仓储设施项目 55 个，累计完成投资 12.8 亿元，新增仓容 112.2 万吨、油罐罐容 15 万吨。实施“危仓老库”维修改造项目 121 个，落实中央、省财政补助资金 1.64 亿元，维修老旧仓容 121.8 万吨。

（三）推进园区建设

按照“一市一园区”的思路，印发了《关于进一步加强粮食物流园区和仓储物流设施建设的通知》，指导各市区制订园区建设方案，建立粮食现代物流重点项目储备库，推进园区和物流设施建设。省粮食局分别与杨凌示范区管委会签订协议，共建杨凌省级农产品加工贸易产业园区；与咸阳市政府达成协议，以优质粮油精深加工为重点，以主食产业化为方向，合作共建省级兴平食品产业园，各项共建工作全面展开。同时积极推动韩城、富平等地建设产业园区，从而提高产业的集中度，依靠园区发展壮大粮食产业。

（四）推进主食产业化

按照“一市一龙头企业”的思路，积极推动主食产业化龙头企业的发展，引导和支持粮食加工企业开发生产营养、健康、绿色、安全食品，满足人民群众消费升级需求。2016 年 3 月 29 日，在西安组织召开全省粮食主食产业化现场会议，推广西安市及西安爱菊经验，确定主食产业化 2016 年在市级政府所在城市全面推开，2017 年延伸到县城和乡镇，2020 年覆盖所有社区和村镇，陕西省的主食产业化走在了全国的前列。

（五）贯彻“一带一路”战略

陕西省粮食企业抓住实施“一带一路”战略机遇，加强国际粮食加工贸易和产能合作，积极拓展国际发展空间。西安爱菊粮油工业集团、陕西粮农集团先后在哈萨克斯坦合作建设粮油种植加工基地。其中，爱菊集团境外粮油工业园区建设稳步推进，累计完成对哈投资 1.5 亿元，园区铁路专用线已铺设完成，16 万吨油脂加工项目已建成投产。爱菊集团、粮农集团利用“长安号”国际货运专列开展粮食贸易，打通了中亚－西安国际粮食通道，中亚的优质粮油已开始进入陕西省市场。西安国家粮食交易中心与泰王国政府中小企业经济贸易发展委员会、省军粮供应中心与云南进出口企业分别签订合作协议，其粮食及粮油食品贸易陆续展开，泰国、缅甸等东南亚优质粮油将进入陕西。

（六）建设西安粮食物流枢纽

认真贯彻省委省政府建设西安陆空物流枢纽的发展思路，推动陕西粮食产业发展，规划建设西安粮食物流枢纽。积极实施“央企入陕”，经与中粮贸易有限公司多次沟通协商，2016 年 12 月省粮食局与中粮贸签订战略合作协议，双方共同出资成立西安国家粮食物流交易中心有限公司，开展粮食物流仓储贸易服务。目前建设工作已全面展开。

（七）行业信息化建设

编制完成了“智慧粮食”建设方案，落实中央专项补助资金 1.1 亿元，启动了省级储备粮库智能化升级改造示范库和省级信息化管理平台建设。西部粮油信息网上线运行，实现了粮食价格行情及供求信息发布、价格行情分析、期货行情综述、大宗政策性及商品粮油交易服务等综合功能。实施“互联网＋粮食”行动，发展粮食互联网经济。扶持 17 家粮食电商加快发展，使陕北杂粮、汉中黑米等更多地方特色粮油食品进入了知名电商平台，推动“线上”“线下”粮食市场融合发展。

（八）“放心粮油”工程

在总结 2013 ~ 2015 年三年“放心粮油”全覆盖工程基础上，制定印发了《陕西省放心粮油全覆盖工程考评办法》《陕西省放心粮油经营网点动态监管暂行办法》，开展了 2016 年度放心粮油省级质量抽检，并对抽检结果及时进行通报。

六 粮食仓储与质量管理

（一）粮食仓储管理

制定印发了《陕西省国有粮油仓储物流设施保护办法实施细则》。开展了陕西省省级储备粮承储资格认定工作，全省有 9 家民营粮食企业取得省级储备粮承储资格。开展了 2016 年全省秋季粮油安全大检查工作。

（二）粮食质量管理

加强粮食质量安全监管工作和质量体系建设，组织全省粮食系统开展了食品安全宣传周、“质量月”和“爱粮节粮宣传周”等活动。制定印发了《陕西省粮食局粮食质量安全事故（事件）应急处置预案》。组织开展了收获粮食质量安全监测和省级储备粮、军供粮质量安全检查监测工作。

（三）粮食行业科技

组织全省粮食行业、科研机构和人员积极参加国家粮食局、中国科学技术协会在武汉轻工大学举办的“2016 年粮食科技活动周——首届粮食科技成果转化对接推介活动”。完成了《陕西科技年鉴》（2016 卷）有关全省粮食科技内容的编写工作。完成了 2015 年度科普统计调查表填报工作。

（四）粮食行业安全

认真落实安全生产责任制，在年初召开的全省粮食工作会议上，省粮食局与各市（区）粮食局、局属各单位和陕西粮农集团签订了安全生产、消防安全目标责任书，并督促各地抓好工作落实。加强安全生产培训，举办了全省粮食行业安全储粮和安全生产培训班。扎实开展安全生产专项整治行动，组织了夏季消防安全生产检查、秋季安全储粮和安全生产专项检查等 5 次专项整治活动，确保了行业安全生产形势稳定。

七 粮食流通监管

（一）监督检查

各级粮食部门大力加强粮食监督检查，认真开展粮食收购专项检查，督促企业严格执行“五要五不准”收购守则，确保了粮食收购政策的落实。认真组织开展粮油库存检查，严肃查处涉粮案件，有效维护了售粮农民利益，确保了粮食库存安全。西安、渭南探索创新粮食监督检查工作方式，有效提高了粮食行政执法效果。制定并印发了《陕西省粮食行业违法失信“黑名单”管理办法》。建立全省粮食经营者和自然人诚信评价等级和诚信档案，在西安、渭南、榆林等市开展粮食收购及个人信用等级信息情况发布试点，促进了行业诚信建设。2016 年，全省各级粮食行政管理部门共查处涉粮案例 336 例。其中，责令改正 175 例、警告 92 例、罚款 42 例（金额 2.53 万元）、暂停粮食收购资格 1 例、取消粮食收购资格 26 例。

（二）法治建设

各级粮食部门积极深化“放管服”改革，制定完善权力责任清单和公共服务清单，推进依法行政，优化公共服务。建立“双随机一公开”检查机制，保障了监督检查的公开公平公正，有效杜绝了不正之风。制定和完善了一批行业管理的规章制度，涉及储备粮管理、资格审批、放心粮油管理、诚信建设等，促进了行业管理的规范化、制度化。

八 粮食安全省长责任制

全省各级粮食部门按照《陕西省粮食安全省长责任制考核办法》的要求，积极履行牵头责任，加大协调力度，精心组织开展考核工作。陕西粮食局联合省考核工作组 16 个成员单位，制定印发了《陕西省 2016 年度粮食安全省长责任制考核评分细则》及《考核评分表》，组织开展了自查和预考核工作，指导督促各市各部门对照考核指标认真查漏补缺，补齐短板。各市积极争取党委政府重视支持，及时成立了考核机构，出台贯彻意见和措施，对标考核指标认真开展自查工作，解决存在问题，为迎接“首考”打下坚实基础。宝鸡、榆林、韩城市将粮食安全责任落实纳入市政府年度目标责任考核。通过考核，层层传导压力，有力推进了粮食安全省长责任制的贯彻落实，促进了全省粮食工作的发展。

九 粮食政风行风建设

2016 年，全省粮食系统紧紧围绕中心任务和粮食流通转型升级、跨越发展大局，强化重点工作督查，高度重视党风廉政建设和反腐败工作，切实加强全行业社会主义核心价值观教育，开展粮食文化创建工作，全系统精神文明建设取得了明显成效。全省粮食系统各级党组织认真开展“两学一做”学习教育，大力加强政治、思想、纪律、作风建设，凝聚力、战斗力明显增强，在推动粮食流通事业发展中发挥了重要作用。省粮食局组织机关党员干部到延川县文安驿镇梁家河村，开展了主题党日活动。扎实开展“两联一包”扶贫和对口援藏工作并取得实效。认真落实省委关于干部鼓励激励、容错纠错、能上能下三项机制有关精神，制定并印发了《省粮食局党组关于贯彻落实省委“三项机制”实施细则》。大力加强行业人才队伍建设，推进职业技能鉴定工作，通过抓好职工教育培训和技能人才培养，提高了全系统干部职工队伍素质。

◆陕西省粮食局领导班子成员

刘维东	省发改委党组成员，省粮食局党组书记、局长
赵　策	党组成员、副局长
张　翔	党组成员、副局长
王晓森	党组成员、副局长
郭　明	副巡视员

2016年1月21日，陕西省粮食局局长刘维东主持召开“十三五”规划编制座谈会。

2016年6月7日，陕西省粮食局与兴平市委、市政府举行座谈会，商议推进粮食物流园区建设事宜。

2016年10月16日，陕西省世界粮食日和爱粮节粮宣传周宣传活动现场。

2016年12月26日，陕西省粮食局与中粮贸易有限公司在西安市举行战略合作框架协议签约仪式。

甘肃省粮食工作

基本情况

甘肃位于祖国的地理中心，地处黄土、青藏和内蒙古三大高原交会地带，东接陕西，南控巴蜀、青海，西倚新疆，北扼内蒙古、宁夏，是古丝绸之路的锁匙之地，也是国家“一带一路”建设重大战略布局的黄金路段。全省总面积42.58万平方公里，占全国总面积的4.72%。地貌复杂多样，地势自西北向东南倾斜。全省辖12个市、2个民族自治州、1个矿区管委会和86个县（市、区），总人口近2700万，常住人口2600万。省内有55个民族，东乡族、裕固族和保安族是甘肃特有的少数民族。

2016年，全省实现生产总值7152亿元、增长7.6%。城镇居民人均可支配收入25693.5元、人均消费支出19539.2元；农村居民人均可支配收入7456.9元、人均消费支出7487元。全年完成全部工业增加值1729亿元，固定资产投资9534.1亿元、增长1.52%；社会消费品零售总额3184亿元、增长9.5%；粮食总产量达到1140.6万吨、实现“十三连丰”。但全省小麦年均缺口一半、大米几乎没有自产的基本粮情没有改变，对省外粮源的依赖程度还比较高。

2016年，全年全省收购粮食310.5万吨、同比下降6%，销售粮食372.7万吨、同比下降0.6%；收购食用油8.3万吨、同比增长13.1%，销售食用油13.6万吨、同比下降17.2%。到12月底，全省粮食综合库存同比增长5.2%，食用油综合库存同比下降6.9%。全年全省国有粮食企业实现盈利1801万元，连续8年统算盈利，其中省直企业实现盈利1721万元、13个市（州）实现盈利。

2016年粮食工作

一 粮食宏观调控稳健有效

积极争取国家政策性粮食支持，调入跨省移库小麦26万吨，省内定向销售政策性粮食12.6万吨，有效弥补了省内粮源。省级储备粮完成轮出15.7万吨、食用油轮换完成0.4万吨，结合轮出轮入，较好地发挥了宏观调控蓄水池、调节器作用。兰州国家粮食交易中心交易国家政策性临时存储菜籽油和超期储存玉米65.21万吨、省级储备轮换小麦25.87万吨，成交总金额23.46亿元，满足了市场需求。坚持以兵为本，全方位保障了部队粮油供应。调整补充国家粮油价格监测信息直报点15个，价格监测点增加到439个，应急网点实现了乡镇、街道全覆盖，粮食市场预警监测和应急保障体系更加完善。

二 粮食安全分级责任有效落实

省、市、县政府层层签订了粮食安全目标责任书，国家62项考核指标逐级分解下达，各级政府及有关部门全面落实责任，有效保障了区域粮食安全。按照省直10部门考核办法，对各市（州）2015年责任制完成情况进行了全面考核，省内“首考”实践，得到了国家粮食局和省政府的充分肯定。提请省政府制定印发考核办法、成立考核工作组，按照国家考核办要求认真组织落实2016年省长责任制考核工作，“省考”顺利结束，迎接“国考”工作有序推进。在责任制考核工作中，涉考相关部门通力合作，各级粮食部门积极推动，为责任制落实提供了有力的保障。

三 粮食流通基础设施全面改善

以“14+2”亿斤仓储项目、危仓老库维修改造项目为重点的各类项目全面推进。总投资5.7亿元的49个仓储设施建设项目，已完工32个、结构封顶9个，正在主体施工4个、基础施工3个，建成后新增仓容80万吨；总投资4.39亿元的危仓老库维修改造项目完工95%以上，维修仓容156万吨，维修道路地坪50万平方米，购置各类设备1098台（套）；粮库智能化升级改造项目列入2016年中央财政14个重点支持省份之一，获得中央财政补助1.3亿元，前期工作进展顺利；总投资0.18亿元的3.6万套农户科学储粮专项实施完成，累计建成26万套，节粮减损成效明显；总投资1.17亿元的4个粮食物流项目,3个已开工,1个即将开工，年内建成后新增物流中转仓容10万吨。通过项目实施，全省粮食仓容总量大幅增加，设施条件明显改善，仓容布局更趋合理，仓储功能更加完善，粮食收储供应安全保障能力显著增强。

四 依法管粮能力水平逐步提升

全省建立粮食监督检查机构10个、粮食行政执法队74个，取得资格的执法人员675人，落实检查经费92万元，9个单位被国家粮食局认定为全国粮食流通监督检查示范单位。各级粮食行政管理部门，有效开展粮食收购资格核查、夏秋粮收购检查、粮食库存检查、政策性粮油销售出库检查、成品粮市场检查等共1734次，出动人员5843人次，检查企业6277个次，查处违法违规案件172例，监督检查力度进一步加强。粮食收购许可办理入驻政务大厅，实行一站式限时办结；修订粮食监督检查办案执法程序，梳理权力清单，优化办案流程，提高办案效率，依法管粮基础进一步巩固。制订粮食质量安全保障机制实施方案，进一步明确属地管理责任和经营者主体责任，强化了粮食质量责任追究制度；全面落实国家考核的3项、省食安委考核的6项食品安全指标，有效履行了食品安全部门职责；组建粮食质量检验机构15个，其中13个纳入国家监测体系，粮油质量安全保障能力有效提升。

五 粮食行业发展能力显著增强

国有粮食企业以效益为目标，夯实主业，拓展副业，加强管理，积极争取财税、金融等政策支持，实干、苦干、巧干，经营状况稳定向好。持续加强放心粮店建设，打造放心粮店“升级版”，实现了为民服务能力、供应保障能力的双提升和经济效益、社会效益的双增长。全系统认真落实“两个安全”责任，储粮安全形势持续向好，仓储保管水平稳步提升，安全基础保障得到加强。更加重视业务技能培训，仅省级层面，就培训财务、统计、保管和责任制考核等方面人员1000多人次，从业队伍能力素质有效增强。通过世界粮食日、爱粮节粮宣传周和已建成的8个爱粮节粮教育实践基地，广泛宣传粮食科普、健康膳食、科学储粮、爱粮节粮等知识，“粮食声音”广泛传播。

六 精准扶贫双联工作融合推进

全面落实省委精准扶贫部署要求，深入推进双联扶贫工作，为省委“1号工程”贡献了粮食部门的力量。先后组织干部17批次110人次，进村入户走访调研。共为5个村实施安全饮水、道路硬化、文体广场、农田改造等项目17个、投资1508万元，协调落实各项扶贫贷款1472万元。选派4名年轻干部到联系村任职，担任第一书记和驻村工作队队长、队员，有7名干部常驻联系村，协调联络帮扶工作。在天水武山县的高九、白山村开展了讲党课、宣讲农村政策等活动，并为贫困儿童免费提供了书包和学习用品。加强与相关部门协作配合，制订帮扶计划，做好“三本账”，按照脱贫时限推进旭坪村、高九村整村脱贫。

七 从严治党主任责任不断强化

全省粮食系统始终高度重视党建工作，切实增强“四个意识”，着力推动全面从严治党，推进党建工作和粮食工作实现深度融合，以有力的党建工作引领粮食事业发展。全面传达贯彻党的十八届六中全会精神，坚决维护习近平总书记的核心地位和党中央的权威。按照中央“六个从严”要求，落实省委“3783”主体责任体系、“866”衡量检验标尺和“111”督查落实细则，不断深化从严治党责任。深入开展“两学一做”学习教育，党的组织建设、思想建设进一步加强。坚持把纪律挺在前面，严格践行监督执纪“四种形态”，深入推进粮食系统党风廉政建设和反腐败斗争。认真执行中央八项规定精神、省委“双十条”规定和省粮食局党组26条作风建设规定，持续整治“四风”，维护了粮食系统良好的作风、纪律和形象。坚决贯彻省委巡视工作部署，思想上主动接受，行动上积极配合，对反馈的问题不折不扣地整改落实，以巡视为契机，全面加强粮食系统党的建设。

◆甘肃省粮食局领导班子成员

宋尚有	党组书记、局长（2016 年 10 月任职）
王学书	党组成员、副局长（2016 年 10 月任职）
王春林	党组成员、副局长（2016 年 3 月任党组成员、纪检组长；9 月任党组成员、副局长）
陈玉皎	巡视员（2016 年 10 月任巡视员）
鱼金明	副巡视员（2016 年 1 月任职）

甘肃省粮食局局长宋尚有深入面粉厂检查成品供应情况。

甘肃省粮食局传达学习党的十八届六中全会精神。

甘肃省全省粮食流通暨党风廉政建设工作会议在兰州召开。

甘肃省粮食局双联干部在永靖县开展扶贫济困献爱心活动。

青海省粮食工作

基本情况

青海省是我国青藏高原上的重要省份之一，因境内有全国最大的内陆咸水湖青海湖而得名。青海省面积72.23万平方公里，耕地面积58.57万公顷。全省辖有8个市州，其中包括2个地级市、6个自治州、6个市辖区、3个县级市、27个县、7个自治县，3个县级行委。青海是一个多民族聚集的省份，2016年全省常住人口593.46万，其中少数民族人口283.14万，占常住人口的47.71%。

2016年全省地区生产总值2572.49亿元，比上年增长8.0%，人均地区生产总值43531元，比上年增长7.1%。粮食作物播种面积28.11万公顷，比上年减少3990多公顷，农作物主要品种有小麦、青稞、玉米、马铃薯、豆类、油料等，全年粮食产量103.45万吨，总需求223.12万吨，产需缺口119.67万吨，粮食自给率46.37%，粮食供需平衡主要通过省际间市场流通解决。全年全省粮食消费量为212.82万吨，其中城镇居民口粮47.16万吨，农村口粮65.52万吨，饲料用粮76.54万吨，工业用粮14.38万吨，种子用粮9.22万吨。

2016年粮食工作

2016年，青海省粮食部门在省委、省政府的正确领导下，认真贯彻党的十八大和历次全会精神，深入学习贯彻习近平总书记系列重要讲话和李克强总理关于保障国家粮食安全系列重要讲话精神，不断提高全省粮食宏观调控能力、健全粮食应急调控体系、促进主食产业化发展、夯实粮食流通基础、加快粮食信息智能化建设、推进国有粮食企业效益职工薪酬同步增长、加强作风建设促进工作落实，较好地完成了各项工作任务。

一 落实粮食安全责任制

根据省政府、国家粮食局落实粮食安全考核工作的总体部署，全面启动青海省考核工作。一是完善考核配套制度，规范考核工作程序。印发了《青海省落实粮食安全责任制考核办法》《青海省粮食安全责任制考核组织工作方案》和《青海省2016年度粮食安全责任制考核评分细则》等配套制度，进一步细化和分解各市（州）、省直各部门粮食安全考核责任，明确工作职责、考核方式和工作程序。二是开展调查摸底，建立考核工作台账。为全面了解全省落实粮食安全省长责任制整体水平，省考核工作组办公室会同各省直考核部门开展了2016年度落实粮食安全责任制调查摸底工作，客观分析考核工作存在的主要问题和各部门考核响应情况，对全省61项年度考核目标任务的考核依据、落实情况、存在问题逐项建立了考核工作台账，为掌握实情，解决问题提供基础资料。三是做好预考核工作，落实责任制。同时，总结梳理存在的缺陷和不足，提出整改措施和建议，指导市（州）、省直各部门落实粮食安全责任。

二 编制《规划》引领粮食流通改革发展

深入调研，编制粮食流通中长期战略规划，引领粮食流通健康持续发展。一是根据青海省人民政府办公厅《关于印发青海省“十三五”规划编制工作方案的通知》和国家粮食局办公室《关于印发〈粮食行业“十三五”规划编制工作方案〉的通知》要求，组织力量，编制完成了《青海省“十三五”粮食安全与流通发展规划》，按照“12636”总体布局，即“一大平台、两大重点、六大通道、三级节点、六大工程”形成对接“一带一路”，融合中西部地区，承接“东粮西调”“北粮南运”，保障区域应急需求，信息化引领的稳定、高效、安全和可持续发展的粮食流通格局，保障全省粮食安全。二是编制完成了《青海省省级储备轮换五年规划》，实现储备粮科学轮换，满足市场需求。建立动态管理机制，推进省级储备粮5%动态轮换与加工企业一对一的链接，加大储备粮轮换力度，提高储备粮质量，提升储备粮轮换竞争力、减少轮换亏损，提升储备粮管理水平和效率。三是会同省发展改革委、财政厅印发《青海省粮食收储供应安全保障工程实施方案（2016—2020）》，同时分解落实“粮安工程”重点任务，加强各类项目落实和管理，保障建设任务和重点项目实施。

三 推进各项粮食产业发展

进一步激发粮食企业发展活力，增强全省粮食安全保障能力。一是促进全省粮食流通企业改革发展。根据中共中央、国务院《关于全面深化改革若干重大问题的决定》、省政府《关于进一步做好经济体制改革重点工作的通知》和全国粮食流通工作会议精神，结合青海省粮食流通行业发展的实际，开展全省粮食产业发展调研，印发了《关于促进全省粮食流通企业改革发展的意见》，指导粮食企业创新发展方式，促进产业转型升级。二是推进主食产业化建设。青海省首个主食产业化项目一期馒头生产线和面条生产线已正式投产上市，后期还将有主食系列10余种产品陆续上市，预计年产值约0.5亿元。三是推动粮食企业融合发展。引进主产省粮食企业来青合作经营，创新地方储备粮“异地储存”模式和轮换机制，优化储备粮布局和品种结构，提高储备粮轮换效益。实施军供企业与民营企业合作经营，拓宽经营渠道，提高企业经济效益。

四 全面实施“粮安工程”并落实新增地方储备规模

青海省“粮安工程”危仓老库维修改造项目总投资16868万元。其中：中央财政专项资金7789万元，地方配套7789万元，企业自筹1290万元。维修项目共28个，已完工27个，占比96%；剩余1个项目已完成50%工程量。翻建项目16个，开工项目15个，开工率94%,1个项目因计划需调整，尚未批复未开工。按照国家新增地方储备的要求，青海省粮食局会同省发展改革委、财政厅、农业发展银行印发了《关于补充省级储备粮的通知》，国家下达青海省新增的15万吨地方粮食储备规模全部落实到位。同时，为做好2016年省级储备粮轮换工作，稳定和维护省内粮食市场，对2016年省级储备粮轮换补贴进行了调整，通过加工环节补助，以奖代补的方式，充分发挥省内粮食产业链在流通中的功能作用，使地方储备粮轮换更加符合市场机制，并发挥调控、稳市的积极有效作用。

五 加快粮食信息智能化建设步伐

青海省粮食信息智能化项目（粮库智能化升级）总投资9533万元。其中：中央补助资金4533万元，省级财政配套资金4000万元，企业自筹资金1000万元。重点建设省级平台和粮库智能化升级改造。编制《青海省粮食信息智能化项目（粮库智能化升级）实施方案》，打造青海粮食的“1161”信息智能化建设工程。同时建立项目建设组织机构和运行机制，健全和完善项目管理制度。实行项目法人责任制，落实项目责任。通过公开招标引入第三方监理公司，建立完备的工程监理制度，对项目建设进行全面监督管理。项目建设内容符合绩效目标考核要求，整体建设进度与实施方案吻合。

六 强化粮食流通监管

按照“强基础、补短板、上台阶”的总体思路，大力开展“监管创新年”行动，切实履行好粮食流通监督检查职责。一是根据有关规定制定了《青海省粮食流通日常监督“双随机”抽查实时细则》，对省内粮食流通监督检查行为进行了规范。二是为保障粮食质量安全，维护粮食生产者、经营者和消费者的合法权益。根据青海省实际情况，制定了《青海省超标粮食监管暂行办法》，对青海省涉及对农药残留、重金属、真菌毒素粮食的收购、储存、运输、加工和销售等经营活动进行了监管。三是成立检查组对政府平价粮油供应、全省粮食仓库清查、粮食流通统计、油菜籽收购等进行了专项检查。四是积极配合省食安委做好粮油质量安全监管工作，严格实施粮食出入库检验制度，切实从源头把好质量关。督促企业认真做好粮食的出入库登记备案工作。五是加强粮食行业安全生产监管，确保粮安、库安、人安。

七 做好军粮供应和粮油质检工作

（一）军粮供应工作

青海省粮食（军粮）应急配送中心承担省级成品粮油储备，是粮食应急保障、市场调控供应工作第一响应单位和成品粮油第一时间调运的组织、实施平台。按照“五位一体”融合发展的要求，利用现有仓房、油罐、包装车间资源优势及政策优势，做到把军粮供应、应急供应、成品粮储备及放心粮油工作有机结合，为全省军粮工作和质检工作适应粮食流通工作新常态，提高全省粮食应急保障供应能力奠定基础。

（二）粮油质检工作

2016年，按照《2016年度库存粮食质量安全专项检查工作方案》，在粮食库存检查省级复查阶段对青海省 11 个粮食储备企业承储的中央储备粮、地方储备粮等库存粮食进行了质量抽查，共扦取样品 102 份，其中 34 份国家层面抽查样品送甘肃省国家粮食质量监测中心进行了交叉检验。同时，完成了 30 份宁夏回族自治区送交青海省的库存检查样品和青海省 78 份地方层面检查样品的组织检验和结果上报工作。2016 年共抽取、接收各类粮油检测样品 2377 份，其中来自本系统的监督检查任务样品 2073 份，社会委托样品 304 份。

八 加强党建保障全省粮食工作有序推进

一是认真部署 2016 年党建工作，签订了 2016 年党支部目标责任书，组织开展"两学一做"专题教育。在学习教育中强化问题导向，把解决问题贯穿学习教育全过程，坚持边学边改、即知即改。

二是开展党风廉政教育。组织局机关部分干部参加省直纪工委组织的党纪法规知识培训和测试。组织学习《中国共产党廉洁自律准则》《中国共产党纪律处分条例》《中国共产党问责条例》和全省全面从严治党主体责任向基层延伸推进会及全省实践运用"四种形态"经验交流暨部署推进会议精神。

三是推进基层组织建设。督促指导直属各单位党组织换届改选，各单位结合换届实行党政领导一肩挑，有力落实"一岗双责"和党建主体责任。以党支部为单位开展党员组织关系集中排查，对党员基本信息、组织关系转接、交纳党费和参加组织生活、外出流动情况进行了摸底核查，进一步核查了党员身份信息，摸清了党员底数，理顺了党员组织关系，健全完善了党员档案。组织党员干部参加省直工委举办的宣传、精神文明、党务干部、团干部、党员、支部书记等专项培训班，全年共有 35 人次参加了培训。

◆青海省粮食局领导班子成员

顾艳华	党组书记、局长
乔正善	省发展改革委副巡视员、省粮食局直属机关党委委员
闵建平	党组成员、副局长
张柴斌	党组成员、副局长

2016 年 1 月 29 日，青海省全省粮食流通工作会议在西宁召开。省发展改革委党组书记、主任吴海昆出席会议并讲话，省粮食局党组书记、局长顾艳华作工作报告。

2016 年 2 月 19 日，青海省粮食局召开全省国有粮食企业经济运行座谈会。

2016 年 3 月 31 日，青海省发展改革委会同省农牧厅和省粮食局在西宁组织召开全省粮食安全责任制考核启动工作会议。

2016 年 7 月 14 日，青海省粮食企业改革发展座谈会在西宁召开。

宁夏回族自治区粮食工作

基本情况

2016 年宁夏回族自治区粮食播种面积 77.83 万公顷，粮食总产量 370.6 万吨，较上年下降 2 万吨，实现“十三连丰”。全区累计收购粮食 258.3 万吨，比上年增加 84.4 万吨，增幅 48.5%；销售粮食 287.6 万吨，比上年增加 32.3 万吨，增幅 12.6%；收购油料折合成品油 373 吨，比上年减少 176 吨，减幅 32%。全区规模以上的粮食加工业企业 122 家，年加工能力 541.24 万吨。全区实现工业总产值 177 亿元，销售收入 167.6 亿元，利税总额 12 亿元。全区共有国家级、省级、市级粮食龙头企业 100 家，中国驰名商标和中国名牌产品 8 个，省级名牌产品 20 个，省级著名商标 33 个。

2016 年粮食工作

2016 年，全区各级粮食部门以确保自治区粮食安全为目标，以粮食产业发展为重点，主动适应经济发展新常态，狠抓粮食安全省长责任制落实，粮食宏观调控精准有力，流通能力得到提升，市场购销两旺，社会化服务成效显著，产业经济加快发展，各项工作都取得了明显成效。

一 粮食安全责任逐级压紧压实

宁夏回族自治区政府关于建立健全粮食安全省长责任制的贯彻落实意见出台后，自治区粮食局牵头制定了考核办法和考核方案，建立了部门联席会议制度和考核工作联络及信息报送机制，督促指导各地各有关部门共同将粮食安全省长责任制落到实处，力争在考核中取得好成绩。在全国首先将粮食安全教育纳入自治区、市委党校教学计划，成为领导干部培训的必修课，极大提升了各级干部关注粮食安全、保障粮食安全的忧患意识和责任意识。

二 粮食保供稳价成效显著

充分发挥国有粮食企业主导作用，同时鼓励和引导多元市场主体入市收购，全年没有发生“卖粮难”问题。加强区内外产销合作，外销玉米 59.5 万吨，数量比上年同期增加 3 倍多，有效化解玉米产能过剩矛盾。首次召开省际间粮食产销衔接洽谈会，与河南、陕西、云南、广西四省区签约粮食41.1万吨。积极克服粮食市场低迷的不利因素，全面完成自治区储备粮轮换计划10.66万吨，为历年来最快的一年。全年召开集中竞价交易会24场，公开竞拍粮油32万吨，有力平抑了宁夏回族自治区市场粮价；全区成品粮平均零售价格同比涨跌幅均不超过1%。

三 粮食产业经济发展平稳

立足区情粮情，加快“三平台一基地”（粮食流通科技创新应用、粮食宏观调控信息、粮食电商三个平台和粮食行业人才教育培养基地）建设，加强行业技能人才培养，全区344人取得国家粮食职业资格。实施稻谷（玉米）品质提升、粮油产品精深加工、科学储粮新技术、粮库智能化升级改造和节粮减损等产业化项目20个，总投资1.19亿元，项目整体进展顺利。加强粮油品牌建设，在第十四届中国国际粮油产品及设备技术展览会上，宁夏回族自治区获得粮油产品金奖16个，占金奖总数13.2%。在全国十大好吃米饭评比中，宁夏回族自治区兴唐和塞外香两个品牌大米分别获得第二名和第七名的好成绩，宁夏大米获“2016中国十大大米区域公用品牌”。强化粮食行业安全监管，全年未发生安全生产事故。积极应对经济下行压力，全区国有粮食企业在经营十分困难的情况下，统算盈利。其中宁储粮公司实现利润1064万元。

四 粮食社会化服务更加贴近需求

大力发展粮食订单，共落实粮食订单8570份，订单数量116.5万吨，履约率达到96.7%。农户科学储粮专项建设试点工作效果明显，在平罗、彭阳开展稻谷、玉米储粮仓试验，累计建设500套，并召开现场观摩会。截至2016年底，全区累计发放农户科学储粮仓25.7万套，每年可减少粮食损失850余万公斤，相当于再造粮田1600公顷。坚持不懈抓好稻谷品质提升，在全区共建设粮食烘干设施88台套，日处理能力2万吨，提高稻谷整精米率5个百分点，储藏损失降至3.2%，较好地解决了收获稻谷晾晒难、整精米率低的难题。据测算，宁夏回族自治区仅农户科学储粮仓和粮食烘干设施建设，每年可助农增收达3亿元以上。自治区党委副书记崔波在实地调研时，对粮食部门积极服务农民增收的这一创新做法给予了高度评价。自治区粮食局也首次被纳入自治区党委农业社会化服务体系成员单位，为今后更好地为农服务拓展了更为广阔的空间。

五 粮食监督检查工作不断创新

首次引入外省区有关专家参与全区粮食库存检查，采取被检查对象、检查人员“双随机”方式，增强了库存检查的科学性、公正性。加强粮食流通监督检查，全年共审核粮食收购许可资格936家，合格企业861家。突出政策性粮食购销监管，重点做好“两节”“两会”期间粮食流通市场专项检查工作，全区粮食流通市场稳定有序。切实履行粮食质量监管责任，加强粮油质量日常监管，宁夏回族自治区储备粮油和政策性成品粮油的质量、品质良好，卫生安全。2016年，自治区粮食局被评为全国粮食质量管理优秀单位。

六 节粮减损“宁夏模式”向纵深推进

积极开展节粮减损工作，全方位抓好粮食收购、储藏、运输、加工、销售、消费等环节的节粮减损工作。目前，宁夏回族自治区粮食保管损失率不超过1.5%，口粮资源利用率平均提高2%。抓好节粮宣传工作，新建县级“中小学生爱粮节粮教育社会实践基地”3个，全区现有教育基地8个，全年共接待2万多人次参观学习；组织开展爱粮节粮知识竞赛，社会各界4000多人参加，反响较好；制作两种版本爱粮节粮公益广告，在宁夏电视台公共频道、公交车、楼宇电梯间大范围投放，获得社会广泛好评。

七 粮食流通能力明显增强

危仓老库维修改造进展顺利，截至2016年底，全区共实施危仓老库维修改造库点38个，总投资1.21亿元，并适时在中卫召开了全区危仓老库维修改造现场观摩会。积极推进粮食信息化建设，宁夏回族自治区被国家确定为“粮安工程”粮库智能化升级重点支持省份，“智慧粮食”建设跻身自治区“八+N”朵云之中，粮食宏观调控信息系统改造升级项目列入全区信息化建设“十三五”规划。2016年，全区共争取各类国家资金3235万元，带动社会投资4.83亿元，完成粮食应急保障中心及网点建设、质检体系、产业化、信息化项目54个。

八 党建工作水平显著提升

扎实开展“两学一做”学习教育，学党章党规，学系列讲话，争做合格共产党员。坚持问题导向，认真开展中央八项规定精神“回头看”，推动作风建设不断深入。积极主动查找“三不为”问题，建立问题清单、责任清单、任务清单和整改清单，实行工作项目化、项目责任化、责任落实化。创新建立“两管四评一推优”考核评价体系，打造“实、细、快”的工作作风和精益求精的工匠精神，工作质量和效率明显提高，干部职工的精气神有了明显转变，敢于担当、务实苦干的氛围日渐浓厚，党组织的凝聚力、战斗力进一步提高。2016年宁夏回族自治区粮食局在区直机关第三片区22个单位党建工作考核名列第三，跻身优秀等次。

◆宁夏回族自治区粮食局领导班子成员

马文娟	党组书记 、局长（2016年2月任职）
赵银祥	党组成员、副局长
荀　旭	党组成员、副局长
解　涛	党组成员、副局长
严彦召	巡视员
蔡正俊	副巡视员（2016年11月退休）
马振中	副巡视员（2016年11月退休）

2016年9月27日，宁夏回族自治区党委副书记崔波（左三）指导区粮食工作，自治区粮食局局长马文娟（左四）陪同。

2016年6月24日，宁夏粮油产销衔接洽谈会在银川市召开。

2016 年 10 月 9 日，自治区粮食局局长马文娟（右三）、副局长荀旭（右二）调研秋粮收购工作。

2016 年 6 月 23 日，自治区粮食局举办食品安全宣传周“实验室开放日”活动。图为技术人员向居民讲解食用油的感官鉴定常识。

新疆维吾尔自治区粮食工作

基本情况

新疆维吾尔自治区位于亚欧大陆中部，地处我国西北边陲，总面积166万平方公里，占全国陆地总面积的1/6；国内与西藏、青海、甘肃等省区相邻，周边依次与蒙古、俄罗斯、哈萨克斯坦、吉尔吉斯斯坦、塔吉克斯坦、阿富汗、巴基斯坦、印度等8个国家接壤；陆地边境线长达5742公里，占全国陆地边境线的1/4，是我国面积最大、交界邻国最多、陆地边境线最长的省份。

新疆是一个多民族聚居的地区，共有55个民族成分，其中世居民族有维吾尔、汉、哈萨克、回、柯尔克孜、蒙古、塔吉克、锡伯、满、乌孜别克、俄罗斯、达斡尔、塔塔尔等13个。2016年末，新疆总人口约2360万，其中少数民族约占63%。目前，全区辖有14个地州市、92个县（市）、872个乡镇。新疆生产建设兵团是自治区的重要组成部分，辖有14个师、176个农牧团场，总人口283.41万。

2016年完成地区生产总值9617.23亿元，增长7.6%。其中第一产业增加值1648.97亿元，增长5.8%；第二产业增加值3583.22亿元，增长5.9%；第三产业增加值4383.04亿元，增长9.7%。三次产业的贡献率分别为12.7%、30.0%和57.3%。粮食产量1512.3万吨，实现“九连增”。人民生活持续改善，社会消费品零售总额增长8.4%，城镇居民人均可支配收入和农村居民人均可支配收入分别增长8.3%和8.0%。各项社会事业蓬勃发展。

2016年粮食工作

2016年，新疆粮食系统在自治区党委、自治区人民政府的坚强领导下，在国家粮食局和自治区发展改革委的关心支持下，紧紧围绕社会稳定和长治久安总目标，深入贯彻落实党中央和自治区党委关于粮食工作的决策部署，全力做好抓收购、保供应、强基础、促改革、重监管等各项工作，为保障全区粮食安全作出了积极贡献。

一 粮食安全责任制

2015年10月，自治区人民政府印发了《贯彻落实国务院关于建立健全粮食安全省长责任制若干意见的实施意见》(新政发〔2015〕98 号)，提出了保障粮食安全的政策措施和工作要求。2016 年 4 月，自治区人民政府办公厅印发了《关于印发自治区粮食安全责任制考核办法（试行）的通知》(新政办发〔2016〕41 号)，决定对各地州市落实粮食安全责任制工作进行考核，提出了 10 个方面考核内容、20 项考核具体任务。按照国家和自治区人民政府关于粮食安全省长责任制考核工作部署，自治区粮食局积极主动与 15 个相关部门沟通联系，报请自治区人民政府成立了自治区粮食安全省长责任制协调小组、考核工作组和办公室。牵头制订了考核工作方案、考核评分细则和考核评分指标解读，协调召开了自治区考核工作组联席会议，安排部署迎接国家粮食安全责任制考核和新疆维吾尔自治区粮食局考核工作，加强督导检查，压实各州市（地区）人民政府（行署）保障粮食安全的主体责任。

二 粮食收购

坚持把夏粮收购作为保障和改善民生的重要任务，坚决落实国家和自治区敞开收购、敞开直补政策，全力抓好小麦收购。针对部分地州因灾导致小麦不完善粒超标问题，及时采取有效措施解决农民“卖粮难”，最大限度减少种粮农民损失。设立 24 小时监督举报电话，认真受理农民投诉和政策咨询，责成地、县相关部门及时予以解决，化解了矛盾，保护了农民利益。截至 2017 年 3 月 15 日，全区共收购小麦 390 万吨（完成计划的 130%），其中收购超标小麦 86 万吨，兑付直补资金 11.7 亿元。收购稻谷 12.78 万吨。

三 粮食宏观调控

坚持敞开供应、均衡销售，充分发挥国有粮食购销企业保障供应、平抑物价的主渠道作用，截至 2017 年 3 月 15 日，全区国有粮食购销企业共计销售粮食 412.7 万吨（其中小麦 356.9 万吨）。全面完成国家下达新疆维吾尔自治区粮食局地方储备粮任务，已拨付地方储备粮利息及费用补贴 1.64 亿元。完成 21.17 万吨地方储备小麦和 9682 吨地方储备油轮换任务，确保地方储备粮油质量安全。

四 仓储设施建设

争取中央和自治区财政资金 9870 万元（其中：中央预算内投资 3870 万元，自治区预算内投资 3000 万元，自治区财政专项资金 3000 万元），安排仓储物流建设项目 65 个，计划建设仓容 33.75 万吨。完成南疆四地州 2 万套农户科学储粮装具建设任务。对 2015 年度“粮安工程”维修改造项目开展督查，对各地粮食仓储建设项目及资金使用情况、仓储规范化管理进行检查。

五 粮食产业发展

编制《新疆粮食流通产业第十三个五年发展规划》，明确了今后五年粮食流通产业发展思路、目标任务。安排专项资金 1200 万元，支持粮食产业化项目 29 个，带动企业投资 4.1 亿元。2016 年，全区入统粮油加工企业预计完成工业总产值 260 亿元，较上年增长 5.69%；产品销售收入 255 亿元，较上年增长 11.35%。修订了《自治区粮食产业化发展专项资金项目评审办法》和《粮食产业化专项资金绩效评价工作办法》，加强对专项资金使用的管理和考核。组织地州粮食部门及相关企业参加2016年粮食科技活动周、第十四届中国国际粮油产品及设备技术展示交易会等活动，搭建平台，推进企业与科研单位、院校及科技人才开展“科企对接”，积极探索粮食产业发展新路径。

六 依法行政

依据国家粮食局监督检查工作部署，制定全区粮食监督检查工作要点，规范执法程序，优化库存检查方式，确保储备粮数量真实、质量良好、储存安全。2016年3月至9月，按照企业自查、地州市复查、自治区抽查三个阶段，完成了全区粮食库存检查任务，其中自治区对5个地州市的150万吨库存粮食进行随机抽查。开展军粮质量检验，抽取30个批次的军供粮油进行质量检测，保障军粮供应质量安全可靠。组织对“放心粮油示范企业”经营的米、面、油等产品进行检查，抽取40份样品进行质量检测，确保广大消费者吃得安全放心。

七 军供保障能力

争取中央财政军供专项资金7490万元，自治区财政专项资金400万元，支持68个军供库点的维修改造及南疆五地州军粮应急保障中心建设。组织对48个基层军供站维修改造情况进行检查。加强军粮供应规范化管理，完善《自治区军粮供应应急保障预案》，指导基层军供站开展军粮供应应急演练，提高军供应急保障能力。

八 安全生产

按照“管行业必须管安全、管业务必须管安全、管生产经营必须管安全”的要求，严格落实安全生产责任制，加大安全生产投入，开展安全生产隐患排查治理，有效预防了安全事故发生。较好完成了2016年安全生产目标任务，荣获自治区安全生产先进单位。

九 党风廉政建设

认真贯彻落实党中央、自治区党委全面从严治党的决策部署，坚持两手抓、两手硬。组织开展“两学一做”学习教育和纪律教育年活动，制定印发“纪律教育年”活动实施方案和2016年度党风廉政建设和反腐败工作要点及责任分解，坚持履行“一岗双责”，真正把党风廉政建设主体责任落到实处。以健全和完善制度为抓手，先后制定完善《自治区粮食局党委工作规则》《自治区粮食局工作规则》等32项制度，对机关处室和干部实施量化绩效考核，推进机关作风转变。在全区粮食行业大力倡导“宁流千滴汗、不坏一粒粮”的敬业精神、“爱粮节粮、杜绝浪费”的节俭精神和“为耕者谋利、为食者造福”的奉献精神，展现了粮食人良好的精神风貌和工作状态。加强专业人才队伍建设，全年共组织粮食行业人才培训800余人次。组织参加第四届全国粮食行业职业技能竞赛，荣获四个奖项，展现了新疆维吾尔自治区粮食局粮食行业的“工匠精神”和职业技能水平。

十 领导班子建设

认真贯彻执行民主集中制，坚持“集体领导、民主集中、个别酝酿、会议决策”原则，较好地发挥了领导核心作用。全年共召开23次党委会议，21次局长办公会及专题会议，重大决策、重要人事任免、重大项目安排、大额资金使用等事项集体研究、集体决策，决策过程中严格执行主要领导末位表态制，充分发扬民主，凝聚集体智慧，做到民主决策、科学决策。按照党政主要领导“四个不直接分管”要求，及时调整局领导班子成员分工，制定完善《自治区粮食局党委工作规则》《自治区粮食局工作规则》等制度。主要领导之间、班子成员之间经常开展沟通和交流，互相信任、互相支持、互相补台，增强了领导班子的凝聚力、向心力和战斗力。

十一 基层组织建设

严肃党内政治生活，严格执行“三会一课”、民主生活会、党员领导干部双重组织生活等制度，认真落实党建目标责任制。按照党章及区直机关工委要求，如期完成了局机关及局属单位7个基层党委、4个党总支、58个党支部换届选举工作。在“访惠聚”驻村工作队设立临时党总支1个、临时党支部3个，南疆支教工作组设立临时党支部1个。加强党员管理，发展新党员5名，培训入党积极分子13名。组织召开庆祝建党95周年表彰大会，表彰先进、凝聚共识，增强了广大党员不忘初心、继续前进的责任感和使命感。成立了自治区粮食局青年工作委员会，动员和团结广大团员青年围绕局党委中心工作开展丰富多彩的系列活动，开创了团员青年工作新局面。

十二 干部队伍建设

局党委按照习近平总书记提出的“20字”好干部标准和民族地区干部“三个特别”的政治标准，结合工作实际，制定了《自治区粮食局干部人事管理办法（试行）》，规范了干部选拔任用、交流轮岗、教育培训、考核监督等程序，树立正确的选人用人导向。认真执行干部选拔任用有关规定，调整和加强了粮科所、乌鲁木齐国家粮食交易中心、乌北国储库领导班子，启动了局内设机构和新粮集团等局属单位领导班子补缺，结合干部补缺和考察开展干部交流轮岗和后备干部推荐工作。加强干部培训，共举办各类培训班5期、培训355人次。加大干部监督力度，按照自治区党委关于领导干部个人报告有关事项的规定，抽查了7名县处级干部个人有关事项报告，对3名漏报干部进行批评教育。加强粮食人才队伍建设，组织开展第四届全区粮食行业职业技能大赛，选拔优秀选手参加第四届全国粮食行业职业技能大赛，获得1枚金牌、1枚银牌，总成绩在西部12省份排名第一，是西北5省唯一获奖省份，创新疆历史最好成绩。

十三 行业人员基本情况

2016年底，新疆维吾尔自治区粮食系统从业人员共有25003人，其中女性7707人，少数民族7437人，中共党员4083人。与2015年同期相比，从业人员总数增加了469人。在岗职工24656人，其中长期职工 22908 人，临时职工 1748 人；其他从业人员 347 人。与 2015 年同期相比，在岗职工总数增加了 314 人。

◆新疆维吾尔自治区粮食局领导班子成员

孙永建	党委书记、副局长（2016 年 2 月任职）
雍其新	党委书记、副局长（2016 年 2 月免职）
唐阿塔尔·克里马洪	党委副书记、局长（2017 年 4 月任职）
米尔扎依·杜斯买买提	党委副书记、局长（2017 年 4 月免职）
朱传碧	党委委员、副局长（援疆干部，2016 年 12 月退休）
王卫军	党委委员、副局长
谢　斌	党委委员、副局长（2016 年 4 月任职）
丁　宣	党委委员、纪委书记（任职至 2017 年 2 月）
刘学明	总经济师
闫　俭	巡视员（2016 年 12 月退休）
袁峻峰	副巡视员
陈天甲	副巡视员（2016 年 6 月退休）
阿木提·塔西铁木尔	副巡视员（2016 年 1 月任职）

新疆维吾尔自治区粮食局党委书记、副局长孙永建到昌吉回族自治州调研夏粮收购工作。

2016 年 7 月 8 日，新疆维吾尔自治区粮食局局长米尔扎依·杜斯买买提到喀什检查夏粮收购情况。

2016 年 6 月 13 日，新疆维吾尔自治区粮食局召开夏粮收购电视电话会议。

2016 年 10 月 16 日，新疆维吾尔自治区粮食局进行爱粮节粮宣传。

新疆生产建设兵团粮食工作

基本情况

新疆生产建设兵团（以下简称兵团）成立于 1954 年 10 月 7 日，承担着中央赋予的屯垦戍边的职责，是在所辖垦区内依照国家和新疆维吾尔自治区的法律、法规，自行管理内部行政、司法事务，在国家实行计划单列的特殊组织，受中央和新疆维吾尔自治区人民政府双重领导。

截至 2016 年底，兵团辖有 14 个师，阿拉尔、铁门关、图木舒克、可克达拉、双河、五家渠、石河子、北屯、昆玉 9 座城市，10 个建制镇，176 个团场，6020 家工交建商企业（其中上市公司 14 家），有健全的科研、教育、文化、卫生、体育、金融等社会事业和公安、人民检查、人民法院、人民武装、人民警察、司法等司法机构，分布在新疆 14 个地州市境内。与俄罗斯、哈萨克斯坦、吉尔吉斯斯坦、蒙古等国接壤，守卫着 2019 公里的边境线。土地总面积 691.72 万公顷，其中耕地面积 135.29 万公顷。年末国家级及兵团级农业产业化龙头企业共有 128 家，其中国家级 15 家。已建成 2 个全国农业产业化示范基地，4 个全国现代农业示范区，23 个国家级无公害农产品示范基地和国家级农业标准化示范农场。

截至 2016 年底，兵团总人口 283.41 万，比上年增长 2.5%。全兵团居民人均可支配收入 27479 元，比上年增长 8.7%。其中城镇居民人均可支配收入 34089 元，比上年增长 8.5%；连队常住居民人均可支配收入 16401 元，比上年增长 9%。

2016 年粮食工作

一 粮食种植及生产情况

稳定粮食生产，产量平稳增长。在国家、自治区、兵团系列惠农政策和粮食补贴政策的支持下，职工粮食种植积极性较高，2016 年兵团粮食播种面积、总产量达到历史新高。粮食作物播种面积 33.17 万公顷，较 2015 年增加 0.92 万公顷，同比增长 2.9%；粮食总产 271.3 万吨，较 2015 年增加 5.93 万吨，同比增长 2.2%。其中：小麦播种面积 18.4 万公顷，较 2015 年增加 0.95 万公顷，同比增长 5.5%；产量 127.53 万吨，较 2015 年增加 6.60 万吨，同比增长 5.5%。

二 落实政策促进夏粮交售

自治区下达兵团小麦交售计划 60.35 万吨。针对北疆伊犁、昌吉、石河子等地在小麦收获期遭受连续降雨，出现小麦倒伏、生芽等受灾情况，7 月 5 日自治区粮食局印发《转发国家粮食局关于做好受灾地区夏粮收购工作的紧急通知》，明确提出解决小麦不完善粒超标问题：一是对不完善粒 10%（含）以内的小麦做到敞开收购、敞开直补。二是对不完善粒超过 10% 的小麦，国有粮食购销企业要主动与加工企业联系，按照"购得进，销得出"的原则，积极开展收购，并将这部分收购的小麦纳入粮食直补范围内。三是正确执行国家质量标准。国有粮食购销企业对不完善粒超标的小麦要认真执行检化验程序，严禁凭感觉化验；积极通过清理设备降低不完善粒比例，争取符合国家质量标准；对超标准的小麦按照国家有关文件规定积极开展收购。兵团积极贯彻落实自治区政策规定，加强与国有粮食购销企业及粮食加工企业的协调，六师、八师、九师还在自治区政策的基础上进一步制定出台了政策措施，多措并举促进不完善粒超标小麦交售，减少种粮职工受灾损失。全年累计交售小麦 79.78 万吨，完成自治区小麦交售任务的 132%。

三 强化粮食质量安全监管

完成国家下达兵团 60 份收获粮食样品扦样监测任务。指导兵团国家粮食质量监测中心按照国家安排，对四师、六师、八师、九师部分团场生产的粮食进行了扦样检测，完成 35 份小麦、25 份玉米扦样监测任务，对维护辖区粮食质量安全发挥了积极作用。加强食品安全相关法律法规宣传，推进落实粮食质量安全相关制度，粮食质量安全保障机制得到充实。

四 推进粮食流通设施建设

积极争取国家资金 300 万元，支持兵团粮食质量安全检验检测能力项目建设，提高兵团粮油产品检测能力，为粮食质量安全监管提供技术支撑。加强项目督促力度，推动兵团 2015 年获得中央预算内资金支持的粮食仓储设施项目加快建设进度，新疆喀什福乐麦客面粉有限责任公司标准粮库项目、二师 24 团面粉厂粮食仓储设施项目完工并投入使用。

五 开展粮食质量科研工作

承担粮食科研项目检测任务，推动兵团粮食科研工作开展。兵团国家粮食质量监测中心承担了新疆农垦科学院作物所 800 个冬、春小麦新品种（系）籽粒品质、面粉品质及其面制品加工品质的测试，150 个大豆新品种（系）籽粒品质的测试，300 个玉米品种（系）籽粒品质的测试，150 个植株样品营养素的测试，260 个土壤样品微量元素、大量元素的测试。

六 高度重视安全储粮和安全生产工作

及时传达国家会议精神。召开专题会议，学习贯彻落实全国、兵团安全生产工作会议和全国粮食行业安全储粮和安全生产视频会议精神。

开展秋季粮油安全大检查。根据《国家粮食局办公室关于开展 2016 年全国秋季粮油安全大检查的通知》文件要求，在兵团辖区范围内组织开展 2016 年秋季粮油安全大检查，主要对安全储粮和安全生产工作进行检查。通过企业自查和兵师粮食局抽查，排除安全隐患，确保粮食储备和生产安全。

做好培训工作。着力提升粮食行业从业人员知识技能，组织兵团辖区粮油保管员参加自治区粮食局组织的初、中、高级及技师培训鉴定，统筹安排兵团粮油仓储单位和粮食行政管理部门参加"一规定两守则"培训。

七 加强政策宣传

组织开展粮食科技活动周、世界粮食日、全国爱粮节粮活动周等重要活动，加强粮食政策、法规及节粮、储粮等知识的宣传教育。贯彻落实国家粮食局"七五"普法各项工作，加大普法宣传工作力度。

◆新疆生产建设兵团发展改革委（粮食局）领导班子成员

王多生	党组书记、主任（局长）
刘新兰	副主任（副局长）
闫海燕	党组成员、副主任（副局长）
乔永新	党组成员、副主任（副局长）
刘军国	党组成员、副主任（副局长）
郭启民	党组成员、副主任（副局长）
伍新南	副巡视员
王　津	副巡视员

新疆生产建设兵团发展改革委（粮食局）开展“民族团结一家亲”活动。

新疆生产建设兵团农业技术员对农户进行水稻病虫害防治培训。

新疆生产建设兵团发展改革委（粮食局）的工作人员向市民发放爱粮节粮宣传活动资料。

新疆生产建设兵团“粮食动员中心”在天山雪公司揭牌成立。

大连市粮食工作

基本情况

2016 年，在市委、市政府的正确领导下，大连市全面贯彻党的十八大及十八届三中、四中、五中、六中全会和习近平总书记系列重要讲话精神，坚持五大发展理念和“四个着力”，紧紧把握稳中求进工作总基调，扎实做好稳增长、促改革、调结构、惠民生、防风险各项工作，较好完成既定的目标任务，实现了“十三五”良好开局。实现地区生产总值 8150 亿元，增长 6.5%。一般公共预算收入 611.9 亿元，增长 5.5%，按可比口径增长 10%。实现社会消费品零售总额 3396 亿元，增长 10%。城乡居民收入分别达到 38220 元和 15760 元，增长 6.5% 和 7.5%。城镇登记失业率控制在 2.91%。全市呈现经济平稳发展、民生持续改善、社会和谐稳定的良好局面。

大连口岸作为我国东北及东北亚地区重要粮食集散地，有著名的大连港和北良港，每年粮食中转量达 1000 多万吨。大连商品交易所是全国最大的粮食期货交易所，大连北方粮食交易市场是居全国前列的现货交易市场，大连金三角粮食批发市场、双兴商品城、谷金川粮食交易市场等作为大连地区繁荣、规范、交易量大的成品粮批发市场，已经成为大连市实现粮食供需平衡的物质基础。大连市油脂年产量达 40 多万吨，为大连市食用植物油供需平衡创造有利条件。

2016 年粮食工作

2016 年，大连市、县粮食行政管理部门认真贯彻党的十八届三中、四中、五中、六中全会精神，中央经济工作会议和中央农村工作会议关于粮食安全的战略部署，全面落实粮食安全省长责任制和全国、全省粮食流通工作会议精神，切实履行“抓收购、保供应、管库存”的行业职责，改革创新、主动作为、稳中求进，确保全市粮食安全。粮食收购工作有序开展，农民利益得到有效保护；粮油市场体系健全，粮食市场供应充足、价格稳定；粮食地方储备体系建设和粮食应急管理工作富有成效，粮食宏观调控能力得到增强；粮食仓储管理工作取得新进展，粮食储存安全水平得到提升；粮食监督检查工作卓有成效，粮食市场秩序良好；粮食流通产业发展资金及仓储维修改造资金严格使用，粮食仓储条件和仓储能力得到改善；粮食质量管理和监控不断加强，确保了粮食质量安全；粮食收购许可管理工作有序开展，粮食市场秩序不断规范；粮食流通统计和市场监测工作有序开展，粮食宏观调控水平不断提高；军粮供应工作和军民共建工作不断加强。

一 粮食总产量同比大幅增加

2016 年，大连市粮食种植 27.08 万公顷，总产量 133.08 万吨，较上年增长 42.78%。其中水稻 14.10 万吨，玉米 103.27 万吨，大豆 6.09 万吨。

二 严格执行国家政策，认真做好秋粮收购和临储粮收购工作

2016 年，大连市收购上年产粮食 36.16 万吨（水稻 4.44 万吨，玉米 31.72 万吨）。为做好粮食收购工作，大连市、县粮食行政管理部门在粮食收购前认真做好粮食产量、商品量及农民心态调查，做好粮食腾仓倒库、清仓消毒、设备维修、人员培训等准备工作，组织粮食企业积极入市开展粮食收购工作。在粮食收购期间，加强监督检查，重点检查国家粮食收购政策执行情况，安全生产情况等，各国家政策性粮食收储库点严格按照规定价格公开挂牌收购，严格执行“五要五不准”收购守则，国家政策贯彻落实到位，农民利益得到有效保护。

三 严格落实储备粮管理制度，确保储备粮储得住、管得好、调得动、用得上

按照国家、省政府有关文件精神，从 2003 年起大连市就建立起完善的地方储备粮和应急成品粮体系，全市建立了粮食、食用油、应急成品粮和小包装成品油的地方储备。

为加强对地方储备粮和应急成品粮管理，大连市服务业委员会（粮食局）在不断充实完善储备粮管理制度，努力实现用制度管粮的基础上，一是加大轮换力度，及时安排轮换，确保储备粮推陈储新，常储常新；二是加强地方储备成品粮库存检查力度，确保应急供应时用得上；三是加大粮食质量安全管理力度，实行储备粮质量“一票否决制”，确保粮食数量真实，质量达标；四是加强县级储备粮督查，确保县级储备粮规模和实物落实到位；五是加强地方储备粮油仓储规范化管理和财产保险工作，确保地方储备粮油安全储存；六是加强绿色储粮技术培训，不断提高大连市粮油仓储水平；七是加大安全管理力度，确保粮食企业防火安全和作业安全。

四 加强粮食仓储设施维修改造和粮食流通产业等项目建设，提高粮食仓储能力

为进一步推进大连市“危仓老库”维修改造，与市财政局联合下达了粮食仓储设施维修改造计划，利用财政资金 3699 万元，带动企业投入 426.5 万元，完成“危仓老库”的维修改造。资金的有效使用，使大连市粮食仓储条件不断改善。

五 加大安全检查和培训力度，确保粮食储存安全和作业安全

抽调专人对粮食仓储企业开展消防、防台防汛、安全储粮，以及安全生产风险隐患管控排查，从责任落实、规章制度、作业安全、储粮安全、药剂管理、用电、消防等 7 个方面开展全方位排查，对发现的问题，要求企业建立台账，明确整改责任和整改时限；邀请粮食行业安全生产专家，对市县粮食行政管理部门和粮食企业负责人进行集中培训，提高安全生产防控能力。

六 加强粮食监督检查工作，维护好粮食市场秩序

一是周密部署，成立粮食监督检查领导小组。市、县粮食行政管理部门高度重视粮食监督检查工作，成立以主管领导为组长的领导小组，责成相关部门、人员具体负责此项工作。二是认真组织、周密部署、严细工作，做好粮食库存检查工作。通过企业自查，市级抽查，汇总总结等阶段认真细致的检查工作，圆满完成粮食库存检查任务。通过检查，大连市粮食库存数量准确，质量良好，储存安全。储备粮轮换按照计划文件执行。信贷资金严格按规定执行，没有挤占挪用现象。账账、账物相符，各种账簿记录清楚完整。企业安全生产制度健全，工作中贯彻执行严格。三是加强监督检查，对粮食收购工作进行全程监控。市、县粮食行政管理部门认真开展粮食收购监督检查工作，市级每个月认真开展粮食收购监督检查和安全生产检查，县级每周进行一次监督检查。参加粮食收购的企业都有粮食收购资质，粮食收购市场秩序良好。

七 加强粮食质量管理和监控，确保粮食质量安全

一是做好储备粮质量监管。做好国家临时储备玉米、地方储备粮油的质量监管，做好上级安排的粮食质量安全抽查工作，严把质量关，确保质量符合国家和当地政府要求。二是做好军供粮食质量监管。按照军供粮实施一批一检，市粮油检验监测站对各军供站的军粮质量实施季度监督检查，合格率 100%，均符合国家标准规定，保证了军供粮质量安全。三是做好质量调查、品质测报和原粮卫生监测工作。2016 年 9 月，对本年度粮食质量调查、品质测报和卫生监测工作作了全面部署。为了保证样品具有最大的代表性，大连市站特地选派 6 名技术骨干分成三个工作小组分赴大连市粮食主产区瓦房店市、普兰店区和庄河市，对扦样环节进行了全程监督和指导。经过上下共同努力，于 11 月圆满完成工作任务。

八 加强粮食收购许可管理工作，不断规范粮食市场秩序

严格依法行政，做好粮食许可。完成了 2016 年度《粮食收购许可证》年度审验工作。截至 2016 年底，全市具有粮食收购资格，取得《粮食收购许可证》的企业及个体工商户共 285 家，其中，主城区 153 家，各区市县合计 132 家。对各区市县粮食收购资格审核工作进行了监督检查，监督检查后粮食行政管理部门对存在问题的原因进行了认真分析，对解决问题的对策作了及时总结并进行了通报。依法对市内四区取得粮食收购资格的 17 家具有代表性企业履行收购秩序情况进行了抽查，督促企业切实严格贯彻执行国家粮食收购政策，维护粮食流通市场秩序。

九 加强粮食流通统计和市场监测工作，提高粮食宏观调控水平

加强社会粮食企业报表管理，不断扩大粮食流通统计覆盖面，不断提高粮食流通统计数据质量，为制定粮食政策和粮食宏观调控提供可靠依据。认真组织、周密部署，抽调人员、搞好培训，积极协调、加强协作，克服困难、精细工作，认真开展全社会粮食供需平衡调查工作，按要求保质保量完成调查任务；调查结果，大连市2016年粮食产量133万吨，总消费量480.8万吨，产需缺口350万吨左右。合理布局，认真筛选确定粮食市场价格监测点，及时掌握粮油资源配置状况，发挥粮油价格监测网点的监测预警作用，认真做好分析预测，完成动态信息反馈，全年共编写《粮油市场信息》12期，提供给市委、市政府各有关职能部门，并通过市服务业委网站向社会发布。

◆大连市服务业委员会（粮食局）领导班子成员

陈祥立	党委书记、主任（局长）
尼松发	副书记、纪委书记
宁松岩	副主任（副局长）
李延锋	副主任（副局长）

2016年1月29日，大连市服务业委员会召开全市服务业委系统工作会议。

大连市服务业委员会副主任宁松岩传达2016年全国粮食流通工作会议精神，党委书记、主任陈祥立布置全市2016年服务业、粮食工作任务。

2016 年 5 月 3 日，大连市服务业委员会召开市服务业委员会“两学一做”动员大会。

大连市服务业委员会党委书记、主任陈祥立对全委系统“两学一做”活动进行具体安排和部署，并提出要求。

青岛市粮食工作

基本情况

青岛市地处山东半岛东南部沿海，胶东半岛东部，地处中日韩自贸区的前沿地带。青岛市是计划单列市、副省级城市，是实施海上丝绸之路、履行国家“一带一路”战略重要的枢纽型城市。

全市总面积 11282 平方公里。年末常住总人口 920.4 万，增长 1.18%，其中市区常住人口 497.07 万，增长 1.40%。

2016 年，全市生产总值 10011.29 亿元，按可比价格计算，增长 7.9%。其中，第一产业增加值 371.01 亿元，增长 2.9%；第二产业增加值 4160.67 亿元，增长 6.7%；第三产业增加值 5479.61 亿元，增长 9.2%。三次产业比例为 3.7∶41.6∶54.7。人均 GDP 达到 109407 元。

2016 年粮食播种面积 48 万公顷；粮食总产量 305 万吨，下降 5.1%。农机总动力 865.1 万千瓦，增加 10.9 万千瓦。农作物生产综合机械化水平达到 91%。农田有效灌溉面积 32.8 万公顷，其中节水灌溉面积 14.8 万公顷。

2016 年粮食工作

一　粮食安全责任制得到有效贯彻落实

组织实施了贯彻粮食安全责任制实施意见和考核办法，建立起了两级政府共同保障区域粮食安全的制度体系。市政府成立了由分管市长担任组长的考核工作组，召开了联席会议，建立了考核工作会议机制、沟通协调机制、信息报送机制、考核结果运用机制等考核工作机制。认真履行考核工作办公室职责，积极推进迎接国家、省考核和对区市考核工作，组织制定了考核标准和评分说明，组织召开了全市粮食安全责任考核工作座谈会，对年度考核工作作出安排部署。各区、市粮食部门迅速行动，对照考核指标查漏补缺，促进了青岛市粮食流通工作任务落实。

二 粮食流通运行实现平稳健康发展

粮食购销方面：全市国有粮食企业实现粮食购销总量230万吨，完成目标任务的118%。组织参加福建、黑龙江产销协作洽谈会，省外购销量58.1万吨。全市完成储备小麦轮换任务14.7万吨，完成稻谷轮换任务8900余吨。协调落实收购资金18.9亿元，全市收购夏粮50.2万吨，连续五年突破50万吨，收购秋粮29.7万吨。省政府督查组在检查青岛粮食收购工作时，认为青岛市委市政府高度重视，准备充分，政策到位，效果明显。

粮食储备方面：制定了市本级储备粮油储存轮换管理办法，将现行储备粮油储存、轮换管理等有关规定进行了整合，有效保障储备粮油数量真实、质量良好、储存安全。

保供稳市方面：结合“放心粮油”工程、主食产业化项目打造青岛市粮食应急保障体系，共投资5180万元，完成了11个主食配送中心、5个应急配送中心、12个放心粮油示范加工企业、137个放心粮油示范店、13个粮油应急加工企业、356个粮食应急供应网点的建设和认定工作。在市政务网和市粮食局门户网站更新发布了青岛粮食应急供应电子地图，为市民查询提供方便。在省粮食局指导下组织开展了省市县三级粮食保供应急演练，进一步提高了应急处置能力。军粮供应部队满意率100%，全市6个军供站全部进入省级星级军供站行列。

三 “粮安工程”建设顺利推进

会同市发展改革委、市财政局印发青岛市粮安工程规划，在全市组织实施；完成仓房维修改造项目，共投资5762万元，维修改造仓房284处、仓容54万吨，全面消除了青岛市的危仓老库，顺利通过省粮食局、省财政厅的正式验收；投资3600万元，完成6万吨仓容新库建设项目；市粮油质量检测中心、市军队粮油供应站改建项目投入使用，各项标准达到全国同行业一流水平；推进农户科学储粮专项建设，为贫困村和贫困户发放小粮仓4610个，提前完成了三年扶贫任务；编制了青岛市2016年粮库智能化升级实施方案，计划总投资2125万元，12个储备库智能化升级项目、13个收纳库智能化升级项目正在推进；投资1600万元完成了青岛市本级、黄岛、即墨、崂山军供站的危仓老库维修改造工作，特别是积极争取上级支持，完成了灵山岛军供站的改建任务，有力保障了驻岛军民的粮食供给。

四 粮食流通和质量监管不断加强

配合全省普查组和国家抽查组，完成了对全市33家企业、91个承储库点、200万吨仓容的库存检查工作，粮食检查实现全覆盖。按照省粮食局要求，完成对烟台市8个库点、133个仓房的库存检查。国家、省检查组充分肯定了青岛市粮食质量监管工作，认为青岛市库存粮食数量真实、质量完好、账账相符、账实相符。开展粮食收购市场秩序检查，出动执法人员852人次，检查收购主体489个，查处违法违规案件86例，有力维护了收购市场秩序和种粮农民利益；制定粮食质量安全监测规程，粮食质量安全责任和责任追究制度。完成青岛市粮油质量检测中心建设，共投资2500余万元建设3000平方米实验室，配备先进仪器100台套，具备122个产品2466个参数的检验能力，使青岛市粮食综合检测能力进入全国领先行列。在全市设立了 95 个粮食质量安全监测点，实现监测全覆盖。全市粮食部门建立联合监测机制，对军供用粮、储备粮油抽检 330 批次，完成计划的 110%。对进入市综合粮油批发市场的粮油实行批检制度和不合格粮油产品退市制度，共检测 6776 批次，完成计划的 112%。

五 粮食产业经济健康发展

纳入统计范围的 83 家粮油加工企业实现销售收入 274.4 亿元，增长 35%；实现利润 7.7 亿元，增长 16.7%。全市国有粮食企业经济运行平稳，全年实现粮油销售收入 16 亿元，实现利润 1088 万元，利润同比增长 24%，国有资产保值增值率 105%。粮食市场交易繁荣，全市主要粮油市场交易量 25 万吨，交易额 12 亿元。投资 1840.14 万元，建成黄岛、胶州、平度等区市 7 个主食产业化项目，基本实现区域内主食加工、配送、销售的全覆盖。推进放心粮油工程，投入资金 1450 万元，开展放心粮油配送中心建设。积极创建粮油品牌，全市涉粮企业有中国驰名商标 4 个、山东省著名商标 7 个、全国粮油示范企业 6 家。粮食行业安全生产工作得到加强，登记建档 22 个风险点，制定防范措施 62 条，组织行业大检查 7 次，发现隐患 252 项，隐患整改率 100%。

六 从严管党治党责任进一步落实

认真落实全面从严治党要求，强化“两个责任”，加强工作部署和责任落实，青岛市粮食局的工作方案和责任清单被市委督查室、市纪委党风政风监督室联合转发，在全市推广交流；密切配合市纪委对青岛市粮食局开展巡查工作，对巡查反馈的四个方面共 30 个问题进行了全面整改；认真组织开展了“两学一做”学习教育，工作经验在全市推广交流。通过加强教育和严格管理，粮食系统党建和党风廉政建设水平得到了进一步提升。粮食系统 2 个单位保持了全国“安康杯”竞赛优胜单位称号，局属国有单位市级以上文明单位覆盖率 100%。联合市文明办、市教育局、市农委等 11 部门在全市开展了为期 5 个月的爱粮节粮宣传活动，发布“粮安青岛”微信公众号，创建市级爱粮节粮教育社会实践基地 4 个，组织宣传宣讲 33 场次，2 万余人参加，在全社会营造了爱粮节粮厉行节约的良好氛围。国家粮食局以专报的形式，在全国粮食系统推广交流了青岛市爱粮节粮主题宣传活动做法。

◆青岛市粮食局领导班子成员

张　斌	党委书记、局长
岳　军	党委委员、副局长
孙一宇	党委委员、纪委书记、监察室主任
于莲华	党委委员、副局长
柳永志	党委委员、副局长

山东省粮食流通工作观摩会领导来青岛市视察工作。

青岛市粮食局召开全市粮食流通工作会议，贯彻落实全国、全省粮食流通工作会议精神。

青岛市粮食局组织开展“爱粮节粮进校园”活动。

青岛市实施“粮安工程”，维修改造后的仓房焕然一新。

宁波市粮食工作

基本情况

宁波简称甬，位于浙江省东北部，居全国大陆海岸线中段，长江三角洲南翼，是中国首批进一步对外开放的沿海港口城市（1984 年）、享有省级经济管理权限的计划单列市（1987 年）、有制定地方性法规权利的“较大的市”（1987 年）和副省级城市（1994 年），也是国家历史文化名城（1986 年）。

2016 年宁波部分行政区划调整，现宁波辖海曙、江北、镇海、北仑、鄞州、奉化 6 个区，宁海、象山 2 个县，慈溪、余姚 2 个县级市。共有 75 个镇、10 个乡、69 个街道办事处、704 个居民委员会和 2519 个村民委员会。2016 年底，全市户籍人口 591.0 万，其中市区 284.2 万。

2016 年全市实现地区生产总值（GDP）8541.1 亿元，按可比价格计算，比上年增长 7.1%。按常住人口计算，全市人均地区生产总值为 108804 元（按年平均汇率折合 16380 美元）。居民人均可支配收入 44641 元，比上年增长 7.9%。2016 年宁波舟山港货物吞吐量 9.2 亿吨，居全球第一位，其中宁波港域完成 5.0 亿吨。全年宁波舟山港集装箱吞吐量 2156.1 万标箱，增长 4.5%，吞吐量居全球第四位、全国第三位，其中宁波港域完成集装箱吞吐量 2069.6 万标箱，增长 4.4%。

2016 年宁波粮食作物播种面积 13.1 万公顷，总产量 80.5 万吨。全市收购粮食 26.4 万吨，其中晚稻 21 万吨、早稻 4.7 万吨、小麦 0.7 万吨。全年全市国有粮食企业与 18654 户农户签订了 24.4 万吨粮食收购订单。宁波粮油批发市场年成交粮油 40.4 万吨，成交金额 17.9 亿元；网上粮食市场成交 43.8 万吨，成交金额 11.1 亿元。全市共设立各类粮情监测点 153 个，监测全市收购、批发、零售、加工全行业的购销存储和价格情况。

2016 年粮食工作

2016 年，宁波市粮食系统认真落实各级关于粮食工作的决策部署，着力推进粮食流通各项工作，为保障全市粮食安全作出了积极努力，推动粮食工作再上新台阶。

一 保供稳价措施更加有力

一是搞活粮食流通，充分发挥粮食市场保供稳价作用。全市“一核两翼”有形粮食市场调节市场粮食供求的功能和作用持续发挥。宁波粮油批发市场年成交粮油 40.4 万吨，成交金额 17.9 亿元。宁波网上粮食市场继续利用电子商务平台发挥平衡粮食供求功能，成交数量达 43.8 万吨，成交金额 11.1 亿元。

二是加强各部门协调，落实安全责任制考核目标。切实履行市粮安办职能，2016 年粮食安全市长责任制考核在全面对接国考内容以后，新的考评体系全面建成。市与省、市与各区县（市）签订了粮食安全责任书，各区县（市）政府将已经明确的相关指标分解落实至各相关部门及乡镇街道。及时将责任制考核方式调整为统一协调与分工负责及自查自评、部门核查和现场考核相结合。市粮安协调小组成员单位对牵头的年度考核目标和任务，加强上下沟通协调，注重破解考核工作的难点和重点，力求宁波市粮食安全进一步得到保障。

三是稳固粮食产销合作关系，推进省外粮源基地建设。继续稳固与主产省的粮食产销合作关系。除继续保持与吉林省等粮食主产省合作外，尝试与中粮贸易合作在江苏省建立了小麦异地储存基地。按照外联内引的思路，11 月利用食博会继续推广吉林优质大米进入宁波市场，参展的吉林大米获得了市民的青睐和高度认可。

四是坚持服务和质量至上，努力做好军粮供应保障工作。定期开展军粮质量检查，全市一年两次军粮质量抽检。积极开展军民共建双拥活动，积极推进军民融合发展。

五是强化依法管粮理念，切实维护粮食流通正常秩序。在收购期间，加强对粮食收购市场的依法检查，发现问题，及时提出整改要求，确保粮食收购依法、合规和有序。积极做好网上政务大厅的行政审批相关工作，做到了粮食行政审批事项进中心办理“双百”。加强粮食流通统计工作依法督查，全面建立了粮食经营库存统计台账。

六是摸清供求情况，组织开展全社会粮油供需平衡调查。2016 年 1~3 月，采取多种调查方式在全市范围内对 2015 年度粮食和食用油供需平衡情况开展调查。调查结果显示，宁波市粮食总供给继续保持稳定，2015 年粮食总供给 437 万吨，比上年增加 25 万吨，仍持续保持较强的供给能力。粮食购进渠道拓展到 18 个省市，购进量达到 208 万吨，购进量占全市消费量的 67.2%。2015 年度全市粮食消费量下降，粮食消费量 274 万吨，同比减少 7 万吨。

二 地方储备粮增储全面完成

一是新增地方储备规模落实工作进展顺利。第一季度着手抓了 2016 年新增地方储备粮规模落实工作，召开了全市粮食业务工作会议，全面掌握各区县（市）落实新增地方储备粮规模的粮源、仓库和资金等安排情况。年底，全市已完成地方储备粮新增规模。

二是仓储水平得到提升，账账相符质量良好。组织开展库存粮食清仓查库工作，库存粮食账账相符，账实一致，质量良好，卫生安全。库存粮食轮换及时，操作规范。积极推广储粮“四项新技术”应用，深入开展“一符四无”粮仓和粮油仓储规范化管理评价活动，不断提高粮油仓储管理水平。全市共有“星级”粮库 33 个，其中：“四星级”粮库 1 个，“三星级”粮库 6 个，“二星级”粮库 26 个。

三是粮食质量安全监测能力得到提升。积极推进与宁波市农科院的合作，努力提升市级粮食监测能力，经市编办批准，宁波市粮油质量检验监测中心挂牌成立。积极做好国家超期储存粮食定向销售的监管工作，杜绝不符合食品安全的粮食流入口粮市场，切实维护好全市粮食流通秩序。市本级上半年联合市财政局研究出台了《市本级地方储备粮轮换管理办法》，进一步规范了地方储备粮轮换数量和质量管理。同时，积极推进社会化储粮工作，着力推进“小粮仓”建设。

三 强农惠农政策全面落实

一是及时出台订单粮食收购政策。出台了宁波市2016年粮食产销工作的政策意见和2016年订单粮食收购政策。宁波市继续实行订单粮食收购执行最低收购价和补贴政策，支持和推进国家现代农业示范区和粮食生产功能区建设。小麦和早稻价外补贴标准为每50公斤23元；中晚稻为每50公斤补贴15元。市、区县（市）国有粮食购销企业收购的稻麦，其补贴资金由同级财政安排。同时，支持经营和种粮面积达到50亩的大户和家庭农场稳定发展粮食生产，按实际交售早（包括小麦）、晚稻数量在收购环节分别补贴每50公斤7元和5元。继续实施分季签订办法，提高补贴的精准性和有效性，订单政策向种粮大户、家庭农场和粮食生产功能区倾斜，把粮食订单落实到本地种粮农户身上，切实保护种粮农民积极性。

二是保护粮农利益，做好收购工作。针对2016年新产小麦质量普遍下降、赤霉病率大幅超标等情况，及时出台赤霉病率超标小麦收购政策。粮食部门按照购得进、销得出的随行就市原则组织收购，并给予订单收购补贴，这一政策经宁波市政府同意后迅速部署，要求各区县（市）抓紧落实执行，保护农民种粮利益和保持农村稳定。同时，要求各地对收购的赤霉病率超标小麦按照国家和省有关规定要求，切实做好销售出库工作，做到监管全面、规范，确保食品安全。

四 仓储设施建设扎实推进

一是全力推进粮食仓储设施建设。2016年全市粮库建设项目8个，总仓容18万吨，总投资5.9亿元，全年完成投资1.4亿元，累计完成投资3.7亿元，完成总进度64%。

二是全力推进危仓老库维修改造。涉及仓容约22万吨，落实资金10463.7万元，完成维修改造仓容14.5万吨、功能提升仓容5.9万吨，购置设备103台（套），全部完成可新增仓容2.2万吨。

三是全力推进“智慧粮库”建设。宁波市列入中央补助资金信息化改造项目总投资5375万元，其中中央资金补助1358万元。至年底，北仑中心粮库、慈北库、象山定塘库信息化工程已开工建设。

四是全力推进《宁波市“十三五”粮食流通基础设施建设规划（2016—2020年）》编制。委托南京财经大学粮食经济研究院参与编制工作，经过广泛征询意见和多次修改完善，形成终审稿后，联合市发改委经宁波市政府办公厅批准发布。

五 长三角粮食会圆满召开

11月3日，“2016·第十一届长三角粮食发展与合作会议”在宁波举行，会议由浙江省粮食局主办，宁波市粮食局承办。来自江苏、浙江、安徽、上海3省1市粮食局和41个地级以上市粮食局主要负责人，部分市政府领导，以及长三角地区国有、民营粮食骨干企业负责人共 180 余人参加会议。会议主题为“认真履行‘配置资源保安全、发展产业活经济’两大使命，全面推进粮食安全责任制的落实”，与会人员就如何拓展长三角粮食安全合作与发展，推进粮食安全责任制落实进行讨论和交流。

本届会议为 3 省 1 市粮食企业搭建了贸易洽谈、产销对接的平台，共有 16 家粮食企业参加产销协作签约仪式，现场签约粮食购销合同 53.9 万吨。

六 自身建设得到新的加强

一是不断加强党的建设。把“两学一做”学习教育作为 2016 年党建的重大政治任务，尽好责、抓到位、见实效。组织开展党员组织关系大清查、党费收缴情况大清查大调整、建党九十五周年纪念系列活动。抓好“三会一课”制度落实，市局如期完成直属机关党委和机关纪委换届选举。通过上专题党课、中心组学习讨论、知识竞赛等途径强化学习党内“两部法规”和问责条例的效果。

二是不断加强廉政建设。认真履行“一岗双责”“两岗两责”，实现“两个责任”协同推进。落实季度党风廉政建设专题会议制度，建立规范党内组织生活、廉政谈话、廉情分析、廉政风险预警、廉政责任追究等五项机制。市局开展制度的立、改、废工作，全系统修订、完善、建立各项规章制度 100 多个。贯彻落实 G20 杭州峰会维稳安保工作会议精神，成立领导小组，制订工作方案，确保维稳安保行动取得实效。加强财务管理，完善内控制度。抓好粮食行业安全生产，签订《安全生产目标责任书》，开展安全隐患排查、“安全生产月”活动，全年无任何事故发生。

三是不断加强队伍建设。全市粮食部门积极调整结构，通过委托第三方网上公开报名、笔试、面试、体检、政审等程序，招聘新员工，充实职工队伍。组织参加省粮食局职工技术比武，组织新招录职工通过理论培训、输送进修等形式提高业务技能。深化市本级国有粮食企业改革，完善企业经营者的激励和约束机制，出台《宁波市国有粮食企业负责人薪酬考核办法》。

◆宁波市粮食局领导班子成员

杜钧宝	党委书记、局长
郑桂春	党委副书记、副局长（2016 年 11 月任职）
颜　华	党委委员、副局长
林　洁	党委委员、副局长
程宏友	党委委员、总工程师
徐建国	党委委员、副局长
黄华斌	党委委员、纪检组长
杨久义	巡视员（2016 年 12 月退休）
冯沛福	巡视员（2016 年 8 月任职）
徐常升	副巡视员（2016 年 2 月退休）
蒋心宏	副巡视员（2016 年 9 月退休）

2016 年 11 月 18 日，宁波市中心粮库一期工程建设现场会召开。宁波市粮食局局长杜钧宝（左一）等在现场调研。

2016 年 7 月 22 日，宁波市纪委驻宁波市粮食局纪检组长黄华斌作《中国共产党廉洁自律准则》和《中国共产党纪律处分条例》专题辅导报告。

2016 年 11 月 3 日，“2016 · 第十一届长三角粮食发展与合作会议”在宁波举行。

2016 年 12 月 2 日，宁波市粮油质量检验监测中心挂牌成立。

厦门市粮食工作

基本情况

厦门市位于东经 118° 04′ 04″、北纬 24° 26′ 46″，地处中国东南沿海、九龙江入海口，台湾海峡西岸，与台湾隔海相望，东南面对金门诸岛，北接泉州，南邻漳州，位于闽南金三角经济区中心，是全国首批经济特区、国家综合配套改革试验区、中国自由贸易试验区和副省级计划单列市，也是两岸新兴产业和现代服务业合作示范区、东南国际航运中心、两岸区域性金融服务中心和两岸贸易中心和现代化国际性港口风景旅游城市。厦门下辖思明、湖里、集美、海沧、翔安、同安 6 个行政区，由厦门岛、鼓浪屿、内陆九龙江北岸的沿海部分地区及厦门湾等组成，陆地面积 1699.39 平方公里，海域面积 300 多平方公里。厦门岛又称鹭岛，素有“海上花园”美誉，“城在海上、海在城中”，曾被美国前总统尼克松称赞为“东方夏威夷”。厦门地形以滨海平原、台地和丘陵为主，其中低丘、台地占土地总面积的 62.5%，平原和滩涂各占 14% 和 7.7%；拥有条件优越的海峡性天然良港，全长 234 公里，港阔水深，终年不冻，是中国历史上对外贸易的重要口岸。厦门属于亚热带气候，夏无酷暑，冬无严寒，风景秀丽，环境整洁。

2016 年，厦门实现生产总值（GDP）3784.25 亿元，比上年增长 7.9%；常住人口 392 万，比上年增加 6 万人，其中户籍人口 220.55 万，城镇人口 186.88 万；全年粮食播种面积 6580 公顷，下降 1.6%，粮食总产量 3.53 万吨，下降 3.4%。全年粮油供应充裕，品种丰富，价格平稳。

2016 年粮食工作

2016 年，厦门市粮食局围绕国家粮食安全新战略，按照厦门市委、市政府全面实施美丽厦门战略规划的部署要求，努力在“引粮入厦保供应，加强调控稳市场，保证供应惠民生，扶持产业强实力”等方面下功夫，有序推进粮食工作的开展，确保厦门粮食安全。

一　粮食流通

2016 年，厦门市粮油购销呈现 7 年来首次回落。全社会粮食总供给 539.76 万吨（原粮口径），同比减少 21.51 万吨。其中国内购进 372.78 万吨，同比减少 22.49 万吨；进口 163.45 万吨，增加 1.1 万吨。粮食总需求 524.32 万吨，减少 15.15 万吨。其中，本市消费 145.1 万吨，增加 0.35 万吨（其中口粮消费 71.93 万吨，增加 2.09 万吨；工业用粮消费 73.17 万吨）。全市食用植物油供给量 115.26 万吨，其中进口 13.62 万吨；需求量 119.16 万吨，同比基本持平，其中口油消费 8.31 万吨。

二 粮食调控

一是顺利完成储备粮轮换。按计划组织储备粮招拍会，顺利拍卖储备粮 8.43 万吨，招标采购 5.6 万吨、订单采购 2.8 万吨，招拍成交率均达 100%，圆满完成年度储备粮轮换任务。安排粮食风险基金 12000 万元，其中储备粮资金 11000 万元，粮食应急体系建设资金 1000 万元，全部按时划拨到位。

二是提高仓储管理现代化水平。完成同安储备粮公司仓房改造工程及充氮配套设备的安装调试，对新轮入的储备粮进行充氮储粮；投资 108 万元初步建成储备粮管理信息系统，完成智能出入库、业务管理、办公自动化 OA 三大系统平台建设并试运行，科技保粮、绿色储粮新技术得到进一步推广运用，有效提升粮库建设现代化水平。全年全市储备粮库配置粮情测控、机械通风、环流熏蒸、谷物冷却等“四合一”储粮技术设施仓容达到 92%。督导储备粮集团收回存储合作企业的 1000 吨应急大米和 500 吨市级小包装食用油转为自储；开展新一轮应急成品粮资质审核工作，调整全市应急储备成品粮布局方案和合作方式，新增 3 家、中止 3 家、调整 2 家代储代轮换合作企业，优化合作企业队伍。储备粮集团探索发展混合所有制经济，合资成立厦门储备粮集团好年东有限公司，实现粮食采购、储存、加工、销售一体化，延伸产业链，拓展发展空间，并积极开展原粮贸易和油脂轮换，进一步增强企业创收能力，公司实现经营利润 938 万元。

三是做好军粮供应保障工作。坚持军民融合、主副业并进发展，新增军粮定点供应企业 4 家，成立厦门军粮建设发展有限公司，参与部队后勤食品招投标工作，注册“戎花”牌商标并开发相关产品，与厦门警备区后勤部达成生鲜副食品配送合作初步框架，并展开军供副食品配送业务，新开高崎配送中心副食品供应配送点，新设豆仔尾军供门市部经营并不断丰富商品种类，使副营业务进一步向多元化经营方向发展。全力推进军粮仓储配送应急保障中心一期建设，完成全年建设资金计划 1300 万元，市军供站自筹资金 168 万元用于采购目前最先进的环流熏蒸及进出仓设备等。定期召开军粮质量季度分析会，修订完善军粮定点供应企业、财务、内控等管理制度，实行军粮采购、加工、销售全程监管，确保军粮供应质量安全。适时调研部队基层伙食单位，征求官兵意见建议，了解掌握军粮供应情况，组织传统节日走访慰问，密切军民情谊。

三 粮食产销协作

6 月 18 日，协调组织厦门市 16 家粮企 46 人组团到福州参会参展中国海峡项目科技成果展暨粮洽会“三会合一”会议，发布粮食需求 68.5 万吨，与省内外粮企签订 38.5 万吨粮食购销意向协议；厦门市两家大米龙头企业展销名优产品，海嘉面粉发布两项科技成果，助力企业拓展交流平台。全年粮食采购量达 54.02 万吨。

四 粮食流通体制改革

一是改革创新储备粮招拍机制。改革代理机构遴选办法，摒弃原摇号随机选择代理机构的做法，改革为从入驻厦门市公共资源配置中心的10家代理机构中通过公开竞价方式择优遴选，以最低价0.1元/吨中标代理全年拍卖，全年节省代理费近百万元。改进拍卖方式，由原来的线下现场拍卖改进为网上公开竞标，既方便快捷又公平公正，并能预防串标围标，提高拍卖价。改善拍卖标的，改变原拍卖单一品种为早籼稻、晚籼稻、小麦多个品种，更好满足市场需求；将大垛粮仓分成若干小标的，促成更多中小粮商能够参与竞价。增加公告载体，在保持勤打电话、多发短信和报刊刊登拍卖公告等传统方式外，增加采用网络网站、微信等现代传媒广邀粮商参拍。

二是先行先试制定粮食应急体系重点企业认定与管理暂行办法，率先开展粮食应急体系重点企业认定与管理，将厦门市粮食应急体系支撑企业分成4个类型，并研究确认15家“应急定点粮油加工企业”、131家“应急定点供应粮店”、5家“重点粮油商贸企业”和1家“重点粮油仓储配送企业”，全市现有152家应急粮油供应网点。

三是制定实施《厦门市粮食应急体系建设专项资金管理暂行办法》和《厦门市引粮入厦奖励实施方案》配套文件，对骨干粮食企业引粮入厦、外建粮食生产基地、开展技术改造升级和骨干粮店新建装修等项目分别给予相应奖励或补贴，助推企业转型升级和科技创新。

五 行政执法

一是简化粮食行政许可审批手续。修订完善《粮食收购许可证》申报程序和服务指南，审批时限由法定15个工作日缩减为5个工作日，完成审批新办理9家、换发47家企业新版粮食收购许可证。

二是开展春秋两季粮食库存大检查。4月，组织对厦门市12个库点、119个仓廒的市级储备粮进行全面普查，并随机抽查检测27份粮油样品。9月，正式启用“双随机”抽查机制，从106家符合条件待检企业中摇号确定检查人员和24家被检对象，组织对辖区5家国有粮食购销企业和2家承担政策性粮食代储任务的骨干粮食加工企业37个仓廒、10.6万吨储备粮库存进行抽查，并督导做好发现问题的整改落实。认真做好全社会粮食流通统计工作，全年开展粮食流通统计制度专项检查2次，编写粮食流通统计分析5篇，粮油价格监测每月4次、共48次。经查，厦门市粮食库存账实相符，仓储管理规范，质量良好，无超期储备粮，并顺利通过省粮食局检查组复查，得到好评。

三是组织开展治理“餐桌污染”检查和储备成品粮代储专项检查。全年开展14次粮油质量卫生专项检查，抽检粮油样品417批次（监督检查抽检212批次，储备粮轮换出仓检验40批次，“放心粮油”、应急供应网点、社会原粮及军供粮监督或监测109批次，应急储备大米暨代储专项检查63批次，入库原粮在库品质监测205批次），圆满完成市食安办下达的“餐桌污染”治理抽查任务，有效配合“国家食品安全城市创建”活动，全年市级储备粮抽查数量比例达30%。11月，还组织对储备成品粮代储企业进行资信、合同履约、储存安全和安全生产及生产经营状况等检查和抽样检测，未发现代储企业资信缺陷和违规行为，企业经营正常有序，销售业务能力与代储轮换任务需要相匹配。

六 行业发展

一是落实扶持奖励政策。出台实施厦门市《粮食应急体系建设专项资金管理暂行办法》《引粮入厦奖励实施方案》等扶持奖励政策，给予符合条件的粮企奖励补贴经费 890.98 万元，比 2015 年增长 14.4%，在 9 月厦门市粮企遭受超强台风“莫兰蒂”重创的前后及时兑现划拨，帮助企业渡过难关；协助厦门市 4 家企业申报获得“引粮入闽”奖励资金 330 万元。针对部分民营企业面临困境，调研专报件《推进厦门市粮油加工业供给侧改革的建议》获得市委市政府主要领导的重视和批示，指示市发改委、商务局等部门出台扶持政策，并被国办、省办及《中国粮食经济》采用。

二是抓好粮库建设和规划。编制完成《厦门市储备粮库建设发展规划（2015—2025）》，协调推进翔安中心储备库二期项目建设，按计划在年底前顺利完成工程验收。该项目实际专列预算 4000 万元，增加 500 万元，增加 14%；实际完成投资 4800 万元，完成计划的 137.1%。全年召开 19 次协调会，开展 3 次“三比一看”活动，比增 50%。督导落实“危仓老库”维修改造实际投资 720 万元，增加 360 万元（其中市财政 240 万元，企业自筹 120 万元），增长 100%，提前一个月率先全省完成省政府下达的 7 个“危仓老库”项目维修改造任务。

三是开展厦门首届“米王”评选和世界粮食日宣传活动，增强粮企争创品牌意识。牵头主办 2016 厦门十大好米暨首届“米王”评选活动，从 2016 年 9 月开始开展为期 2 个月的评选活动，吸引与厦门市保持长期产销协作关系的湖北、安徽、江西、黑龙江等省市 27 家粮企 37 个大米知名品牌入围参赛，超百万市民通过微信参与评选。采取公众投票与专家评审、理化检测与现场试吃、粮业实力与综合评估相结合等办法，先后举办 3 场现场宣传和现场鉴定，通过海选、初赛、决赛评选出 2016 厦门“十大好米”暨首届“米王”，并颁发牌匾及荣誉证书。经过精心筹划组织，全方位、立体式宣传发动，通过评选活动有效激发社会各界对厦门粮食工作的关注度，增强粮食企业争创名优品牌和产品意识。积极筹划开展 2016 年“世界粮食日”系列宣传活动，在 10 月 15 日和 16 日分别在同安区、集美区青少年宫举办专场纪念活动，在《厦门日报》刊登市粮食局局长卢晓东署名文章和反映宣传厦门市粮食工作成效的整版软文宣传；发送 120 万条宣传短信，比前三年平均 73.3 万条增长 64%；首次增加厦门电视台移动电视频道、市气象局微信微博用户和社区视频终端 2 个宣传载体；加大户外电子屏幕宣传力度，比增 100%。

四是持续提升粮油检测能力。协调设立市粮油质监站办公室、质量管理科和检测科等内设机构，配齐中层管理干部，及时调整完善内部岗位设置，注意青年人才培训交流和 AB 岗轮岗培训，出台新的绩效考核实施方案，强化绩效考核激励机制。购置 326 万元的形态分析仪、离子体质谱仪等一批先进检测仪器设备，并陆续安装调试投入使用。全年完成粮油抽检 1263 批次，其中抽样检测储备粮 594 批次、军供粮 125 批次，监督抽检粮油企业 125 批次，委托检测 419 批次。

七 党群工作

一是深入开展“两学一做”学习教育。按照上级党委的统一部署要求，成立“两学一做”领导小组及协调小组，制订工作方案，明确学习内容，召开粮食系统“两学一做”学习教育动员部署会、台账、观摩交流会。采取集中学习与个人自学、领导带头学与党员自觉学、请进来授课与走出去参观践学相结合等方法，分三个专题抓好落实。先后组织全系统党员“两学一做”知识竞赛、《中国共产党问责条例》知识答题、福建省委党员 e 家网上学习考试、学习心得体会征文和参观“大道之行——‘两学一做’学习教育廉政书画展”和《辉煌壮丽的史诗——庆祝中国共产党成立 95 周年》图片展、厦门海堤纪念馆、全国劳动模范陈谦裕的“劳模创新工作室”等活动。组建党员志愿服务队，在抗击超强台风“莫兰蒂”重建家园行动中表现突出，有效增强全系统广大党员的政治、大局、核心、看齐“四种意识”。

二是落实基层党建七项重点任务。全系统补交党费 67 万多元，精准帮扶军村村 21 万多元，走访慰问困难群众 13 户。先后接受市委“两学一做”督查二组、市直机关党工委等 3 次检查，均受到肯定和好评。继续推进省级文明单位创建活动，扎实做好效能建设，按时上报 2015 年绩效自评材料和 2016 年绩效业绩指标，认真做好迎接省第二轮督查准备并获得肯定。做好干部选拔任用“一报告两评议”工作，研制实施局党组《关于市储备粮集团有限公司中层正职管理人员选任调配暂行办法》，做好局机关干部轮岗锻炼、局管企事业提拔任用和调整挂职等工作，协调组织对市军供站站长、市粮油质量监督站站长进行任期经济责任审计。

三是抓好党风廉政建设。落实局党组党风廉政建设主体责任和纪检监督责任，学习贯彻中国共产党《廉洁自律准则》《纪律处分条例》，严格执行中央八项规定，监督检查储备粮、粮库建设工程招投标等事宜，做好信访件查处。

四是狠抓安全生产。坚持安全生产季度例会工作制度，及时小结季度工作和部署下季度工作任务。强化各级行政首长安全生产负责制，进一步健全完善安全生产“党政同责、一岗双责、齐抓共管、失职追责”的工作机制和企业主体责任，逐级签订安全生产责任书，形成一把手主抓、横向到边纵向到底的逐级负责机制，实现全系统安全生产“十三连冠”。先后组织开展“安全生产月”活动和五个方面的安全生产专项工作（“防范和遏制重特大生产安全事故”“2016 年至 2018 年粉尘涉爆企业安全生产专项整治”“安全生产标准化建设提升工程三年行动”“安全发展示范城市创建”“打非治违专项行动”），严格落实安全生产检查、安全生产事故报告、安全生产事故责任追究等制度。强化监督检查力度，先后召开安全生产会议 7 次、组织检查 9 次、安全教育活动 7 次，狠抓储备粮、危险化学品及消防、外租设施、车辆及抗台防汛等方面的安全隐患的排查治理。舍得投财力买安全、下气力保安全，投资资金购置消防器材，特别是在遭受超强台风“莫兰蒂”灾后恢复重建中，及时维修消防设施、疏通下水管道、更换发电机组和老化电线、维修围墙、安装监控设施等，确保国有资产和储粮安全。

◆厦门市粮食局领导班子成员

卢晓东	党组书记、局长
张伟生	党组成员、副局长
段小红	党组成员、副局长（2015 年 12 月调整任职）
田承洋	党组成员、副局长（2016 年 7 月任职）
章高祥	党组成员、纪检组长（2015 年 11 月任职）
黄启思	副巡视员

厦门市粮食局局长卢晓东陪同福建省粮食局局长林锡能到厦门军粮仓储配送应急保障中心调研。

厦门市粮食系统积极参加 14 号超强台风“莫兰蒂”灾后恢复与重建活动，图为市粮食局局长卢晓东带队清理倒伏树木等路障。

2016 年 10 月 16 日，厦门市粮食局在世界粮食日期间开展 2016 十大好米暨首届“米王”评选活动，图为获得入围参赛资格的 20 名粮企负责人合影。

深圳市粮食工作

基本情况

深圳市于1979年设市，1980年设立经济特区，现为国家副省级计划单列城市。深圳市地处珠江三角洲腹地，毗邻港澳，全市面积1991.64平方公里，属亚热带海洋性气候，四季温润、阳光充沛，盛产水果。现辖8个行政区和2个功能区：福田区、罗湖区、南山区、盐田区、宝安区、龙岗区、龙华区、坪山区及光明新区、大鹏新区。

2016年深圳全市生产总值19492.60亿元，按可比价格计算，比上年增长9.0%，经济总量持续扩大，继续居内地大中城市第四位，比上年净增近2000亿元，创历年新高。2016年底全市常住人口1190.84万人。全市人均生产总值16.74万元，按2016年平均汇率折算为2.52万美元，继续居于全国内地副省级以上城市首位。

深圳是粮食纯销区，全市每年粮食总需求约500万吨（原粮），其中口粮需求约200万吨（原粮），粮食完全依赖从市外及国外进口。2016年，深圳市纳入流通统计范围的粮食企业共102家，全市商品粮购入数量694万吨，销售及转化数量696万吨；储备粮购入（不含商品粮转入）数量444万吨，销售（不含转出至商品粮）数量382万吨；商品油购入数量80万吨，销售数量76万吨；储备油购入数量4.25万吨，销售数量4.25万吨。根据深圳市2016年城镇居民粮油消费调查数据，深圳市人均日消费粮食0.3公斤，人均日消费食用油0.07公斤。

2016年粮食工作

一　落实地方粮食储备规模

2015年广东省政府大幅增加深圳市粮食储备规模，要求2015年、2016年两年落实到位。在市委市政府正确领导下和省粮食局精心指导下，深圳市经贸信息委作为粮食储备任务的落实部门，主要领导和分管领导高度重视，加强领导，精心组织。在落实粮食增储任务时，强化统筹、克服困难、多措并举，在规定时限内顺利完成了省政府下达的粮食储备任务。一是改革创新储备体制机制。结合粮食企业规模、库容和轮换能力以及粮食管理体制等实际情况，深圳市积极开展制度创新，一方面继续发挥国有粮食企业的核心力量，另一方面通过资格评审方式委托非国有粮食企业承担少部分储备任务，实现政策性业务主体多元化，同时率先在全省提出并落实粮食异地储备。二是安排足额专项经费保障粮食储备任务的完成。三是加强储备粮油监督管理。按照《深圳市粮食储备管理暂行办法》，建立健全地方储备粮管理、协调、保障机制，层层落实粮食管理责任。深圳市地方储备粮实行动态轮换模式，承储企业按照先进先出、均衡轮换的原则进行轮换。按照上级粮食部门部署，开展储备粮库存等系列检查工作，包括新增储备粮入库落实情况检查、粮食库存情况检查、联合消防部门进行消防检查、联合安监部门进行安全生产检查、聘请专家现场指导、抽调企业人员交叉检查等方式，以检查促整改、以整改强管理。

二 保障粮食市场平稳运行

一是建立长期稳定的产销合作关系。深圳市政府与黑龙江省政府签订了合作备忘录，深入推进两地粮食产销合作，建立长期稳定的购销合作机制。深圳每年组团参加黑龙江金秋粮食交易合作洽谈会，鼓励本市企业在黑龙江省建设粮食仓储设施和粮源及加工基地，探索异地储备，已在黑龙江等东北产区落实 15 万吨异地粮食储备。除与产区签订粮食产销合作协议外，深圳市还积极协调产区粮食运力，合理组织调度粮源，2016 年，没有出现脱销断供和区域性粮食价格波动。

二是落实成品粮储备，建立应急保障体系。截至 2016 年 12 月底，深圳市成品粮储备按照每人每天 1 斤成品粮的标准，能满足全市 34 天需求。制定了《深圳市粮食应急预案》《宝安区粮食应急预案》和《龙岗区粮食应急预案》，按照每三年组织一次应急演练要求，于 2015 年 10 月组织了应急演练。按照国家和省粮食局关于建立应急网点的要求，深圳市认定了 46 家粮食应急保障企业，其中大米加工企业 32 家、面粉加工企业 2 家、油脂加工企业 3 家、运输企业 2 家、供应企业 7 家，供应网点 370 个，网点覆盖全市各街道和大型社区。深圳市通过将大型商超纳入粮油应急保障系统、安排资金予以扶持等措施，加大粮油供应网络建设投入。

三是加强粮情监测预警，保持价格平稳。严格执行国家粮食流通统计制度。安排专项经费开展粮食统计培训，指导督促辖区内入统对象建立统计台账，通过网络直报统计报表。采取现场培训、网络解答等多种方式，指导企业填报统计数据，确保数据真实全面。加强粮食市场价格监测和分析。2016 年，在全市设置了 10 家粮食零售价格监测点，监测范围包括东北米、早籼米、泰国香米、面粉、花生油、调和油等 10 个粮食品种的零售价格，定期上报国家发改委价格监测中心、广东省价格监测中心。按照商务部要求，建立了深圳市生活必需品监测统计系统，粮油经营企业在系统直接报送粮油价格信息。督促指导直报点按时在国家和省粮油信息监测平台报送市场价格信息。

三 严格粮油质量监管

深圳市将食品（粮食）质量安全监管费用列入部门年度预算，并制订年度监管方案，开展质量安全监管，通过督促粮库落实企业主体责任，严格仓储出入库检验，督促粮食加工经营单位落实进出货查验检验、索证索票和经营台账等制度，确保粮食质量安全。2016 年，深圳市安排专项经费，委托广东国家粮食质量监测中心和深圳国家粮食质量监测站，对全市储备粮和应急企业商品粮进行抽样检测，共抽取样品 880 份，食品安全指标和质量指标合格率分别为 100% 和 96%。对检查发现的碎米率、不完善率和水分超标问题，专门通报并及时督促整改。

四 促进粮食流通行业发展

一是加大财政支持力度。安排3000万元用于扶持包括粮食行业在内的商贸流通行业发展。其中2016年共拨付931.31万元，用于补助20家粮食企业新建或租赁粮食仓库、改造粮食物流配送中心、建设或改造低温粮库等。积极推广节粮减损新设施、新技术，对使用储粮新技术给予资金支持，没有发生霉粮、坏粮等重大损失，其中市粮食集团主导开发的RFID粮食仓储物流管理系统、粮食仓储可视物流系统和基于RFID技术的成品粮库内高效流转示范系统等，获得国家知识产权局软件著作权认证。二是增加国有粮食企业注册资本金，全力支持粮食企业做大做优做强，其中市粮食集团有限公司资本金增加12亿元、宝安区粮食公司资本金增加5亿元。三是规范政策性粮食出库监管。深圳市将国家政策性粮油竞价销售交易证明事项列为市经贸信息委的行政确认事项，按照规定严格监管，未发生“出库难”等问题。四是加强粮食行业安全生产管理。按照上级部门要求，结合本市实际，由市经贸信息委会同市公安局消防局、安监局等，开展了粮食行业夏季消防安全专项检查、秋季粮油安全普查等专项整治行动，及时报送总结和跟进落实整改情况。

五 加强法治建设及宣传

通过召开座谈会和加强储备粮管理等各类培训、举办粮库开放日活动、爱粮节粮进社区活动等形式，开展《粮食流通管理条例》和《广东省粮食安全保障条例》等法规宣传贯彻活动，组织世界粮食日、爱粮节粮宣传周、粮食科技活动周、食品安全宣传周等粮食工作宣传活动，邀请相关媒体对深圳市粮食工作进行报道，按要求向省有关部门报送总结和粮食工作动态信息。

六 进一步规范军粮管理

2016年，深圳市坚持以兵为本，按照部队需求做好军粮供应，严把军粮供应质量关，确保军粮质量安全。完备军粮供应手续，规范财务管理，合理布局军供网点，按规定完成军粮供应任务。

◆深圳市经济贸易和信息化委员会领导班子成员

郭立民	党组书记、主任
王有明	党组成员、市投资推广署署长
谢建民	党组成员、副主任
高　林	党组成员、副主任（分管粮食工作）
胡晓清	党组成员、副主任
张立仁	党组成员、机关党委书记
乔海燕	党组成员、国防科工办专职副主任
徐志斌	党组成员、副主任
顾宏伟	党组成员、市中小企业署署长
余惠强	党组成员、市无线电管理局局长

深圳市经济贸易和信息化委员会副主任高林（中）检查粮库建设进度。

深圳市经济贸易和信息化委员会机关党委书记张立仁（左二）带队检查粮库消防安全工作。

5

第五篇

粮食政策与法规文件

联合发文

关于公布 2016 年稻谷最低收购价格的通知

发改价格〔2016〕223 号

各省、自治区、直辖市发展改革委、物价局、财政厅（局）、农业厅（局、委、办）、粮食局、农业发展银行分行：

为保护农民利益，防止“谷贱伤农”，2016 年国家继续在稻谷主产区实行最低收购价政策。综合考虑粮食生产成本、市场供求、国内外市场价格和产业发展等各方面因素，经国务院批准，2016 年生产的早籼稻(三等，下同)、中晚籼稻和粳稻最低收购价格分别为每 50 公斤 133 元、138 元和 155 元，早籼稻比 2015 年下调 2 元，中晚籼稻、粳稻保持 2015 年水平不变。

当前正值春耕备耕期，各地要认真做好粮食最低收购价政策宣传工作，引导农民合理种植，促进粮食生产稳定发展。

国家发展改革委　财政部　农业部

国家粮食局　中国农业发展银行

2016 年 2 月 2 日

关于印发小麦和稻谷最低收购价执行预案的通知

国粮调〔2016〕55 号

各省、自治区、直辖市发展改革委、粮食局、财政厅（局）、农业厅（委、局）、物价局，中国农业发展银行各省、自治区、直辖市分行，中储粮各分公司：

《小麦和稻谷最低收购价执行预案》已经国务院批准同意，现印发你们，请遵照执行。各地各有关部门和单位要高度重视，按照预案的要求，精心安排，周密部署，密切配合，认真做好小麦和稻谷执行预案的组织实施工作。

此外，油菜籽继续由地方政府负责组织、引导和鼓励各类企业按照依质论价、优质优价的原则，积极开展市场化收购。请各地统筹采取地方储备油轮换吞吐、鼓励加工企业收购、支持品牌化生产经营等措施，切实抓好油菜籽收购工作，确保市场基本稳定。

特此通知

附件：小麦和稻谷最低收购价执行预案

国家发展改革委　国家粮食局　财政部
农业部　中国农业发展银行　中储粮总公司
2016 年 4 月 5 日

（此件公开发布）

附件

小麦和稻谷最低收购价执行预案

第一条　为认真贯彻落实粮食最低收购价政策，切实保护种粮农民利益，确保最低收购价粮食数量真实、质量良好、储存安全，根据《粮食流通管理条例》等有关规定，制定本预案。

本预案所称粮食，指小麦、早籼稻、中晚籼稻、粳稻。

第二条　执行本预案的小麦主产区为河北、江苏、安徽、山东、河南、湖北 6 省；早籼稻主产区为安徽、江西、湖北、湖南、广西 5 省（区）；中晚稻（包括中晚籼稻和粳稻）主产区为辽宁、吉林、黑龙江、江苏、安徽、江西、河南、湖北、湖南、广西、四川 11 省（区）。

其他粮食产区是否实行最低收购价政策，由省级人民政府自主决定。

第三条　在上述地区执行最低收购价的企业为：（1）中储粮总公司及其有关分公司，受中储粮总公司委托的中粮、中纺、中航工业、农垦集团所属企业及有关地方骨干企业；（2）上述省份地方储备粮管理公司（或单位）；（3）北京、天津、上海、浙江、福建、广东、海南等7个主销区省级地方储备粮管理公司（或单位）。

第四条 按本预案收购的粮食执行以下标准：

（1）小麦。以当年生产的国标三等小麦为标准品，具体质量标准按小麦国家标准（GB1351—2008）执行。白小麦分为硬质白小麦和软质白小麦。硬质白小麦的硬度指数不低于60，软质白小麦的硬度指数不高于45，其种皮白色或黄白色的麦粒均不低于90%。红小麦分为硬质红小麦和软质红小麦。硬质红小麦的硬度指数不低于60，软质红小麦的硬度指数不高于45，其种皮深红色或红褐色的麦粒均不低于90%。不符合上述标准的均为混合小麦。标准品小麦的具体质量指标为：容重750～770g/L（含750g/L，不含770g/L），水分12.5%以内，杂质1%以内，不完善粒8%以内。

（2）早籼稻。以当年生产的国标三等早籼稻为标准品，具体质量标准按稻谷国家标准（GB1350—2009）执行。标准品早籼稻的具体质量指标为：杂质1%以内，水分13.5%以内，出糙率75%～77%（含75%，不含77%），整精米率44%～47%（含44%，不含47%）。

（3）中晚稻。以当年生产的国标三等中晚稻为标准品，具体质量标准按稻谷国家标准（GB1350—2009）执行。标准品中晚籼稻的具体质量指标为：杂质1%以内，水分13.5%以内，出糙率75%～77%（含75%，不含77%），整精米率44%～47%（含44%，不含47%）。标准品粳稻的具体质量指标为：杂质1%以内，水分14.5%以内，出糙率77%～79%（含77%，不含79%），整精米率55%～58%（含55%，不含58%）。

最低收购价是指承担最低收购价收购任务的收储库点向农民直接收购标准品的到库价，具体价格水平以国家发展改革委等有关部门公布的当年最低收购价格为准。执行最低收购价的粮食为当年生产的等内品，相邻等级之间等级差价按每市斤0.02元掌握。非标准品粮食最低收购价的具体水平，按照国家发展改革委、国家粮食局、财政部、国家质检总局《关于印发〈关于执行粮油质量国家标准有关问题的规定〉的通知》（国粮发〔2010〕178号）有关规定执行。

第五条 作为委托收储库点参与最低收购价收购的各类粮食企业应当具备以下资格条件：（1）具有粮食收购资格，在工商部门注册登记。（2）在农发行开户。（3）有一定规模的自有仓容，仓储设施条件符合《粮油仓储管理办法》（国家发展改革委令2009第5号）要求，具备必要的清理设备、机械通风设备、检化验设备、计量称重器具和人员，对农民交售少量粮食要有可移动式磅秤。（4）执行粮油仓储单位备案相关规定，企业安全生产责任全面落实，相关设备齐备完善，无重大消防隐患。（5）具有较高管理水平和较高信用等级，三年内在收储及销售出库等方面无违规违纪行为。（6）严格执行粮食流通统计制度，准确、及时报送统计报表。

第六条 中储粮有关分公司、省级粮食行政管理部门和农业发展银行省级分行要按照“有利于保护农民利益、有利于粮食安全储存、有利于监管、有利于销售”的原则，合理确定执行最低收购价的委托收储库点。要充分利用现有仓储资源，以县为单位，每个县内委托收储库点可利用仓容总量或收储能力应与当地最低收购价粮食预计收购量相衔接。中储粮有关分公司、省级粮食行政管理部门和农业发展银行省级分行确定的委托收储库点名单报国家粮食局、中储粮总公司和农业发展银行备案，并在收购启动前将当地所有委托收储库点名称、地址和联系电话，通过当地主要新闻媒体和部门网站向社会公布，同时抄报省级人民政府。执行最低收购价收储库名单确定后，中储粮直属企业要与委托收储库点签订委托收购合同，明确双方权利、义务等。地方粮食行政管理部门、农发行分支机构要作为监管单位在合同上签章。国有粮食委托收储库点要按照20元/吨标准向中储粮直属企业交纳履约保证金，不能足额交纳的也可从收购费用中抵交，中央企业、省级储备粮管理公司（或单位）及其直属企业可免交，但企业总部要承担连带责任。中储粮直属企业要将收取的保证金存入农发行专户，待贷款本息结清后退还保证金本息。非国有粮食企业要提供相应的抵押或担保。委托收储库点要严格按照本预案的有关规定和收购合同开展收购活动。

第七条　政策执行过程中出现符合资格条件的委托收储库点全部启动后仓容及收储能力仍不足或委托收储库点布局不能满足农民售粮需要的，应及时通过安排县内集并、租赁社会仓容等方式解决。中储粮公司要积极采取委托或租赁等方式，充分利用社会仓储设施，统一贷款和监管。地方政府要加强组织协调，对社会仓储设施相关情况进行核实。在仓容紧张的地区，中粮、中纺、中航工业3家中央企业直属库及县级以上地方政府推荐的1～2家骨干企业，可按现行管理制度，接受承贷的中储粮直属企业委托，在其管理能力范围内租赁社会仓储设施收储粮食。承贷的中储粮直属企业对上述接受委托的央企直属库及地方骨干企业直接管理与租仓管理的最低收购价粮食负监管责任。地方粮食行政管理部门和农业发展银行分支机构也要加强对这些粮食的监管，并承担相应的监管责任。地方骨干企业租赁社会仓容具体要求参照国家有关部门关于租赁社会粮食仓储设施收储国家政策性粮食的有关规定执行。符合资格条件的企业及其所属企业均以委托收储的方式参与收购，不能作为租仓储粮点参与政策性收储。采取上述措施后仓容仍不足，需搭建简易和露天储粮设施的，由中储粮分公司会同省级粮食行政管理部门、农业发展银行省级分行研究测算本省（区）预计搭建总量，经中储粮总公司审核并报国家有关部门批准后实施。搭建的简易和露天储粮设施应符合《粮油仓储管理办法》《简易仓囤储粮技术规程》及国家有关防火的规定。为保证收储粮食的储存安全，降低损耗，保持品质，一般情况下对最低收购价小麦和南方稻谷不搭建简易和露天设施储存。白小麦、红小麦和混合小麦必须分仓、分等级储存。

地方储备粮管理公司（或单位）也要根据省级人民政府的统一要求，合理设置委托收储库点，并积极入市收购，充实地方储备。地方设定的委托收储库点要与中储粮分公司确定的委托收储库点相互衔接。

第八条　本预案规定的小麦最低收购价执行时间为当年5月21日至9月30日；早籼稻最低收购价执行时间为当年7月16日至9月30日；中晚稻最低收购价执行时间为：江苏、安徽、江西、河南、湖北、湖南、广西、四川8省（区）当年9月16日至次年1月31日，辽宁、吉林、黑龙江3省当年10月10日至次年2月末。在此期间，当粮食市场价格下跌到国家公布的最低收购价格时，由中储粮分公司会同省级价格、粮食、农业、农业发展银行等部门和单位及时提出启动预案的建议，经中储粮总公司报请国家粮食局批准在相关区域内启动预案。有关批复文件同时抄送国家有关部门、农业发展银行和相关省人民政府。中储粮总公司要及时组织有关委托收储库点按照本预案第四条的规定，在预案启动区域同时挂牌收购农民交售的粮食。中储粮公司要向委托收储库点提供统一规范的收购凭证样式。

第九条　执行最低收购价的委托收储库点，要在收购场所显著位置张榜公布实行最低收购价政策的粮食品种、收购价格、质量标准、水杂增扣量方式、结算方式和执行时间等政策信息，让农民交“放心粮”；按照小麦和稻谷国家标准做好最低收购价粮食收购入库工作，不得压级压价、抬级抬价收购，不得拒收农民交售的符合标准的粮食；及时结算农民交售粮食的价款，不得给农民“打白条”；

也不得将农业发展银行贷款挪作他用；要依据农民交粮的实际情况，当场如实填写统一规范的收购凭证，凭证所列重量、等级、水分、杂质、单价等内容必须填写齐全并妥善保存备查，不得二次填写收购凭证。

第十条　预案执行期间，中央和地方储备粮的承储企业应积极入市收购新粮用于轮换，轮换收购的粮食价格应不低于国家规定的最低收购价格水平。对承担轮换任务的委托收储库点，应优先安排储备粮轮换。

第十一条　新粮上市后，地方各级政府和粮食行政管理部门要加强对收购工作的指导，引导和鼓励各类粮食经营和加工企业积极入市收购新粮；要督促本地参与最低收购价收购的委托收储库点按照《粮食流通管理条例》和预案有关规定，认真执行国家收购政策。农业发展银行和其他金融机构要积极为各类收购主体入市收购提供信贷支持。

第十二条　委托收储库点收购最低收购价粮食所需贷款（收购资金和收购费用），由所在地中储粮直属企业统一向当地农业发展银行分支机构承贷，并根据收购情况和入库进度及时将资金直接支付给售粮者或预付给委托收储库点兑付售粮者。农业发展银行要按照国家规定及时足额贷款，保证收购资金供应。对于没有中储粮直属企业的市（地）区域，为保证收购需要，可暂由中储粮分公司、省级粮食行政管理部门和农业发展银行省级分行指定该区域内具有农发行贷款资格、资质较好的委托收储企业承贷；收购结束并经验收合格后，贷款要及时划转到中储粮公司直属企业统一管理。对验收不合格的粮食由中储粮分公司、省级粮食行政管理部门和农业发展银行省级分行督促企业及时销售并归还农发行贷款，有关贷款事项由农发行研究确定。

第十三条　地方储备粮管理公司（或单位）按最低收购价收购粮食充实地方储备的，所需收购贷款由农业发展银行按照国家规定的最低收购价格及时足额发放。有关收购、保管费用和利息按地方储备粮管理的有关规定执行。

第十四条　在稻谷收购工作结束后，省级粮油检测机构要分别对中储粮公司执行最低收购价政策收购的稻谷和地方企业收购的稻谷的卫生指标进行逐仓检测。省级财政部门要保证及时足额拨付检验工作的费用，单独列入预算或从风险基金中列支。各品种稻谷相关检测结果要在本预案执行时间结束后1个月内，由省级粮食行政管理部门汇总后，会同省级发展改革、财政、农业、农业发展银行等部门和单位上报国家有关部门。对经检测不符合食品安全国家标准的稻谷，要按国家有关规定进行处理，严防这部分粮食流入口粮市场。

第十五条　预案执行期间，中储粮总公司每5日将最低收购价粮食的品种、数量汇总后报国家粮食局。中储粮总公司汇总的数据要同时抄送农业发展银行。具体报送时间为每月逢5日、10日期后第1个工作日15时之前。

农业发展银行省级分行在每月初5个工作日内将上月最低收购价收购资金的发放情况抄送当地中储粮分公司和省级粮食行政管理部门。同时，中储粮有关分公司将最低收购价粮食每月收购进度情况抄送当地省级粮食行政管理部门、省级农业行政管理部门、省级价格主管部门、农业发展银行省级分行，每5日的收购进度也要及时通报，便于省级有关部门了解情况。各委托收储库点要每5日将实际收购进度数据同时抄报所在地的市（地）或县级粮食行政管理部门。

第十六条　执行最低收购价政策收购的粮食，粮权属国务院，未经国家批准不得动用或抵（质）押。对收购入库的最低收购价粮食品种、数量和质量等级，中储粮有关分公司、省级粮食行政管理部门和农业发展银行省级分行要按有关规定及时共同组织验收，并对验收结果负责。对验收中发现入库的粮食数量、质量指标与收购码单等原始凭证标注不符的，要及时核减最低收购价收购进度和库存统计，扣回全部费用利息补贴。对验收合格的，要建立委托收储库点的质量档案，做到分品种、分等级专仓储存。中储粮直属企业要与委托收储库点签订代储保管合同，明确品种、数量、等级、价格和保管、出库责任等，作为以后安排销售的依据。地方粮食行政管理部门、农业发展银行分支机构要作为监管单位在合同上签章。中储粮公司及其委托收储库点要严格规范储粮行为，确保储粮安全。

中储粮有关分公司、省级粮食行政管理部门和农业发展银行省级分行要将委托收储库点最低收购价粮食质量验收结果，按品种于本预案执行时间结束后 1 个月内汇总报中储粮总公司。中储粮总公司要对分公司上报的收购进度和库存数据进行审核，并及时汇总情况报告国家发展改革委、财政部、农业部、国家粮食局和农业发展银行。

对于有购买陈粮冒充新粮或就地划转本库粮食套取费用补贴等行为的委托收储库点，一经发现要将其收购的粮食全部退出最低收购价粮食收购进度和库存统计，由中储粮有关分公司、省级粮食行政管理部门和农业发展银行省级分行共同负责追回粮款归还农发行贷款，扣回全部费用利息补贴，取消其最低收购价收购资格，收回不当得利上交中央财政，如发生损失由委托收储库点承担，同时将其以前年度收储的最低收购价粮食实行移库或按有关程序及时安排拍卖，所发生的费用由违规企业承担，并追究其主要负责人和相关人员的责任，以及监管单位有关人员的责任，涉嫌犯罪的移送司法机关处理。承担审核验收的中储粮直属企业、地方粮食行政管理部门和农业发展银行分支机构在验收工作中弄虚作假的要追究其主要负责人和有关人员的责任，涉嫌犯罪的移送司法机关处理。

第十七条　最低收购价粮食由国家有关部门合理制定销售底价，通过全国粮食统一竞价交易平台公开竞价销售。中储粮总公司及有关分公司要按照均衡出库的原则，制定委托收储库点出库计划，均衡有序组织安排竞价销售。

小麦预案执行期间，为满足市场对陈麦的需求，按照保证市场供应、保持市场粮价基本稳定的原则，继续竞价销售以前年份最低收购价小麦，并把握好销售力度和节奏；为防止出现“转圈粮”等问题，承担小麦最低收购价收储任务的库点一律不得直接或间接购买国家拍卖的最低收购价小麦。

第十八条　最低收购价粮食收购费用、保管费用、贷款利息补贴及销售盈亏负担等事项按《财政部关于印发最低收购价、临时收储粮食财政财务管理暂行办法的通知》（财建〔2013〕203 号）和《财政部关于批复最低收购价等中央政策性粮食库存保管费用补贴拨付方案的通知》（财建〔2011〕996 号）执行。中储粮公司要自粮食入库当月起，按季足额将补贴拨付到委托收储库点。对以各种名义变相降低委托收储库点费用补贴标准的，要追究其主要负责人和有关人员的责任。

第十九条　省级人民政府要加强粮食收购市场监管，督促协调地方有关部门支持和配合中储粮公司开展最低收购价粮食收储工作，做好收购期间收购秩序维护和宣传工作。地方粮食、价格部门依照《价格法》《粮食流通管理条例》等法律法规有关规定，履行对最低收购价粮食收储行为的监督检查职责。国家发展改革委负责协调落实粮食最低收购价政策，监测收购价格变化情况，会同有关部门解决最低收购价政策执行中的矛盾和问题。国家粮食局负责指导中储粮总公司执行粮食最低收购价政策，监测市场价格，监督政策的执行，组织指导地方粮食行政管理部门监督检查粮食收储企业执行最低收购价政策和库存粮食安全储存管理等情况，督促国有和国有控股粮食企业积极入市收购，发挥主导示范作用。财政部负责及时安排、拨付中储粮总公司按最低收购价格收购粮食所需的费用和利息补贴。

农业部负责了解各地农民售粮意愿、粮食市场价格及最低收购价政策执行情况，反映农民的意见和要求。农业发展银行负责及时足额安排、拨付执行粮食最低收购价收储任务所需的贷款，并对发放的贷款实施信贷监管。中储粮总公司作为国家委托的最低收购价政策执行主体，负责组织指导参与最低收购价收购的库点按照本预案规定进行收购，做好库存管理等工作。各品种粮食最低收购价政策执行结束后 1 个月内，中储粮总公司要将执行情况报告国家发展改革委、财政部、农业部、国家粮食局、农业发展银行。中储粮有关分公司、省级粮食行政管理部门和农业发展银行省级分行对本地执行最低收购价政策收购的粮食数量、质量、库存管理及销售出库等负责，并逐级落实管理责任，建立定期巡查制度，确保最低收购价库存粮食数量真实、质量良好、储存安全。最低收购价粮食有关管理工作按照国家有关部门《关于进一步强化"四个共同" 机制切实做好国家政策性粮食收储和监管工作的通知》国粮检〔2015〕202 号）执行。

第二十条 本预案由国家发展改革委、财政部和国家粮食局负责解释。

关于修订印发《租赁社会粮食仓储设施收储国家政策性粮食的指导意见（试行）》的通知

国粮检〔2016〕106 号

为充分利用社会粮食仓储设施，缓解部分地区国有或国有控股粮食企业仓容不足的矛盾，防范发生农民卖粮难，确保国家粮食收购政策落实和政策性粮食储存安全，国家发展和改革委员会、国家粮食局、财政部和中国农业发展银行对《租赁社会粮食仓储设施收储国家政策性粮食的指导意见（试行）》（国粮检〔2015〕51 号）进行了修订，现印发给你们，请结合实际遵照执行。

国家发展和改革委员会　国家粮食局

财政部　中国农业发展银行

2016 年 5 月 16 日

（此件公开发布）

租赁社会粮食仓储设施收储国家政策性粮食的指导意见（试行）

社会资本建设的粮食仓储设施是国家粮食仓储设施的重要补充。为有效利用社会粮食仓储设施，缓解部分地区国有或国有控股粮食企业仓容不足的矛盾，防范发生农民卖粮难，确保国家粮食收购政策落实和政策性粮食储存安全，现就规范国家政策性粮食收储主体租赁社会粮食仓储设施提出以下意见。

一　总体要求

（一）在认真落实国家政策性粮食收储政策的基础上，进一步发挥市场调节机制作用，规范租赁社会粮食仓储设施收储政策性粮食行为，以充分利用社会资源完成国家粮食收储任务。

本意见所指政策性粮食，包括国家最低收购价粮和临时储存（备）粮，不包括中央储备粮。符合条件的中国储备粮管理总公司及其有关分公司，受中国储备粮管理总公司委托的中粮集团、中纺集团、中航工业集团、农垦集团所属企业，以及县级以上地方政府推荐的 1—2 家地方骨干粮食企业可作为承租企业租仓收储。

（二）承租企业租赁社会粮食仓储设施收储政策性粮食，视同利用自有仓容收储政策性粮食，必须派人直接收购、保管，承担收储义务、收储费用和收储责任，对粮食和租赁设施进行封闭管理，对粮食数量、质量、粮款兑付、库存管理、储粮安全、生产安全和销售出库负全部责任。

（三）中储粮总公司及受其委托承担收储任务的中央粮食企业和地方骨干粮食企业要妥善处理防范管理风险与尽力方便种粮农民售粮的关系，合理确定委托收储库点和租赁库点，不得因收储库点不足出现农民卖粮难。

（四）以县为单位，承租企业只有在当地符合条件的政策性粮食委托收储库点全部启动后仓容仍不能满足收储需要时，方可租赁符合本意见规定要求的社会仓储设施。

（五）地方政府及其相关部门应加强对承租企业租赁社会仓储设施收储国家政策性粮食的业务指导，强化对租赁库点收购、储存和销售出库等环节的监督检查，有效排查整治储粮安全、安全生产隐患和管理风险。

二　资格审核和确认基本流程

（六）出租企业（租赁库点）应具备以下条件：

1. 具有独立法人资格和粮食收购资格，在粮食行政管理部门履行粮油仓储单位备案手续，按规定执行粮食流通统计制度。

2. 企业资信良好，无不良经营记录（其中，承担过政策性粮食收储任务的企业，未发生过违规违纪、拖延阻挠出库等行为）；无较大及以上粮油储存事故或安全生产事故记录；未列入工商异常名录或“黑名单”。

3. 产权清晰，无债权债务纠纷。企业无其他对外抵押、质押等担保行为（农发行贷款抵押、质押除外），资产无其他法律风险，资产负债率不高于 70%；未列入银行征信系统异常名录或“黑名单”。

4. 拥有拟出租设施附着土地的使用权，且使用权剩余期限不短于拟租赁时限，原则上不短于 3 年。

5. 出租企业必须是资产所有者，不得是转租单位。

6. 拟出租的仓储设施及库区应能保证储粮安全和生产安全需要，仓房及保粮技术条件符合《粮油仓储管理办法》和《粮油储藏技术规范》要求，用于出租仓容规模，原则上东北三省一区不低于 1 万吨，小麦主产区不低于 6000 吨，南方稻谷产区不低于 4000 吨。配备必要和适用的烘干设施及称重、输送、清杂整理、机械通风和电子检温等设备，具有粮食水分、质量等级等满足收购要求的检验设备、仪器，以上设施设备也可由承租方提供；能够为承租方提供正常工作、生活条件。

7. 租赁库点所处位置符合防火、防汛、防污染等安全要求，不得位于低洼易涝、行洪区，库区及周边 1 千米内无易燃、易爆、毒害危险品和污染源；库区封闭，院内布设监控设施，实现监控全覆盖且功能正常；仓储设施设备和附属设施设备符合国家安全标准；消防、用电、排水及建设手续符合国家和地方要求，通过有关部门验收。

8. 优先使用具有中央储备粮代储资格的社会粮食仓储设施和国家资助建设的社会粮食仓储设施。

（七）承租企业应符合以下要求：

1. 具备开展政策性粮食租仓收储的管理能力。粮食收购、销售出库期间向每个租赁库点派出不少于 5 名在职工作人员，具体负责租赁库点粮食质量和储存品质等项目的检验、检斤、票据复核、粮款结算等关键环节的业务；检化验人员应经专业培训，且人员数量应与收购粮食数量相匹配。储存保管期间按每 4000 吨粮食不少于 1 人，且每个租赁库点不少于 2 人的标准，由承租企业直接派出包括熟悉储粮安全等业务的管理团队，负责日常粮食保管工作。承租企业应于收储工作启动前将向租赁库点派出的工作人员名单及其岗位职责等情况报租赁库点所在地粮食行政管理部门备查。

承租企业要根据自身的管理能力和抗风险能力合理确定租赁社会仓容的规模和库点。中央粮食企业在收储矛盾突出的地区没有直属粮库的，在具备法人管理团队和完全承担风险的情况下，可以租赁当地社会仓容收储政策性粮食。

2. 同一库点同一收购年度不得接受不同承租企业委托开展租仓收储活动，开展租仓收储活动一般不得跨地（市）行政区域。对特殊情况需跨地（市）承租的，由中储粮分公司会同省级粮食行政管理部门和农发行省级分行共同审定。

3. 承租企业名单由受中储粮总公司委托的中央粮食企业集团总部和中储粮有关分公司（地方骨干企业名单由地方政府推荐，中储粮有关分公司汇总）报中储粮总公司，中储粮总公司应于收购启动前通过媒体向社会公布，并报国家粮食局、财政部和中国农业发展银行备案。

（八）租仓收储库点的确认流程

1. 符合第（六）条规定拟出租企业自愿向承租企业提出申请，提交有关证明材料，并对材料的真实性负责。

2. 承租企业要对拟出租企业的资信状况进行尽职调查，并将调查审核结果于收购启动前一周向社会公示。

3. 承租企业应将公示无异议的拟出租企业名单报中储粮总公司当地直属库汇总，报有关分公司（受中储粮系统委托的中央粮食企业直属企业同时报集团总部）批准的同时，抄送当地粮食行政管理部门备查。当地粮食行政管理部门对承租企业开展尽职调查和审核等情况进行监督。

4. 中储粮有关分公司会同省级粮食行政管理部门和农发行省级分行对承租企业上报的拟出租企业的合规情况共同把关，并将确定的拟出租企业名单抄送出租企业所在地粮食行政管理部门。经审核同意后，承租企业方可开展租仓储粮业务。在租仓收储过程中，承租企业应优先选用资信良好的出租企业从事政策性粮食收储工作。

三 租仓储粮管理要求

（九）租仓收储必须由承租企业直接收购、保管，直接对售粮农民结算，严禁“打白条”，严禁代扣、代缴税费和其他款项，不准假租仓实委托，不准收购“转圈粮”或提前收购就地划转。承租企业必须是经工商部门登记注册的法人单位，不得委托下级法人单位，或其非法人实体单位开展租仓。中储粮直属企业直接对农民网银结算的，应当提高工作效率，及时足额兑付售粮款。租赁库点启动前必须空仓验收并留取影像资料。销售时承租企业按交易细则规定直接对竞买人出库。

（十）承租企业负责租赁库点政策性粮食收购、储存、出库等日常管理，统计报送以及收储资料凭证保管工作。承租企业应按有关规定将政策性粮食分库点收购进度抄送当地粮食行政管理部门。承租企业应通过围栏等方式对租赁设施进行封闭管理，避免与出租企业的自营业务发生交叉。

（十一）启用租赁库点前，承租企业与出租企业必须签订具有法律效力的租赁合同，明确双方的权利、义务和责任。粮食入仓储存后，承租企业与出租企业签订粮权确认书作为租赁合同附件，并将粮权确认书复印件悬挂于仓房内；也可采取悬挂、喷涂醒目标识等措施公示粮权。出租企业有义务配合承租企业采取向当地金融机构备案、公证部门公证等措施对租仓收储的粮食进行确权，并不得用于抵押、质押。

（十二）省级粮食行政管理部门要根据安全保粮的需要，对承租企业租赁社会粮食仓储设施的费用标准会商当地中储粮分公司和农发行省级分行提出规范性意见，明确全省统一的最低费用指导标准，供租赁双方比照执行。承租企业不得与出租企业再签订与租赁合同内容相抵触的补充协议。承租企业应将租赁合同、实际租赁费用等情况报当地粮食行政管理部门备案。

四 责任落实和监督检查

（十三）承租企业对其租赁社会仓储设施收储和管理的粮食的数量、质量、储存安全，以及政策执行、收购资金和补贴资金管理、销售出库等承担全部直接责任；央企集团总部为其直属企业租仓收储提供统一担保，并承担连带责任；县级及以上地方政府推荐地方骨干粮食企业开展租仓收储的，要通过指定当地融资担保机构提供第三方担保，承担担保责任。

承租企业上级单位或主管部门对承租企业落实租仓库点制度执行情况要进行督促检查，对发现的问题要及时督导整改和追责。

（十四）承租企业与出租企业依据双方签订的租赁合同、粮权确认书明确各自权利、义务和责任。承租企业和出租企业之间出现经济纠纷，经有关部门和单位协调无效的，依法通过司法途径解决。

（十五）地方粮食行政管理部门依据《粮食流通管理条例》的有关规定，对承租企业的收储和出库等行为履行行政监督检查职责。地方政府其他相关部门依各自职责承担安全生产、消防安全等监督责任。对疏于监督造成不良后果的，要追究相关部门责任人员的行政责任。

（十六）农业发展银行对贷款企业租仓收储粮食的资金履行监管职责，对存在问题提出意见和建议，并按规定对存在问题采取相应信贷制裁措施。

（十七）县级及以上地方政府承担租赁社会粮食仓储设施收储国家政策性粮食工作的统筹协调和行政监管责任，维护正常的粮食收购秩序。承租企业和出租企业应在当地政府的统一组织协调和严格监管下开展政策性粮食租仓收储工作。

五 违规行为处理

（十八）承租企业或出租企业出现违约，应首先按照租赁合同约定方式承担违约责任。

（十九）粮食行政管理部门或承租企业上级管理单位，对承租企业及其租赁库点出现以下行为的，应立即责成承租企业采取有效措施，确保储粮安全、生产安全、管理规范，对拒不执行的采取行政或经济处罚，承租企业上级管理单位应组织将储粮调出或安排拍卖出库，相关费用由承租企业承担。

1. 租赁库点存在储粮安全、安全生产隐患；

2. 承租企业未严格执行粮食出入库质量检验和储存期间质量安全管理、粮食收购资金管理和兑付等各项规章制度；

3. 承租或出租企业资料弄虚作假；

4. 承租或出租企业条件发生变化，不能满足第（六）、（七）条规定。

（二十）承租企业在租仓收储过程中出现下列行为的，有关部门要按管理权限、管理责任，依纪依法追究相关责任人的党纪、政纪和法律责任，追究企业负责人和上级管理单位有关人员管理责任，以及地方政府分管负责人和有关行政管理部门的监管责任。违规行为导致的经济责任由承租企业承担。

1. 拖欠售粮农民粮款；

2. 擅自动用（销售）库存政策性粮食和挪用政策性资金；

3. 在收购、储存、出库过程中存在虚购虚销、以陈顶新、转圈粮等弄虚作假违法违纪行为或存在重大风险隐患；

4. 发生粮油储存安全或安全生产等责任事故；

5. 用政策性粮食对外抵押、质押或向担保公司作担保。

六 其他有关事项

（二十一）国家政策性粮食属中央事权粮食，承租企业和出租企业均不得以任何理由阻挠国家有关部门下达的集并移库计划、出库指令等政策措施的执行。

（二十二）地方粮食行政管理部门应建立健全承租和出租企业诚信档案，中储粮总公司、农业发展银行有义务提供相关企业经营和资产运营状况等信息，诚信信息行业共享。

（二十三）地方粮食行政管理部门要认真组织落实社会仓容统计报送制度，翔实掌握可利用、已租赁社会仓容情况，并及时报国家粮食局等有关部门。

（二十四）本意见自印发之日起执行。原《租赁社会粮食仓储设施收储国家政策性粮食的指导意见（试行）》（国粮检〔2015〕51 号）作废。

关于开展2016年度粮食安全省长责任制考核工作的通知

发改粮食〔2016〕1426号

各省、自治区、直辖市人民政府：

根据《国务院关于建立健全粮食安全省长责任制的若干意见》（国发〔2014〕69号）、《国务院办公厅关于印发粮食安全省长责任制考核办法的通知》（国办发〔2015〕80号）精神，国务院对各省（区、市）人民政府粮食安全省长责任制落实情况进行年度考核，由发展改革委、农业部、粮食局会同中央编办、财政部、国土资源部、环境保护部、水利部、工商总局、质检总局、食品药品监管总局、统计局、农业发展银行等部门和单位组成考核工作组负责具体实施。现将开展2016年度粮食安全省长责任制考核的有关事项通知如下：

一 考核工作安排

（一）自查评分。2017年4月30日前，各省（区、市）人民政府要按照《2016年度粮食安全省长责任制考核评分表》确定的年度考核目标任务要求（见附件），完成对2016年度粮食安全省长责任制考核的自评打分和总结报告，备齐自评打分依据的文件资料，报送发展改革委、农业部、粮食局，并抄送考核工作组其他成员单位。自查报告要全面客观反映考核年度落实粮食安全省长责任制的情况，总结成绩，查找问题，分析原因，提出整改措施。省（区、市）人民政府对自查自评情况的真实性和准确性负责。

（二）部门评审。2017年5月15日前，各牵头考核部门会同配合部门和单位按照《2016年度粮食安全省长责任制考核评分细则》规定（见附件），结合日常监督检查，完成对各省（区、市）人民政府落实粮食安全省长责任制情况的考核评审，并形成书面意见报考核工作组办公室汇总。

（三）部门抽查。考核工作组根据各省（区、市）人民政府自评报告和部门评审意见，按照兼顾产区与非产区，部门评审与省（区、市）人民政府自评结果的原则确定抽查省份，组成联合抽查组进行实地考核，并于2017年6月15日前形成抽查考核报告。

（四）综合评价。2017年6月30日前，考核工作组办公室根据相关部门评分评审和抽查情况进行综合评价，提出考核等次和考核结果运用建议报考核工作组审议。

（五）考核通报。考核结果经国务院审定后，由考核工作组向各省（区、市）人民政府通报，同时抄送中央干部主管部门，作为对省（区、市）人民政府主要负责人和领导班子综合考核评价的重要参考。

二 考核工作要求

（一）加强考核工作组织领导。各省（区、市）人民政府要充分认识确保国家粮食安全的重要性和复杂性，进一步增强大局意识、责任意识，把保障国家粮食安全放在经济社会发展的重要位置，作为保障民生工作的基本任务，常抓不懈，毫不动摇。要切实加强对粮食安全省长责任制考核工作的组织领导和部署，确保粮食安全省长责任制年度考核各项目标任务的落实。要围绕年度考核目标任务，认真开展自查自评工作，全面客观真实反映目标任务完成情况。

（二）严肃考核工作纪律。考核工作要公平公正、实事求是。对发现考核工作中存在弄虚作假、瞒报虚报和打“关系分”“人情分”的，要予以通报批评，并依法依纪追究有关人员的责任。

考核工作组办公室电话：010 － 63906855/6841

附件：1. 2016 年度粮食安全省长责任制考核评分细则

2. 2016 年度粮食安全省长责任制考核评分表（略）

国家发展改革委　中央编办　农业部　国家粮食局

财政部　国土资源部　环境保护部　水利部

工商总局　质检总局　食品药品监管总局

国家统计局　中国农业发展银行

2016 年 7 月 4 日

附件 1

2016 年度粮食安全省长责任制考核评分细则

为客观、公正、科学考核各省（区、市）人民政府粮食安全省长责任制落实情况，发挥考核工作导向作用，促进粮食安全省长责任制更好落实，根据《国务院关于建立健全粮食安全省长责任制的若干意见》（国发〔2014〕69 号）、《国务院办公厅关于印发粮食安全省长责任制考核办法的通知》（国办发〔2015〕80 号）有关规定和要求，制定本细则。

一　考核评分指标

考核评分指标由定量考核指标和定性评估指标组成。定量考核指标包括增强粮食可持续生产能力、保护种粮积极性、增强地方粮食储备能力、保障粮食市场供应、确保粮食质量安全、落实保障措施 6 个方面 14 个重点考核事项 27 项考核指标。定性评估指标包括各省（区、市）人民政府粮食生产扶持政策、配合加强进口粮食质量安全把关、开展粮食产销合作、“放心粮油”工程建设、节粮减损 5 个方面。根据 2016 年粮食安全形势和工作需要，具体细化为 62 个年度考核目标任务，其中定量考核目标 55 个，定性考核目标 7 个。

二　考核评分方法

（一）考核评分。考核采用评分制，满分为 100 分，超过 100 分的按 100 分计算。考核评分采取逐项加分或减分，每项加分或减分不超过本项总分。

1. 定量指标考核评分。采取部门考核评分和部门抽查评分相结合的方式。

（1）部门考核评分。各考核牵头部门会同配合部门和单位，根据省（区、市）人民政府粮食安全省长责任制落实情况总结报告和自评打分，结合部门日常监督检查情况，对各省（区、市）人民政府落实粮食安全省长责任制情况进行分项考核评分。

（2）部门抽查评分。由考核工作组派出联合抽查组对被抽查的省份进行实地考核评分。

2. 定性指标考核评分。按国办发〔2015〕80 号文件规定，由农业部、质检总局、粮食局单独对下列事项进行定性评估，确定分值。

（1）农业部负责对各省（区、市）人民政府粮食生产扶持政策进行定性评估打分。本项加分或减分不超过 2 分。

（2）质检总局负责对各省(区、市）人民政府配合加强进口粮食质量安全把关进行定性评估打分。本项加分或减分不超过 2 分。

（3）粮食局负责对各省（区、市）人民政府开展粮食产销合作、“放心粮油”工程建设和节粮减损情况进行定性评估打分。本项加分或减分不超过 3 分。

（二）计分方法。考核工作组将各省（区、市）人民政府自评分、部门日常监督检查和部门抽查考核评分按一定比例进行汇总，加上定性指标分值，计算各省（区、市）人民政府落实粮食安全省长责任制的考核得分。

1. 抽查省份考核计分。省（区、市）人民政府自评分、部门日常监督检查评分和联合抽查组考核评分分别按照考核得分权重的 40%、40% 和 20% 计算，加上定性评估加减分后计算考核得分。计算方法为：抽查省份考核得分 = 省（区、市）人民政府自评分 ×40%+ 部门日常监督检查评分 ×40%+ 联合抽查组考核评分 ×20%+ 定性评估分。

2. 非抽查省份考核计分。省（区、市）人民政府自评分和部门日常监督检查评分分别按照考核得分权重的 50% 计算，加上定性评估加减分后计算考核得分。计算方法为：非抽查省份考核得分 = 省（区、市）人民政府自评分 ×50%+ 部门日常监督检查评分 ×50%+ 定性评估分。

三 考核评价结果

考核工作组按优秀、良好、合格、不合格四个等级，对各省（区、市）人民政府落实粮食安全省长责任制年度考核目标任务情况进行综合评价。考核得分 90 分以上的，评为优秀；75 分以上 90 分以下的，评为良好；60 分以上 75 分以下的，评为合格；60 分以下的，评为不合格(“以上”包括本数，“以下”不包括本数）。

关于做好 2016 年世界粮食日和全国爱粮节粮宣传周活动的通知

国粮政〔2016〕184 号

各省、自治区、直辖市及新疆生产建设兵团粮食局、农业（农林、农牧）厅（委、局）、教育厅（教委、局）、科技厅（委、局）、气象局、妇联，黑龙江省农垦总局，中国储备粮管理总公司、中粮集团有限公司：

2016 年 10 月 16 日是第 36 个世界粮食日，所在周是我国第 26 个全国爱粮节粮宣传周。国家粮食局、农业部、教育部、科技部、中国气象局、全国妇联决定共同组织开展 2016 年世界粮食日和全国爱粮节粮宣传周活动。现就有关事项通知如下：

一 活动主题

2016 年世界粮食日的主题是："气候在变化，粮食和农业也在变化"。2016 年全国爱粮节粮宣传周的主题是："积极应对气候变化，促进粮食减损增效"。

当前，全球气候正在发生深刻变化，气候变化导致自然灾害和环境问题日益增多，给粮食和农业领域带来诸多不利影响。同时，人口的持续稳定增长将导致粮食需求呈刚性增长态势，需要我们及时采取有效措施，从粮食生产、收获、储藏、加工、包装、运输、消费等各个环节入手，推动构建能够适应气候变化不利影响、稳定的、可持续发展的粮食供应保障系统，促进粮食减损增效，保障国家粮食安全。

二 组织机构

（一）主办单位

国家粮食局、农业部、教育部、科技部、中国气象局、全国妇联、联合国粮食及农业组织

（二）主会场联合主办单位

江苏省人民政府

（三）主会场承办单位

南京市人民政府、江苏省粮食局

三 活动安排

（一）活动组织

国家粮食局会同有关部门负责制定活动总体方案，策划并组织主会场活动，协调中央媒体宣传报道，制作下发主题宣传册、宣传品，指导各省区市活动的开展。

省级粮食部门会同有关部门负责制定本地区活动方案，组织开展本地区主会场活动及粮食减损增

效进农村、进学校、进家庭（以下简称“三进”活动），协调地方媒体宣传报道，准备本地区宣传资料和物品，指导本地区活动的开展。

地市级粮食部门会同有关部门按照省级活动方案，组织开展本地粮食减损增效“三进”活动，协调本地媒体宣传报道。

（二）活动内容

1. 粮食减损增效进农村。活动周期间，地方各级粮食、农业部门会同科技、气象等部门，组织机关工作人员、农业科技专家、气象专家等，走村入户、深入田间地头，宣传国家粮食生产、收购政策，调研秋粮收获收购工作开展情况；讲解粮食种植、收获、储藏科技知识以及节粮减损知识；普及气候对粮食生产、收获、储藏的影响以及未来气候变化趋势；向农户发放“气候变化与粮食减损增效”主题宣传册、宣传品。

2. 粮食减损增效进学校。活动周期间，地方各级粮食、教育部门会同农业、科技、气象等部门，组织学生走进种粮大户、农技站、粮库、加工企业、粮油实验室、农业科研院所、气象站等，开展粮食种植、收获、储藏、质检、科研、气象职业体验，宣传讲解相关科普知识，提升学生爱粮节粮意识和粮食减损增效知识水平。省级粮食、气象、教育部门面向学生举办各类“气候变化与粮食减损增效”主题讲座，宣传讲解粮食安全形势、粮食供给状况、气候变化对粮食安全的影响等科普知识。省级粮食、教育部门会同省级有关部门组织开展学生主题宣传作品征集活动，以“积极应对气候变化，促进粮食减损增效”为重点，结合本地实际征集评选各类主题宣传作品，加强优秀作品宣传运用，在青少年群体中大力营造“珍爱粮食、从我做起，积极促进粮食减损增效”的良好社会氛围。

联合国粮农组织正在举办主题宣传品征集比赛，面向5至19岁、13至19岁之间的儿童、青少年征集世界粮食日主题宣传画和视频作品。各地可组织本地区符合条件的儿童、青少年积极参加比赛。

3. 粮食减损增效进家庭。活动周期间，地方各级粮食、妇联等部门和组织会同农业、科技、气象等部门，组织开展社区主题科普讲座、社区互动交流活动、主题倡议等活动，向公众宣传讲解节粮减损、粮油营养健康，以及气候变化对粮食和农业的影响等科普知识；发放“气候变化与粮食减损增效”主题宣传册、爱粮节粮主题宣传品。各地还可结合实际开展“气候变化与粮食减损增效”主题知识竞赛、节粮主妇评选、节粮小窍门征集等活动。

（三）进度安排

1. 准备阶段。各省级粮食部门会同省级农业、教育、科技、气象、妇联等有关部门和组织按照本通知要求，结合当地实际，制定本省（区、市）世界粮食日和爱粮节粮宣传周实施方案，并于9月25日前报国家粮食局备案。

国家粮食局等主办单位组织有关专家完成主题宣传册、宣传品的制作，并于9月25日前发放到各地。在国家有关部门发放物品的基础上，各省（区、市）结合本地区特色做好宣传手册、主题宣传品等活动物品准备。

2. 实施阶段。活动周期间，各省（区、市）有关部门按照本通知要求和本地区实施方案有关规定，组织开展本地区各类粮食减损增效“三进”活动。国家有关部门根据实际情况，派出工作小组赴部分重点省份开展“三进”活动。

世界粮食日当天（10月16日），国家粮食局等主办单位在江苏南京举办2016年世界粮食日和全国爱粮节粮宣传周主会场活动。各省（区、市）也要举行本地区活动。

3. 总结阶段。11 月 10 日前，省级相关部门要对活动开展情况进行认真总结，并将活动情况（含总结报告、活动图片、视频材料等）报送国家粮食局、农业部、教育部、科技部、中国气象局和全国妇联。

四 有关要求

（一）各地要加强组织领导，发挥部门优势，密切协调配合，加强人员和经费保障，确保各项活动顺利进行并形成规模声势，切实把本次活动抓实抓好。

（二）要做好宣传报道和新闻服务，紧扣传播规律和公众关切，积极融合传统媒体与新兴媒体优势，不断丰富和完善宣传思路手法，将宣传报道与粮食减损增效“三进”活动整体推进，切实形成全媒体全覆盖格局。

（三）切实贯彻落实中央关于改进工作作风、密切联系群众的八项规定，厉行勤俭节约、轻车简从，严禁铺张浪费、大讲排场和形式主义。

（四）要高度重视安全防护工作，同步部署消防、交通、防踩踏等安全防护措施，严格排查，消除隐患，落实应急预案，严防各类安全事故发生。

五 联系方式

联系人：国家粮食局 孔晶晶 王 辉 陈 玲
电 话：010-63906259 63906069 63906070
传 真：010-63906030
邮 箱：xwb@chinagrain.gov.cn

国家粮食局 农业部 教育部
科技部 中国气象局 全国妇联
2016 年 8 月 24 日

关于印发《粮食行业“十三五”发展规划纲要》的通知

发改粮食〔2016〕2178号

各省、自治区、直辖市及新疆生产建设兵团发展改革委、粮食局，中国储备粮管理总公司、中粮集团有限公司、中国航空工业集团公司：

为全面贯彻党的十八大和十八届三中、四中、五中全会精神，深入贯彻习近平总书记系列重要讲话精神，根据《中华人民共和国国民经济和社会发展第十三个五年规划纲要》，国家发展改革委、国家粮食局组织编制了《粮食行业“十三五”发展规划纲要》（以下简称《纲要》）。现将《纲要》印发给你们，请各级发展改革、粮食等相关部门切实承担起《纲要》实施的主体责任，加强沟通、协调和配合，明确责任分工，细化落实任务指标，强化《纲要》执行的指导和监督，推进《纲要》目标任务顺利完成。各地区和有关中央企业同时要做好本地区（企业）规划与《纲要》的衔接，在实施中遇到新情况、新问题要及时报送国家发展改革委、国家粮食局。

附件：粮食行业“十三五”发展规划纲要（略）

国家发展改革委　国家粮食局

2016年10月13日

国家粮食局文件
局发文部分

关于规范粮食行业信息化建设的意见

国粮财〔2016〕74 号

各省、自治区、直辖市及新疆生产建设兵团粮食局，中国储备粮管理总公司、中粮集团有限公司、中国中纺集团公司、中国航空工业集团公司：

近年来，各地区各单位积极探索以数字粮库为主要内容的粮食行业信息化建设，提升了粮食收储企业运营效能，提高了政府宏观调控能力和粮食安全保障水平，为全面推进粮食行业信息化发展奠定了基础。但是，当前粮食行业信息化建设也存在发展不平衡、建设不规范、标准不统一、可复制性不强、与业务结合不紧密、投资效率不高、单项突进、互联互通不足以及重建设轻运维等问题。为进一步规范粮食行业信息化建设，加强顶层设计，现提出如下意见。

一 指导思想和总体目标

（一）指导思想。按照党中央、国务院关于“新型工业化、信息化、城镇化、农业现代化”同步发展的战略部署，着眼粮食流通产业全局和长远发展要求，贯彻“创新、协调、绿色、开放、共享”发展理念，顺应信息技术发展趋势，抓住信息化快速发展历史机遇，加强顶层设计和统筹协调，以涉粮企业信息化为基础，以标准规范为指引，以数据采集和应用为核心，以信息技术与粮食业务深度融合和管理创新为手段，消除“数据孤岛”，积极培育粮食信息化发展环境，促进新业态、新模式、新技术快速发展，推动“大众创业、万众创新”，促进粮食流通产业转型升级，全面提升粮食流通能力现代化水平，为确保国家粮食安全奠定更加坚实的基础。

（二）总体目标。到“十三五”期末，粮食企业信息化应用比较普遍，数据采集利用和业务协同能力明显增强，粮食装备和库存管理信息化、智能化水平显著提高，粮食信息服务更加高效，以信用为基础的新型监管方式得到广泛应用，信息技术在粮食行业现代化进程中发挥重要作用。

——库存粮食数量管理基本实现信息化。各类粮食收储、加工企业均装备具有出入库和库存管理功能的信息化系统，粮食数量管理的精细化、规范化、实时化水平显著提高。

——政策性粮食和政策性业务全面采用信息化监管方式。承担各级储备粮存储、最低收购价粮食收购任务的企业均装备与相关监管部门和单位联网的信息化管理系统，使政策性粮食和政策性收储业务处于全流程、全方位的监管状态，部分企业和业务实现在线监管。

——粮食质量监测预警信息化水平进一步提升。监管单位可以通过网络即时自动获取收购、出入库环节产生的质量信息以及库存粮食品质情况，一批具备信息化功能的检化验设备（仪器）得到推广应用。粮食质量监测预警能力和对特定粮食质量监管能力显著提升。

——粮食市场监测预警和应急指挥更加高效。利用信息化技术逐步扩大市场监测范围和监测内容，更多采用自动抓取等新技术提高数据采集质量、效率和灵敏度。省级和大中城市粮食应急预案均实现信息化管理。

——粮食流通监管信息化不断创新。以粮食行业信息化为基础，建立健全粮食企业信用信息档案，全面归集企业的基础信息和信用信息。为企业信用评级，健全守信激励失信惩戒机制，对不同信用级别的粮食经营者实施分类服务和监管提供数据支撑。

——业务协同能力明显增强。通过信息技术与粮食业务的深度融合和管理创新，企业管理效率更高，行业监管和指导更有力，服务售粮农民、粮食消费者和市场经营主体的能力更强。

——形成“大众创业、万众创新”的良好环境。新业态、新模式、新技术迅速发展，并在搞好产销对接、活跃市场、方便群众、保障食品安全、促进粮食产业经济发展方面发挥重要作用。

——互联网 +、大数据、物联网、智能制造等信息技术和应用模式在粮食行业得到推广应用。粮食装备自动化、智能化水平提高，涉粮信息化标准体系基本建成。

二　建设内容

粮食行业信息化是一个系统工程，涉及收购、储存、调运、加工、供应等各个环节，包括基础设施建设、硬件设备配置、应用软件开发、信息标准制定、信息安全管理、数据分析应用等相关内容，需要政府、粮食经营企业、粮食装备企业以及科研部门等共同参与、协同推进。粮食行业信息化建设要紧密围绕总体目标，重点加强国家及省级粮食管理平台、粮库智能化升级改造、粮食交易中心和现货批发市场电子商务信息一体化平台建设、重点粮食加工企业信息化改造、粮食应急配送中心信息化建设，简称“1+1+4”建设模式，逐步形成“技术先进、功能实用、运维简便、安全可靠、规范统一、运行高效”的粮食行业信息化体系，全面提升粮食行业信息化水平。

（一）国家级粮食管理平台。粮食行业信息化采取国家、省级、企业三级总体平台架构，国家和省级平台主要服务粮食行政管理和宏观调控，企业平台主要服务粮食企业生产和经营决策。

国家级粮食管理平台（以下简称“国家级平台”）是粮食行业信息化的核心和龙头，是全行业信息化的数据中枢和决策中心，实现对全国粮食信息实时监控和宏观调控的决策支撑。

国家级平台主要实现以下功能：

——数据汇集。在省级粮食管理平台的基础上，通过映射、转换和提取，实时汇总全国涉粮数据。

——数据交换。一方面，实现与国家发展改革委、财政部、中国农业发展银行等部门和单位的数据交换；另一方面，为各省份之间的数据交换提供服务。

——数据分析。利用大数据等技术进行数据挖掘，服务国家粮食宏观调控。此外，国家级平台还可以根据管理需要向下逐级抓取细节信息，为信息追溯和监督检查提供技术支持。

（二）省级粮食管理平台。省级粮食管理平台（以下简称“省级平台”）是粮食行业信息化体系的关键环节，是全省涉粮“数据管理中心、应用创新中心、决策指挥中心、市场监测中心、社会服务中心”。省级平台应涵盖粮食行政管理和公共服务的各项业务，能够面向市县粮食行政管理部门、各类涉粮企事业单位、售粮农民和消费者提供全方位服务。省级平台通过公共网络或专用网络与各级储备粮库、基层粮食收储企业、批发市场、交易中心和重点加工企业联通，实现信息采集、汇总、分析和利用，为粮食行政管理、社会服务、宏观调控、应急保障、粮食收购等提供信息支持。

省级平台应具备以下功能：

——行政管理。包括粮食收购资格等行政许可事项网上审批，统计及价格监测，预警和应急处置，质量安全测报、监测、预警、质检机构管理等。

——公共服务。利用平台及平台数据资源，为售粮农民、消费者、涉粮企业提供政策法规、市场信息、质量安全、在线交流、技术支持等服务。有条件的地区可依托省级粮食行政管理部门门户网站，建立覆盖市、县粮食行政管理部门的网站群，加大微博、微信等新媒体技术的应用。支持省级平台配套建设网络视频会议系统，并逐步扩展为应急指挥系统。

——宏观调控。利用信息技术，提高统计调查、市场监测的准确性、及时性。创新数据采集方式，扩大采集范围，丰富数据内容。运用大数据技术，进一步挖掘涉粮数据价值，提高监测预警能力、监督管理能力、市场把控能力和应急保供能力，提高各级储备粮的运行效率，服务国家和本地区粮食宏观调控。

——监督检查。推进粮食监督检查工作信息化，归集管理机构、法规制度、执法培训、经费落实、执法人员以及工作动态等信息。建立一户一档的企业信用信息档案，详细记录企业基本信息。归集各部门和单位对企业实施监督、管理产生的各类信用信息。提供信息查询服务，为“双随机”监管提供支撑。

省级平台建设应做好顶层设计，按照“先进、实用、管用”的原则分阶段稳步实施。到“十三五”期末，各地区都能够建成一个具备数据管理、业务支持、社会服务等基本功能的省级平台。省级平台建设应充分利用现有软硬件资源，避免重复建设、多头建设。有条件的地区应当将省级平台部署在政务云或满足要求的公共云上，节省建设及运维投入。自建省级数据中心的，也要本着“可扩展、可迁移、易维护”的原则组织建设。尚不具备自建省级平台的地区，应依托国家或省级现有信息系统实现平台基本功能，具备条件时再组织开发建设。鼓励省级平台提供虚拟平台服务，满足市、县粮食部门对行业管理的需求。

（三）粮库智能化升级改造。粮库信息化系统是粮食行业信息化的基础，是“数据采集终端、创新应用终端、监督管理终端、社会服务终端”。粮库信息化系统应当紧密围绕粮库核心业务，充分考虑企业实际需求，着力解决粮库经营管理粗放、运行效率低下、业务协同能力不足、信息流转不畅、监管存在漏洞等问题。

粮库信息化系统是辅助企业做好粮食数量、质量、粮情和相关资源管理的计算机系统。一般包括出入库及库存管理模块、仓储管理模块、综合业务模块、安防管理模块等。能够实现对粮食购销、出入库、仓储、安防、质检、财务、统计等业务高效管理。

各地区各单位在实施粮库智能化升级改造中，应充分考虑企业业务类型、管理基础、投入和运维能力、人员素质、现实需求等因素，引导企业在做好总体规划的前提下，进行分级分步建设。粮库信息化系统一般分收纳库系统、储备库系统、示范库系统三个层级。每个层级建设都要从最基础、最适用的功能入手，并为将来的升级预留接口。各层级的总体建设要求是：

——收纳库系统。收纳库信息系统功能要简单，操作要方便，建设运维成本要低廉。系统可单机或组网运行，原则上不建设单独的机房。系统一般包含粮食出入库、收购资金结算、统计报表等基本功能。粮食重量数据必须由信息系统从汽车衡自动采集。承担政策性收储任务的收纳库系统还应具备售粮人身份识别登记、图像和视频采集、收购资金审核与结算等功能。省级粮食行政管理部门宜采用统一采购的方式确定一定数量的系统供应商承担本地区收纳库信息系统建设任务，以降低建设成本和实施难度，尽量扩大实施覆盖面。

——储备库系统。储备库信息系统是粮库智能化升级改造的重点，应做到储备粮承储企业全覆盖。储备库信息系统应在收纳库信息系统功能基础上，增加储备粮管理与仓储管理等模块。系统应组网运行，可建设单独的机房，宜配备自动扦样设备、库区安防系统和数据存储设备，有条件的企业还可增加车牌识别、客户引导、IC 卡应用、自动称重、数量监测等智能出入库功能。

——示范库系统。各地区可以选择 1—5 个规模大、管理基础好的粮库进行“数字粮库”示范建设。示范库系统建设可积极探索自动控制、物联网、智能仓储、数量监测、电子商务、BI 等新技术应用。要在一个平台或系统内实现企业经营决策、作业流程控制、资源管理利用等功能的集成，实现全面的信息化管理。

（四）粮食交易中心和现货批发市场电子商务信息一体化平台建设。粮食交易中心和现货批发市场是现代粮食市场体系的重要组成部分。通过一体化平台建设，着力解决交易行为分散、信息系统重复建设、市场资源不共享、交易成本高、市场竞争力弱等问题。充分发挥一体化平台的信息优势和资源配置作用，建立涵盖粮食生产、原粮交易、物流配送、成品粮批发、应急保障的完整供需信息链和数据中心，打造全国统一开放、竞争有序、协同发展的电子商务一体化信息大平台。

地方主要做好粮食交易中心省级终端和现货批发市场的信息化建设，并逐步实现与国家平台的联网运行。同时，整合现货批发市场、种粮大户、放心粮油店和应急保供配送中心的电子商务内容，围绕粮食交易主业，拓展大数据分析、物流配送、投融资等衍生服务，打造交易平台生态圈。

粮食交易中心省级终端重点是改善硬件条件，增强信息采集、服务能力。已有的交易系统应逐步与全国粮食统一竞价交易系统合并，不再建设新的交易系统。

现货批发市场应依托全国统一竞价交易系统或其他系统平台，积极发展 B2B、B2C、C2C、O2O 等交易模式。利用信息技术实现传统批发市场的转型升级。

（五）重点粮食加工企业信息化改造。粮食加工企业原粮出入库和库存管理部分应符合粮库信息化系统的建设要求。成品粮应急管理部分应符合粮食应急配送中心信息化系统的建设要求。同时，鼓励和支持重点粮食加工企业基于省级平台或自行建设粮食质量安全追溯信息系统。如企业自行建设质量追溯信息系统，应预留与省级平台连通的接口。

（六）粮食应急配送中心信息化建设。粮食应急配送中心是各地依据粮食应急预案设立，承担粮食应急配送任务的机构。粮食应急配送中心信息化建设应以实现各项业务“全时在线”管理为目标，全面提高配送效率，缩短反应时间，与应急加工企业及供应网点协同运行，确保本区域应急保供的精准性、有效性和及时性，为各级政府调控市场提供信息技术支撑。

粮食应急配送中心信息化建设应重点加强商业客户、产品库存、仓储资源、运输装备的信息化管理，积极采用卫星定位、电子托盘、RFID 等技术，实现出入库管理、作业调度、自动盘库、客户合同、物流配送（含车辆调度、路线优化）以及安防监控等功能。粮食应急配送中心信息系统对下要与应急供应网点联通，即时或定期掌握各网点库存和销售情况；对上应与粮食行政管理部门联通，接受粮食行政管理部门的应急指挥调度，并实时动态反馈执行情况。

各地应严格依据应急预案和应急管理要求，重点支持影响大、覆盖广的应急配送中心信息系统建设。考虑到应急配送中心一般依托成品粮食批发市场、粮食应急加工企业、骨干军粮供应站及大型储备粮库等单位建设，因此应急配送中心信息系统要做好与依托单位信息系统的衔接、融合，具备条件的应统一规划、统一设计、同步实施。

三 建设要求

（一）统筹规划，整合资源。各地区各单位要按照全国粮食流通工作会议的总体部署和《粮食收储供应安全保障工程建设规划（2015—2020 年）》要求，结合本地区本单位信息化发展需求，科学编制本地区本单位信息化发展规划或建设方案，明确信息化建设主要目标、重点工程、技术路线及保障措施。在规划和方案的引领下，逐项建设，分步实施，有序推进。要遵循信息化发展规律，集中优势资源完成一个领域建设任务后再启动另一个领域的建设工作，在每个领域也要坚持先试点后推广的渐进模式。要整合各方资源，借力公共网络和平台，充分利用现有软硬件，尽量减少软硬件开发和购置投入，提高投资效率和使用效果，防止低水平重复建设。

（二）明确定位，突出重点。各地区各单位信息化建设要以需求为导向，聚焦关键共性问题，集中力量做好主要领域和关键信息系统开发部署工作。在谋划信息系统建设方案时，须用信息化思维方式对传统业务模式、管理流程和工作要求进行改造，充分发挥信息技术优势，实现系统部署与管理创新“双赢”。要将数据采集、政策性业务监管、流程控制、资源共享等作为信息化建设重点，在资金政策上给予保障。要准确界定各重点建设内容的边界范畴，分清轻重缓急，集中力量搞好关键系统开发部署。要选择技术成熟、使用广泛的产品和有发展前景的先进技术，避免超标准建设使用率不高的大屏幕、自动门窗等设施设备，除示范库外不宜安排试验性应用建设。

（三）统一标准，互联互通。粮食行业信息化建设要严格执行国家及行业标准，为实现全行业互联互通奠定基础。暂时没有国家和行业标准的，鼓励地方或企业制订标准，或采用公认的标准规范。各地区各单位要本着开放、共享的精神组织信息系统建设，互相开放接口和数据，打通政府部门、企事业单位之间的数据壁垒。要积极贯彻落实国务院《促进大数据发展行动纲要》，探索涉粮大数据应用，创新行业监管模式，提升科学决策水平，强化社会服务能力。系统开发要以数据为中心，为确保数据的全面性，省级平台还应当为不具备信息化系统条件的单位提供基于表单填报的数据直报系统。

（四）安全保密，运行稳定。信息系统建设要遵循相关安全标准，加强风险评估和安全防护，防止各种形式与途径的非法侵入，确保系统稳定运行、数据安全。要注重信息系统安全制度建设，强化网络与信息安全意识，加强人员培训和日常管理，提高行业信息网络安全保障能力。要建立稳定的信息系统运行维护经费保障机制，确保系统稳定持续运行。

（五）统一组织，降低成本。各地区各单位要在软件开发、硬件购置、系统集成采购等工作中，引入市场竞争机制，严格执行招标采购法律法规，选定合格的、可提供持续服务的供应商。要尽量采取统一采购方式采购统一规范的软硬件设备，降低采购成本，节省建设资金，对于粮油统计等全国性通用软件，原则上由国家粮食局统一组织开发。要积极创造条件，开展通用型软硬件产品质量性能测试，确保采购产品质量水平。

（六）加强领导，协同推进。各地区各单位要加强对粮食行业信息化建设工作的领导，将粮食行业信息化建设作为“一把手工程”列入重要议事日程。各地区各单位要建立粮食行业信息化建设领导小组，协调解决信息化建设中面临的问题和困难。要建立粮食行业信息化建设协调推进工作机制，加强与发展改革、财政等部门的协调，整合资源，形成合力。要做好与中国农业发展银行、中国储备粮管理总公司等单位信息系统的衔接，最大限度实现资源共享，减少重复建设。要充分发挥行业协会、软件开发企业、高等院校和专家队伍在推进粮食行业信息化建设工作中的积极作用。

国家粮食局

2016 年 4 月 15 日

（此件公开发布）

关于印发《2016 年全国粮食行业普法依法治理工作要点》的通知

国粮政〔2016〕111 号

各省、自治区、直辖市及新疆生产建设兵团粮食局：

为做好 2016 年粮食行业普法依法治理工作，根据《全国普法办公室关于印发〈2016 年全国普法依法治理工作要点〉的通知》（普法办〔2016〕2 号）精神，结合全国粮食流通工作会议精神，我局制定了《2016 年全国粮食行业普法依法治理工作要点》，现印发给你们。请结合实际，认真贯彻落实。

国家粮食局

2016 年 5 月 24 日

（此件依申请公开）

2016 年全国粮食行业普法依法治理工作要点

2016 年是“七五”普法的启动之年，粮食行业普法依法治理工作的总体要求是：全面贯彻党的十八大和十八届三中、四中、五中全会精神，深入学习贯彻习近平总书记系列重要讲话精神和对法治宣传教育工作重要指示，认真落实全国粮食流通工作会议精神，紧紧围绕粮食流通工作大局，有针对性地开展粮食行业法治宣传教育工作，努力为守住管好“天下粮仓”、保障国家粮食安全营造良好的法治环境。

一 切实做好粮食行业“七五”普法规划启动和实施工作

1. 研究制定粮食行业“七五”普法规划。根据全国“七五”普法规划的总体要求，全面总结粮食行业“六五”普法工作情况，围绕粮食流通中心工作，在广泛征求意见的基础上，科学编制粮食行业“七五”普法规划，确定“七五”普法的目标、要求和主要任务。

2. 健全粮食行业普法工作机制。各级粮食行政管理部门要全面落实“谁执法谁普法”的普法责任制，切实抓好粮食法治宣传教育队伍建设，明确“七五”普法工作办事机构和人员，做好普法队伍培训工作；落实粮食普法经费，将粮食普法经费列入部门预算，足额落实、专款专用，保证粮食法治宣传教育工作正常开展。

二 深入推进粮食行业国家工作人员学法用法

3. 突出学习宣传以宪法为核心的中国特色社会主义法律体系。坚持把学习宣传宪法放在首位，作为各级党组（党委）中心组学习的重要内容，利用“12・4”国家宪法日等重要活动节点，在粮食行业广泛开展宪法宣传教育工作，使粮食行业广大干部职工全面深刻理解宪法的基本原则和精神，在全行业形成崇尚宪法、遵守宪法、维护宪法权威的良好氛围。大力学习宣传《立法法》《国家安全法》《行政许可法》《行政处罚法》《行政复议法》《行政诉讼法》等相关法律法规，引导粮食行业树立法治观念、培育法治信仰、弘扬法治精神，提高厉行法治的自觉性、积极性和主动性。

4. 结合"两学一做"学习教育深入开展法治宣传教育。按照党中央以及各地关于开展"两学一做"学习教育的总体部署要求，把学习党章党规、习近平总书记系列重要讲话与粮食行业法治宣传教育工作结合起来。认真学习《中国共产党章程》《中国共产党廉洁自律准则》《中国共产党纪律处分条例》《中国共产党党员权利保障条例》等党内法规，引导粮食行业党员干部牢记党规党纪，强化纪律、规矩意识。深入学习习近平总书记关于全面建成小康社会、全面深化改革、全面依法治国、全面从严治党以及保障国家粮食安全的重要论述，进一步增强粮食行业广大党员干部的法治意识，增强依法行政的责任感、使命感、紧迫感，为端牢中国人自己的饭碗、守住管好天下粮仓提供法治保障。

5. 认真贯彻《关于完善国家工作人员学法用法制度的意见》。各级粮食行政管理部门要研究制定具体落实方案，把国家工作人员学法用法纳入粮食流通工作总体布局，同业务工作同部署、同检查、同落实。进一步健全完善党组（党委）中心组学法、国家工作人员日常学法、法治培训和考核、任职法律考试和依法决策、依法履职等制度，加强对国家工作人员学法用法工作的考核评估，把能不能遵守法律、依法办事作为考察干部的重要依据。各级粮食行政管理部门要制定可操作、管长远的具体办法，采取切实可行的措施，加强组织协调和督促检查，形成工作合力，把各项制度措施落到实处。

三 认真做好粮食行业法律法规的学习宣传

6. 认真做好新修订两部条例的学习宣传工作。各级粮食行政管理部门要按照《国家粮食局办公室关于做好新修订〈中央储备粮管理条例〉〈粮食流通管理条例〉贯彻落实工作的通知》（国粮办政〔2016〕79号）要求，切实抓好新修订的两部条例的贯彻落实工作。严格按照法定条件和程序开展行政许可工作，严格落实粮食收购资格许可后置审批，取消"中央储备粮保管、检验、防治人员资格认定"审批事项，落实取消中央储备粮代储资格认定地方初审和申请人"资信证明""财务审计"两项中介服务事项；加强粮食收购市场监管，依法维护粮食收购市场秩序；加强粮食行业职业技能培训工作，提高粮食行业技能人才队伍整体素质水平，为确保国家粮食安全提供人才保障。

7. 着力开展与履职相关的法律法规的学习宣传活动。加强《统计法》《国家粮食流通统计制度》等法律制度的学习宣传，确保粮食流通统计制度的贯彻执行；加强《预算法》《政府采购法》《招标投标法》《财政违法行为处罚处分条例》《违规发放津贴补贴行为处分规定》等财经法律法规政策的学习，进一步增强粮食行业党员干部财经法纪观念和廉洁自律意识；加强《中央储备粮代储资格认定办法》《粮油仓储管理办法》等规章的学习宣传，做好中央储备粮代储资格认定和粮油仓储管理工作；加强《合同法》《仲裁法》《粮食竞价销售交易规则》《国家临时存储粮食销售办法》《国家政策性粮食出库管理暂行办法》等法律法规制度的学习宣传，推进粮食交易工作规范化、制度化；加强军粮供应管理政策制度的学习宣传，强化军粮供应系统法治观念和依法行政的自觉性；加强《食品安全法》《标准化法》的学习宣传，强化粮食质量安全意识；加强《科学技术进步法》《国家科学技术奖励条例》《国家科学技术奖励条例实施细则》等法律法规规章的学习宣传，做好粮食行业科技项目推荐、科技评价等工作；加强《著作权法》及其实施条例、《出版管理条例》《出版管理行政处罚实施办法》等法律法规规章的学习宣传，规范行业编辑出版工作。

8. 开展“法律六进”活动。针对不同时段、不同地区、不同普法对象的特点和法律需求，确定粮食法治宣传教育重点对象和内容。推进“法律进机关”，向粮食行业机关干部宣传宪法、基本法和与履职相关的法律法规制度；推进“法律进农村”，向种粮农民宣传保护粮食生产者合法权益方面的法律和政策；推进“法律进企业”，向粮食经营者宣传在粮食经营活动中应履行的法定义务；推进“法律进学校、进社区、进单位”，向粮食消费者宣传爱粮节粮、食品安全等方面的规定和知识。

四　扎实推进普法依法治理工作

9. 深入推进粮食行业行政审批制度改革。坚持依法审批，规范粮食行政审批受理、审查、决定、送达等行为，编制和公布粮食行政审批服务指南，公布举报和监督电话，进一步精简办事程序，减少审批环节，缩短办理时限，简化优化办事流程，改进服务质量；逐步推进行政审批网上办理；加强粮食行政审批事项事中事后监管工作。

10. 扎实开展粮食行政执法工作。加强粮食监督检查体系和依法管粮能力建设，规范行政执法行为；突出抓好政策性粮食销售出库监管，确保国家政策性粮食及时投放市场；继续强化粮食库存检查和中央储备粮油检查，坚决守住“数量真实、质量良好、储存安全”的监管底线；抓好粮食收购政策执行情况专项检查，确保国家惠农富农政策落到实处；加强粮食统计执法检查力度，建立健全统计巡查和统计违法案件通报制度，确保粮食统计工作正常开展；加强粮食收购、储存环节中的质量安全监管，严格入库、储存、出库粮食质量检验，确保粮食质量安全；加大涉粮案件查办力度，维护国家粮食法规、政策的严肃性。

11. 持续推进粮食依法行政示范创建活动。完善示范单位评选标准和动态调整制度，定期对示范单位进行检查，并及时进行调整。发挥示范单位的示范带动作用，交流推广依法行政的好经验、好做法，推动粮食普法依法治理工作深入开展，提升粮食行政管理部门依法行政的能力和水平。

五　不断创新粮食行业普法工作形式

12. 积极发挥新媒体的宣传作用。在充分发挥报刊、书籍、宣传画等传统宣传阵地优势的同时，注重发挥互联网、移动通信等新媒体的带动作用。加强新媒体普法平台建设，在重要时间节点，利用微博、微信公众号、政府网站、手机报、微视等，组织开展法治宣传教育，扩大粮食行业普法的覆盖面和时效性。

13. 创新粮食行业普法工作的形式。结合全民国家安全教育日、条例颁布实施周年宣传、食品安全宣传周、粮食科技活动周、世界粮食日、全国法治宣传日等主题活动，以新闻发布会、在线访谈、知识竞赛、讲座等形式，组织开展形式多样的宣传活动，普及法律知识，营造良好的法治宣传氛围。

关于成立国家粮食安全政策专家咨询委员会的通知

国粮人〔2016〕113号

各司室、直属单位、联系单位：

为深入贯彻国家粮食安全战略，全面推进依法治粮，提高粮食政策、决策的科学化、民主化、法治化水平，推动粮食流通事业健康发展，确保国家粮食安全，经局党组研究决定，成立国家粮食安全政策专家咨询委员会。

国家粮食安全政策专家咨询委员会是为国家粮食安全政策、决策提供咨询的专门机构，是国家粮食局广泛依靠和充分发挥各方面专家优势的非法人组织。国家粮食安全政策专家咨询委员会在国家粮食局领导下开展工作，秘书处设在中国粮食研究培训中心，承担专家咨询委员会日常工作。

国家粮食局

2016年5月24日

（此件依申请公开）

关于印发《粮油储存安全责任暂行规定》的通知

国粮储〔2016〕136号

各省、自治区、直辖市及新疆生产建设兵团粮食局，中国储备粮管理总公司、中粮集团有限公司、中国中纺集团公司、中航工业集团公司，黑龙江省农垦总局：

为应对高库存下的安全储粮压力，全面落实、层层压实粮油储存安全责任，确保粮油安全储存，国家粮食局制定了《粮油储存安全责任暂行规定》，现印发给你们，请严格遵照执行。

国家粮食局

2016年6月30日

（此件公开发布）

粮油储存安全责任暂行规定

第一章 总 则

第一条 为进一步落实粮油储存安全（以下简称"安全储粮"）责任，全面加强安全储粮管理，确保国家粮食安全，根据《粮食流通管理条例》《中央储备粮管理条例》《粮油仓储管理办法》等相关法规规章及粮油储藏相关标准规范，制订本规定。

第二条 本规定所称粮油涵盖国家政策性粮食（包括中央储备粮、国家临时收储粮、最低收购价粮、国家临时储备和临时存储进口粮及国家一次性储备粮，含油，下同）和各级地方储备粮油，以及各类粮油仓储单位自营的商品粮油。

本规定所称安全储粮责任，是指粮油仓储单位、政策执行主体、粮食行政管理部门及其工作人员对库存粮油储存安全的职责和义务，以及对发生粮油储存事故后果所承担的责任。其他单位和个人因过失或者过错造成库存粮油受损，依据有关法律法规承担相应责任。

第三条 安全储粮工作必须贯彻"预防为主、综合防治"的方针，坚持"谁储粮、谁负责""谁坏粮、谁担责"的原则，建立粮油仓储单位、政策执行主体、粮食行政管理部门职责明晰、分工负责、有机统一的安全储粮责任体系。

第二章 粮油仓储单位的责任

第四条 粮油仓储单位是安全储粮第一责任主体，对本单位安全储粮工作负主体责任，应当认真执行国家和地方关于安全储粮的各项规定、政策和标准，建立健全仓储管理与安全储粮规章制度、隐患台账和应急预案。明确岗位责任分工，任务到岗、责任到人。按照要求检测储藏粮情、排查处置隐患，及时向所在地粮食行政管理部门报送相关情况，并自觉接受监督管理。

第五条 粮油仓储单位法定代表人或者主要负责人是本单位安全储粮第一责任人，对本单位安全储粮工作（含外租仓储粮，下同）全面负责。具体职责如下：

（一）建立健全本单位安全储粮岗位责任制；

（二）组织制定本单位安全储粮规章制度和操作规程；

（三）组织制定并实施本单位安全储粮培训计划；

（四）保证安全储粮设施和设备齐全完好，保证安全储粮必要的资金投入；

（五）督促和检查本单位安全储粮工作，落实经常性储藏粮情监测分析制度，全面准确掌握储粮的安全状况，及时消除储粮安全隐患；

（六）组织制定并实施本单位异常粮情处置方案；

（七）按照《粮油仓储管理办法》的相关规定报告粮油储存事故，并指挥本单位事故处置。

第六条 粮油仓储单位分管仓储工作负责人对本单位安全储粮工作负直接领导责任。具体职责如下：

（一）组织建立健全粮油仓储管理制度，督促和检查各项仓储管理制度的落实；

（二）结合本单位实际情况，组织制订粮油仓储管理具体工作方案，经主要负责人批准后组织实施；

（三）定期组织开展储粮安全检查和储藏粮情分析，研究制订异常情况干预处置措施并组织实施；

（四）督促、协调整治储粮安全隐患；

（五）组织检查粮油出入库质量和管理情况，对出入库粮油的质量和工作的规范性负责；

（六）审批通风、熏蒸等重要仓储作业方案，对通风、熏蒸等作业方案的合理性和用药的安全性负责；

（七）组织制定科学储粮计划和实施方案，积极应用先进适用的粮油储藏技术；

（八）及时向主要负责人报告粮油储存事故，协调促进事故的处置和调查。

第七条 粮油仓储单位的仓储管理机构及其负责人对本单位安全储粮工作负直接管理责任。具体职责如下：

（一）严格执行粮油仓储管理制度，开展经常性储粮安全检查和储藏粮情分析，建立储粮安全隐患台账并跟踪整治；

（二）提出储粮安全隐患处置方案，及时报分管仓储工作负责人审批；

（三）对库存粮油储存的安全性和仓储管理基础工作的规范性负责；

（四）对出入库组织的周密性、各环节工作的合规性、任务完成的实效性负责；

（五）对通风、熏蒸等工作布置及报告单审批的及时性和合理性负责，对通风、熏蒸工作指导和督促的及时性和合理性负责；

（六）对发现的储粮安全隐患和发生的粮油储存事故要及时报告分管仓储工作负责人协调解决，及时处置储粮安全隐患和粮油储存事故，并查明原因；

（七）积极组织保管人员进行或者参加教育培训，努力提高其专业知识和职业技能水平；

（八）提出科学储粮计划和实施方案，积极应用先进适用的粮油储藏技术。

第八条 粮油仓储单位的粮油保管员是所管仓廒（罐）粮油储存安全的直接责任人，负责做好所管仓廒（罐）的粮油保管工作。具体职责如下：

（一）粮油入仓（罐）前，检验责任仓廒（罐）及相关设施设备是否完好、可用；

（二）粮油入仓（罐）时，配合入粮（油）作业及时进行整理，使入仓（罐）粮油达到储存安全的要求；

（三）粮油入仓（罐）后，及时建立粮油保管账，准确填写责任仓廒（罐）的账、卡、簿，并对其完整性、真实性、准确性负责；

（四）粮油储存期间，严格按照要求进行日常检查，密切关注储藏粮情变化，发现储粮安全隐患及时上报、处置，隐患处置方案经批准后配合落实；

（五）每次检查和作业完成后，及时、如实填写“工作日志”；

（六）积极参与储粮技术研究及应用相关活动。

第九条 粮油质量检验结果关系储粮安全状况，粮油仓储单位的质量检验机构和人员应当对粮油入库、储存期间的质量检验结果负责。

第十条 仓储设施、机械设备及电气设备等对储粮安全有直接或者间接影响，粮油仓储单位的相关机构和人员应当对确保仓储设施和机械、电气设备功能完好及日常维护负责。

第十一条 粮油仓储单位应当在本单位的规章制度中细化安全储粮责任，并对内部相关岗位人员履行安全储粮具体工作职责的情况进行考评，形成和落实奖惩激励机制。

第三章 政策执行主体的责任

第十二条 中国储备粮管理总公司对国家政策性粮食储存安全承担主体责任。包括对其直属企业和租赁库点安全储粮工作的直接管理责任，对代储、委托库点存储国家政策性粮食储存安全的监督管理责任。具体职责如下：

（一）认真执行国家关于安全储粮的政策、制度和标准，健全本公司仓储业务管理制度，建立国家政策性粮食的储存安全监测预警机制；

（二）对其直属企业和租赁库点的安全储粮工作进行直接管理；

（三）通过其分支机构或者直属企业依照委托保管合同对代储、委托库点的国家政策性粮食储存安全进行监督管理；

（四）确保承储库点满足安全储粮条件，保证安全储粮必要投入；

（五）及时对直属企业、租赁库点和代储、委托库点提供安全储粮技术指导；

（六）及时处置国家政策性粮食重大储存安全隐患和险情，并按照要求汇总情况向国家粮食行政管理部门报告。

第十三条 受中国储备粮管理总公司委托承担最低收购价和临时收储粮食储存任务的中粮集团有限公司、中国中纺集团公司、中航工业集团公司和黑龙江省农垦总局，对其受委托储存的上述国家政策性粮食储存安全承担直接管理责任。具体职责如下：

（一）认真执行国家关于安全储粮的相关政策、制度和标准及有关仓储业务管理制度；

（二）定期检查所属企业和租赁库点承储的国家政策性粮食，对储藏粮情作出分析研判；

（三）督促所属企业和租赁库点及时排查整治储粮安全隐患，及时向所在地粮食行政管理部门和中国储备粮管理总公司分支机构或者直属企业报告情况；

（四）及时处置重大储粮安全隐患和险情，并向国家粮食行政管理部门和中国储备粮管理总公司报告。

第十四条　地方储备粮油收储政策执行主体对地方储备粮油储存安全承担主体责任。具体职责如下：

（一）严格执行国家和地方相关政策、制度和标准，建立和完善地方储备粮油储存安全监测预警机制；

（二）直接管理直属企业和租赁库点的安全储粮工作；

（三）对代储、委托库点的地方储备粮油储存安全进行监督管理；

（四）确保承储库点满足地方储备粮油安全储存的条件，保证安全储粮必要投入；

（五）及时对直属企业、租赁库点和代储、委托库点提供安全储粮技术指导；

（六）及时处置地方储备粮油重大储存安全隐患和险情，并按照要求汇总情况向本级地方人民政府粮食行政管理部门报告。

第四章　粮食行政管理部门的责任

第十五条　国家粮食局负责全国安全储粮工作的监管督导。主要职责如下：

（一）制定安全储粮的制度、政策和标准并组织实施；

（二）组织储粮安全检查工作；

（三）建立全国储粮安全监测预警机制；

（四）督促和指导地方人民政府粮食行政管理部门、政策执行主体、粮油仓储单位做好安全储粮工作和处置重特大粮油储存事故；

（五）对安全储粮工作提供技术指导。

第十六条　县级以上地方人民政府粮食行政管理部门在本级人民政府领导和上级粮食行政管理部门指导下，按照属地原则对本行政区域的安全储粮工作进行监管督导。主要职责如下：

（一）负责促进安全储粮相关制度、政策和标准的实施；

（二）制定本行政区域的安全储粮具体规定；

（三）组织辖区内除中央储备粮以外的储粮安全检查工作，及时组织处置重特大粮油储存事故；

（四）接受国家粮食局委托对辖区内中央储备粮的储存安全情况进行监督检查；

（五）建立辖区内储粮安全监测预警机制，按照要求向上级粮食行政管理部门报送并及时处置重大粮油储存安全隐患和险情；

（六）对辖区内安全储粮工作提供技术指导。

第十七条　粮食行政管理部门的安全储粮监管督导不得影响被监督单位的正常生产经营活动，政策执行主体和粮油仓储单位应当自觉接受粮食行政管理部门的监管督导。

粮油仓储单位认为所在地粮食行政管理部门或者政策执行主体分支机构及其直属企业因监督管理

干扰自身正常生产经营活动，甚至谋取不正当利益的，可以向上级粮食行政管理部门或者政策执行主体分支机构及其直属企业的上级机构直至国家粮食局反映情况。

第十八条　任何单位和个人对安全储粮工作中的违法违规行为与储粮安全隐患，均有权向粮食行政管理部门举报。粮食行政管理部门接到举报后，应当依法依规予以核查、处理。

第五章　责任追究

第十九条　县级以上地方人民政府粮食行政管理部门安全储粮工作不作为乱作为、履责不力的，由上级粮食行政管理部门约谈，责令改正，给予通报，计入所在地粮食安全责任制考核结果；根据情节严重程度和失职、渎职行为情况，依纪依规对直接负责的主管人员和其他直接责任人员给予相应的纪律、行政处分。

第二十条　粮食收储政策执行主体对政策性粮食储存安全履行责任不到位，导致发生粮油储存事故的，根据情节严重程度，依纪依规对其及下属的分支机构或者所属企业直接负责的主管人员和相关责任人员给予相应的纪律、行政处分。

第二十一条　粮油仓储单位履行安全储粮责任不到位，导致发生粮油储存事故的，根据情节严重程度，依纪依规对其主要负责人和相关责任人员给予相应的纪律、行政处分。

承担政策性粮食储存任务的代储、委托库点发生上述问题的，粮食行政管理部门应当责令其尽快整改、弥补损失；整改不到位的，应当依照相关法律规定取消其相应资格，政策执行主体应当中止其储存任务，调出承储粮食。

第二十二条　粮油仓储单位不具备安全储粮条件，或者违反安全储粮相关政策、制度和标准的，按照《粮油仓储管理办法》的相关规定进行处罚。

第二十三条　发生粮油储存事故和发现储粮安全隐患、险情，应当按照相关规定和要求进行报告。报告单位对报告情况的真实性、完整性和时效性负责，如有瞒报、漏报或者延报，由受报单位责令改正，给予通报；造成严重后果的，依法追究报告单位主要负责人和相关责任人员的责任。

第二十四条　粮油仓储单位发生粮油储存事故，造成政策性粮油损失的，应当查明原因；属于责任事故的，由所在地粮食行政管理部门根据粮食权属和相关规定，责令其按照账面品种、数量及等级在承储任务期内予以补库，或者照价赔偿，并承担相应法律责任。

第二十五条　上述涉及违纪违法案件的，依纪依法移送纪检或者公安、检察机关处理。

第二十六条　粮油仓储单位发生粮油储存事故和受到相关处罚的情况，由所在地粮食行政管理部门计入信用记录。

第二十七条　粮食行政管理部门、政策执行主体和粮油仓储单位对其内部工作人员安全储粮责任的问责、追责，依据国家有关规定及其内部规章制度执行。

第六章　附　则

第二十八条　本规定所称粮油仓储单位，与《粮油仓储管理办法》中的粮油仓储单位一致。

本规定所称政策执行主体，包括中国储备粮管理总公司，受中国储备粮管理总公司委托承担最低收购价和临时收储粮食储存任务的中粮集团有限公司、中国中纺集团公司、中航工业集团公司和黑龙江省农垦总局，以及地方储备粮油收储政策执行主体。

本规定所称粮油储存事故的划分标准、报告程序和时间要求，按照《粮油仓储管理办法》相关规定执行。

第二十九条　本规定由国家粮食局负责解释。

第三十条　本规定自 2016 年 7 月 1 日起施行。

关于大力促进粮食科技成果转化的实施意见

国粮储〔2016〕148 号

各省、自治区、直辖市及新疆生产建设兵团粮食局，中国储备粮管理总公司：

促进粮食科技成果转化是粮食行业深入贯彻实施创新驱动发展战略的重要任务，是加强科技与粮食经济紧密结合的关键环节，对于推进粮食供给侧结构性改革、支撑发展粮食产业经济具有重大意义。为深入贯彻全国科技创新大会精神，落实《国务院关于印发实施〈中华人民共和国促进科技成果转化法〉若干规定的通知》（国发〔2016〕16 号）和《国务院办公厅关于印发促进科技成果转移转化行动方案的通知》（国办发〔2016〕28 号）对促进科技成果转化提出的新要求，打通粮食科技与粮食产业经济结合的通道，加快推动粮食科技成果转化为现实生产力，进一步推进实施“科技兴粮”工程，切实增强粮食行业创新驱动能力，现就大力促进粮食科技成果转化提出如下实施意见。

一 促进粮食行业共性关键科技成果转化

（一）加强粮食行业公益性科技成果转化。各级粮食行政管理部门要研究制定支持粮食科技成果转化的政策措施，加强与发展改革、财政、科技、税收等相关部门的沟通协调，积极争取国家或地方政策和财政资金支持，发挥好财政资金和政策对行业公益性技术转化的引导作用，重点推动一批先进适用、安全可靠、经济节约、知识产权归属清晰的粮食仓储物流、质量安全、加工转化和信息化等重要科技成果转化和推广应用，让科技成果尽快落地生根，不断提升粮食流通管理和粮食产业的科技含量。要鼓励粮食企业自主研究和推广应用行业共性科技成果，对于牵头参与行业公益性科研项目中涉及产业化的企业，给予相应的资金支持，享有依法约定合作的知识产权归属和权益分配等。

（二）引导科研单位聚焦重大需求转化粮食科技成果。针对粮食行业公益性强、科技成果转化动力偏弱的特点，支持粮食行业研究开发机构、相关高等院校（以下称为“粮食行业科研单位”）聚焦制约粮食行业发展急需解决的共性关键重大问题，通过承担和参与国家重点研发计划重点专项等公益性粮食科技项目研究，加强科技成果扩散和转化应用。粮食科技项目立项要把研究成果转化应用作为重要目标，并列入考核指标之一，将研究成果转化相关工作内容编入项目文本并申报相应的经费预算，安排预算时一般应专门列出；在科研团队中，一般应配备科技成果转化力量，以利于更好实现研究成果的实用价值和市场价值。

（三）推动企业加速粮食科技成果转化。粮食企业要发挥处于行业一线的优势，以需求为导向，主动推进科技成果转化应用。国家和地方财政支持的市场导向明确的行业共性关键科技研发项目和成果应用，原则上由粮食企业牵头组织实施。要调动粮食企业转化推广应用科技成果的积极性，中央粮食企业和地方骨干粮食企业要发挥示范带头作用，加强与科研院所、高校联合研发和转化，在行业内树立一批粮食科技成果转化的先进典型，把成果转化应用纳入年终考核范围，对业绩突出的给予奖励。

二 促进粮食行业科研单位转移科技成果

（四）科研单位自主决定多种方式转移转化科技成果。粮食行业科研单位可以自主决定通过转让、许可或者作价投资等方式，向企业或者其他组织转移行业科技成果。除涉及国家秘密、国家安全外，不需审批或者备案。粮食行业科研单位有权依法以持有的科技成果作价入股，并通过发起人协议、投资协议或者公司章程等形式对科技成果的权属、作价、折股数量或者出资比例等事项明确约定，明晰产权。要积极采取措施，鼓励和支持粮食行业科研单位优先向中小微粮食企业转移科技成果，为粮食行业大众创业、万众创新提供技术供给。

（五）完善科研单位技术转移机构服务功能。支持粮食行业科研单位加强专业技术转移机构建设，建立健全单位内部技术转移转化工作体系、机构和机制，加强科技成果转移的组织领导，优化成果转化流程，提高转移转化效率。在有条件的院所、高校探索科技成果转移转化的有效模式与机制，试行技术经理人市场化聘用机制。

科技成果转化所获得的收入全部留归单位，纳入单位预算，不上缴国库，扣除对完成和转化职务科技成果作出重要贡献人员的奖励和报酬后，应主要用于科技研发与成果转化等相关工作，并对技术转移机构的运行和发展给予保障。

（六）对科技成果转化鼓励通过市场化方式定价。粮食行业科研单位对其持有的科技成果，应当通过协议定价、在技术交易市场挂牌交易、拍卖等市场化方式确定价格。协议定价的，科技成果持有单位应当在本单位公示科技成果名称和拟交易价格，公示时间不少于 15 日。单位应当制定并公开异议处理程序和办法。

在确定价格过程中，相关负责人在履职尽责、没有牟取非法利益的前提下，免除其在科技成果定价中因科技成果转化后续价值变化产生的决策责任。

（七）将科技成果转化情况纳入科研单位绩效考评。粮食行业科研单位以及承担和参与公益性粮食科技项目的单位应当按照规定格式，于每年 3 月 30 日前向国家粮食局报送本单位上一年度科技成果转化情况的年度报告，行业主管部门审核后于每年 4 月 30 日前将各单位科技成果转化年度报告报送至科技、财政行政主管部门指定的信息管理系统。年度报告内容主要包括：

1. 科技成果转化取得的总体成效和面临的问题；

2. 主持及参与完成的成果数量及有关情况；

3. 科技成果转让、许可和作价投资情况；

4. 推进产学研合作情况，包括自建、共建研究开发机构、技术转移机构、科技成果转化服务平台情况，签订技术开发合同、技术咨询合同、技术服务合同情况，人才培养和人员流动情况等；

5. 科技成果转化绩效和奖惩情况，包括科技成果转化取得收入及分配情况，对科技成果转化人员的奖励和报酬等。

各级粮食行政管理部门对所属科研单位进行绩效考评时，应当将科技成果转化情况作为评价指标之一。要加大对科技成果转化绩效突出的科研单位及人员的支持力度，根据单位科技成果转化年度报告情况等，对单位科技成果转化绩效予以评价，并将评价结果作为对单位予以支持的重要参考依据。

三 推动粮食企业与粮食行业科研单位紧密合作

（八）鼓励企业与科研单位多种方式紧密合作。针对粮食企业自有科研机构相对不足的实际，鼓励和支持企业与行业科研单位以股权合作等多种方式，共同建设实验室、研发中心、中试基地和技术培训基地，产学研协同开展粮食科技攻关、标准研究制定和成果应用推广等。鼓励粮食企业与科研单位探索建立股份制合作机制。

（九）发展“互联网+”粮食科技创新服务。围绕实施“互联网+”行动，发挥互联网优势，支持构建众创空间，积极开展粮食企业技术难题竞标等“研发众包”、用户参与设计等新型研发组织模式探索，引导行业科技人员、科研单位承接粮食企业的科技项目委托和难题招标，加强行业创新资源共享合作，推进开放式融合创新，促进前沿技术和创新成果及时转化。

（十）构建多种形式的粮食产业技术创新联盟。鼓励和支持龙头企业与科研单位构建多种形式的粮食产业技术创新联盟，充分发挥中央粮食企业和地方骨干粮食企业的主导作用，联合上下游企业和科研单位围绕产业链构建科技创新链，为成员企业提供订单式研发服务，提高粮食科技资源利用效率。支持联盟承担粮食行业重大科技成果转化项目，探索联合攻关、利益共享、知识产权运营的有效机制与模式。

（十一）支持建立粮食科技成果综合集成示范。强化政府引导，鼓励企业牵头，加强产学研协同，聚焦粮食行业重大需求，坚持先进适用技术筛选、技术配套集成与推广一体化设计，开展中试熟化与产业化、集成开发，建立中间试验、工业化试验、工程化开发平台、集成示范及推广的协调机制，提供全程系统性技术解决方案，加快科技成果转移转化。

四 激励粮食行业科技人员创新创业

（十二）健全粮食科技成果转化收益分配激励机制。粮食行业科研单位应依据国家有关规定，在充分听取本单位科技人员意见的基础上，制定转化科技成果收益分配制度，并在本单位公开。依法对职务科技成果完成人和为成果转化作出重要贡献的其他人员给予奖励时，按照以下规定执行：

1. 以技术转让或者许可方式转化职务科技成果的，应当从技术转让或者许可所取得的净收入中提取不低于 50% 的比例用于奖励。

2. 以科技成果作价投资实施转化的，应当从作价投资取得的股份或者出资比例中提取不低于 50% 的比例用于奖励。

3. 在研究开发和科技成果转化中作出主要贡献的人员，获得奖励的份额不低于奖励总额的 50%。

4. 对科技人员在科技成果转化工作中开展技术开发、技术咨询、技术服务等活动给予的奖励，可按照《中华人民共和国促进科技成果转化法》和《国务院关于印发实施〈中华人民共和国促进科技成果转化法〉若干规定的通知》等执行。

（十三）实施粮食行业科技特派员农村科技创新创业行动。贯彻《国务院办公厅关于深入推行科技特派员制度的若干意见》（国办发〔2016〕32 号），紧密对接产业需求，建立面向农村、面向农民、面向企业的农村粮食产后科技服务新模式新体系，提高农民粮食收储运和加工水平，减少损失浪费，促进增收致富。组织动员粮食仓储和加工企业、科研院所、院校、质检中心、工程技术中心及科技人员和高层次专家服务基层，开展农户科学储粮减损、粮食产后服务、粮食经纪人技能培训、兴粮惠农进万家、成果转化对接等活动，打造一支面向基层服务的科技成果转移转化人才队伍。

普通高校、科研院所、职业学校等事业单位对开展农村科技公益服务的科技特派员，在5年时间内实行保留原单位工资福利、岗位、编制和优先晋升职务职称的政策，其工作业绩纳入科技人员考核体系；对深入农村开展科技创业的，在5年时间内保留其人事关系，与原单位其他在岗人员同等享有参加职称评聘、岗位等级晋升和社会保险等方面的权利，期满后可以根据本人意愿选择辞职创业或回原单位工作。

（十四）鼓励科技人员到企业兼任技术职务。国家设立的粮食行业研发机构和院校科技人员在履行岗位职责、完成本职工作的前提下，经征得单位同意，可以兼职到企业等从事科技成果转化活动，或者离岗创业，原单位3年时间内保留人事关系。粮食行业科研单位应当建立制度、规定或者与科技人员约定兼职、离岗从事科技成果转化活动期间和期满后的权利和义务。离岗创业期间，科技人员所承担的国家科技计划和基金项目原则上不得中止，确需中止的应当按照有关管理办法办理手续。鼓励粮食行业科研单位根据专业特点、行业领域技术发展需要，聘请粮食企业及其他组织的科技人员兼职从事教学和科研工作。

（十五）对于担任领导职务的科技人员获得成果转化奖励按分类管理原则执行。各级粮食行政管理部门所属科研单位（不含内设机构）正职领导，以及上述单位所属具有独立法人资格单位的正职领导，是科技成果的主要完成人或者对科技成果转化作出重要贡献的，可以按照促进科技成果转化法的规定获得现金奖励，原则上不得获取股权激励。其他担任领导职务的科技人员，是科技成果的主要完成人或者对科技成果转化作出重要贡献的，可以按照促进科技成果转化法的规定获得现金、股份或者出资比例等奖励和报酬。

对担任领导职务的科技人员获得知识产权、成果奖励、科技成果转化收益分配实行公开公示制度，禁止利用职权侵占他人科技成果转化收益。

（十六）鼓励粮食企业健全科技成果转化分配激励机制。鼓励粮食企业充分利用股权出售、股权奖励、股票期权、项目收益分红、岗位分红等方式激励科技人员开展科技成果转化，建立健全符合粮食科技成果转化工作特点的职称评定、岗位管理、考核评价制度和收入分配激励约束机制。

各级粮食行政管理部门要结合深化国有粮食企业改革，督促落实国有科技型企业股权和分红激励政策，对科技人员实施激励。

五　为粮食行业科技成果转化提供有力保障

（十七）加强粮食行业科技成果、人才、机构对接服务。国家粮食局积极搭建粮食行业科技成果、人才、机构对接平台，推动粮食行业科技成果供给端与需求端精准对接。要广泛征集、筛选粮食行业科技需求，发布《粮食行业科技需求指南》，引导研究开发机构、高等院校围绕行业科技需求有针对性地开展技术研发与攻关；要加强粮食科技信息管理，建立行业科技成果库和科技人才库信息系统，推广科技成果在线登记汇交系统，发布《可面向企业转化的粮食科技成果目录》或《产业技术指导目录》和《粮食科技人才指导目录》，为企业有效对接主动提供信息服务。

建立全国粮食科技成果转化交流机制，在每年粮食科技活动周期间，继续组织举办“全国粮食科技成果转化对接活动”，以成果、人才、机构等对接为重点，及时发布转化先进适用的粮食科技成果包。同时，构建网上粮食科技成果转化对接信息服务平台，加强科技成果信息汇总，便于供需双方实时对接。

（十八）发挥科技中介组织促进成果转化的纽带作用。鼓励粮食行业科研单位、学会组织健全科技中介服务功能，为粮食科技成果交易提供场所、信息平台以及信息检索、加工与分析、评估、经纪等服务。粮油学会等科研团体要利用广泛联系科技工作者的独特优势和已有服务平台，加强科技成果的推介和转化，推动成果、人才、机构与需求有效对接，促进粮食行业科技进步。国家粮食行政管理部门将组织对粮食行业科技中介服务机构进行考核评估，对运作规范、有发展前途的予以支持。

粮食标准化管理部门应组织开展粮食行业的新技术、新工艺、新材料、新产品的标准研究和制修订工作，并积极参与国际标准制修订，为推进先进适用的粮食科技成果转化提供标准服务，全面提高行业技术标准水平。

（十九）加强知识产权保护和服务。强化创新成果转化的知识产权保护，健全行业知识产权保护预警防范机制，加大知识产权侵权行为惩处力度。建立粮食行业科技信用体系，对违法复制专利、剽窃论文、偷取技术、挂名侵权等恶意行为，要予以通报批评并纳入行业科技信用记录，情节严重的移交司法机关。科研院所、高校的科技人员以离岗创业、兼职等方式从事科技成果转化要遵守原单位的约定，保守原单位的商业秘密，尊重原单位的知识产权；使用原单位或他人知识产权的，要与原单位或他人签订许可或转让协议。国家粮食科研项目要向信用记录良好的单位适当倾斜。

（二十）加强组织领导。各级粮食行政管理部门要充分发挥在科技创新需求凝练、科技成果转化示范推广等方面的重要作用，及时研究新情况、新问题，加强政策执行力度，开展监测评估，及时总结推广经验做法，加大宣传力度，提升粮食行业科技成果转化的质量和效率，推动粮食产业经济转型升级、提质增效。

本意见贯彻执行中遇到的新情况和新问题，请及时向国家粮食局报告。

国家粮食局

2016 年 7 月 12 日

（此件公开发布）

关于加快推进粮食行业供给侧结构性改革的指导意见

国粮政〔2016〕152号

各省、自治区、直辖市及新疆生产建设兵团粮食局：

推进供给侧结构性改革，是以习近平同志为总书记的党中央深刻把握我国经济发展大势作出的战略部署，是适应和引领经济发展新常态的重大创新，具有很强的现实意义和深远的战略意义。当前，国内粮食市场运行多重矛盾交织、新老问题叠加，部分粮食品种阶段性供过于求特征明显，粮食流通服务和加工转化产品有效供给不足，粮食“去库存”任务艰巨，现行收储制度需加快改革完善等等，充分说明我国粮食领域的主要矛盾已经由总量矛盾转变为结构性矛盾，矛盾的主要方面在供给侧。推进粮食行业供给侧结构性改革，是破解当前粮食领域结构性、体制性矛盾，促进粮食产业转型发展提质增效，构筑高层次国家粮食安全保障体系的迫切要求和必然选择。为加快推进粮食行业供给侧结构性改革，促进粮食流通事业持续健康发展，切实保障国家粮食安全，提出如下指导意见。

一 总体要求

（一）指导思想

全面贯彻落实党的十八大和十八届三中、四中、五中全会精神，深入学习贯彻习近平总书记系列重要讲话精神，牢固树立并认真贯彻“五大发展理念”，深入贯彻国家粮食安全战略，紧紧围绕中央关于推进供给侧结构性改革的决策部署，以推动粮食流通领域转方式、调结构、去库存、降成本、强产业、补短板为方向，以全面落实粮食安全省长责任制、改革完善粮食流通体制和收储制度、发展粮食产业经济、加快粮食流通能力现代化为重点，促进粮食产品和服务供给质量效率的大力提升，促进粮食行业向现代发展模式的积极转变，促进粮食供需平衡向高水平的快速跃升，着力构建动态开放、稳健可靠、运转高效、调控有力的粮食安全保障体系。

（二）基本原则

坚持供需结合、互促共进。进一步调优供给结构，减少无效和低端供给，增加有效和中高端供给，催生和培育新的市场需求，切实增强粮食产品供给和需求结构的匹配度、适应性，实现更高层次的粮食供需动态平衡。

坚持问题导向、精准发力。着眼于粮食产需、收储制度、产业经济、产品结构、流通服务等方面的深层次矛盾，找准改革的切入点和突破口，着力补齐短板、破解瓶颈，推动粮食行业持续健康发展。

坚持改革创新、激发动能。坚持市场化改革取向，突出创新驱动，完善体制机制，优化发展环境，矫正要素配置扭曲，充分调动地方政府、多元市场主体和种粮农民的积极性，形成改革发展合力，让各类要素资源活力竞相迸发，把粮食资源优势转化为经济发展优势。

坚持统筹推进、分类指导。把粮食行业供给侧结构性改革放在经济社会发展大局中统筹谋划、协调推进，把握好改革的方向、节奏和力度。围绕国家“一带一路”、京津冀协同发展、长江经济带三大战略，统筹利用好国内外两个市场两种资源。结合不同地区、不同品种、不同企业的实际情况，因地制宜，分类施策，强化指导，务求实效。

（三）主要目标

——粮食安全保障能力明显增强。加快推进粮食收储制度改革，充分发挥流通对生产的引导和反馈作用，推动粮食种植结构调整优化；健全完善相关制度保障体系，保障农民种粮合理收益，促进粮食生产稳定发展；着力提升粮食流通社会化服务水平，加强粮食科技创新，加快构建更高层次、更高质量、更高效率的国家粮食安全保障体系。

——粮食流通能力现代化水平显著提升。加快实施“粮安工程”，加强现代粮食仓储物流设施建设和行业信息化建设，补齐粮食流通短板，降低成本，提升效率，更好地满足粮食资源快速集散、顺畅流通、高效配送的需要。

——粮食产业经济持续健康发展。以粮食加工转化为引擎，促进产收储加销有机融合，激发粮食产业经济发展活力，推动粮食行业转型升级、提质增效，加快实现抓收储、管库存、保供应、稳市场和强产业、活经济、稳增长、促发展“双轮驱动”。

——粮食产品供给结构更加优化。以市场需求为导向，加快产品供给结构调整，强化中高端产品和精深加工产品等有效供给，提供适销对路、品种丰富、质量安全、营养健康的粮油产品，满足人民群众日益增长的优质粮油产品消费需求。

二　重点任务

（一）完善粮食收储体制机制

1. 改革完善粮食收储制度。继续执行并完善稻谷、小麦最低收购价政策，积极稳妥推进玉米收储制度改革。理顺粮食价格形成机制，使价格真正成为反映市场供求的“晴雨表”。建立健全生产者补贴制度，切实保护好农民种粮积极性。

2. 进一步落实地方政府收储责任。认真落实粮食安全省长责任制，积极争取财政、信贷等支持政策，鼓励引导大中型粮食加工企业、饲料生产企业等入市，推动形成多元主体积极参与收购的粮食流通新格局，全力防止出现农民“卖粮难”。

3. 开展粮食产品品质提升行动。完善优质粮食评价标准体系，健全收获粮食品质测报制度，引导优质粮食生产。探索粮食收购新模式，鼓励通过优质优价、技术指导、代收代储等方式，积极引导农民增加优质粮食品种供给，增加种粮农民收益。

4. 打造农企利益共同体。积极发展“订单粮食”，鼓励粮食收储加工企业与专业合作社、家庭农场、种粮大户等新型农业经营主体签订收购合同。鼓励粮食收储加工企业积极吸收农民以土地经营权等方式入股，形成风险共担、收益共享、长期稳定的利益共同体。

（二）加快推动粮食“去库存”

5. 积极稳妥消化不合理粮食库存。加强对国内外粮食市场的综合分析研判，切实提高粮食“去库存”的预见性和精准性。充分发挥全国粮食统一竞价交易系统作用，综合考虑库存粮食结构、品质和市场需求等情况，灵活运用竞价销售、定向销售、邀标销售、轮换销售等多种方式，合理确定销售价格，科学安排库存粮食销售进度和次序。

6. 严防粮食“出库难”。督促指导承储企业、买方企业严格执行国家政策性粮食销售政策，确保销售粮食正常出库。对于设置出库障碍、额外收取费用、拍卖信息与实际不符、拒不执行交易规则、未按政策规定及时出库等各种“出库难”，进一步加大依法治理力度，确保顺利出库。

7. 加强出库粮食流向监管。对定向销售给淀粉、酒精、饲料等加工企业的粮食，加强从出库、中转到加工的全程监管，确保粮食流向和用途符合国家规定，坚决避免出现“转圈粮”、虚购虚销、转手倒卖、擅自改变用途等违规行为，坚决防止不符合食品安全标准的粮食流入口粮市场。

（三）大力发展粮食产业经济

8. 增加多元化定制化个性化粮食产品供给。加快推动主食产业化，适应家务劳动社会化要求，加快推进馒头、包子、米饭、米粉等传统米面制品的工业化、规模化、标准化生产，提升主食产品社会化供应能力，为广大城乡居民提供便捷、安全、营养、可口的主食产品。积极发展绿色全谷物、有机食品等中高端粮食产品，不断增加针对老年人、婴幼儿等特定人群的粮食产品供给，着力推动风味小吃和地方特色食品的工业化生产。

9. 加快发展粮食精深加工转化。依托粮食资源优势，加快科技攻关，完善粮食精深加工转化产业体系和产品链条，实现粮食资源的高效利用和提质增效。加大自主开发和生产投入力度，着力增加化工、医药、保健等领域所需粮食精深加工产品的有效供给，逐步补齐产品短板，提升国际市场竞争力。

10. 扶持壮大骨干粮食企业。继续深化国有粮食企业改革，积极发展混合所有制经济，集中力量做强做优做大各类骨干粮食企业。积极推广全产业链发展模式，培育一批集粮食生产、仓储、物流、加工、贸易于一体的综合性企业集团；突出比较优势，打造一批“高精尖”专业性企业集团。大力培育领军型产业集团，形成“走出去”合力，积极参与国际粮食分工和产业链再造，提升国际粮食市场影响力和话语权。

11. 实施品牌发展战略。推进现有粮食品牌整合，巩固发展一批质量好、美誉度高、消费者认可的粮食优质品牌。加大资金、技术支持力度，努力打造一批产品叫得响、质量信得过的粮油新品牌，大力提高优质粮油产品的市场占有率和企业核心竞争力。

12. 推动粮食产业集群发展。加强粮食产业基地和产业园区建设，吸引优势企业、先进技术、高端人才和资金不断涌入，充分发挥集聚、辐射和带动效应。注重发挥区域优势和特色，在优势产区发展若干粮食产业集群，形成优势互补、互利互惠、合作共赢的产业经济发展新格局。

13. 发展粮食循环经济。积极研发和推广应用生态环保、节能减排新技术、新装备、新工艺，大力提升粮油加工综合利用水平，增加产品附加值，培育新的经济增长点，不断提高粮食产业经济效益和生产效率。

14. 加快淘汰落后产能。因地制宜，加大兼并重组力度，积极稳妥处置长期亏损、资产负债率高、停产半停产的“僵尸企业”。加强分类指导和规划引导，加快淘汰高能耗、低水平、粗放式的落后加工产能。

15. 发展新型粮食经营业态。积极发展“互联网＋粮食”，鼓励粮食经营企业创新营销方式，加强“线上线下”融合的电商平台建设。鼓励粮食批发市场、连锁超市、放心粮店等开展电子商务，加快发展粮油网络经济，有效拓宽粮食营销渠道，提高供给效率。

（四）着力提升粮食流通社会化服务水平

16. 推广建设粮食产后服务中心。适应粮食生产适度规模化快速发展的需要，加大规划引导和政策扶持力度，以粮食收储加工企业为主体，加快建立集收购、储存、烘干、加工、销售、质量检测、信息服务等功能于一体的粮食产后服务中心，为新型农业经营主体提供全方位、多元化优质服务。

17. 完善“放心粮油”供应体系。加快实施“放心粮油”工程，健全规范的粮油加工配送渠道，完善“放心粮油”管理制度，推动“放心粮油”进社区、进学校、进军营、进乡村。

18. 完善粮食质量安全保障机制。全面贯彻《食品安全法》，按照从田间到餐桌全过程、可追溯管理要求，进一步落实粮食质量安全属地管理责任，加强对粮食流通各环节质量安全监管。加强粮食质量检验监测体系建设，提升粮食质量安全监管能力，确保监管无盲区。进一步加强粮食标准制修订，加快建成科学合理的新型粮油标准体系。推动建立污染粮食处置长效机制，做好不符合食品安全标准库存粮食的处置工作，严防流入口粮市场。探索建立问题粮食召回制度。

19. 提升市场信息服务水平。充分利用电视、报纸、网络、微信等媒体平台，及时发布市场供求、价格、贸易等信息，全面准确地释放市场信号，加强对农民、经纪人、收储加工企业等多元市场主体的正面引导，积极发挥市场信息在实施供给侧改革、服务宏观调控中的重要作用。

（五）推动粮食流通能力现代化建设

20. 统筹推进粮食仓储设施建设。以优化布局、调整结构、提升功能为重点，改建、扩建和新建粮食仓储设施，提高机械化、自动化程度高的仓型比例，将粮食收储能力保持在合理水平。积极推动粮食仓储管理能力现代化建设，大力提升管理水平。加大对粮食烘干、整理和质检设施设备的投入，进一步提升仓储设施功能。

21. 加快粮食现代物流体系建设。紧密结合“一带一路”、京津冀协同发展、长江经济带三大战略，加快完善“八大粮食物流通道”，优化“两横五纵”重点线路。支持建设一批粮食接发设施，支持建设一批中转仓、铁路专用线、内河沿海码头，支持建设一批重要物流节点项目和综合性物流园区。加强粮食物流新技术的研发应用，推广新型专用运输工具及装卸设备，着力打通粮油配送“最后一公里”。

22. 全面推动行业信息化建设。加快推进信息化和粮食行业发展深度融合，广泛运用大数据、云计算、物联网等现代信息技术手段改造传统粮食行业，加快推进“粮安工程”智能化升级改造，推动现代信息技术在粮食收购、仓储、物流、加工、供应、质量监测监管等领域的广泛应用，消除“信息孤岛”，实现互联互通。

23. 加强粮食应急供应能力建设。完善粮食应急预案，健全应急工作机制，强化组织领导和统筹协调，加强粮食应急加工企业、储备设施和配送中心等配套建设，充实成品粮储备，逐步建成布局合理、设施完备、运转高效、军民兼容、保障有力的粮食应急供应保障体系。

（六）进一步强化粮食科技、人才重要支撑作用

24. 加快推动科技创新。充分发挥国家公益性科研机构的骨干和引领作用，加快建设高水平、有特色的现代科研院所。积极构建粮食科技协同创新平台，加快建设粮食产后领域国家工程实验室及重点实验室，加快建立“粮食产业科技专家库”，培育和集聚一批粮食科研创新团队。坚持战略导向和问题导向，注重原始创新和集成创新相结合，注重引进国外先进技术和自主创新相结合，加快在粮油共性关键核心技术和新产品新装备方面取得突破。

25. 加强科技成果转化应用。加快推广应用低温及准低温储粮，充氮、惰性粉、多杀菌素等虫霉绿色防治，平房仓负压横向通风等储粮新技术，以及粮食污染监测、现场快速检验、真菌毒素和重金属消减等质量安全保障新技术。建立粮食行业科技成果转化对接服务平台，广泛征集行业技术难题和科技需求，促进粮食科技创新成果与需求对接、科研机构科研人员与企业合作对接，探索科技成果转

化多方共赢模式，加强先进适用、安全可靠、经济节约的粮食科技成果转化和推广应用，早日形成现实生产力。

26. 充分发挥企业创新的主体作用。落实国家鼓励和支持企业自主创新的政策，支持企业建设技术中心，鼓励企业加大研发投入，引导创新要素向企业集聚，增强企业创新动力、创新活力、创新能力。加快培育和认定一批科技创新型示范企业，支持大型粮食企业与有关单位联合组建粮食产业技术创新战略联盟。

27. 加强行业人才培养。全面落实人才兴粮战略，合理确定人才培养结构层次，建立产学研用融合发展的技术技能人才培养模式。积极培育国家级高层次领军人才，加快建立粮食行业"首席科学家（研究员）"制度，大力培养粮食行业中青年领军人才和团队。采取与粮食行业高等院校联合办学、委托培养、在职进修等方式，加快培养基层一线紧缺急需的专业技术人才和实用型人才。积极开展在职干部轮训，全面提升干部职工队伍素质。实施开放的人才引进机制，加大重点人才引进力度。

三 保障措施

（一）强化组织保障

各级粮食行政管理部门要高度重视，把推进粮食行业供给侧结构性改革摆在突出位置，结合本地实际制定改革工作方案，精心组织、周密安排，构建起层层分工负责、上下齐抓共管的工作格局。要加强与有关部门的沟通衔接，积极推动建立部门工作协调机制，密切配合、通力合作，形成推进改革的强大合力。

（二）加强信贷支持

突出发挥农业发展银行政策性银行作用，加强与其他政策性银行和各类金融机构的多层次合作，鼓励金融机构创新金融支持方式，提高金融服务效能，拓宽企业融资渠道，为粮食企业开展购销、加工等业务创造良好的金融信贷环境。

（三）加大投入力度

积极争取财政、税收、金融等相关政策支持，统筹使用好各类发展资金，加大产业经济发展、粮食仓储物流设施和行业信息化建设、重点领域科技攻关和粮食人才培养等方面的投入力度，为推进粮食行业供给侧结构性改革创造良好条件。

（四）突出项目支撑

统筹谋划、积极推进国家"粮安工程"建设规划、粮食行业"十三五"发展规划以及各地相关规划中明确的行业发展重点项目，加快建设进度，提高项目质量，确保项目建设取得实效，为推动行业供给侧结构性改革提供有力支撑。

（五）严格督查考核

按照粮食安全省长责任制考核有关规定和要求，加强对涉及粮食行业供给侧结构性改革的有关措施推进落实情况的督查考核，确保各项改革任务落到实处、见到实效。

国家粮食局
2016 年 7 月 12 日

（此件公开发布）

关于印发《粮食收购资格审核管理办法》的通知

国粮政〔2016〕207 号

各省、自治区、直辖市及新疆生产建设兵团粮食局：

为使市场在资源配置中起决定性作用和更好发挥政府作用，深入推进“放管服”改革，切实保护粮食生产者、消费者和经营者的合法权益，规范粮食收购市场秩序，根据《中华人民共和国行政许可法》、新修订的《粮食流通管理条例》，经商国家工商总局同意，我们对《粮食收购资格审核管理暂行办法》（国粮政〔2004〕121 号）进行了修订，现将修订后的《粮食收购资格审核管理办法》印发给你们，请遵照执行。各地可结合本地实际，制定具体操作办法。

国家粮食局

2016 年 9 月 14 日

（此件公开发布）

粮食收购资格审核管理办法

第一章　总　则

第一条　为使市场在资源配置中起决定作用和更好发挥政府作用，深入推进“放管服”改革，切实保护粮食生产者、消费者和经营者的合法权益，规范粮食收购市场秩序，确保粮食质量安全，根据《中华人民共和国行政许可法》《粮食流通管理条例》等有关法律、行政法规，制定本办法。

第二条　从事粮食收购活动的企业，应当依照《中华人民共和国公司登记管理条例》等规定办理工商登记，并经县级以上粮食行政管理部门（审核机关）审核，取得粮食收购资格。

第三条　农民、粮食经纪人、农贸市场粮食交易者等从事粮食收购活动，无须办理粮食收购资格。

第四条　国家粮食行政管理部门负责全国粮食收购资格审核工作的指导和监督检查。地方粮食行政管理部门负责本辖区内粮食收购资格的审核、管理和监督检查工作。

实施粮食收购资格许可应当遵循公开、公正、公平、便民、高效的原则。

第二章　资格申请与审核

第五条　从事粮食收购活动的企业，应当具备以下基本条件：

（一）具备经营资金筹措能力；

（二）拥有或者通过租借具有必要的粮食仓储设施；

（三）具备相应的粮食质量检验、保管能力。

省级粮食行政管理部门应当依循以上基本条件，提出符合本地实际情况的具体标准，报省级人民政府批准、公布和实施。

第六条　企业申请粮食收购资格，应当向与工商登记同级的审核机关提出，并提交下列书面材料：

（一）法定代表人（负责人）身份证明和营业执照复印件；

（二）支付收购粮款的资金筹措能力证明；

（三）仓储设施设备、质量检验仪器、计量器具等证明材料；

（四）仓储保管、质量检验人员证明材料。

第七条　审核机关应当在其政府网站、办公场所公示粮食收购资格审核的法律依据、具体条件、所需的全部申请材料、审核流程、审核期限等信息，提供有关申请材料的填写示范文本。

审核机关不得要求申请者提供与收购资格审核无关的材料，对申请者提供的涉及商业秘密的材料，审核机关应当依法保密。

申请者对审核机关公示的有关信息和示范文本有异议的，审核机关应当及时作出说明、解释。

第八条　粮食收购资格申请可以通过信函、传真、电子邮件、网上申报等方式提出。

第九条　对属于本机关受理范围的申请事项，审核机关应当及时对申请者提交的材料进行形式审查。

对于申请材料齐全，符合法定形式，审核机关能够当场作出受理决定的，应当当场作出受理决定；不能当场作出受理决定的，应当自接到申请后的五个工作日内作出是否受理的决定。逾期不作出决定的，视为受理。

申请材料存在可以当场更正的错误的，应当允许申请者当场更正。申请者提交的材料不齐全或者不符合法定形式的，应当当场或者五个工作日内一次告知申请者需要补正的全部内容。

无论受理与否，审核机关都应当向申请者出具加盖本机关印章和注明日期的书面凭证。

第十条　自受理申请之日起，审核机关应当根据规定的条件对申请者提交的材料进行审查。

审核机关认为需要对申请材料的实质内容进行核实的，应当指派两名以上工作人员进行实地核查。实地核查结果应当由实地核查人员和被核查单位负责人或者其授权的人员签字、盖章认可。

第十一条　审核机关应当自受理之日起十五个工作日内完成审核和决定。符合规定条件的，作出准予许可的决定，颁发粮食收购许可证；不符合条件的，作出不予许可的决定，并告知申请者依法享有申请行政复议或者提起行政诉讼的权利。

第十二条　粮食收购许可证颁发后，审核机关应当按照《中华人民共和国行政许可法》的规定做好变更、延续等工作。

第十三条　粮食收购许可证有效期三年。省级人民政府另有规定的，从其规定。

第十四条　审核机关工作人员办理粮食收购资格审核时，不得收取费用，不得索取或者收受他人财物，不得牟取其他利益。

第十五条　粮食收购许可证的格式文本由国家粮食行政管理部门统一规定，由省级粮食行政管理部门印制。

第十六条　粮食收购资格在全国范围内有效。取得粮食收购资格的企业可以开展跨区域粮食收购。

第三章 监督检查

第十七条 粮食行政管理部门应当依法对粮食收购资格进行核查，按照双随机原则加强对辖区内粮食收购活动的监督检查，监督检查结果纳入粮食收购者信用记录。

第十八条 上级粮食行政管理部门应当加强对下级粮食行政管理部门实施粮食收购资格审核的指导和监督，及时纠正粮食收购资格审核中的违法违规行为。

地方粮食行政管理部门应当在每季度结束后十日内将本辖区内的上一季度的粮食收购资格审核情况报上一级粮食行政管理部门备案。

第十九条 粮食行政管理部门依照法律、行政法规规定的职责对下列内容进行监督检查：

（一）从事粮食收购活动的企业是否取得粮食收购资格；

（二）粮食收购许可证所登记的内容有无重大变化；

（三）企业有无涂改、倒卖、出租、出借粮食收购许可证的行为；

（四）粮食收购者是否遵守国家有关法律、法规和粮食收购政策。

第二十条 粮食行政管理部门依法对粮食收购者从事粮食收购活动进行监督检查时，应当将监督检查的情况和处理结果予以记录，制作《现场检查记录》，填写《粮食流通监督检查工作日志》。

第二十一条 粮食行政管理部门实施监督检查，不得妨碍粮食收购者正常的经营活动，不得索取或者收取被检查者的财物，不得牟取其他利益。

第二十二条 粮食收购者应当配合粮食行政管理部门的监督检查，并有权拒绝监督检查过程中的任何违法违规要求。

第二十三条 企业未经许可擅自从事粮食收购活动的，由粮食行政管理部门按照《粮食流通管理条例》第四十条的规定予以处罚。

第二十四条 粮食收购者有下列情形之一，情节严重的，由审核机关暂停或者取消其收购资格：

（一）未执行国家粮食质量标准的；

（二）企业收购条件发生变化，不再符合资格条件的；

（三）未及时向售粮者支付粮款，向农民“打白条”的；

（四）违反《粮食流通管理条例》规定代扣、代缴税、费和其他款项的；

（五）未按规定报送有关粮食收购数据的；

（六）接受委托从事政策性用粮的购销活动未执行国家政策的。

粮食收购者违法经营，按规定需要暂停或者取消粮食收购资格的，应当由其资格审核机关作出决定。

第二十五条 粮食行政管理部门应当按照有关规定，通过政务外网、互联网或者其他信息传递方式，将企业粮食收购资格许可、行政处罚、抽查检查结果等信息传递至同级工商部门，通过国家企业信用信息公示系统公示。

第二十六条 审核机关及其工作人员在粮食收购资格审核中，对符合法定条件的申请不予受理、不一次性告知申请者应当补正的全部内容、对符合法定条件的申请者不予许可、逾期不作出是否准予许可决定、索取或者收受财物等，按照《中华人民共和国行政许可法》《行政机关公务员处分条例》等规定追究责任。

第二十七条　粮食收购者认为粮食行政管理部门的下列行为侵犯其合法权益，可依法向同级人民政府或者上一级粮食行政管理部门申请行政复议，或者向人民法院提起行政诉讼：

（一）对符合法定条件的申请不予受理；

（二）作出的不准予、不变更、不延续粮食收购资格许可等决定；

（三）逾期未作出是否准予许可的决定；

（四）作出的罚款、暂停或者取消粮食收购资格等行政处罚决定；

（五）认为侵犯其合法权益的其他行政行为。

第二十八条　任何单位和个人发现粮食收购者违法从事粮食收购活动，有权向收购活动所在地粮食行政管理部门举报。粮食行政管理部门应当及时核实、处理，并为举报人保密。

第四章　附　则

第二十九条　省级粮食行政管理部门可根据本地情况制定具体实施细则，报省级人民政府批准，并报国家粮食行政管理部门备案。

第三十条　本办法中粮食收购是指直接向种粮农民、其他粮食生产者购买粮食的活动。向粮食经纪人购买粮食视同收购活动。

本办法中粮食经纪人是指以个人或者家庭为经营主体，直接向种粮农民、其他粮食生产者收购粮食的经营者。

本办法中“以上”“……内”包含本数。

第三十一条　本办法由国家粮食行政管理部门负责解释。

第三十二条　本办法自公布之日起施行。2004 年 7 月 9 日国家粮食局、国家工商行政管理总局印发的《粮食收购资格审核管理暂行办法》（国粮政〔2004〕121 号）同时废止。

附件 1

关于粮食收购许可证有关问题的说明

一、许可证的尺寸：B4 纸型，长 364 毫米，宽 257 毫米。

二、许可证的编号：以省为单位进行编号。以一省的简称开始，后面跟 7 位阿拉伯数字，前 3 位为审核机关代码，后 4 位数字为粮食收购者代码。

例如：　鲁　011　0999

山东省简称　山东省单县粮食局　山东省单县 ××× 面粉加工厂

关于印发《国家粮食流通统计制度》及其实施细则的通知

国粮调〔2016〕225 号

各省、自治区、直辖市及新疆生产建设兵团粮食局，中国储备粮管理总公司、中粮集团有限公司、中国航空工业集团公司：

为进一步深化粮食流通统计制度改革，促进统计工作的规范化和科学化，保障统计资料的真实性、准确性、完整性和及时性，更好地发挥统计工作在服务粮食宏观调控和指导粮食产业经济发展中的重要作用，国家粮食局修订完善了《国家粮食流通统计制度》，并报经国家统计局审核批准。现将修订后的制度和实施细则印发给你们，请认真遵照执行。

附件：1. 国家粮食流通统计制度（部分略）
2. 国家粮食流通统计制度实施细则

国家粮食局
2016 年 9 月 30 日

（此件公开发布）

附件 1

国家粮食流通统计制度

国家粮食局制定
国家统计局批准
2016 年 9 月

本制度根据《中华人民共和国统计法》《粮食流通管理条例》和《中央储备粮管理条例》的有关规定制定

《中华人民共和国统计法》第七条规定：国家机关、企业事业单位和其他组织以及个体工商户和个人等统计调查对象，必须依照本法和国家有关规定，真实、准确、完整、及时地提供统计调查所需的资料，不得提供不真实或者不完整的统计资料，不得迟报、拒报统计资料。

《中华人民共和国统计法》第九条规定：统计机构和统计人员对在统计工作中知悉的国家秘密、商业秘密和个人信息，应当予以保密。

《粮食流通管理条例》第二十二条规定：所有从事粮食收购、销售、储存、加工的粮食经营者以及饲料、工业用粮企业，应当建立粮食经营台账，并向所在地的县级人民政府粮食行政管理部门报送粮食购进、销售、储存等基本数据和有关情况。粮食经营者保留粮食经营台账的期限不得少于 3 年。粮食经营者报送的基本数据和有关情况涉及商业秘密的，粮食行政管理部门负有保密义务。

《中央储备粮管理条例》第二十二条规定：中国储备粮管理总公司应当定期统计、分析中央储备粮的储存管理情况，并将统计分析情况报送国务院发展改革部门、国家粮食行政管理部门、国务院财政部门及中国农业发展银行。

《粮食流通管理条例》第三十四条规定：粮食行政管理部门依照本条例对粮食经营者从事粮食收购、储存、运输活动和政策性用粮的购销活动，以及执行国家粮食流通统计制度的情况进行监督检查。

国家粮食流通统计制度，由国家粮食行政管理部门制定，报国务院统计部门批准。省级粮食行政管理部门可以依照本制度要求，制订本省的地方粮食流通统计制度，并报当地统计部门批准后报国家粮食局备案。

一 总说明

（一）本调查项目的作用和意义。适应粮食流通形势发展变化需要，科学有效地组织粮食统计工作，促进粮食统计工作的规范化、制度化、科学化，保障统计资料的真实、准确、完整和及时，充分发挥统计在粮食流通发展中的重要作用。

（二）本调查项目的统计对象和范围。在中华人民共和国境内从事粮食流通行政管理的部门和经营活动为粮食收购、销售、储存、运输、加工、进出口业务和以粮食为生产原料的养殖、饲料及食品酿造、酒精、淀粉等加工业务的企业事业单位以及粮油科研单位、餐饮企业和单位食堂。

（三）本调查项目的主要指标内容。粮食流通统计中各类粮油企业的收购、销售、进出口、库存和价格，以及粮食、食用植物油及油料供需平衡调查中城镇、乡村居民户、从事粮油收储、加工和转化用粮企业的生产、消费、省际间购销等指标，及时反映粮食的地区流向、库存品种布局、消费去向和粮食价格变动情况；粮油仓储设施和投资情况等指标，反映社会粮食仓储设施的规模和布局；粮食产业经济中主要产品设计生产能力、实际产量、研究开发投入、工业总产值等指标，反映粮食产业经济发展规模、速度、效益和变化趋势；粮食行业机构和从业人员构成等指标，了解和掌握全行业组织机构和人员结构变化；粮食科技统计，调查了解粮食行业科研单位和企业的科研投入、产出情况。

（四）本调查项目的时间要求和调查频率。夏粮小麦、早稻、油菜籽和秋粮主要粮食品种和地区的季节性收购报表，采用五日报告制度；粮油价格监测，采用每周报告制度；各类企业商品粮油收支、最低收购价等国家政策性粮油收支、中央和地方各级储备收支、粮食产业经济报表的产量指标，采用每月报告制度；粮食产业经济报表的经济、技术和产能等指标，采用年度报告制度；乡村居民户存粮情况，采用年度报告制度，以每年 4 月 30 日为时点进行调查；城乡居民粮油收支存报表，单位基本信息、粮油仓储、粮食行业机构人员、粮食科技统计报表，采用年度报告制度，在每年年末调查。必要时，根据粮油市场形势变化，调整监测频率和统计范围。

（五）本调查项目的调查方法、组织方式和渠道。根据调查内容和对象的不同特点，通过各级粮食行政管理部门逐级调查、汇总上报和企业网络直报等组织方式，对辖区内各类粮油企业和调查对象分别采取全面调查、重点调查和抽样调查相结合的调查方法完成相关统计调查项目。即国有粮油企业采取全面统计报表；非国有粮油企业，采取全面调查与抽样调查相结合的办法；社会粮油供需平衡调查，针对城乡居民户以及餐饮企业和单位食堂的粮食、食用油收支等情况采取抽样调查，城乡居民户调查结果仅供内部参考。

（六）本调查项目的调查结果提供使用范围。主要粮食品种的季节性收购进度、月（年）度收购量等情况，通过政府网站、报纸杂志向社会发布。其他统计信息的使用范围严格按照规定权限和程序执行。

二 报表目录

表号	表名	报告期别	填报范围	报送单位	报送日期及方式
GL 01 表	单位基本信息年报表	年报	辖区内各类涉粮企业、行政机关和事业单位	各省、自治区、直辖市粮食局，中储粮总公司	次年 1 月 20 日前，网络报送
GL 02 表	粮食产业经济月（年）报表	月（年）报	辖区内各类涉粮企业	各省、自治区、直辖市粮食局，中储粮总公司	月报月后 7 日前，年报次年 2 月底前，通过网络报送
GL 03 表	粮油收购进度五日报表	五日报	辖区内从事粮食收购的企业	各省、自治区、直辖市粮食局，中储粮总公司	自起报日开始后逢 1、6、11、16、21、26 日，电话或网络报送
GL 04 表	粮油价格监测周报表	周报	国家粮食局确定的粮油市场价格监测直报点	各省、自治区、直辖市粮食局，粮油市场价格监测直报点	每周二，网络报送
GL 05 表	商品粮油收支平衡月报表	月报	辖区内各类粮油企业	各省、自治区、直辖市粮食局，中储粮总公司	月后 7 日前，网络报送
GL 06 表	地方储备粮油收支平衡月报表	月报	地方储备粮油承储企业	各省、自治区、直辖市粮食局	月后 7 日前，网络报送
GL 07 表	地方政策性粮油收支平衡月报表	月报	地方政策性粮油收储企业	各省、自治区、直辖市粮食局	月后 7 日前，网络报送
GL 08 表	社会粮油供需平衡调查表	年报	辖区内被抽查的粮食收储、加工和转化企业、城乡居民户、餐饮企业、单位食堂	各省、自治区、直辖市粮食局，中储粮总公司	次年 3 月底前，网络报送
GL DCB 表	城乡居民户粮油收支平衡基础调查表	年报	辖区内被抽查的城乡居民户、餐饮企业、单位食堂	各省、自治区、直辖市粮食局	次年 3 月底前，5 月底前，网络报送
GL 09 表	粮油仓储设施统计年报表	年报	辖区内各类粮油企业	各省、自治区、直辖市粮食局，中储粮总公司	次年 2 月底前，网络报送
GL 10 表	粮食流通基础设施建设投资情况年报表	年报	辖区内各类粮油企业	各省、自治区、直辖市粮食局，中储粮总公司	次年 2 月底前，网络报送
GL 11 表	粮食从业人员情况年报表	年报	各类涉粮机关、企事业单位	各省、自治区、直辖市粮食局，中储粮总公司	次年 2 月底前，网络报送
GL 12 表	粮油科技基本情况年报表	年报	粮油科研单位	各省、自治区、直辖市粮食局，中储粮总公司	次年 2 月底前，网络报送

附件 2

国家粮食流通统计制度实施细则

第一章 总 则

第一条 为贯彻实施《国家粮食流通统计制度》，科学、有效地组织粮食（含油脂及油料，下同）流通统计工作，促进统计工作的规范化和科学化，保障统计资料的真实性、准确性、完整性和及时性，发挥粮食流通统计在服务粮食宏观调控和指导粮食产业经济发展中的重要作用，制定本细则。

第二条 粮食流通统计的基本任务是依据《中华人民共和国统计法》(以下简称《统计法》) 和《粮食流通管理条例》等国家有关法律、法规和规定，运用各种统计方法对粮食经济现象进行统计调查、统计分析，提供统计资料和统计咨询意见，实行统计监督。

第三条 粮食流通统计的主要内容包括粮食购销存流通统计、社会粮油供需平衡调查、粮食市场监测预警、粮食产业经济统计、粮食仓储设施和基础建设投资统计、粮食行业机构与从业人员统计、粮食科技统计等。

第四条 凡在中华人民共和国境内从事与粮食流通相关的经营活动（粮食收购、销售、储存、运输、进出口、成品粮油加工，以粮食为生产原料的饲料、养殖、粮油食品及酿造，以及酒精、淀粉等粮食深加工）的企业事业单位，粮食流通行政管理部门和粮油科研单位，必须按照《国家粮食流通统计制度》和本细则的要求，如实提供粮食统计资料和情况，不得虚报、瞒报、拒报、迟报，不得伪造、篡改。

第五条 国家粮食局负责粮食流通统计制度的顶层设计，开发全国统一的粮食流通统计信息系统，指导、督促地方粮食行政管理部门依法开展粮食流通统计工作，对地方粮食行政管理部门和各类涉粮企业执行《国家粮食流通统计制度》的情况进行抽查，对省级粮食行政管理部门的粮食流通统计工作进行年度考核。

第六条 地方粮食行政管理部门负责具体组织实施《国家粮食流通统计制度》，指导、督促统计调查对象依法履行报送统计报表的义务，加强对统计数据的审核把关，及时发布粮食流通统计信息。加强粮食统计工作体系建设，组织开展对统计人员的专业培训和职业道德教育，加强对《国家粮食流通统计制度》执行情况的日常监督检查，努力实现统计调查科学化、统计基础规范化、统计技术现代化、统计服务优质化。

第二章 统计机构和统计人员

第七条 各级粮食行政管理部门必须依照《统计法》的规定和粮食流通统计工作的要求，落实粮食流通统计职责。地方各级粮食行政管理部门应设立粮食统计机构或明确统计工作牵头单位，明确统计工作分管领导，指定统计负责人，设置适应统计任务需要的专职统计人员，统计调查经费纳入本级财政预算。各类粮食统计调查对象都要设置专职或者兼职统计人员，并指定统计负责人，配备电脑、网络等信息化设备。

第八条　各级粮食行政管理部门应加强统计人员专业队伍建设，保持统计人员的相对稳定。应深入实际调查研究，加强对基层单位和统计调查对象的业务指导。组织开展统计专业培训和职业道德教育，提高统计人员的业务技能和职业素养。新任统计人员必须经过严格培训，具备从事统计工作所需要的专业知识和技术能力。

第九条　各级粮食行政管理部门要建立健全统计人员和统计负责人的逐级备案制度。统计人员的调动，应当征求本部门、本单位统计负责人的意见，其中具有中级以上统计专业职称人员的调动，应当征得上级粮食行政管理部门的同意。

第十条　各级粮食行政管理部门统计负责人、统计机构和统计人员的主要职责是：

（一）组织、协调本部门各职能机构的统计工作，完成国家统计调查、行业统计调查和地方统计调查任务，制定和实施本部门的粮食统计调查计划，搜集、整理、分析、提供统计资料；

（二）组织国家统计法律、法规和相关政策的贯彻实施，对管辖区域内各类涉粮涉油企业实行统计监督；

（三）根据《国家粮食流通统计制度》，拟定本部门的统计工作规章制度，管理本部门的粮食统计调查表和基本统计资料；

（四）组织指导本部门统计人员的业务培训，加强统计队伍建设。

第十一条　各类粮食企业统计负责人、统计人员的主要职责是：

（一）组织、协调本单位的粮食统计工作，完成国家统计调查、行业统计调查和地方统计调查任务，搜集、整理、分析、提供统计资料；

（二）严格执行《统计法》和《国家粮食流通统计制度》，对本单位及下属单位实行统计监督；

（三）管理本单位的粮食经营台账（统计台账）、统计调查表和基本统计资料。

第三章　统计业务

第十二条　各类粮食企业应当根据本企业有关原始记录和凭证建立粮食统计台账，如实记录粮食购进、销售、加工和储存等基础数据。粮食统计台账的保留期限不得少于 3 年。各省、自治区、直辖市粮食行政管理部门应针对调查对象的不同情况，规范统计台账的具体内容和要求。

第十三条　各类粮食企业应按要求填写粮食统计报表，并及时向当地粮食行政管理部门报送。各类粮食企业应保证原始记录和凭证、统计台账和统计报表中各项数据的一致性、准确性、完整性，并对所提供的统计数据和情况的真实性负责。

第十四条　粮食统计报表实行网络直报制度，各项统计数据上报前应逐级严格审核。月报报出后发现差错，一般在发现月份调整。年度终了前，要对全年各月数据再进行一次全面审核，如差错较大，调整后发生红字或影响历史资料对比的，报经上级主管部门同意后，订正原月报数据。

第十五条　各级粮食行政管理部门和企业留存的各项统计报表，必须由统计人员签名、统计负责人审核并签字、单位负责人同意并加盖填报单位公章。

县级以上粮食行政管理部门的统计机构在向主管部门报送资料的同时，应将基本统计资料报送同级政府统计机构。

第十六条　各级粮食行政管理部门针对粮食流通中出现的新情况、新问题、新变化和新特点，有选择地开展一些专项调查。专项调查应符合精简、效能的原则。

在统计调查和汇总的基础上，运用科学的方法，对统计资料进行全面、系统研究，撰写统计分析报告，揭示粮食经济活动的内在联系、矛盾及其变化规律，提出政策措施建议。

第十七条　各级粮食行政管理部门应做好统计资料的积累，省级粮食行政管理部门应建立省级粮食统计数据库。统计资料包括统计数据库、统计台账、统计图表、统计报告、统计出版物及其电子文档等。

各级粮食行政管理部门应建立统计资料的审核、查询、订正制度，统计资料由本单位统计机构或者统计负责人统一管理，妥善保存。统计机构调整或统计负责人调动，必须办理统计资料的交接手续，保证统计资料连续、完整。

第十八条　各级粮食行政管理部门对粮食统计资料的发布实行集中管理，并严格执行《统计法》和国家有关保密规定。各级粮食行政管理部门公开发布的统计资料，向有关部门、单位和个人提供的统计资料，应由统计负责人或统计机构核定，报主管领导批准；重要统计资料，应报主要领导批准。

第四章　统计纪律

第十九条　各级粮食行政管理部门、各类粮食企业和统计人员必须严格遵照执行《国家粮食流通统计制度》规定的各种统计报表的统计范围、数字口径、指标解释、计算方法、商品目录、报送时间。

第二十条　各级粮食行政管理部门、各类粮食企业的统计机构和统计人员必须实事求是地准确填报有关粮食统计数据。统计负责人必须严格审核，对本单位统计机构和统计人员提供的报表资料如有疑问，可以通知统计人员复查，不得擅自修改，不得强令、授意统计人员篡改、编造统计数据。

第二十一条　各级粮食行政管理部门在统计工作中必须保守国家秘密，自觉遵守保密制度。统计机构和统计人员对统计调查中知悉的统计调查对象的商业秘密和属于企业、私人、家庭的单项调查资料，负有保密义务。涉密统计资料要严格按照保密制度的有关规定，通过加密设备安全传输或报送。

第五章　奖励和惩处

第二十二条　国家粮食局根据《中华人民共和国统计法实施细则》《国务院办公厅关于印发粮食安全省长责任制考核办法的通知》（国办发〔2015〕80号）等有关规定，对省级粮食行政管理部门粮食流通统计工作实行年度考核，考核结果同时作为粮食安全省长责任制重点考核事项“加强粮情监测预警”的主要参考依据。对在完成规定的粮食统计调查任务，保障统计资料的准确性、及时性等方面做出显著成绩的省级粮食行政管理部门和统计人员，给予适当奖励。

第二十三条　各级粮食行政管理部门应组织开展《粮食流通统计制度》执行情况监督检查，坚持日常监督检查与定期开展专项检查相结合。监督检查的主要内容包括：

（一）是否存在虚报、瞒报、拒报、漏报、迟报、伪造、篡改统计资料的行为；

（二）是否依据原始经营记录，建立统计台账，按照期限规定保留粮食统计台账；

（三）是否依法设立统计机构或设置统计人员；

（四）统计人员是否经过培训，其调动是否符合有关规定；

（五）有无侵犯统计机构和统计人员职权的行为；

（六）统计资料的管理和公布是否符合有关规定，有无泄露国家秘密、调查对象的商业秘密和企业、私人、家庭单项调查资料的行为；

（七）是否按规定的调查方案进行调查，有无改变调查内容、调查对象和调查时间等问题；

（八）法律、法规和规章规定的其他事项。

第二十四条　开展粮食流通统计制度执行情况监督检查应严格按照《粮食流通监督检查暂行办法》组织实施。实施统计监督检查时，检查人员有权：

（一）查阅、审核、复制被检查单位的原始记录、统计台账、统计报表以及与统计有关的其他资料；

（二）经检查机关负责人批准，登记保存检查对象的有关原始记录和凭证、统计台账、统计报表以及其他相关证明和资料；

（三）向有关单位和个人进行调查询问，要求如实提供情况。

第二十五条　对各类涉粮企业未建立粮食经营台账，或者未按照规定报送粮食基本数据和有关情况的，由粮食行政管理部门依据《粮食流通管理条例》责令改正，予以警告，可以处20万元以下的罚款；情节严重的，并由粮食行政管理部门暂停或者取消粮食收购资格。行政处罚结果应通过政府网站公开发布。

涉粮企业的违法行为记入企业诚信管理档案，给予违法企业必要的失信惩戒，包括不得参与国家政策性粮食收储、竞价销售、定向销售，以及粮食应急加工和供应等活动。对严重失信企业，粮食行政管理部门会同有关部门采取联合惩戒措施，包括禁止参加政府采购活动，限制补贴性资金支持等。

第二十六条　粮食行政管理部门、各类粮食企业的领导自行修改统计资料、编造虚假数据或者强令、授意统计机构、统计人员篡改统计资料或者编造虚假数据的，依法给予行政处分；统计人员参与篡改统计资料、编造虚假数据的，依法给予行政处分。

第二十七条　粮食行政管理部门及其人员泄露企业、私人、家庭的单项调查资料或者统计调查对象的商业秘密，造成损害的，依法承担民事责任，并对负有责任的主管人员和其他直接责任人员依法给予行政处分。

第六章　附　则

第二十八条　省级粮食行政管理部门在确保《国家粮食流通统计制度》得到有效执行的前提下，可结合本地实际，制定本省（自治区、直辖市）粮食流通统计制度，并报国家粮食局备案。

中国储备粮管理总公司按照《中央储备粮管理条例》的有关规定，制定《中央储备粮油统计制度》并组织实施，并按要求向国家粮食局报送中央储备粮统计报表。《中央储备粮油统计制度》须先报经国家粮食局审核，再报国家统计局审批。

第二十九条　中国储备粮管理总公司负责管理的最低收购价粮、临时存储粮等国家政策性粮食，以及其直属企业轮换经营的商品粮由公司总部统计汇总，向国家粮食局报送。其他中央企业按照属地原则，向企业所在地粮食行政管理部门报送统计报表。

第三十条　中央和地方储备粮承储企业在储备粮轮换过程中，购进的用于轮入的新粮，以及轮出的陈粮，均须纳入企业商品粮管理，由承贷企业负责统计。

第三十一条　为贯彻落实粮食安全省长责任制，中储粮分公司应将中央储备粮、最低收购价粮、国家临时存储粮等中央事权粮食相关统计报表抄送省级粮食行政管理部门，满足地方政府及相关部门分析、研判本省（自治区、直辖市）粮食流通形势的需要。省级粮食行政管理部门应主动为中储粮分公司的经营管理提供有关统计资料和统计咨询等服务。

第三十二条　本细则自发布之日起施行。

关于印发《粮油安全储存守则》和《粮库安全生产守则》的通知

国粮储〔2016〕234 号

各省、自治区、直辖市及新疆生产建设兵团粮食局，中国储备粮管理总公司、中粮集团有限公司、中航工业集团公司：

为加强粮油安全储存和行业安全生产指导，规范从业人员的作业与管理行为，提升粮油安全储存和粮库安全生产工作水平，有效消除隐患，切实防范事故，确保储粮安全和生产安全，我局编制了《粮油安全储存守则》《粮库安全生产守则》(以下简称“两个守则”)，与《粮油储存安全责任暂行规定》共同形成粮食行业安全储粮和安全生产的问责制度与行为准则。现将两个守则印发你们，请认真遵照执行，切实贯彻到储粮管理、生产作业的每一个环节，落实到具体岗位和人员。

附件：1. 粮油安全储存守则

2. 粮库安全生产守则

国家粮食局

2016 年 10 月 20 日

（此件公开发布）

附件 1

粮油安全储存守则

为了贯彻执行“预防为主、综合防治”的安全储粮方针，强化落实“谁储粮、谁负责，谁坏粮、谁担责”的粮油储存安全责任，规范粮库安全储粮作业与管理行为，确保粮油安全储存，依据《粮油仓储管理办法》《粮油储藏技术规范》《粮油储存安全责任暂行规定》等制度标准规范，制订本守则。

本守则是从事粮油仓储活动必须遵守的行为准则，适用于各类粮油仓储单位。

第一章　粮食入仓与质量控制

1. 入仓作业准备

粮食入仓前，仓储管理部门要检查仓房，确认仓房无破损、渗漏、返潮等现象，门窗和照明灯等能正常使用；要清洁仓房，有活虫时进行空仓杀虫，采用国家允许使用的杀虫剂进行杀虫处理，制定空仓杀虫方案，经批准后实施，做好隔离工作。空仓杀虫药剂及用量见表 1。

设备管理部门要清洁和调试设备，确保作业期间输送清理和仓储工艺等设备正常运行。

表 1　空仓杀虫药剂及用量

种类	食品级惰性粉	磷化铝	敌敌畏	溴氰菊酯
用量	3 ~ 5 g/m^2	3 ~ 6 g/m^3	0.1 ~ 0.2 g/m^3	0.1 ~ 2 g/m^3

注：敌敌畏仅用于空仓和环境杀虫，严禁喷施或落入储粮中；溴氰菊酯应以烟雾剂形式用于空仓杀虫。

2. 入仓粮食质量要求

入粮时，按批量扦取样品，检测粮食水分和杂质含量。入仓粮食水分含量宜控制在当地安全水分以下，杂质含量应严格控制在 1.0% 以内。对于水分、杂质含量超标的粮食，应经过干燥、清理，达到要求后，方可入仓。

入仓粮食应按种类、等级、收获年度分开储藏。已感染害虫的粮食应单独存放，并根据虫粮等级按规定处理。

3. 入仓作业要求

入仓作业流程主要包括质检扦样、检斤称重、布设通风地上笼（横向通风无须布设）、卸粮清杂、质量抽检、输送入仓。

入仓过程中，提高机械化进仓水平，采取有效措施减少自动分级（浅圆仓、立筒仓入仓时采用布料器、减压管等）和防止测温电缆移位。做好防虫、防鼠、防雀工作，加强对全流程的除尘防尘工作，保护环境。

入满粮后，应进行平整粮堆粮面、铺设粮面走道板、布置粮情测控系统、通风均温均湿、防虫防霉、密闭压盖等作业。

粮库管理人员要对入仓全过程进行跟踪检查，保证入仓粮食符合储存要求，并在入仓粮食质量控制单上签字确认。

第二章　环境巡查与鼠雀防治

4. 环境巡查

应检查库区内有无残粮、垃圾、污水、杂草等，并及时清理干净；应安排人员巡更，检查仓顶、仓壁、门窗、挡水墙等是否完好，特别是在大风、雨雪等恶劣条件下，及时检查仓房设施、通风设备、熏蒸器具、气调系统、挡鼠板、防雀防虫网等，确保各项设施性状完好、使用正常。

5. 防鼠措施

清洁并保持库区环境卫生；硬化仓库四周地坪，封堵鼠洞；密实仓库（囤基）地坪、墙角、檐口孔洞缝隙；在仓门处安装防鼠板。

6. 灭鼠措施

（1）诱捕：将装有诱饵的捕鼠器械(鼠夹、鼠笼、粘鼠板等）放置在老鼠活动线路上，诱杀老鼠。

（2）毒杀：将鼠药掺入老鼠喜食的食物中，或采购毒鼠诱饵放置在老鼠经常出没处，毒杀老鼠。

（3）熏杀：将器材库、运输工具（轮船、车皮等）密封后，按要求投放磷化铝、氯化苦、敌敌畏等熏蒸剂，熏杀老鼠。

7. 防雀措施

仓门悬挂防雀帘；在仓窗、排风扇口、环流风机罩、简易仓围檐口及顶部通风口等位置安装防雀网；所有穿墙管道、配电间电缆管两端应密实处理；配电箱门要密实无缝隙。

第三章 粮情检查检测与分析报告

8. 粮情检查分析报告

保管员应认真执行粮情检查制度，每天做好工作日志，发现问题及时上报。

粮库仓储管理部门负责人应每周对粮情进行全面检查，做好记录，每半个月形成粮情报告，及时上报粮库负责人。

粮库分管负责人应每月对粮情进行全面检查，形成粮情分析报告，及时报粮库主要负责人。

粮库主要负责人应每季度对粮情进行全面检查或重点抽查，召开粮情总结分析会，形成粮库安全储粮报告，及时按规定上报。

发现安全储粮问题和隐患，应及时采取相应处理措施，逐级督导。

9. 人工入仓日常粮情检查

人员入仓前，应确认安全，特别是气体浓度安全后方可进仓。进仓后，检查粮食色泽气味；观察仓内有无虫茧网、鼠雀迹；检查仓温仓湿、粮温粮湿；检查粮堆是否有结露、板结、发热、霉变等现象。有条件的粮库可取样进行粮食籽粒霉菌孢子检测（检测方法与评价指标参见附录 1）。对未采用计算机测温的粮堆，或计算机测温的盲区、粮温异常点、系统故障点，或易发生问题的部位，应进行人工检测检查、记录检测结果。

根据人员入仓检查粮情的情况，采用粮食水分快速检测仪（器）或抽样送检，检测问题部位粮食水分，进一步分析粮情风险。

按 GB/T 29890 的方法取样，筛检害虫，并鉴定害虫种类，测算虫口密度、确定虫粮等级。

10. 计算机检测粮情

采用计算机测温的，传感器布置应标准规范，系统工作正常。应检测“三温两湿”，粮温检测周期见表 2。应将检测结果记入粮情（粮温）报表（格式参见附录 2 和 3），并至少保留一个储藏周期。

表 2 粮温检测周期建议

储粮情况	检测周期（粮温低于 15℃）	检测周期（粮温高于 15℃）
半安全水分粮、一般虫粮	10 天内至少检测 1 次	5 天内至少检测 1 次
危险水分粮	5 天内至少检测 1 次	每天至少检测 1 次
危险虫粮处理后的 3 个月内	7 天内至少检测 1 次	
新收获粮食入仓后 3 个月内	适当增加检测次数	

第四章 储粮温湿度控制

11. 新粮入仓均粮温

新入仓的粮食宜采用 6 ~ 12m^3/h · t 的单位通风量进行均温通风，通透粮堆，当粮堆温度梯度≤ 1℃ / m，房式仓粮堆上层与底层温差≤ 3℃，筒式仓粮堆上层与底层温差≤ 10℃时，即视为粮温均匀。

12. 夏秋粮仓排积热

夏秋季节仓温或表层粮温明显高于外温，应适时自然通风或开启排风扇排积热，降低仓温和表层粮温。排积热期间对门窗和排风扇口等处做好防虫工作。

13. 秋冬通风降粮温

在满足允许通风降温的条件时，秋冬季节应采取竖向或横向等机械通风措施降低粮温。通风判定条件按 LS/T 1202 标准执行。北方地区可采用自然通风，利用气温低的环境条件，缓慢降低粮温。

14. 春季隔热保冷心

冬季通风后，春季宜做好仓房密闭隔热，有条件可做粮面压盖，保持粮堆低温。

15. 夏季控温去热皮

夏季应控制仓温和表层粮温。在东北、华北、西北地区，夏季利用粮堆冷心冷量，通过环流通风，降低粮堆表层和侧壁的较高粮温（粮堆热皮）。其他地区可采取空调或谷冷机等人工冷源控温。

16. 季节交替防结露

春夏交替季节应做好仓房或粮堆密闭隔热，阻止外界热空气进入仓房或粮堆，防止在粮堆表层以及其他易受外界影响的部位发生结露。

秋冬交替季节应随外温的下降适时通风，逐步降低仓温、粮温，减少温差，薄膜密封粮堆必要时揭膜，预防结露。

第五章 虫霉防治

17. 防虫线和防虫网

在仓房门窗、排风扇口、通风口等处布置和喷施食品级惰性粉、溴氰菊酯或防虫磷等防虫剂，布设宽度大于 10 cm 的防虫线，用于日常防虫。在门窗处布设 80 目以上防虫网。

18. 绿色安全防治储粮害虫

应尽可能减少储粮化学药剂的使用，优选温控防虫、粮面密封薄膜防虫。有条件情况下，可采取食品级惰性粉（参见附录 4）和气调等绿色安全的物理防虫技术以及生物防治技术。

19. 储粮防护剂防虫

储藏时间超过 1 年的粮食，宜对粮堆底层和上层 30 cm 厚的粮食施用防护剂或食品级惰性粉，按标准剂量施用。采用喷雾机械施用防护剂时，应在皮带输送机输送粮食入仓时定点定量施药；防护剂的载体应使用与储粮种类相同的粮食糠壳；使用防护剂的操作人员应经过培训，施用的防护剂应经过国家农药等管理部门登记和批准。

20. 熏蒸气调防治害虫

粮温 15℃以上的一般虫粮，应在 15 天内进行除治；严重虫粮应在 7 天之内进行除治；危险虫粮应立即隔离并在 3 天内进行彻底的杀虫处理。基本无虫粮和粮温不超过 15 ℃的一般虫粮，应加强检测，做好防护工作，不需进行杀虫处理。

熏蒸杀虫时，粮库仓储管理部门应根据害虫种类和虫粮等级，制定熏蒸方案，经粮库负责人审核后报当地粮食行政管理部门备案，并严格按储粮化学药剂管理和使用规范的要求组织实施。具体熏蒸方法可采取自然潮解常规熏蒸、环流熏蒸、缓释熏蒸、间歇施药熏蒸、磷化氢二氧化碳混合熏蒸、双低熏蒸、帐幕熏蒸，也可采取氮气气调等储粮方法杀虫。

实施熏蒸、气调作业前，粮库分管仓储工作负责人、仓储部门负责人、安全员应当按照粮食熏蒸、气调作业单的内容，逐项检查，签字确认。熏蒸投药或充氮气调后，应定期检测气体浓度，必要时补充药量或氮气，确保杀虫效果。熏蒸和气调作业完成后，由仓库保管员和粮库仓储部门负责人共同签字确认。

21. 储粮霉变防治

控制入仓粮食水分和杂质含量，采取机械通风、低温、准低温储粮等技术，预防消除粮堆结露。当储粮出现发热生霉迹象时，应及时向粮堆或局部粮堆通入臭氧或采用磷化氢熏蒸杀灭霉菌、抑制发热。已经发霉的粮食要及时清理出仓。

第六章 简易仓囤储粮

22. 简易囤储粮

（1）基本要求

应具备“九防”“四处理”基本功能。“九防”是指防火、防潮、防雨雪、防风、防鼠、防雀、防虫、防霉变、防塌底等九项安全储粮预防功能；“四处理”是指必须配备有效的粮情检测、熏蒸杀虫、通风降温、隔热保温等四项安全储粮处理的基本措施。粮库负责人必须严格把关，不满足基本要求的，不得储粮。

（2）入粮作业

入粮前，做好简易囤堆基、包装和苫盖材料等的杀虫消毒处理，按 GB/T 29890 要求执行。

入粮时，应从简易囤的中心点均匀入粮，防止偏载，减少杂质自动分级和防止粉尘飞扬。

简易囤的测温电缆按环形布置，水平方向相邻电缆间距不大于 5 m，垂直方向间距不大于 3 m，距粮面、囤底、囤壁 0.3 ~ 0.5 m。

（3）粮情检测

简易囤粮温 15℃以下时，5 天内至少巡测一次；粮温 15 ~ 25℃时，3 天内至少巡测一次；粮温超过 25℃以上时，每天巡测一次。每月随机抽查粮温、水分、虫害、霉变等情况；恶劣天气及时检查粮情。将检查结果记入粮情（粮温）报表（格式参见附录 3）。

通过扦样或结合测温点的布置，对粮食水分分层取样或在线检测。表层、上层粮食水分适当增加检测的点位和频次；表层粮食水分应每周检测一次；中上层粮食水分每月至少检测一次；在季节转换时，应增加粮堆表层水分的检查次数。

储存一年以上的粮食，应增加粮情检测频次。

（4）储粮措施

入粮后，应对粮堆表层进行防虫防霉处理。在简易囤四周、底部等部位应喷布防虫线，根据粮食储藏期限和周围环境条件喷布杀虫剂或食品级防霉剂。在季节交替及虫害高发期应增加喷布频次。

简易囤可采用“圭”字形地上笼通风道，在密封囤体的条件下，采用竖向压入和吸出相结合的方式进行机械通风，宜选 6 ~ 15 m^3/h · t 的单位通风量。

主要害虫达 2 头 /kg 以上，应密封粮囤后进行熏蒸杀虫。

粮堆水分分层严重、局部结露、高温发热等情况发生时，及时采用通风等处理措施。通风达不到要求时须翻倒粮堆表层、拆囤、倒囤处理。简易囤储粮上层结露时，适时揭开篷布，翻动粮面，进行自然散湿处理。

（5）出粮作业

打开囤对称的出粮口同时出粮，使其流速一致，缓慢均匀出粮，防止出现囤身偏载、倾倒。或从囤底部中心处用绞龙出粮，形成囤中心的环形粮堆，防止囤身倾斜问题。

23. 罩棚储粮

罩棚储粮主要采取围包散储和包装粮堆垛的储藏形式。

（1）基本要求

应具备“九防”“四处理”基本功能。应对包装麻袋消毒，以免交叉感染，引发粮食虫害等隐患。不得使用塑料编织袋装粮做围包散存的挡粮墙。

（2）入粮作业

入粮过筛除杂，多点进粮，减少杂质自动分级和防止粉尘飞扬，机械化入仓处理应尽量减少粮食破碎。应科学设计通风系统，合理布置通风道，减少通风死角，防止跑、漏风，确保通风效果。围包散储的围包码垛挡粮墙厚度应保证装粮后承载安全。布设挡粮墙要与粮食入仓同步进行。挡粮墙搭建时不宜采用输送机输送粮包，所使用的所有麻袋要完整、无破损、无污染、无害虫，挡粮墙下部应采用新麻袋。在挡粮墙的长边每间隔 3 m 进行加固加厚处理，每搭设一层要及时清理麻袋上的粮粒和杂物，再搭另一层。挡粮墙高度不大于 5m，单一（每区）罩棚的总储量不大于 20000 t。

（3）储粮措施

粮情检测系统和传感器的布置要求与房式仓相同（粮温检测记录报表参见附录 2）。

应对粮堆表层进行防虫防霉处理，方法和要求与简易囤的相同。主要害虫达 2 头 /kg 以上，应密封粮垛后进行熏蒸杀虫。

（4）出粮作业

应先撤除挡鼠网、板，再揭下苫盖物。拆除堆垛挡粮墙的顺序是由上到下、由外向内逐层移开粮包，拆除挡粮墙的高度、宽度应与粮堆自流角相一致。应边出粮边拆除挡粮墙下面的垫底材料。如分批次出粮，应保证粮情检测设备、通风系统能正常工作。出粮期间，要由专人实时检查，发现粮堆垛及设施歪斜，应立刻停止出粮并及时处置。出粮后，应及时对场地、相关设备和器材进行清洁整理。

24. 钢结构散装房式简易仓储粮

挡粮结构必须能够承受在动静载荷下的粮堆侧压力，应提供钢结构散装房式简易仓设计部门的测算依据。

必须配套可有效实施的粮情检测、通风和熏蒸工艺设备，粮情检测要求与房式仓的相同，对粮情异常部位经人工复查确认后及时采取通风、熏蒸技术措施，确保安全储粮。

季节交替期，加强对粮堆表层、周边、拐角、过道板下粮食进行结露和霉变检查。

高温季节应适时翻动粮面，排散粮堆顶层积热。密闭苫盖时可先在粮面铺设一层吸湿隔热材料，再用苫布覆盖，预防结露。

第七章 异常粮情处置

25. 发热粮处置

采用粮温比较、取样分析、虫霉检测、感官检查等方法，综合判断，发现粮堆发热部位，分析原因，采取相应处置措施。

害虫引起的发热，应采取熏蒸防治措施，杀灭害虫，再通风降低粮温。

杂质多或后熟作用引起的粮堆发热，应清除杂质，杂质不易清除时可通过打探管，通风降温、消除发热点。

表层粮堆发生轻微结块发热时，粮面板结，松散度降低，应翻动粮面，开启门窗自然通风散湿散热。无自然通风条件的应密闭仓房，内部利用除湿机，吸湿散热，或进行密闭熏蒸，降低粮温。

水分过高结块霉变引起的局部粮堆发热，应先采取机械通风、仓内翻倒、翻仓倒囤、谷冷通风或熏蒸抑菌等措施降低粮温，再采取就仓通风干燥或出仓晾晒、烘干等措施降低水分。

全仓或粮堆大部出现结块发热，应及时翻仓倒囤，或出仓干燥。

26. 结露处置

粮堆表层结露时，应适时通风、除湿，以及翻动粮面。

低温粮仓、地下粮仓储粮出现结露时，如外界温度、湿度较高，严禁开仓通风，可使用谷物冷却机、除湿机或吸潮剂等处理。

粮面密封膜内结露时，应揭开薄膜，晾干结露水，驱散粮面表层水分。

仓顶仓壁结露时，应采取措施防止结露水流入粮堆。

27. 高水分粮处置

粮食水分高于当地安全水分 3 个百分点以上的高水分粮，一般情况不许直接入仓储存。因气候条件等特殊原因收购的高水分粮，应通过晾晒、烘干机干燥、通风干燥、谷冷降温降水等方法将水分降至安全水分以下，再入仓储藏。

在储藏期间，局部高水分粮，应采取机械通风、就仓干燥等降水措施。必要时局部挖掘粮食，移出粮仓晾晒干燥。

发现特殊粮情后，仓储管理部门要分析原因，有针对性地采取措施进行处置。

第八章 粮食出仓作业

28. 出仓作业前准备

粮食出仓作业前，粮库仓储管理部门统筹做好各项准备：协助粮油质量检验员取样化验，检验粮食质量，评定等级；完成粮面粮膜、走道板、测温电缆、膜下熏蒸环流管道、挡鼠板等器材的拆除整理存放工作；准备出仓相关的设施设备；粮库有关人员核查储粮账卡、出库单、检化验单无误后，安排出仓作业。

29. 出仓作业

出仓作业中，应提高机械化水平和效率，降低劳动强度，做好防虫、防鼠、防雀工作，加强除尘防尘工作，保护环境。核实粮食数量、质量和进度，配合监督检查。

选择合理的作业时间和作业方式，冷热粮面应常翻动，防止温差过大引起结露；减少机械碾压、抛撒等作业损耗。

分批次出仓时，一个批次结束后，应平整粮面，避免温差过大造成粮堆结露，避免检温系统、熏蒸系统和通风系统无法正常使用。

30. 出仓结束整理

粮食出仓结束后，清理器材，打扫仓房场地，整理地脚粮。做到不留残粮，不留缝隙孔洞、杀灭储粮害虫，重点对虫茧、垃圾、蜘蛛网等进行清扫，不留死角。

第九章 植物油脂储存

31. 入库前准备

油脂入库要考虑油库区局部地基下沉，应均衡整个油罐区的承载压力。对油罐、管路、加热管、阀门、油泵、电器、温度计、压力计、流量计等进行检查和清洁，确保清洁无渗漏、无破损、通气孔畅通，油泵润滑充足、转动灵活、密封良好，所有设备、仪器、仪表运转正常；第一次使用的油罐，内壁应涂抹同类油脂。检查确保进油管线合理，需要开启的阀门和泵正确无误，防止混油。准备负责人应填写油罐入油准备单并签字。

32. 入库质量要求

储存的油脂符合国家标准和卫生规范，不得将非食用油脂储存在食用油库中。食用植物油脂应按品种、等级、生产年度分开储藏；压榨与浸出、转基因与非转基因油脂应分开储存。油库不得存放溶剂含量超过 300ppm 的油脂。油罐已有油脂需要补罐前，应认真核对现存油脂和补充油脂品种、检测级别，严防混油。质量检验负责人应填写油脂质量检验单并签字。

33. 油脂入库作业

每个油罐应建立独立的档案，油脂入库前，储油管理负责人应检查油罐入油准备单和油脂检测质量单并签字。符合入罐储存要求的，填写入库作业单并签字后，实施作业。所有单据应存档。

在入库过程中，应安排人员巡视检查，查验罐体有无变形和跑冒滴漏问题，发现情况应立即停止进油进行处置。单罐油脂储藏量不应超过检定容积，未检定容积的油罐，装油量应低于罐壁上沿 0.3 m。入油完毕后，每个罐（垂直方向）布设不少于 3 个测温点，其中上层和底层测点位置分别距液面和罐底的距离为 0.5 m。完成作业后，关闭阀门，应查验入库油脂数量和质量，及时封闭罐体，填写入仓油脂数量质量检验单并签字。

34. 储油期间作业

（1）"防溢油"管理

每天都应检查液位高度，确认储油数量正常；确认油罐底部阀门关闭良好并上锁；对储油数量波动异常的要及时分析原因并处理。定期检查油罐区地坪是否完好，有无异常沉降情况；检查油罐罐壁防腐层是否完好，有无严重锈蚀、腐蚀等情况；检查罐壁焊缝有无渗漏、裂纹等异常情况，若有异常及时倒罐进行维修。对新装入油脂的油罐及相应设备，第一周应每天检查一次完好情况，之后每 7 天检查一次；应检查护油堤和浸出油脂管路连接部门的密封情况，如果发现密封出现故障等应及时修复。

（2）"保质量"管理

在常规储存条件下，植物油脂储存时间不宜超过 2 年。

严格按照要求开展雨中三查，加强对罐顶的通光孔、计量孔密封性的检查，避免雨雪水渗流入油罐内影响储油品质。

储存期间每 15 天至少检测 1 次油罐和罐外气温，并按照国家有关标准和要求定期对库存油脂开展取样检测工作，跟踪储油品质变化，对品质变化异常的及时分析并处理。有条件的可采用油罐空间充氮气调保质储藏技术、抗氧化剂储藏技术、罐体保温及防辐射热等技术。

35. 出库作业

（1）出油前的准备

出库前，按《粮食质量安全监管办法》要求进行质量检测，出具检测报告。检查输油管道系统和输油设备是否满足使用要求，检查方法和入库作业时相同；仓储管理部门要检查油罐的呼吸阀或透气孔的状态是否完好，避免油罐出油后罐内形成负压导致罐体吸瘪事故的发生。应检查油库区局部地基下沉情况，均衡整个油罐区的承载压力。

（2）出油作业监控

出油作业中，保持油罐通气孔畅通，加强对油罐液位的跟踪，防止超发或者罐内油脂出空和油泵空转；要检查输油系统，正常作业期间严禁操作阀门，防止管道超压。应尽量缩短出库时间，操作完毕后及时封闭罐体。冬季出库时，加热已经凝固的油脂要缓慢，减少局部升温过快对油脂质量的影响。

（3）出油后，按规定清理维护油泵、管道、阀门、油罐等设备设施。

附录 1

粮粒霉菌孢子检测

参考储粮害虫检测布点，在粮堆扦取 10g 粮食样品，通过清洗—过滤—镜检，观察统计危害霉菌孢子数，对储粮的安全性进行评价，标准参见下表。

储粮霉菌危害的安全性评价表

级别	危害霉菌孢子数（个 /g）	安全性评价	主要危害霉菌
Ⅰ	$< 1.0 \times 10^5$	安全	未出现危害霉菌生长
Ⅱ	$1.0 \times 10^5 \sim 9.9 \times 10^5$	临界（关键控制区）	以灰绿曲霉为主，后期，会出现少量白曲霉等的生长。
Ⅲ	$1.0 \times 10^6 \sim 9.9 \times 10^6$	危害	灰绿曲霉生长优势逐渐被白曲霉替代，并会出现少量其他真菌的生长。
Ⅳ	$\geqslant 1.0 \times 10^7$	严重危害	以白曲霉为主，后期会出现一些黄曲霉、青霉等危害真菌的生长。

当小麦、玉米和大豆检出的霉菌孢子数达到 3×10^5 个 /g、稻谷检出的霉菌孢子数达到 9.9×10^5 个 /g 时，需要采取翻动粮面、单管或多管通风、谷冷通风等降水措施，抑制霉菌继续生长。

附录 2

房式仓粮情（粮温）报表模板

某号房式仓粮情（粮温）报表

粮食品种		天气		检测时间:	年/ 月/ 日/ 时

行（X）	列（Y）												层（Z）
	1	2	3	4	5	6	7	8	9	10	…	Y	
1													1（表层）
2													
3													
…													
X													
1													2
2													
3													
…													
X													
1													…
2													
3													
…													
X													
1													Z（底层）
2													
3													
…													
X													

仓温(℃)		仓湿(%)		气温(℃)		气湿(%)	

各层粮温(℃)

1层			2层			3层			4层			整仓		
最高	最低	平均	最高	最低	平均	最高	最低	平均	最高	最低	平均	最高	最低	平均

生产年份		数量(kg)		粮堆尺寸（m）	长×宽×高
入仓水分(%)		当前水分(%)		产地	
色泽、气味			面筋吸水量/(%)		
脂肪酸值(KOH/干基/mg/100g)			品尝评分值/(分)		
入仓时间	年/ 月/ 日/				
检测人			保管员		

注：东南角最上层点（表中左上角）为第一个检测点，其位置采用先长度方向(X行)，再宽度方向(Y列)，最后高度方向（Z层）的顺序描述，坐标为（1-1-1）点，含义是：行、列、层。

附录 3

筒式仓和简易囤粮温日报表格式

××库粮情检测数据报表

仓房名称：		仓房类型：		检测日期：		天气状况：	
实际储量：		粮食品种：		入仓时间：		等　级：	
收获年份：		入仓水分：		保管单位：		保 管 员：	
其他：							

层号（Z）	R \ θ	1	2	3	…	n
1	1					
	2					
	3					
	…					
	m					
2	1					
	2					
	3					
	…					
	m					
⋮	1					
	2					
	3					
	…					
	m					
k	1					
	2					
	3					
	…					
	m					

仓温：		气温：		仓湿：		气湿：	

层数	1	2	…	k	整仓
最高温			…		
最低温			…		
平均温			…		

检测结果分析及处理意见

注：规定R轴代表筒式仓和简易囤的半径方向布置电缆的圈数（中心点为0,），Z轴代表仓房的高度方向层数（自上向下），θ代表距离中心点R圈圆弧方向上逆时针计算的点号。中心测温点是（必须设）中心电缆的表层点，为(r=0)圈，从中心点（电缆）向外的各圈记为1,2,3,…，m等。θ为从正北半径的某圈上，逆时针计算的点号，正北半径的点为1，逆时针计数时分别是1,2,3,…，n等。Z为从上向下的层数，表层记为1，依次向下2,3…，k等。排序方法是：若点标记为Q［R,θ,Z］，则最表层中心点位置标记为Q［0,0,1］。从表层中心点正北方向第一圈的第一个检测点，标记Q［1,1,1］，沿该点所在圆弧沿逆时针方向下一个检测点为第二检测点，依次类推。

附录 4

食品级惰性粉防虫技术

食品级惰性粉是符合 GB 25576 要求的食品添加剂，按 GB2760 的推荐添加量用作原粮抗结剂。研究发现，该食品级惰性粉兼具物理杀虫防虫作用（简称惰性粉）。杀虫机理是惰性粉粒落入害虫关节，磨损节间膜，导致害虫死亡。

（1）惰性粉空仓杀虫。适用于各种未入粮的空仓杀虫处理，用粉量为 0.25 ~ 0.5 g/m^3。使用喷粉机，将惰性粉喷施到空仓内，关闭仓房门窗及通风口，密闭 7 ~ 10 天，达到彻底杀虫目的。

（2）惰性粉防虫线。按 120 g/m^2 的用粉量，在门、窗、通风道口和排风扇口布置宽 10 ~ 20 cm 的惰性粉防虫线。

（3）惰性粉气溶胶防虫。竖向通风选用大于 0.0025 $m^3/s/m^2$ 单位面积通风量，横向通风大于 0.015 $m^3/s/m^2$，按 10 ~ 30 g/t 计算用粉量。用喷粉机在仓内或通风道空间形成气溶胶，在气流牵引下施入粮堆。

（4）粮堆表层拌和惰性粉防虫。人工将惰性粉拌和到 30 ~ 50 cm 厚的粮堆表层。宜采用喷粉机向粮面施粉，人工拌和。用粉量见下表。

惰性粉拌和处理不同粮种粮堆表层的用粉量

粮种	用粉量	
小麦	100 g/t（粮）	50 g/m^2（粮面）
玉米、稻谷	150 g/t（粮）	75 g/m^2（粮面）
大豆	50 g/t（粮）	25 g/m^2（粮面）
糙米	100 g/t（粮）	50 g/m^2（粮面）

（5）惰性粉防治粮堆局部害虫。适用于各种粮堆表层的局部虫害处理。按 200 g/m^2 的用粉量，测量计算局部虫害危害面积，确定用粉量，直接向局部危害区表层 30 ~ 50 cm 施粉、拌和即可。

（6）包装粮表面惰性粉防虫。根据粮堆面积按 2 ~ 5 g/m^2 的用粉量，将惰性粉均匀地撒在包装粮堆表面即可。成品粮库可参照此方法防虫。

附件 2

粮库安全生产守则

为了加强粮食行业安全生产工作，防止和减少生产安全事故，保障人民群众生命和财产安全，促进粮油仓储安全发展，依据《安全生产法》《粮油仓储管理办法》等相关法律规章及技术标准规范，制定本守则。

粮食行业安全生产工作遵循“以人为本、生命至上、安全发展”的理念，贯彻“安全第一、预防为主、综合治理”的方针。

本守则是粮库作业与管理必须遵守的行为准则，适用于各类粮油仓储单位。

第一章　粮食进出仓

1. 安全检查

粮仓必须由相应资质单位设计。粮仓应制作和安装粮仓设计说明标牌，标明粮仓的设计单位、年份、储粮品种、储存形式、装粮高度、仓容、使用年限等，用于指导和检查储粮，严禁超限装粮。粮仓第一次装粮应按设计要求进行压仓实验。非经相应资质单位设计的粮仓，必须委托相应资质设计单位论证是否符合结构安全和储粮工艺的要求，严禁不经论证直接储粮。超过设计结构使用年限的粮仓，必须委托相应资质的房屋鉴定机构进行鉴定，根据鉴定结论确定能否继续装粮。

粮仓装粮前或日常检查，应检查仓顶有无漏水，仓房墙壁、地面有无裂缝，地面有无沉降，门窗有无损坏，扶梯等附属设施是否完好；应检查钢板仓防锈漆是否剥落，检查螺栓、垫片等是否松动，检查与土建相连的支座部位有无异常，地面有无沉降。如有异常，须进行有效处置。

油罐装油前或日常检查，应检查油罐焊缝是否完好，罐顶盖、人孔、测量孔、通气孔等是否正常，罐底螺栓有无松动，垫片是否完好，罐区、管线阀门施封情况是否牢靠。如有异常，须进行有效处置。

2. 作业机动车辆

粮库应按要求设置交通指示标识，驾驶员应严格按库内交通指示标识行驶，严禁携带火柴、打火机等火种入库；机动车在粮库道路行驶限速 10 公里 / 小时，车辆上下地磅、生产作业区行驶、倒车限速 5 公里 / 小时，严禁超速行驶；严禁剐蹭仓储设施；车辆行驶时，严禁作业人员在车上作业；严禁铲车、叉车载人。

驾驶员应听从粮库管理人员的指挥，严格按照指定路线行驶，严禁驶入粮库非指定区域自行装卸，严禁驾驶员进入，禁止驾驶员赤脚、赤身、穿拖鞋、穿凉鞋等不安全行为。

人工扦样或接发油时，应配安全扶梯，穿防滑鞋，防止跌落。同时，严禁作业车辆移动。

机动车辆过磅时，应直线行驶并停在秤台中心，缓刹车停稳后并制动手刹，发动机必须熄火。

机动车辆装、卸车前，应放好车轮停位器，以防车辆移动伤人。作业人员应检查作业空间、车辆、设备、设施状况，确认无安全隐患后方可作业；液压翻板周围应设置警戒线，严禁非作业人员进入警戒区。卸粮时，应有专人指挥，严禁卸粮坑、车辆及液压翻板上站人。严禁车辆偏载或超载。自卸车应在车斗完全复位后，方可移动车辆。

机动车辆倒车时，必须有人指挥，指挥人员必须站在车辆的侧后方并与车辆保持安全距离，严禁站立在车辆可能行驶的轨迹上。

铲车作业时，严禁人员站在驾驶室外的踏板处指挥作业。

作业区域内，严禁非作业停车和无关人员逗留。

粮库仅在库区使用的自备车必须定期检验，保证车辆安全合格；驾驶员必须持有相应的机动车驾驶合格证。

3. 粮仓清理

清理平房仓时，作业人员应开启仓房门窗或排风扇；清理浅圆仓、立筒仓前，作业人员应检查并确认通风换气系统运转正常，并在运行 10 分钟后开始清扫。清理浅圆仓、立筒仓的上下通廊和工作塔时，严禁使用压缩空气吹扫灰尘。

清扫仓房时，作业人员应佩戴防尘口罩。灰尘较多时，应采取负压或湿式作业等措施，防止粉尘飞扬及二次扬尘；灰尘较少时，可采用普通清扫方式。

4. 粮食烘干

作业人员应佩戴安全帽。在烘干塔及露天堆场周围应设置安全警示周界，严禁非作业人员进入现场。现场必须配备消防器材及设施。烘干机周围严禁堆放各类易燃品。

初始烘干时，应保持烘干机内粮食流动，严禁长时间闷塔。突然断电时，应打开紧急排粮门排粮，防止塔内糊粮和着火。

燃油、燃气炉在不同季节使用的燃料，必须按说明书的规定执行，严禁使用非雾化燃油；燃烧器燃烧时，严禁往油箱加油。

烘干机进出粮的水分监测装置、进出风温度监测及调节装置、料位控制等完整有效，烘前仓（烘后仓）上下料位完整有效。

粮食入烘前仓前应进行清理，烘前仓入粮应与烘干作业同步，随进随烘。禁止烘前仓进完粮后再烘干，以防烘前仓结拱；烘干作业期间，严禁人员进入烘前仓和烘后仓。

应每月检查换热器，防止换热器破损将火种随热风管进入烘干塔内；使用燃煤或生物质热风炉时，应每半月或每周清理燃烧炉的沉降室和换热器中烟气侧的灰尘；烘干机使用 30 天内必须清理烘干塔一次。

5. 卸粮

烘干系统卸粮、工作塔卸粮坑卸粮、铁路专用线卸粮坑卸粮，生产部门应在卸粮作业区设置警戒线和标识。

烘干系统地沟卸粮时，严禁非作业人员进入作业区，严禁作业人员擅自进入粮堆。作业人员处理板结的粮堆时，应做好监护，防止人员跌落进粮口被粮食掩埋。夜间作业时，作业人员工作服上应设置反光警示标识。

工作塔卸粮坑（液压翻板卸粮、汽车自卸）卸粮时，严禁非作业人员进入卸粮作业区域；牵引火车时，严禁人员进入专用线卸粮坑作业区域；所有进粮口必须安装合格的钢格栅，并设置安全警示标识。

6. 平整粮面

平整粮面前，粮库带班负责人应对作业人员进行岗前培训和安全交底，并提出平整粮面作业要求；作业人员应先开启仓房排风扇或窗户。

平整粮面时，应安排不少于 2 人同时作业，并在仓门或进人口安排专人监护。作业人员应佩戴防尘口罩，必须从粮堆顶部自上而下摊平粮食，严禁站在粮堆低凹处摊平粮食。

平整粮面时，应在粮食入仓达到预定数量后平仓。粮面高差较大时，作业人员应防止跌落粮堆被粮食掩埋。

7. 出粮口排堵

出仓过程中，出粮口堵塞或出粮不畅时，应执行出粮口排堵作业应急预案，严禁擅自入仓排堵。

出粮口排堵应优先采用仓外作业排堵方式，作业人员开大闸门，利用长杆通过出料闸门、扦样孔、排堵孔等扰动粮堆，实施排堵。对于有多个出粮口的粮仓，应先从未堵塞出粮口出粮，但应严防不对称出粮。

对于立筒仓和浅圆仓，可在仓底设计安装空气炮清堵器用于排堵。

8. 粮食结拱（挂壁）处置

必须严格执行粮食结拱（挂壁）处置作业分级审批制度，严禁擅自进行处置作业。

粮食出仓前，仓储部门应先检查粮面是否结顶，如有，应进行处理；出仓中，发现仓内粮食结拱（挂壁）时，作业人员应先报告出仓作业现场负责人。

对于粮食有结块现象的立筒仓或浅圆仓，严禁一出到底。作业人员应在粮面每下降 1 米左右时，先关闭出仓闸门，后进入仓内检修平台观察粮面，如发现明显挂壁或结块露出粮面，在保证安全前提下，入仓清理露出粮面的结块或壁挂，防止结块粮形成高耸柱状，或挂在仓壁高处，甚至形成大规模结拱。作业人员及作业工具全部出仓后，再开启闸门出粮。

平房仓挂壁时，作业人员利用长杆或高空作业车处置；立筒仓挂壁时，作业人员必须通过仓顶吊篮入仓利用长杆等措施处置；浅圆仓挂壁位置较低时使用装载机处置，较高时通过高空作业车处置。严禁作业人员位于挂壁下方作业，以防挂壁坍塌砸伤或掩埋作业人员。

立筒仓结拱时，应通过向立筒仓入粮，或作业人员通过仓顶吊篮入仓利用长杆等措施进行处置，还可通过向烘前立筒仓吹热风进行处置；浅圆仓结拱时，应通过向浅圆仓入粮，或开启浅圆仓挡粮门等方式进行处置。严禁作业人员站立粮面进行处置。

处置作业结束后，作业人员必须全部撤出仓外，移出全部工具和设备。

9. 平房仓挡粮板拆卸

仓储部门应研究和制订平房仓挡粮板拆卸方案，严禁作业人员擅自入仓拆卸挡粮板。

拆卸挡粮板时，应优先采用仓外作业方式。作业人员应不少于 2 人，且应将安全带有效系在系留装置上，通过移动升降机或扶梯拆卸挡粮板。

出仓作业时，作业人员应先关闭挡粮板上出粮口闸门，在粮面稳定的前提下，逐一拆除粮堆以上的挡粮板，严禁拆除粮堆以下的挡粮板。作业人员出仓并带出全部工器具后，方可开启闸门继续出粮。

作业过程中，如发现粮面流动，作业人员应立即停止作业并迅速撤离至安全地点。

粮食出仓作业过程中，如出现粮堆埋人，作业人员应立即关闭出粮闸门并报告现场负责人，现场负责人立即组织紧急救援。

第二章 粮食简易仓囤

10. 简易囤

简易囤选址应有利于防汛，地面应平整，基础应满足装粮后承载力要求；简易囤应由符合资质要求的单位设计和建造；每组简易囤不应超过 5000 吨，组间距应大于 25 米。简易囤应安装有效的避雷装置。

粮食入囤前，应对粮囤的内外结构进行安全检查，检查各焊接口、入粮口及安全爬梯是否焊接牢固，检查囤身是否倾斜，防潮防雨性能是否完好等，确认安全后方可入粮。进粮作业应从简易囤中心入粮，严防偏心装粮。

出粮时，应采用对称出粮口同时出粮，严禁偏心出粮，以防偏载造成倒塌。初始出粮 50 ~ 60 吨后，应换另外一组对称出粮口出粮，避免囤身出现倾斜倒塌。后续出粮时，应及时根据囤内粮食情况调整出粮口。出粮后，人员进入囤内清理资材应系安全绳，且不少于 2 人。

应定期检查简易囤，如出现胀囤、倾斜等现象时，应在保证安全的前提下，立即实施倒囤或重新制装囤，严防简易囤坍塌；简易囤出粮后，应采取有效措施，防止大风将简易囤吹倾斜或倒伏。

11. 罩棚

罩棚内既可以用麻包袋装粮码垛包储，也可以围包散储，本节主要介绍围包散储。仓储部门应先制订作业方案；必须用合格麻袋堆码挡粮墙，麻袋装粮三分之二，以平放高度 17 厘米左右为宜，四角和过道等关键部位及外层麻袋必须缝口；严禁使用塑料编织袋装粮作挡粮墙。

围包散储装粮高度不应高于 5 米；挡粮墙 3.5 米以下部分应采用三横一竖、每层错位堆码麻袋墙；3.5 米以上部分可采用两横一竖，并确保挡粮墙堆码整齐；转角处挡粮墙，码放必须层层错位咬死，严防胀开。麻袋口应朝内堆叠。严禁使用塑料布等易滑资材铺垫在麻袋墙底层。

移动钢制爬梯（带扶手）应安全可靠。采用麻袋码放的爬梯，应确保牢固可靠。

仓储部门应定期检查粮堆周围，如发现胀垛、坍塌、漏粮等情况，应及时处置；拆粮堆时，应先从粮堆顶部拆挡粮墙，严禁人员进入粮面。拆包与出粮同步，严禁出完粮食再拆挡粮墙；严禁在围包散储粮堆周边从事影响粮堆安全的施工作业。

12. 钢结构散装房式简易仓

钢结构散装房式简易仓必须由符合资质要求的设计单位设计并通过施工图审查；必须由符合资质要求的施工企业建设；必须在竣工验收合格后方可进行装粮压仓试验。严禁超设计装粮线装粮；严禁把钢结构罩棚当散装仓或违规改造成散装仓装粮；严禁机动车辆和机械输送设备剐蹭、碰撞钢结构散装房式简易仓。

第三章 熏蒸和气调

13. 药剂管理

应严格执行化学药剂“五双”管理；药品库应安装防爆排气扇和防爆灯具，人员进入前应先开启排气扇，佩戴安全防护器具，并用便携式报警仪检测有害气体浓度。

粮库应将购买药剂情况报上级单位；药剂入库时，管理人员应填写《药剂入库单》；药剂应存放在高于地面 0.2 米以上的空间，不同种类的药剂应分别存放，液体和固体药剂应隔离存放。

领取药剂时，必须先填写《药剂领用单》，按程序审批后方可出库；领用人员应不少于 2 人；领用前后应及时登记药剂台账。使用后的药剂空瓶空罐要及时收回药品库，统一按照规定销毁处理。

14. 熏蒸

必须严格执行熏蒸作业审批制度，严禁擅自开展熏蒸作业。施用空仓杀虫剂和粮食熏蒸剂，仓储部门必须制定空仓杀虫作业方案和粮食熏蒸作业方案，经粮库负责人批准，并报所在地粮食行政管理部门备案后方可实施。严禁使用非储粮化学药剂和超剂量使用储粮化学药剂杀虫。

实施空仓杀虫和粮食熏蒸，仓储部门负责人应安排不少于 2 名作业人员同时作业，同时应安排 1 名监督警戒人员站在仓门或仓口位置，保证观察到所有作业人员。作业人员应具有相应职业资格，佩戴安全有效的防护用具。施用空仓杀虫剂，每人每次不应超过 90 分钟，每人每天不应超过 3 小时。磷化氢熏蒸杀虫时，每人每次不应超过 30 分钟，每人每天不应超过 2 次。

在分药、投药、熏蒸、散气和药渣处理过程中，作业人员必须佩戴空气呼吸器，穿工作服，戴橡胶手套；清理药渣不少于 3 人，药渣应按国家规定进行无害化处理；空气呼吸器的储气瓶应按国家规定进行检定。

开启磷化铝瓶盖时，人员应位于上风向。在粮面使用磷化铝片剂、丸剂、粉剂熏蒸时，应放置在直径 30 ~ 50 厘米的药盘中，药盘应由阻燃材料制作，如铁盘、铝盘或瓷盘等。

使用磷化氢空仓杀虫、粮食熏蒸及散气期间，应在距离粮仓至少 20 米处设置安全警示标识和警戒线；使用非磷化氢空仓杀虫及散气期间，应在仓门设置安全警示标识。值班人员应加强巡查。

房式仓、筒式仓熏蒸通风散气后，作业人员必须检测仓房中的磷化氢和氧气浓度，磷化氢浓度小于 0.2 毫升 / 立方米和氧气浓度不小于 19.5% 时，方可进入。否则，必须佩戴空气呼吸器。

钢结构散装房式简易仓、钢罩棚和简易囤熏蒸时，应在四周覆盖帐幕，并在帐幕上加盖防风网罩或防风固定绳。覆盖前，要对帐幕进行检查，发现孔洞及时修补。散气时，熏蒸人员应戴空气呼吸器，先揭开帐幕一边，0.5 小时后揭起其他部位的帐幕，1 小时后卸下帐幕，通风散气 24 小时。

熏蒸前，安全员应清点人数，做好记录；作业人员应仔细检查所用空气呼吸器是否安全有效；熏蒸结束时，安全员负责清点人数，查明进仓人员已全部出仓后，方可封门。

磷化氢熏蒸前后，作业人员禁止饮酒、喝牛奶、吃鸡蛋和其他油脂食品；作业人员在熏蒸过程中感觉身体不适，应立即停止作业。

禁止在夜间和大风、雨天、雷电等情况下进行熏蒸和散气。

15. 气调

必须严格执行气调作业审批制度，严禁擅自开展气调作业；应安排专人管理空气呼吸器和空气压缩充气泵等设施。

应在气调仓外悬挂警示牌，严禁擅自操作气调系统的阀门；人员进入气调仓检查粮情或进行膜上作业，不得少于 2 人，1 人负责监督警戒。严禁单人、酒后或身体状况不佳者进入气调仓。其他外来人员需要进入气调仓时，必须有粮库专业人员的培训和指导，方可入仓。

进入粮堆气囊内取样化验或检查粮情时，必须佩戴空气呼吸器，确认呼吸器能够正常使用，并能正确、熟练使用空气呼吸器。空气储气罐的压力必须充至产品说明书规定的压力值，并保证有 3 人及以上方能进仓作业。人员身体感觉不适或听到报警声应立即出仓。

第四章　粮库防火防爆

16. 火灾预防及处置

必须严格执行国家和所在地消防安全管理制度，制定粮库（油库）消防安全制度、消防安全操作规程和粮食消防应急预案，按照国家标准、行业标准配置消防设施、器材，设置消防安全标识，组织有针对性的消防演练。

粮库（油库）必须配置专职或兼职的消防员，负责定期检测、维修消防设施、器材，确保完好有效，检测记录应当完整准确，并存档备查；负责检查并保障疏散通道、安全出口、消防车通道畅通。

粮库（油库）必须加强火灾隐患防范，严禁烟火，严禁在储粮区、油罐区、作业区及其他禁烟区吸烟。严禁堆放易燃、可燃材料，及时清理堆场内的杂草、垃圾，及时排查处置粮库周边环境火灾隐患。严禁擅自动火作业，严格执行动火作业分级审批制度。

发生火情时，现场作业人员应立即报告粮库（油库）带班负责人，并立即灭火，灭火人员应采取安全防护措施。粮食着火，用水灭火；油脂着火用泡沫灭火；磷化铝着火，应用干粉、干燥砂土或二氧化碳灭火器灭火，严禁用水、泡沫和酸式灭火剂灭火；烘干塔着火时，应立即关停风机，同时加快入潮粮和排粮速度，防止加大火情；电气着火，应先切断电源，后用二氧化碳、干粉灭火器灭火；电气焊作业时周边着火，应先切断电源，移走氧气瓶、乙炔瓶；交直流电焊机冒烟或着火时，应首先断开电源，用二氧化碳灭火；乙炔钢瓶发生火灾，应先关闭阀门，用干粉灭火器或带喷嘴的二氧化碳灭火器灭火。

发生火灾时，现场作业人员应立即报告粮库（油库）带班领导，同时拨打119电话，报告单位名称、地址、火灾情况、着火物资、联系电话等，并派人在路口接应消防车。在不危及人员安全情况下，现场作业人员应开展自救，无法自救时，应立即疏散人员。如有人员受伤，应立即拨打120电话。

17. 粉尘爆炸预防及处置

粮库必须按规范、标准使用防爆电气设备，落实防雷、防静电等措施，保证设施设备安全有效接地，严禁作业场所存在各类明火和违规使用作业工具。

必须严格执行灰尘清扫制度，避免产生二次扬尘，确保场地无积尘、扬尘；作业时，应采取降尘措施控制粉尘。

粮库应保证仓房及设备泄爆装置安全有效。严禁拆除通风除尘、防爆、卸爆、接地等安全设施；应定期检查和维护粉尘爆炸危险场所的电气设备和防爆装置，确保设备和装置完好。

进入粉尘防爆区，人员应穿防静电的工服，严禁穿戴化纤、丝绸衣物和带铁钉的鞋，防止产生火花；严禁使用铁器敲击墙壁、金属设备、管道及其他物体。

筒仓输送系统检修时，应采取措施隔断与明火作业相连的管道、孔洞；筒仓清仓作业时，必须使用防尘防爆照明灯具，清仓车辆必须装配火星熄灭器，装载机铲斗接触地面的部位必须安装防止摩擦起火的非金属材料，装载机尾端应安装防撞橡胶材料，防止产生火花。

发生粉尘爆炸时，现场负责人应立即疏散所有人员至空旷安全地点，避免二次粉尘爆炸造成人员伤亡，然后报告粮库带班领导；粉尘爆炸造成火灾，应立即拨打119电话，有人员受伤，应立即拨打120电话；造成生产安全事故时，粮库应按规定上报。

第五章 租仓储粮和外包作业

18. 租仓储粮

承租企业与出租企业应签订租赁合同和安全生产管理协议，明确双方安全生产职责，落实安全生产设施、设备、器材等。

承租企业必须安排本企业在职人员对租仓储粮及仓储设施进行管理，对租仓储粮安全生产承担相应责任；承租企业的安全生产管理制度在租仓储粮中必须得到执行。

租赁库点所处位置应符合防火、防汛、防污染等安全要求，不得位于低洼易涝、行洪区，库区及周边1000米内无易燃、易爆、毒害危险品和污染源。库区封闭，院内布设监控设施，实现监控全覆盖且功能正常。仓储设施设备和附属设施设备应符合国家安全标准。消防、用电、排水及建设手续符合国家相关要求，通过有关部门验收。

承租企业负责人对租仓储粮安全生产承担直接领导责任，承租企业派驻的专职或兼职安全员应履行安全生产的职责。承租企业应保障和落实租仓储粮必需的安全生产设施及其经费，因未能保障和落实而造成生产安全事故的，承租企业负责人及其安全生产部门负责人应承担相应责任。

承租企业安全部门负责人每两周、企业分管负责人每月、企业负责人每季度应对租仓储粮进行安全生产检查，及时发现和排查安全生产隐患，责令限期整改。对于拒不整改的，应追究租仓储粮点负责人及安全员的责任。

承租企业上级单位和主管部门对租仓储粮点应进行安全生产监督检查，发现存在安全生产问题和隐患的，应立即责成承租企业采取有效措施，确保安全生产。造成生产安全事故的，应依法依规追究承租企业有关人员的责任。

19. 外包作业

必须严格执行外包作业人员审批制度，严禁外包作业人员擅自作业；粮库（油库）应建立外包作业单位和劳务人员管理档案。

外包作业单位应具备相应的经营资质或作业许可证，应为所有参与作业人员办理工伤保险或意外伤害保险，外包作业单位负责人是外包作业人员安全管理的第一责任人。粮库（油库）与外包作业单位签订外包作业合同时，应同时签订《外包作业安全管理协议》；劳务人员应提交身体健康合格证，粮库应与劳务人员签订《外包作业人员职业健康安全告知书》。

外包作业前，粮库（油库）应组织对外包作业人员的安全交底，督促和配合外包作业单位对外包作业人员进行作业前培训，并做好培训记录和考核，外包作业人员应在安全交底或安全生产作业承诺书上签字。

粮库（油库）应对外包作业单位及其人员进行作业前检查，主要内容包括安全资质和业绩是否符合要求，安全协议是否签订，职业健康安全要求是否充分告知，特种作业人员资格是否符合要求，检查外包作业人员是否掌握安全生产要求，安全技术措施是否可行，安全资源配置是否合理等。检查合格后，允许外包作业。

粮库(油库）应定期与外包作业单位现场负责人沟通，掌握安全情况、强调安全要求并留存记录。定期检查外包作业的安全情况，发现隐患时，立即责令其整改，并形成记录，整改合格后方可继续作业。重大隐患应报当地安监部门。发生生产安全事故，外包作业单位应立即告知粮库（油库）。

外包作业验收前，应对作业现场进行清理，粮库（油库）有关部门负责人负责验收；验收中发现安全隐患的，应形成记录，并落实整改。

第六章　其他专项作业

20. 设备移动

移动前，作业部门应明确采用车辆牵引还是人工推移，落实移动路线，避开高压线、建构筑物，对移动路线上的临时用电线缆进行保护或拆除，将设备重心和高度降至最低点，检查移动轮，收好电缆线，收起支撑脚；严禁移动正在运转的机械设备。

移动中，必须设专人统一指挥，密切关注设备移动、人员状况和周围环境；严禁设备前方、下方站人；严禁把设备当梯子进行登高作业；严禁人员站立或坐在设备上，严禁以人的重量平衡机械；设备上下坡时，必须采用拖车方式，严防设备失控。

移动中，应保持方向，调头或横向移动应确保周围无电线或其他设施，避免碰剐。

设备停放时，必须放下支撑脚或固定制动装置，防止设备移动、倾倒。

21. 设备检修

必须严格执行设备检修分级审批制度，严禁擅自开展设备检修。

应严格按照设备产品说明书检修，严禁机电设备带病运行，严禁设备带电或运行中进行检修；应设置检修警示标识，严禁非作业人员进入检修现场；应确保设备传动部位安全防护装置牢固；对设备支撑部件进行维修时，应提前采取防垮塌支撑措施；筒仓输送系统检修作业时，应采取措施隔断与明火作业相连的管道、孔洞。油罐区检修，必须严格执行作业审批程序，对毛油罐动火作业时，严防燃爆；对于采取浸出工艺的油脂，还要检测罐体上部空间的溶剂含量；对于罐体老化或因其他原因结构受损的，应及时处理或弃用，确保罐体安全。

应确保电气设备接地装置、漏电保护装置、过电流保护装置完好；电气设备接头、插座等不许出现裸露和松动。

作业后，必须认真清点工器具，严禁将工器具、废弃物遗留在设备内或检修现场。

22. 临时用电

必须严格执行临时用电分级审批制度，严禁擅自开展临时用电作业。

应在现场设置安全警戒区域和标识，开关箱必须具有漏电、过载、短路保护装置，漏电保护器使用前应启动漏电试验按钮试跳一次，试跳不正常的严禁继续使用。

铺设临时用电线路，在验收合格前严禁送电；临时用电执行挂牌、上锁和摘牌、解锁；严格执行“一机一闸”，严禁“一闸多控”。

作业前，现场负责人应检查临时用电审批相关手续；应对作业人员进行安全教育和安全技术交底，告知作业中存在的风险、现场环境和作业安全要求，以及作业中可能遇到意外时的处理和救护方法。

送电操作顺序：总配电箱→分配电箱→开关箱，要求上一级过载保护电流应大于下一级；停电操作顺序：开关箱→分配电箱→总配电箱，电气故障的紧急情况除外。

配电箱、开关箱检修作业时，必须将前一级电源隔离开关断电，上锁并悬挂“有人工作、禁止合闸”标识牌，钥匙由断电的电气人员保管，严禁带电作业。

临时照明应满足所在区域安全作业照度、防爆等级、防尘、防水、防震等要求。

作业中，发现临时用电作业的安全技术设施有缺陷和隐患时，应及时报告；危及人身安全时，应停止作业，撤离现场，并按现场处置方案规定的程序及时进行处置。

作业后，应清理打扫现场，现场负责人确认无隐患后，作业人员撤离作业场所。

23. 高处作业

必须严格执行高处作业分级审批制度，严禁擅自开展高处作业。

雨、雪、大雾、雷电及风力超过5级的天气，禁止室外高处作业；严禁夜间高处作业。应安排身体条件符合要求的人员从事高处作业，必须配备现场监护人；作业人员应佩戴安全帽和安全绳作业，应穿软底防滑劳保鞋，严禁穿硬底、带钉易滑的鞋。

高处作业使用的扶梯、升降平台和临时架设的作业平台应符合安全要求，严禁把设备当扶梯进行高处作业；应在高处作业区域设置隔离警示标识，严禁人员穿行。

作业时，安全绳应系牢在系留装置或固定的设施上，严禁作业人员向下抛扔物体；作业后，应清理工器具和物品，严禁留存高处。

24. 有限空间作业

必须执行有限空间作业分级审批制度，严禁擅自开展有限空间作业。

必须做到“先通风、再检测、后作业”。应先打开人孔、料孔等进行自然通风，必要时，可采取强制通风。检测有限空间氧气和有害气体浓度，氧气浓度不应小于19.5%，磷化氢气体浓度不应高于0.2毫升/立方米。氧气浓度小于19.5%，磷化氢气体浓度高于0.2毫升/立方米时，作业人员必须佩戴空气呼吸器。严禁向有限空间充氧气或富氧空气。

作业现场应明确作业负责人、监护人员和作业人员，不得在没有监护人的情况下作业，应设置安全警示标识。

人员必须配备个人防中毒窒息等防护装备，严禁无防护监护措施作业。缺氧或有毒有限空间作业时，应佩戴空气呼吸器。有易燃易爆物质时，应穿防静电工服，使用防爆型低压灯具及不产生火花的工具。有酸碱等腐蚀性介质时，作业人员应穿戴防酸碱工作服、工作鞋、手套等防护品。

进入有限空间前，监护人应与作业人员一起检查安全措施，记录进入人员人数、姓名和工器具，统一联系方式。作业过程中监护人员不得脱岗。

发生生产安全事故时，监护人员应立即报警，救援人员应做好自身防护，配备必要的呼吸器具、救援器材，严禁盲目施救，导致事故扩大。

25. 吊装

必须执行吊装作业分级审批制度，严禁擅自开展吊装作业。

作业前，现场负责人应对作业人员进行安全教育和安全技术交底；应在现场设置安全警戒区域和标识，明确现场负责人、指挥人员、司机、司索人员、监护人和安全监督员及其职责，指挥人员、起重司机、司索人员应具有政府有关部门颁发的吊装作业上岗证书，起重设备装拆由相应单位有资质的专业人员操作。

现场负责人应检查吊装作业许可相关内容，对作业人员的资格和身体状况进行检查，严禁身体不适或患有职业禁忌证人员作业；检查作业使用的劳动防护用品、安全标识、工器具、仪表、电气设备等。

作业中出现故障时，应立即向负责人报告，没有现场指挥的命令，除危及生命外，任何人不得擅离岗位，应听从指挥，按应急程序处置。吊装设备下严禁站人。

作业后，应清理打扫现场，现场负责人确认无隐患后，作业人员撤离作业场所。

室外吊装作业遇到雨、雪、大雾、雷电及5级以上大风天气时，应采取安全措施并立即停止吊装作业。

第七章　主要职责与处罚

26. 粮库（含油库，下同）主要负责人

建立健全明确的粮库安全生产责任制；制定完善的粮库安全生产规章制度和操作规程；组织制定并实施粮库安全生产教育和培训计划；按标准配齐、按期限更换安全生产设施和装备，保证粮库安全生产各项资金投入；组织开展粮库安全生产检查，督促各项安全生产规章制度的落实，保证各项设施装备的完好，及时消除生产安全事故隐患；组织制定并实施粮库的生产安全事故应急救援预案，每年至少开展两次安全生产应急救援演练；按规定及时、如实报告生产安全事故。

27. 粮库管理人员

参与拟订粮库安全生产规章制度、操作规程和应急救援预案；落实粮库安全生产教育和培训、应急救援演练等工作，如实记录安全生产教育和培训情况；督促落实粮库重大危险源的安全管理措施；检查粮库安全生产状况，发现并及时排查事故隐患，提出改进安全生产管理的建议；制止和纠正违章指挥、强令冒险作业、违反操作规程的行为；督促落实粮库安全生产整改措施。

28. 粮库作业人员

严格遵守粮库各项安全生产规章制度，严格按照有关操作规程作业，自觉接受监督、服从管理，正确佩戴和使用劳动防护用品；接受安全生产教育和培训，掌握本职岗位所需的安全生产知识，不断提高安全生产技能，增强事故预防和应急处理能力；发现事故隐患或者其他不安全因素，应当立即向现场安全生产管理人员和粮库负责人报告。发现直接危及人身安全的紧急情况时，停止作业或在采取可能的应急措施后撤离作业场所；发现粮库安全生产工作中存在的问题应及时提出批评建议，对拒不接受的可直接向上级单位或当地粮食行政管理部门举报，并拒绝遵从违章指挥和执行强令冒险作业。

29. 处罚

发生生产安全事故，依据安全生产法和有关部门调查结果，粮库负责人、管理人员、作业人员将根据自身过错与过失，受到批评教育、处分、追究刑事责任等处罚。

关于公布第四届全国粮食行业职业技能竞赛获奖单位和个人名单的通知

国粮发〔2016〕255号

各省、自治区、直辖市及新疆生产建设兵团粮食局，中国储备粮管理总公司、中粮集团有限公司、中国航空工业集团公司：

国家粮食局、中国就业培训技术指导中心、中国财贸轻纺烟草工会于2016年11月6日至7日在安徽省合肥市举办了以“培养造就粮工巧匠，守住管好天下粮仓”为主题的2016年中国技能大赛——第四届全国粮食行业职业技能竞赛。全国共有29个省（自治区、直辖市）以及中国储备粮管理总公司、中粮集团有限公司、中国航空工业集团公司共32支代表队，226名选手参加此次竞赛，经过理论知识和技能操作比赛，中粮集团有限公司等6支代表队获得优秀团体奖、杨晓磊等62名同志获得优秀个人奖、中粮集团有限公司等8支代表队获得优秀组织奖、安徽粮食工程职业学院等4家院校获得优秀院校奖（获奖名单附后），现予以公布。

希望获奖单位和个人以此为新的起点，再接再厉，积极发挥引领示范作用。全国粮食行业广大职工要立足岗位，刻苦钻研技术，不断提高劳动技能和业务水平。各级粮食行政管理部门和有关企业要继续加强从业人员职业技能培训，强化岗位练兵，营造尊重劳动、尊重技能、尊重创造的良好氛围，为国家粮食安全提供坚实的人才保障，为“人才兴粮”“科技兴粮”作出新的更大的贡献。

附件：第四届全国粮食行业职业技能竞赛获奖名单

国家粮食局

2016年12月2日

（此件公开发布）

附件

第四届全国粮食行业职业技能竞赛获奖名单

一 优秀团体奖

一等奖：中粮集团有限公司代表队

二等奖：中国储备粮管理总公司代表队

安徽省粮食局代表队

三等奖：湖南省粮食局代表队

湖北省粮食局代表队
江苏省粮食局代表队

二 优秀个人奖

（一）职工组

1. 粮油保管员职业：

一等奖

杨晓磊　中储粮（天津）仓储物流有限公司
杨　俊　中粮贸易安徽有限公司
曲叶祥　梁山中谷国家粮食储备库

二等奖

吕　明　安徽粮食批发交易市场有限公司现代粮食物流中心库
李金华　荆门市东宝区革集粮食储备库
王会杰　浙江省储备粮管理有限公司
罗施福　中央储备粮上海直属库
朱庆贺　湖北省储备粮武汉储备库有限公司
鲁进兵　湖南粮食集团有限责任公司
刘曙光　湖南粮食集团有限责任公司
沈邦灶　浙江省储备粮管理有限公司
汪丁送　安徽粮食批发交易市场有限公司现代粮食物流中心库
司光磊　克拉玛依市独山子区穗丰粮油贸易有限责任公司
宋立新　湖南粮食集团有限责任公司
胡　飞　安徽粮食批发交易市场有限公司现代粮食物流中心库

三等奖

周国强　山西忻州新建路国家粮食储备库
王毓川　青岛第二粮库
范艳云　河南郑州兴隆国家粮食储备库
吕　旭　广西壮族自治区粮食局临桂粮食储备库
李　波　广西壮族自治区南宁粮食储备库
李胜喜　安徽恒裕粮食购销有限责任公司
杨　超　福建省储备粮管理有限公司
陆东升　山西屯留国家粮食储备库
王　彪　南京粮食集团有限公司
王建闯　四川粮油批发中心直属储备库

2. 粮油质量检验员职业：

（1）机构组

一等奖

李皖光　安徽省粮油产品质量监督检测站

二等奖

丁耀魁　中国华粮物流集团北良有限公司

周　洲　中储粮镇江粮油质量检测中心有限公司

吴宜芬　句容市粮食局中心化验室

李　琦　湖北省粮油食品质量监督检测中心

三等奖

翟佳丽　广东湛江国家粮食质量监测站

房　芳　浙江省粮油产品质量检验中心

朱志选　临沂市粮食质量检测中心

（2）企业组

一等奖

张强涛　中粮（新乡）小麦有限公司

刘　双　中央储备粮济南直属库

二等奖

张正方　福州榕粮粮油质量检测有限公司

贾祥祥　中粮（新乡）小麦有限公司

朱凤霞　湖南粮食集团有限责任公司

张美玲　中央储备粮长春直属库

谈　军　安徽粮食批发交易市场有限公司现代粮食物流中心库

杨　枫　山东省粮油收储有限公司

闫冬阁　湖南粮食集团有限责任公司

姚　晶　苏州市吴中区粮油质量监测中心

三等奖

夏培培　如皋粮食储备库

张欢欢　东莞市角美粮食储备库

吴艺影　浙江省储备粮管理有限公司

盛林霞　浙江省储备粮管理有限公司

郑欣怡　福建省闽粮购销有限公司

周艳芳　湖北省储备粮武汉储备库有限公司

袁艺婉　广西柳州国家粮食储备库

（二）学生组

1. 粮油保管员职业方向高职学生组

一等奖

王　佳　安徽粮食工程职业学院

二等奖

梁严方　山东商务职业学院

三等奖

姚常宁　山东商务职业学院

2. 粮油质量检验员职业方向高职学生组

一等奖

张　园　安徽粮食工程职业学院

二等奖

王　颖　山东商务职业学院

三等奖

周抒涛　安徽粮食工程职业学院

3. 粮油保管员职业方向中职学生组

一等奖

刘　艺　安徽粮食工程职业学院

二等奖

王洁祥　江苏省连云港工贸高等职业技术学校

三等奖

李　靖　云南商务信息工程学校

4. 粮油质量检验员职业方向中职学生组

一等奖

余　瑶　新疆工业经济学校（新疆经济贸易技师学院）

二等奖

郝　云　江苏财经职业技术学院

三等奖

何昆路　云南商务信息工程学校

三　优秀组织奖

中粮集团有限公司代表队

中国储备粮管理总公司代表队

安徽省粮食局代表队

湖北省粮食局代表队

山东省粮食局代表队

山西省粮食局代表队

新疆维吾尔自治区粮食局代表队

湖南省粮食局代表队

四 优秀院校奖

安徽粮食工程职业学院
山东商务职业学院
新疆工业经济学校（新疆经济贸易技师学院）
云南商务信息工程学校

关于加快推进粮食行业科技创新人才发展的意见

国粮人〔2016〕289号

各省、自治区、直辖市及新疆生产建设兵团粮食局，中国储备粮管理总公司、中粮集团有限公司、中国航空工业集团公司，河南工业大学、南京财经大学、武汉轻工大学：

为深入贯彻落实全国科技创新大会和《国家创新驱动发展战略纲要》《关于深化人才发展体制机制改革的意见》精神，坚定不移地走科技兴粮、人才兴粮之路，加快推进粮食行业科技创新人才发展，提出如下意见。

一 总体要求

全面贯彻党的十八大和十八届三中、四中、五中、六中全会精神，以邓小平理论、“三个代表”重要思想、科学发展观为指导，深入学习贯彻习近平总书记系列重要讲话精神，紧紧围绕统筹推进“五位一体”总体布局和协调推进“四个全面”战略布局，牢固树立和贯彻创新、协调、绿色、开放、共享的发展理念，全面落实创新驱动发展和人才优先发展战略，大力实施科技兴粮和人才兴粮工程，在粮食行业科技创新人才发展体制机制的关键环节取得突破性进展，实现科技创新人才数量快速增加、素质大幅提升、结构较为合理、使用效能显著提高、竞争优势明显增强，建成一支适应粮食行业创新驱动发展需要的科技创新人才队伍，为保障国家粮食安全，实现藏粮于技的目标，加快发展现代粮食流通产业提供坚强的人才保障和智力支撑。

二 改进粮食行业科技创新人才培养支持机制

（一）完善科技创新领军人才培养支持方式。大力实施粮食行业百千万创新人才工程，加大对各层次科技创新拔尖人才的选拔培养力度。鼓励有条件的企事业单位设立“首席科学家（专家）”岗位，在科研、生活上予以重点支持。注重在实践中培养高层次人才，加强“粮安工程”等重点工程与科研工作的协同联动，依托粮食领域国家工程实验室、工程技术中心、重点实验室等技术创新平台，构建粮食行业科学、技术、工程专家协同创新机制，促进信息、技术、人才等创新要素互联互通互融。建立基础研究人才培养长期稳定支持机制，健全竞争性经费与稳定支持经费相协调的投入模式，鼓励创新型领军人才牵头组建科研团队，开展原创性基础研究和面向粮食行业特殊需求的应用研发。加大专业技术人才知识更新培训力度，充分发挥粮食行业教育培训基地作用，聚焦科技创新领域，开展高层次和紧缺急需专业技术人才专项培训。

（二）建立优秀青年科技创新人才支持制度。实施全国粮食行业青年拔尖人才优先培养计划，破除论资排辈、求全责备等观念，加大对优秀青年人才科技创新的选拔资助力度。要敢于让优秀青年专业技术人才主持重点科研项目、担任重要学术职务。要进一步加强青年人才创新意识和创新能力培养，探索建立以创新创业为导向的粮食行业青年人才培养机制，鼓励并大力支持青年拔尖人才围绕行业需求开展自主选题的科学研究、积极参加国内外重点学术交流活动，推荐他们到国际学术团体担任职务，支持青年科技创新人才作为科技特派员开展基层和农民科技服务。有关科研院所、企业要充分利用博士后科研工作站的平台，创造条件独立招收博士后研究人员，吸引更多优秀青年从事粮食领域博士后研究工作。继续推进服务粮食行业特殊需求博士人才培养项目建设，提高青年高层次人才培养质量。

（三）加强创新创造型技术技能人才培养。大力发扬工匠精神，继续实施高技能人才培养工程，每两年选拔一批全国粮食行业技能拔尖人才，通过组织培训、技术交流、建立工作室承担技术技能攻关项目等方式对技能拔尖人才予以重点培养，发挥其在技术攻关、技能创新和传技带徒等方面的带动作用。鼓励有条件的企业探索建立“首席技师”制度，发挥高技能人才的引领作用，不断提高技术技能人才经济待遇和社会地位。加大技能人才培训力度，广泛开展“岗位练兵”“技能竞赛”活动，定期举办全国粮食行业职业技能竞赛，在全行业形成“比、学、赶、超”的氛围，引导广大一线技能人才向创造型技术技能人才发展，形成与粮食流通事业发展相适应的技术技能人才队伍。

（四）创新科技创新后备人才教育培养模式。结合粮食行业人才需求，引导相关高校调整学科体系和专业设置，巩固传统粮食学科，发展涉粮交叉学科，拓展涉粮新兴学科。进一步落实共建高校的支持措施，重点扶持相关高校涉粮重点学科和重点实验室建设。完善产学研用结合的协同育人模式。通过定向招生、委托培养等方式，加快急需紧缺粮食专业人才培养。主动发挥行业在职业教育中的指导作用，利用好粮食行业职业教育集团平台，进一步深化校企合作、产教结合，加强企业与职业院校之间在订单培养、师资培养、实训基地建设、课程开发、教学改革等方面的深度合作。涉粮职业院校要充分发挥自身办学优势，扩大粮食专业招生，积极探索在非粮专业中融入粮食元素，让学生“知粮、懂粮、爱粮”，乐于到粮食行业就业。有关高校要抓住当前教育改革契机，按照“科学定位、特色发展”的要求，进一步突出自身“粮食”特色，更加紧密围绕粮食行业发展需求培养专门技术人才。

三 健全粮食行业科技创新人才引进评价激励机制

（一）完善科技创新人才引进机制。对急需紧缺高层次人才，要广开渠道，给予优惠政策，实现精准引进。打破“业内”“业外”界限，广开渠道，招贤聚才，积极吸引其他领域优秀科研人员和团队参加粮食科研工作。建立柔性引才机制，“不求所有、但求所用”“不求常在、但求常来”，通过项目（课题）招标、联合攻关、咨询服务等各种形式让人才为我所用。引导企业“招商引资”与“招才引智”并举，在引进项目、技术、资金的同时，采取各种方式灵活引进海内外智力。支持粮食行业院校、科研院所设立一定比例流动岗位，吸引有创新创业实践经验的企业家和科研人才兼职，鼓励院校聘请行业高层次人才担任兼职导师。中西部地区要充分利用国家相关扶持政策，通过挂职锻炼、交流任职、对口支援等多种形式引进粮食行业急需人才。

（二）坚持德才兼备，注重能力、实绩和贡献的科技创新人才评价导向。立足粮食流通事业发展需要，以实际能力、业绩和贡献为标准，不唯学历、不唯论文、不唯资历，突出专业性、创新性、实用性，不断提升人才评价科学化水平。积极探索推进分类评价办法，基础研究人才以同行学术评价为主，突出中长期目标导向，评价重点从研究成果数量转向研究质量、原创价值和实际贡献；应用研究和技术开发人才科研产品突出市场检验和用户评价，注重科研成果转化及对行业发展的影响。探索技能人才多元评价机制，突出技术技能和业绩导向，逐步完善社会化职业技能鉴定与企业技能人才评价、院校职业资格认证相结合的办法。

（三）实行以增加知识价值为导向的分配办法。认真贯彻落实中央办公厅、国务院办公厅《关于实行以增加知识价值为导向分配政策的若干意见》(厅字〔2016〕35号)文件要求，积极引导粮食行业院校、科研院所、企业实行体现自身特点的分配办法。要按照职能定位和发展方向，建立以实际贡献为评价标准、与岗位职责目标相统一的科技创新人才收入分配激励机制，使分配向优秀人才、关键岗位倾斜。对从事基础性研究和公益性研究的人员，要建立稳定性薪酬占高比例的岗位绩效薪酬体系和青年人才职业早期薪酬保障机制。对从事应用研究和技术开发的人员，要逐步建立与市场接轨的薪酬体系。对从事粮食流通理论研究的人员，以理论创新、决策咨询支撑和社会影响作为评价基本依据，形成合理的智力劳动补偿激励机制。按照国家规定加大财政科研项目资金对科研人员的激励力度，制定符合本单位实际的横向委托项目经费管理制度。要引导企业根据技术技能人才的技能水平、职业资格等级、实际岗位和工作业绩确定工资水平，建立高技能人才岗位津贴制度，对在技术改造、技术革新中作出突出贡献并取得重大经济效益的技术技能人才予以重奖。

(四)完善科技成果转移转化奖励机制。粮食行业各单位要认真贯彻《国务院关于印发实施〈促进科技成果转化法〉若干规定的通知》(国发〔2016〕16号)精神，按照《国家粮食局关于大力促进粮食科技成果转化的实施意见》(国粮储〔2016〕148号)要求，在充分听取本单位科技人员意见的基础上，结合本单位实际制定科技成果转移转化分配制度并有效实施，激励科技创新人才开拓创新，切实增强粮食行业创新驱动能力。

四　完善粮食行业科技创新人才服务保障机制

(一)加强组织领导。坚持党管人才原则，加强政治引领和政治吸纳，充分发挥党组织凝聚人才的重要作用。各省(区、市)粮食行政管理部门及有关中央企业要结合本地区、本单位实际，研究提出落实本意见的具体措施，实施与青年拔尖人才优先培养计划、高技能人才培养工程相对应的人才计划或工程，将工作任务层层分解，落实到位。要健全人才工作领导机构，配强工作力量，把人才工作作为一项基础性、全局性的重要工作，与其他业务工作同步考虑、同步部署、同步考核，与实施行业重大战略同步规划、同步推进。

(二)加强经费保障。各级粮食行政管理部门要主动作为，积极协调同级财政部门，把必要的人才经费列入财政预算，建立稳定的经费投入渠道。各用人单位要坚持人才优先发展的理念，进一步增加人才投入，提高人才经费的比重。在实施行业重点科研项目和重大建设工程项目时，统筹安排人才开发培养经费。要按照中央援疆援藏工作的要求，给予更多政策倾斜和支持。拓宽人才工作投入渠道，建立政府、企业、社会相结合的多元化投入机制，完善对高层次创新人才、高技能人才和优秀团队提供长期稳定的经费支持保障机制。

(三)加强信息服务。加强粮食行业人才信息平台建设，及时发布粮食行业人才供求信息，建立人才信息交流、共享机制。充分利用广播电视、报纸期刊及互联网多种宣传渠道，通过新闻报道、政策解读、人物访谈等多种形式广泛宣传科技兴粮、人才兴粮，大力宣传各地各单位人才工作中的先进经验、做法和成效，宣传粮食行业科技领军人才、创新创业人才、高技能人才等优秀人才的典型事迹，努力营造粮食行业尊重劳动、尊重知识、尊重人才、尊重创造的良好氛围，不断推进粮食行业科技创新人才队伍建设。

国家粮食局

2017年1月6日

(此件公开发布)

局办公室发文部分

关于印发《粮食竞价销售交易规则》的通知

国粮办发〔2016〕6号

各省、自治区、直辖市粮食局：

经商国家发展改革委、财政部、中国储备粮管理总公司同意，现印发《粮食竞价销售交易规则》，请各地遵照执行。

国家粮食局办公室

2016年1月7日

（此件公开发布）

粮食竞价销售交易规则

第一章 总 则

第一条 为服务国家粮食宏观调控，充分发挥交易市场配置资源作用，稳定粮食市场价格、保障粮食市场供应，需竞价销售的国家政策性粮食（含油，下同）按照有关政策文件规定的品种和数量，通过全国粮食统一竞价交易平台交易，同时积极引导和鼓励社会贸易粮进场交易。为保证交易活动的顺利进行，依据《粮食流通管理条例》《关于建立健全粮食安全省长责任制的若干意见》以及国家有关粮食政策等，特制定本交易规则。

第二条 国家粮食局粮食交易协调中心（以下简称“国家粮食交易中心”）负责搭建全国粮食统一竞价交易平台、协调粮食交易和出库、组织粮食交易资金结算。经批准组建的各省（区、市）联网的粮食交易中心（以下简称“省级交易中心”）承担辖区内粮食交易会员管理、交易组织、商务处理、办理地方粮食交易资金结算等工作。国家粮食交易中心和各省级交易中心共同组成国家粮食交易中心体系。

第三条 本交易规则适用于在国家粮食交易中心体系内进行的粮食竞价交易活动及其工作人员和交易当事人。

第四条 国家粮食交易中心和省级交易中心应按照“公开、公平、公正、诚实、守信”的原则组织粮食竞价交易活动。粮食交易活动可采取现场和网上的方式同时进行，具体交易方式见《粮食竞价销售交易公告》（以下简称“《交易公告》”）。

第五条 国家有关部门指定中国储备粮管理总公司（以下简称“中储粮总公司”）作为国家政策性粮食的卖方，中储粮总公司可委托具体承贷库代行签订交易合同。地方政策性粮食由地方政府有关部门指定卖方。交货仓库为卖方确定的各承储库（实际存储库点），承储库作为卖方委托的收储库点，具体负责粮食出库、配合商务处理等工作，并承担相应责任。社会贸易粮由粮权所有人作为卖方，签订交易合同。

国家政策性粮食交易涉及买卖双方资金的结算，优先通过国家粮食交易中心在中国农业发展银行开设的账户进行，坚持购销钱货两清，国家粮食交易中心将已出库粮食的货款足额划入中储粮总公司在中国农业发展银行的账户，由中储粮总公司足额还贷，切实做到粮食收购资金贷款封闭运行。

第六条 粮食买方和卖方为依法注册或具有经营资格的国内粮油贸易、加工（用粮）、饲料生产企业（经营者）。买卖双方应按照《粮食流通管理条例》等有关规定，建立粮食统计台账，履行报送粮食流通统计报表义务。买方本着自愿的原则报名参加竞买。承储库点（包括承贷库和实际储存库点）不允许直接或间接购买本库储存的国家临时存储粮食和最低收购价粮食。中央储备粮直属库（企业）不得直接或间接参与竞买，也不得安排其监管的地方承储库点之间互相购买。国家有关部门因市场调控需要，对不同批次政策性粮食销售的买方资格做出另行规定、允许加工企业直接购买本库粮食的，按文件规定执行，并在《交易公告》中明示。

第七条 国家粮食交易中心和省级交易中心应建立健全粮食买方和卖方（承贷库、承储库）信用档案，对买方和卖方在交易和履约过程中出现的填报虚假会员资料、虚假出库、歪曲事实、故意串通、恶意违约、不承担应有的责任和义务、严重违背诚实守信等行为，经核实后，作为不良信用记录保存，视情节轻重，由国家粮食交易中心、省级交易中心按照各自管理权限给予警告、通报、暂停或禁止交易等处理，并及时向当地粮食行政管理部门通报，同时将不良信用记录纳入全国粮食行业信用监督管理体系进行失信惩戒；对存在的违规违纪行为，移交有关部门处理。

第二章 交易准备

第八条 粮食交易采用会员制。参加交易的买方、卖方须交验工商营业执照副本及复印件、法定代表人签字并加盖单位公章的《交易授权书》《会员权利与义务确认书》等资料，经省级交易中心审验后，成为会员。省级交易中心将密钥、CA 证书、用户代码、交易密码及相关资料发给会员交易代表，作为会员参与交易的资格凭证，属会员的商业机密，须妥善保管。因会员自身原因导致密钥遗失、信息泄露、非本人使用等情况产生的任何损失，由会员自行承担。会员必须按要求参加省级交易中心会员年审。

第九条 粮食买卖双方须在竞价交易会前，根据所需竞价交易的数量，按照《交易公告》的要求，向指定的银行账户预交相应数额的交易保证金和履约保证金，并确认到账。国家粮食交易中心、省级交易中心受客户委托，对客户暂存各自账户的、拟用于保障交易活动正常进行、合同正常履约的各项资金（包括交易保证金、履约保证金及其他可用资金等统称为客户保证金）进行管理和结算，承担资金安全管理责任（发生不可抗力情形除外）。

政府有关部门对政策性粮食卖方保证金交纳方式和数额做出另行规定的，从其规定。

第十条 卖方所提供的标的，应包括卖方承贷库名称、承储库名称（所卖粮食的实际存储地点）、品种、数量、生产年份、等级，近期的水分、杂质等主要质量指标和有关文件规定的其他质量安全指标（承储库应向买方提供与公示清单一致的质量检验报告及近 1 个月内的水分检验结果，具体以实际出库检验结果为准），以及承储库日常出库能力、常用的出库运输方式（公路、铁路、水路）、是否具备大型运输车辆（40 吨以上）装车计量能力、有无铁路专用线等情况。卖方要确保所提供的标的具备出库条件，并根据承储库点的实际出库能力，合理安排每批标的，并尽量划小交易标的，确保在规定期限内能够完成出库。承储库出库应附带有国家有关规定要求检验部门出具的质检报告。

第十一条 国家粮食交易中心或省级交易中心于每次竞价交易会前及时在国家粮食交易中心网站（www.grainmarket.com.cn）等媒体公开发布《粮食竞价销售交易规则》《交易公告》和交易清单，以及地方粮食具体品种交易细则（由地方根据当地实际情况自行制定）等信息，提供《交易授权书》《粮食竞价交易购销合同》样本供下载。省级交易中心根据需要对交易代表进行交易操作培训和说明。

第三章 交易地点和时间

第十二条 交易时间在公告交易日进行。

第十三条 因公共网络故障等不可抗力原因造成交易中断的，国家粮食交易中心和省级交易中心不承担责任，并有权推迟或暂停交易。买方终端设备等出现故障的，不影响整体竞价交易的正常进行。

第十四条 交易地点：国家粮食交易中心体系内的各粮食交易中心。

第十五条 交易时间、地点如临时有变更，国家粮食交易中心或省级交易中心将提前公告。

第四章 交易秩序

第十六条 参加现场交易的交易代表凭交易代表证及时入场。参加网上竞价交易的交易代表通过登录国家粮食交易中心网站（www.grainmarket.com.cn）进入全国粮食统一竞价交易系统。

第十七条 进场人员应服装整洁、举止文明，自觉维护场内秩序，服从工作人员的统一安排指导。交易大厅内禁止吸烟、打电话和大声喧哗及其他妨碍正常交易的行为。

第十八条 交易活动必须按照国家粮食交易中心或省级交易中心确定的交易方式、交易程序进行。

第十九条 为了保护买卖双方合法权益，保障正常交易秩序，禁止恶意串通交易价格等损害他人利益的一切行为，对严重扰乱交易秩序的，国家粮食交易中心、省级交易中心按照各自管理权限有权取消其交易资格。同时，为了防范系统交易和结算风险，必要时，国家粮食交易中心或省级交易中心应通过发布《交易公告》采取应对措施处置。

第五章 交易程序

第二十条 粮食竞价交易成交价格为卖方承储库仓内交货的价格，不含包装。食用油竞价交易成交价格为卖方承储库罐内交货的价格，不含包装。食用油竞价交易买方所承担的出库损耗及油脚按《交易公告》的要求进行结算。

国家政策性粮食需要在库内车（船）板交货的，粮食车（船）板前费用30元/吨，食用油出库费用20元/吨，由买方负担，国家有关部门根据消化处理库存需要做出规定的，按相关规定执行。地方政策性粮食出库费用标准，由地方粮食部门确定。社会贸易粮食出库板前费用由双方自行约定。粮食车（船）板前费用是指粮食出库到装车（船）所发生的正常合理费用。食用油出库费用是指把食用油装上买方提供至卖方罐前的罐车或者灌桶所发生的正常合理费用。粮食散装出库的，应包括散粮出库、过磅（包括确需库外过磅的）、装车等全过程费用；粮食包装出库的，应包括灌包、标包、封口、口绳、装车等全过程费用。粮食卖方承储库收取车（船）板前费用的，应开具发票。

第二十一条　竞价交易可采取对委托标的依次按交易节进行的方式，也可采取一次性或分批次公布委托标的挂牌竞价，具体竞价方式由国家粮食交易中心或省级交易中心根据实际情况选定，详情见《交易公告》。

第二十二条　竞价交易采取按交易节依次竞价方式的，开市后，买方利用交易终端按交易节逐节进行交易。每笔交易从标的起价价位开始报价，粮食按每吨10元或10元的整数倍递升报价，食用油按每吨50元或50元的整数倍递升报价，国家粮食交易中心或省级交易中心与卖方另有约定的，按具体约定执行。买方一经应价，不得撤回。买方在新价位应价并被交易系统确认后，前一价位的应价自动失效。买方报价后，在规定的时间内如无其他买方以更高的价格应价，则该买方为该标的实际买方，该应价为标的成交价。

在标的起价价位上无人应价时，即撤销该笔标的。

第二十三条　竞价交易采取挂牌竞价方式的，开市后，买方选定标的，在起价价位开始报价。买方一经应价，不得撤回。在规定的时间内，以最高出价为标的成交价，该买方为该标的实际买方。

在标的起价价位上无人应价时，即撤销该笔标的。

第二十四条　交易合同自系统确定竞价成交之日起生效。交易结束后，成交的买卖双方须在规定时间内现场或通过邮寄方式签订纸质交易合同；已办理CA认证的，通过交易系统网上签订电子交易合同。国家粮食交易中心、省级交易中心作为第三方，按照各自管理权限，跟踪、协调交易合同的履行。国家粮食交易中心将国家政策性粮食合同成交情况提供给中储粮总公司。

第二十五条　政策性粮食买方所购买的粮食用途要符合政府有关部门文件的规定，详情见《交易公告》。

第六章　交割和结算

第二十六条　买卖双方应严格履行交易合同规定的责任义务，并享有交易合同规定的权利。

第二十七条　自竞价成交之日起，买方可凭交易合同及经办人有效证件到卖方承储库查验货物，卖方承储库核实无误后应予以配合。

第二十八条　粮食每笔成交合同的履约时间为自交易合同生效之日起，出库期暂定60天（日历天，下同）。同一买方在同一库点、同一批次购买粮食数量在2000吨（含）以上的，或每年除夕（正月初一前一天）前45天内成交的粮食，出库期可延长15天。因市场调控需要，各级政府有关部门下发文件对不同性质、批次政策性粮食的出库期限做出调整的，执行新规定，社会贸易粮的出库期限由委托人确定，详情见《交易公告》。

第二十九条 粮食买方必须于交易合同生效之日起30天内按《交易公告》的要求将全额货款一次或分批汇入指定的银行账户。同一买方在同一库点、同一批次购买粮食数量在2000吨（含）以上的，或在每年除夕（正月初一前一天）前45天内成交的粮食，付款期限可延长15天。因市场调控需要，各级政府有关部门下发文件对不同性质、批次粮食的付款期限做出新规定的，执行新规定，社会贸易粮的付款期限由委托人确定，详情见《交易公告》。买方竞买粮食的货款，必须由买方直接支付，不得由其他企业或个人垫付、代付。国家粮食交易中心、省级交易中心不得强行要求买方一次性汇入全部货款。

国家粮食交易中心、省级交易中心确认货款到账后，按照各自管理权限，须根据买方提出的交割申请，在1个工作日内，按货款折算的粮食数量，向买方开具《出库通知单》原件，并于当日告知买方，同时将向买方开具《出库通知单》的情况通知卖方安排承储库点发货。买卖双方通过电子签章CA认证的，由买方在交易系统自行填写电子《出库通知单》，国家粮食交易中心、省级交易中心按照各自管理权限在1个工作日内完成确认，并通知卖方和买方。

第三十条 买方准备提货时，应提前2个工作日书面或电话通知卖方承贷库和承储库。卖方承储库接到出库通知后，应做好各项出库准备，安排足够人员、设备等，确保能按正常日出库能力均衡出库。如有特殊情况，双方要及时沟通，必要时省级交易中心可要求买卖双方每日报送日出库进度情况。

第三十一条 粮食出库，是否带包装由买方自主决定，卖方承储库不能强制以包装粮食出库。买方需要包装物时，包装物由买方自行准备；或委托卖方承储库代办，代办价格由买卖双方协商议定，卖方承储库不得强迫买方以指定的价格购买包装物。买方自愿采取散装散运的，散装出库的倒袋费用由卖方承储库负担，包含在车（船）板前费用之内。

第三十二条 买方提货时，应及时派人到卖方承储库组织现场验收并监装。卖方出库的粮食品种以合同为准；粮食质量以公示的质量指标为依据，具体以实际出库检验结果为准；粮食数量以合同为依据，具体以承储库计量衡器为基准。承储库计量衡器必须经具有国家认可资质的技术监督部门检定合格，且在检定有效期内。承储库应当允许买方对计量衡器的准确性进行确认。

第三十三条 粮食出库质量认定执行我国最新国家粮油质量标准规定，进口粮食的质量标准根据进口国家和进口合同进行认定，详情见《交易公告》。对水分、杂质等与规定有差异的，按照国家发展和改革委员会、国家粮食局、财政部、国家质量监督检验检疫总局《关于执行粮油质量国家标准有关问题的规定》（国粮发〔2010〕178号）第4.2.1、4.2.2等款规定执行。为便于验收核算，以国标规定的标准水分、杂质计算结算标准数量（即按竞价销售成交价结算货款的数量），实际出库粮食水分、杂质等高于或低于国标规定标准的，要在实际出库粮食数量基础上实行增减量的办法确定结算标准数量。国家有关部门对粮食的水分、杂质等指标增减量的比例，或对部分指标项目实行增减价折算做出调整的，执行新规定。

第三十四条 买卖双方对已出库粮食验收无误且对销售发票开具方式和金额无争议的，按照成交价格和结算标准数量，由卖方（承贷库）严格按照现行税收政策规定及时向买方开具增值税发票，同时签署纸质《验收确认单》，需注明实际出库粮食的数量、水分、杂质等，同时要注明按照国标规定的水分、杂质折算后的粮食数量（即为结算标准数量）。双方已办理CA认证的，通过交易系统填写电子《验收确认单》。《验收确认单》作为国家粮食交易中心或省级交易中心跟踪合同履行，保障买卖双方合法权益，随货权转移办理货款结算的重要凭证，双方应妥善保管。粮食卖方以适当方式将双方已签署的《验收确认单》原件及时送达粮源所在地省级交易中心，由省级交易中心办理结算审核手续。

在规定的出库期满之日起10日内，国家粮食交易中心、省级交易中心按照各自管理权限，对仍未收到《验收确认单》且未收到买方或卖方书面异议的，则视同出库完毕。

国家粮食交易中心在《验收确认单》签署之日起2个工作日内，将国家政策性粮食销售货款全部划入中储粮总公司在中国农业发展银行的账户。

第三十五条　粮食买方与卖方对出库粮食的数量、质量等有异议出现商务纠纷的，应停止出库，双方协商解决；协商不成的，3个工作日内书面申请粮源地省级交易中心调解或自行通过法律途径解决。省级交易中心按照《粮食竞价销售交易规则》等有关政策文件进行协调处理。对数量有异议的，省级交易中心应按照国家有关规定要求，委托有资质的检验检测机构校验计量器具或申请计量部门对计量器具重新校准；对质量有异议的，省级交易中心应委托有资质的检验检测机构对备份样品进行复检或者双方协商重新进行扦样检验。所发生的费用由过错方承担，所耗费的时间不改变合同约定交割期限，对可能带来的损失亦由过错方承担。

双方经协商或省级交易中心调解达成一致意见的，应签订书面协商（调解）协议书。经省级交易中心调解达不成一致意见的，按照《国家政策性粮食出库管理暂行办法》进行处理或最终进入法律程序解决。

第三十六条　政策性粮食卖方（承储库）在有关文件规定的出库期间，在粮食未完成出库的情况下，不得为买方提供政策性粮食代保管服务，也不得以其他方式变相强行要求买方提前签订《验收确认单》，不得虚报粮食已出库数量。

在规定的出库期限内未出库，造成延期发运的，财政部门停止拨付相关利息费用补贴，此后发生的各项费用由过错方自行承担。

第三十七条　买方、卖方提出申请，因不可抗力原因导致已成交的国家政策性粮食无法正常出库的，省级交易中心会同当地中储粮分公司调查取证，核实有关情况后，共同提出可作为合同终止处理意见的，须经国家粮食交易中心复核。对确实因不可抗力原因导致合同无法正常履行的，经与买卖双方协商，可任选一种处理方式：一是终止合同，退还买方履约保证金及扣除手续费后的剩余交易保证金、已付货款；二是延长出库期，最长不超过1个月。国家政策性粮食延长期内的费用和利息仍由中央财政承担。在出库延长期满，如不可抗力状况一直存在导致粮食仍未运出的，合同自动终止，未发运的粮食重新组织竞价销售。

地方政策性粮食和社会贸易粮因不可抗力原因导致无法正常出库的，由地方核查处理解决。

第三十八条　省级交易中心对国家政策性粮食按合同履约金额的0.8‰分别向买卖双方收取交易手续费，有关部门出台新规定的，按新规定执行。地方事权政策性粮食手续费标准由地方自定，社会贸易粮手续费由国家粮食交易中心或省级交易中心和委托方协商确定，详情见《交易公告》。买方交易手续费应从预交的交易保证金中扣除，余款应买方要求退还或冲抵货款。

第三十九条　买方预交的履约保证金，按照《交易公告》规定的履约释放条件进行释放。应退履约保证金可由买方自行申请退回，也可应买方要求暂存用于以后交易。对于未成交部分对应的履约保证金和交易保证金，在交易会结束后，应买方要求在2个工作日内退回，或转为货款，或暂存用于以后交易。

第四十条　对国家政策性粮食竞价交易买方预交的保证金、预付的货款等资金由国家粮食交易中心进行管理。对各省级交易中心接受国家粮食交易中心委托，协助办理会员管理、交易组织、出库协调、商务处理、信息报送等工作任务的，可根据工作量与完成情况，由国家粮食交易中心支付一定的工作经费。

第七章　违规、违约处罚

第四十一条　竞价交易成交后，买方有以下行为之一的，均视同买方违约：

1. 拒签合同的；

2. 竞价成交后，买方不能在规定的期限内将全额货款汇至指定账户，对其中未交纳合同货款的部分；

3. 违反政策性粮食竞价销售有关政策文件规定或该批次粮食《交易公告》中限制条件的。

第四十二条　买方出现第四十一条违约行为的，国家粮食交易中心、省级交易中心按照各自管理权限根据履约保证金和交易保证金标准乘以实际违约数量计算违约金，从买方缴纳的保证金中分别扣缴并支付给卖方（销售的粮食是政策性粮食的，买方支付的违约部分的履约保证金应上缴财政）、国家粮食交易中心或省级交易中心。其中，已完成部分出库的，视同合同部分履行，对未出库部分的粮食数量视为实际违约数量；全部违约的，将合同总数量视为实际违约数量。买方出现第四十一条第3款行为的，国家粮食交易中心、省级交易中心按照各自管理权限还应依照文件规定视情节轻重对其进行警告、通报、暂停或取消其政策性粮食竞买资格等处罚措施，同时将其行为记入不良信用记录。

第四十三条　竞价交易成交后，卖方（承贷库、承储库）有下列行为之一的，均视同卖方违约：

1. 拒签合同的；

2. 设置障碍未按合同规定的时间、质量、品种、数量完成交货的，以及所提供的标的不具备出库条件的（标的提交后出现不可抗力因素除外）；

3. 拒绝质量检验，移动或改变标的的；

4. 在规定标准之外收取其他费用的；

5. 拒绝买方正当要求，不按政策规定开具销售发票的；

6. 违反政策性粮食销售有关政策文件规定情形或该批次粮食《交易公告》中限制条件的。

第四十四条　卖方（承贷库、承储库）出现第四十三条所述违约行为的，国家粮食交易中心、省级交易中心按照各自管理权限将履约保证金和交易保证金标准乘以实际违约数量计算违约金，从其缴纳的保证金或按规定应拨付的货款中分别扣缴并支付给买方、国家粮食交易中心或省级交易中心。实际违约数量认定方法见第四十二条。卖方出现第四十三条第2、3、4、5、6款情况的，国家粮食交易中心、省级交易中心按照各自管理权限还应将其行为记入不良信用记录。

政策性粮食卖方未经政府有关部门文件许可，自卖自买或交叉购买，或买卖双方相互勾结，共同谋取不当得利、损害国家利益的，由国家粮食交易中心、省级交易中心按照各自管理权限取消关联企业的政策性粮食入市交易资格，代扣缴关联企业的履约保证金，并移交有关部门处理。

第四十五条　省级交易中心违反《粮食竞价销售交易规则》行为，情节严重的，停止其承担政策性粮食竞价交易任务。

第八章　附　则

第四十六条　上述规定未尽事宜，由各级粮食交易中心与粮食行政管理部门协商处理。

第四十七条　国家粮食交易中心竞价交易系统数据留存十五年备查。

第四十八条　粮食竞价采购可参照本交易规则执行。

第四十九条　本交易规则自发布之日起执行，原各品种国家政策性粮食交易细则同时废止。

第五十条　本交易规则由国家粮食局粮食交易协调中心负责解释。

关于确定全国粮食行业技能拔尖人才及工作室项目的通知

国粮办人〔2016〕12号

各省、自治区、直辖市及新疆生产建设兵团粮食局，中国储备粮管理总公司、中粮集团有限公司、中国中纺集团公司：

为落实人才兴粮战略，充分发挥高技能人才的示范带动作用，进一步健全粮食行业高技能人才的选拔、培养、使用和激励机制，按照《全国粮食行业技能拔尖人才选拔使用管理实施办法》（以下简称《实施办法》）有关规定，在各省（区、市）粮食局和有关中央企业自下而上、逐级推荐的基础上，经全国粮食行业技能拔尖人才评审委员会评审、社会公示，国家粮食局决定确定高玉树等14名同志为“全国粮食行业技能拔尖人才”，并同意其建立“全国粮食行业技能拔尖人才工作室”。

希望高玉树等14名同志珍惜荣誉，积极进取，在技术攻关、技能创新和传技带徒方面发挥领军作用，在工作岗位上作出更大的贡献。各级粮食行政管理部门和技能拔尖人才所在单位要按照《实施办法》要求，加强对技能拔尖人才的管理和服务，切实落实各项保障措施，加大对技能拔尖人才的宣传，营造全行业尊重和重视技能人才的氛围。粮食行业广大职工要以全国粮食行业技能拔尖人才为榜样，立足本职工作，爱岗敬业，求实创新，进一步提高技能水平，为保障国家粮食安全贡献自己的力量。

附件：全国粮食行业技能拔尖人才及工作室项目名单

国家粮食局办公室

2016年1月13日

（此件公开发布）

附件

全国粮食行业技能拔尖人才及工作室项目名单

姓名	单 位	工作室项目名称
高玉树	北京市西南郊粮食收储库	超高大平房仓储粮横向通风技术应用研究
陈素君	沈阳粮油集团有限公司	利用空调控温技术储存偏高水分稻谷
王晓波	上海良友物流集团股份有限公司	应用物联网实现粮食储藏过程中多种气体在线监控技术的研究
于小禾	南京市商务综合行政执法支队（南京市粮油质量检测所）	食用植物油酸值现场快速检测技术及装备开发
张云峰	浙江省储备粮管理有限公司	横向气调新技术研究与应用
李学斌	安徽芜湖惠丰省级粮食储备库	稻谷新陈的快速判定与粮面密闭定向通风
郑　颂	福建省储备粮管理有限公司漳州直属库	食品级惰性粉防治扁谷盗类储粮害虫施用工艺研究
徐建华	江西景德镇国家粮食储备库	烘干温度对稻谷品质的影响
姬建生	河南省粮油饲料产品质量监督检验中心	复合免疫亲和柱净化－液质联用仪同时检测粮食中多种真菌毒素方法的建立及应用
吴杰俊	湖南郴州粮油机械有限公司	稻谷加工机械技能拔尖人才工作室
耿　波	宁夏石嘴山国家粮食储备库	宁夏地区普通房式仓高水分水稻就仓干燥
李　文	昌吉州粮油购销（集团）有限责任公司	数字粮库综合管理系统建设
吴文强	中央储备粮邵武直属库	高温高湿地区优质稻延缓品质变化工艺及技术研究
陈　晶	浙江中谷国家粮食储备库	中粮贸易技能学院基层教学点

关于印发《粮食战略性课题研究管理办法》的通知

国粮办政〔2016〕31 号

各省、自治区、直辖市、计划单列市及新疆生产建设兵团粮食局，河南工业大学、南京财经大学、武汉轻工大学：

为贯彻国家粮食安全战略，落实国务院关于“加强对粮食（含食用油，下同）战略性问题的研究”的要求，规范粮食战略性课题研究的管理，提高粮食战略性课题研究水平和质量，更好地服务于研究制定粮食流通重大政策、全面深化粮食流通改革、全面推进依法治粮、发展粮食产业经济和保障国家粮食安全的需要，国家粮食局研究制定了《粮食战略性课题研究管理办法》，已经 2016 年 1 月 14 日第 63 次局长办公会议审议通过，现予印发，请认真贯彻执行。

国家粮食局办公室

2016 年 1 月 27 日

（此件公开发布）

粮食战略性课题研究管理办法

第一章　总　则

第一条　为贯彻国家粮食安全战略，落实国务院关于“加强对粮食（含食用油，下同）战略性问题的研究”的要求，规范粮食战略性课题研究的管理，提高粮食战略性课题研究水平和质量，更好地服务于研究制定粮食流通重大政策、全面深化粮食流通改革、全面推进依法治粮、发展粮食产业经济和保障国家粮食安全的需要，特制定本办法。

第二条　粮食战略性课题研究工作由国家粮食局政策法规司负责具体组织实施。

第三条　粮食战略性课题研究的评审等相关工作，由国家粮食局组织有关专家开展。

第四条　粮食战略性课题研究采取面向社会公开招标的方式确定课题承担单位。每年 7 月底前确定下一年度课题研究总体方向；11 月底前确定课题题目；3 月底前完成当年课题招标及立项；中标单位 9 月底前完成课题初步研究工作，11 月底前提交课题最终研究成果；12 月底前课题结题。

第二章　课题选题

第五条　建立健全课题立项评估机制。课题题目由国家粮食局政策法规司根据党中央、国务院关于粮食工作的决策部署、围绕粮食流通重大问题，在充分征求意见的基础上提出，报局领导审定。课题选题紧紧围绕粮食流通的理论与实践问题，坚持理论和实践相结合，突出战略性，注重针对性，体现时效性。

第六条　课题研究题目同时是课题研究方向。投标单位在选题时，可根据研究方向拟定具体题目和研究重点，不得偏离研究方向。

第七条　课题研究结论和建议，要具有可操作性，对实际工作起到指导和借鉴作用，同时要具有前瞻性，对粮食工作的长远发展具有指导意义。

第三章　课题立项

第八条　国家粮食局按照公平竞争、择优支持的原则，采取发布招标公告、相关单位组织申报、综合评审、择优立项的程序进行。凡符合申请条件的单位，均可单独或联合申报。

第九条　课题研究招标面向科研单位、大专院校以及其他相关研究机构和单位，不面向个人。课题研究负责人应具备以下条件：

1.具备高级专业技术职称。不具备高级专业技术职称的，须有同领域具备正高级专业技术职称人员的书面推荐。

2.具有较强的组织和协调能力，具备扎实的理论知识和实践经验，在申报课题研究领域有较好的研究基础。

3.具备按时完成课题研究的物质技术条件、手段和时间保证。

4.课题研究负责人必须是该课题研究实施全过程的真正组织者和指导者，担负实质性研究工作。挂名或不担负实质性研究工作的人员不得作为课题研究负责人申请课题研究。

鼓励具有高级专业技术职称的中青年学术骨干、高层管理人才和具有粮食政策研究实际工作经验的人员参与课题申报。

第十条　课题研究投标单位根据自己的研究优势选择课题，如实填写《国家粮食局粮食战略性课题研究申请书》（附件），按招标公告规定时间报国家粮食局政策法规司。一个单位限申报一个课题。

第十一条　国家粮食局组织有关专家对投标课题进行评审，根据评审结果择优确定中标单位，下达课题委托书。

第四章　课题管理

第十二条　研究课题立项后应纳入中标单位研究计划，切实保证课题研究的开展。

第十三条　课题负责人接到课题委托书后，应尽快确定具体的研究计划和实施方案，在一个月内组织开展研究工作，并及时将实施方案和开题情况报国家粮食局政策法规司。政策法规司负责了解掌握课题研究的进度。

第十四条　课题承担单位要严格按照课题立项要求和课题报送相关要求开展研究，未经批准不得擅自变更课题题目及研究内容。

第十五条　凡有下列情形之一者，由国家粮食局撤销课题研究资格。

1.研究成果存在政治问题；

2.剽窃他人成果，弄虚作假；

3. 研究成果学术质量低劣；

4. 以过去的或其他课题的研究成果代替本课题研究成果；

5. 与批准的课题研究设计严重不符；

6. 不能如期完成课题研究工作；

7. 严重违反财务制度；

8. 违反国家法律法规的其他情况。

第十六条　凡是国家粮食局撤销的课题，课题研究负责人今后两年内不得申请国家粮食局粮食战略性研究课题；课题研究成果具有突出学术价值、社会效益、经济效益的，可在再次申报粮食战略性课题时予以优先考虑。

如课题承担单位不能完成课题研究，须向国家粮食局政策法规司提交书面报告，并退回已拨付经费；因故需延期的课题，需报经国家粮食局政策法规司同意后方可继续开展研究工作。

第五章　课题评审及成果管理

第十七条　课题研究负责人应于当年 11 月底前完成课题的初步研究成果，提交国家粮食局政策法规司，由国家粮食局组织专家进行初审。

第十八条　课题研究负责人根据初审意见，对课题进一步修改和完善，并于当年 12 月底前将最终研究成果提交国家粮食局政策法规司，由国家粮食局组织专家进行评审鉴定，对评审合格的课题，国家粮食局给课题承担单位颁发结题证书。

第十九条　课题研究成果为国家粮食局所有，未经国家粮食局同意，研究成果不得公开发表。

第二十条　国家粮食局有权对课题研究成果进行压缩、提炼和改编，并汇编形成研究参考资料。局属各单位要在实际工作中，对课题研究成果认真参考借鉴。

第六章　经费管理

第二十一条　战略性课题研究经费严格按照财政部批复的预算执行。国家粮食局根据研究内容、难度等因素，对课题研究给予经费资助，并在招标公告中予以明确。

第二十二条　粮食战略性课题研究经费管理按财政部和国家粮食局有关财务管理规定办理。

第二十三条　研究经费根据课题研究进度等情况按比例分次拨付。

第二十四条　课题研究成果达不到评审要求的，国家粮食局将根据评审专家委员会意见，扣减课题研究经费。

第七章　附　则

第二十五条　本办法由国家粮食局政策法规司负责解释。

第二十六条　本办法自印发之日起实施。

附件：国家粮食局粮食战略性课题研究申请书（略）

关于印发《推荐国家科技奖粮食行业候选项目试行办法》的通知

国粮办储〔2016〕93号

各省、自治区、直辖市、新疆生产建设兵团粮食局，中国储备粮管理总公司、中粮集团有限公司、中国中纺集团公司，国家粮食局科学研究院、省级粮食科研院所：

为贯彻创新驱动发展战略，实施“科技兴粮、人才兴粮”工程，充分发挥国家科技奖励的荣誉激励和学术导向功能，激发粮食科研人员创新活力，规范国家科技奖粮食行业候选项目推荐程序，根据《国家科学技术奖励条例》和《国家科学技术奖励条例实施细则》等要求，结合粮食行业实际，特制定《推荐国家科技奖粮食行业候选项目试行办法》，经局长办公会议审议通过，现印发给你们，请结合实际情况开展项目推荐有关工作，严格程序和条件，申报技术创新性突出，经济社会效益显著，推动行业科技进步作用明显，具有自主知识产权，行业公认的项目。

国家粮食局办公室

2016年4月18日

（此件公开发布）

推荐国家科技奖粮食行业候选项目试行办法

第一章　总　则

第一条　为贯彻创新驱动发展战略，实施“科技兴粮、人才兴粮”工程，充分发挥国家科技奖励的荣誉激励和学术导向功能，激发粮食科研人员创新活力，规范国家科技奖粮食行业候选项目推荐程序，根据《国家科学技术奖励条例》和《国家科学技术奖励条例实施细则》等要求，结合粮食行业实际，特制定本办法。

第二条　国家科技奖粮食行业候选项目推荐工作贯彻尊重知识、尊重人才的方针。鼓励自主创新，推进科技成果应用，促进科学研究、人才培养密切结合，激励领军人才和中青年科技人才成长。

第三条　坚持公平、公开、公正的原则，组织开展国家科技奖粮食行业候选项目的征集、形式审查、评审、公示和推荐工作，强化推荐部门对项目推荐书材料真实性的审核责任。

第二章　推荐奖励范围和条件

第四条　国家粮食局受理各科研机构、组织、人员申报国家科技奖粮食行业候选项目，包括：技术发明奖、科学技术进步奖。

第五条 申报国家科技奖的候选项目须符合《国家科学技术奖励条例实施细则》中的项目申报要求、基本条件。项目技术创新性突出，经济社会效益显著，推动行业科技进步作用明显，具有自主知识产权，行业公认，获省部级科技一等奖一项以上。

第六条 技术发明奖候选项目应是运用科学技术知识在粮食行业做出了产品、工艺、材料及其系统等重要技术发明的项目。

第七条 科技进步奖候选项目应是在粮食储藏、物流、加工与营养健康、深加工与副产物转化、质量安全、行业信息化等领域研究开发和应用推广先进科学技术成果、完成重要科学技术工程、计划、项目等方面作出创造性贡献的项目。

第八条 科技进步奖与技术发明奖的主要完成单位是指在项目研制、开发、投产应用和推广过程中提供技术、设备和人员等条件，对成果的完成起到重要作用的单位。行政管理部门一般不得作为主要完成单位。加强知识产权审查，确保主要完成人必须为知识产权作出原创性研究的科技人员，在科学研究、技术开发项目中仅从事组织管理和辅助服务的工作人员，不得作为奖励项目的候选人。

第三章 申报

第九条 按照国家科技奖励工作安排，国家粮食局将适时面向全社会公开征集国家科技奖粮食行业候选项目。

第十条 全社会凡在粮食储藏、物流、加工与营养健康、深加工与副产物转化、质量安全、行业信息化等领域做出产品、工艺、方法、材料及其系统等重要技术发明和应用推广先进科学技术成果、完成重要科学技术工程、计划、项目等方面作出创造性贡献的个人和单位可申报国家科技奖。各省（自治区、直辖市）粮食局应积极推荐符合条件的候选项目，中粮集团、中储粮总公司、中纺集团，大型粮食企业，粮食产后国家工程实验室、国家粮食局工程技术中心、重点实验室的依托单位应积极向国家粮食局推荐国家科技奖粮食行业候选项目。

第十一条 申报国家科技奖项目，申报材料内容应当完整、真实、准确、客观。项目完成单位需对项目科技成果的经济效益进行自查并提供详细说明。已获国家科技奖的前三名完成人需间隔 3 年申报国家科技奖；国家奖励办受理过的未获奖项目需间隔 2 年申报国家科技奖。项目申报单位和参与单位必须在本单位进行 10 日及以上时间的公示，公示期间无异议的方可向国家粮食局公函报送。

第四章 评审

第十二条 国家粮食局负责申报项目材料的形式审查，加强对成果知识产权、主要完成人实际学术贡献和推广应用等情况审核，违反下列条件之一的申报候选项目，不予推荐，包括：

（一）所列主要创新内容已获国家科技奖；

（二）列为申报内容的国家或省部级立项项目未通过验收或未提供验收报告；

（三）未提供成果应用单位证明；

（四）整体技术无连续应用 3 年以上证明材料；

（五）电子版推荐书与书面推荐书不一致；

（六）主要完成单位、完成人数量不符合规定；

（七）知识产权存在争议；

（八）项目的技术内容和效益计算存在严重失实或违背常识，不科学、合理的。

第十三条　完善客观科学公正评审机制。建立粮食行业科技专家库，委托第三方机构开展对完成人学术贡献和经济效益核查，组织遴选、评审、答辩等工作。

第十四条　受托方从粮食行业专家库中选取有评奖、获奖经验的技术、经济、管理等方面的7—11名专家（其中财务专家1人）组成评审专家组。评审专家应由具有较高学术水平、公道正派、行业公认、事业心和责任感强的高层次专业技术人员或管理人员担任，遴选专家执行相关回避原则，重视选用外行业专家。

第十五条　评审程序要公开透明，严肃规范。评审专家组对候选项目的技术先进性、创新性、成熟度，经济社会效益以及对行业科技进步的推动作用等指标进行独立量化打分，形成排序，并按照国家科技奖励办下达的推荐指标数，提出优先推荐项目建议，并出具客观评价意见和申报材料修改完善建议。

第十六条　对因受指标限制，不能在当年推荐的优秀项目，将列为次年推荐的候选培育项目。

第十七条　从严评审纪律，净化评审环境。行政管理部门和受托方参与组织评审的工作人员需严守职业操守，不提前泄露专家名单，不提前告知专家推荐项目及完成单位、完成人，不干预专家评审过程及结果。评审过程要客观、公正、独立，注重保护项目申报人的权益，不对外泄露评审内容和结果。

第十八条　经专家评审遴选，拟推荐的项目在国家粮食局政府网站公示。公示内容包括项目的名称、推荐单位意见、项目简介、客观评价、推广应用情况、主要知识产权证明目录、主要完成人情况、主要完成单位及创新推广贡献、完成人合作关系说明等情况。公示时间为10日。

第五章　异议处理

第十九条　任何单位或个人对公示的候选项目和候选人如有异议，在规定的公示期内可以书面形式提出，并提供相关证据。单位提出异议的须加盖单位公章，个人提出异议的应署真实姓名、工作单位、联系方式。匿名、逾期提出的异议，除属弄虚作假和剽窃成果或成果有原则性错误的异议外，不予受理。

第二十条　经查实属剽窃、侵夺他人的发现、发明或者其他科学技术成果的，将按有关管理规定严肃处理，并将申报人及所在单位行为记入国家粮食局科研信用记录。

第二十一条　经查实申报人提供虚假数据、材料，将予以通报批评；情节严重的，暂停或者取消申报人及所在单位推荐资格。

第二十二条　处理异议问题应当尊重科学精神，依法依规、客观公正，并严守保密规定。

第六章　推荐

第二十三条　经专家公开透明评审遴选，网上公示无异议的推荐项目，提请国家粮食局党组会议审议通过后，正式办理局函推荐至国家科技奖励办。

第七章 附 则

第二十四条 推荐中国专利奖粮食行业候选项目参照本办法执行。

第二十五条 本办法由国家粮食局仓储与科技司负责解释。

第二十六条 本办法自发布之日起执行。

关于印发《国家粮食局落实粮食安全省长责任制考核工作方案》的通知

国粮办检〔2016〕188号

各有关司室、直属单位：

《国家粮食局落实粮食安全省长责任制考核工作方案》已经第77次局长办公会议审议通过，现印发给你们，请认真贯彻执行。

国家粮食局办公室

2016年7月24日

（此件公开发布）

国家粮食局落实粮食安全省长责任制考核工作方案

为贯彻落实《国务院关于建立健全粮食安全省长责任制的若干意见》（国发〔2014〕69号）和《国务院办公厅关于印发粮食安全省长责任制考核办法的通知》（国办发〔2015〕80号）的工作部署，按照国家发展改革委等13个部门和单位《关于开展2016年度粮食安全省长责任制考核工作的通知》（发改粮食〔2016〕1426号）有关工作要求，现就国家粮食局贯彻落实粮食安全省长责任制考核工作制定如下方案。

一 组织领导

（一）成立国家粮食局粮食安全省长责任制考核工作组（以下简称“局考核工作组”）。具体负责落实由我局牵头和配合的粮食安全省长责任制考核任务。

1. 局考核工作组主要职责：

（1）按照国办发〔2015〕80号文件和粮食安全省长责任制考核工作方案要求，制定国家粮食局牵头落实粮食安全省长责任制考核工作方案。

（2）组织指导各司（室、中心）对各省级粮食部门落实相关考核指标情况进行日常监督考核和年度综合考评。

（3）审定各司（室、中心）对各省级粮食部门落实相关考核指标情况的综合评审意见。

（4）研究确定考核工作重大事项，协调解决考核工作中的重大问题。

2. 局考核工作组成员单位及其组成人员：

组　长：任正晓

副组长：徐鸣、曾丽瑛、赵中权、卢景波、邓亦武

成　员：办公室、调控司、政策法规司、规划财务司、仓储与科技司、监督检查司、人事司、军粮供应办公室、标准质量中心、粮油信息中心、交易协调中心等司（室、中心）的主要负责人。

（二）设立局考核工作组办公室。办公室主任由邓亦武副局长兼任，成员为办公室、调控司、政策法规司、规划财务司、仓储与科技司、监督检查司、人事司、军粮供应办公室、标准质量中心、粮油信息中心、交易协调中心等司（室、中心）司级干部。监督检查司承担局考核工作组办公室日常工作。主要职责：

1. 统筹协调年度考核工作，组织局考核工作组成员单位联席会议，落实考核工作组确定的考核工作任务。

2. 组织制定年度考核工作方案，提交局考核工作组或局长办公会议审定。

3. 汇总各司（室、中心）考核评审意见，形成年度考核评价报告，报局考核工作组或局长办公会议审定。

4. 建立健全考核工作相关制度和资料档案，承办局考核工作组交办的其他事项。

二　工作机制

（一）考核工作组议事机制。局考核工作组以局长办公会形式，研究确定考核工作重大事项，协调解决考核工作中重大问题。参会范围为局考核工作组组长、副组长及成员。

（二）联络员工作协调机制。局考核工作组各成员单位指定一名处级干部为联络员，负责与考核工作组办公室的日常沟通协调，报送由本单位承担的各项考核工作开展情况。

（三）与地方沟通协调机制。局考核工作组办公室与省级粮食部门牵头考核工作的处（室）建立上下沟通协调机制，明确联络的部门和人员，加强日常工作沟通协调，衔接局考核工作组及办公室安排的有关考核工作。

三　考核步骤

（一）细化年度考核指标及评分标准

1. 各牵头考核单位会同配合单位按照粮食安全省长责任制考核指标要求，结合年度重点工作任务，细化本单位年度考核指标、分值及评分标准，报局考核工作组办公室汇总。

2. 局考核工作组办公室将汇总后的年度考核细化指标、分值及评分标准，分送各省级粮食部门和局考核工作组成员单位书面征求意见。综合各方意见后，提交局长办公会议审定。

3. 在考核年度当年 1 月底前，局考核工作组办公室将审定后的年度考核细化指标及评分标准报送粮食安全省长责任制考核工作组办公室汇总。

（二）组织落实考核工作

1. 局考核工作组成员单位在局考核工作组办公室的统一组织下，根据国家粮食局负责的年度考核目标任务和评分标准，要求省级粮食部门提供有关本省落实粮食安全省长责任制的实证资料，结合日常工作掌握情况，对省级人民政府落实粮食安全省长责任制目标完成情况进行日常监督考核。

2. 局考核工作组成员单位每季度向局考核工作组办公室书面反馈日常考核工作情况。

3. 局考核工作组办公室及时掌握各省级粮食部门和局考核工作组成员单位考核工作开展情况，通过工作简报等形式及时反映考核工作动态；协调解决考核过程中存在的困难和问题，并与粮食安全省长责任制考核工作组办公室工作相衔接。

（三）综合考评汇总

各司（室、中心）根据各省粮食部门的自评报告，结合日常监督考核情况，对由本单位牵头的考核目标落实情况逐项考核打分，并形成书面评审意见，于考核年度次年 5 月 15 日前送局考核工作组办公室汇总，由局考核工作组审定后进行部门间考核结果汇总。

四 工作分工

按照局“三定方案”确定的局考核工作组成员单位职责分工，2016 年由我局牵头的 26 项年度考核定量目标和 3 项定性目标分解至有关司（室、中心），明确局内牵头考核单位和配合单位，以及外部门配合单位，由各牵头考核单位负责对其考核的年度目标任务进行日常监督检查和全年目标考核（具体分工详见附表）。

五 工作要求

（一）加强组织领导。开展粮食安全省长责任制考核是进一步深化粮食流通体制改革，确保国家粮食流通各项政策措施落实到位的重要举措。各成员单位要切实做好本司（室、中心）目标任务完成情况的考核，做到司（室、中心）主要领导亲自抓，分管领导具体抓，确保各项工作按照局考核工作组的统一部署顺利进行。

（二）严格落实责任。各成员单位要切实增强责任意识，严格落实考核责任。要紧紧围绕考核年度局党组确定的各项粮食流通重点工作设定细化指标和评分标准，发挥好考核工作的督促和引导作用，确保各项重点工作如期完成。

（三）严肃工作纪律。考核工作坚持“公平公正、实事求是”的原则，考核结果要客观真实地反映各省年度目标任务完成情况。对考核工作中存在弄虚作假、瞒报虚报和打“关系分”“人情分”的，按有关规定追究相关负责人的责任。

附表：

2016 年度国家粮食局落实粮食安全省长责任制考核工作分工表

考核内容	重点考核事项	考核指标	年度考核目标任务	牵头单位	配合单位	配合部门（单位）
一、保护种粮积极性，财政对扶持粮食生产和流通的投入合理增长，提高种粮比较收益，落实粮食收购政策，不出现卖粮难问题（15 分，5 分）	（一）抓好粮食收购（8 分，3 分）	1. 执行收购政策，安排收购网点（5 分，2 分）	(1) 执行粮食收购政策，引导多元市场主体入市收购，严防出现农民“卖粮难”，维护正常粮食收购秩序，保护种粮农民利益。	调控司	政策法规司 仓储与科技司 监督检查司	发展改革委
			(2) 根据粮食生产布局和交通条件，合理设立粮食收购网点，方便农民售粮。			
		2. 组织落实收购资金 (3 分 ,1 分)	(3) 落实政策性粮食收购资金贷款。	规划财务司	调控司	农业发展银行
			(4) 加大对符合贷款条件企业自主收购粮食的支持力度。对因特殊情况出现区域性“卖粮难”的，能够及时出台调控政策、组织资金收购，并落实风险补偿措施。			
二、落实地方粮食储备，增强粮食仓储能力，加强监督管理，确保地方储备粮数量真实、质量安全 (13 分，18 分)	（二）加强粮食仓储物流设施建设和管理（7 分，9 分）	3. 仓储物流设施建设 (3 分 ,4 分)	(5) 加大粮食仓储物流设施建设力度，满足粮食储运需要。支持粮食核心产区和新型经营主体粮食整理烘干设施建设。	规划财务司	调控司 仓储与科技司	发展改革委
		4. 仓储设施维修改造升级（3 分）	(6) 完成“危仓老库”维修改造工作任务。			财政部
		5. 落实国有粮食仓储物流设施保护制度（1 分 ,2 分）	(7) 宣传贯彻落实国有粮油仓储物流设施保护制度，制定并实施本地区粮油仓储物流设施保护措施。	仓储与科技司	政策法规司 监督检查司	
	（三）管好地方粮食储备（6 分 ,9 分）	6. 落实地方粮食储备；完善轮换管理和库存监管机制 (4 分 ,5 分)	(8) 落实地方储备粮规模计划。	调控司	仓储与科技司 监督检查司	发展改革委 财政部
			(9) 完善地方储备粮管理各项制度，做好储备粮管理工作。			
			(10) 制定和完善地方储备粮轮换管理制度，确保储备粮常储常新。			
三、完善粮食调控和监管体系，保障粮食市场供应和价格基本稳定，不出现脱销断档，维护粮食市场秩序。完善粮食应急保障体系，及时处置突发事件，确保粮食应急供应 (14 分，29 分)	（四）保障粮食市场供应（5 分 ,15 分）	7. 粮油供应网络建设；政策性粮食联网交易；完善粮食应急预案；粮食应急供应、加工网点及配套系统建设；落实成品粮油储备 (5 分，15 分)	(11) 健全粮油供应网络，推进政策性粮食联网交易。	调控司	仓储与科技司 军粮办 交易协调中心	发展改革委 财政部
			(12) 制定省级粮食供应和质量安全应急预案，建设粮食应急供应体系。	调控司	规划财务司 仓储与科技司 标准质量中心	
			(13) 落实大中城市成品粮储备要求，增强市场调控能力。		仓储与科技司 军粮办	
	（五）完善区域粮食市场调控机制（4 分，7 分）	8. 维护粮食市场秩序，确保粮食市场基本稳定（4 分，7 分）	(14) 加强粮食收购市场监督检查，维护粮食市场秩序。	监督检查司	调控司 规划财务司 仓储与科技司	发展改革委 财政部 工商总局
			(15) 加强政策性粮食销售出库监督检查，确保政策性粮食有效投放市场。			
			(16) 加强粮食库存检查，夯实粮食宏观调控的物质基础，增强粮食区域调控能力。			

续表

2016 年度国家粮食局落实粮食安全省长责任制考核工作分工表

考核内容	重点考核事项	考核指标	年度考核目标任务	牵头单位	配合单位	配合部门（单位）
三、完善粮食调控和监管体系，保障粮食市场供应和价格基本稳定，不出现脱销断档，维护粮食市场秩序。完善粮食应急保障体系，及时处置突发事件，确保粮食应急供应（14分，29分）	（六）加强粮情监测预警（2分,4分）	9. 落实粮食流通统计制度；加强粮食市场监测，及时发布粮食市场信息（2分,4分）	(17) 执行粮食流通统计制度，稳定统计人员队伍，开展统计执法检查，确保统计数据真实可靠。	调控司	政策法规司 监督检查司	统计局
			(18) 建立粮食价格监测点，加强粮食市场监测和分析，发布粮食市场信息。		信息中心	
	（七）培育发展新型粮食市场主体（3分）	10. 深化国有粮食企业改革；发展混合所有制粮食经济；培育主食产业化龙头企业（3分）	(19) 建立粮食企业混合所有制经济，发展粮食产业，培育辐射范围广，带动能力强的龙头企业。	政策法规司	调控司 规划财务司 仓储与科技司	财政部
四、加强耕地污染防治，提高粮食质量安全检验监测能力和超标粮食处置能力，禁止不符合食品安全标准的粮食流入口粮市场（10分）	（八）健全粮食质量安全监管保障体系（6分）	11. 严格实行粮食质量安全监管和责任追究制度；建立超标粮食处置长效机制（3分）	(20) 落实地方政府粮食质量安全监管责任，建立超标粮食处置长效机制，实行粮食质量安全监管责任制。	标准质量中心	调控司 监督检查司	发展改革委 财政部 农业部 质检总局 食品药品监管总局
			(21) 开展收获粮食的食品安全监测和质量调查，严防不合格粮食流入口粮市场或用于食品生产经营。			
		12. 粮食质量安全监管机构及质量监测机构建设；粮食质量安全监管执法装备配备及检验监测业务经费保障；库存粮油质量监管（3分）	(22) 加强粮食质量安全监管和监测机构建设。配备粮食质量安全监测执法装备，保障质量安全检验监测业务经费。		规划财务司 监督检查司	财政部
			(23) 开展库存粮油质量监测和检查，执行国家粮油质量标准，妥善解决检查中发现的不合格粮食。		调控司 监督检查司	
五、按照保障粮食安全的要求，落实农业、粮食等相关行政主管部门的职责任务，确保责任落实、人员落实（8分）	（九）落实工作责任（6分）	13. 保障粮食安全各环节工作力量；细化农业、粮食等相关行政主管部门的责任，建立健全责任追究机制（6分）	(24) 建立粮食安全省长责任制考核工作机制，明确职责分工，细化考评细则。	监督检查司	调控司 政策法规司 规划财务司 仓储与科技司	中央编办、 农业部、 财政部等
			(25) 农业和粮食等行政主管部门职责明确，行政经费列入同级财政预算。			
			(26) 落实地市以下农业、粮食行政执法工作力量，建立责任追究机制。			
定性评价考核指标（7分）	省级人民政府开展粮食产销合作（1分）		(1) 建立长期稳定的产销合作关系。	调控司	交易协调中心	
	省级人民政府“放心粮油”工程建设（1.5分）		(2) 扩大“放心粮油”覆盖面。		标准质量中心	
	省级人民政府节粮减损（0.5分）		(3) 有效减少流通环节粮食损失，推进粮食流通节粮减损。	仓储与科技司	调控司 政策法规司 标准质量中心	

注：1. 年度考核目标任务的分值及评分标准见《关于开展 2016 年度粮食安全省长责任制考核工作的通知》（发改粮食〔2016〕1426 号）附件 2：《2016 年度粮食安全省长责任制考核评分表》。

2.《2016 年度粮食安全省长责任制考核评分表》中考核指标第 17 项“落实储备费用、利息补贴和轮换补贴”、第 26 项“非主产区及时足额安排粮食风险基金；粮食风险基金使用管理”的考核牵头部门为财政部，局内配合单位为规划财务司。

关于印发《粮食科技在研项目督导评估管理办法》的通知

国粮办储〔2016〕220号

各有关粮食科技项目承担单位：

为贯彻落实中共中央办公厅、国务院办公厅印发的《关于进一步完善中央财政科研项目资金管理等政策的若干意见》(中办发〔2016〕50号)和《国务院关于改进加强中央财政科研项目和资金管理的若干意见》(国发〔2014〕11号)等文件精神，建立健全粮食科技项目督导评估管理服务新机制，确保粮食科技项目质量和促进成果落地实用，特制定《粮食科技在研项目督导评估管理办法》，并经2016年8月23日召开的第79次国家粮食局局长办公会议讨论通过，现印发执行。

国家粮食局办公室

2016年9月5日

（此件公开发布）

粮食科技在研项目督导评估管理办法

第一章 总 则

第一条 为贯彻落实中共中央办公厅、国务院办公厅印发的《关于进一步完善中央财政科研项目资金管理等政策的若干意见》(中办发〔2016〕50号)和《国务院关于改进加强中央财政科研项目和资金管理的若干意见》(国发〔2014〕11号)等文件精神，建立健全粮食科技项目督导评估管理服务新机制，确保粮食科技项目质量和促进成果落地实用，特制定本办法。

第二条 督导评估项目范围包括国家粮食局组织实施的原有在研国家科技计划项目、粮食公益性行业科研专项(2013—2015年)项目。

第三条 粮食科技项目督导评估工作由国家粮食局仓储与科技司负责组织实施，遵循独立、客观、公正、科学、规范、高效的原则，采取直接组织或委托符合条件的行业学术团体或科技项目管理专业机构组织的形式，由督导专家对粮食科研项目的执行情况开展中期检查、年度评议及项目验收、实施情况评估咨询等工作，督导进度，检验成效，以期强化需求和应用导向，务求项目取得实效。国家粮食局规划财务司参与督导评估工作，配合仓储与科技司做好项目预算管理和经费管理方面的工作。项目承担单位须履行项目管理法人责任，在做好日常监管的基础上，配合做好督导评估工作。

第二章 督导评估

第四条 涉及粮食行业公益性急需、关键重大的科研项目，由仓储与科技司直接组织督导评估工作；一般性应用基础研究、支撑性、公益性科研项目可委托符合条件的行业学术团体或科技项目管理专业机构组织专家开展督导评估工作。

第五条 督导评估受托单位和督导评估组织程序，由仓储与科技司按照相关管理要求确定。

第六条 督导评估科研项目清单由仓储与科技司提出，并明确年度督导评估任务及评估重点要求，向受托学术团体或科技项目管理专业机构提供相关文件。相关费用依据财务管理规定，从仓储与科技司相关预算等项目中列支。

第七条 督导评估专家组按专业特长针对绿色生态储粮、粮食现代物流、加工与转化、质量安全监管、粮情监测与行业信息化等领域开展项目督导评估工作。

第八条 项目督导评估以同行业专家为主，同时注重考虑企业用户、省级粮食行政管理部门等专家参与评估，每次督导专家组由组长 1 人和组员 2 ~ 4 人组成。

第九条 督导评估专家组主要工作内容：

1. 根据项目任务书、项目年度实施方案、项目季报、年度总结报告和相关财务检查的整改意见等，对项目实施组织督导，评估项目实施进度和质量、预算执行、组织管理、保障条件等；

2. 评估项目的阶段成果，转化应用成效及前景；

3. 分析项目实施过程中存在的问题和可能影响任务完成的风险因素；

4. 针对评估发现问题提出研究方向和内容调整建议，改善项目实施进度和质量建议；

5. 按照项目验收程序和要求，可受委托对到期完成研发任务的项目执行情况进行验收，并对验收项目开展绩效评估。

第十条 督导评估专家组需对粮食科技项目实施过程和成果等进行分类评价。基础前沿研究突出创新导向，立足原始创新。公益性研究突出聚焦重大需求，注重集成创新和应用。

第十一条 督导评估专家组在听取项目执行情况汇报、现场考察、对相关考核指标进行检查、测试，质询并充分讨论等基础上，应对项目及课题（任务）形成个人及专家组意见，在规定的时间内，向仓储与科技司及时反馈督导评估中发现的问题及建议。加强统筹协调，精简检查评审数量，改进评审方式，推进检查结果共享，执行期内每个项目每年检查督导评估不超过一次。

第十二条 督导评估中专家如出现不同意见，以专家组意见为准。专家可保留个人意见，并以书面形式通过学术团体或科技项目管理专业机构，直接反馈给仓储与科技司处理。

第十三条 仓储与科技司及时向局领导汇报项目实施进展及项目督导情况，向项目承担单位反馈项目督导评估意见，并公开评估结果。

第三章 廉洁纪律及管理要求

第十四条 参与督导评估的专家及工作人员应严格执行廉洁纪律管理要求，相关工作要公开、公平、公正，不得接受项目承担单位提供的咨询评审等任何费用，也不得报销任何费用，不得接受项目实施单位任何形式馈赠，不得在督导过程中谋取个人利益，不得泄露国家及项目承担单位科研及商业秘密，并保护项目成果的知识产权。

第十五条 督导评估工作需严格执行各项科技项目管理规定要求，以公开为常态，实施痕迹管理和可追溯。参与督导评估的受托学术团体或科技项目管理专业机构专家及工作人员要尊重科技工作者科研创新的主体地位，不得干预项目执行，不得参与项目管理，不得影响专家独立客观判断，对发现问题要及时汇报，做好督导评估具体组织工作。对督导评估不力的，由仓储与科技司追究责任。

第十六条 规范专家工作程序，强化专家评估责任，倡导专家自律和独立思考。改进专家遴选方式，建立督导评估专家轮换、调整、回避、信用、问责、痕迹化管理等机制。项目督导过程中，单个项目的督导专家组保持基本稳定。

第十七条 督导评估专家纳入国家粮食局粮食行业科技专家库。督导评估专家由具有较高的学术水平、业务能力、公道正派、行业公认、较强的事业心和责任感，并具有一线工作经历或科研管理经验的高层次专业技术人员或管理人员担任，原则上从科研院所、院校、企业、学会、协会、管理部门等单位选聘。专家需保证能够按时参加督导检查。

第四章 附 则

第十八条 本办法自发布之日起执行。中央财政科技计划管理改革后项目管理的新办法出台后，按新办法执行。

第十九条 本办法由国家粮食局仓储与科技司负责解释。

关于印发《全国粮食行业青年拔尖人才优先培养实施办法》的通知

国粮办人〔2016〕285号

各省、自治区、直辖市及新疆生产建设兵团粮食局，中国储备粮管理总公司、中粮集团有限公司、中国航空工业集团公司，河南工业大学、南京财经大学、武汉轻工大学，国家粮食局各司室、直属单位、联系单位：

《全国粮食行业青年拔尖人才优先培养实施办法》已经国家粮食局局长办公会议审议通过，现予以印发，请结合实际贯彻实施。

国家粮食局办公室

2016年10月31日

（此件公开发布）

全国粮食行业青年拔尖人才优先培养实施办法

第一章 总 则

第一条 为全面贯彻落实国家粮食安全战略和创新驱动发展战略，大力实施科技兴粮、人才兴粮工程，加强人才战略性开发，提升粮食行业未来人才竞争力，加强青年专业技术人才培养，促使优秀青年人才脱颖而出、早日成才，制订本办法。

第二条 全国粮食行业青年拔尖专业技术人才（以下简称青年拔尖人才）是从事粮食流通领域自然科学、工程技术方面专业技术工作或粮食流通经济理论政策研究，学术造诣和专业水平较高且有很好发展潜力的优秀青年人才，是粮食行业百千万创新人才工程领军人才的后备队伍。

第三条 选拔培养青年拔尖人才是深化粮食行业人才发展体制机制改革的重要探索。主要目的是通过对青年拔尖人才的重点扶持、跟踪培养，把他们培养成为品德优秀、专业能力突出、综合素质全面的学术技术带头人，成为我国粮食行业领军人才的主要后备力量。

第四条 青年拔尖人才选拔工作每两年开展一次，每次选拔一般不超过10名。

第二章 选拔条件

第五条 青年拔尖人才应拥护中国共产党的领导，热爱祖国，坚决执行党的路线、方针、政策，在政治上、思想上、行动上与党中央保持高度一致。热爱粮食事业，遵纪守法，廉洁自律，恪守科学道德，学风正派，治学严谨，具有突出的科学研究和技术创新潜能。

第六条 青年拔尖人才年龄一般不超过 40 周岁（至评选年 1 月 1 日），具有博士学位或高级专业技术职务任职资格（具有科研创新突出成果者，学历和职称条件可适当放宽），近 5 年的研究服务领域符合粮食行业重点发展方向和长远需求，且具有明确的研发目标和科研规划，持续创新能力强、发展前景好，并满足下列条件之一：

（一）主持过国家、行业重大科技计划或社科研究项目（课题），或作为项目（课题）主要承担人。

（二）科研成果获省部级及以上奖励。

（三）拥有发明专利授权。

（四）主持或参与过重要国家标准规范制修订。

（五）发表论文被 SCI、EI、SSCI、CSSCI 收录。

（六）主持开发了具有较强应用推广价值的新产品、新装备、新工艺、新材料。

（七）主持完成了重大粮食工程设计、咨询项目。

（八）在科技成果推广、科学技术普及或粮食流通理论政策研究等工作中，取得了优异的成绩，对促进粮食行业发展有重大贡献。

第三章 选拔程序

第七条 粮食行业青年人才均可以根据自身条件向所在单位提出申请，经所在单位同意并在本单位范围内公示后，按照行政隶属关系逐级向省级粮食行政管理部门、有关中央企业、高校推荐，其中非国有企业等单位也可直接向中国粮油学会推荐。以上各归口推荐单位受理申请后，经过评审统一向国家粮食局推荐。各归口推荐单位推荐名额不超过 3 名，其中同一专业领域的推荐人选不超过 1 名。

第八条 青年拔尖人才申报材料应包括个人基本情况、近 5 年的主要科研成果或其他重要贡献，今后一段时间的研究方向，并提出服务行业需求的研究或技术攻关项目（以下简称青年拔尖人才服务行业需求项目），项目需从服务行业的角度，对拟开展研究或技术攻关的科学意义、创新性构思、目标和内容等方面进行说明。

第九条 国家粮食局成立青年拔尖人才评审委员会（以下简称评审委员会），负责青年拔尖人才评审工作，择优提出青年拔尖人才人选。

第十条 国家粮食局对人选名单进行审核并公示后，确定青年拔尖人才名单。

第四章 专家评审

第十一条 评审委员会由全国范围内具有正高级专业技术职务任职资格的相关领域专家组成，设 1 名主任委员主持评审工作。评审委员会根据专业领域划分为若干评议组，每个评议组设组长 1 名。

第十二条 评审委员会主任委员主持召开青年拔尖人才评审会议。出席会议的委员人数不少于总人数的三分之二。

青年拔尖人才评审会议程序如下：

（一）候选人根据专业领域参加由评议组组织的答辩，各评议组根据候选人的推荐材料及答辩情况进行讨论和评议，形成评议组意见。

（二）全体评审委员会委员对所有候选人材料进行审阅后，提出本人的评议意见。

（三）主任委员主持召开评审委员会全体会议，评议组组长介绍本组候选人答辩情况，评审委员会专家分别发表意见，对全部候选人进行充分讨论、评议。

（四）经评审委员会充分酝酿讨论后，进行无记名投票，依得票顺序，产生青年拔尖人才人选。

第十三条　评审委员会坚持以下工作原则：

（一）准确把握青年拔尖人才的标准和条件，从粮食流通事业的全局出发，超脱本单位、本地区、本专业的局限。

（二）遵循实事求是原则，全面客观分析候选人的工作业绩及成果等情况，科学评价候选人的科研水平和创新能力。

（三）在坚持青年拔尖人才标准条件的前提下，重视对粮食流通发展急需专业领域人才的选拔。

（四）评审中实行回避制度。凡与候选人有直系亲属或主要旁系亲属关系的专家，评审时应回避。

（五）评审过程中发表的意见和讨论情况，对外必须严格保密。

第五章　优先培养措施

第十四条　青年拔尖人才由国家粮食局授予“全国粮食行业青年拔尖人才”称号并颁发证书。

第十五条　对青年拔尖人才服务行业需求项目，国家粮食局视部门预算批复情况，通过购买服务的方式予以一定资金支持，地方有关部门和所在单位应视情况配套安排必要资金。对自主选题属于粮食行业急需关键、重大项目的，直接纳入粮食行业急需关键、重大项目。

第十六条　建立沟通联系机制。国家粮食局指定相关司室、单位与青年拔尖人才建立日常联系渠道，听取青年拔尖人才的意见和建议，努力为其创造良好的工作和学习条件。

第十七条　建立定期研修制度。国家粮食局定期举办研修班，提高青年拔尖人才的政策理论水平、科研创新和管理能力，促进相互交流、共同发展。优先安排青年拔尖人才参加行业内举办的高层次专业技术人员培训。

第十八条　国家粮食局将优先推荐青年拔尖人才承担粮食重点科研项目或课题、申报国家级科技创新人才计划等项目。粮食行业推荐申报国家“青年拔尖人才支持计划”人选一般从青年拔尖人才中产生。

第十九条　鼓励用人单位发放青年拔尖人才津贴，优先选派青年拔尖人才参加培训、进修、国际合作交流等活动，帮助解决他们生活上的实际困难。

第六章　管　理

第二十条　青年拔尖人才所在单位要高度重视对他们的支持、培养和服务，组织他们制定发展目标和年度工作计划，并进行年度考核，每年 12 月底前向国家粮食局报送当年工作总结、考核结果和下一年度工作计划。

第二十一条　中央财政资金支持的青年拔尖人才服务行业需求项目实施周期为 2 年，青年拔尖人才所在单位要结合年度考核对项目实施情况进行检查评估，并将检查评估结果作为对青年拔尖人才考核评价的重要依据。

第二十二条　对青年拔尖人才服务行业需求项目的中央财政资金按部门预算管理有关规定执行。青年拔尖人才所在单位应对中央财政资金严格实行项目管理，完善项目经费管理制度，做到专款专用，确保资金安全和取得效益。

第二十三条　青年拔尖人才有违反学术道德规范或法律规定行为的，以及考核不合格的，国家粮食局将撤销其“全国粮食行业青年拔尖人才”称号，并收回《全国粮食行业青年拔尖人才证书》。

第七章　附　则

第二十四条　本办法自印发之日起施行。

第二十五条　本办法由国家粮食局负责解释。

公告部分

2016年第1号公告

根据新修订的《中央储备粮管理条例》规定、《国务院关于国有企业发展混合所有制经济的意见》（国发〔2015〕54号）、《国务院关于第二批取消152项中央指定地方实施行政审批事项的决定》（国发〔2016〕9号）和《国务院关于第二批清理规范192项国务院部门行政审批中介服务事项的决定》（国发〔2016〕11号）有关精神，国家粮食局决定对中央储备粮代储资格认定有关事项予以调整修改。具体如下：

一、受理程序。中央储备粮代储资格认定由国家粮食行政管理部门直接受理。

二、受理范围。中央储备粮代储资格申请企业必须是国有独资或控股企业。中央储备粮代储资格包括粮食类和食用植物油类，需分别单独申请。

三、申请材料。申请企业请按照《中央储备粮代储资格认定办法实施细则》（国家粮食局公告2010年第8号、2014年第1号）的有关规定提交材料，但不需再提供“上一个年度的财务审计报告、重组前经审计认定的资产负债表以及重组情况说明”和“资信证明”；不需提供粮油保管员、粮油质量检验员的国家职业资格证书，仅需以附件形式提供经过专业培训的粮油保管员、粮油质量检验员的相关证明材料。

本决定自公告之日起施行。

国家粮食局

2016年5月5日

2016 年第 2 号公告

根据《国务院办公厅关于做好行政法规部门规章和文件清理工作有关事项的通知》(国办函〔2016〕12 号)部署和要求，国家粮食局对 2000 年至 2016 年 1 月底发布的政策性文件进行了清理。经商国务院有关部门，决定废止 13 件政策性文件（见附件），现予公告。

附件：国家粮食局废止的政策性文件目录(略)

国家粮食局

2016 年 5 月 27 日

2016年第3号公告

根据《中央储备粮代储资格认定办法》《中央储备粮代储资格认定办法实施细则》以及《中央储备粮代储资格延续申请办法》的规定，经审核，决定授予天津静海国家粮食储备库等246户企业中央储备粮代储资格，将北京怀柔国家粮食储备库等118户企业的中央储备粮代储资格有效期延续至2021年8月，对北京市顺义粮食收储库等125户企业的部分中央储备粮代储资格事项进行变更。

我局将向上述企业颁发“中央储备粮代储资格证书”；向本次认定未取得资格企业、未予延续资格企业及不同意变更资格事项的企业发放“不予行政许可决定书”。请相关省（区、市）粮食局协助将上述行政许可文书发放至相关企业，收回并销毁已作废的中央储备粮代储资格证书。

本决定自公告发布之日起生效。

附件：1. 2016年取得中央储备粮代储资格企业名单（略）

2. 2016年延续中央储备粮代储资格企业名单（略）

3. 2016年变更部分中央储备粮代储资格事项企业名单（略）

国家粮食局

2016年8月3日

2016 年第 4 号公告

为贯彻落实《国务院办公厅关于推广随机抽查规范事中事后监管的通知》(国办发〔2015〕58 号)和全国推行“双随机一公开”监管工作电视电话会议精神，根据粮食流通法律法规规章制修订情况，我局修订完善了“国家粮食局随机抽查事项清单”，现予以公告。

附件：国家粮食局随机抽查事项清单

国家粮食局

2016 年 11 月 29 日

附件

国家粮食局随机抽查事项清单

序号	抽查事项	抽查依据	抽查主体	抽查对象	抽查内容	抽查方式	抽查比例和频次
1	中央储备粮监督检查	《中央储备粮管理条例》第六条：……国家粮食行政管理部门负责中央储备粮的行政管理，对中央储备粮的数量、质量和储存安全实施监督检查。《中央储备粮管理条例》第四十二条：国家粮食行政管理部门、国务院财政部门按照各自职责，依法对中国储备粮管理总公司及其分支机构、承储企业执行本条例及有关粮食法规的情况，进行监督检查。《中央储备粮代储资格认定办法》第十四条：国家粮食行政管理部门依法对取得代储资格的企业和中国储备粮管理总公司选定承储中央储备粮代储企业的情况随时进行监督检查。	国家粮食局	中央储备粮承储企业	（1）执行中央储备粮收购、轮换、销售、动用计划情况；（2）执行国务院文件有关中央储备粮经营范围规定的情况；（3）中央储备粮库存账实相符、账账相符情况；（4）中央储备粮库存质量安全；（5）中央储备粮储存安全情况；（6）中央储备粮代储企业具有中央储备粮代储资格情况，资格条件合规达标情况；（7）其他依法抽查内容。	对重点地区和企业进行随机抽查。	每年抽查省份数量不少于2个，抽查次数不少于1次。
2	粮食库存检查	《中央储备粮管理条例》第六条：……国家粮食行政管理部门负责中央储备粮的行政管理，对中央储备粮的数量、质量和储存安全实施监督检查。《粮食流通管理条例》第三十四条第一款：粮食行政管理部门依照本条例对粮食经营者从事粮食收购、储存、运输活动和政策性用粮的购销活动，以及执行国家粮食流通统计制度的情况进行监督检查。《粮食质量安全监管办法》第三十六条第一款：县级以上粮食行政管理部门应当按照属地监管原则，制定粮食质量安全年度监督管理计划并报上级粮食行政管理部门备案，对本行政区域收购、储存、运输、加工和销售粮食的质量安全实施监督管理。	国家粮食局	各类粮食收储企业	（1）粮食库存账实相符、账账相符情况；（2）库存粮食质量安全情况。结合落实粮食质量安全属地管理责任，重点检查中央储备粮等政策性粮食质量指标、储存品质指标和食品安全指标；（3）储备粮轮换情况；（4）企业安全储粮、安全生产工作和责任落实情况；（5）其他依法抽查内容。	全国性检查与随机抽查、专项检查和突击检查相结合。一般3—5年组织一次全国性检查。根据粮食流通工作形势，对重点地区和企业进行随机抽查。	根据检查工作实际情况确定。
3	粮食收购活动监督检查	《粮食流通管理条例》第三十四条：粮食行政管理部门依照本条例对粮食经营者从事粮食收购、储存、运输活动和政策性用粮的购销活动，以及执行国家粮食流通统计制度的情况进行监督检查。粮食行政管理部门应当根据国家要求对粮食收购资格进行核查。《粮食质量安全监管办法》第三十六条第一款：县级以上粮食行政管理部门应当按照属地监管原则，制定粮食质量安全年度监督管理计划并报上级粮食行政管理部门备案，对本行政区域收购、储存、运输、加工和销售粮食的质量安全实施监督管理。	国家粮食局	从事粮食收购活动的经营者	（1）粮食收购者遵守粮食法律法规规章情况；（2）粮食收购者具有粮食收购资格情况；（3）粮食收购者执行“五要五不准”粮食收购守则情况；（4）粮食收购者开展粮食收购政策宣传、验质检斤、粮款支付、报送收购进度等工作情况；（5）国家政策性粮食收购主体执行国家粮食收购政策情况；（6）其他依法抽查内容。	指导地方粮食行政管理部门开展专项检查，对重点地区和企业进行随机抽查。	每年粮油收购市场检查不少于3次，抽查省份覆盖粮食主产省的50%左右。

续表

国家粮食局随机抽查事项清单

序号	抽查事项	抽查依据	抽查主体	抽查对象	抽查内容	抽查方式	抽查比例和频次
4	政策性粮食销售出库、跨省移库等任务监督检查	《粮食流通管理条例》第三十四条第一款：粮食行政管理部门依照本条例对粮食经营者从事粮食收购、储存、运输活动和政策性用粮的购销活动，以及执行国家粮食流通统计制度的情况进行监督检查。《国家政策性粮食出库管理暂行办法》第五条第一款：国家粮食行政管理部门负责组织指导地方人民政府粮食行政管理部门对国家政策性粮食出库进行监督检查。《粮食质量安全监管办法》第三十六条第一款：县级以上粮食行政管理部门应当按照属地监管原则，制定粮食质量安全年度监督管理计划并报上级粮食行政管理部门备案，对本行政区域收购、储存、运输、加工和销售粮食的质量安全实施监督管理。	国家粮食局	政策性粮食任务承担企业	(1)承储库在粮食销售出库过程中是否掺杂使假；(2)承储库是否向买方额外索要收取其他费用问题；(3)承储库是否不按照交易细则和合同规定的品种、数量、质量及时交割；(4)承储库是否设置障碍或以各种借口拖延阻挠出库等；(5)买方企业是否执行政策规定、交易规则，是否违背诚信、歪曲事实导致出库纠纷及违约、毁约等；(6)其他政策性粮食任务执行情况。	指导地方粮食行政管理部门开展专项检查，对重点地区和企业进行随机抽查。	每年抽查省份不少于2个，抽查次数不少于1次。
5	社会粮食流通监督检查	根据《粮食流通管理条例》等法律法规的规定，开展粮食收购、储存、运输等活动的监督检查，开展粮食收购资格核查，对粮食流通统计制度执行情况、粮食最低和最高库存量制度落实情况进行检查。《粮食流通管理条例》第三十四条：粮食行政管理部门依照本条例对粮食经营者从事粮食收购、储存、运输活动和政策性用粮的购销活动，以及执行国家粮食流通统计制度的情况进行监督检查。粮食行政管理部门应当根据国家要求对粮食收购资格进行核查。《粮食流通管理条例》第四十五条规定：从事粮食收购、加工、销售的经营者的粮食库存低于(超出)规定的最低(最高)库存量的，由粮食行政管理部门责令改正，给予警告；情节严重的，处不足(超出)部分粮食价值1倍以上5倍以下的罚款，并可以取消粮食收购资格。《粮食质量安全监管办法》第三十六条第一款：县级以上粮食行政管理部门应当按照属地监管原则，制定粮食质量安全年度监督管理计划并报上级粮食行政管理部门备案，对本行政区域收购、储存、运输、加工和销售粮食的质量安全实施监督管理。	国家粮食局	从事粮食收购、销售、储存等活动的经营者	(1)建立统计台账情况；(2)向粮食行政管理部门报送统计数据情况；(3)按照国家有关要求和省(区、市)人民政府有关规定保持必要的库存量情况；(4)其他有关粮食流通的法律、法规、政策及各项规章制度的执行情况。	指导地方粮食行政管理部门开展专项检查，对重点地区和企业进行随机抽查。	每年抽查省份不少于2个，抽查次数不少于1次。

通告部分

国粮通〔2016〕1号

现发布3项推荐性行业标准，其编号和名称如下：

LS/T 1217—2016《简易仓囤储粮技术规程》

LS/T 6115—2016《粮油检验 稻谷中镉含量快速测定 X 射线荧光光谱法》

LS/T 6116—2016《大米粒型分类判定》

以上行业标准自发布之日起实施。

特此通告。

国家粮食局

2016年1月7日

（此件公开发布）

国粮通〔2016〕2号

现发布推荐性行业标准样品如下：

2016 年度粮食实物标准样品目录

标准样品名称		标准号	特征描述及参考值	制作单位	适用标准
早籼米加工精度标准样品	一级	LS/T 15121.1—2016	一级：背沟无皮，或有皮不成线，米胚和粒面皮层去净的占 90% 以上。 二级：背沟有皮，米胚和粒面皮层去净的占 85% 以上。 三级：背沟有皮，粒面皮层残留不超过五分之一的占 80% 以上。 四级：背沟有皮，粒面皮层残留不超过三分之一的占 75% 以上。	宜兴市粮油集团大米有限公司	GB 1354—2009
	二级	LS/T 15121.2—2016			
	三级	LS/T 15121.3—2016			
	四级	LS/T 15121.4—2016			
晚籼米加工精度标准样品	一级	LS/T 15122.1—2016			
	二级	LS/T 15122.2—2016			
	三级	LS/T 15122.3—2016			
	四级	LS/T 15122.4—2016			
粳米加工精度标准样品	一级	LS/T 15123.1—2016		苏州市绿世纪粮油有限公司	
	二级	LS/T 15123.2—2016			
	三级	LS/T 15123.3—2016			
	四级	LS/T 15123.4—2016			
南方小麦粉加工精度标准样品	特制一等	LS/T 15111.1—2016	麸星含量≤ 1.17，不确定度：±0.16； 粉色：对照实物标准样品进行感官判定。	丹阳市同乐面粉有限公司	GB 1355—1986
	特制二等	LS/T 15111.2—2016	麸星含量≤ 1.48，不确定度：±0.23； 粉色：对照实物标准样品进行感官判定。		
	标准粉	LS/T 15111.3—2016	麸星含量≤ 3.16，不确定度：±0.34； 粉色：对照实物标准样品进行感官判定。		
北方小麦粉加工精度标准样品	特制一等	LS/T 15112.1—2016	麸星含量≤ 1.16，不确定度：±0.15； 粉色：对照实物标准样品进行感官判定。	新乡市新良粮油加工有限责任公司	
	特制二等	LS/T 15112.2—2016	麸星含量≤ 2.10，不确定度：±0.27； 粉色：对照实物标准样品进行感官判定。		
	标准粉	LS/T 15112.3—2016	麸星含量≤ 3.50，不确定度：±0.18； 粉色：对照实物标准样品进行感官判定。		
小麦硬度指数标准样品		LS/T 1531—2016	小麦硬度指数：64.6 不确定度：±1.5	河南工业大学粮油标准化研究所	GB/T 21304—2007

续表

2016 年度粮食实物标准样品目录

标准样品名称	标准号	特征描述及参考值	制作单位	适用标准
籼稻整精米率标准样品	LS/T 15321—2016	籼稻整精米率：45.4% 不确定度：±1.5	湖北国家粮食质量监测中心	GB/T 21719—2008
粳稻整精米率标准样品	LS/T 15322—2016	粳稻整精米率：54.8% 不确定度：±1.5	辽宁国家粮食质量监测中心	GB/T 21719—2008
大米颜色黄度指数样品	LS/T 1533—2016	籼米 Ym=52.3490±1.0274 粳米 Ym=58.9912±0.9734	湖北国家粮食质量监测中心、湖北公安国家粮食质量监测站	GB/T 24302—2009
粳米品尝评分参考样品	LS/T 1534—2016	综合评分 78 分，不确定度：±0.64； 气味 16 分，不确定度：±0.22； 颜色 6 分，不确定度：±0.15； 光泽度 6 分，不确定度：±0.15； 完整性 4 分，不确定度：±0.15； 黏性 7 分，不确定度：±0.21； 弹性 7 分，不确定度：±0.17； 硬度 8 分，不确定度：±0.18； 冷饭质地 3 分，不确定度：±0.15； 滋味 21 分，不确定度：±0.30。	国家粮食局科学研究院	GB/T 15682—2008

注：小麦粉加工精度实物标准样品麸星含量按照 GB/T 27628—2011 的要求，采用小麦粉加工精度测定仪测定。
以上行业标准样品有效期：2016 年 4 月 1 日～2017 年 3 月 31 日。

特此通告。

附件：1. 2016 年度粮食实物标准样品行业标准制定单位

2. 2016 年度粮食行业实物标准样品制作单位联系方式

国家粮食局

2016 年 3 月 22 日

（此件公开发布）

附件 1

2016 年度粮食实物标准样品行业标准制定单位

大米加工精度标准样品制定单位：

辽宁国家粮食质量监测中心	郁 伟 闵国春 季宏波 魏立立
吉林国家粮食质量监测中心	吴 岩 颜庭辉
黑龙江国家粮食质量监测中心	季澜洋 佟春艳 徐春峰 罗 燕
安徽国家粮食质量监测中心	胡 斌 季一顺 李皖光 吴 云
江苏国家粮食质量监测中心	刘珊珊 黄 伟 戴 波 郝才庆 莫晓嵩
宜兴市粮油集团大米有限公司	黄道德
苏州市绿世纪粮油有限公司	夏正萍 胡 祎

小麦粉加工精度标准样品制定单位：

江苏国家粮食质量监测中心	张 祎 贾继荣 周广斌 陈建伟
无锡穗邦科技有限公司	唐道心 赵 烽 唐道五 唐晏如 张惠斌
丹阳市同乐面粉有限公司	张燕萍
新乡市新良粮油加工有限责任公司	王 莹 魏忠飞

小麦硬度指数标准样品制定单位：

河南工业大学粮油标准化研究所	吴存荣 唐怀建 王艳艳

稻谷整精米率标准样品制定单位：

辽宁国家粮食质量监测中心	郁 伟 闵国春 嵇建族 季宏波
沈阳市粮油检验监测所	张 霞
湖北国家粮食质量监测中心	熊 宁 朱 玫 孙婷琳

大米颜色黄度指数标准样品制定单位：

湖北国家粮食质量监测中心	熊 宁 刘 利 倪姗姗

粳米品尝评分参考样品制定单位：

国家粮食局科学研究院	孙 辉 段晓亮 欧阳姝虹

附件 2

2016 年度粮食行业实物标准样品制作单位联系方式

标准（参考）样品	销售单位	联系人	电话	地址	邮编
早籼米和晚籼米加工精度标准样品（一～四级）	宜兴市粮油集团大米有限公司	吴 俊	0510–87934391，18921378543 0510–87904410（传真）	江苏省宜兴市宜城街道巷头村	214207
粳米加工精度标准样品（一～四级）	苏州市绿世纪粮油有限公司	夏正萍	0512–63369988,13771666588 0512–63369678（传真）	江苏省吴江市八坼粮管所运东仓库	215222
南方小麦粉加工精度标准样品（特制一、特制二和标准粉）	丹阳市同乐面粉有限公司	张燕萍	0511–86476191,13327766866 0511–86477325（传真）	江苏省丹阳市吕城镇粮食巷 28 号	212351
北方小麦粉加工精度标准样品（特制一、特制二和标准粉）	新乡市新良粮油加工有限责任公司	李淑超	0373–6358782，13782579230 0373–6358785（传真）	河南省新乡市延津县新长公路 28 公里处	453200
小麦硬度指数标准样品	河南工业大学粮油标准化研究所	王艳艳	0371–67789006，13598407093 0371–67758607（传真）	河南省郑州市高新区莲花街	450001
籼稻整精米率标准样品	湖北省粮油食品质量监督检测中心	毛红霞	027–88873413，13607193655 027–88873413（传真）	湖北省武汉市武昌区民主路三道街 6 号	430061
粳稻整精米率标准样品	辽宁盘锦市粮食安全服务中心	曹 娟	0427–3575066，13942718811 0427–3575088（传真）	辽宁省盘锦市双台区朝阳街 106 号	124000
大米颜色黄度指数标准样品	湖北省粮油食品质量监督检测中心	毛红霞	027–88873413，13607193655 027–88873413（传真）	湖北省武汉市武昌区民主路三道街 6 号	430061
粳米品尝评分参考样品	国家粮食局科学研究院	段晓亮	010–58523759，15101127308	北京市西城区百万庄大街 11 号	100037

国粮通〔2016〕3号

现发布 5 项推荐性行业标准，其编号和名称如下：

LS/T 1801—2016《粮食信息术语 仓储》

LS/T 1802—2016《粮食仓储业务数据元》

LS/T 1803—2016《省级粮食信息应用平台技术规范》

LS/T 1804—2016《粮食出入库业务信息系统技术规范》

LS/T 1805—2016《粮食数据采集技术规范 政策性粮食收购》

以上行业标准自 2016 年 10 月 1 日之日起实施。

特此通告。

国家粮食局

2016 年 6 月 24 日

国粮通〔2016〕4号

现发布2项推荐性行业标准，其编号和名称如下：

LS/T 6117—2016《粮油检验 容重测定 水浸悬浮法》

LS/T 6401—2016《粮油检验仪器 水浸悬浮法粮食容重仪技术条件与试验方法》

以上行业标准自2016年11月1日之日起实施。

特此通告。

国家粮食局

2016年6月30日

国粮通〔2016〕5号

现批准粮食行业标准LS/T 6116—2016《大米粒型分类判定》第1号和LS/T 3242—2014《牡丹籽油》第1号修改单，予以公布，自公布之日起实施。

特此通告。

附件：1.LS/T 6116—2016《大米粒型分类判定》第1号修改单 2.LS/T 3242—2014《牡丹籽油》第1号修改单

国家粮食局

2016年7月5日

附件1

LS/T 6116—2016《大米粒型分类判定》第1号修改单

本修改单经国家粮食局于2016年7月5日以第5号通告批准，自2016年7月5日起实施。

“判定规则”修改内容如下：

1.将“6.1 长粒米 粒长和长宽比均符合表1‘长粒米’规定的，判定为长粒米。”修改为：6.1 长粒米 粒长和长宽比有一项符合表1“长粒米”规定的，判定为长粒米。

2.将“6.2 中短粒米 粒长和长宽比有一项符合表1‘中短粒米’规定的，判定为中短粒米。”修改为：6.2 中短粒米 粒长和长宽比均符合表1“中短粒米”规定的，判定为中短粒米。

附件 2

LS/T 3242—2014《牡丹籽油》
第 1 号修改单

本修改单经国家粮食局于 2016 年 7 月 5 日以第 5 号通告批准，自 2016 年 7 月 5 日起实施。

“检验方法”增加内容如下：

5.14 色泽检验

按 GB/T 5009.37 执行。

附　录

2016年大事记

一月

1月5日，国家粮食局印发《国家粮食局关于在全国粮食系统开展向河北省柏乡粮库学习活动的决定》，号召全国粮食系统学习“宁流千滴汗、不坏一粒粮”行业优良传统和创业创新节俭奉献“四无粮仓精神”，履行保障国家粮食安全重要使命，守住管好“天下粮仓”。

1月8日至9日，全国粮食流通工作会议在京召开。会议深入学习贯彻党的十八大和十八届三中、四中、五中全会以及习近平总书记系列重要讲话精神，学习贯彻中央经济工作会议、中央农村工作会议精神，总结“十二五”及2015年粮食流通工作，研究粮食行业“十三五”发展思路，部署2016年粮食流通重点工作；表彰全国粮食系统弘扬“四无粮仓”精神先进单位和先进个人。会议认真传达学习了国务院领导同志最近对粮食流通工作的重要批示。国家发展改革委主任徐绍史同志出席会议并讲话。任正晓同志作工作报告，徐鸣同志作总结讲话。曾丽瑛、赵中权、卢景波、邓亦武同志出席会议。

1月8日，“全国粮食统一竞价交易平台”正式上线运行，国家发展改革委主任徐绍史、国家粮食局局长任正晓、中国粮食行业协会会长聂振邦、财政部经建司司长曾晓安出席启动仪式。

1月14日，国家粮食局在京召开传承科学精神推进人才兴粮工作座谈会，研讨加强粮食行业科技领军人才队伍建设和“十三五”粮食科技创新发展问题。任正晓同志出席会议并讲话。徐鸣同志主持会议。中国工程院孙宝国院士、岳国君院士等参加了座谈讨论。

1月14日，国家粮食局召开局党组会议，传达十八届中央纪委六次全会精神，认真学习习近平总书记在全会上的重要讲话，研究部署贯彻落实的工作措施。任正晓同志主持，徐鸣、赵中权、卢景波、邓亦武同志出席。

1月19日至21日，任正晓同志带队赴内蒙古、黑龙江专题调研粮食收购、安全储粮和春节市场供应等重点工作。曾丽瑛、赵中权、卢景波、邓亦武同志分别带队赴贵州省、广东省、浙江省、河北省督导调研当前粮食流通重点工作。

1月22日，国家粮食局召开2015年度全局工作总结大会。任正晓同志代表领导班子作年度述职报告。徐鸣、曾丽瑛、赵中权、卢景波、邓亦武同志出席。

1月28日，卢景波同志带队赴安徽督导调研粮食流通重点工作，并赴国家粮食局扶贫点阜南县进行实地调研，进村入户走访慰问困难群众，与市县党委、政府和有关部门就进一步做好扶贫开发工作进行座谈。

二月

2月1日，国家粮食局召开局党组会议，专题研究部署党的建设、党风廉政建设和反腐败工作，学习贯彻王岐山同志在十八届中央纪委第六次全体会议上的报告、张高丽同志主持召开的经济和党建工作会议精神，传达贯彻中央国家机关第 30 次党的工作会议暨第 28 次纪检工作会议精神，审议《中共国家粮食局党组关于加强和改进党的群团工作的实施意见》《国家粮食局 2016 年党风廉政建设和反腐败工作要点》《国家粮食局 2016 年机关党建工作要点》。任正晓同志主持，徐鸣、曾丽瑛、赵中权、卢景波、邓亦武同志出席。

2 月 2 日，任正晓同志与武警部队后勤部副部长岳爱民少将举行新年工作座谈会，回顾总结过去一年军粮供应保障工作取得的可喜成绩，就新形势下加强和改进军粮保障服务工作、实现军民融合式发展交换意见。卢景波同志参加座谈。

2 月 3 日，任正晓同志带队到北京市检查调研春节粮油市场供应和安全生产工作。卢景波同志参加调研。

2 月 26 日至 27 日，全国粮食流通监督检查工作会议在四川成都召开。会议深入学习贯彻党的十八届五中全会和中央经济工作会议、中央农村工作会议精神，学习贯彻全国粮食流通工作会议的工作部署，总结 2015 年全国粮食流通监督检查工作，分析形势，交流经验，部署 2016 年重点工作任务。任正晓同志专门对会议作出重要批示，邓亦武同志出席会议并讲话。

2 月 29 日，中央第十三巡视组专项巡视国家粮食局党组工作动员会召开。会前，中央巡视工作领导小组办公室负责同志向任正晓同志传达了习近平总书记关于巡视工作的重要指示。会上，中央第十三巡视组组长朱保成同志就即将开展的专项巡视工作作了讲话，中央巡视工作领导小组办公室负责同志就配合做好巡视工作提出要求，任正晓同志主持会议并作表态发言。随后，任正晓同志主持召开局党组会议，传达学习贯彻习近平总书记关于巡视工作的重要讲话精神，研究讨论进一步支持配合做好专项巡视的有关工作。徐鸣、曾丽瑛、赵中权、卢景波、邓亦武同志出席。

三月

3 月 2 日，任正晓同志会见了来访的印度尼西亚国有企业部部长莉尼・苏玛尔诺女士一行。双方交流了近年来中印两国农业粮食界在粮食流通、科技等方面开展交流合作的情况，就进一步深化合作的领域和途径交换了意见。

3 月 17 日至 18 日，全国粮食调控与统计工作会议在福建福州召开。会议贯彻落实全国粮食流通工作会议精神，总结交流 2015 年粮食调控与统计工作，研究分析粮食流通面临的新形势、新问题，安排部署 2016 年工作任务，并会审汇编了 2015 年度全国粮油统计年报。任正晓同志对会议作出重要批示，卢景波同志出席会议并讲话。

3 月 22 日，国家粮食局印发《国家粮食局关于粮食行政管理部门深入推进依法行政 加快建设法治粮食的意见》。

3 月 23 日至 25 日，国家粮食局在甘肃兰州召开了全国粮食质量安全监管工作会议，深入学习贯彻党的十八届五中全会和中央经济工作会议、中央农村工作会议精神，传达习近平总书记、李克强总理对食品安全工作的重要指示和批示，认真落实粮食流通工作会议部署要求，总结交流“十二五”及 2015 年粮食质量安全工作情况，分析形势，谋划“十三五”发展思路，部署 2016 年粮食质量安全重点任务。任正晓同志对会议作出重要批示，卢景波同志出席会议并讲话。

3 月 27 日，国家粮食局召开局党组会议，传达学习习近平总书记重要批示和毛泽东同志《党委会的工作方法》，审议《中共国家粮食局党组关于学习贯彻习近平总书记重要批示精神 切实加强党组领导班子建设的措施意见》；传达学习中纪委《关于七起落实“两个责任”不力受到责任追究典型问题的通报》，驻委纪检组通报有关案件核查情况和处理意见。任正晓同志主持，徐鸣、曾丽瑛、赵中权、卢景波、邓亦武同志出席，中央第十三巡视组、中央纪委驻国家发展改革委纪检组负责同志出席会议。

四月

4 月 5 日，国家发展改革委、国家粮食局等 6 部门印发 2016 年小麦和稻谷最低收购价执行预案的通知。预案规定了 2016 年白小麦、红小麦和混合小麦最低收购价格均为每市斤 1.18 元，早籼稻最低收购价格为每市斤 1.33 元，中晚籼稻最低收购价格为每市斤 1.38 元，粳稻最低收购价格为每市斤 1.55 元。

4 月 7 日，国家粮食局召开局党组（扩大）会议，传达中央“两学一做”学习教育工作座谈会精神，传达学习习近平总书记关于“两学一做”学习教育的重要指示，学习刘云山、赵乐际同志在座谈会上的讲话，对国家粮食局开展“两学一做”学习教育进行全面部署。任正晓同志主持会议并讲话。

4 月 11 日，任正晓同志和曾丽瑛、邓亦武同志与国家机关事务管理局局长李宝荣同志商谈工作。

4 月 14 日，国家粮食局在安徽合肥召开全国夏粮收购工作会议，会议主要内容是研究分析小麦、油菜籽和早籼稻生产、购销形势，安排部署夏季粮油收购工作，卢景波同志主持会议并讲话。

4 月 15 日，国家粮食局召开全局廉政警示教育大会，任正晓同志主持大会并作讲话，徐鸣、曾丽瑛、赵中权、卢景波、邓亦武同志出席。中央纪委驻国家发展改革委纪检组负责同志出席会议并通报违纪案件处理情况。中央第十三巡视组负责同志出席会议。

4 月 19 日至 20 日，国家粮食局在山东济南召开全国粮食财会工作会议，认真贯彻落实全国粮食流通工作会议精神，总结“十二五”时期全国粮食财会工作，会审汇编 2015 年度国有粮食企业会计决算报表，安排布置 2016 年粮食财会工作。任正晓同志对会议作出重要批示。邓亦武同志出席会议并讲话。

4 月 26 日，任正晓同志出席国务院新闻办举行的新闻发布会，介绍当前粮食流通工作有关情况，并回答记者提问。卢景波同志出席。

五月

5 月 3 日，中国国际贸易促进委员会粮食行业分会与来自台湾的中华农产运销协会代表团在国家粮食局科学研究院举行了两岸粮食行业交流座谈会。座谈会由中国国际贸易促进委员会粮食行业分会会长邓亦武主持，中华农产运销协会陈保基顾问、李苍郎理事长、林传琦专家等代表，中国国际贸易促进委员会两会行业分会、国家粮食局科学研究院、标准质量中心、中国粮食研究培训中心以及中粮集团大米部有关负责同志参加了座谈。

5 月 5 日，国家有关部门在河南省郑州市举办粮食库存检查部门联合抽查动员培训会，部署 2016 年粮食库存检查部门联合抽查工作。邓亦武同志出席会议并作动员讲话。

5 月 5 日，国家粮食局发布 2016 年第 1 号公告。根据新修订的《中央储备粮管理条例》规定《国务院关于国有企业发展混合所有制经济的意见》（国发〔2015〕54 号）、《国务院关于第二批取消 152 项中央指定地方实施行政审批事项的决定》（国发〔2016〕9 号）和《国务院关于第二批清理规范 192 项国务院部门行政审批中介服务事项的决定》（国发〔2016〕11 号）有关精神，国家粮食局决定对中央储备粮代储资格认定有关事项予以调整修改。

5 月 17 日，国家粮食局在武汉轻工大学举办 2016 年粮食科技活动周“首届全国粮食科技成果转化对接推介活动 ”，组织粮食企业与科研单位、高等院校及科技人才开展“科企对接”活动，有效推进成果对接、机构对接、人才对接，为粮食行业实施创新驱动发展战略探索新路径。徐鸣同志出席活动并讲话。

5 月 26 日，任正晓同志会见法国罗盖特集团全球公共事务主管克里斯托夫・鲁普・达勒姆一行。双方交流了当前全球谷物特别是玉米市场供求形势、粮食质量安全、粮食科技和精深加工发展等方面的情况，并探讨了加强国家粮食局科学研究院与罗盖特集团的交流合作问题。

5 月 27 日，国家粮食局发布 2016 年第 2 号公告。根据《国务院办公厅关于做好行政法规部门规章和文件清理工作有关事项的通知》（国办函〔2016〕12 号）部署和要求，国家粮食局对 2000 年至 2016 年 1 月底发布的政策性文件进行了清理。经商国务院有关部门，决定废止 13 件政策性文件。

5 月 31 日，国家粮食安全政策专家咨询委员会在京成立并召开第一次全体会议。该专家委员会由王春正、陈锡文担任顾问，张晓强担任主任委员，韩俊、赵中权担任副主任委员，25 名来自各大研究机构、院校、企业和有关部门的专家学者受聘成为首批委员。任正晓同志到会并讲话，张晓强主任委员在会上讲话并主持召开了专家咨询委员会成立后的第一次全体会议。

5 月 31 日，国家发展改革委召开粮食安全省长责任制考核工作组第一次联席会议。会议宣布了考核工作组领导成员、考核工作组办公室组成名单，听取了考核工作组办公室汇报，审议了《粮食安全省长责任制考核工作方案》和《关于开展 2016 年度粮食安全省长责任制考核工作的通知》。考核工作组组长、国家发展改革委主任徐绍史同志主持会议并讲话，考核工作组副组长、国家粮食局局长任正晓同志作总结讲话。

六月

6 月 2 日至 3 日，国家粮食局组织党组中心组 2016 年第二季度集中学习暨基层党组织书记“两学一做”学习教育专题培训，任正晓同志主持学习培训并作总结讲话，徐鸣同志作《切实发挥党支部在“两学一做”学习教育中的基础作用》开班党课报告。中组部等有关负责同志出席指导。

6 月 6 日，任正晓同志主持中央第十三巡视组专项巡视国家粮食局党组情况反馈会，中央第十三巡视组组长朱保成同志、中央巡视办副主任王瑛同志讲话，任正晓同志作表态发言。

6 月 6 日，为保护种粮农民利益，维护粮食市场平稳和价格稳定，经研究，国家粮食局决定由中储粮总公司在新疆维吾尔自治区收购部分 2016 年产小麦作为国家临时存储粮食。

6 月 13 日，中央军委后勤保障部副部长刘生杰中将赴山东省调研指导军粮供应保障工作，任正晓同志一同参加调研活动。

6 月 16 日至 17 日，国家粮食局在陕西省西安市召开全国粮食局长座谈会，总结交流今年以来各地贯彻中央经济工作会议、中央农村工作会议精神，落实粮食安全省长责任制和全国粮食流通工作会议精神的情况，研究分析当前粮食流通工作面临的新形势和新挑战，安排部署下半年粮食流通重点工作。同时召开专题座谈会，听取“一带一路”18个重点省份粮食局和相关大中型粮食企业对贯彻落实中央“一带一路”战略的意见建议，对粮食行业贯彻落实中央“一带一路”战略作进一步安排。任正晓同志出席会议并讲话，邓亦武同志对粮食仓储物流设施和行业信息化建设作出专题部署。

6月21日，任正晓同志出席局中央专项巡视反馈问题整改落实推进会并讲话。赵中权同志通报《中共国家粮食局党组关于中央专项巡视反馈问题整改落实方案》。徐鸣、曾丽瑛、邓亦武同志出席。

6月23日，国家粮食局按照2016年全国食品安全宣传周活动的统一部署，在四川省成都市举办了“2016年全国食品安全宣传周·粮食质量安全宣传日”活动。国家粮食局局长任正晓、四川省人民政府负责同志出席活动并讲话。

6月30日，为应对高库存下的安全储粮压力，全面落实、层层压实粮油储存安全责任，确保粮油安全储存，国家粮食局印发《粮油储存安全责任暂行规定》。

七月

7月4日，国家粮食局印发《国家粮食局关于切实做好受灾地区夏粮收购工作的紧急通知》，严格执行国家政策性粮食收购政策，积极帮助受灾地区农民减轻灾害损失，切实保护种粮农民利益，防止农民发生“卖粮难”。

7月5日，国家粮食局召开会议，传达学习习近平总书记在庆祝中国共产党成立95周年大会上的重要讲话精神，研究部署深入学习贯彻的工作措施，传达学习中纪委有关通报，审议《国家粮食局关于加快推进粮食行业供给侧结构性改革的指导意见》。任正晓同志主持，徐鸣、曾丽瑛、赵中权、卢景波、邓亦武同志出席。

7月8日，国家粮食局在内蒙古通辽市召开东北地区粮食“去库存”和秋粮收储工作专题座谈会，分析东北地区秋粮生产、收购和市场形势，听取东北三省和内蒙古自治区粮食局关于加大粮食“去库存”力度、解决秋粮收储矛盾、引导企业开展市场化收购等方面的政策措施建议，提前部署秋粮收储准备工作。任正晓同志出席会议并讲话，卢景波同志主持会议。

7月12日，国家粮食局印发《国家粮食局关于加快推进粮食行业供给侧结构性改革的指导意见》。

7月13日，国家粮食局召开党员干部大会，会议深入学习贯彻习近平总书记在庆祝中国共产党成立95周年大会上的重要讲话，表彰全局优秀共产党员、优秀党务工作者和先进基层党组织，同时召开河北柏乡粮库先进事迹宣讲会。任正晓同志出席会议并讲话，徐鸣同志主持会议。

7月15日，国家粮食局印发《国家粮食局办公室关于做好今夏粮食行业安全度汛工作的紧急通知》，要求各级粮食行政管理部门和各类粮油仓储单位要切实采取有效措施预防和处置各种突发情况，尽职尽责做好夏季及汛期安全储粮和安全生产工作，确保粮食安全度夏度汛。

7月22日，国家粮食局召开局党组会议，传达学习贯彻《中共中央关于印发〈中国共产党问责条例〉的通知》和《中国共产党问责条例》。任正晓同志主持，徐鸣、曾丽瑛、赵中权、卢景波、邓亦武同志出席。

7月25日至28日，任正晓同志带领调研组赴浙江、安徽调研指导抗洪救灾、安全保粮、夏粮收购、粮食质量安全监管和G20峰会粮油供应保障等工作，与浙江、安徽两省有关领导同志就粮食工作交换了意见。同时，任正晓同志赴武警浙江省总队走访慰问，召开专题座谈会听取部队对军粮供应保障工作的意见建议。

7 月 29 日，任正晓同志赴中央军委后勤保障部走访座谈，与部队共商推进军粮保障军民融合深度发展的意见措施。中央军委委员、军委后勤保障部部长赵克石上将会见了任正晓一行，军委后勤保障部副部长刘生杰中将与任正晓同志进行了工作座谈。军委后勤保障部军需能源局局长关节福少将、副局长翟振发少将和国家粮食局副局长卢景波一同参加了工作会见和座谈活动。

7 月 29 日，国家粮食局印发《全国粮食行业法治宣传教育第七个五年规划（2016—2020 年）》。

八月

8 月 24 日至 26 日，亚太经合组织（APEC）粮食安全政策伙伴关系机制（PPFS）框架内的“APEC 粮食标准互联互通研讨会”及“APEC 小农和中小企业粮食减损技术、经验和有关行动高级别研讨会”会议在北京召开。曾丽瑛同志出席会议并作讲话，外交部中国 APEC 高官代表发言。来自澳大利亚、加拿大、中国、智利、日本、韩国、马来西亚、秘鲁、菲律宾、中国台湾、俄罗斯、美国、越南等 13 个 APEC 经济体和国际标准化组织（ISO）的代表参加了会议。

8 月 26 日，为深化拓展中央巡视整改落实工作，增强对粮食供求、市场走势的宏观研判与掌控能力，学习借鉴中国科学院数学与系统科学研究院创新发展、服务“三农”的好作风、好经验，任正晓同志带领有关司室、直属单位负责同志赴中国科学院数学与系统科学研究院学习调研。

8 月 30 日，部分省（区、市）国有粮食企业改革工作座谈会在宁夏银川召开，会议主要内容是总结交流各地国有粮食企业改革发展的做法经验，研究提出深化国有粮食企业改革的措施建议。卢景波同志主持会议并讲话。

九月

9 月 12 日，国家粮食局召开各司室、单位主要负责人会议，中央组织部有关负责同志宣布中央决定：邓亦武同志不再担任国家粮食局副局长。

9 月 13 日至 14 日，国家粮食局党组理论学习中心组组织第三季度集体学习，任正晓同志以《不忘初心、继续前进，不断取得“两学一做”学习教育新成效》为题，为全局党员干部讲专题党课。其间，局党组中心组全体成员到中国航天员科研训练中心进行考察调研。徐鸣、曾丽瑛、赵中权、卢景波同志出席。

9 月 14 日，经商国家工商总局同意，国家粮食局对《粮食收购资格审核管理暂行办法》进行了修订，印发了《粮食收购资格审核管理办法》。

9 月 19 日至 21 日、27 日至 29 日，国家粮食局分南北两个片区，先后在四川成都和河南郑州举办安全储粮和安全生产培训。徐鸣同志出席并讲话。

9 月 20 日，国家粮食局在吉林长春召开全国秋粮收购工作会议，学习贯彻秋粮收购政策，分析研判粮食供需形势和市场走势，安排部署秋粮收购工作。任正晓同志专门作出批示，对做好秋粮收购工作提出明确要求。卢景波同志主持会议并讲话。

9 月 27 日，曾丽瑛同志出席了在秘鲁皮乌拉召开的 APEC 第四届粮食安全部长级会议，并作了“加强互联互通，促进粮食有效供给”的发言。会议期间，曾丽瑛同志与秘鲁农业与灌溉部部长何塞·曼努埃尔·埃尔南德斯进行了会谈。

9 月 27 日，任正晓同志在北京会见了联合国粮农组织驻中国代表马文森先生（Mr.Vincent Martin）一行。双方希望今后进一步加强合作关系，为保障中国粮食安全、促进世界粮食安全作出更大的贡献。

9 月 28 日，国家粮食局在北京召开全国粮食行业对口援藏工作会议，深入贯彻落实习近平总书记关于西藏工作的一系列重要讲话精神和中央第六次西藏工作座谈会决策部署，总结“十二五”期间全国粮食行业对口援藏工作，研究新形势下进一步加大支持西藏粮食流通事业发展的措施办法，安排部署“十三五”时期粮食行业对口援藏工作。任正晓同志出席会议并讲话。

9 月 30 日，国家粮食局修订完善《国家粮食流通统计制度》，报经国家统计局审核批准。

十月

10 月 10 日，卢景波同志会见了联合国世界粮食计划署驻中国新任代表屈四喜先生。双方就进一步拓展合作空间、加强在粮食产后减损、粮食信息交流、仓储管理、粮油科技等方面的合作达成共识。

10 月 11 日，国家粮食局召开各司室、单位主要负责人会议，中央组织部有关负责同志宣布中央决定：任正晓同志不再担任国家粮食局局长、党组书记，国家粮食局工作由徐鸣同志临时牵头。徐鸣、曾丽瑛、赵中权、卢景波同志出席。

10 月 13 日，国家发展改革委、国家粮食局印发《粮食行业“十三五”发展规划纲要》。

10 月 14 日至 21 日，为及时掌握玉米收储制度改革后东北地区玉米收购工作情况，国家粮食局派出 3 个工作组，赴黑龙江、吉林和内蒙古进行督导调研，深入了解玉米收储制度改革落地情况、玉米生产和收购情况，听取农户、企业、地方政府对改革政策落实中的意见建议。

10 月 16 日，国家粮食局、农业部、教育部、科技部、中国气象局、全国妇联和联合国粮农组织、江苏省人民政府在南京联合主办第 36 个世界粮食日和第 26 个全国爱粮节粮宣传周主会场活动。徐鸣同志出席活动并讲话。

10 月 20 日，为切实做好玉米收购工作，鼓励各类市场主体积极入市收购新粮，国家有关部门决定暂停国家政策性玉米销售，2017 年 5 月玉米收购期结束后再适时研究安排库存玉米销售。

10 月 20 日，国家粮食局印发《粮油安全储存守则》《粮库安全生产守则》，与《粮油储存安全责任暂行规定》共同形成粮食行业安全储粮和安全生产的问责制度与行为准则，并决定开展 2016 年全国秋季粮油安全大检查。

10 月 24 日，曾丽瑛同志会见了来访的乌拉圭牧农渔业部部长塔瓦雷·阿盖雷先生。双方交流了中乌两国粮食生产、供求、市场形势、贸易、科技、质量安全和可持续发展等方面的情况，表示将进一步推动在粮食科技、加工、质量安全和贸易等方面的交流与合作。

10 月 29 日至 11 月 2 日，按照国务院部署，徐鸣、卢景波同志带领由国家粮食局、国家发展改革委、财政部、中国农业发展银行、中国储备粮管理总公司等部门和单位组成的督查组，赴黑龙江省开展玉米收储制度改革和收购工作督查。

十一月

11 月 4 日，曾丽瑛同志会见了来访的加拿大农业及农业食品部部长劳伦斯·麦考利先生一行。曾丽瑛同志代表中国国家粮食局与加拿大谷物委员会签订《中华人民共和国国家粮食局与加拿大谷物委员会粮食领域合作谅解备忘录》。

11 月 6 日至 7 日，全国粮食行业人才兴粮工作会议和第四届全国粮食行业职业技能竞赛在合肥举行。徐鸣同志出席会议并讲话，曾丽瑛同志出席。

11 月 9 日，国家粮食局召开局党组中心组第四季度集体学习会议，深入学习贯彻党的十八届六中全会精神。徐鸣同志主持，曾丽瑛、赵中权、卢景波同志出席。

11 月 11 日，国家粮食局会同中国储备粮管理总公司召开“全国粮食行业安全储粮和安全生产视频会议”，对做好“两个安全”工作、切实守住粮食工作“底线”进行再动员、再部署。徐鸣、曾丽瑛、赵中权、中国储备粮管理总公司有关负责同志出席主场会议。

11 月 13 日，徐鸣同志会见了来访的澳大利亚副总理助理部长卢克·哈苏伊克先生一行。双方就中澳两国在粮食领域的新情况、新变化交换了意见，并提出未来将进一步深化合作机制，在粮食政策、科技创新、信息交流等方面密切交流，实现双方在粮食领域的互利共赢。

11 月 29 日，国家粮食局发布 2016 年第 4 号公告。为贯彻落实《国务院办公厅关于推广随机抽查规范事中事后监管的通知》(国办发〔2015〕58 号) 和全国推行“双随机一公开”监管工作电视电话会议精神，根据粮食流通法律法规规章制修订情况，国家粮食局修订完善了“国家粮食局随机抽查事项清单”。

十二月

12 月 7 日，卢景波同志会见法国粮食出口协会主席让－皮埃尔·朗格瓦－拜特洛先生。双方就中法粮食市场发展趋势交换了意见，表示将在原有合作基础上进一步深化粮食信息领域交流与合作。

12 月 12 日，“全国玉米市场化电子交易暨黑龙江省农民粮食购销专场”在黑龙江省哈尔滨市启动。这是国内第一个直接面向种粮农民的国家级粮食网上购销平台，是粮食行业利用“互联网＋”推进粮食收储制度改革的一次有益尝试。徐鸣同志出席并讲话。

12 月 22 日，国家粮食局召开党组会议，传达贯彻中央农村工作会议精神，认真学习习近平总书记对做好“三农”工作的重要指示、李克强总理的指示要求和汪洋副总理在中央农村工作会议上的讲话，研究部署贯彻落实的工作措施。

12 月 26 日，国家粮食局印发《粮油加工业“十三五”发展规划》。

粮食行业统计资料

表 1 全国主要粮食及油料播种面积（1978~2016 年）

单位：千公顷

年份	粮食	稻谷	小麦	玉米	大豆	油料
1978	120587	34421	29183	19961	7144	6222
1979	119263	33873	29357	20133	7247	7051
1980	117234	33878	28844	20087	7226	7928
1981	114958	33295	28307	19425	8024	9134
1982	113462	33071	27955	18543	8419	9343
1983	114047	33136	29050	18824	7567	8390
1984	112884	33178	29576	18537	7286	8678
1985	108845	32070	29218	17694	7718	11800
1986	110933	32266	29616	19124	8295	11415
1987	111268	32193	28798	20212	8445	11181
1988	110123	31987	28785	19692	8120	10619
1989	112205	32700	29841	20353	8057	10504
1990	113466	33064	30753	21401	7560	10900
1991	112314	32590	30948	21574	7041	11530
1992	110560	32090	30496	21044	7221	11489
1993	110509	30355	30235	20694	9454	11142
1994	109544	30171	28981	21152	9222	12081
1995	110060	30744	28860	22776	8127	13102
1996	112548	31406	29611	24498	7471	12555
1997	112912	31765	30057	23775	8346	12381
1998	113787	31214	29774	25239	8500	12919
1999	113161	31283	28855	25904	7962	13906
2000	108463	29962	26653	23056	9307	15400
2001	106080	28812	24664	24282	9482	14631
2002	103891	28202	23908	24634	8720	14766
2003	99410	26508	21997	24068	9313	14990
2004	101606	28379	21626	25446	9589	14431
2005	104278	28847	22793	26358	9591	14318
2006	104958	28938	23613	28463	9304	11738
2007	105638	28919	23721	29478	8754	11316
2008	106793	29241	23617	29864	9127	12825
2009	108986	29627	24291	31183	9190	13652
2010	109876	29873	24257	32500	8516	13890
2011	110573	30057	24270	33542	7889	13855
2012	111205	30137	24268	35029	7172	13930
2013	111956	30312	24117	36318	6791	14023
2014	112723	30310	24069	37123	6800	14043
2015	113343	30216	24141	38119	6506	14035
2016	113034	30178	24187	36768	7202	14138

数据来源：国家统计局统计资料。

表 2 全国主要粮食及油料产量 (1978~2016 年)

单位：万吨

年 份	粮食	稻谷	小麦	玉米	大豆	油料
1978	30476.5	13693.0	5384.0	5594.5	756.5	521.8
1979	33211.5	14375.0	6273.0	6003.5	746.0	643.5
1980	32055.5	13990.5	5520.5	6260.0	794.0	769.1
1981	32502.0	14395.5	5964.0	5920.5	932.5	1020.5
1982	35450.0	16159.5	6847.0	6056.0	903.0	1181.7
1983	38727.5	16886.5	8139.0	6820.5	976.0	1055.0
1984	40730.5	17825.5	8781.5	7341.0	969.5	1191.0
1985	37910.8	16856.9	8580.5	6382.6	1050.0	1578.4
1986	39151.2	17222.4	9004.0	7085.6	1161.4	1473.8
1987	40297.7	17426.2	8590.2	7924.1	1246.5	1527.8
1988	39408.1	16910.7	8543.2	7735.1	1164.5	1320.3
1989	40754.9	18013.0	9080.7	7892.8	1022.7	1295.2
1990	44624.3	18933.1	9822.9	9681.9	1100.0	1613.2
1991	43529.3	18381.3	9595.3	9877.3	971.3	1638.3
1992	44265.8	18622.2	10158.7	9538.3	1030.4	1641.2
1993	45648.8	17751.4	10639.0	10270.4	1530.7	1803.9
1994	44510.1	17593.3	9929.7	9927.5	1599.9	1989.6
1995	46661.8	18522.6	10220.7	11198.6	1350.2	2250.3
1996	50453.5	19510.3	11056.9	12747.1	1322.4	2210.6
1997	49417.1	20073.5	12328.9	10430.9	1473.2	2157.4
1998	51229.5	19871.3	10972.6	13295.4	1515.2	2313.9
1999	50838.6	19848.7	11388.0	12808.6	1424.5	2601.2
2000	46217.5	18790.8	9963.6	10600.0	1540.9	2954.8
2001	45263.7	17758.0	9387.3	11408.8	1540.6	2864.9
2002	45705.8	17453.9	9029.0	12130.8	1650.5	2897.2
2003	43069.5	16065.6	8648.8	11583.0	1539.3	2811.0
2004	46946.9	17908.8	9195.2	13028.7	1740.1	3065.9
2005	48402.2	18058.8	9744.5	13936.5	1634.8	3077.1
2006	49804.2	18171.8	10846.6	15160.3	1508.2	2640.3
2007	50160.3	18603.4	10929.8	15230.0	1272.5	2568.7
2008	52870.9	19189.6	11246.4	16591.4	1554.2	2952.8
2009	53082.1	19510.3	11511.5	16397.4	1498.2	3154.3
2010	54647.7	19576.1	11518.1	17724.5	1508.3	3230.1
2011	57120.8	20100.1	11740.1	19278.1	1448.5	3306.8
2012	58958.0	20423.6	12102.3	20561.4	1305.0	3436.8
2013	60193.8	20361.2	12192.6	21848.9	1195.1	3517.0
2014	60702.6	20650.7	12620.8	21564.6	1215.4	3507.4
2015	62143.9	20822.5	13018.5	22463.2	1178.5	3537.0
2016	61625.0	20707.5	12884.5	21955.2	1293.7	3629.5

数据来源：国家统计局统计资料。

表3 全国主要粮食及油料单位面积产量（1978~2016年）

单位：公斤/公顷

年份	粮食	稻谷	小麦	玉米	大豆	油料
1978	2527.3	3978.1	1844.9	2802.7	1059.0	838.6
1979	2784.7	4243.8	2136.8	2981.9	1029.4	912.7
1980	2734.3	4129.6	1913.9	3116.4	1098.8	970.0
1981	2827.3	4323.7	2106.9	3047.9	1162.2	1117.2
1982	3124.4	4886.3	2449.3	3265.9	1072.6	1264.8
1983	3395.7	5096.1	2801.7	3623.3	1289.8	1257.4
1984	3608.2	5372.6	2969.1	3960.3	1330.6	1372.5
1985	3483.0	5256.3	2936.7	3607.2	1360.5	1337.7
1986	3529.3	5337.6	3040.2	3705.1	1400.2	1291.1
1987	3621.7	5413.1	2982.9	3920.6	1476.0	1366.5
1988	3578.6	5286.7	2968.0	3928.1	1434.1	1243.3
1989	3632.2	5508.5	3043.0	3877.9	1269.3	1233.1
1990	3932.8	5726.1	3194.1	4523.9	1455.1	1479.9
1991	3875.7	5640.2	3100.5	4578.3	1379.5	1421.0
1992	4003.8	5803.1	3331.2	4532.7	1427.0	1428.4
1993	4130.8	5847.9	3518.8	4963.0	1619.1	1619.0
1994	4063.2	5831.1	3426.3	4693.4	1734.9	1646.9
1995	4239.7	6024.8	3541.5	4916.9	1661.4	1717.6
1996	4482.8	6212.4	3734.1	5203.3	1770.2	1760.7
1997	4376.6	6319.4	4101.9	4387.3	1765.1	1742.5
1998	4502.2	6366.2	3685.3	5267.8	1782.5	1791.0
1999	4492.6	6344.8	3946.6	4944.7	1789.2	1870.5
2000	4261.2	6271.6	3738.2	4597.5	1655.7	1918.7
2001	4266.9	6163.3	3806.1	4698.4	1624.8	1958.1
2002	4399.4	6189.0	3776.5	4924.5	1892.9	1962.0
2003	4332.5	6060.7	3931.8	4812.6	1652.9	1875.2
2004	4620.5	6310.6	4251.9	5120.2	1814.8	2124.6
2005	4641.6	6260.2	4275.3	5287.3	1704.5	2149.2
2006	4745.2	6279.6	4593.4	5326.3	1620.9	2249.3
2007	4748.3	6433.0	4607.7	5166.7	1453.7	2270.0
2008	4950.8	6562.5	4762.0	5555.7	1702.8	2302.3
2009	4870.6	6585.3	4739.0	5258.5	1630.2	2310.5
2010	4973.6	6553.0	4748.4	5453.7	1771.2	2325.6
2011	5165.9	6687.3	4837.2	5747.5	1836.3	2386.7
2012	5301.8	6776.9	4986.9	5869.7	1819.6	2467.2
2013	5376.6	6717.3	5055.6	6015.9	1759.9	2508.1
2014	5385.1	6813.2	5243.5	5808.9	1787.3	2497.7
2015	5482.8	6891.3	5392.6	5892.9	1811.4	2520.2
2016	5451.9	6861.7	5327.1	5971.3	1796.3	2567.1

数据来源：国家统计局统计资料。

表 4 全国粮食和油料作物播种面积（2015~2016 年）

单位：千公顷

	2015 年	2016 年	2016 年比 2015 年增加	
			绝对数	%
一、粮食	113342.9	113034.5	−308.5	−0.3
其中：夏收粮食	27625.3	27632.5	7.2	0.0
（一）谷物	95635.9	94394.0	−1241.9	−1.3
1. 稻谷	30215.7	30178.2	−37.5	−0.1
(1) 早稻	5714.8	5619.9	−94.9	−1.7
(2) 中稻和一季晚稻	18191.9	18412.3	220.4	1.2
(3) 双季晚稻	6309.0	6145.0	−164.0	−2.6
2. 小麦	24141.4	24186.8	45.5	0.2
(1) 冬小麦	22616.7	22636.7	20.0	0.1
(2) 春小麦	1524.6	1550.1	25.5	1.7
3. 玉米	38119.3	36767.7	−1351.6	−3.5
4. 谷子	839.4	857.3	17.9	2.1
5. 高粱	574.0	625.2	51.2	8.9
6. 其他谷物	1746.1	1778.7	32.6	1.9
其中：大麦	446.6	428.6	−18.0	−4.0
（二）豆类	8868.3	9699.9	831.6	9.4
其中：大豆	6506.1	7202.3	696.2	10.7
绿豆	565.3	615.5	50.2	8.9
红小豆	172.5	228.4	55.9	32.4
（三）薯类	8838.8	8940.6	101.9	1.2
其中：马铃薯	5518.2	5626.0	107.7	2.0
二、油料作物	14034.6	14138.4	103.8	0.7
其中：花生	4615.7	4727.5	111.8	2.4
油菜籽	7534.4	7331.1	−203.3	−2.7
芝麻	421.7	402.0	−19.7	−4.7
胡麻籽	292.3	282.4	−9.9	−3.4
向日葵	1036.3	1153.1	116.7	11.3

数据来源：国家统计局统计资料。

表5 全国粮食和油料作物产量（2015~2016年）

单位：万吨

	2015年	2016年	2016年比2015年增加	
			绝对数	%
一、粮食	62143.9	61625.0	−518.9	−0.8
其中：夏收粮食	14088.1	13920.3	−167.8	−1.2
（一）谷物	57228.1	56538.1	−689.9	−1.2
1. 稻谷	20822.5	20707.5	−115.0	−0.6
(1) 早稻	3368.7	3277.6	−91.1	−2.7
(2) 中稻和一季晚稻	13681.1	13760.4	79.3	0.6
(3) 双季晚稻	3772.7	3669.4	−103.2	−2.7
2. 小麦	13018.5	12884.5	−134.0	−1.0
(1) 冬小麦	12374.7	12227.8	−146.9	−1.2
(2) 春小麦	643.8	656.7	12.9	2.0
3. 玉米	22463.2	21955.2	−508.0	−2.3
4. 谷子	196.6	228.8	32.2	16.4
5. 高粱	275.2	298.5	23.3	8.5
6. 其他谷物	452.0	463.6	11.6	2.6
其中：大麦	186.8	175.2	−11.6	−6.2
（二）豆类	1589.8	1730.8	141.0	8.9
其中：大豆	1178.5	1293.7	115.2	9.8
绿豆	70.5	89.3	18.7	26.6
红小豆	23.6	34.8	11.1	47.1
（三）薯类	3326.1	3356.2	30.1	0.9
其中：马铃薯	1897.2	1947.7	50.5	2.7
二、油料作物	3537.0	3629.5	92.5	2.6
其中：花生	1644.0	1729.0	85.0	5.2
油菜籽	1493.1	1454.6	−38.5	−2.6
芝麻	64.0	63.1	−1.0	−1.5
胡麻籽	40.0	40.3	0.3	0.8
向日葵	269.8	299.0	29.2	10.8

数据来源：国家统计局统计资料。

表 6 全国粮食和油料作物单位面积产量（2015~2016 年）

单位：公斤 / 公顷

	2015 年	2016 年	2016 年比 2015 年增加	
			绝对数	%
一、粮食	5482.8	5451.9	−30.9	−0.6
其中：夏收粮食	5099.7	5037.7	−62.1	−1.2
（一）谷物	5984.0	5989.6	5.6	0.1
1. 稻谷	6891.3	6861.7	−29.5	−0.4
(1) 早稻	5894.8	5832.2	−62.5	−1.1
(2) 中稻和一季晚稻	7520.4	7473.5	−47.0	−0.6
(3) 双季晚稻	5979.8	5971.4	−8.4	−0.1
2. 小麦	5392.6	5327.1	−65.5	−1.2
(1) 冬小麦	5471.5	5401.7	−69.7	−1.3
(2) 春小麦	4222.7	4236.6	14.0	0.3
3. 玉米	5892.9	5971.3	78.5	1.3
4. 谷子	2342.8	2669.1	326.3	13.9
5. 高粱	4794.1	4774.6	−19.5	−0.4
6. 其他谷物	2588.7	2606.5	17.8	0.7
其中：大麦	4183.7	4089.0	−94.7	−2.3
（二）豆类	1792.7	1784.3	−8.4	−0.5
其中：大豆	1811.4	1796.3	−15.1	−0.8
绿豆	1247.6	1450.4	202.8	16.3
红小豆	1370.7	1523.1	152.4	11.1
（三）薯类	3763.0	3753.8	−9.2	−0.2
其中：马铃薯	3438.1	3462.1	24.0	0.7
二、油料作物	2520.2	2567.1	46.9	1.9
其中：花生	3561.7	3657.3	95.6	2.7
油菜籽	1981.7	1984.1	2.4	0.1
芝麻	1518.8	1569.3	50.6	3.3
胡麻籽	1367.1	1426.4	59.3	4.3
向日葵	2603.5	2592.9	−10.7	−0.4

数据来源：国家统计局统计资料。

表 7 各地区粮食播种面积（2015~2016 年）

单位：千公顷

地 区	2015 年	2016 年	2016 年比 2015 年增加	
			绝对数	%
全国总计	112888.4	112589.9	−298.5	-0.3
东部地区	42631.1	42504.7	−126.4	-0.3
中部地区	26328.5	26309.8	−18.7	-0.1
西部地区	27273.7	27166.2	−107.5	-0.4
东北地区	17005.1	16966.5	−38.7	-0.2
北 京	104.5	87.3	−17.1	-16.4
天 津	350.0	357.3	7.2	2.1
河 北	6392.5	6327.4	−65.1	-1.0
山 西	3287.2	3241.4	−45.8	-1.4
内蒙古	5726.7	5784.8	58.1	1.0
辽 宁	3297.4	3231.4	−66.0	-2.0
吉 林	5078.0	5021.7	−56.3	-1.1
黑龙江	11765.2	11804.7	39.5	0.3
上 海	161.9	140.1	−21.9	-13.5
江 苏	5424.6	5432.7	8.1	0.1
浙 江	1277.8	1255.4	−22.4	-1.8
安 徽	6632.9	6644.5	11.6	0.2
福 建	1193.2	1176.7	−16.5	-1.4
江 西	3705.6	3686.2	−19.4	-0.5
山 东	7492.1	7511.5	19.3	0.3
河 南	10267.2	10286.2	19.0	0.2
湖 北	4466.0	4436.9	−29.2	-0.7
湖 南	4944.7	4890.6	−54.0	-1.1
广 东	2505.8	2509.3	3.5	0.1
广 西	3059.3	3023.6	−35.7	-1.2
海 南	375.6	360.4	−15.3	-4.1
重 庆	2234.0	2250.1	16.1	0.7
四 川	6453.9	6453.9	0.0	0.0
贵 州	3114.9	3113.3	−1.7	-0.1
云 南	4487.3	4481.2	−6.1	-0.1
西 藏	178.9	182.9	4.0	2.3
陕 西	3073.5	3068.7	−4.8	-0.2
甘 肃	2849.6	2814.0	−35.7	-1.3
青 海	277.1	281.1	4.0	1.4
宁 夏	770.4	778.3	7.9	1.0
新 疆	2395.0	2401.1	6.1	0.3

注：东部地区包括：北京、天津、河北、上海、江苏、浙江、福建、山东、广东、海南等 10 省市；中部地区包括：山西、安徽、江西、河南、湖北、湖南等 6 省；西部地区包括：重庆、四川、贵州、云南、西藏、陕西、甘肃、青海、宁夏、新疆、内蒙古、广西等 12 省区市；东北地区包括：辽宁、吉林、黑龙江等 3 省。

数据来源：国家统计局统计资料。

表8 各地区粮食总产量（2015~2016年）

单位：万吨

地 区	2015年	2016年	2016年比2015年增加	
			绝对数	%
全国总计	62143.9	61625.0	−518.9	−0.8
东部地区	14949.8	14917.3	−32.4	−0.2
中部地区	18719.7	18327.9	−391.8	−2.1
西部地区	16500.9	16503.4	2.5	0.0
东北地区	11973.5	11876.3	−97.2	−0.8
北 京	62.6	53.7	−8.9	−14.3
天 津	181.7	196.4	14.6	8.0
河 北	3363.8	3460.2	96.4	2.9
山 西	1259.6	1318.5	58.9	4.7
内蒙古	2827.0	2780.3	−46.8	−1.7
辽 宁	2002.5	2100.6	98.1	4.9
吉 林	3647.0	3717.2	70.2	1.9
黑龙江	6324.0	6058.5	−265.5	−4.2
上 海	112.1	99.2	−12.9	−11.5
江 苏	3561.3	3466.0	−95.3	−2.7
浙 江	752.2	752.2	0.0	0.0
安 徽	3538.1	3417.4	−120.7	−3.4
福 建	661.1	650.9	−10.2	−1.5
江 西	2148.7	2138.1	−10.6	−0.5
山 东	4712.7	4700.7	−12.0	−0.3
河 南	6067.1	5946.6	−120.5	−2.0
湖 北	2703.3	2554.1	−149.2	−5.5
湖 南	3002.9	2953.2	−49.7	−1.7
广 东	1358.1	1360.2	2.1	0.2
广 西	1524.8	1521.3	−3.5	−0.2
海 南	184.0	177.9	−6.1	−3.3
重 庆	1154.9	1166.0	11.1	1.0
四 川	3442.8	3483.5	40.7	1.2
贵 州	1180.0	1192.4	12.4	1.0
云 南	1876.4	1902.9	26.5	1.4
西 藏	100.6	101.9	1.3	1.3
陕 西	1226.8	1228.3	1.5	0.1
甘 肃	1171.1	1140.6	−30.5	−2.6
青 海	102.7	103.5	0.7	0.7
宁 夏	372.6	370.6	−2.0	−0.5
新 疆	1521.3	1512.3	−9.0	−0.6

注：东部地区包括：北京、天津、河北、上海、江苏、浙江、福建、山东、广东、海南等10省市；中部地区包括：山西、安徽、江西、河南、湖北、湖南等6省；西部地区包括：重庆、四川、贵州、云南、西藏、陕西、甘肃、青海、宁夏、新疆、内蒙古、广西等12省区市；东北地区包括：辽宁、吉林、黑龙江等3省。

数据来源：国家统计局统计资料。

表 9 各地区粮食单位面积产量（2015~2016 年）

单位：公斤 / 公顷

地 区	2015 年	2016 年	2016 年比 2015 年增加	
			绝对数	%
全国总计	5482.8	5451.9	−30.9	−0.6
东部地区	5914.1	5929.4	15.4	0.3
中部地区	5620.9	5522.8	−98.1	−1.7
西部地区	4766.2	4765.3	−1.0	0.0
东北地区	5945.0	5921.1	−23.9	−0.4
北 京	5996.6	6148.2	151.7	2.5
天 津	5192.1	5496.6	304.5	5.9
河 北	5262.1	5468.6	206.5	3.9
山 西	3831.8	4067.7	235.9	6.2
内蒙古	4936.6	4806.1	−130.4	−2.6
辽 宁	6072.9	6500.7	427.7	7.0
吉 林	7182.1	7402.4	220.3	3.1
黑龙江	5375.1	5132.3	−242.9	−4.5
上 海	6920.9	7079.3	158.4	2.3
江 苏	6565.1	6379.9	−185.2	−2.8
浙 江	5886.7	5991.7	105.0	1.8
安 徽	5334.2	5143.2	−191.0	−3.6
福 建	5540.5	5531.2	−9.3	−0.2
江 西	5798.5	5800.3	1.7	0.0
山 东	6290.2	6258.1	−32.2	−0.5
河 南	5909.2	5781.2	−128.1	−2.2
湖 北	6053.0	5756.6	−296.4	−4.9
湖 南	6073.1	6038.5	−34.6	−0.6
广 东	5419.9	5420.7	0.8	0.0
广 西	4983.9	5031.4	47.5	1.0
海 南	4898.3	4935.5	37.3	0.8
重 庆	5169.7	5182.1	12.4	0.2
四 川	5334.4	5397.5	63.1	1.2
贵 州	3788.2	3830.0	41.8	1.1
云 南	4181.5	4246.4	64.9	1.6
西 藏	5625.2	5570.7	−54.5	−1.0
陕 西	3991.5	4002.6	11.1	0.3
甘 肃	4109.8	4053.3	−56.4	−1.4
青 海	3707.5	3680.8	−26.7	−0.7
宁 夏	4836.3	4761.5	−74.8	−1.5
新 疆	6351.8	6298.2	−53.6	−0.8

注：东部地区包括：北京、天津、河北、上海、江苏、浙江、福建、山东、广东、海南等 10 省市；中部地区包括：山西、安徽、江西、河南、湖北、湖南等 6 省；西部地区包括：重庆、四川、贵州、云南、西藏、陕西、甘肃、青海、宁夏、新疆、内蒙古、广西等 12 省区市；东北地区包括：辽宁、吉林、黑龙江等 3 省。

数据来源：国家统计局统计资料。

表 10 2016 年各地区粮食及油料播种面积和产量（一）

单位：千公顷；万吨；公斤／公顷

地区	粮食			稻谷		
	播种面积	总产量	每公顷产量	播种面积	总产量	每公顷产量
全国总计	113034.5	61625.0	5451.9	30178.2	20707.5	6861.7
东部地区	25158.1	14917.3	5929.4	6360.5	4470.9	7029.1
中部地区	33185.8	18327.9	5522.8	12454.0	8252.9	6626.7
西部地区	34632.9	16503.4	4765.3	6817.2	4589.8	6732.6
东北地区	20057.8	11876.3	5921.1	4546.5	3394.0	7465.0
北京	87.3	53.7	6148.2	0.2	0.1	6721.0
天津	357.3	196.4	5496.6	17.7	13.4	7557.1
河北	6327.4	3460.2	5468.6	81.5	54.7	6712.5
山西	3241.4	1318.5	4067.7	0.7	0.5	7000.0
内蒙古	5784.8	2780.3	4806.1	98.4	63.2	6415.1
辽宁	3231.4	2100.6	6500.7	562.5	484.6	8614.5
吉林	5021.7	3717.2	7402.4	780.7	654.1	8378.7
黑龙江	11804.7	6058.5	5132.3	3203.3	2255.3	7040.5
上海	140.1	99.2	7079.3	95.1	81.8	8600.0
江苏	5432.7	3466.0	6379.9	2294.8	1931.4	8416.3
浙江	1255.4	752.2	5991.7	818.3	593.8	7255.5
安徽	6644.5	3417.4	5143.2	2265.5	1401.8	6187.6
福建	1176.7	650.9	5531.2	769.4	471.5	6127.9
江西	3686.2	2138.1	5800.3	3316.3	2012.6	6068.8
山东	7511.5	4700.7	6258.1	105.8	88.1	8328.3
河南	10286.2	5946.6	5781.2	655.0	542.2	8277.1
湖北	4436.9	2554.1	5756.6	2131.0	1693.5	7947.2
湖南	4890.6	2953.2	6038.5	4085.5	2602.3	6369.6
广东	2509.3	1360.2	5420.7	1888.6	1087.1	5755.9
广西	3023.6	1521.3	5031.4	1959.8	1137.3	5802.8
海南	360.4	177.9	4935.5	289.1	149.1	5158.0
重庆	2250.1	1166.0	5182.1	692.1	510.55	7377.4
四川	6453.9	3483.5	5397.5	1990.0	1558.2	7830.2
贵州	3113.3	1192.4	3830.0	674.3	430.5	6384.5
云南	4481.2	1902.9	4246.4	1130.0	671.9	5946.0
西藏	182.9	101.9	5570.7	1.0	0.5	4936.2
陕西	3068.7	1228.3	4002.6	122.7	91.9	7491.0
甘肃	2814.0	1140.6	4053.3	4.7	3.1	6709.7
青海	281.1	103.5	3680.8	0.0	0.0	0.0
宁夏	778.3	370.6	4761.5	75.1	63.0	8394.4
新疆	2401.1	1512.3	6298.2	69.2	59.7	8626.8

注：东部地区包括：北京、天津、河北、上海、江苏、浙江、福建、山东、广东、海南等10省市；中部地区包括：山西、安徽、江西、河南、湖北、湖南等6省；西部地区包括：重庆、四川、贵州、云南、西藏、陕西、甘肃、青海、宁夏、新疆、内蒙古、广西等12省区市；东北地区包括：辽宁、吉林、黑龙江等3省。

数据来源：国家统计局统计资料。

表 10 2016 年各地区粮食及油料播种面积和产量(二)

单位：千公顷；万吨；公斤 / 公顷

地区	小麦			玉米		
	播种面积	总产量	每公顷产量	播种面积	总产量	每公顷产量
全国总计	24186.8	12884.5	5327.1	36767.7	21955.2	5971.3
东部地区	8572.9	5005.2	5838.4	7431.4	4349.1	5852.3
中部地区	9725.3	5562.0	5719.2	6859.3	3595.1	5241.2
西部地区	5802.9	2286.0	3939.4	11343.8	6584.9	5804.9
东北地区	85.8	31.3	3649.8	11133.2	7426.0	6670.2
北　京	15.9	8.5	5373.9	65.2	43.2	6620.6
天　津	110.9	60.9	5490.2	218.4	118.1	5406.5
河　北	2313.9	1433.3	6194.1	3191.1	1753.6	5495.5
山　西	672.9	273.4	4062.9	1624.8	888.9	5470.9
内蒙古	593.4	169.9	2863.2	3208.8	2139.8	6668.5
辽　宁	5.8	2.2	3793.1	2258.9	1465.6	6488.2
吉　林	0.3	0.1	3703.7	3656.9	2833.0	7747.1
黑龙江	79.7	29.0	3639.2	5217.4	3127.4	5994.2
上　海	32.6	12.1	3709.7	3.1	2.1	6843.0
江　苏	2189.9	1119.6	5112.5	444.2	233.9	5265.7
浙　江	76.6	25.4	3315.1	69.5	30.5	4381.9
安　徽	2446.9	1385.9	5663.9	876.2	462.0	5272.8
福　建	1.9	0.6	2827.2	52.0	21.8	4183.1
江　西	12.3	2.6	2113.8	30.3	13.0	4290.4
山　东	3830.3	2344.6	6121.2	3206.9	2065.0	6439.0
河　南	5465.7	3466.0	6341.4	3316.9	1745.9	5263.8
湖　北	1108.3	428.2	3863.9	661.7	296.6	4482.5
湖　南	19.2	5.9	3072.9	349.5	188.7	5399.1
广　东	0.9	0.3	3296.7	180.9	81.0	4474.7
广　西	6.4	1.1	1653.5	609.3	278.6	4571.7
海　南	0.0	0.0	0.0	0.0	0.0	0.0
重　庆	59.8	19.6	3283.1	475.3	264.7	5569.4
四　川	1088.0	413.4	3799.6	1399.0	793.2	5669.8
贵　州	241.7	59.7	2471.7	740.3	324.4	4381.6
云　南	430.3	89.4	2077.6	1513.2	756.5	4999.3
西　藏	36.6	23.1	6306.9	4.7	2.7	5843.3
陕　西	1082.6	445.0	4110.8	1150.2	545.4	4741.7
甘　肃	762.3	267.8	3512.5	1000.8	560.6	5601.0
青　海	86.3	33.1	3832.2	26.6	18.1	6788.1
宁　夏	126.2	40.9	3240.4	296.9	216.2	7280.6
新　疆	1289.4	723.1	5607.8	918.7	684.9	7454.9

注：东部地区包括：北京、天津、河北、上海、江苏、浙江、福建、山东、广东、海南等 10 省市；中部地区包括：山西、安徽、江西、河南、湖北、湖南等 6 省；西部地区包括：重庆、四川、贵州、云南、西藏、陕西、甘肃、青海、宁夏、新疆、内蒙古、广西等 12 省区市；东北地区包括：辽宁、吉林、黑龙江等 3 省。

数据来源：国家统计局统计资料。

表10 2016年各地区粮食及油料播种面积和产量（三）

单位：千公顷；万吨；公斤/公顷

地区	大豆			油料		
	播种面积	总产量	每公顷产量	播种面积	总产量	每公顷产量
全国总计	7202.3	1293.7	1796.3	14113.4	3629.5	2571.7
东部地区	672.9	167.1	2483.4	2357.3	802.9	3405.8
中部地区	1720.9	266.8	1550.2	6090.7	1544.0	2535.0
西部地区	1592.1	288.2	1810.3	4946.7	1097.0	2217.7
东北地区	3216.4	571.7	1777.3	718.6	185.6	2583.0
北京	2.3	0.4	1894.9	2.2	0.6	2523.1
天津	4.6	1.1	2350.9	6.7	1.6	2393.6
河北	105.7	24.7	2332.1	468.3	156.5	3341.8
山西	191.6	23.9	1245.2	114.7	15.4	1345.6
内蒙古	615.6	100.5	1632.6	1001.8	220.0	2196.4
辽宁	132.4	28.2	2132.7	289.0	81.3	2814.2
吉林	200.1	39.9	1991.2	317.1	82.5	2603.1
黑龙江	2883.9	503.6	1746.2	112.5	21.7	1932.4
上海	1.2	0.3	2604.6	4.2	0.9	2144.2
江苏	201.7	47.1	2335.5	438.6	131.9	3007.9
浙江	89.2	21.7	2428.5	141.1	29.1	2061.7
安徽	830.1	125.3	1509.5	731.1	214.8	2938.3
福建	69.2	18.4	2667.0	120.1	31.0	2584.8
江西	104.6	24.9	2380.5	729.2	122.0	1673.4
山东	132.7	35.7	2692.2	757.1	326.8	4316.5
河南	368.0	50.6	1375.1	1624.8	619.1	3810.3
湖北	134.8	20.9	1550.1	1452.9	329.8	2269.6
湖南	91.7	21.2	2311.9	1438.0	242.9	1688.9
广东	63.8	17.0	2671.7	379.1	113.3	2988.6
广西	97.3	14.9	1535.6	257.2	68.9	2680.6
海南	2.5	0.6	2540.2	40.0	11.2	2793.1
重庆	105.9	21.2	2003.6	320.0	62.7	1960.2
四川	232.4	53.3	2293.5	1307.1	311.3	2381.6
贵州	139.6	17.8	1273.8	594.5	103.4	1739.7
云南	125.0	31.5	2520.0	355.8	68.5	1925.2
西藏	0.1	0.0	3975.9	22.6	6.2	2748.3
陕西	111.5	17.9	1608.2	304.6	63.8	2094.4
甘肃	89.3	13.6	1522.6	332.0	76.0	2289.8
青海	0.0	0.0	0.0	142.6	30.0	2106.1
宁夏	17.0	2.2	1305.9	68.4	14.7	2141.7
新疆	58.5	15.2	2599.6	240.2	71.4	2972.2

注：东部地区包括：北京、天津、河北、上海、江苏、浙江、福建、山东、广东、海南等10省市；中部地区包括：山西、安徽、江西、河南、湖北、湖南等6省；西部地区包括：重庆、四川、贵州、云南、西藏、陕西、甘肃、青海、宁夏、新疆、内蒙古、广西等12省区市；东北地区包括：辽宁、吉林、黑龙江等3省。

数据来源：国家统计局统计资料。

表 11 2016年各地区分季粮食播种面积和产量（一）

单位：千公顷；万吨；公斤/公顷

地区	全年粮食总计			1. 夏收粮食		
	播种面积	总产量	每公顷产量	播种面积	总产量	每公顷产量
全国总计	113034.5	61625.0	5451.9	27632.5	13920.3	5037.7
东部地区	25158.1	14917.3	5929.4	9315.5	5316.3	5707.0
中部地区	33185.8	18327.9	5522.8	10282.9	5721.2	5563.8
西部地区	34632.9	16503.4	4765.3	8034.1	2882.8	3588.2
东北地区	20057.8	11876.3	5921.1			
北京	87.3	53.7	6148.2	16.0	8.6	5366.3
天津	357.3	196.4	5496.6	110.9	60.9	5490.2
河北	6327.4	3460.2	5468.6	2345.8	1448.7	6175.8
山西	3241.4	1318.5	4067.7	684.6	275.0	4016.5
内蒙古	5784.8	2780.3	4806.1			
辽宁	3231.4	2100.6	6500.7			
吉林	5021.7	3717.2	7402.4			
黑龙江	11804.7	6058.5	5132.3			
上海	140.1	99.2	7079.3	39.8	14.8	3724.9
江苏	5432.7	3466.0	6379.9	2423.2	1216.5	5020.4
浙江	1255.4	752.2	5991.7	178.2	58.7	3294.1
安徽	6644.5	3417.4	5143.2	2459.4	1387.7	5642.4
福建	1176.7	650.9	5531.2	94.5	38.6	4085.6
江西	3686.2	2138.1	5800.3	79.8	18.4	2307.9
山东	7511.5	4700.7	6258.1	3832.1	2345.4	6120.3
河南	10286.2	5946.6	5781.2	5492.3	3476.8	6330.3
湖北	4436.9	2554.1	5756.6	1400.6	508.7	3631.8
湖南	4890.6	2953.2	6038.5	166.2	54.6	3286.4
广东	2509.3	1360.2	5420.7	231.8	106.2	4582.4
广西	3023.6	1521.3	5031.4	109.8	34.3	3120.7
海南	360.4	177.9	4935.5	43.2	17.9	4140.8
重庆	2250.1	1166.0	5182.1	470.0	145.9	3105.3
四川	6453.9	3483.5	5397.5	1747.0	601.1	3440.8
贵州	3113.3	1192.4	3830.0	996.7	257.5	2583.0
云南	4481.2	1902.9	4246.4	1167.6	288.2	2468.7
西藏	182.9	101.9	5570.7			
陕西	3068.7	1228.3	4002.6	1221.6	479.1	3922.2
甘肃	2814.0	1140.6	4053.3	878.7	307.1	3494.7
青海	281.1	103.5	3680.8			
宁夏	778.3	370.6	4761.5	143.2	42.3	2954.8
新疆	2401.1	1512.3	6298.2	1299.7	727.3	5596.3

注：东部地区包括：北京、天津、河北、上海、江苏、浙江、福建、山东、广东、海南等10省市；中部地区包括：山西、安徽、江西、河南、湖北、湖南等6省；西部地区包括：重庆、四川、贵州、云南、西藏、陕西、甘肃、青海、宁夏、新疆、内蒙古、广西等12省区市；东北地区包括：辽宁、吉林、黑龙江等3省。

数据来源：国家统计局统计资料。

表 11 2016 年各地区分季粮食播种面积和产量(二)

单位:千公顷;万吨;公斤 / 公顷

地 区	2. 早稻			3. 秋粮		
	播种面积	总 产 量	每公顷产量	播种面积	总 产 量	每公顷产量
全国总计	5619.9	3277.6	5832.2	79782.1	44427.1	5568.6
东部地区	1313.1	787.0	5993.5	14529.4	8814.0	6066.3
中部地区	3373.3	1933.7	5732.5	19529.6	10673.1	5465.1
西部地区	933.5	556.9	5965.6	25665.2	13063.7	5090.0
东北地区				20057.8	11876.3	5921.1
北 京				71.4	45.1	6323.0
天 津				246.3	135.5	5499.6
河 北				3981.6	2011.5	5052.1
山 西				2556.8	1043.6	4081.4
内蒙古				5784.8	2780.3	4806.1
辽 宁				3231.4	2100.6	6500.7
吉 林				5021.7	3717.2	7402.4
黑龙江				11804.7	6058.5	5132.3
上 海				100.2	84.3	8412.6
江 苏				3009.5	2249.5	7474.5
浙 江	115.5	73.8	6389.6	961.7	619.7	6443.8
安 徽	175.6	97.6	5558.1	4009.5	1932.1	4818.8
福 建	169.6	102.2	6026.5	912.6	510.0	5588.9
江 西	1365.1	785.9	5757.2	2241.4	1333.8	5950.8
山 东				3679.3	2355.3	6401.5
河 南				4793.8	2469.8	5152.0
湖 北	412.1	216.1	5244.9	2624.2	1829.3	6971.0
湖 南	1420.5	834.1	5871.9	3303.9	2064.5	6248.6
广 东	891.8	533.3	5980.5	1385.8	720.7	5200.6
广 西	883.7	529.7	5994.0	2030.2	957.4	4715.7
海 南	136.3	77.7	5701.7	180.9	82.3	4548.3
重 庆				1780.1	1020.06	5730.4
四 川				4706.9	2882.4	6123.8
贵 州				2116.6	934.9	4417.2
云 南	49.8	27.2	5461.8	3263.8	1587.5	4863.9
西 藏				182.9	101.9	5570.7
陕 西				1847.1	749.2	4055.8
甘 肃				1935.3	833.5	4307.0
青 海				281.1	103.5	3680.8
宁 夏				635.1	328.3	5168.9
新 疆				1101.5	784.9	7126.3

注:东部地区包括:北京、天津、河北、上海、江苏、浙江、福建、山东、广东、海南等 10 省市;中部地区包括:山西、安徽、江西、河南、湖北、湖南等 6 省;西部地区包括:重庆、四川、贵州、云南、西藏、陕西、甘肃、青海、宁夏、新疆、内蒙古、广西等 12 省区市;东北地区包括:辽宁、吉林、黑龙江等 3 省。

数据来源:国家统计局统计资料。

表 12 2016 年各地区粮油产量及人均占有量排序

单位：万吨、公斤

地区	粮食产量		粮食人均占有量		油料产量		油料人均占有量	
	绝对数	位次	绝对数	位次	绝对数	位次	绝对数	位次
全国总计	61625.0		446.99		3629.5		26.33	
北 京	53.7	31	24.72	31	0.6	31	0.26	31
天 津	196.4	26	126.32	28	1.6	29	1.03	29
河 北	3460.2	7	464.62	11	156.5	8	21.01	15
山 西	1318.5	18	358.97	19	15.4	25	4.20	28
内蒙古	2780.3	10	1105.21	3	220.0	6	87.46	1
辽 宁	2100.6	13	479.38	8	81.3	14	18.57	18
吉 林	3717.2	4	1355.08	2	82.5	13	30.09	9
黑龙江	6058.5	1	1592.05	1	21.7	24	5.71	26
上 海	99.2	30	41.02	30	0.9	30	0.37	30
江 苏	3466.0	6	433.93	15	131.9	9	16.52	20
浙 江	752.2	23	135.18	27	29.1	23	5.23	27
安 徽	3417.4	8	553.91	6	214.8	7	34.82	7
福 建	650.9	24	168.77	26	31.0	21	8.05	25
江 西	2138.1	12	466.94	10	122.0	10	26.65	13
山 东	4700.7	3	474.97	9	326.8	3	33.02	8
河 南	5946.6	2	625.56	5	619.1	1	65.13	2
湖 北	2554.1	11	435.24	13	329.8	2	56.19	3
湖 南	2953.2	9	434.13	14	242.9	5	35.70	6
广 东	1360.2	17	124.52	29	113.3	11	10.37	24
广 西	1521.3	15	315.82	22	68.9	17	14.31	22
海 南	177.9	27	194.61	24	11.2	27	12.23	23
重 庆	1166.0	21	384.50	18	62.7	20	20.68	16
四 川	3483.5	5	423.11	16	311.3	4	37.81	5
贵 州	1192.4	20	336.62	20	103.4	12	29.20	11
云 南	1902.9	14	400.09	17	68.5	18	14.40	21
西 藏	101.9	29	311.41	23	6.2	28	18.99	17
陕 西	1228.3	19	323.00	21	63.8	19	16.78	19
甘 肃	1140.6	22	437.89	12	76.0	15	29.18	12
青 海	103.5	28	175.06	25	30.0	22	50.83	4
宁 夏	370.6	25	551.99	7	14.7	26	21.83	14
新 疆	1512.3	16	635.70	4	71.4	16	30.01	10

数据来源：国家统计局统计资料。

表13 2016年各地区人均粮食占有量

单位：公斤/人

地区	粮食	其中：谷物	稻谷	小麦	玉米	大豆
全国总计	446.99	410.09	150.20	93.46	159.25	9.38
北京	24.72	24.09	0.05	3.94	19.89	0.20
天津	126.32	124.94	8.59	39.17	75.97	0.70
河北	464.62	446.04	7.35	192.45	235.47	3.31
山西	358.97	335.66	0.13	74.44	242.00	6.50
内蒙古	1105.21	990.72	25.10	67.54	850.62	39.95
辽宁	479.58	460.52	110.63	0.50	334.61	6.45
吉林	1355.08	1312.93	238.45	0.04	1032.74	14.53
黑龙江	1592.05	1428.26	592.65	7.62	821.82	132.33
上海	41.02	40.77	33.84	5.00	0.87	0.13
江苏	433.93	420.73	241.80	140.16	29.28	5.90
浙江	135.18	117.89	106.70	4.56	5.47	3.89
安徽	553.91	527.19	227.21	224.64	74.88	20.31
福建	168.77	128.63	122.25	0.14	5.64	4.78
江西	466.94	443.30	439.53	0.57	2.84	5.44
山东	474.97	455.21	8.90	236.90	208.65	3.61
河南	625.56	607.72	57.03	364.61	183.67	5.32
湖北	435.24	413.83	288.59	72.97	50.54	3.56
湖南	434.13	412.38	382.55	0.87	27.74	3.12
广东	124.52	107.17	99.51	0.03	7.41	1.56
广西	315.82	294.91	236.09	0.22	57.83	3.10
海南	194.61	163.24	163.17	0.00	0.00	0.69
重庆	384.50	265.87	168.36	6.48	87.28	6.99
四川	423.11	345.75	189.26	50.21	96.34	6.47
贵州	336.62	241.52	121.53	16.86	91.57	5.02
云南	400.09	329.61	141.27	18.80	159.06	6.62
西藏	311.41	304.97	1.54	70.45	8.40	0.10
陕西	323.00	292.98	24.17	117.03	143.42	4.71
甘肃	437.89	339.05	1.20	102.80	215.21	5.22
青海	175.06	103.38	0.00	55.94	30.58	0.00
宁夏	551.99	494.17	93.84	60.90	321.96	3.31
新疆	635.70	619.93	25.09	303.95	287.89	6.39

数据来源：国家统计局统计资料。

表 14 2016 年各地区人均农产品占有量

单位：公斤 / 人

地区	粮食	棉花	油料	糖料	水果
全国总计	446.99	3.84	26.33	89.51	205.7
北 京	24.72	0.00	0.26	0.00	36.4
天 津	126.3	1.50	1.0	0.00	39.6
河 北	464.6	4.02	21.0	12.51	287.1
山 西	359.0	0.28	4.2	0.91	228.9
内蒙古	1105.2	0.01	87.5	106.31	125.7
辽 宁	479.6	0.00	18.6	2.15	183.2
吉 林	1355.1	0.00	30.1	0.52	87.9
黑龙江	1592.1	0.00	5.7	2.99	68.3
上 海	41.0	0.01	0.4	0.23	20.9
江 苏	433.9	0.92	16.5	1.13	111.8
浙 江	135.2	0.30	5.2	11.16	130.2
安 徽	553.9	2.99	34.8	3.30	169.1
福 建	168.8	0.00	8.0	9.60	221.4
江 西	466.9	1.60	26.6	14.36	134.8
山 东	475.0	5.54	33.0	0.00	328.9
河 南	625.6	1.03	65.1	2.47	302.0
湖 北	435.2	3.21	56.2	6.39	172.2
湖 南	434.1	1.80	35.7	9.73	154.1
广 东	124.5	0.00	10.4	135.42	157.2
广 西	315.8	0.05	14.3	1548.96	390.8
海 南	194.6	0.00	12.2	223.86	432.6
重 庆	384.5	0.00	20.7	3.20	134.8
四 川	423.1	0.11	37.8	6.02	119.0
贵 州	336.6	0.03	29.2	33.26	70.8
云 南	400.1	0.00	14.4	365.51	159.6
西 藏	311.4	0.00	19.0	0.00	4.7
陕 西	323.0	0.89	16.8	0.04	530.6
甘 肃	437.9	0.76	29.2	6.38	283.3
青 海	175.1	0.00	50.8	0.09	6.8
宁 夏	552.0	0.00	21.8	0.00	455.4
新 疆	635.7	151.07	30.0	233.29	752.8

数据来源：国家统计局统计资料。

表 15 农村居民主要食品消费量（2013~2016 年）

单位：公斤 / 人

指 标	2013 年	2014 年	2015 年	2016 年
一、粮食（原粮）	178.5	167.6	159.5	157.2
（一）谷物	169.8	159.1	150.2	147.1
（二）薯类	2.7	2.4	2.7	2.9
（三）豆类	6.0	6.2	6.6	7.3
二、食用油	10.3	9.8	10.1	10.2
#. 食用植物油	9.3	9.0	9.2	9.3
三、蔬菜及食用菌	90.6	88.9	90.3	91.5
#. 鲜菜	89.2	87.5	88.7	89.7
四、肉类	22.4	22.5	23.1	22.7
#. 猪肉	19.1	19.2	19.5	18.7
牛肉	0.8	0.8	0.8	0.9
羊肉	0.7	0.7	0.9	1.1
五、禽类	6.2	6.7	7.1	7.9
六、水产品	6.6	6.8	7.2	7.5
七、蛋类	7.0	7.2	8.3	8.5
八、奶类	5.7	6.4	6.3	6.6
九、干鲜瓜果类	29.5	30.3	32.3	36.8
#. 鲜瓜果	27.1	28.0	29.7	33.8
坚果类	2.5	1.9	2.1	2.4
十、食糖	1.2	1.3	1.3	1.4

注：从 2013 年起，国家统计局开展了住户收支与生活状况抽样调查，本表数据来源于此调查，与 2012 年及以前的农村住户抽样调查的调查范围、调查方法、指标口径有所不同。

数据来源：国家统计局统计资料。

表 16 农产品生产者价格指数（2008~2016 年）

（上年＝100）

指标	2008 年	2009 年	2010 年	2011 年	2012 年	2013 年	2014 年	2015 年	2016 年
农产品生产者价格指数	114.1	97.6	110.9	116.5	102.7	103.2	99.8	101.7	103.4
农业产品	108.4	102.9	116.6	107.8	104.8	104.3	101.8	99.2	97.0
谷物	107.1	104.9	112.8	109.7	104.8	103.1	102.7	98.7	92.2
小麦	108.7	107.9	107.9	105.2	102.9	106.7	105.1	99.2	94.1
稻谷	106.6	105.2	112.8	113.3	104.1	102.2	102.2	101.6	98.8
玉米	107.3	98.5	116.1	109.9	106.6	100.2	101.7	96.5	86.8
大豆	119.7	92.3	107.9	106.3	105.7	105.7	101.8	99.0	97.6
油料	128.0	94.2	112.1	112.1	105.2	102.4	99.9	100.8	101.1
棉花	90.6	111.8	157.7	79.5	98.1	103.9	87.1	87.5	118.4
糖料	98.4	101.5	106.0	125.5	105.0	98.9	99.7	98.8	106.5
蔬菜	104.7	111.8	116.8	103.4	109.9	106.9	98.5	104.6	107.0
水果	101.4	107.0	118.9	106.2	103.9	106.2	106.4	99.7	92.5
林业产品	108.5	94.9	122.8	114.9	101.2	99.1	99.4	97.9	96.1
畜牧产品	123.9	90.1	103.0	126.2	99.7	102.4	97.1	104.2	110.4
猪（毛重）	130.8	81.6	98.3	137.0	95.9	99.3	92.2	108.9	119.4
牛（毛重）	123.6	101.0	104.7	108.1	116.8	113.1	104.4	99.1	98.7
羊（毛重）	118.8	101.1	108.7	115.7	107.8	109.1	100.8	89.4	93.6
家禽（毛重）	111.9	102.2	107.0	112.0	103.8	103.2	104.4	101.3	99.6
蛋类	112.2	102.8	107.5	112.6	100.5	105.8	105.7	96.9	94.3
奶类	125.5	91.6	115.3	108.1	103.9	111.0	107.9	92.2	96.2
渔业产品	111.2	99.0	107.6	110.0	106.2	104.3	103.1	102.5	103.4
海水养殖产品				111.5	101.0	100.7	101.9	101.0	104.1
海水捕捞产品				111.2	110.9	107.7	103.1	106.0	106.2
淡水养殖产品				109.5	106.8	104.7	103.8	102.1	102.0
淡水捕捞产品				103.7	107.2	103.5	101.5		

数据来源：国家统计局统计资料。

表 17 分地区农产品生产者价格指数（2008~2016 年）

（上年 =100）

地 区	2008 年	2009 年	2010 年	2011 年	2012 年	2013 年	2014 年	2015 年	2016 年
全 国	114.1	97.6	110.9	116.5	102.7	103.2	99.8	101.7	103.4
北 京	112.3	98.3	106.5	110.7	104.7	104.7	99.7	99.8	99.7
天 津	107.1	103.0	110.2	105.0	105.3	105.4	102.9	100.7	103.0
河 北	109.0	99.7	115.1	110.9	100.7	105.1	100.2	97.5	96.8
山 西	109.2	100.4	110.2	111.0	101.3	106.1	101.5	95.8	95.2
内蒙古	111.0	99.8	111.4	112.8	104.7	103.3	102.7	98.0	95.1
辽 宁	109.8	102.9	110.6	114.2	106.6	101.1	101.7	99.5	100.7
吉 林	104.5	103.8	111.8	116.8	105.1	100.4	102.9	100.6	93.1
黑龙江	117.0	98.1	109.2	116.5	105.9	101.0	101.0	98.7	93.6
上 海	109.7	102.2	107.1	110.9	101.4	104.1	99.5	102.4	106.6
江 苏	114.3	99.9	108.8	112.1	103.7	103.4	101.3	102.3	104.0
浙 江	112.9	100.3	114.8	113.6	104.3	103.0	99.5	102.0	104.5
安 徽	114.7	99.1	110.8	112.8	102.9	103.7	100.2	99.8	101.0
福 建	110.7	98.0	111.5	113.3	102.7	103.0	100.3	101.2	108.3
江 西	114.2	96.8	107.5	114.3	103.5	102.3	100.3	103.7	104.1
山 东	112.5	101.2	118.8	109.7	102.5	105.9	100.5	100.1	102.8
河 南	115.0	99.1	112.5	111.5	102.9	102.6	97.5	100.7	103.2
湖 北	117.0	96.3	112.3	111.7	103.3	101.8	100.0	99.5	106.2
湖 南	126.7	90.6	109.9	121.9	100.2	102.1	98.6	104.1	104.7
广 东	113.9	95.0	107.6	112.4	103.4	103.5	102.2	102.3	106.5
广 西	113.0	89.3	107.6	124.5	99.4	102.5	98.1	102.0	106.1
海 南	112.5	101.9	107.9	115.3	103.3	100.0	105.6	99.1	106.7
重 庆	120.2	89.0	103.2	120.2	104.6	103.0	100.2	102.4	109.8
四 川	118.4	96.9	105.9	117.8	104.0	102.6	99.9	103.3	105.6
贵 州	115.5	96.1	106.7	120.3	104.3	102.4	99.5	104.6	108.7
云 南	115.5	96.5	112.5	117.9	110.7	104.9	100.6	101.3	103.9
西 藏	0.0	0.0	0.0	0.0	0.0	0.0	0.0	0.0	0.0
陕 西	111.2	95.8	121.7	113.8	102.6	107.4	102.1	96.3	98.0
甘 肃	114.0	100.2	113.8	111.3	105.9	105.9	102.1	99.8	99.2
青 海	114.9	94.6	124.3	117.3	108.2	110.4	100.0	96.1	104.5
宁 夏	118.7	99.4	117.0	111.3	103.6	106.7	98.3	98.4	98.7
新 疆	119.8	92.9	131.5	103.7	103.2	108.5	97.8	90.4	107.6

数据来源：国家统计局统计资料。

表 18 粮食成本收益变化情况表（1991~2016 年）

单位：元

年份	每 50 公斤平均出售价格				每亩总成本				每亩净利润			
	粮食平均	稻谷	小麦	玉米	粮食平均	稻谷	小麦	玉米	粮食平均	稻谷	小麦	玉米
1991	26.1	28.5	30.0	21.1	153.9	188.4	138.4	135.3	34.3	62.4	6.3	34.0
1992	28.4	29.3	33.1	24.3	163.8	192.3	149.3	150.6	44.0	67.7	21.2	42.3
1993	35.8	40.4	36.5	30.2	178.6	211.2	169.8	155.2	92.3	145.1	35.6	95.8
1994	59.4	71.2	56.5	48.2	239.4	298.1	213.2	206.7	190.7	316.7	82.3	173.3
1995	75.1	82.1	75.4	67.0	321.8	391.4	281.7	292.2	223.9	311.1	130.5	230.1
1996	72.3	80.6	81.0	57.2	388.7	458.3	359.5	351.2	155.7	247.5	92.9	123.8
1997	65.1	69.4	70.1	55.8	386.1	450.2	349.5	358.4	105.4	171.8	74.8	69.8
1998	62.1	66.9	66.6	53.8	383.9	437.4	357.5	356.6	79.3	155.9	−6.2	88.2
1999	53.0	56.6	60.4	43.7	370.7	425.2	351.5	337.2	25.6	75.8	−12.1	11.2
2000	48.4	51.7	52.9	42.8	356.2	401.7	352.5	330.6	−3.2	50.1	−28.8	−6.9
2001	51.5	53.7	52.5	48.3	350.6	400.5	323.6	327.9	39.4	81.4	−27.5	64.3
2002	49.2	51.4	51.3	45.6	370.4	415.8	342.7	351.6	4.9	37.6	−52.7	30.8
2003	56.5	60.1	56.4	52.7	368.3	419.1	339.6	347.6	42.9	94.9	−30.3	62.8
2004	70.7	79.8	74.5	58.1	395.5	454.6	355.9	375.7	196.5	285.1	169.6	134.9
2005	67.4	77.7	69.0	55.5	425.0	493.3	389.6	392.3	122.6	192.7	79.4	95.5
2006	72.0	80.6	71.6	63.4	444.9	518.2	404.8	411.8	155.0	202.4	117.7	144.8
2007	78.8	85.2	75.6	74.8	481.1	555.2	438.6	449.7	185.2	229.1	125.3	200.8
2008	83.5	95.1	82.8	72.5	562.4	665.1	498.6	523.5	186.4	235.6	164.5	159.2
2009	91.3	99.1	92.4	82.0	630.3	716.7	592.0	582.3	162.4	217.6	125.5	144.2
2010	103.8	118.0	99.0	93.6	672.7	766.6	618.6	632.6	227.2	309.8	132.2	239.7
2011	115.4	134.5	104.0	106.1	791.2	897.0	712.3	764.2	250.8	371.3	117.9	263.1
2012	119.9	138.1	108.3	111.1	936.4	1055.1	830.4	924.2	168.4	285.7	21.3	197.7
2013	121.1	136.5	117.8	108.8	1026.2	1151.1	914.7	1012.0	72.9	154.8	−12.8	77.5
2014	124.4	140.6	120.6	111.9	1068.6	1176.6	965.1	1063.9	124.8	204.8	87.8	81.8
2015	116.3	138.0	116.4	94.2	1090.0	1202.1	984.3	1083.7	19.6	175.4	17.4	−134.2
2016	108.4	136.8	111.6	77.0	1093.6	1201.8	1012.5	1065.6	−80.3	142.0	−82.2	−299.7

数据来源：国家发展改革委统计资料。

表 19 2016 年粮食收购价格分月情况表

单位：元 /50 公斤

月份	三种粮食平均	稻谷平均	早籼稻	晚籼稻	粳稻	小麦	玉米	大豆
1 月	114.93	139.51	131.66	136.34	150.51	115.68	89.60	185.73
2 月	114.71	139.55	131.56	136.01	151.08	115.78	88.78	183.95
3 月	114.52	140.07	131.52	136.60	152.09	116.24	87.26	181.88
4 月	114.59	139.82	131.23	136.07	152.17	117.51	86.42	179.91
5 月	114.96	139.77	131.02	136.06	152.22	119.08	86.04	184.09
6 月	114.51	140.16	131.11	136.26	153.11	114.51	88.85	191.00
7 月	115.13	140.08	130.94	136.13	153.18	114.01	91.29	194.12
8 月	114.99	140.21	131.91	135.90	152.82	115.04	89.73	191.85
9 月	114.01	140.05	131.87	135.80	152.48	115.07	86.90	191.83
10 月	111.36	138.43	130.72	135.62	148.95	116.78	78.88	178.62
11 月	111.21	139.06	130.64	136.81	149.72	121.04	73.53	174.93
12 月	111.89	139.80	130.71	137.28	151.42	122.84	73.02	179.16
全年平均	113.90	139.71	131.24	136.24	151.65	116.97	85.03	184.76

数据来源：国家发展改革委统计资料。

表 20 2016 年成品粮零售价格分月情况表

单位：元 /500 克

月份	标一晚籼米	标一粳米	标准粉	富强粉
1 月	2.54	2.79	2.32	2.60
2 月	2.54	2.80	2.32	2.60
3 月	2.54	2.80	2.32	2.60
4 月	2.53	2.81	2.32	2.61
5 月	2.53	2.81	2.32	2.62
6 月	2.53	2.81	2.33	2.62
7 月	2.53	2.81	2.33	2.62
8 月	2.53	2.80	2.33	2.63
9 月	2.54	2.80	2.32	2.64
10 月	2.54	2.80	2.32	2.64
11 月	2.54	2.80	2.32	2.65
12 月	2.55	2.80	2.34	2.66
全年平均	2.54	2.80	2.32	2.62

数据来源：国家发展改革委统计资料。

表 21 2016 年粮食主要品种批发市场价格表

单位：元 / 吨

月份	三等白小麦	二等黄玉米	标一早籼米	标一晚籼米	标一粳米	三等大豆
1 月	2316	1930	3850	4148	4535	4017
2 月	2317	1884	3868	4155	4439	3963
3 月	2310	1832	3858	4103	4430	3933
4 月	2343	1755	3846	4120	4472	3992
5 月	2345	1731	3842	4106	4397	4027
6 月	2288	1812	3838	4114	4512	4056
7 月	2268	1880	3844	4126	4442	4094
8 月	2256	1852	3839	4107	4456	4083
9 月	2281	1823	3828	4134	4527	4011
10 月	2294	1652	3855	4167	4444	4175
11 月	2382	1701	3866	4141	4458	3885
12 月	2434	1664	3936	4204	4560	3878
全年平均	2320	1793	3856	4135	4473	4010

数据来源：国家发展改革委统计资料。

表22 2016年国内期货市场小麦、玉米、早籼稻、大豆分月价格表

单位：元/吨

月份	强筋小麦	普通小麦	玉米	早籼稻	大豆1	大豆2
1	2875	2350	1933	2535	3516	3160
2	2887	—	1551	2552	3510	3276
3	2903	2543	1430	2508	3447	3291
4	2665	2416	1514	3366	3586	3380
5	2674	2289	1615	2759	3717	3750
6	2671	2358	1581	2838	3940	4098
7	2610	2314	1446	2805	3595	3920
8	2589	2306	1450	2716	3676	3800
9	2701	2322	1394	2482	3749	3712
10	2799	2411	1517	2739	3823	4050
11	2991	2389	1544	2721	3921	4071
12	3036	2460	1519	2622	4279	3900

注：1. 玉米为大连商品交易所玉米。
2. 早籼稻为郑州商品交易所早籼稻。
3. 大豆1为大连商品交易所国产大豆，大豆2为大连商品交易所进口大豆。
4. 均为最近主力合约月末收盘价格，按四舍五入计算。

数据来源：国家粮油信息中心统计资料。

表 23 2016 年美国芝加哥商品交易所谷物和大豆分月价格表

单位：美元 / 吨

月份	小麦	玉米	稻米	大豆
1	174	143	211	323
2	170	143	213	323
3	175	145	204	328
4	169	149	203	351
5	174	155	236	390
6	176	169	229	425
7	156	139	207	394
8	155	129	202	376
9	147	130	192	349
10	155	139	200	354
11	147	135	185	364
12	150	140	186	379

注：1. 各品种均为美国芝加哥商品交易所标准品。
2. 按美元整数四舍五入计算。
3. 均为最近主力合约每月中旬收盘价格。

数据来源：国家粮油信息中心统计资料。

表 24 国有粮食企业主要粮食品种收购量（1978~2016 年）

单位：贸易粮，万吨

年份	合计	小麦	大米	玉米	大豆	其他
1978	5110.2	1176.8	1995.7	1046.7	216.0	675.0
1979	5925.0	1562.6	2201.0	1281.0	205.0	675.6
1980	5882.1	1396.1	2214.5	1357.8	296.5	617.3
1981	6255.5	1418.3	2421.1	1408.0	412.6	595.6
1982	7367.5	1933.6	2900.3	1427.4	401.7	704.5
1983	9879.6	2763.3	3312.4	2337.8	409.8	1056.3
1984	11165.9	3427.0	3858.1	2588.1	382.4	910.4
1985	7925.5	2666.1	3012.9	1374.2	503.3	369.0
1986	9453.2	2842.0	3258.7	2183.1	653.7	515.7
1987	9920.1	2816.2	3143.7	2848.6	609.7	501.9
1988	9430.4	2673.9	3185.9	2414.7	693.5	462.4
1989	10040.2	2855.5	3622.9	2587.7	620.0	354.1
1990	12364.5	3646.6	4316.0	3372.8	661.2	367.9
1991	11423.0	3392.5	3810.0	3338.4	582.2	300.0
1992	10414.4	3841.4	3272.6	2621.7	406.1	272.6
1993	9234.0	3373.1	2505.0	2470.0	606.2	279.7
1994	9226.4	3230.4	2697.6	2185.0	732.2	381.2
1995	9443.8	3125.0	3061.4	2435.6	522.5	299.3
1996	11919.8	3614.8	3382.2	4224.7	437.8	260.4
1997	11535.4	4600.2	3510.6	2692.2	515.2	217.3
1998	9654.5	2795.6	2562.0	3867.4	351.0	78.5
1999	12807.7	3863.3	3186.1	5425.1	246.6	86.6
2000	11695.1	4018.2	3327.3	4019.2	237.9	92.5
2001	11784.2	4437.9	2798.8	4128.2	326.8	92.5
2002	10826.3	4201.3	2189.6	4182.0	140.4	113.0
2003	9717.1	3682.0	2109.8	3702.5	120.3	102.5
2004	8919.5	3448.1	2138.1	3158.1	91.0	84.2
2005	11493.8	3745.2	2572.3	4529.9	506.0	140.4
2006	12256.5	6040.0	2153.5	3424.7	492.2	146.2
2007	10167.4	4733.2	1985.1	3008.3	321.5	119.5
2008	15470.8	6712.7	3604.9	4754.2	313.4	85.6
2009	15223.0	6834.0	2637.5	4988.5	653.0	110.2
2010	12406.0	6177.7	2136.0	3333.7	648.8	109.9
2011	11442.7	4650.4	2799.3	3428.1	465.7	99.2
2012	12363.5	4871.4	2574.4	4260.9	563.9	92.9
2013	16887.4	4023.8	3979.4	8472.7	317.2	94.3
2014	18985.2	5779.1	3826.0	8995.5	317.1	67.6
2015	24386.8	5095.3	4051.0	15046.6	140.1	53.8
2016	20679.8	5939.8	4280.4	10331.5	66.6	61.7

注：1978 ~ 2002 年粮食购销存数字按粮食年度统计，粮食年度是指当年 4 月 1 日至翌年 3 月 31 日。从 2003 年开始，粮食统计年度改为日历年度。年度数字均为国有粮食企业收购量。

数据来源：国家粮食局统计资料。

表25 国有粮食企业主要粮食品种销售量（1978~2016年）

单位：贸易粮，万吨

年份	合计	小麦	大米	玉米	大豆	其他
1978	5343.5	1869.5	1773.9	876.1	162.5	661.5
1979	5679.1	1940.3	1826.0	1067.9	179.8	665.1
1980	6416.8	2256.8	2014.3	1301.5	204.4	639.9
1981	7223.3	2563.5	2122.9	1622.3	239.0	675.6
1982	7710.4	2858.1	2289.5	1596.7	271.8	694.4
1983	8003.2	3005.9	2497.7	1458.5	288.8	752.4
1984	10417.9	3699.7	3438.5	1932.0	355.3	992.5
1985	8564.9	3078.5	3006.3	1328.1	322.9	829.1
1986	9347.7	3618.1	3243.9	1357.0	321.3	807.4
1987	9190.8	3643.3	3080.0	1423.8	355.5	688.2
1988	10091.0	3885.2	3038.0	1898.6	406.7	862.5
1989	8931.1	3521.8	2566.2	1846.1	346.5	650.5
1990	9033.3	3574.9	2770.5	1723.1	341.7	623.1
1991	10433.0	4085.0	3267.4	1046.3	1402.6	631.7
1992	9000.0	3247.0	3044.4	1637.3	256.8	814.5
1993	6700.3	2848.5	2128.5	1088.2	229.9	405.2
1994	7648.4	3328.2	2609.4	1121.3	234.0	355.5
1995	9264.2	3707.6	2896.8	1570.0	620.3	469.5
1996	7340.6	3090.3	2259.5	1346.7	356.8	287.3
1997	6830.7	2439.3	2042.9	1632.3	429.4	286.7
1998	6116.0	2137.1	1795.5	1648.5	348.6	186.3
1999	9353.3	3137.1	2420.9	3197.6	439.4	158.2
2000	12556.9	3961.9	3029.8	4718.5	645.5	201.2
2001	8528.7	3225.6	2155.6	2574.9	439.2	133.4
2002	12070.0	4733.0	3155.5	3551.5	510.5	119.5
2003	13453.7	5500.3	3559.1	3800.9	422.2	171.3
2004	11944.0	4640.6	3246.2	3574.5	309.3	173.4
2005	12138.3	4276.9	2556.8	4348.8	841.7	114.2
2006	12034.2	4246.1	2671.4	4133.2	847.6	135.9
2007	12958.3	5104.0	2896.0	3890.4	892.8	175.2
2008	15324.9	7352.9	3120.0	3985.4	755.9	110.7
2009	16693.2	7094.2	3054.1	5261.4	1145.8	137.8
2010	18911.2	7569.0	3047.6	6454.8	1662.9	176.9
2011	18922.5	7342.2	3609.5	5839.1	1992.2	139.6
2012	16829.4	6930.0	2970.8	4548.0	2188.1	192.6
2013	19442.4	7623.6	3064.0	6179.7	2418.0	157.2
2014	21133.2	6125.0	3859.4	8226.3	2618.1	304.5
2015	18685.3	5616.0	4002.1	5639.4	2704.6	723.2
2016	24845.9	5957.7	4807.5	10523.2	2950.6	607.0

注：1970~2002年粮食购销存数字按粮食年度统计，粮食年度是指当年4月1日至翌年3月31日。从2003年开始，粮食统计年度改为日历年度。年度数字均为国有粮食企业销售量。

数据来源：国家粮食局统计资料。

表 26 2016 年国有粮食企业分品种收购情况表

单位：万吨

项目	国有粮食企业收购				
	原粮	小麦	稻谷	玉米	大豆
全 国	22514.25	5939.75	6114.80	10331.50	66.55
北 京	258.85	51.85	0.45	205.00	0.10
天 津	26.20	12.65	4.85	8.60	0.10
河 北	776.30	571.40	4.90	198.20	1.45
山 西	189.00	71.05	/	111.95	0.05
内蒙古	1369.90	18.05	3.40	1343.40	3.70
辽 宁	1313.05	6.75	117.75	1186.95	/
吉 林	3947.25	0.15	86.05	3855.50	5.40
黑龙江	4680.00	13.05	2210.50	2428.10	27.60
上 海	116.65	15.75	98.85	0.90	/
江 苏	1709.60	945.30	674.35	59.45	7.95
浙 江	153.35	3.95	149.40	/	/
安 徽	1364.25	692.35	541.20	122.95	2.60
福 建	81.70	7.10	73.95	0.65	/
江 西	490.60	/	489.65	0.95	/
山 东	935.55	745.75	7.60	181.95	/
河 南	2316.85	1841.10	189.70	269.75	16.30
湖 北	511.50	83.05	426.75	1.60	0.10
湖 南	388.95	2.15	379.15	7.65	/
广 东	134.85	7.95	126.75	0.10	0.05
广 西	104.95	0.60	104.20	0.15	/
海 南	9.55	/	9.55	/	/
重 庆	133.15	10.40	108.65	12.20	0.05
四 川	285.60	52.10	204.20	28.40	/
贵 州	53.25	7.55	32.85	2.25	0.90
云 南	90.25	7.95	37.90	42.15	0.05
西 藏	0.70	0.65	0.05	/	/
陕 西	313.35	209.50	4.35	99.30	/
甘 肃	126.80	65.40	0.80	56.75	/
青 海	5.25	3.50	/	0.15	/
宁 夏	86.55	13.50	16.30	56.75	/
新 疆	540.45	479.20	10.70	49.75	0.15

数据来源：国家粮食局统计资料。

表27 2016年国有粮食企业分品种销售情况表

单位：万吨

项 目	国有粮食企业销售				
	原粮				
		小麦	稻谷	玉米	大豆
全 国	26906.30	5957.70	6867.90	10523.15	2950.60
北 京	1770.65	587.00	94.70	687.50	301.05
天 津	607.90	144.10	78.30	96.75	272.55
河 北	1204.45	364.85	55.75	677.05	106.00
山 西	343.15	124.75	7.50	209.05	0.05
内蒙古	664.90	36.00	11.60	560.10	55.10
辽 宁	2486.55	17.95	194.65	1929.35	320.05
吉 林	1670.10	1.80	124.75	1439.75	103.80
黑龙江	2413.55	75.85	998.00	1098.40	226.80
上 海	878.20	141.10	294.40	129.70	242.90
江 苏	2611.80	1033.65	837.65	270.70	416.40
浙 江	1118.70	201.20	665.20	198.15	37.95
安 徽	773.05	324.95	329.60	106.35	3.90
福 建	820.30	115.50	235.90	237.40	60.35
江 西	464.00	21.40	408.50	32.80	1.30
山 东	1605.25	581.00	63.05	810.30	150.80
河 南	1278.00	618.40	21.10	552.10	85.40
湖 北	497.35	64.75	382.75	41.25	0.05
湖 南	493.15	21.70	422.10	46.00	3.35
广 东	1621.15	314.10	633.00	419.55	175.85
广 西	587.30	30.65	164.05	132.80	259.40
海 南	85.60	2.95	14.45	67.25	0.95
重 庆	296.25	81.00	119.40	41.55	43.60
四 川	603.30	119.25	226.70	193.35	62.40
贵 州	277.40	51.05	173.25	26.40	14.70
云 南	254.95	17.10	169.40	65.15	0.05
西 藏	12.30	5.90	6.25	/	/
陕 西	631.95	331.70	89.80	200.85	5.55
甘 肃	228.15	105.65	4.90	113.25	/
青 海	21.85	16.70	2.40	0.90	/
宁 夏	107.85	27.60	18.65	61.55	0.05
新 疆	477.20	378.10	20.15	77.85	0.25

数据来源：国家粮食局统计资料。

表 28 2016年分地区粮食产业企业数量表

项目类别	成品粮油加工企业			饲料企业	养殖企业	食品及副食酿造企业	粮食深加工企业			粮油机械制造企业
	小麦粉加工企业	大米加工企业	食用植物油加工企业				制酒企业	酒精企业	淀粉企业	
全国总计	2479	8634	1296	3145	269	1335	423	73	201	88
北 京	10	24	4	34	8	34	6	/	/	/
天 津	11	11	12	34	/	7	1	/	/	/
河 北	191	45	20	164	12	19	9	5	23	1
山 西	125	1	8	48	12	23	10	2	3	/
内蒙古	56	21	34	73	19	17	12	3	17	/
辽 宁	8	449	16	267	27	33	18	1	4	/
吉 林	2	408	10	70	4	1	1	8	9	/
黑龙江	45	1423	78	118	8	36	18	17	7	/
上 海	5	31	10	26	4	55	3	/	1	1
江 苏	177	583	85	136	5	98	20	6	7	21
浙 江	12	181	30	107	14	68	32	/	4	6
安 徽	222	740	110	123	9	152	22	6	14	19
福 建	28	184	24	81	5	36	4	1	2	/
江 西	2	1013	45	121	9	22	8	/	4	1
山 东	499	43	93	539	14	100	30	6	37	3
河 南	536	127	49	159	32	54	9	8	16	/
湖 北	109	1143	158	146	25	145	39	1	6	31
湖 南	6	810	96	188	3	78	10	/	5	3
广 东	27	370	38	231	9	68	13	/	4	/
广 西	3	251	11	94	5	23	6	1	/	/
海 南	/	22	/	13	2	/	/	/	/	/
重 庆	4	110	10	39	3	16	3	/	/	/
四 川	59	347	117	164	11	118	74	4	6	1
贵 州	11	106	41	16	1	33	18	/	/	/
云 南	29	110	15	59	9	27	19	1	1	/
西 藏	4	/	3	3	/	7	5	/	/	/
陕 西	64	56	34	34	5	15	7	1	7	/
甘 肃	88	1	25	25	13	32	23	1	10	/
青 海	9	/	24	3	/	2	2	/	/	/
宁 夏	31	50	25	10	/	3	/	/	11	1
新 疆	106	12	71	20	1	13	1	1	3	/

数据来源：国家粮食局统计资料。

表 29 2016 年分地区粮食产业主要经济指标情况表

单位：亿元

地区	工业总产值	产品销售收入	利税总额	利润总额
全国总计	27852.6	27612.7	1729.9	1320.7
北 京	279.6	355.7	40.2	25.7
天 津	441.2	426.7	15.4	14.1
河 北	1110.4	1152.9	141.7	47.2
山 西	199.2	188.6	19.8	17.0
内蒙古	467.8	561.0	32.9	27.9
辽 宁	676.3	675.6	18.3	16.3
吉 林	511.8	458.1	25.2	17.6
黑龙江	709.4	675.5	17.4	10.2
上 海	294.2	385.5	22.1	17.1
江 苏	2510.5	2478.0	158.4	129.4
浙 江	460.5	483.1	24.9	17.7
安 徽	2511.7	2350.8	90.1	76.9
福 建	704.1	694.4	38.8	29.7
江 西	879.1	870.7	25.5	23.5
山 东	3654.3	3615.1	130.9	113.7
河 南	1867.7	1756.6	22.8	18.8
湖 北	2810.1	2687.5	104.0	84.3
湖 南	1269.6	1206.2	52.4	43.0
广 东	2024.1	2049.1	124.8	96.0
广 西	818.0	770.5	20.9	19.8
海 南	60.5	57.1	1.0	1.0
重 庆	231.0	300.2	10.3	9.7
四 川	1558.1	1737.2	196.4	146.9
贵 州	699.7	663.0	337.4	271.2
云 南	189.4	163.1	4.6	3.9
西 藏	8.7	7.1	3.0	2.6
陕 西	373.9	330.0	17.1	13.8
甘 肃	107.1	97.6	7.0	4.8
青 海	16.1	17.8	1.3	1.0
宁 夏	177.0	167.6	12.0	9.2
新 疆	231.5	230.4	13.1	11.0

数据来源：国家粮食局统计资料。

表 30 2016年分地区粮食产业生产能力汇总表

单位：万吨

地 区	年处理小麦	年处理稻谷	年处理玉米	年处理油料	年精炼油脂	年生产饲料
全国总计	18914.0	29908.3	1525.9	15475.5	4898.0	26769.6
北 京	153.3	113.8	/	8.3	6.3	217.8
天 津	74.6	39.3	2.4	538.2	313.5	203.8
河 北	1609.2	97.8	55.4	628.5	99.8	903.4
山 西	308.2	0.8	24.3	65.9	18.6	334.8
内蒙古	228.4	97.8	34.8	236.6	61.0	457.2
辽 宁	94.0	1129.8	62.2	551.6	110.3	1585.5
吉 林	12.5	1324.5	93.8	199.6	34.7	521.0
黑龙江	250.1	5789.3	74.4	921.4	123.6	919.5
上 海	43.8	102.8	/	66.7	84.0	182.3
江 苏	1737.1	2468.3	78.7	2026.4	759.8	1467.9
浙 江	111.5	501.0	12.9	338.5	67.2	700.5
安 徽	2057.5	3684.1	249.5	536.1	223.1	1179.9
福 建	224.8	645.2	/	511.8	127.6	896.9
江 西	/	2900.1	6.0	102.6	125.3	1489.2
山 东	3946.3	155.6	459.2	2253.9	447.8	4024.2
河 南	4873.0	671.3	114.3	656.4	191.1	1169.1
湖 北	762.7	4733.4	72.0	1355.4	540.6	1726.5
湖 南	41.8	2343.9	33.0	428.4	141.7	1751.8
广 东	474.8	613.1	/	1076.2	382.0	2903.8
广 西	13.9	539.4	/	1158.3	432.6	1121.8
海 南	/	26.6	/	/	/	208.7
重 庆	2.5	235.3	/	12.4	66.7	337.9
四 川	229.7	947.6	99.2	720.9	214.3	1289.9
贵 州	8.0	238.1	4.2	138.5	44.5	120.9
云 南	52.0	183.2	1.5	47.3	21.8	393.5
西 藏	11.7	/	/	0.5	0.2	/
陕 西	537.2	105.8	33.1	201.9	88.4	269.6
甘 肃	400.1	1.8	/	63.0	22.8	137.7
青 海	24.7	/	/	165.7	59.5	11.5
宁 夏	155.7	188.4	/	26.7	5.1	72.1
新 疆	475.4	30.7	15.0	438.0	84.2	171.0

数据来源：国家粮食局统计资料。

表 31 2016 年分地区粮食产业主要产品产量汇总表

单位：万吨，万台（套）

项目	小麦粉	大米	食用植物油	淀粉	酒精	饲料	粮机设备
全国总计	7800.4	6181.4	3231.2	2456.6	526.0	18252.7	42.1
北　京	74.5	37.1	0.5	/	0.1	180.6	/
天　津	29.6	7.8	334.8	/	/	168.2	/
河　北	946.9	32.7	91.4	271.9	19.4	492.0	0.1
山　西	38.3	0.1	4.0	23.8	0.0	123.8	/
内蒙古	32.6	9.1	8.3	227.5	24.3	254.7	/
辽　宁	38.7	258.2	100.6	65.7	0.5	1016.4	/
吉　林	0.9	204.4	4.0	157.6	183.0	350.7	/
黑龙江	53.0	791.4	29.5	178.9	69.6	193.6	/
上　海	23.4	24.9	94.0	12.3	/	128.9	0.1
江　苏	702.6	686.0	547.8	19.3	64.7	856.6	9.7
浙　江	78.7	118.4	53.1	1.7	0.0	427.6	2.5
安　徽	863.1	1064.3	146.2	104.9	65.8	1361.8	2.7
福　建	153.8	190.4	101.6	118.5	/	795.6	/
江　西	/	593.8	17.7	9.2	/	1125.7	0.2
山　东	1546.6	50.9	474.7	851.1	20.5	2694.3	1.3
河　南	2060.3	165.7	94.5	76.4	40.8	776.7	/
湖　北	218.7	805.5	116.8	7.0	/	747.6	25.1
湖　南	16.4	447.2	121.2	0.0	/	1119.7	0.5
广　东	270.7	180.3	467.8	33.3	/	2531.6	/
广　西	14.2	125.8	126.1	/	11.5	1177.0	/
海　南	/	2.2	/	/	/	212.9	/
重　庆	0.5	49.1	53.7	/	/	210.7	/
四　川	91.4	187.1	66.7	7.3	19.8	809.4	0.1
贵　州	0.8	38.0	15.6	/	/	114.2	/
云　南	4.6	37.3	24.7	0.0	/	83.9	/
西　藏	0.6	/	0.0	/	/	/	/
陕　西	252.4	17.7	71.5	110.7	1.0	82.3	/
甘　肃	75.6	0.0	1.0	4.5	1.1	74.6	/
青　海	8.4	/	8.9	/	/	2.4	/
宁　夏	45.5	48.1	2.4	86.7	/	27.0	0.0
新　疆	157.4	7.5	52.1	88.5	3.8	112.1	/

数据来源：国家粮食局统计资料。

表 32 全国粮油进口情况表（1992~2016 年）

单位：万吨

年份	粮食	谷物					大豆	食用植物油	豆油	菜籽油	棕榈油	花生油
			小麦	大米	玉米	大麦						
1992	1182.1	1152.0	1058.1	10.4	0.0	0.0	0.0	37.6	18.3	18.9	0.0	0.5
1993	16.3	0.7	0.6	0.0	0.0	0.0	0.0	23.6	7.6	15.0	0.0	0.8
1994	925.1	913.4	729.9	51.4	0.1	0.0	0.0	160.8	106.3	52.9	0.0	1.4
1995	2082.5	2035.7	1158.6	164.2	518.1	0.0	0.0	213.5	148.2	63.1	0.0	1.4
1996	1105.6	1078.1	824.6	76.1	44.1	0.0	0.0	162.7	129.5	31.6	0.0	0.5
1997	738.4	410.4	186.1	32.6	0.0	187.4	287.6	159.1	122.5	35.1	0.0	1.1
1998	742.0	382.4	148.9	24.4	25.1	151.9	319.2	112.7	83.2	28.5	0.0	0.9
1999	808.8	333.8	44.8	16.8	7.0	226.9	431.9	88.7	80.4	6.9	0.0	1.0
2000	1390.7	312.4	91.0	23.9	0.3	196.1	1041.9	41.4	30.6	7.5	1.5	1.0
2001	1950.4	344.3	73.9	26.9	3.9	236.8	1393.9	149.2	7.0	4.9	136.0	0.9
2002	1605.1	284.9	63.2	23.6	0.8	190.7	1131.4	266.3	87.0	7.8	169.5	0.4
2003	2525.8	208.0	44.7	25.7	0.1	136.3	2074.1	441.2	188.4	15.2	232.8	0.7
2004	3351.5	974.5	725.8	75.6	0.2	170.7	2023.0	529.1	251.6	35.3	239.0	0.0
2005	3647.0	627.1	353.9	51.4	0.4	217.9	2659.0	471.9	169.4	17.8	283.8	0.0
2006	3713.8	358.2	61.3	71.9	6.5	213.1	2823.7	581.3	154.3	4.4	418.7	0.0
2007	3731.0	155.5	10.1	48.8	3.5	91.3	3081.7	767.5	282.3	37.5	438.7	1.1
2008	4130.6	154.0	4.3	33.0	5.0	107.6	3743.6	752.8	258.6	27.0	464.7	0.6
2009	5223.1	315.0	90.4	35.7	8.4	173.8	4255.1	816.2	239.1	46.8	511.4	2.1
2010	6695.4	570.7	123.1	38.8	157.3	236.7	5479.8	687.2	134.1	98.5	431.4	6.8
2011	6390.0	544.6	125.8	59.8	175.4	177.6	5263.7	656.8	114.3	55.1	470.1	6.1
2012	8024.6	1398.2	370.1	236.9	520.8	252.8	5838.4	845.1	182.6	117.6	523.0	6.3
2013	8645.2	1458.1	553.5	227.1	326.6	233.5	6337.5	809.8	115.8	152.7	487.4	6.1
2014	10042.4	1951.0	300.4	257.9	259.9	541.3	7139.9	650.2	113.5	81.0	396.9	9.4
2015	12477.5	3270.4	300.6	337.7	473.0	1073.2	8169.2	676.5	81.8	81.5	431.2	12.8
2016	11467.6	2198.9	341.2	356.2	316.8	500.5	8391.3	552.8	56.0	70.0	315.7	10.7

数据来源：国家发展改革委统计资料。

表 33 全国粮油出口情况表（1992~2016 年）

单位：万吨

年份	粮食	谷物				大豆	食用植物油	豆油	菜籽油
			小麦	大米	玉米				
1992	1390.8	1193.9	0.3	95.3	1034.0	0.0	6.4	0.4	5.3
1993	151.5	1.3	0.0	0.1	1.1	0.0	13.2	1.5	5.8
1994	1306.3	1087.7	10.7	151.9	874.0	0.0	26.7	7.3	16.1
1995	162.2	43.2	1.6	4.7	11.3	0.0	25.2	6.6	17.1
1996	134.9	67.6	0.0	26.5	15.9	0.0	30.8	12.7	17.4
1997	878.1	788.5	0.1	93.9	661.7	18.6	71.0	55.6	14.1
1998	939.0	860.7	0.6	373.7	468.6	17.0	27.0	18.6	7.3
1999	840.3	721.2	0.1	270.8	430.5	20.4	9.2	5.3	2.6
2000	1452.4	1359.4	18.8	294.8	1029.4	21.1	11.0	3.5	5.4
2001	991.2	875.6	71.3	185.9	600.0	24.8	13.5	6.0	5.4
2002	1619.6	1482.2	97.7	198.2	1167.5	27.6	9.7	4.7	1.8
2003	2354.6	2194.7	251.4	260.5	1640.1	26.7	6.0	1.1	0.5
2004	620.4	473.4	108.9	89.8	232.4	33.5	6.5	1.9	0.5
2005	1182.3	1013.7	60.5	67.4	864.2	39.6	22.5	6.3	3.1
2006	774.4	605.2	151.0	124.0	309.9	37.9	39.9	11.8	14.5
2007	1169.5	986.7	307.3	134.3	492.1	45.6	16.6	6.6	2.2
2008	378.9	181.2	31.0	97.2	27.3	46.5	24.8	13.4	0.7
2009	328.3	131.7	24.5	78.0	13.0	34.6	11.4	6.9	0.9
2010	275.1	119.9	27.7	62.2	12.7	16.4	9.2	5.9	0.4
2011	287.5	116.4	32.8	51.6	13.6	20.8	12.2	5.1	0.3
2012	276.6	96.0	28.5	27.9	25.7	32.0	10.0	6.5	0.7
2013	243.1	94.7	27.8	47.8	7.8	20.9	11.5	9.0	0.6
2014	211.4	70.9	19.0	41.9	2.0	20.7	13.4	10.0	0.7
2015	163.5	47.8	12.2	28.7	1.1	13.4	13.5	10.4	0.5
2016	190.1	58.1	11.3	39.5	0.4	12.7	11.3	8.0	0.5

数据来源：国家发展改革委统计资料。

表34 2016年新增中央储备粮代储资格企业名单

单位：万吨

序号	地区	企业名称	类别	授予资格仓（罐）容	授予资格仓（罐）号	证书编号	备注
1	天津	天津静海国家粮食储备库	粮	4.7200	39-1、39-2、39-3、40-1、40-2、40-3	12000900-4-B-Ⅱ	与变更申请证书合并
2	天津	天津贯庄国家粮食储备库	粮	8.2660	1-6、15、18、17、7、10-11、14、8-9、12-13、16	12000500-1	
3	天津	天津北大荒龙江物流有限公司	粮	11.5425	1-15	12004200	
4	天津	蓟县上仓粮食购销有限公司	粮	2.9290	01-04、05、06、39-40	12004100	
5	天津	九三集团天津大豆科技有限公司	油	6.3336	1#-8#、A1、A2、A5、A6、A3、A4、B1、B2、B3、B4	12003801	
6	河北	高碑店亚威天大面业有限公司	粮	4.9150	1、2-3、4-5、6-7	13021100	
7	河北	阜城县省级粮食储备库有限责任公司	粮	1.5870	6、7-8	13019200-1	
8	河北	邢台县达丰国家粮食储备有限公司	粮	2.6483	1、3、5、6、12、9、11、8、10、7、2、4	13011100-1	
9	河北	吴桥县铁城粮库	粮	2.5200	2号仓、3号仓、4号仓、5号仓、6号仓、7号仓、8号仓	13021200	
10	河北	深州市西关国储粮库有限责任公司	粮	3.3852	1-3、4-6	13020300-1	
11	河北	雄县方达粮食储备库	粮	6.3276	13-16	13014900-2	
12	河北	秦皇岛骊骅粮油有限公司	粮	6.4592	1-2、3-4、5-6、7-8、9-10、11-12、13-14、15-16、17-18、19-20	13021300	
13	河北	宽城满族自治县国有省级储备粮经营有限责任公司	粮	2.6800	1-2、3-4、5、6-7	13021400	
14	河北	霸州市益津粮油购销第一有限公司	粮	0.5501	7	13012200-2-A-Ⅱ	与延续、变更申请证书合并
15	河北	霸州市益津粮油购销第二有限公司	粮	2.5461	1、2、3、4	13021500	
16	河北	晋州省级粮食储备有限公司	粮	3.7089	1、2-5、6-11、12-14、15、16、17、18、19、20	13010300-1	
17	河北	河北省汇通国有粮食收储库有限责任公司	粮	2.5072	1、4、6、7、5、8、2、3	13006600-1	
18	河北	河北良农粮食贸易有限公司	粮	2.9367	11、21-23、8-10	13021600	
19	河北	河北沧州国家粮食储备二库	粮	2.7504	7、8、9	13019500-1	
20	河北	邢台国家粮食储备分库有限公司	粮	3.0000	1、5、4、3、2	13001200-1	
21	河北	滦平瑞庆丰国家粮食储备有限公司	粮	3.1697	1、3、2、4、5-6、7	13007500-2	
22	河北	河北永安国家粮食储备库有限公司	粮	3.9072	30-33、34-37	13003100-2	
23	河北	河北永安国家粮食储备库有限公司	油	0.3548	Y1-Y3、Y4	13016701-1	
24	内蒙古	内蒙古通粮粮食购销集团有限公司保康分库	粮	3.6000	1-6、10-12	15016100	
25	内蒙古	内蒙古通辽市宝龙山国家粮食储备库	粮	3.4000	1-5、6-8	15001800-1	

续表

序号	地区	企业名称	类别	授予资格仓(罐)容	授予资格仓(罐)号	证书编号	备注
26	内蒙古	扎赉特旗巨宝粮库	粮	32.1060	A1、A2、A3、B1、B2、B3、C1、C2、C3、D1、D2、D3、E1、E2、F1、F2、G1、G2、H、K、L1、L2、L3、L4	15016200	
27	内蒙古	乌兰浩特市新兴达粮食购销有限责任公司	粮	7.5000	1、2、3、7	15016300	
28	内蒙古	兴安盟世成粮油购销有限责任公司	粮	8.5000	2、3	15016400	
29	内蒙古	乌兰浩特市和丰粮食贸易有限责任公司	粮	10.8000	1、2、3、9、10、11	15016500	
30	内蒙古	内蒙古赤峰东城国家粮食储备库	粮	4.3384	10-12、13-16、19、25、26-31	15006400-2-A	与变更申请证书合并
31	内蒙古	内蒙古蒙佳粮油工业集团有限公司	粮	2.7600	11-16、17	15013400-1	
32	内蒙古	扎赉特旗慧沣粮贸有限责任公司	粮	7.0124	1、2、3、4	15016600	
33	内蒙古	乌兰浩特市源益盛粮食有限责任公司	粮	9.3240	1分库：1、2、3	15016700	
34	内蒙古	科右前旗五谷源粮贸有限公司	粮	2.7500	1	15016800	
35	内蒙古	科右前旗俄体粮库	粮	3.6338	010、013	15016900	
36	内蒙古	扎赉特旗金源粮油贸易有限责任公司	粮	5.5000	1号仓	15017000	
37	内蒙古	扎赉特旗金鼎粮贸有限公司	粮	5.5000	14号仓、15号仓、16号仓	15015200-1	
38	内蒙古	通辽西国家粮食储备库	粮	3.6160	15-18号	15017100	
39	内蒙古	内蒙古通辽八仙筒国家粮食储备库	粮	3.1638	1-6	15017200	
40	内蒙古	扎赉特旗玮琦粮贸有限公司	粮	7.0000	1号仓、2号仓	15017300	
41	内蒙古	兴安盟绿野贸易有限责任公司	粮	14.0483	2号、3号、4号、5号、6号、7号	15017400	
42	内蒙古	乌兰察布市集宁区鑫发粮食储备有限公司	粮	7.3733	17、18、27-34、37、35、36、38	15017500	
43	内蒙古	内蒙古丰镇国家粮食储备库	粮	3.0000	1分库：33-38	15003500-1	
44	内蒙古	赤峰桥头内蒙古自治区粮食储备库	粮	4.7460	1-10	15017600	
45	内蒙古	内蒙古通辽大林国家粮食储备库	粮	5.0000	1-10	150017700	
46	辽宁	辽宁昌图粮食储备库	粮	17.5159	P1-P6号、P7-P11号、Q1、Q2号、Q3-Q5号、T1-T40号	21004300-2	
47	辽宁	抚顺市中心粮库	粮	5.1000	Q1、Q4、Q5、Q2、Q3、Q6	21008100-2	
48	辽宁	法库县依牛堡子粮库	粮	3.9652	1	21014600	
49	辽宁	阜新市粮油工贸总公司	粮	10.6280	PF1-2、Q1-10、T1-12	21001200-3	
50	辽宁	朝阳龙田粮食收储有限公司	粮	2.7841	LTP01-01、LTP02-01	21014700	
51	辽宁	朝阳县黑牛营子荣丰粮库	粮	2.8616	P01-P02	21014800	
52	辽宁	中国华粮物流集团曲家中心粮库	粮	8.9889	LT-1-LT-6、PF-1-PF-3、PF-4-PF-6、QY-1-QY-7	21002170-1	

续表

序号	地区	企业名称	类别	授予资格仓（罐）容	授予资格仓（罐）号	证书编号	备注
53	辽宁	沈阳市第三粮食收储库	粮	8.4910	P1、P5-2、P5-1、P5-3、P4、P2、P3	21002800-3	
54	辽宁	宽甸佰丰粮食储备库	粮	2.9043	P1-P2、P3、P4、P5	21014900	
55	辽宁	东港市前阳粮库	粮	6.7982	P31-32、P34-35、P36-37、P40-41、P42、P43、P44、P45-46、T5-12	21000700-1	
56	辽宁	丹东蛤蟆塘粮库	粮	4.1300	P11、P13、P2、P9-P10、T1-T6、T11-T25、T7-T10	21015000	
57	辽宁	朝阳县铁南粮食储备库	粮	3.1500	P01、P08、P02	21015100	
58	辽宁	凌海市粮食储备库	粮	4.5838	P88、P90、P91、P92、P94、P95	21005500-1	
59	辽宁	辽宁盘锦新开粮食储备库有限公司	粮	3.7030	P1-P5、P6-P7	21015200	
60	辽宁	康平县粮油购销总公司	粮	9.4800	P1-P3、平房仓3号库、平房仓2号库、平房仓1号库	21015300	
61	辽宁	朝阳金兴粮食收储有限公司	粮	2.9952	P1-P3、P4	21015400	
62	辽宁	浙江省粮食集团有限公司辽北直属库	粮	8.5200	P1-P2、P15-P16、P3、P4、Q1-Q6	21015500	
63	辽宁	沈阳裕禾粮食仓储有限公司	粮	10.1000	P1、P2、P5、P6-P7、P3	21015600	
64	辽宁	沈阳南方谷物有限公司	粮	4.4004	P4、P5、P6、P7	21015700	
65	辽宁	盘锦市粮库有限责任公司	粮	3.1156	P1-P2、P4-P5、P6、P7-P8、P9、P10	21015800	
66	辽宁	辽宁锦州国家粮食储备库	粮	7.0930	P1-P3、P10-P11、P6-P7、P4-P5、P8-P9	21002600-2	
67	辽宁	康平县北四家子乡北四家子粮库	粮	9.9784	P1-P6、P7	21015900	
68	辽宁	建平辽粮谷物有限公司	粮	2.5670	P2-1、P2-2、P1-7、P1-8、P1-5、P1-6、P2-3、P2-4	21016000	
69	辽宁	大石桥市中心粮食储备库	粮	8.8300	P01、P02、P03-1、P03-2、P03-3、Q01、Q02、Q03	21016100	
70	辽宁	大石桥市水源第二粮食储备库	粮	1.4625	P1	21008600-1	
71	辽宁	大石桥市高坎第一粮食储备库	粮	4.2000	P2-1、P2-2、P2-3	21009800-2	
72	辽宁	中国华粮物流集团开原国家粮食储备库	粮	3.1480	Q1-2、T1-2、T3-14	21016300	
73	辽宁	中国华粮物流集团凡河中心粮库	粮	2.5800	L4-5、Q1-3	21016400	
74	辽宁	沈阳粮油集团直属粮食收储有限公司	粮	6.4030	P新1-P新10	21016500	
75	辽宁	辽宁凤城国家粮食储备库	粮	4.8000	Q01-Q06	21000400-2	
76	辽宁	喀左县国家粮食储备库	粮	3.5205	P1-2、P3-4、P5-6、P7	21011800-1	
77	辽宁	朝阳县粮食局二十家子粮库	粮	2.1632	T01-T02、T04-T06	21012700-1	
78	辽宁	朝阳瑞丰粮食收储有限公司	粮	1.9982	RFP01-01、RFP03-01、RFP02-01	21016600	
79	辽宁	锦州南山粮食储备库	粮	4.1431	P1、P2、P3、P4、P5	21016700	

续表

序号	地区	企业名称	类别	授予资格仓（罐）容	授予资格仓（罐）号	证书编号	备注
80	辽宁	九三集团铁岭大豆科技有限公司	油	3.2206	0-Y-09-12、0-Y-13-22	21006301	
81	辽宁	九三集团大连大豆科技有限公司	油	2.7556	9-12	21006201	
82	吉林	吉林前郭中宏国家粮食储备库	粮	3.0000	1-12	22000810-1	
83	吉林	东辽县佳诺粮食收购有限公司	粮	4.1272	3号	22014800	
84	吉林	长岭粮食收储加工物流园区有限责任公司	粮	4.0000	1-4	22014900	
85	吉林	舒兰市小城粮库	粮	1.0672	6号-7号	22013000-1	
86	吉林	舒兰市天德粮库	粮	3.4274	10-11号、6号	22012400-1	
87	吉林	舒兰市七里粮库	粮	2.0297	5号、6-8号	22012300-1	
88	吉林	舒兰市吉舒粮库	粮	4.0244	18-21号、5-6号	22010900-2- I	与延续申请证书合并
89	吉林	舒兰市法特粮库	粮	4.3901	1号、2号、3号、12号、4号、5号、6号、7号	22010800-2	
90	吉林	吉林白城三和粮库	粮	2.5200	1-4	22015000	
91	吉林	吉林镇赉第五粮食收储库	粮	7.2947	1、4-5	22015100	
92	吉林	吉林省鸿丰物流有限公司	粮	27.4536	10-11号、2-3号、4-9号	22015200	
93	吉林	长春通阳储备粮有限公司	粮	5.0000	1-1、1-2、2-1、2-2、3-1、3-2、4-1、4-2	22015300	
94	吉林	长春市长良储备粮有限公司	粮	5.0000	1、2、3、4、7、8、9、10	22015400	
95	吉林	扶余市社里粮库	粮	5.0000	1号、2号	22015500	
96	吉林	扶余拉林储备粮有限公司	粮	2.5064	1、3号、2、4号	22015600	
97	吉林	洮南市晟达粮食储备库	粮	11.5000	1-10、11-12	22015700	
98	吉林	洮南市蛟流河粮食储备库昌瑞分库	粮	2.5000	1	22015800	
99	吉林	吉林榆树古船米业有限公司	粮	7.5330	1-3、6-8、11-14	22015900	
100	吉林	吉林镇赉五棵树粮食收储库	粮	4.3000	P1-P2、P4	22016000	
101	吉林	洮南市大通粮食储备库	粮	5.0000	1、6、5、4、3、2	22016100	
102	吉林	洮南市二龙粮食储备库	粮	3.5500	1-6、7	22016200	
103	吉林	北京古船米业有限公司榆树市分公司	粮	2.6740	3-6、8	22016300	
104	吉林	吉林镇赉建平粮食收储库	粮	3.3092	P1、P2	22016400	
105	黑龙江	海伦市共合粮库有限公司	粮	4.7180	01-08、29、28、27	23037600	
106	黑龙江	佳木斯星海经贸有限公司	粮	5.5000	1	23037700	
107	黑龙江	佳木斯市粮库有限责任公司	粮	2.1000	29-42	23003100-1	
108	黑龙江	肇东市合居粮库有限公司	粮	3.9404	1、2	23037800	
109	黑龙江	绥化市长发粮库有限公司	粮	2.6736	112、201-208	23027600-1	
110	黑龙江	讷河市通南粮库有限公司	粮	2.0000	17-18	23017000-2	
111	黑龙江	黑龙江肇东姜家国家粮食储备库	粮	3.8400	11-34	23008200-1	

续表

序号	地区	企业名称	类别	授予资格仓（罐）容	授予资格仓（罐）号	证书编号	备注
112	黑龙江	黑龙江北安通北国家粮食储备库	粮	11.9000	主库区：66、68、69；1分库：1号；3分库：6–8号	23020400–1	
113	黑龙江	黑龙江农垦北大荒物流集团（北安）有限公司	粮	5.6400	1、2	23037900	
114	黑龙江	依安县鹏屿商贸物流有限公司	粮	40.0000	1–25	23038000	
115	黑龙江	饶河县西丰粮食储备有限责任公司	粮	1.0000	26	23026900–1– I	与延续申请证书合并
116	黑龙江	克东县千丰粮库有限公司	粮	15.0000	1–5	23038100	
117	黑龙江	富锦象屿金谷农产有限责任公司	粮	153.0000	P36–P39、P41–P44、P46–P52、P54–P60号、P62–P68、P70–P76、P78–P84、P86–P93号	23038200	
118	黑龙江	塔河县粮库有限责任公司	粮	0.9500	5	23037100–1	
119	黑龙江	五常市光辉粮库有限公司	粮	2.5000	1–10、18	23038300	
120	黑龙江	庆安东禾金谷粮食储备有限公司	粮	6.7270	47、48、49、8–11	23037000–1	
121	黑龙江	佳木斯市望江粮库有限责任公司	粮	0.8977	17	23010900–2	
122	黑龙江	黑龙江省大兴安岭地区行署粮食局大杨树粮库	粮	4.1200	10、12	23038400	
123	黑龙江	哈尔滨市双城区第三粮库	粮	2.6000	16、17–2、17–1	23038500	
124	黑龙江	哈尔滨市呼兰第二粮库有限公司	粮	4.9000	1–4、5、6、9–10、DY1–DY4、DY5、DY6、DY7	23035800–1	
125	黑龙江	拜泉县金润粮食物流有限公司	粮	9.1900	17、18、19	23038600	
126	黑龙江	饶河县小佳河粮食经销有限责任公司	粮	4.0000	21、24	23024700–1	
127	黑龙江	饶河县西通粮食经销有限责任公司	粮	2.9000	2、3–8、9	23024500–1	
128	黑龙江	饶河县饶河粮库	粮	4.4000	25、26、9–14	23004500–4	
129	黑龙江	饶河县大顶子山粮食仓储有限公司	粮	5.0000	3、4	23034100–1	
130	江苏	江苏省刘桥粮食储备直属库	粮	4.3910	1–10、11–14、15–18、19–22	32007800–1	
131	江苏	泗洪县界集粮食储销有限责任公司	粮	5.9134	东库区：1–10；西库区：1–2、3–8、9–10	32019100–1	
132	江苏	南京六郎粮食购销有限公司	粮	4.4890	11、13、15、12、14、16、1、2、6、7、3、4、8、9、5、10	32023000	
133	江苏	江苏省洪泽湖粮食储备直属库有限责任公司	粮	11.7710	1–4、7–16、19–24、26–31、32–35、36–39、5–6、17–18	32023100	
134	江苏	上海海丰米业有限公司	粮	8.2855	1、2、5、6、10、11、15、16、21、22、60–62、69–74、63–68	32020500–2	
135	江苏	江苏省白马湖粮食储备库	粮	3.1944	101–102、201–202、301–302、22–23、18–21	32005400–1	
136	江苏	苏州市金仓粮食物流中心有限公司	油	0.8976	Y01、Y03、Y11–12、Y05–10、Y13–14	32023101	

续表

序号	地区	企业名称	类别	授予资格仓（罐）容	授予资格仓（罐）号	证书编号	备注
137	江苏	张家港江海粮油港务有限公司	油	10.5700	T4-5、6、7、8、T8-1、2、3、CB7-1、2、3、4、5、6、CB10-1、2、T3-4	32018201-1	
138	安徽	安徽阜阳国达粮食购销有限公司	粮	3.3000	1、2、3、4、5、6、7	34014700	
139	安徽	巢湖粮油储运公司	粮	10.0000	10、12、1、3、5、7、2、4、6、8、9、11、13、14	34014800	
140	安徽	黟县粮食购销有限责任公司	粮	0.6452	15-18	134009000-3	
141	安徽	寿县堰口粮油有限责任公司	粮	4.4000	1-2、10-13、3、4-7、8-9	34014900	
142	安徽	南陵金谷粮油收储有限公司	粮	3.8000	15、19-21、16-17、18	34012500-2	
143	安徽	安徽民福粮油有限公司	粮	2.6000	1-4	34015000	
144	安徽	中粮粮油安徽国家粮食储备库	粮	1.7200	38-39	34001510-2-A	与变更申请证书合并
145	安徽	安徽省粮油储运公司	粮	6.8590	2 分库：1-6、17-18；3 分库：6-9、10-13	34010900-4	
146	安徽	安徽省粮油储运公司	油	1.4409	1-3、4	34011401-1	
147	安徽	安徽省机械化粮库	油	5.5000	1-5（A 罐区）、6（A 罐区）、8-12（B 罐区）、7（B 罐区）	34014501	
148	安徽	安徽省安庆国家粮食储备库	油	2.0000	主库区（物流园油库）：1-4、5-7	34014601	
149	安徽	巢湖粮油储运公司	油	1.0000	1-2、3-4	34014701	
150	福建	诏安县粮食购销有限公司	粮	2.5600	0P1-0P4、0P11-0P14	35000900-1	
151	福建	福建福州鳌峰州国家粮食储备库	粮	10.3506	P01、P02、P03、P04、P05、P06、P07、P09、P10、P12、P13、P15、P08、P11、P14、P17、P20、P23、P16、P18、P19、P21、P22、P24	35000700-1	
152	福建	福建福州鳌峰州国家粮食储备库	油	1.5000	Y01-Y03、Y04-Y09	35000301-1	
153	江西	吉安市吉州区马鞍山粮食储备库	粮	4.3996	A1-A2、B1、B3、C1、C3、B2、B4、C2、C4	36019100	
154	江西	芦溪县粮食局直属粮库	粮	3.2328	1-4、11、5-8、9-10	36019200	
155	江西	湖口县粮食局第三粮库	粮	2.5841	1-4、5-7、8-9	36019300	
156	江西	武宁县直属粮库	粮	3.0000	1-24	36006400-1	
157	山东	山东平原龙门粮食储备库	粮	5.2600	1-2、27-28、30、23-26、20、22、17、19、21	37015600-1	
158	山东	日照市东港区粮食收储管理中心	粮	3.3731	1-3、6-8、10、13-15、16-17、18-19、20、4、5、11-12、9	37020200	
159	山东	山东植谷粮油储备利津有限公司	粮	4.9998	1#-2#、3#-5#	37020300	
160	山东	东明县金满仓粮油购销有限公司	粮	15.1224	1-2、13-20、21-34、3-6、7-12	37020400	

续表

序号	地区	企业名称	类别	授予资格仓（罐）容	授予资格仓（罐）号	证书编号	备注
161	山东	东平县东昇粮油收储中心	粮	2.0273	0P15-0P19、0P20、1P10-1P13	37014800-1- Ⅰ	与延续申请证书合并
162	山东	东营市粮食储备库	粮	11.9664	16、1、3、4、7、8、15、19、20、2、31、32、33、34、35、36、39、40、45、47、46、66、67、68、69、70、71、72、73、9、10、11、12、21、22、23、24、27、28	37010400-2	
163	山东	利津县粮食储备库	粮	4.1152	1-2-3-4、5-6-7-8	37020500	
164	山东	山东滨城国家粮食储备库	粮	4.2997	东库区：25、26、28-30号、27号、31号； 西库区：15号	37004800-2	
165	山东	山东鄄城国家粮食储备库	粮	4.5680	顺达分库：1-8号仓	37002500-2	
166	山东	山东文登国家粮食储备库	粮	5.5356	主库：1-42	37004200-4	
167	山东	无棣县粮食收储有限责任公司	粮	2.9970	信阳分公司:1、2、3、4、5、6、7	37020600	
168	山东	枣庄市山亭区粮食收储管理中心	粮	2.5000	1-3号仓、4号仓、5-6号仓	37020700	
169	山东	泰安市长城粮库	粮	1.2687	11、12、9-10	37003500-2	
170	山东	山东新泰瑞华粮食储备库有限公司	粮	2.8000	1、4、5、8、2、3、6、7	37020700	
171	山东	山东平原国家粮食储备库	粮	1.0006	30-31	37001400-2	
172	山东	山东东阿国家粮食储备库	粮	0.6000	311、312	37005300-5	
173	山东	青岛三乐粮油储备有限公司	粮	9.0600	1-12、13-20	37020800	
174	山东	菏泽正信粮食购储有限公司	粮	0.6776	5-6	37015800-1- Ⅰ	与延续申请证书合并
175	山东	山东省粮油收储有限公司	粮	24.6591	主库区：1、5、9、13、17、21、25、29、33、49-54、34-36、38-40、42-44、46-48、18-20、22-24、26-28、30-32、2-4、6-8、10-12、14-16、37、41、45； 1分库：42、41、22、24、26、28、3032、34、36、38、40、21、23、25、27、29、31、33、35、37、39、1-20	37003200-1	
176	山东	山东省昌乐粮食储备库	粮	5.2590	1-30	37012500-1	
177	山东	山东黄岛国家粮食储备库	粮	17.4200	1、2、5、6、7、8、10、14-25、11、12、13、3、4、9	37000110-1	
178	山东	聊城东昌粮食物流有限公司	粮	2.7519	1、4、2、5、3、6	37020900	
179	山东	菏泽信源粮油收储有限责任公司	粮	4.3107	1、10、8-9、6-7、4-5、3、2	37012800-1	
180	山东	菏泽市粮油购销储运公司	粮	4.1580	11、12、1、2、3、4、5、6、9、10	37012300-5	

续表

序号	地区	企业名称	类别	授予资格仓（罐）容	授予资格仓（罐）号	证书编号	备注
181	山东	菏泽良润粮食收储有限公司	粮	10.5847	青烟集 1-4、5-6、7、8；郓城 1-2、3-7	37017400-1	
182	山东	东明西农粮油购销有限公司	粮	3.7200	1-4、5-6	37021000	
183	山东	山东平阴国家粮食储备库	粮	3.8873	11、12、15、17、18、21、22、19、20、24-31、32、9、10、13、14、16、23	37007700-1	
184	山东	五莲县粮食储备库	粮	3.9800	13-16、17-20	37021100	
185	山东	枣庄市内丰粮食收储有限公司	粮	2.5228	1-2 号、7-8 号、5-6 号、3-4 号	37021200	
186	山东	山东菏泽东郊国家粮食储备库	粮	3.0000	1、11、12、13、14、2-3、4、5-6、8-9、7、10	37002200-1	
187	山东	山东国鑫实业有限公司	粮	6.7500	1-12	37021300	
188	山东	山东伯乐庄园粮油有限公司	粮	3.6152	1-2号仓、5-6号仓、3-4号仓、7-8号仓	37021400	
189	山东	济宁市任城区富民粮食收储有限公司	粮	2.8494	10、12、11、1、3、2、4、5、6、7-9	37021500	
190	山东	菏泽市牡丹粮食储备库	粮	3.0000	1-4、5-6	37021600	
191	山东	德州鹏达粮食物流有限公司	粮	4.7008	1-4、5-6、7、8-9	37021700	
192	山东	山东省聊城市市级粮食储备库	粮	1.1495	27、28、29	37008900-2	
193	山东	山东金富仓粮业有限公司	粮	5.5000	11、12、14、15、13、16、1、2、4、5、3、6、7、8、10、9	37021800	
194	山东	济宁市第二粮库	粮	2.6166	15、16、17、18、19、20	37017400-1	
195	山东	山东黄岛国家粮食储备库	油	3.6000	1-16	37003111-1	
196	山东	菏泽信源粮油收储有限责任公司	油	0.7082	1-2、3-4	37013201-1	
197	河南	中粮（新乡）小麦有限公司	粮	9.6000	T101A-T106A、T101B-T106B、T301A-T306A、T301B-T306B、T501A-T506A、T501B-T506B、T701A-T706A、T701B-T706B	41024400	
198	河南	河南省军粮储备库有限公司	粮	0.9518	12	41012900-1	
199	河南	河南南阳建设路国家粮食储备库	粮	6.0000	1-8、9-12	41011400-1	
200	河南	上蔡县大地粮油贸易有限公司	粮	5.7024	1-2、3-5、6-9	41024700	
201	河南	河南郑州中原国家粮食储备库	粮	12.5999	14、16、17、19、20、22、23、25、15、18、21、24、1、2、3、4、5、6、7、8、9、10、11、12、13	41007800-3	
202	河南	河南唐河国家粮食储备库	粮	11.0000	主库区：1-6、7-9，分库区：10-11、12-17	41007200-1	
203	河南	河南京粮粮业有限公司	粮	12.5742	1-16、20、17-19	41025000	

续表

序号	地区	企业名称	类别	授予资格仓（罐）容	授予资格仓（罐）号	证书编号	备注
204	湖北	湖北丹江口国家粮食储备有限公司	粮	3.0867	1、11、2-3、4、5、6、7、10、8、9	42012000	
205	湖北	湖北云梦国家粮食储备库	粮	3.7962	1、4、5、8、9、12、2、3、6、7、10、11	42012100	
206	湖北	随州市高新区粮油储备有限公司	粮	9.4010	1-14#	42012200	
207	湖北	湖北省储备粮武汉储备库有限公司	油	2.5000	1-4、5-7	42012601	
208	重庆	重庆市上桥粮食中转库有限责任公司	粮	0.5424	2分库：29号仓、30号仓	50000400-2-Ⅱ	与延续申请证书合并
209	四川	都江堰粮缘商贸有限责任公司	粮	2.9964	1、8、4-5、2-3、6-7、9-10	51017800	
210	四川	四川彭州敖平省粮食储备库	粮	2.5954	1-9、15	51017900	
211	四川	万源市太平粮油储备有限公司	粮	2.5016	0P1-0P3、0P10-0P11、0P4-0P7、0P8-0P9	51008300-1	
212	四川	四川彭山凤鸣国家粮食储备库	粮	0.8226	43-45号仓	51010800-3	
213	四川	四川广元河西粮食储备库有限公司	粮	5.2225	1-4号仓、13-14号仓、11-12号仓、9-10号仓、7-8号仓、5-6号仓	51018000	
214	四川	四川绵竹城区省粮食储备库	粮	2.8932	1-12	51018100	
215	四川	眉山市彭山区国有粮食购销有限责任公司	粮	2.5944	主库区：1、3-4、6-7、9-10、12、2、5、8、11	51018200	
216	四川	四川省达州市粮油（集团）总公司	粮	3.2100	1-2、17-18、5-10、15-16、4、3	51018300	
217	四川	四川邻水城南省粮食储备库	粮	4.5044	13、16、17、18-19、1、7、2-3、8-9、4、10、5、11、14-15、6、12	51018400	
218	四川	四川丹棱城关省粮食储备库	粮	2.3956	13、14-16、17-19、20-21、22-23	51010300-2	
219	四川	四川大竹云东省粮食储备库	粮	3.3140	主库区：1-20	51018800	
220	四川	四川大英蓬莱省粮食储备库	粮	4.9978	0P1-0P16、0P17、0P22、0P18-0P21	51018500	
221	四川	泸县开元粮食有限责任公司	粮	4.1732	OP1-0P5、0P11-0P15、0P17、0P16、0P18、0P6-0P10	51018600	
222	四川	达县麻柳省粮食储备库	粮	2.5458	1P24-1P29、1P30-1P35	51018700	
223	四川	雅安市雨城区粮油购销储备总公司	粮	5.3041	1、12、15-16、18-19、22、14、17、13、20-21、2-4、7-11	51013600-1	
224	四川	四川彭州蒙阳省粮食储备库	粮	2.1465	10、12、14、18、17、16、11、13、15	51007100-2	
225	四川	四川简阳国家粮食储备库	粮	0.6103	0P17、0P19、0P18	51007300-2	
226	四川	绵阳市游仙粮油购销公司	粮	2.6991	1分库：1-9	51003500-3	
227	四川	成都市龙泉驿区粮油实业有限公司	粮	7.0056	1、4-5、8-9、12-13、16-17、20-21、24、2-3、6-7、10-11、14-15、18-19、22-23	51018900	

续表

序号	地区	企业名称	类别	授予资格仓（罐）容	授予资格仓（罐）号	证书编号	备注
228	四川	四川江油国家粮食储备库	油	0.3288	1-3	51016201	
229	四川	四川广元河西粮食储备库有限公司	油	0.4094	1-3 号	51016301	
230	四川	四川大英蓬莱省粮食储备库	油	0.4810	0Y1、0Y2-0Y3、0Y4、0Y5-0Y6	51016401	
231	贵州	贵州五谷丰粮油储备有限责任公司	油	1.3500	1-4、6	52002701	
232	云南	昆明国家粮食储备有限公司	粮	2.6716	91、96、92-95	53000100-1-I-B	与变更申请证书合并
233	云南	个旧市粮食储备库	粮	1.0000	15-18	53003200-1	
234	陕西	陕西省储备粮华县直属库	粮	12.0600	1、13、14、15、19、23、16、20、24、17、18、21、22、2、25-28、29-30、3、4、5、6、9-12	61003500	
235	陕西	岐山县鲁班桥粮食储备库	粮	2.5953	20-22	61003600	
236	陕西	富平县合兴粮业有限公司	粮	6.1560	1-5、6-15	61003400-1	
237	陕西	安康市粮食储备库	粮	5.0000	1-8	61003700	
238	陕西	陕西大荔粮农粮食储备库有限公司	粮	16.8000	主库区：1-14 号仓	61003800	
239	陕西	陕西汉中北关省粮食储备库	油	1.0000	1-10	61002301-1	
240	甘肃	平凉市窑店粮库	粮	5.3000	1-10、13-16、11-12	62005400-1	
241	甘肃	景泰县北滩粮库	粮	3.2175	1-6、7-9	62004800-1	
242	甘肃	灵台县粮油购销储备有限责任公司	粮	2.8926	1-6	62005700	
243	新疆	昌吉回族自治州粮油购销（集团）有限责任公司	粮	17.6000	昌吉粮食储备库储粮中心：1-20、呼图壁分公司县城仓库 1-10、呼图壁分公司县城仓库 11、吉木萨尔分公司三台仓库 1-1、吉木萨尔分公司县城仓库 1-6、吉木萨尔分公司县城仓库 7-12	65000900-2	
244	新疆	新疆吐鲁番国家粮食储备库	粮	2.7027	1、10、11、12、2、3、4、5、6、7、8、9	65001300-2	
245	新疆	昌粮集团奇台粮油有限责任公司	粮	5.0000	中心仓库 1-10	65004200	
246	新疆	昌吉回族自治州粮油购销（集团）有限公司	油	2.4740	储油中心 1-6、22-34、呼图壁县城仓库 1-6、玛纳斯包家店 1-4、吉木萨尔三台仓库 1-4	65002101	

数据来源：国家粮食局统计资料。

表35 2016年中央储备粮代储资格延续企业名单

单位：万吨

序号	企业名称	类别	延续资格情况			备注
			证书编号	仓（罐）容	仓（罐）号	
	北京					
1	北京怀柔国家粮食储备库	粮	11000500-2-Ⅱ	13.0400	主库区：平房仓25-32，立筒仓33-36、39-40；1分库：平房仓102、103、107、109-112，立筒仓113-170；2分库：平房仓201-208，立筒仓209-213；3分库：平房仓321-324，立筒仓301-320、325-334；4分库：立筒仓401-436，平房仓437-444	
2	北京西北郊粮食收储库	粮	11000900-3-Ⅰ	15.9824	主库区：1-26；1分库：主洞、支洞；2分库	
3	北京宝益粮油储备库	粮	11000100-1-Ⅱ	2.4253	1分库7-13、65-90号仓房	
	天津					
4	天津市宝坻京东粮油储运贸易有限公司	粮	12003300-1-Ⅰ	16.5249	1-43号	
5	天津雍阳粮食储备库	粮	12002000-Ⅱ	10.7912	1-24仓	
	河北					
6	河北鹿鸿粮食储备有限公司	粮	13013200-Ⅱ	3.3000	西院1号、2号；东院17号-24号	
7	邯郸市鑫兴粮油购销有限公司	粮	13017400-Ⅰ	6.8838	1-10号	
8	大名县城西粮食购销有限公司	粮	13017500-Ⅰ	3.5720	1-8号	
9	石家庄市栾城区粮食购销有限公司	粮	13017600-Ⅰ	2.5920	1-16号仓房	
10	秦皇岛天惠粮食有限公司	粮	13012100-Ⅱ-A	3.2010	21-52	与变更申请证书合并
11	清苑国家粮食储备库	粮	13012700-Ⅱ	11.7500	1-22	
12	霸州市益津粮油购销第一有限公司	粮	13012200-2-A-Ⅱ	3.8166	1-6、17-20	与延续、变更证书合并
13	三河市皇庄粮库	粮	13012300-Ⅱ	3.2030	1-16号	
14	唐山市曹妃甸省级粮食储备库	粮	13012000-Ⅱ	3.7404	主库区:1-18号仓	
15	保定市粮食局直属库	粮	13003300-Ⅱ	6.3888	1-8、9-12	
	山西					
16	山西晋城国家粮食储备库	油	14006301-Ⅰ	0.0031	1-6	
17	繁峙县粮食局直属二库	粮	14005400-Ⅱ	2.5000	主库区：普通平房仓1-7；1分库：普通平房仓1-1、1-2；2分库：地下仓2-1、2-2、2-3、2-4	
18	定襄县粮食局河边储备库	粮	14005000-Ⅱ	2.6500	1-12号	
19	平遥县粮食局直属仓库	粮	14005100-Ⅱ	2.5000	1-8、33-34	
	内蒙古					
20	扎赉特旗海仓粮油贸易有限公司	粮	15010400-3-Ⅰ	21.6237	1-8号、T9-T12号、P1、P2、T13-T16、P3、T45-T47、T49、T48	
21	内蒙古林西国家粮食储备库	粮	15004300-1-Ⅰ	2.7120	1-5	
22	内蒙古华蒙粮油有限公司	油	15010701-1-Ⅰ	2.0112	Y1-Y4	
	吉林					
23	洮南市野马粮食储备库	粮	22011600-Ⅰ	3.0000	1-8号仓房	
24	吉林省双辽粮食中心库	粮	22011400-Ⅰ	2.7700	1-7号仓房	

续表

序号	企业名称	类别	延续资格情况			备注
			证书编号	仓（罐）容	仓（罐）号	
25	洮南市永茂粮食储备库	粮	22011800- Ⅰ	2.6400	1-3 号	
26	农安开安粮食储备库	粮	22011500- Ⅰ	8.3158	1-17 号仓房	
27	吉林市搜登站粮库	粮	22011100- Ⅰ	2.5310	5-8	
28	舒兰市吉舒粮库	粮	22010900-2- Ⅰ	5.4625	8-12 号标准仓、13-17 号标准仓	与补充申请证书合并
29	长春市直属东湖粮食储备库	粮	22011000- Ⅰ	2.5000	1-9	
30	洮南市向阳粮食储备库	粮	22011900- Ⅰ	3.0000	1、2 号仓房	
31	华粮集团东丰粮食中转库	粮	22002470- Ⅰ -A	9.7000	浅圆仓 1-8 号、平房仓 9-14 号	与变更申请证书合并
32	吉林市西关国家粮食储备库	粮	22008900-1- Ⅱ	4.5195	1-10 号	
	黑龙江					
33	宾县胜利粮库	粮	23025100- Ⅰ	3.1200	1-12 号仓房	
34	鹤岗市第八粮库有限责任公司	粮	23002000-2- Ⅰ	2.7120	11-13 号仓库	
35	抚远县浓桥粮库有限责任公司	粮	23025800-I-A	9.0000	1-6	与变更申请证书合并
36	依兰县三道岗粮库有限责任公司	粮	23027500- Ⅰ	3.0000	新 1-4 号仓	
37	黑龙江宾县新甸国家粮食储备库	粮	23019100- Ⅱ	2.5000	主库区 1-8、12-13 号仓房	
38	泰来县红旗粮库有限公司	粮	23025700- Ⅰ	4.0000	钢板浅圆仓 51-58 号仓房	
39	富锦市兴隆粮库有限责任公司	粮	23027200- Ⅰ	4.7966	T1-8、P1-6	
40	庆安县石尹粮库有限公司	粮	23025300- Ⅰ	3.8900	1-6 号仓	
41	饶河县西丰粮食储备有限责任公司	粮	23026900-1- Ⅰ	3.8400	1-24	与补充申请证书合并
42	延寿县中和粮库有限责任公司	粮	23027700- Ⅰ	3.1050	1、4、5、6 号仓	
43	克山县涌泉粮库	粮	23027800- Ⅰ	3.0000	1-6 号仓房	
44	鹤岗市宝泉粮库有限责任公司	粮	23026500- Ⅰ	4.5000	1-3 号	
45	绥棱县双岔河粮库有限公司	粮	23026000- Ⅰ	2.5000	海伦 LC10-01、海伦 LC10-03、海伦 LC10-04、海伦 LC10-06、海伦 LC10-05、海伦 LC10-07、海伦 ZD10-09、海伦 ZD10-11、Z10-02、Z10-08、Z10-10	
46	拜泉县兴农粮库有限公司	粮	23018300- Ⅱ	2.5000	平房仓 1-2、7、10，钢板平房仓 11-12，立筒仓 16-21 号仓房	
47	中国华粮物流集团桦南粮库	粮	2303300-1- Ⅱ	3.0500	1-6、10-12、61-68 号仓房	
48	勃利县杏树粮库有限责任公司	粮	23026600- Ⅰ	4.0435	11 号、13-21 号	
49	黑河市振兴粮库东库	粮	23025000- Ⅰ	2.5500	1、2 号仓房	
50	黑河市龙丰粮库	粮	23028100- Ⅰ	3.7000	1、2、3 号仓房	
	上海					
51	上海松江粮油购销有限公司	粮	31001300- Ⅰ	12.7139	1 号 -30 号	
	江苏					
52	宿迁市宿城区第二粮食储备库	粮	32019200- Ⅰ	2.5007	1-10	
53	江苏中苏储油脂仓储有限公司	油	32019601- Ⅰ	3.6919	201-202、301-302、501-505 号油罐	
54	如东县栟茶粮食储备库	粮	32019300- Ⅰ	2.5728	1-11 号仓	

续表

序号	企业名称	类别	延续资格情况			备注
			证书编号	仓（罐）容	仓（罐）号	
55	新沂市瓦窑粮油管理所	粮	32009800-Ⅱ	3.4976	主库区 :1-30 号仓房	
56	新沂市大地粮油收储有限公司	粮	32009300-2-Ⅱ	7.0771	主库区 :1-25；祥源分库 :1-18 号仓房	
57	徐州苏鲁粮食现代物流中心	粮	32019000-Ⅰ	4.5200	1-16 号	
58	泰州国家粮食储备库	粮	32007200-2-Ⅱ	5.9066	1-25 号仓	
59	新沂市徐塘粮油管理所	粮	32009900-2-Ⅱ	6.5144	主库区：1-14、16-21；2 分库：1-5 号仓房	
	浙江					
60	衢州市粮食收储有限责任公司	粮	33003300-Ⅰ	6.5793	0P1-0P21	
61	桐乡市粮食收储有限公司	粮	33001200-3-B-Ⅰ	9.8629	0p1-0p18、1p1-1p9、2p1-2p8	与变更申请证书合并
62	浙江宁波市国家粮食储备库	粮	33000700-Ⅱ	3.6000	1-8	
63	杭州余杭区粮食收储有限责任公司	粮	33001600-Ⅰ-A	2.9988	1P1-1P8 号仓	与变更申请证书合并
64	奉化市粮食购销有限公司	粮	33003400-Ⅰ	4.4350	1-17 号仓	
65	浙江宁波镇海国家粮食储备库	粮	33000300-1-Ⅰ	6.5570	001、002、004-018、101-108	
66	开化县粮食收储有限责任公司	粮	33003600-Ⅰ	2.9550	0p1-0p8、0p12-0p19	
	安徽					
67	宣城市宣州区金亭粮油购销有限责任公司	粮	34011800-Ⅰ	2.6400	1-6	
68	六安天业国家粮食储备库	粮	34009700-Ⅱ	6.6286	1-11、13-17	
69	黄山市黄山区粮食购销有限公司	粮	34005400-1-Ⅰ	3.0588	储备库主库区 :1-12 号仓房	
70	蚌埠市粮食局第三仓库	粮	34000700-1-Ⅰ	4.1136	1-12	
71	灵璧县金粮丰夏楼粮食储备库	粮	34011900-Ⅰ	4.0400	4-9	
72	宁国市省级粮食储备库	粮	34008800-Ⅱ	2.9035	1-4	
73	蚌埠市粮食局第一仓库	粮	34006600-1-Ⅰ	0.8000	1 分库：1P13、1P14	
	福建					
74	浦城县粮食购销有限公司	粮	35001200-Ⅱ	2.5491	301-326	
75	福建邵武水北国家粮食储备库	粮	35002000-Ⅱ	2.7080	水北库区 :101-111；城郊库区 :112-127 号仓	
76	厦门市粮食购销有限责任公司	粮	35000100-1-Ⅰ-A	19.7769	101-136、201-229、232-243	与变更申请证书合并
77	福建建阳国家粮食储备库	粮	35001300-Ⅱ	2.7520	平房仓 201-208、217-224、229-236，楼房仓 209-216、226-228 号仓房	
78	福建省三明市荆西粮油储运站	粮	35001400-1-Ⅱ	6.0109	101 — 133 号	
79	福建省明溪县粮食购销有限公司	粮	35001700-1-Ⅱ	3.8043	浅圆仓 1-10，平房仓 11-23	
80	福建省建宁县粮食购销有限公司	粮	35001000-Ⅱ	2.5587	701-720	
81	福建省三明市粮食购销有限公司	粮	35001500-1-Ⅱ	3.9016	平房仓 1、2、8，楼房仓 7 上、7 下，0P1-0P10 号	
	江西					
82	江西南昌横岗国家粮食储备库	粮	36000400-1-Ⅱ	7.2670	8-11、13-27	

续表

序号	企业名称	类别	延续资格情况			备注
			证书编号	仓（罐）容	仓（罐）号	
	山东					
83	山东临清国家粮食储备库	粮	37016600- Ⅰ	6.0424	1-32 号仓	
84	东平县东昇粮油收储中心	粮	37014800-1- Ⅰ	5.7035	0P1-0P14、1P1-1P9	与补充申请证书合并
85	烟台市润通油脂有限公司	油	37007201- Ⅰ -A	2.8006	2、3、6-11、13-16	与变更申请证书合并
86	菏泽华瑞粮食收储有限公司	粮	37016100- Ⅰ	2.5427	1-7	
87	菏泽市粮油中转储备库	粮	37002100- Ⅱ	9.5210	1-19	
88	莱州市粮食收储管理中心	粮	37016900- Ⅰ	3.3548	15-29 号	
89	单县粮食收储有限公司	粮	37015400- Ⅰ	2.8124	1-4 号	
90	菏泽正信粮食购储有限公司	粮	37015800-1- Ⅰ	3.3145	1-4、7-12	与补充申请证书合并
91	菏泽华瑞粮食储备库	粮	37016400- Ⅰ	3.1110	1-6 号仓房	
92	山东滨州国家粮食储备库有限公司	粮	37001300-2- Ⅱ -A	9.9093	1-31、34-37	与变更申请证书合并
93	山东高密国家粮食储备库	粮	37009400- Ⅱ	5.0600	1-33 号	
94	济宁市润泽粮油收储站	粮	37015300- Ⅰ	3.3188	1-9	
95	枣庄市市中区粮食收储管理中心金禾粮食储备库	粮	37015900- Ⅰ	3.4144	1-12 号仓房	
	河南					
96	河南新乡铁西国家粮食储备库	粮	41002800- Ⅱ	5.2032	1-6、9-23	
	湖北					
97	荆州市粮食储备库	粮	42011600- Ⅰ	6.1920	1-16	
98	武汉市第六粮库	粮	42012000- Ⅰ	5.5850	3-15 号仓房	
99	湖北省龙感湖天丰粮油购销有限公司	粮	42011900- Ⅰ -A	4.3000	1-11 号仓	与变更申请证书合并
100	武汉市大花岭粮食储备库	粮	42011700- Ⅰ	8.0100	1-27 号仓房	
101	咸宁市安泰储备粮管理有限公司	粮	42008600- Ⅱ -A	2.7655	1-18	与变更申请证书合并
102	黄石市油脂公司	油	42008901-1- Ⅰ	0.9832	11-17 号	
	湖南					
103	湖南粮食集团有限责任公司	粮	43040600- Ⅰ	13.8492	主库区：0L013-2、0L014-2、0L015-2、0L016-2、0Q0101-0Q0106；1 分库：1Q0104、1Q0106-1Q0109、1Q0111 号仓	
	重庆					
104	重庆市上桥粮食中转库有限公司	粮	50000400-2- Ⅱ	7.7748	3 分库：1-17 号仓	与补充申请证书合并
	四川					
105	眉山市东坡区省粮食储备库	粮	51009900- Ⅱ	2.5506	1-21	
106	梓潼县观义粮油收储站	粮	51010200-1- Ⅱ	3.2187	1-39	
107	乐山市沙湾粮油购销公司	粮	51015000- Ⅰ	4.1462	主库区：1-12 号	

续表

序号	企业名称	类别	延续资格情况			备注
			证书编号	仓（罐）容	仓（罐）号	
108	南江县粮油购销总公司	粮	51014900-Ⅰ	5.0194	主库区：0P1-0P8；乐坝库：1P1-1P7	
109	合江城区国家粮食储备库有限公司	粮	51002400-Ⅱ-A	5.2018	主库区：1-7； 1分库：1-6	与变更申请证书合并
110	四川凉山国家粮食储备库	粮	51009100-Ⅱ	1.7046	1-9号仓	
111	资阳市粮食储备库	粮	51014600-Ⅰ	2.5233	1-6号	
	云南					
112	昆明西山粮食购销有限责任公司	粮	53002500-Ⅱ-A	2.3200	主库区：D01-D13号仓，P03-P06号仓；1分库：普通平房仓4-6号仓	与变更申请证书合并
	陕西					
113	陕西兴平国家粮食储备库	粮	61002800-Ⅱ	3.2132	地下仓1-19，平房仓23、24	
114	陕西大荔丰图义仓粮食储备库	粮	61002400-Ⅱ	0.5000	普通平房仓1-2，普通浅圆仓22-26,28-47号仓房	
115	渭南市明光峪粮库	粮	61002700-Ⅱ	3.3527	地下仓330-339，平房仓340-354	
	新疆					
116	麦盖提县粮食收储公司	粮	65004000-Ⅱ	2.5000	主库区：1-14；1分库：1-4	
117	洛浦县粮油收储有限责任公司	粮	65002500-Ⅱ	2.6000	主库区：1-6；1分库：1-6	
118	乌鲁木齐市粮食储备库	粮	65001400-1-Ⅱ-A	5.8506	主库区：普通平房仓1-3号仓房；1分库：钢板浅圆仓001-004，普通平房仓005-016号仓房	与变更申请证书合并

数据来源：国家粮食局统计资料。

表36 2016年中央储备粮代储资格变更事项企业名单

单位：万吨

序号	企业原名称	类别	变更内容	变更后资格情况				备注
				证书编号	企业名称	仓（罐）容	仓（罐）号	
	北京							
1	北京市顺义粮食收储库	粮	法定代表人、仓容、仓号	11004100-B	北京市顺义粮食收储库	33.5972	1分库：12；2分库：1-47；3分库：1-16、36-38；4分库：1-13，筒仓1-18；5分库：1-13，筒仓1-22；6分库：筒仓1-15，平房仓16-18、24-25、32-36号仓	
2	北京市东北郊粮食收储库	粮	法定代表人					
	天津							
3	天津静海国家粮食储备库	粮	法定代表人、仓号	12000900-4-B-Ⅱ	天津静海国家粮食储备库	52.0243	1-26、32-34、51-59、61-69、71-79、81-89、91-99、101-116#、201-210#、42-1、42-2、44-1、44-2	与补充申请证书合并
4	天津静海国家粮食储备库	油	法定代表人					
5	天津市宁河县粮食购销有限公司	粮	企业名称、企业代码	12001200-2-A	天津市宁河区粮食购销有限公司	2.9392	1-4、10、11、15-18	
6	天津市宝坻京东粮油储运贸易有限公司	粮	法定代表人					
7	天津津南国家粮食储备库	粮	法定代表人、仓号	12001700-I-A	天津津南国家粮食储备库	9.5605	1仓、2幢1-2仓、3幢1-2仓、4仓、5幢1-2仓、6幢1-2仓、7仓、8幢1-2仓、10幢1-3仓、11幢1-3仓、12幢1-3仓、13幢1-3仓、14幢1-3仓、15幢1-3仓、16幢1-3仓、17幢1-2仓、18幢1-3仓、19幢1-3仓、20幢1-3仓、21幢1-3仓	
	河北							
8	栾城县粮食购销有限公司	粮	企业名称、企业代码、法定代表人	13017600-A	石家庄市栾城区粮食购销有限公司	2.5920	1-16号仓房	
9	霸州市益津粮油购销第一有限公司	粮	企业代码、仓容、仓号	13012200-2-A-Ⅱ	霸州市益津粮油购销第一有限公司	2.1249	1-6号仓	与补充、延续申请证书合并
10	保定市粮食局直属库	粮	企业代码					
11	大名县城西粮食购销有限公司	粮	企业代码、法定代表人					
12	河北赵县国家粮食储备有限责任公司	粮	企业代码、仓容、仓号	13003200-I-A	河北赵县国家粮食储备有限责任公司	5.3250	1-24	
13	秦皇岛天惠粮食有限公司	粮	企业代码、仓容、仓号、人员	13012100-Ⅱ-A	秦皇岛天惠粮食有限公司	3.2010	21-52	与延续申请证书合并
	内蒙古							
14	内蒙古大板国家粮食储备库	粮	法定代表人					
15	内蒙古赤峰东城国家粮食储备库	粮	法定代表人、仓容、仓号	15006400-2-A	内蒙古赤峰东城国家粮食储备库	2.2297	10-16	与补充申请证书合并
16	包头市土右粮食购销有限责任公司	粮	法定代表人					

续表

序号	企业原名称	类别	变更内容	变更后资格情况				备注
				证书编号	企业名称	仓（罐）容	仓（罐）号	
	辽宁							
17	鞍山银珠米业有限公司	粮	法定代表人					
18	宽甸满族自治县第二粮库	粮	企业名称、仓容	21012400-A	宽甸佰丰粮食储备库	1.7817	P3-P5	
19	沈阳南方谷物实业公司	粮	企业名称	21004400-2-A	沈阳南方谷物有限公司	3.3748	9 号、P10-P11	
20	沈阳骐业粮食储备有限公司	粮	仓容					仓容灭失
21	凤城市第二粮库	粮	法定代表人					
	吉林							
22	舒兰市天德粮库	粮	企业代码、法定代表人					
23	舒兰市七里粮库	粮	法定代表人					
24	中国华粮物流集团东丰国家粮食储备库	粮	企业名称、法定代表人	22002470-Ⅰ-A	华粮集团东丰粮食中转库	9.7000	浅圆仓 1-8、平房仓 9-14 号仓	与延续申请证书合并
25	舒兰市小城粮库	粮	企业代码、法定代表人					
26	洮南市向阳粮食储备库	粮	法定代表人					
27	吉林市搜登站粮库	粮	企业代码					
28	黑龙江金泉粮油贸易集团长春金隆豆业股份有限公司	油	企业名称、企业代码、法定代表人	22014601-A	九三集团长春大豆科技集团股份有限公司	2.7696	1-6# 号油罐	
	黑龙江							
29	黑龙江双鸭山宝山国家粮食储备库	粮	法定代表人					
30	拜泉县兴农粮库有限公司	粮	企业代码					
31	黑龙江五大连池二龙山国家粮食储备库	粮	法定代表人					
32	黑河市振兴粮库东库	粮	法定代表人					
33	桦南县土龙山粮库有限责任公司	粮	法定代表人					
34	黑龙江金泉粮油贸易集团长春金隆豆业股份有限公司	油	企业名称、法定代表人	22014601-A	九三集团长春大豆科技股份有限公司	2.7696	1-6 号油罐	
35	富锦市二龙山粮库有限责任公司	粮	企业代码、所有制性质、法定代表人					
36	抚远县浓桥粮库有限责任公司	粮	企业名称	23025800-I-A	抚远市浓桥粮库有限责任公司	9.0000	1、2、 3、4、5、6	与延续申请证书合并
37	铁力国家粮食储备库有限责任公司	粮	法定代表人、仓容、仓号	23010200-I-B	铁力国家粮食储备库有限责任公司	5.1436	1、2、4、8-13、19-26 号仓房	
38	黑河市龙丰粮库	粮	法定代表人					
39	勃利县杏树粮库有限责任公司	粮	法定代表人					
40	黑龙江双城周家国家粮食储备库	粮	企业名称、企业代码	23017700-1-A	哈尔滨市双城区周家粮库	2.5000	001、002 号仓房	

续表

序号	企业原名称	类别	变更内容	变更后资格情况				备注
				证书编号	企业名称	仓（罐）容	仓（罐）号	
41	绥棱县双岔河粮库有限公司	粮	法定代表人、仓号、人员	23026000-A	绥棱县双岔河粮库有限公司	2.5000	海伦LC10-01、海伦LC10-03、海伦LC10-04、海伦LC10-06、Z10-02、海伦LC10-05、海伦LC10-07、Z10-08、海伦LC10-09、Z10-10、海伦LC10-11	
42	七台河新兴国家粮食储备库有限责任公司	粮	法定代表人					
43	齐齐哈尔市京双粮库	粮	法定代表人					
44	中国华粮物流集团桦南粮库	粮	法定代表人					
45	绥化市长发粮库有限公司	粮	法定代表人					
46	依兰县愚公粮库	粮	企业名称、法定代表人、仓号	23027900-A	依兰县国家粮食储备库	2.5000	15、16、17、18、19号仓	
47	方正县第一粮库有限公司	粮	企业名称、企业代码、仓容、仓号	23007000-A	方正县方粮第一粮库有限公司	4.4462	平房仓4、6、8-9、11-15号仓房	
	上海							
48	上海海丰米业有限公司	粮	企业代码、法定代表人					
49	上海松江粮油购销有限公司	粮	法定代表人					
	江苏							
50	溧水县和凤粮食购销有限公司	粮	法定代表人					
51	张家港江海粮油港务有限公司	油	企业代码、法定代表人					
52	江苏中苏储油脂仓储有限公司	油	企业代码、人员					
53	如皋市粮食购销公司	粮	企业名称、企业代码、法定代表人	32020800-1-A	如皋市通粮麦业有限公司	2.5377	401-402、501-503、101-102、201-202、301-302	
	浙江							
54	桐乡市粮食收储有限公司	粮	法定代表人、仓容、仓号	33001200-3-B-Ⅰ	桐乡市粮食收储有限公司	7.2869	0P1-0P18、1P1-1P9	与延续申请证书合并
55	杭州余杭区粮食收储有限责任公司	粮	仓号	33001600-Ⅰ-A	杭州余杭区粮食收储有限责任公司	2.9988	1P1-1P8号仓	与延续申请证书合并
56	衢州市粮食收储有限责任公司	粮	法定代表人					
57	淳安县国有粮食收储有限公司	粮	法定代表人					
58	奉化市粮食购销有限公司	粮	法定代表人					
59	浙江宁波庄市国家粮食储备库	粮	法定代表人					
60	开化县粮食收储有限责任公司	粮	法定代表人					
61	浙江宁波镇海国家粮食储备库	粮	企业代码、法定代表人					
	安徽							
62	安徽现代粮食物流中心库	油	法定代表人					
63	安徽省机械化粮库	油	法定代表人					
64	安徽黄山省级粮食储备库	粮	法定代表人					

续表

序号	企业原名称	类别	变更内容	变更后资格情况				备注
				证书编号	企业名称	仓（罐）容	仓（罐）号	
65	南陵金谷粮油收储有限公司	粮	法定代表人					
66	安徽怀宁省级粮食储备库	粮	法定代表人					
67	宁国市省级粮食储备库	粮	法定代表人					
68	黄山市黄山区粮食购销有限公司	粮	法定代表人					
69	中粮粮油安徽国家粮食储备库	粮	法定代表人、仓容	34001510-2-A	中粮粮油安徽国家粮食储备库	19.3450	1-37 号仓	与补充申请证书合并
70	宣城市宣州区金亭粮油购销有限责任公司	粮	法定代表人					
71	蚌埠市粮食局第三仓库	粮	法定代表人					
	福建							
72	福建省平潭县粮食收储有限公司	粮	法定代表人					
73	浦城县粮食购销有限公司	粮	法定代表人					
74	福建邵武水北国家粮食储备库	粮	法定代表人					
75	厦门市粮食购销有限责任公司	粮	企业名称	35000100-1-Ⅰ-A	厦门市储备粮管理集团有限公司	19.7769	101-136、201-229、232-243	与延续申请证书合并
76	南靖县靖城粮食购销有限公司	粮	法定代表人					
77	福建省建宁县粮食购销有限公司	粮	法定代表人					
	山东							
78	烟台市润通油脂有限公司	油	企业代码、仓容、仓号	37007201-Ⅰ-A	烟台市润通油脂有限公司	2.8006	2、3、6-11、13-16	与延续申请证书合并
79	山东高青国家粮食储备库	粮	法定代表人					
80	山东鲁北国家粮食储备库	粮	法定代表人					
81	菏泽华瑞粮食收储有限公司	粮	法定代表人					
82	山东滨州国家粮食储备库	粮	企业名称、所有制性质、仓号	37001300-2-Ⅱ-A	山东滨州国家粮食储备库有限公司	9.9093	1-10、14-31、39、34-36、12、11、13	与延续申请证书合并
83	山东省聊城市市级粮食储备库	粮	法定代表人					
84	山东枣庄国家粮食储备库	粮	企业名称、企业代码	37000400-Ⅰ-A	山东枣庄国家粮食储备库有限公司	7.5292	1-36	
85	梁山县鲁南粮食购销中心	粮	法定代表人					
86	单县粮食收储有限公司	粮	法定代表人					
87	菏泽华瑞粮食储备库	粮	法定代表人					
88	菏泽粮油仓储物流中心	粮	企业名称	37002100-Ⅱ-A	菏泽市粮油中转储备库 2 分库（仿山分库）	9.5210	1-19	与延续申请证书合并
	河南							
89	河南新乡新华国家粮食储备库	粮	法定代表人					
90	河南国家油脂储备库有限公司	油	企业代码、法定代表人					

续表

序号	企业原名称	类别	变更内容	变更后资格情况				备注
				证书编号	企业名称	仓（罐）容	仓（罐）号	
91	河南汤阴国家粮食储备库	粮	企业代码、法定代表人					
92	河南许昌〇九〇一省粮食储备管理有限公司	粮	法定代表人、仓容、仓号、人员	41020500-A	河南许昌〇九〇一省粮食储备管理有限公司	2.5046	1-4号仓房	
	湖北							
93	湖北枝江国家粮食储备库	粮	企业名称、法定代表人	42004700-Ⅱ-A	枝江市国家粮食储备有限公司	7.0464	1-33号	
94	武汉市第六粮库	粮	法定代表人					
95	红安县粮源米业有限责任公司	粮	企业名称	42013300-A	红安县五丰粮食储备有限公司	5.2500	1-14	
96	湖北钟祥双堰国家粮食储备库	粮	企业名称、法定代表人	42002200-I-A	湖北省储备粮荆门储备库有限公司	6.5520	1-19、22-29	
97	湖北省龙感湖天丰粮油购销有限公司	粮	企业名称	42011900-I-A	龙感湖天丰粮油储备有限公司	4.3000	1-11号仓	与延续申请证书合并
98	湖北咸宁横沟国家粮食储备库	粮	企业名称、法定代表人	42008600-Ⅱ-A	咸宁市安泰储备粮管理有限公司	2.7655	1-18	与延续申请证书合并
	四川							
99	四川通江国家粮食储备库	粮	法定代表人					
100	四川什邡方亭省粮食储备库	粮	企业代码、法定代表人					
101	乐山市沙湾粮油购销公司	粮	企业代码、法定代表人					
102	四川合江城区国家粮食储备库	粮	企业名称、所有制性质	51002400-Ⅱ-A	合江城区国家粮食储备库有限公司	5.2018	主库区：1-7；1分库1-6	与延续申请证书合并
103	四川资阳城关省粮食储备库	粮	法定代表人					
	云南							
104	昆明市东川粮油购销有限公司	粮	法定代表人					
105	昆明国家粮食储备有限公司	粮	仓号	53000100-1-I-B	昆明国家粮食储备有限公司	21.3584	1-20、22-27、33-56、62-80、Q1-Q6	与补充申请证书合并
106	昆明西山粮食购销有限责任公司	粮	法定代表人、仓容、仓号	53002500-Ⅱ-A	昆明西山粮食购销有限责任公司	2.3200	主库区：D01-D13、P03-P06；1分库：平房仓4-6号仓	与延续申请证书合并
	陕西							
107	西安西粮实业有限公司	油	法定代表人					
108	西安西粮实业有限公司	粮	法定代表人					
109	陕西兴平国家粮食储备库	粮	法定代表人					
	甘肃							
110	甘肃省白银粮油储备库有限公司	油	法定代表人					
111	甘肃省皋兰粮油储备库有限公司	粮	法定代表人					

续表

序号	企业原名称	类别	变更内容	变更后资格情况				备注
				证书编号	企业名称	仓（罐）容	仓（罐）号	
	宁夏							
112	宁夏青铜峡国家粮食储备库	油	企业名称	64001701-A	宁夏储备粮青铜峡储备库	1.0000	1-10 #	
113	宁夏青铜峡国家粮食储备库	粮	企业名称	64000300-I-A	宁夏储备粮青铜峡储备库	8.7700	1-19、22-37 号	
114	宁夏银川新城国家粮食储备库	油	企业名称	64001801-A	宁夏储备粮银川储备库	1.0000	1-10 号	
115	宁夏银川新城国家粮食储备库	粮	企业名称	64001400-A	宁夏储备粮银川储备库	11.2560	1-15、17、19、20-24 号	
116	宁夏中卫国家粮食储备库	粮	企业名称	64000700-1-A	宁夏储备粮中卫储备库	5.3150	1-20、28 号	
117	宁夏银川粮油购销公司	粮	企业名称、法定代表人	64001500-A	宁夏储备粮滨河储备库	6.2400	1-18	
118	平罗国家粮食储备库	粮	企业名称	64000900-I-A	宁夏储备粮平罗储备库	4.2000	5、711、13 号	
119	宁夏固原国家粮食储备库	粮	企业名称	64000200-I-A	宁夏储备粮固原储备库	7.4400	1-8、11-14 号	
120	宁夏灵武国家粮食储备库	粮	企业名称	64000100-1-I-A	宁夏储备粮灵武储备库	5.5000	1-10 号、11-14、24	
121	宁夏石嘴山国家粮食储备库	粮	企业名称	64000400-2-I-A	宁夏储备粮石嘴山储备库	12.2290	1-3、20-22、39-40、44-50、9、12、14-17、19、23-27、29-36、13、18、42-43、8、10、11、28	
122	宁夏兴庆国家粮食储备库	粮	企业名称	64001300-A	宁夏储备粮兴庆储备库	6.3279	1-7、10-13、8、9、14-19	
	新疆							
123	乌鲁木齐市粮食储备库	粮	法定代表人、仓号	65001400-1-Ⅱ-A	乌鲁木齐市粮食储备库	5.8506	主库区：普通平房仓 0P1-0P3 号仓房；1 分库：钢板浅圆仓 1T1-1T4，普通平房仓 1P1-1P12 号仓房	与延续申请证书合并
124	麦盖提县粮食收储公司	粮	法定代表人					
125	塔城地区金华粮油购销公司	粮	法定代表人、仓容、仓号	65002300-I-A	塔城地区金华粮油购销公司	2.7000	城郊粮库：1-8、17-18	

数据来源：国家粮食局统计资料。

表 37 2016 年南方 6 省区早籼稻收获质量情况表

单位：个，%

地区	样品数	覆盖市、县数	出糙率	等级比例							整精米率								不完善粒率	谷外糙米	黄粒米
				三等以上	一等	二等	三等	四等	五等	等外	平均值	其中									
												≥ 44	≥ 50	50~47	47~44	44~41	41~38	< 38			
合计	603	59 市 192 县	78.6	96.4	44.4	36.5	15.5	3.0	0.3	0.3	56.8	92.7	78.9	6.3	7.5	1.3	2.0	4.0	3.5	0.5	0.1
安徽	21	4 市 7 县	78.9	100.0	47.6	42.9	9.5	0.0	0.0	0.0	56.4	90.5	81.0	9.5	0.0	0.0	4.8	4.7	1.9	0.9	0.0
江西	160	9 市 29 县	79.0	96.9	54.4	30.0	12.5	3.1	0.0	0.0	55.0	93.1	70.6	9.4	13.1	0.0	1.9	5.0	3.9	0.6	0.1
湖北	47	10 市 17 县	78.8	97.9	46.8	42.6	8.5	0.0	2.1	0.0	57.7	91.5	83.0	2.1	6.4	2.1	4.3	2.1	2.3	0.4	0.1
湖南	160	11 市 46 县	78.3	95.7	39.4	34.4	21.9	3.7	0.0	0.6	56.8	90.0	78.1	6.3	5.6	3.1	3.1	3.8	3.5	0.5	0.0
广东	105	11 市 40 县	78.4	96.2	37.1	41.0	18.1	3.8	0.0	0.0	59.2	96.2	90.5	2.9	2.9	0.0	0.8	2.9	3.6	0.5	0.1
广西	110	14 市 53 县	78.5	95.5	42.7	40.9	11.9	2.7	0.9	0.9	57.1	93.7	79.1	6.4	8.2	1.8	0.0	4.5	3.5	0.5	0.0

数据来源：国家粮食局标准质量中心统计资料。

表 38 2016年部分省份夏收小麦质量调查结果分析表

省份	分析项目	检验结果分析												数量统计												
		千粒重	容重 g/L	不完善粒率 /%					硬度指数	降落数值	水分 %	湿面筋	粗蛋白	样品总数	容重 ,g/L							不完善粒率 /%				
				总量	赤霉病粒	发芽粒	黑胚粒	生霉粒							三等以上	一等	二等	三等	四等	五等	等外	8 以上	≤ 6.0	6.0~8.0	8.0~10.0	>10.0
九省总计	最大值	58.0	850	74.7	17.5	71.3	11.6	63.9	78.8	538	20.6	37.9	17.4	/	/	/	/	/	/	/	/	/	/	/	/	/
	最小值	28.0	627	0.2	0.0	0.0	0.0	0.0	35.6	65	7.5	17.1	8.9	/	/	/	/	/	/	/	/	/	/	/	/	/
	平均值	42.9	783	7.1	0.9	3.5	0.2	0.8	62.8	311	12.4	26.7	13.1	/	/	/	/	/	/	/	/	/	/	/	/	/
	样品个数	1885	1885	1885	1885	1885	1885	1885	1885	1188	1885	1885	1885	1885	1702	873	549	281	107	49	26	489	1180	216	131	358
	所占比例	/	/	/	/	/	/	/	/	/	/	/	/	/	90.3%	46.3%	29.1%	14.9%	5.7%	2.6%	1.4%	25.9%	62.6%	11.5%	6.9%	19.0%
河北省	最大值	52.8	836	37.0	1.1	35.3	2.3	3.0	71	538	12.9	36.2	16.1	/	/	/	/	/	/	/	/	/	/	/	/	/
	最小值	32.8	728	0.8	0.0	0.0	0.0	0.0	51	98	9.9	18.3	10.9	/	/	/	/	/	/	/	/	/	/	/	/	/
	平均值	42.8	797	4.1	0.1	1.4	0.1	0.2	65	340	11.4	24.0	12.8	/	/	/	/	/	/	/	/	/	/	/	/	/
	样品个数	245	245	245	245	245	245	245	245	245	245	245	245	245	235	173	47	15	9	1	0	23	208	17	7	16
	所占比例	/	/	/	/	/	/	/	/	/	/	/	/	/	95.9%	70.6%	19.2%	6.1%	1.7%	0.4%	0.0%	9.4%	84.9%	6.9%	25.9%	6.5%
山西省	最大值	47.7	833	9.1	0.5	5.5	0.2	2.6	69	369	13.5	33.8	16.7	/	/	/	/	/	/	/	/	/	/	/	/	/
	最小值	34.4	762	0.8	0.0	0.0	0.0	0.0	60	201	9.5	18.7	10.9	/	/	/	/	/	/	/	/	/	/	/	/	/
	平均值	41.5	794	3.5	0.0	0.9	0.0	0.3	66	303	10.7	24.2	13.1	/	/	/	/	/	/	/	/	/	/	/	/	/
	样品个数	42	42	42	42	42	42	42	42	42	42	42	42	42	42	26	12	4	0	0	0	2	35	5	2	0
	所占比列	/	/	/	/	/	/	/	/	/	/	/	/	/	100.0%	61.9%	28.6%	9.5%	0.0%	0.0%	0.0%	4.8%	83.3%	11.9%	4.8%	0.0%
江苏省	最大值	48.2	837	68.1	7.3	40.5	1.8	56.6	78.8	387	20.6	37.0	15.7	/	/	/	/	/	/	/	/	/	/	/	/	/
	最小值	28.0	627	0.6	0.0	0.2	0.0	0.0	41.8	65	9.9	21.4	8.9	/	/	/	/	/	/	/	/	/	/	/	/	/
	平均值	37.0	780	10.2	2.1	3.8	0.3	3.2	59.5	225	12.3	30.0	13.1	/	/	/	/	/	/	/	/	/	/	/	/	/
	样品个数	115	115	115	115	115	115	115	115	19	115	115	115	115	104	47	38	19	5	3	3	47	40	28	12	21
	所占比列	/	/	/	/	/	/	/	/	/	/	/	/	/	90.4%	40.9%	33.0%	16.5%	4.3%	2.6%	2.6%	40.9%	34.8%	24.3%	10.4%	30.5%
安徽省	最大值	51.7	831	67.5	12.4	62.4	2.8	63.9	77.4	373	20.4	35.2	16.3	/	/	/	/	/	/	/	/	/	/	/	/	/
	最小值	29.5	662	1.1	0.0	0.0	0.0	0.0	44.0	67	9.5	22.0	10.1	/	/	/	/	/	/	/	/	/	/	/	/	/
	平均值	41.8	757	12.6	2.9	7.5	0.2	1.7	63.2	195	14.9	27.7	13.0	/	/	/	/	/	/	/	/	/	/	/	/	/
	样品个数	235	235	235	235	235	235	235	235	77	235	235	235	235	168	33	62	73	32	24	11	151	49	35	36	55
	所占比列	/	/	/	/	/	/	/	/	/	/	/	/	/	71.5%	14.0%	26.4%	31.1%	13.6%	10.2%	4.7%	64.3%	20.9%	14.9%	15.3%	48.9%
山东省	最大值	50.4	850	16.3	0.9	13.1	0.3	5.4	72	428	14.5	37.9	17.4	/	/	/	/	/	/	/	/	/	/	/	/	/
	最小值	31.8	732	0.2	0.0	0.0	0.0	0.0	44	214	10.2	17.1	10.0	/	/	/	/	/	/	/	/	/	/	/	/	/
	平均值	41.6	797	2.7	0.1	0.5	0.0	0.2	64	363	11.9	25.6	13.3	/	/	/	/	/	/	/	/	/	/	/	/	/
	样品个数	410	410	410	410	410	410	410	410	410	410	410	410	410	398	273	101	24	12	0	0	10	385	18	5	5
	所占比列	/	/	/	/	/	/	/	/	/	/	/	/	/	97.1%	66.6%	24.6%	5.9%	2.9%	0.0%	0.0%	2.4%	93.9%	4.4%	1.2%	1.2%
河南省	最大值	56.9	828	74.7	17.5	71.3	6.4	29.3	74.1	471	17.5	33.3	15.8	/	/	/	/	/	/	/	/	/	/	/	/	/
	最小值	31.1	680	0.4	0	0	0	0	37.7	92	9.0	20.1	10.7	/	/	/	/	/	/	/	/	/	/	/	/	/
	平均值	44.8	781.69	8.6	0.8	4.7	0.2	1.1	62.2	321	12.8	27.5	13.2	/	/	/	/	/	/	/	/	/	/	/	/	/
	样品个数	610	610	610	610	610	610	610	610	610	610	610	610	/	571	246	228	97	27	8	4	194	328	88	49	145
	所占比列	/	/	/	/	/	/	/	/	/	/	/	/	610	93.6%	40.3%	37.4%	15.9%	4.4%	1.3%	0.7%	31.8%	53.8%	14.4%	8.0%	23.8%

续表

省份	分析项目	检验结果分析													数量统计											
		千粒重	容重 g/L	不完善粒率 /%					硬度指数	降落数值	水分 %	湿面筋	粗蛋白	样品总数	容重 ,g/L							不完善粒率 /%				
				总量	赤霉病粒	发芽粒	黑胚粒	生霉粒							三等以上	一等	二等	三等	四等	五等	等外	8 以上	≤ 6.0	6.0~8.0	8.0~10.0	>10.0
湖北省	最大值	52.6	813	21.7	6.8	12.3	11.4	3.0	74.1	362	16.4	34.1	15.7	/	/	/	/	/	/	/	/	/	/	/	/	/
	最小值	36.4	682	0.8	0.0	0.0	0.0	0.0	35.6	138	7.5	22.9	10.8	/	/	/	/	/	/	/	/	/	/	/	/	/
	平均值	43.7	781	5.0	1.2	2.2	0.6	0.4	66.0	270	12.1	28.6	13.4	/	/	/	/	/	/	/	/	/	/	/	/	/
	样品个数	66	66	66	66	66	66	66	66	7	66	66	66	66	62	27	27	8	1	2	1	12	50	4	4	7
	所占比例	/	/	/	/	/	/	/	/	/	/	/	/	/	93.9%	40.9%	40.9%	12.1%	1.5%	3.0%	1.5%	18.2%	75.8%	6.1%	6.1%	12.1%
四川省	最大值	58.0	806	30.1	5.6	28.2	11.6	2.6	73.3	264	15.6	33.3	15.7	/	/	/	/	/	/	/	/	/	/	/	/	/
	最小值	31.5	664	0.8	0.0	0.0	0.0	0.0	38.1	99	7.9	19.4	9.6	/	/	/	/	/	/	/	/	/	/	/	/	/
	平均值	44.5	749	6.9	1.4	3.4	0.5	0.3	51.1	170	11.0	27.0	12.8	/	/	/	/	/	/	/	/	/	/	/	/	/
	样品个数	85	85	85	85	85	85	85	85	17	85	85	85	85	49	7	11	31	17	11	8	21	48	16	7	10
	所占比例	/	/	/	/	/	/	/	/	/	/	/	/	/	57.6%	8.2%	12.9%	36.5%	20.0%	13.0%	9.4%	24.7%	56.5%	18.8%	8.2%	16.5%
陕西省	最大值	56.5	828	60.0	2.2	52.6	0	6.5	72.3	365	13.5	30.3	14.8	/	/	/	/	/	/	/	/	/	/	/	/	/
	最小值	28.8	734	1.6	0	0	0	0	50.2	77	8.4	22.2	11.0	/	/	/	/	/	/	/	/	/	/	/	/	/
	平均值	44.9	786.17	10.2	0.1	6.6	0	0.5	65.7	227	11.1	27.4	13.1	/	/	/	/	/	/	/	/	/	/	/	/	/
	样品个数	77	77	77	77	77	77	77	77	77	77	77	77	/	73	40	23	10	4	0	0	29	37	11	9	20
	所占比例	/	/	/	/	/	/	/	/	/	/	/	/	77	94.8%	51.9%	29.9%	13.0%	5.2%	0.0%	0.0%	37.7%	48.0%	14.3%	11.7%	26.0%

注：1. 除样品数、容重、降落数值保留整数外，其他保留小数点后一位。

2. “/”处表示空白，不填写任何内容。

3. 测定降落数值样品数占总样品的 60.0%。

数据来源：国家粮食局标准质量中心统计资料。

表 39 2016 年全国中晚籼稻、粳稻收获质量情况表

单位：个，%

种类	省份	样品数	覆盖市、县数	出糙率	等级比例							整精米率								黄粒米	谷外糙米	
					中等以上	一等	二等	三等	四等	五等	等外	平均值	其中								平均值	达标比例
													中等以上	一等	二等	三等	四等	五等	等外			
中晚籼稻	8 省区	1873	95 市 381 县	77.9	93.2	28.4	45.4	19.4	4.5	1.6	0.7	58.3	90.5	80.6	5.7	4.2	3.0	1.8	4.7	0.0	0.5	98.2
	安徽	413	8 市 29 县	77.5	90.5	22.5	47.2	20.8	5.6	2.7	1.2	56.5	88.6	77.5	7.5	3.6	4.8	2.7	3.9	0.1	0.8	97.8
	江西	220	10 市 33 县	78.2	95.5	36.4	40.5	18.6	4.0	0.5	0.0	66.7	99.5	98.5	0.5	0.5	0.0	0.0	0.5	0.0	0.3	100.0
	河南	90	1 市 9 县	77.9	97.8	25.6	52.2	20.0	1.1	0.0	1.1	53.2	86.7	75.6	7.8	3.3	5.6	2.2	5.5	0.0	0.6	95.6
	湖北	275	19 市 50 县	77.8	95.3	20.4	56.7	18.2	3.6	1.1	0.0	54.6	88.7	75.3	8.0	5.5	5.1	2.5	3.6	0.0	0.6	97.5
	湖南	350	14 市 74 县	78.0	92.9	34.0	40.0	18.9	5.4	0.9	0.8	64.5	97.1	93.7	2.3	1.1	1.2	0.0	1.7	0.0	0.5	99.4
	广西	105	15 市 52 县	78.2	97.2	41.9	32.4	22.9	0.0	1.9	0.9	60.7	97.1	92.4	0.0	4.8	0.0	0.0	2.8	0.0	0.3	99.0
	广东	120	14 市 48 县	77.7	91.7	28.4	43.3	20.0	5.0	2.5	0.8	63.6	94.2	94.2	0.0	0.0	1.7	0.0	4.1	0.0	0.4	97.5
	四川	300	14 市 86 县	77.9	92.0	33.7	41.0	17.3	5.3	2.0	0.7	49.6	77.7	54.0	12.0	11.7	4.7	3.7	13.9	0.0	0.4	97.3
粳稻	5 省合计	965	50 市 135 县 6 分局	79.9	87.3	45.0	27.6	14.7	6.5	3.0	3.2	69.8	97.9	95.7	1.8	0.5	0.5	0.5	1.0	0.0	1.0	89.0
	辽宁	100	11 市 17 县	81.1	100.0	60.0	36.0	4.0	0.0	0.0	0.0	70.3	100.0	98.0	1.0	1.0	0.0	0.0	0.0	0.0	0.3	100.0
	吉林	100	8 市 25 县	81.6	100.0	77.0	15.0	8.0	0.0	0.0	0.0	71.4	100.0	99.0	1.0	0.0	0.0	0.0	0.0	0.0	1.1	87.0
	黑龙江	305	12 市 42 县 6 分局	80.9	98.0	54.3	31.7	12.0	2.0	0.0	0.0	67.8	97.0	93.4	2.6	1.0	1.0	0.7	1.3	0.0	1.1	88.2
	江苏	400	13 市 43 县	79.4	93.1	61.8	20.5	10.8	3.5	2.0	1.4	71.3	99.5	99.0	0.5	0.0	0.3	0.0	0.2	0.0	1.2	87.0
	安徽	60	6 市 8 县	73.7	50.0	8.3	25.0	16.7	21.7	11.7	16.6	66.3	98.3	95.0	1.7	1.7	0.0	1.6	0.0	0.0	0.9	91.7

数据来源：国家粮食局标准质量中心统计资料。

表 40 2016 年全国玉米收获质量情况表

单位：个，g/L，%

地区	样品数	覆盖市、县数	平均容重	等级比例							不完善粒率				平均淀粉含量	平均粗蛋白含量	平均粗脂肪含量
				中等以上	一等	二等	三等	四等	五等	等外	总量	≤8的比例	生霉粒				
													平均值	达标比例			
九省区合计	2680	112市495县8分局	733	99.6	76.2	17.5	6.0	0.3	0.0	0.0	3.1	93.6	1.2	83.2	71.8	9.3	4.0
河北	290	13市88县	749	100.0	86.9	12.8	0.3	0.0	0.0	0.0	2.5	96.6	0.7	89.7	72.0	9.2	4.2
山西	130	12市43县	745	100.0	88.5	10.8	0.7	0.0	0.0	0.0	1.8	96.2	0.5	93.1	72.2	9.2	3.9
内蒙古	264	8市21县	733	99.2	81.4	13.3	4.5	0.8	0.0	0.0	2.0	98.1	1.2	84.5	71.8	9.0	3.9
辽宁	190	13市38县	751	100.0	97.9	2.1	0.0	0.0	0.0	0.0	2.1	99.5	1.2	81.6	71.9	9.0	4.1
吉林	360	9市41县	742	100.0	85.6	12.5	1.9	0.0	0.0	0.0	1.7	99.4	1.0	88.1	71.7	9.0	3.9
黑龙江	378	12市54县8分局	704	98.1	34.6	29.7	33.8	1.9	0.0	0.0	3.7	90.5	0.8	92.6	71.9	9.0	4.0
山东	358	16市73县	735	100.0	84.9	14.5	0.6	0.0	0.0	0.0	4.7	88.8	2.2	59.2	71.6	9.8	4.2
河南	325	18市80县	732	100.0	82.5	16.9	0.6	0.0	0.0	0.0	5.7	78.8	1.8	70.8	71.9	9.8	3.9
陕西	385	11市57县	728	99.7	67.0	29.9	2.9	0.2	0.0	0.0	2.4	99.0	0.6	94.0	71.8	9.7	4.0

数据来源：国家粮食局标准质量中心统计资料。

表 41 2016 年全国大豆收获质量情况表

单位：个，%

地区	样品数	涉及市、县数	完整粒率								损伤粒率								热损伤粒		粗蛋白		粗脂肪	
			平均值	中等以上	一等	二等	三等	四等	五等	等外	平均值	等内合计	一等	二等	三等	四等	五等	等外	平均值	等内合计	平均值	高蛋白比例	平均值	高油比例
3 省区合计	266	17 市 59 县 7 分局	90.5	94.4	21.8	34.2	38.3	3.8	1.9	0.0	7.2	60.5	1.1	6.4	7.5	19.5	25.9	39.5	0.0	100.0	38.5	70.3	20.5	73.7
内蒙古	36	2 市 6 县	86.7	77.8	30.6	13.9	33.3	16.7	5.6	0.0	8.5	44.4	0.0	2.8	5.6	5.6	30.6	55.6	0.0	100.0	39.3	19.4	20.5	94.4
吉林	30	4 市 10 县	92.4	96.7	36.7	30.0	30.0	3.3	0.0	0.0	6.7	66.7	0.0	20.0	6.7	20.0	20.0	33.3	0.0	100.0	38.7	20.0	20.7	76.7
黑龙江	200	11 市 43 县 7 分局	90.7	97.0	18.0	38.5	40.5	1.5	1.5	0.0	7.1	62.5	1.5	5.0	8.0	22.0	26.0	37.5	0.0	100.0	38.4	87.0	20.5	69.5

数据来源：国家粮食局标准质量中心统计资料。

表42 2016年中央储备粮质量与储存品质情况统计表

单位：份

地 区	样品数	质量达标率	储存品质宜存率
全国总计	871	97.1%	98.7%
北 京	29	100.0%	100.0%
天 津	24	83.1%	83.1%
河 北	57	100.0%	100.0%
山 西	27	100.0%	100.0%
内蒙古	15	88.6%	100.0%
辽 宁	25	100.0%	100.0%
吉 林	33	100.0%	100.0%
黑龙江	47	94.8%	100.0%
上 海	16	84.5%	100.0%
江 苏	25	100.0%	100.0%
浙 江	19	100.0%	100.0%
安 徽	19	100.0%	100.0%
福 建	29	100.0%	100.0%
江 西	27	100.0%	100.0%
山 东	51	100.0%	100.0%
河 南	45	95.5%	97.7%
湖 北	31	97.0%	86.7%
湖 南	41	100.0%	100.0%
广 东	20	100.0%	100.0%
广 西	20	100.0%	100.0%
海 南	11	87.2%	87.2%
重 庆	22	94.9%	100.0%
四 川	25	100.0%	100.0%
贵 州	22	100.0%	100.0%
云 南	27	100.0%	100.0%
西 藏	11	100.0%	/
陕 西	38	100.0%	100.0%
甘 肃	27	78.7%	100.0%
青 海	18	95.0%	100.0%
宁 夏	24	100.0%	100.0%
新 疆	46	100.0%	100.0%

数据来源：国家粮食局标准质量中心统计资料。

表43 2016年发布粮油国家标准和行业标准统计表

序号	项目名称	执行标准代号	实施日期
1	粮食仓库建设标准	建标 172—2016	2016/5/1
2	粮油机械油脂叶片过滤机	GB/T 32949—2016	2017/3/1
3	简易仓囤储粮技术规范	LS/T 1217—2016	2016/1/7
4	粮油检验稻谷中镉含量快速测定 X 射线荧光光谱法	LS/T 6115—2016	2016/1/7
5	大米粒型分类判定	LS/T 6116—2016	2016/1/7
6	粮食信息术语 仓储	LS/T 1801—2016	2016/10/1
7	粮食仓储业务数据元	LS/T 1802—2016	2016/10/1
8	省级粮食信息应用平台技术规范	LS/T 1803—2016	2016/10/1
9	粮食出入库业务信息系统技术规范	LS/T 1804—2016	2016/10/1
10	粮食数据采集技术规范 政策性粮食收购	LS/T 1805—2016	2016/10/1
11	粮油检验 容重测定 水浸悬浮法	LS/T 6117—2016	2016/11/1
12	粮油检验仪器水浸悬浮法粮食容重仪技术条件与试验方法	LS/T 6401—2016	2016/11/1
13	早籼米加工精度标准样品一级	LS/T 15121.1—2016	2016/4/1
14	早籼米加工精度标准样品二级	LS/T 15121.2—2016	2016/4/1
15	早籼米加工精度标准样品三级	LS/T 15121.3—2016	2016/4/1
16	早籼米加工精度标准样品四级	LS/T 15121.4—2016	2016/4/1
17	晚籼米加工精度标准样品一级	LS/T 15122.1—2016	2016/4/1
18	晚籼米加工精度标准样品二级	LS/T 15122.2—2016	2016/4/1
19	晚籼米加工精度标准样品三级	LS/T 15122.3—2016	2016/4/1
20	晚籼米加工精度标准样品四级	LS/T 15122.4—2016	2016/4/1
21	粳米加工精度标准样品一级	LS/T 15123.1—2016	2016/4/1
22	粳米加工精度标准样品二级	LS/T 15123.2—2016	2016/4/1
23	粳米加工精度标准样品三级	LS/T 15123.3—2016	2016/4/1
24	粳米加工精度标准样品四级	LS/T 15123.4—2016	2016/4/1
25	南方小麦粉加工精度标准样品特制一等	LS/T 15111.1—2016	2016/4/1
26	南方小麦粉加工精度标准样品特制二等	LS/T 15111.2—2016	2016/4/1
27	南方小麦粉加工精度标准样品标准粉	LS/T 15111.3—2016	2016/4/1
28	北方小麦粉加工精度标准样品特制一等	LS/T 15112.1—2016	2016/4/1
29	北方小麦粉加工精度标准样品特制二等	LS/T 15112.2—2016	2016/4/1
30	北方小麦粉加工精度标准样品标准粉	LS/T 15112.3—2016	2016/4/1
31	小麦硬度指数标准样品	LS/T 1531—2016	2016/4/1
32	籼稻整精米率标准样品	LS/T 15321—2016	2016/4/1
33	粳稻整精米率标准样品	LS/T 15322—2016	2016/4/1
34	大米颜色黄度指数样品	LS/T 1533—2016	2016/4/1
35	粳米品尝评分参考样品	LS/T 1534—2016	2016/4/1

数据来源：国家粮食局标准质量中心统计资料。

表 44 2016 年粮食行业单位与从业人员情况总表

单位：单位数，个；人数，人

项目	单位总数	从业人员																
		从业人员总数								长期职工按学历划分					长期职工按年龄划分			
		小计	女	少数民族	中共党员	在岗职工			其他从业人员	研究生	大学本科	大学专科	中专	高中及以下	35 岁及以下	36 岁至 45 岁	46 岁至 54 岁	55 岁及以上
						小计	长期职工	临时职工										
总计	52587	1920369	612350	66902	254122	1888591	1698514	190077	31778	16394	181698	318610	287754	894058	586437	601061	410899	100117
一、行政机关	2297	38180	10261	3021	27862	37845	36877	968	335	1980	14693	13220	3124	3860	5602	8908	16584	5783
二、事业单位	2090	31275	10576	2186	18365	30972	30338	634	303	1980	9564	9954	3486	5354	6216	7929	12221	3972
其中　参公管理事业单位	628	10475	2825	673	7407	10387	10218	169	88	189	3097	4220	1106	1606	1448	2383	4623	1764
三、企业	48200	1850914	591513	61695	207895	1819774	1631299	188475	31140	12434	157441	295436	281144	884844	574619	584224	382094	90362
其中　国有及国有控股企业	13632	513831	158278	19108	128981	497132	469026	28106	16699	4120	52622	100472	82012	229800	119948	164654	146141	38283

数据来源　国家粮食局统计资料。

表 45 2016 年粮食行业取得国家职业资格证书人员统计表

单位：人

职业 人数 等级省份	合计	粮油保管员					粮油质量检验员					粮油竞价交易员			制米工					制粉工				制油工				粮食经纪人			
		初级	中级	高级	技师	高级技师	初级	中级	高级	粮油质量检验师	高级粮油质量检验师	粮油竞价交易员	助理粮油竞价交易师	粮油竞价交易师	初级	中级	高级	技师	高级技师	初级	中级	高级	技师	初级	中级	高级	技师	初级	中级	高级	技师
共 计	10444	2791	2260	597	146	46	2516	1354	572	58	46										15	19		4	20						
		5840					4546																								
北 京		37						27																							
天 津		31		13			13		8																						
河 北			73					46																							
山 西		98	55				67	24																							
辽 宁		413	16				251	19																							
吉 林			285				235	110																							
黑龙江		875	85	2			1246	171	11																						
上 海		51					24																								
江 苏		73	152	31			97	137	44																						
浙 江		124	50	67	31		56	15	23																						
安 徽		264	154	70	32		136	82	49	3																					
福 建			106					14																4							
江 西		16	17	3			19	32	112																						
山 东		335	246	113	35		51	229	30												15				20						
河 南		78	23	13			50	7	100													19									
湖 北		102	52				48	67																							
湖 南		30	34	39			34	20	20																						
广 东			151					44																							
海 南			28																												
广 西		90	26	8			62	17																							
四 川			78	34			57		13																						
重 庆																															
贵 州		10	7	2				9																							
云 南		67	51				49	38																							
陕 西			37					13																							
甘 肃		10	36	5				21	5																						
青 海							3	3																							
宁 夏									21																						
新 疆		4	1																												
中储粮总公司			497	197	48	46		209	136	55	46																				
中粮集团		83					18																								
国家粮食局																															

数据来源：国家粮食局中国粮食研究培训中心统计资料。

表 46 2016 年国民经济与社会发展速度指标（一）

指标	2016 年为下列各年 %				平均每年增长 %		
	1978 年	1990 年	2000 年	2015 年	1979~2016 年	1991~2016 年	2001~2016 年
人口							
年末总人口	143.6	120.9	109.1	100.6	1.0	0.7	0.5
城镇人口	459.8	262.6	172.7	102.8	4.1	3.8	3.5
乡村人口	74.6	70.1	73.0	97.7	−0.8	−1.4	−2.0
就业和失业							
就业人员	193.3	119.9	107.7	100.2	1.7	0.7	0.5
# 城镇就业人员	435.4	243.1	178.9	102.5	3.9	3.5	3.7
城镇登记失业人员	185.3	256.3	165.0	101.7	1.6	3.7	3.2
国民经济核算							
国内生产总值	3229.7	1145.5	424.8	106.7	9.6	9.8	9.5
第一产业	517.0	271.2	187.7	103.3	4.4	3.9	4.0
第二产业	5015.1	1656.5	467.6	106.1	10.9	11.4	10.1
第三产业	4481.7	1239.5	467.5	107.8	10.5	10.2	10.1
财政收支							
一般公共预算收入	14091.5	5432.3	1191.1	104.5	13.8	16.5	16.5
一般公共预算支出	16740.3	6091.6	1182.4	106.4	14.3	17.0	16.5
能源							
能源生产总量	551.2	332.9	249.7	95.7	4.6	4.7	5.9
能源消费总量	763.0	441.7	296.7	101.4	5.5	5.9	7.0
固定资产投资							
全社会固定资产投资总额		13426.3	1842.4	107.9		21.8	21.6
# 房地产开发		40497.7	2058.2	106.9		28.4	23.3
对外贸易和实际利用外资							
货物进出口总额	17856.5	3192.6	777.1	93.2	14.6	14.2	13.7
出口额	21519.5	3379.2	842.0	92.3	15.2	14.5	14.2
进口额	14576.9	2975.5	705.2	94.5	14.0	13.9	13.0
外商直接投资		3613.4	309.4	99.8		14.8	7.3
主要农业、工业产品产量							
粮食	202.2	138.1	133.3	99.2	1.9	1.2	1.8
油料	695.6	225.0	122.8	102.6	5.2	3.2	1.3
棉花	244.6	117.6	120.0	94.6	2.4	0.6	1.1
肉类			142.0	99.0			2.2
原煤	551.9	315.8	246.4	91.0	4.6	4.5	5.8
原油	191.9	144.4	122.5	93.1	1.7	1.4	1.3
水泥	3699.5	1150.9	404.3	102.3	10.0	9.9	9.1
粗钢	2543.6	1218.3	629.1	100.6	8.9	10.1	12.2
发电量	2393.8	988.8	453.1	105.6	8.7	9.2	9.9

数据来源：国家统计局统计资料。

表 46 2016 年国民经济与社会发展速度指标（二）

指 标	2016 年为下列各年 %				平均每年增长 %		
	1978 年	1990 年	2000 年	2015 年	1979~2016 年	1991~2016 年	2001~2016 年
建筑业							
建筑业总产值		14392	1548.8	107.1		21.1	18.7
消费品零售和旅游							
社会消费品零售总额	21321.5	4003.8	849.8	110.4	15.2	15.2	14.3
入境游客	7651.9	504.1	165.9	103.5	12.1	6.4	3.2
国际旅游外汇收入	45627.4	5410.3	739.6	105.6	17.5	16.6	13.3
运输和邮电							
沿海主要港口货物吞吐量	4088.6	1678.2	645.6	103.4	10.3	11.5	12.4
移动电话用户		7344078	1563.8	104.0		53.9	18.8
固定电话用户	10731.3	3016.3	142.7	89.4	13.1	14.0	2.2
科技、教育、卫生、文化							
研究与试验发展经费支出			1730.6	109.4			19.5
技术市场成交额			1752.9	116.0			19.6
在校学生数							
# 普通本、专科	3149.3	1306.8	484.8	102.7	9.5	10.4	10.4
普通高中	152.4	329.9	197.0	99.7	1.1	4.7	4.3
初中	86.7	110.5	69.2	100.4	−0.4	0.4	−2.3
普通小学	67.8	81.0	76.2	102.3	−1.0	−0.8	−1.7
医院数	313.6	202.7	178.6	105.6	3.1	2.8	3.7
医院床位数	517.2	304.4	262.6	106.7	4.4	4.4	6.2
执业（助理）医师	326.2	181.0	153.7	105.0	3.2	2.3	2.7

注：本表价值量指标中，国内生产总值和居民收入按可比价格计算，其他按当年价格计算；固定资产投资总额平均每年增长速度按累计法计算。2016 年一般公共预算收入、支出指数按同口径计算。

数据来源：国家统计局统计资料。

表 47 国民经济与社会发展总量指标（1978~2016 年）（一）

指标	单 位	1978 年	1990 年	2000 年	2015 年	2016 年
人口						
年末总人口	万人	96259	114333	126743	137462	138271
城镇人口	万人	17245	30195	45906	77116	79298
乡村人口	万人	79014	84138	80837	60346	58973
就业和失业						
就业人员	万人	40152	64749	72085	77451	77603
# 城镇就业人员	万人	9514	17041	23151	40410	41428
城镇登记失业人员	万人	530	383	595	966	982
国民经济核算						
国内生产总值	亿元	3678.7	18872.9	100280.1	689052.1	744127.2
第一产业	亿元	1018.5	5017.2	14717.4	60862.1	63670.7
第二产业	亿元	1755.2	7744.3	45664.8	282040.3	296236.0
第三产业	亿元	905.1	6111.4	39897.9	346149.7	384220.5
人均国内生产总值	元	385	1663	7942	50251	53980
支出法国内生产总值	亿元	3634.1	19067.0	100576.8	699109.4	746314.9
最终消费支出	亿元	2232.9	12001.4	63667.7	362266.5	400175.6
资本形成总额	亿元	1412.7	6555.3	34526.1	312835.7	329727.3
货物和服务净出口	亿元	−11.4	510.3	2383.0	24007.2	16412.0
居民收入						
全国居民人均可支配收入	元				21966	23821
城镇居民人均可支配收入	元	343	1510	6280	31195	33616
农村居民人均纯收入	元	134	686	2253	11422	12363
财政						
一般公共预算收入	亿元	1132.3	2937.1	13395.2	152269.2	159552.1
一般公共预算支出	亿元	1122.1	3083.6	15886.5	175877.8	187841.1
能源						
能源生产总量	万吨标准煤	62770	103922	138570	361476	346000
能源消费总量	万吨标准煤	57144	98703	146964	429905	436000
固定资产投资						
全社会固定资产投资总额	亿元		4517.0	32917.7	561999.8	606465.7
# 房地产开发	亿元		253.3	4984.1	95978.8	102580.6
对外贸易和实际利用外资						
货物进出口总额	亿美元	206.4	1154.4	4742.9	39530.3	36855.7
出口额	亿美元	97.5	620.9	2492.0	22734.7	20981.5
进口额	亿美元	108.9	533.5	2250.9	16795.6	15874.2
外商直接投资	亿美元		34.9	407.2	1262.7	1260.0
主要农业、工业产品产量						
粮食	万吨	30476.5	44624.3	46217.5	62143.9	61625.0
油料	万吨	521.8	1613.2	2954.8	3537.0	3629.5
棉花	万吨	216.7	450.8	441.7	560.3	530.0
肉类	万吨			6013.9	8625.0	8537.8
原煤	亿吨	6.18	10.80	13.84	37.47	34.11
原油	万吨	10405	13831	16300	21456	19969
水泥	万吨	6524	20971	59700	235919	241353
粗钢	万吨	3178	6635	12850	80383	80837
发电量	亿千瓦小时	2566	6212	13556	58146	61425

数据来源：国家统计局统计资料。

表 47 国民经济与社会发展总量指标（1978~2016 年）（二）

指标	单 位	1978 年	1990 年	2000 年	2014 年	2015 年
建筑业						
建筑业总产值	亿元		1345	12498	180757	193567
消费品零售和旅游						
社会消费品零售总额	亿元	1559	8300	39106	300931	332316
入境游客	万人次	180.9	2746.2	8344.4	13382.0	13844.0
国际旅游外汇收入	亿美元	2.6	22.2	162.2	1136.5	1200.0
运输和邮电						
沿海主要港口货物吞吐量	万吨	19834	48321	125603	784578.0	810932.7
邮电业务总量	亿元	34.1	155.5	4792.7	28425.0	43345.5
移动电话用户	万户		1.8	8453.3	127139.7	132193.4
固定电话用户	万户	192.5	685.0	14482.9	23099.6	20662.4
金融						
金融机构人民币各项存款余额	亿元	1155	13943	123804	1357022	1505864
金融机构人民币各项贷款余额	亿元	1890	17511	99371	939540.16	1066040
科技、教育、卫生、文化						
研究与试验发展经费支出	亿元			895.7	14170	15500
技术市场成交额	亿元			651	9836	11407
在校学生数						
# 普通本、专科	万人	85.6	206.3	556.1	2625.3	2695.8
普通高中	万人	1553.1	717.3	1201.3	2374.4	2366.6
初中	万人	4995.2	3916.6	6256.3	4312.0	4329.4
普通小学	万人	14624.0	12241.4	13013.3	9692.2	9913.0
医院数	个	9293	14377	16318	27587	29140
医院床位数	万张	110.0	186.9	216.7	533.1	568.9
执业（助理）医师	万人	97.8	176.3	207.6	303.9	319.1
社会保障						
参加基本养老保险人数	万人		6166	13617	85833	88709
参加城镇基本医疗保险人数	万人			3787	66582	74839
参加失业保险人数	万人			10408	17326	18089
参加工伤保险人数	万人			4350	21432	21887
参加生育保险人数	万人			3002	17771	18443
社会保险基金收入	亿元		187	2645	46012	52765

注：1. 由于计算误差的影响，按支出法计算的国内生产总值不等于按生产法计算的国内生产总值。
2. 本表 2014、2015 年居民人均可支配收入为城乡一体化住户收支与生活状况调查数据，与此前分城镇和农村住户调查的统计口径有所不同。
3. 本表价值量指标中，邮电业务总量 2000 年及以前按 1990 年不变价格计算，2001~2010 年按 2000 年不变价格计算，2011 年起按 2010 年不变价格计算。其余指标按当年价格计算。
4. 2016 年社会保障数据为快报数，最终数据以当年公报为准。

数据来源：国家统计局统计资料。